本书译自

欧洲侵权法与保险法丛书

第 **13** 卷

（奥地利科学院欧洲侵权法研究所与
欧洲侵权法与保险法中心共同编辑）

本书主编／[奥] 赫尔穆特·考茨欧
[奥] 亚历山大·瓦齐莱克
译 者／匡敦校 余佳楠 张 芸 刘亚男

国家出版基金项目
NATIONAL PUBLICATION FOUNDATION

针对大众媒体侵害人格权的保护：各种制度与实践

撰写人

雷吉娜 E. 埃比-穆勒（Regina E.Aebi-Müller）

凯琳·安特里恩（Karine Anterion）

瓦尔特·贝尔卡（Walter Berka）

米尔科·法乔利（Mirko Faccioli）

于尔根·冯·格拉赫（Jürgen von Gerlach）

迈克尔D.格林（Michael D.Green）

海因茨·豪斯赫尔（Heinz Hausheer）

安德烈亚斯·黑尔德里希（Andreas Heldrich）

弗朗克·霍普费尔（Frank Höpfel）

贝内迪克特·科门达（Benedikt Kommenda）

戈特弗里德·科恩（Gottfried Korn）

赫尔穆特·考茨欧（Helmut Koziol）

罗克·兰普（Rok Lampe）

戴维 A.郎根（David A.Logan）

米克尔·马丁-卡萨尔斯（Miquel Martín-Casals）

奥利维尔·莫雷托（Olivier Moretéau）

约翰·尼斯林（Johann Neethling）

正町奥田（Masamichi Okuda）

伊丽莎白·赖德尔-马库里（Elisabeth Raidl-Marcure）

W.V.H.罗杰斯（W.V.H.Rogers）

何塞普·索莱·费利乌（Josep Solé Feliu）

格哈德·瓦格纳（Gerhard Wagner）

亚历山大·瓦齐莱克（Alexander Warzilek）

阿莱西奥·扎卡拉（Alessio Zaccaria）

温琴佐·泽诺-泽科维基（Vincenzo Zeno-Zencovich）

中国法制出版社
CHINA LEGAL PUBLISHING HOUSE

丛书中文版序

赫尔穆特·考茨欧 [*]

　　欧洲侵权法与保险法中心（*European Centre of Tort and Insurance Law*，ECTIL，www. ectil. org）是在奥地利、德国和瑞士政府部门和保险公司的支持下于 1999 年在奥地利维也纳建立的。其宗旨是在国内、国际和共同的欧洲侵权法和保险法的领域内从事比较法律研究。除此之外，它曾是并且目前仍是欧洲侵权法团队的宏伟项目的机构依托。该团队由亚普·施皮尔于 1993 年创建，其宗旨是起草一部未来的欧洲侵权法，即欧洲侵权法原则。欧洲侵权法研究所（*Institute for European Tort Law*，ETL，www. etl. oeaw. ac. at）是由奥地利科学院于 2002 年 6 月创建的。欧洲侵权法研究所和欧洲侵权法与保险法中心合作从事侵权法的比较法研究。欧洲侵权法与保险法中心的重点主要在于应用法律研究，而欧洲侵权法研究所则主要关注基础问题。两个机构之间的持续合作展示出这两个重点经常可以成功地结合，并产生出既可以阐明基础问题又有实际相关性的研究成果。世界范围内超过 30 个法域的 250 多名专家和实务工作者都对欧洲侵权法研究所和欧洲侵权法与保险法中心的项目做出贡献。他们研究的结果出版后将近 40 卷，大多数列入"侵权法与保险法"系列丛书。除了对原则的评论外，我在这方面要提及下述研究项目：医疗事故；对非金钱损失的赔偿；社会保障对侵权法的影响；对人身伤害的赔偿；对人体的生物医学研究的责任和可保性；卫生保健部门的无过错赔偿；纯粹经济损失；恐怖主义；针对大众媒体侵害人格权的保护；侵权

---

[*]　赫尔穆特·考茨欧（Helmut Koziol），欧洲侵权法与保险法中心主任、奥地利维也纳大学荣休教授。

法与责任保险；侵权法中的儿童；侵权法与管制法；欧盟的侵权法；转基因生物引起的经济损失；惩罚性赔偿金；损害的合并与分割；欧洲人权法院法律体系中的侵权法；以及两卷本的"欧洲侵权法精要"，它们涉及有关自然因果关系和损害的重要案例。

两个机构还寻求通过对其他学者国际性的杰出研究提供发表的论坛来促进对欧洲和比较侵权法的理解和发展：同行参考的《欧洲侵权法杂志》。欧洲侵权法年会提供了对有关欧洲国内体系和欧盟法中的侵权法的最新信息和评论的进一步来源（年会的成果发表在"欧洲侵权法年刊"系列中，并由欧洲侵权法数据库提供补充）。

欧洲侵权法研究所和欧洲侵权法与保险法中心坚信比较研究基于诸多理由而成为必要，因而从事这一研究。鉴于这些理由对我们的中国同仁而言颇有干系，而不仅仅因为东亚地区也在讨论私法的协调，我认为在这方面说几句可能是很有用的。

首先，毫无疑问，每个人都会通过研究外国法律体系，通过努力去理解其他法律思维的方式，通过发现解决问题的新工具并通过听说其他国家的不同经验和解决途径而极大获益并受到启示。比较法——以及法律史——使人更为虚心，促进对基本观点的理解，解释共同的基础以及替代的解决方案，并且基于所有这些，极大地支持了改进现有法律体系或起草更好的新体系的机会。不言自明，它扩展了人们的视域，甚至激励人们不仅考虑邻近的或类似自身的法律体系，而且考虑远隔的法律体系。因而，欧洲侵权法团队以及欧洲侵权法研究所和欧洲侵权法与保险法中心通常包括来自中国、日本和韩国的法律工作者。基于类似的理由，中国同仁对欧洲法律体系及其发展有着很大的兴趣。我们对那些启动对欧洲侵权法研究所和欧洲侵权法与保险法中心出版的大量丛书的翻译工作，并因此使得我们研究工作的结论和理念得以引起我们中国同仁关注的人深表感激。而且，我们也想对那些从事对这些丛书的极为困难和艰辛的翻译工作的人表示谢意。

而且，也必须指出，外国法律体系越不同，从中获得启示就更危险。所谓"不同"，我不仅是指私法部分，比如侵权法，甚至整个私法中存在的不同，而且或多或少也包括贯穿整个法律体系的基本分歧。因而，欧洲法律人——美国侵权法对之有着激烈作用——应当考虑陪审团的影响，这对（绝大多数）欧洲法律体系而言仍属未知；他应当关注美国令人吃惊的承担程序费用的制度；关注美国范围狭隘得多的社会保障体系以及行政刑法在美国并不像在欧洲那么常见这一事实。这些因素中的一些可能有重要意义，例如，就承认惩罚性损害赔偿而言，美国和欧盟形成对比。

就私法特别是侵权法的协调而言，我们应当认为，对可为所有旨在协调其法律体系的国家接受的侵权法的共同观念的发展将面临相当多的困难：

不同法律体系以及它们的基本理念之间的深刻差异应当得到克服，基本不同的惯性法律思维方式也应得到调和。这一目标仅能通过首先了解其他法律体系，通过增加对其他法律体系惯性思维方式的理解，以及通过意识到实质上在所有法域会出现同样难题但使用了不同的工具来解决他们并且有时不同的考虑甚至是决定性的来达成。因而，来自不同国家的法律工作者深入的比较研究和宽泛的讨论是一个必要条件。否则，将不可能设计出一个可为所有相关国家接受的，并且可以作为将来协调甚至统一的路线图的新的并且一致的总体概念。

为了在促进协调中成功使用比较法，我们对工作方法的选择必须很认真。我愿意提及欧洲侵权法团队，它在起草《欧洲侵权法原则》时发展出下述程序。基于比较基础来讨论侵权法的基本主题。为了获得对不同法律体系有关任何特定主题所采用的方法的必要综述，该团队的成员起草了一份问卷，该问卷被发送给各个法律体系中受邀起草国别报告的专家。这些问卷包括了抽象的问题以及案例。

这一双重进路的理由就是，通常非常抽象的答案给人印象是，法律体系是类似的，或者恰恰相反，是非常不同的，但在考察有重大影响的案例的结果，可以发现，恰好相反。例如，侵权人是否应当赔偿因其过错行为造成的所有损害这一抽象问题可能从一个国家报告人那里获得"否定"的答案，而从另一个报告人那里获得"肯定的"答案。前者可能解释说，受害人不能就被告造成的、不具备充分性的（不能预见的）或者未为受侵犯的规则的保护性目的所纳入的损害获得赔偿。不过，如果要求提供支持专家主张的案例并询问其判决理由（*ratio decidendi*），可能会惊奇地发现，结果仍然是同样的，因为，第一个报告人否认责任是因为损害并未为规则的范围所覆盖，而另一个报告人则是认为缺失因果关系的要素而反对责任。

我想再次感谢所有从事欧洲侵权法研究所和欧洲侵权法与保险法中心研究丛书翻译和出版的同仁。我们很感激我们的中国同仁现在更容易注意到我们的研究，我们希望这一在中国和欧洲法律工作者之间的相互关系和合作将加深双方的共同关切。

丛书译序

　　译事多艰。自晋唐至于明清又迄于民国，前贤先辈仆继不绝者，尽欲追索异域光华，玉石相攻，以开中华文物之繁华生动。直面如此英雄气度，枯燥的译事之后，也倏然增添了一抔神圣与庄严。

　　本丛书之选译，均为欧洲侵权法与保险法中心累积数十年功力所成，内容涉及医疗责任、公私法衔接、损害赔偿、侵权法与管制法、侵权法与保险法、人格权等十个主题，洋洋数百万言，既有基础之夯实，又有前沿之展望；既有微观之精要，又有宏观之洞见——穷究人间大法，发幽今世正道，大义微言，锥指正义，当堪近世难得的学界盛典，饕餮美宴。

　　本套丛书选译，一则为介绍当代欧洲侵权法前沿与基础问题之研究状况，二则为我国侵权法研究与立法方向提供一全新视野。对立法而言，我国《侵权责任法》于2009年底颁布，2010年施行，但揆案条文，多属对从前司法解释所取得成果的继承，少有创新，甚至偶有不及，造成许多疏漏。其一，对于当代社会所出现之新生现象认识不足；某些新现象，如人体试验、大众媒体侵权等，是否应纳入侵权法范畴之中，其在侵权法中究竟如何定位、如何规制，立法与研究对此罕有言及。其二，随着社会交往日益扩大与复杂，当代侵权法之任务与界限相较之以往均产生了很大变迁，而我国侵权法立法之基本制度形态还大体保留着十九、二十两个世纪之交的面貌；对于侵权法功能之萎缩（社会保险、社会保障对侵权法功能之挤占），伦理体认之变化（过错责任原则与损失分散之较量），多有不及。其三，对于侵权法与公法衔接，关注不够。对此，本译丛均有涉及，对我国侵权法完善之意义，不言而喻。

　　对学术研究而言，本译丛之意义多体现于方法层面。目下国内比较法研究著述虽繁，但对于比较研究之方法却并无统一定见与成熟体系；

有所感想，或为学者个人天资所及，怀玉袖中，不愿示人，或为数十年研习所生之思维习惯，并无深刻检讨，遑论方法体系。而本译丛所选书目，均采用比较法之研究方法，对欧洲主要国家侵权法制度以调查问卷方式分专题予以调查，受访者牵涉甚广，学者、法官乃至律师等，均昭然在列，如此则可窥见对同一问题各国法体系之认知、定位与处理方式，既有学说理论，又有事务处理。如此比较，一可保证针对性，二可保证明确性，三可保证全面性。概念之厘定、制度之搭建、体系之旨归，同时并举，既有微观甄别，又有宏观比对，堪称良法，可资鉴戒。当然，如此方法之为可能，首先得益于欧洲侵权法统一这一时代大背景；至于我国，因无此等法体系统一之现实需求，故而对此方法之全盘继受也似无强烈必要。然则本译丛亦愿将其视为一种例证与鞭策，敦促我国学界学人，对国内现行比较法之研究方法、成果、感想，尽快加以体系化、科学化、实证化，使其不再仅为学人之俊秀者的一种洞见，而成为一种实证之科学，惠泽后来。

如此学问，对于我国立法学术助益之大，不言自明；而如此学问不能交通于汉语学界，殊为憾事。故而我辈虽不才，强自勉力，精选十册专著，译成汉语，介绍与我国学者。《孟子》中载，华夏古礼，以钟鼓为大器，新铸新成，必献牺牲以衅之，以其上可通天人，下可安社稷；译丛译者诸君，以一己之身，甘为觳觫牺牲，霜鬓皓髯，献给繁花初现的汉语学界。

然而，译事之功，仅是远征之始；译事虽毕，绝非学养可成。许章润教授曾主编德国法儒萨维尼之研究专刊，侈译国外经典，坚实备至；而在最后却忧心言道：汉语世界之学者，尚不具备欣赏萨维尼的水平。旅德学人虽摩肩接踵，不绝于途，而往往为一叶所障，"既至宝山，空手而归"。异曲同工者，欧洲侵权法与保险法研究中心主任、维也纳大学荣休教授赫尔穆特·考茨欧先生，在给本译丛作序时也谆谆告诫，比较法之难，不在语言交通，而在于概念体系、思维方式、方法论、乃至于法律共同体之不同体认；压抑原初的价值取向而单纯撷取其制度设计，颇难融于本土法制。东西学人，相隔万里，洞见斯同，可谓佳话；

然则郁结之中，也当引人思索。余以为，我国为继受法国家，而又受民族主义之影响，故而在继受之外，又当考虑本土固有制度与固有资源的开掘与匹配。如此历程，比之日本等单纯继受，更为艰辛；而惟其如此，则达成继受法制与本土资源之协调，就成了我辈学人天命所归。余想夫德国继受罗马法时，曾有"经由罗马法、超越罗马法"之豪言；而今，我辈处在如此机缘之间，心怀"经由德国法，超越德国法"之胸襟，重铸中华文明新一千年之法秩序，当不为过！

译事既毕，掩卷扪心。遥想夫唐人侈译梵文，而有中华数百年心性哲学之异彩纷呈，由法相而天台、而华严、而禅，绚烂无比；继起儒学之风，由昌黎而敦颐、而张载、而二程、而朱子，鼓荡天下八百余年，气象万千；而今，本译丛译事甫毕，虽不敢比肩于晋唐先烈，而青灯黄卷中，亦有片刻心雄：骐骥挽骏，尘随马去；学界同仁，共奋其袂，以其固执的啃食，咬穿文化的藩篱，为我中华文物制度，再开下又一个八百年！呜呼，踵烨增华，于斯为盛，如此，诚可馨香而祝之矣！

值此梓行之际，思及丛书所以大行天下者，则感慨之外，又心生感念：中国法制出版社不计利益得失，对本丛书之出版慨然应允，胸襟气度，殊值敬佩；中国人民大学法学院朱虎博士，为本译丛事务，奔忙劳顿，最终促成本译丛印行；出版社领导诸公及策划编辑戴蕊女士，慨允于前，牵线于中，敦促于后，兢兢业业，在此谨致谢忱。此外，本译丛诸位译者，均为当代中国青年才俊，联袂襄赞，共谋中国法学奠基大业；其中最应珍视者，不惟译事克竟，又有戮力同心、共酬大业之精旨，当堪旌表。

李昊* 谨识

---

* 北京航空航天大学人文与社会科学高等研究院副院长。

前 言

当下，表达自由与人格权都受到越来越多的关注。人们强烈呼吁对二者加以保护。事实上，这两项基本权利往往会发生冲突，随着当今媒体发挥越来越重要的作用以及技术不断发展带来新的可能性，这两个相互对立的利益之间的冲突就变得更为频繁和尖锐。于是，关于如何划定这两项基本权利的界限以及人格权保护应具备何种前提条件，这样的问题就变得比以往更具代表性。因此，奥地利科学院下设的欧洲侵权法研究所（ETL）于 2003 年着手研究"针对大众媒体侵害人格权的保护"这个项目；欧洲侵权法与保险法中心（ECTIL）也参与进来。2004 年 6 月，此项目的大部分成果提交给了在维也纳召开的一次会议。

您手头的这本书并不完全局限于侵权法问题。它提供了欧洲及其之外的各种法律秩序中关于法律立场的信息，并力图注入交叉学科的研究方法，展示不同的视角：一方面，包括人权、基本权利、媒体与刑法等需要考虑的事项；另一方面，试图从媒体从业者、律师、最高法院法官等的立场阐释这一问题的特殊性。比较报告和结论完成了这项工作。

这些文章的写作要么采用德语，要么采用英语。为了确保那些不同时精通上述两种语言的读者也能吸取文章的精华，比较报告和结论采用了德英双语撰写。

在此，我们衷心地感谢为项目的顺利完成作出贡献的每一位同仁，感谢给本书赐稿的作者。此外，还要感谢奥地利科学院欧洲侵权法研究所和欧洲侵权法与保险法中心，尤其要感谢诺拉·瓦尔纳（Nora Wallner）、伊雷妮·法贝尔（Irene Faber）、托马斯·蒂德（Thomas Thiede）、丹尼斯·凯利赫（Denis Kelliher）和托马斯·胡贝尔（Thomas Huber），他们全身心地投入到海量手稿的完善工作中，唐娜·斯托肯胡贝尔（Donna Stockenhuber）以我们已经习惯了的可信赖的方式校对了英文稿件，利萨·蔡勒以一贯的勤勉致力于会务的组织工作。最后，还要对给我们提供经济资助的奥地利科学院、奥地利司法部以及奥地利 AG 博彩俱乐部表达我们的感激之情。

赫尔穆特·考茨欧、亚历山大·瓦齐莱克
2005 年 7 月于维也纳

目　录

第一部分　国别报告

第二部分　专题报告

第三部分　综合报告

第四部分 结 语

第一部分
国别报告

The Protection of Personality Rights
against Invasions by Mass Media

针对大众媒体侵害人格权的保护：奥地利

赫尔穆特·考茨欧　亚历山大·瓦齐莱克

一、人格保护和言论自由

（一）人格权保护之基础理论

1. 一般人格权或者具体人格权？

早在两百年前，奥地利《普通民法典》就已经为承认私人人格权提供了明确的依据[1]：根据当时极具开创性意义的第 16 条，人人都享有天赋的、由理性阐明的权利。然而在今天仍有争议的问题是：我们应当以将人格视为一个整体的一般人格权[2]还是以多个具体人格权[3]为出发点进行讨论。[4]

支持承认一般人格权的理由有：一般人格权强调对权利进行广

1 M. Wellspacher, Das Naturrecht und das ABGB, in: Festschrift zur Jahrhundertfeier des Allgemeinen Bürgerlichen Gesetzbuches I (1911), 第 187 页。

2 比如 J. Aicher in P. Rummel (Hrsg), Kommentar zum Allgemeinen Bürgerlichen Gestzbuch I (3. Aufl 2000), §16 边码 14 更多提示，本书尤其以德国的判例和学说为基础。

3 比如 H. Koziol, Österreichisches Haftpflichtrecht II (2. Aufl 1984), 6 mwN; 近期最高法院 (OGH) 在这个问题上明显偏向这种观点，参见 OGH in [2000] Medien und Recht (MR), 第 145 页。

4 比较法方面的文章 G. Lazarakos, Gemeinsame europäische Prinzipien zum Schutz des allgemeinen Persönlichkeitsrecht am Beispiel Deutschlands, Österreichs, Grienenlands und Großbritanniens, [2002] Zeitschrift für Rechtsvergleichung (ZfRV), 第 1 页及以下。

泛地保护，这样可以避免保护漏洞以及评价不一致造成的危险，[5] 同时一般人格权对于将来的发展而言具有开放性特征。[6] 但是需要强调的是，人格的个别面享有最全面的区别保护，比如生命权或者肖像权。另外还有一些领域完全不受保护：人们既不能阻止可能面临的单纯的烦扰或者细微的不悦，同时这些烦扰和不悦也不能引起损害赔偿的法律后果。此外，具体的、界定清晰的具体人格权已经逐渐形成，比如生命权、健康权、自由权或者姓名权。因为这些权利都享有比较广泛的保护，所以侵犯这些具体人格权的行为都具有了违法性。与这些具体的人格权相比，一般人格权显得不易界定，因此权利也具有不确定性。

3　　然而，我们不必更深入地探讨这个问题，因为总的来说研究起点的差别对实践而言意义甚微：[7]虽然一般人格权理论认为应全面保护人格权，但是此理论也必须分别考查某种人格权是否受到保护、在何种前提条件下以及在多大范围内受到保护。正如卡纳里斯（Canaris）[8] 强调的那样，这只是一种在所有权中常用的方式，因为虽然所有权享有最广泛的不受破坏或者说禁止侵犯的保护，但是却并不限制各种使用可能。[9] 相反，以具体人格权为出发点的观点必须明确：一项被保护的权利究竟是否受到了侵害？这项权利享有何种保护？因此具体人格权理论更加强调：不同于所有权保护，人格权保

5　C. -W. Canaris, Grundprobleme des privatrechtlichen Persönlichkeitsschutzes, [1991] Juristische Blätter (JBl), 第 206 页及以下。

6　参见 R. Damm, Persönlichsrecht und Persönlichkeitsrechte—Identitäts- und Autonomieschutz im Wandel, in: Festschrift H. Heinrichs (1998), 116 mwN.

7　参见 J. Aicher（前面脚注2），§16 边码 14；W. Posch in M. Schwimann (Hrsg), Praxiskommentar zum ABGB I (2. Aufl 1997), §16 边码 13、14。

8　C. -W. Canaris, [1991] JBl, 第 208 页。比如 W. Posch（前面脚注7），§16 边码 16 赞成这个观点。

9　比如因交通事故封锁道路时按照原定计划使用机动车的打算受阻。参加 H. Koziol, Österreichisches Haftpflichtrecht I (3. Aufl 1997), 边码 4、24 更多提示。

护中实际意义重大的人格面向越来越多样化和差异化，所以统一的处理模式是不恰当的。但是不是所有被保护的人格利益都能上升为一种独立的权利，这些利益仅仅在面对特定行为方式时才享有保护。倘若我们遵照卡纳里斯[10]建议的解决方案，即人们更应当对人格的不同保护领域予以高度重视，那么我们能最好地理解问题的实质。

2. 保护范围的差异

利益受保护的范围取决于很多种因素，首先取决于利益是否显示出清晰的界限？这些利益是否显而易见？法律秩序赋予这些利益何种地位？[11] 关系到人格核心领域的生命权、身体权、自由权等权利所涉及的利益既具有清晰的界限，也是显而易见的，同时在价值排序中处于第一位阶。与此相应，这些权利因而享有范围十分广泛的保护，也被列入绝对权利的范畴。基于全面保护的现实，我们可以认为：一个符合法律事实构成的侵害行为是违法的；因此对这些权利的侵害具有违法性。[12]

诸如人格尊严、肖像、隐私或者言论自由等其他人格利益在媒体领域具有重要的意义。但是这些利益界限不太明确、不够显而易见，在价值排序中也明显位于中心人格权利之后。对他们的保护力度相应小很多，范围也完全不同。奥地利最高法院认为，对名誉的保护还是很全面的，所以损害名誉的行为具有违法性。[13]

就如对其他权利的保护一样，必须坚持的是，我们可以在人格权中区分与法益相关和与行为相关的保护范围。[14]

4

5

6

10　C. -W. Canaris，［1991］JBI，第210页。

11　具体内容参见 H. Koziol，（前面脚注9），边码4、24以下；E. Karner/H. Koziol, Der Ersatz ideellen Schadens im Österreichischen Recht und seine Reform, Gutachten zum 15. Österreichischen Juristentag（2003），第34页，第35页。

12　参见 H. Koziol（前面脚注9），边码4、13。

13　OGH in Entscheidung des österreichischen Obersten Gerichtshofes in Zivil- und Justizverwaltungssachen（SZ）69/13.

14　参见 H. Koziol，（前面脚注9），边码4、23。

7　　我们在确定违法性时总是要对各种利益进行权衡，[15] 另外人格权之间也有可能出现冲突，[16] 比如通常情况下名誉权和言论自由权就会存在冲突。[17]

8　　当然我们也必须考虑对权利的侵犯是否存在正当化理由。在这个问题上，被侵犯人（明示或者默示）的同意在该领域意味着最重要的正当化理由。[18]

3. 法人人格权保护 [19]

9　　因为媒体报道不仅仅关系到自然人还关系到法人，所以我们必须弄清楚法人在多大范围内享有人格权保护。根据《普通民法典》第 26 条第 2 款的规定，法人具有权利能力，通常享有和自然人相同的权利，[20] 这条规定是我们考虑问题的出发点。因此如果法人拥有相应的值得保护的利益，那么原则上法人也享有人格权。[21]

10　　被认可的法人类型包括：私法上的团体（社团、股份公司、有

15　参见 OGH in［1984］JBl，第 494 页；［1998］MR，第 54 页；J. Aicher（前面脚注 2），§16 边码 27；H. Koziol，（前面脚注 9），边码 4、27。

16　F. Bydlinski, System und Prinzipien des Privatrechts（1960），第 140 页也指出了这一点。

17　参见 W. Berka, Persönlichkeitsschutz auf dem Prüfstand: Verfassungsrechtliche Perspektiven, in: H. Mayer（Hrsg），Persönlichkeitsschutz und Medienrecht（1999），第 11 页及以下。W. Berka, Der Schutz der freien Meinungsäußerung im Verfassungsrecht und im Zivilrecht，［1990］ZfRV，第 44 页；A. Heldrich, Persönlichkeitsschutz und Pressefreiheit, in: Festschrift H. Heinrichs（1998），第 319 页及以下；A. Heldrich, Persönlichkeitsschutz und Pressefreiheit（1998），第 13 页及以下；F. Matscher, Medienfreiheit- und Persönlichkeitsschutz iSd MRK，［2001］Richterzeitung（RZ），第 238 页及以下；C. Schumacher, Medienberichterstattung und Schutz der Persönlichkeitsrechte（2001），第 69 页及以下。

18　参见 OGH in［1974］Österreichische Blätter für gewerblichen Rechtsschutz und Urheberrecht（ÖBl），第 97 页；［1977］ÖBl，第 22 页；［1980］ÖBl，第 166 页；［1982］ÖBl，第 85 页；SZ 22/47。

19　我们衷心地感谢 Mag. Marie-Luise Fellner 女士在写作本文法人相关部分时所提供的帮助。

20　参见 H. Koziol/R. Welser, Grundriss des bürgerlichen Rechts I（12. Aufl 2002），第 65 页；W. Posch（前面脚注 7），§26 边码 28。

21　参见 J. Aicher（前面脚注 2），§26 边码 17；H. Koziol/R. Welser（前面脚注 20），第 76 页；R. Ostheim, Zur Rechtsfähigkeit von Verbänden（1967），第 152 页及以下；W. Posch（前面脚注 7），§26 边码 29。

限责任公司、合作社），社团公法人（国家、国内的地方政府、行
会），基金会和基金。但是无限责任贸易公司、两合公司、合伙不是
法人，但是在很多方面法律都赋予他们和法人相同的权利。[22] 虽然大
多数情况下我们谈论的是"法人人格权"，但是如果仔细研究，选择
的这个概念显得内涵太过狭窄。[23] 在奥地利至少可以从司法实践中看
出：人格权保护的对象不仅仅包括法人，还包括其他社团（这其中
首先是无限责任贸易公司和两合公司）。虽然最高法院没有从法教义
学的角度阐述这个问题，但是他在判决中已经赋予了其他社团人格
权。[24]

22　参见 J. Aicher（前面脚注 2），§26 边码 2 以下更多提示。

23　在德国的学说中，部分是在社团人格权的讨论中研究该问题的：H. Hubmann, Das
　　Persönlichkeitsrecht（2. Aufl 1967），第 334 页，尤其是脚注 3。法律上承认社团的结果
　　就应当是社团享有一定的人格权，它们是否是法人无关紧要；D. Klippel, Der zivil-
　　rechtliche Schutz von Verbänden，[1988] Juristenzeitung（JZ），第 630 页；T. Raiser,
　　Das allgemeine Persönlichkeitsrecht und die Lehre von der juristischen Person, in：Festschrift
　　F. Traub（1994），第 340 页；P. Schwerdtner, Das Persönlichkeitsrecht in der deutschen
　　Zivilrechtsordnung（1997），第 319 页及以下。

24　学术未对这个问题加以讨论。最高法院承认无限责任贸易公司以及两合公司的商誉权
　　受到保护；比如 OGH in [1990] MR，第 20 页；[1991] ÖBl, 161 = SZ 64/36, SZ 44/
　　45. R. Reischauer in P. Rummel, Kommentar zum Allgemeinen Bürgerlichen Gesetzbuch II
　　（3. Aufl. 2004），§1330 边码 23b。除了无限责任贸易公司以及两合公司以外登记的营
　　利公司也是这个权利的享有者。此外无限责任贸易公司以及两合公司还是《普通民法
　　典》第 43 条（姓名保护）意义上的权利享有人；参见 J. Aicher（前面脚注 2），§43
　　边码 4；W. Posch（前面脚注 7），§43 边码 1 和 13。最高法院认为民法上的公司也有
　　独立的姓名权，尽管只有它的股东以权利享有人的身份出现（OGH in [1995] MR，
　　第 111 页；[1995] ÖBl，第 219 页）；最高法院也研究过这个问题：因传播有损公司
　　信用的消息涉诉时，谁应该享有预防妨害请求权（OGH in [1995] ÖBl，第 219 页）。
　　此外根据《媒体法》第 9 条的规定，无限责任贸易公司以及两合公司还有权申请提出
　　抗辩意见，参见 G. Hager/P. Zöchbauer, Persönlichkeitsschutz im Straf- und Medienrecht
　　（4. Aufl 2000），第 69 页。按照维也纳州高等法院（in [1985] MR A9，第 13 页）的
　　观点，甚至企业职工委员会也享有以《媒体法》第 9 条为基础的申请权。此点还可以
　　参见宪法法院的判例，根据这些判例，有一些依据其性质合适的基本权利也可以归于
　　合伙企业（但是却不能归于民法上的公司）；参见 Sammlung der Erkenntnisse und wich-
　　tigsten Beschlüsse des Verfassungsgerichtshofes（VfSlg）12713 以及 16120。

4. 死后的人格保护

11　　无论是通说[25]还是判例[26]都认为：人格权可以超越死亡发挥作用。死者的近亲属负责保护死者的人格权。[27] 但是随着时间的推移这种保护渐渐减弱。[28]

（二）对本文主题意义重大的保护领域

1. 名誉权

12　　名誉权属于《普通民法典》16 条意义上被承认的权利，[29] 是那些享有绝对保护的权利。[30] 法律意义上的名誉可以被定义为："不可

25　参见 J. Aicher（前面脚注 2），§26 边码 28f；H. Koziol，（前面脚注 3），第 17 页；W. Posch（前面脚注 7），边码 48ff；K. Prietl, Die ärztliche Schweigepflicht nach dem Tod des Patienten, [1995] Recht der Medizin (RdM), 第 6 页；B. Raschauer, Namensrecht (1978), 第 272 页；还可以参见 J. Soehring, Die Entwicklung des Presse- und Äußerungsrechts 1994 – 1996, [1997] Neue juristische Wochenschrift (NJW), 第 361 页, 第 362 页。

26　OGH in [2003] JBI; 114 = [2002] MR, 288 = [2003] Recht der Wirtschaft (RdW), 5; [1985] JBI, 159; SZ 57/98.

27　死者也可以在生前确定一个人为受托管理人，并赋予此人这些权利。参见 P. Zöchbauer, Zur Gestattung der Namensverwendung, [2001] MR, 第 353 页。

28　参见 M. Binder, Das rechtliche Fortleben des menschlichen Körpers nach dem Tode, [1998/99] Juristische Ausbildung und Praxisvorbereitung (JAP), 第 228 页及以下；K. Weber, Ist der "Ötzi" ein Denkmal? [1992] Österreichische Juristenzeitung (ÖJZ), 第 673 页。

29　OGH in [2002] MR, 第 288 页。

30　OGH in [1984] Evidenzblatt für Rechtsmittelentscheidungen, in: Österreichische Juristenzeitung (EvBI), Nr 60 = [1989] ÖBI, 18 = SZ 56/124; [1984] EvBI, Nr 47; [1991] EvBI, Nr 61 = [1991] MR, 20 = [1991] Wirtschaftsrechtliche Blätter (WBI), 第 106 页；[1989] RdW, 24; SZ 56/63; W. Berka, Medienfreiheit und Persönlichkeitsschutz (1982), 第 222 页；H. Koziol（前面脚注 3），第 172 页；W. Posch（前面脚注 7），§16 边码 30；R. Reischauer（前面脚注 24），§1330 边码 1。这个判例和学说经常使用的说法当然不意味着：名誉权就不需要利益衡量。（参见边码 7 以及 OGH in SZ 51/146 = Sammlung arbeitsrechtlicher Entscheidungen (Arb), 9742；G. Haybäck, Können wahre Tatsachenbehauptungen Ehrenbeleidigungen iS des §1330 Abs 1 ABGB sein? [1994] JBI, 第 667 页, 第 737 页。然而从绝对性中还可以推导出无过错责任的预防妨害请求权；R. Reischauer（前面脚注 24），§1330 边码 4, 23 更多提示；还可以参见边码 174。

丧失的，源于人类尊严的，人人都享有的要求被他人尊重对待的权
利"，[31] 在这里考虑的是客观意义上的名誉，即以普通人的一般认知
为标准，而不考虑主观的自我感受，也就是所谓的名誉感。[32]

特别是《刑法典》第 111 条及以下、《著作权法》第 78 条、 13
《媒体法》第 6 条以及《普通民法典》第 1330 条第 1 款为保护这种
人格权提供了依据。[33]《普通民法典》第 1330 条第 1 款的规定是名誉
受损时最基本的民事请求权基础，也被认为是名誉权重要的具体化
条款。[34]《普通民法典》第 1330 条第 1 款仅仅规定了物质损害的补
偿，因此那些关于精神损害赔偿的其他规定（首先是《媒体法》第
6 条）具有重要的实践意义（参加边码 154 及以下）。

通说和判例一般认为刑事法律上的名誉保护仅仅覆盖了名誉权 14
的核心领域，[35] 所以一个违反《普通民法典》第 1330 条第 1 款的违
法行为，在刑事法律领域并非总是可罚的。[36] 如果当着两个人的面侮

31　D. Kienapfel, Grundriss des österreichischen Strafrechts, Besonderer Teil I（4. Aufl 1997），
Vorbemerkungen §§111ff 边码 2。

32　D. Kienapfel（前面脚注 31），前言 §§111ff 边码 1；还可以参见 F. Fabricius, Zur Dog-
matik des "sonstigen Rechts" gemäß §823 Abs 1BGB，[1961] Archiv für die civilistische
Praxis（AcP）159，273 und 292 以及 OGH 26. 8. 2004，6Ob83/04f 和 6Ob40/04g。

33　如果争议双方处于竞争关系，那么可以超越《联邦反不正当竞争法》第 1 条一般条款
的规定，主张名誉损害。

34　W. Posch（前面脚注 7），§16 边码 30。

35　在一个现代民主国家中，原则上只有单纯的民事和行政法律保护不充分时，才使用刑
法的手段。考虑到个人和公共利益，某行为特别地卑劣、具有特别的危险性，那么可
以使刑事法院判决的刑罚获得正当化理由。所以适用刑事法律的规定不是一般情况，
而是特殊情况。[H. Fuchs, Österreichisches Strafrecht Allgemeiner Teil I（5. Aufl 2002），
1]

36　H. Koziol（前面脚注 3），第 173 页；F. Harrer in M. Schwimann（Hrsg），Praxiskommen-
tar zum ABGB VII（2. Aufl 1997），§1330 边码 2；G. Korn/J. Neumayer,
Persönlichkeitsschutz im Zivil- und Wettbewerbsrecht（1991），第 43 页；还可以参见 OGH
in [1955] EvBl, Nr 395；[1983] EvBl, Nr 91；[1991] MR, 20 以及 E. Rehm, Das
Recht am eigenen Bild，[1962] JBl，第 7 页。

辱某人，该人不能获得财产损害赔偿，而当着三个人[37]的面侮辱这个人时，他就能获得财产损害赔偿，这种规定显然不合理。[38]民事法律关于损害名誉行为成立的前提条件，仅要求至少有一名局外人获悉该行为，因为第三人获知损害名誉的言论时，该言论就可能导致物质损害。相反当加害人仅向被损害人发表这种言论时，精神损害就可能已经出现。然而在这里被损害人所遭受的侮辱并没有达到像表面看起来很严重的那些危及社会的名誉损害行为的程度。因此在这些案件中，不赋予相关人员精神损害赔偿请求权看起来比较合理。因为在大众媒体侵犯名誉权的案件中无论如何会有第三人获悉相关言论，所以在这里我们不需要继续研究谈论这个问题。

15　　　根据一般规定（《普通民法典》第 1294 条、第 1295 条），加害人的轻微过失就足以导致承担《普通民法典》第 1330 条的赔偿义务。[39]但是刑事法律上的损害名誉的违法行为必须以故意为成立要件。[40]

37　根据《刑法典》第 115 条第 1 款的规定，只有当侮辱发生在公众场合或者发生在多人面前时才具有刑法上的可惩罚性。这一条第 2 款明确规定：除行为人和被侮辱人之外的，至少需要 3 个局外人才能够证实侮辱行为的存在，只有这样，"侮辱发生在多人面前"这一个前提条件才能被满足。

38　H. Koziol（前面脚注 3），第 173 页；赞成 G. Korn/J. Neumayer（前面脚注 36），第 44 页；G. Haybäck，[1994] JBI，第 668 页。

39　A. Ehrenzweig, System des österreichischen allgemeinen Privatrechts II/1（2. Aufl 1928），第 657 页；R. Ostheim, Kreditschädigung und Presserecht，[1974] ÖJZ，第 2 页；R. Reischauer（前面脚注 24），§1330 边码 3；M. Stubenrauch, Commentar zum österreichischen allgemeinen bürgerlichen Gesetzbuch II（8. Aufl 1903），第 707 页；K. Wolff in H. Klang（Hrsg），Kommentar zum Allgemeinen Bürgerlichen Gesetzbuch VI（2. Aufl 1951），第 160 页；此外也同样适用于《普通民法典》第 1330 条第 2 款的信用损害（边码 19 及以下将就此进行论述）；此外参见 OGH in [1978] ÖBl，第 37 页；[1979] ÖBl，134 = [1982] Zeitschrift für Arbeits- und Sozialrecht（ZAS），Nr 28；R. Reischauer（前面脚注 24），§1330 边码 16。

40　然而在刑法中仅仅考虑：犯罪行为人是否有意侮辱或者谩骂某个特定的对象；C. Bertel/K. Schwaighofer, Österreichisches Strafrecht Besonderer Teil I（7. Aufl 2003），§111 边码 15。犯罪行为人故意造成损失，这一点不是必须的。

　　总的来说，以下情况可以看做《普通民法典》第 1330 条意义上　16
的侵犯名誉权情形：如果当着第三人的面，（1）指责某人性格乖戾
或者作风轻佻（个性指责；《刑法典》第 111 条第 1 种情况）；（2）
指责某人行为不光彩或者违反公序良俗——这样的指责使他在公共
场合显得十分卑鄙或者受到贬低（行为指责；《刑法典》第 111 条第
2 种情况）；（3）指责某人实施了法院判决认定的刑事犯罪行为，只
不过服刑期满，或者仅仅被判缓刑或已被减刑，或者对此犯罪行为
法院决定临时延期审判（《刑法典》第 113 条）；（4）辱骂、嘲笑某
人，或者虐待某人，或者威胁某人要对其进行身体上的折磨（《刑法
典》第 115 条）（在媒体侵害人格权领域我们可以不用考虑以殴打身
体这种折磨方式对人格权进行侵犯）。

　　根据《刑法典》第 111 条及以下的规定，媒体正确地、价值中　17
立地转述第三人侵犯名誉权的言论，不具有可罚性。[41]《普通民法
典》第 1330 条也很少关注这样的价值中立的转述。

　　综上所述，我们可以认为：民法上的名誉权保护经常和刑法上　18
的名誉权保护一致，但是在具体案件中保护的范围更广。

　　2. 侵犯名誉权和损害信用

　　《普通民法典》第 1330 条第 2 款规定了损害信用行为的构成要　19
件，这一条的保护对象是商业信誉（参见边码 45 及以下）。

　　损害信用行为的成立以"对事实的陈述"为前提条件，"对事实　20
的陈述"是可以被证伪的。[42] 相反，单纯的价值判断只能被认定为损
害名誉。

41　在这些案件中，刑事法律的构成要件是否被满足，转述是否有理（"合理性解决方
　　案"），或者是否从一开始该转述就被评价为不符合事实构成要件（"事实构成解决方
　　案"）？关于这个问题，学界有不同的观点。第一个观点以《媒体法》第 6 条第 2 款第
　　4 项为依据。关于这个问题可以参见：P. Zöchbauer, Die "Zitatenjudikatur" —ein Zwis-
　　chenbericht，［2001］MR, 149mwN。

42　F. Harrer（前面脚注 36），§ 1330 边码 12。

21   具有侮辱性质的损害信用的"对事实的陈述"引起什么样的法律后果？这个问题非常棘手。最高法院现在的观点是：受害者有权决定，是同时引用《普通民法典》第 1330 条第 1 款以及第 1330 条第 2 款作为依据，还是仅引用其中的一款作为依据。[43] 这意味着侮辱性质的"对事实的客观陈述"不但可以被认定为损害信用，同时还可以被认定为侵犯名誉权。

3. 真实的"对事实的陈述"是否构成名誉损害[44]

22   因为《普通民法典》第 1330 条第 2 款明确规定"不真实性"为适用的前提条件，那么真实的"对事实的陈述"不会引起信用受损的赔偿请求权，但是会引起名誉受损的赔偿请求权[45]（因为《普通民法典》第 1330 条第 1 款不考虑"真实性"）。然而从《国家基本法》第 13 条和《欧洲人权公约》第 10 条的规定中可以推导出：真实的"对事实的陈述"，如果完全真实的话，仅在特定条件下才会引起民事法律责任，因为通常情况我们不会认为真实的内容具有侮辱性。[46]

23   就这点而言，在《普通民法典》第 1330 条第 1 款的适用范围

---

43 OGH in［1991］EvBI, Nr 24 =［1991］MR, 18 =［1991］RdW, 205；［1991］Ev-BI, Nr 61 =［1991］MR, 20 =［1991］WBI, 106；还可以参见 G. Korn, Die "zivil-rechtliche" Ehrenbeleidigung,［1991］MR, 第 138 页及以下。在这个问题上最高法院采纳了 R. Reischauers（前面脚注24）的观点，§1330Abs1 边码 6。以前这是一个常用的判例,《普通民法典》第 1330 条第 2 款被看作是《普通民法典》第 1330 条第 1 款的特别法；OGH in［1978］EvBI, Nr 38 =［1978］ÖBI, 3 = SZ 50/86；EvBI, Nr 99 =［1978］ÖBI, 37；［1987］JBI, 724 =［1987］MR, 131 = SZ 60/93. 这个解释以 H. Koziol（前面脚注 3）的观点以及 F. Harrer（前面脚注 36）的观点为基础，§1330 边码 2, F. Harrer。最高法院的新判决已经在边码 4 提到了。

44 参见 G. Haybäck,［1991］JBI, 第 667 页、第 732 页。

45 OGH in［1991］EvBI, Nr 61 =［1991］MR, 20 =［1991］WBI, 第 106 页。

46 W. Berka,［1991］ZrRV, 第 44 页；赞成此观点：G. Haybäck,［1994］JBI, 第 740 页；还可以参见 H.-H. Maass, Information und Geheimnis im Zivilrecht (1970), 第 6 页及以下；（此外还可以参见 OGH in［1963］JBI, 第 286 页及以下；但是这个案件中的争议双方当事人具有竞争关系）；此外还可以参见 OGH 26.8.2004, 6Ob83/04f。

内，真实性证据非常重要（参见《刑法典》第111条第3款）。但是关于私人生活或者家庭生活事实的真实性证据、关于应要求跟踪他人的违法行为或者关于已经了结的违法行为的真实性证据是违法的（参见《刑法典》第112条、第113条）。然而这些案件很少涉及名誉权保护，而是关系到隐私保护。

这意味着：《普通民法典》第1330条第1款中的真实性证据仅仅可能在《刑法典》第111条关于恶意诽谤的事实构成中出现，并不是在所有的范围内（《刑法典》第112条）都可能出现。

24

在真实的关于国家参议院或者其他代表组织的公共会议的报道，在广播电台现场直播，同时新闻工作者也尽到了必要的审慎义务的情况下，《媒体法》第6条、第7条免除了媒体的责任。此外在以下情况下，媒体对恶意诽谤也不负赔偿责任：如果能提出真实性证据；或者公众对公开刊登此新闻的利益占优势，同时新闻工作者也尽到了必要的审慎义务，有足够的理由认为该报道是真实的；或者该报道是对第三人言论的真实转述，同时公众对获悉该言论的利益占优势（《媒体法》第6条第2款）。如果新闻报道关系到绝对私人生活领域，那么在以下情况下媒体可以免除责任：当公开刊登的新闻是真实的，并且该新闻和公众生活有直接的联系；或者根据具体情况我们可以推论出相关人员同意公开报道（《媒体法》第7条第2款）。这些规定使得在传播不真实的言论时，媒体基于一般信息利益的原因享有某种程度的特权。

25

奥地利最高法院在"不幸的企业家"一案[47]中探讨了根据《普通民法典》第1330条的规定，在何种程度上行为人要对"真实的对事实的陈述"承担责任：某日报撰写了一篇讽刺杂文，因为当地一家免费报纸破产了，所以它称这位该报的发行者为"不幸的、失败

26

---

[47] 参见前面脚注29。

的企业家"。因为对于该被争议的言论而言不存在占优势的公众利益，所以最高法院认为发行者的利益受到了没有必要的侵犯。最高法院认为：在此处援引"从前不幸的纺织企业"一案没有任何信息价值，相关人员的名誉权很有可能受到了侵犯。总而言之，最高法院把该新闻报道结尾的方式解释为明显的故意伤害和侵犯。对以上这个案例而言最关键的一点是：在什么样的上下文中使用"真实的对事实的陈述"？因为本案中该日报在并无具体预兆的情况下以挖苦或者幸灾乐祸的方式提及这位企业家的个人商业失败，所以最高法院认为该报道侵犯了民法规定的名誉权。在大众媒体上进行传播使得该案的情况更加复杂。

27　　部分学者提出了批判性的反对意见，有人认为"真实的贬低性的事实陈述"引起的法律责任不能和刑事法律上的侮辱行为相提并论。[48] 这个说法不具有说服力，因为原则上民事法律的保护范围要比刑事法律的保护范围广。此外需要指出的是，其实这种情况更多的关系到其他人格利益，较少的关系到损害名誉。

4. 法人名誉权保护

28　　法人是否享有名誉权，这个问题一直有争议。刑法主流学说认为，基本原则是法人无被侮辱的能力，因为刑法条文致力于保护个人；[49]《刑法典》第116条制裁针对合宪的代议机构、联邦军队、政府机关的侮辱（《刑法典》第111条、第115条），仅仅被看作是基

48　W. Berka, Anmerkung zu OGH, ［1996］Recht der Umwelt（RdU），第47页；F. Harrer（前面脚注36），§1330边码4。

49　C. Bertel/K. Schwaighofer（前面脚注40），§111边码1；E. Foregger, Wiener Kommentar zum StGB（2. Aufl 2001），Vorbem §111－117边码19、边码20；O. Leukauf/H. Steininger, STGB（3. Aufl 1992）；Vorbem §§111边码7，边码8；D. Kienapfel（前面脚注31），Vorbem §111及以下边码59；P. Ozlberger, Ehrenschutz und Medienstrafrecht（2. Aufl 1997），第43页；OGH in［1978］EvBl, Nr 140＝Entscheidungen des österreichischen Obersten Gerichtshof in Strafsachen und Disziplinarangelegenheiten（SSt）49/2；SSt 35/11.

本原则的例外。⁵⁰ 然而出现针对集体的侵犯名誉权的言论时，我们必须审查：这样的言论是否针对集体名义之下的个人？⁵¹

与此相反，对于民事案件奥地利最高法院在从现在起司法判决中一致赞成法人的名誉权受保护。⁵² 最高法院在这里强调：依据《普通民法典》第 1330 条，向法人提出的"欺骗谴责"也是可以被追诉的。⁵³ 即便名义上没有提到法人的机关，但是经综合分析，此规则可能也适用于法人机关。⁵⁴

部分学者对这份判决进行了强烈的抨击；⁵⁵ 被引证最多的理由是

29

30

50　C. Bertel/K. Schwaighofer（前面脚注 40），§116 边码 1。从《刑法典》第 116 条可以得出相反的结论：在此列举以外的其他机构不具有被侮辱的资格；D. Kienapfel（前面脚注 31），Vorbem §§111 及以下边码 59。D. Kienapfel（前面脚注 31），§116 边码 2，从《刑法典》第 116 条中看到了和《刑法典》第 111 条、第 115 条不同的受到保护的法益，但是 P. Ozlberger（前面脚注 49），第 27 页、第 44 页，认为事实上《刑法典》第 116 条仅仅保护站在国家机构幕后的自然人。

51　参见 OLG Wien in［1986］MR，第 13 页。但是集体必须和个人"息息相关"。原则上只考虑小的集体，但是何谓小集体，界限不是很明晰。奥地利最高法院在 SSt 49/2 中认为"息息相关"原则在党派委员会中的人数标准是 70 人。反对意见：C. Bertel/K. Schwaighofer（前面脚注 40），§111 边码 1；D. Kienapfel（前面脚注 31），Vorbem §111 及以下边码 62；OLG Wien in［1991］MR，第 144 页。

52　参见 OGH in［1997］MR，第 83 页；［1998］MR，第 273 页；SZ 61/193；SZ 64/182；SZ 68/177；OGH 最新判决 in［2003］RdW，Nr. 359 =［2004］Österreichisches Bankarchiv（ÖBA），第 52 页。

53　OGH in［2003］RdW，Nr. 359 =［2004］ÖBA，第 52 页；关于"欺骗谴责"还可以参见 OGH in［1993］MR，第 55 页。

54　OGH in［2000］Leitsatzkartei，in: Österreichische Juristenzeitung（ÖJZ-LSK），Nr 251；OGH 6 Ob 315/02w vom 20. 3. 2003.

55　参见 W. Berka, Unternehmensschädigende Kritik und Freiheit der Meinungsäußerung，［1997］WBI，第 272 页及以下；W. Berka，［1990］ZfRV，第 55 页及以下；F. Harrer, Produktkritik als Instrument des Tier- und Umweltschutzes，［1995］RdU，第 104 页及以下；F. Harrer（前面脚注 36），§1330 边码 4；G. Haybäck，［1994］JBI，第 736 页及以下；G. Korn, Anmerkung zu OGH，［1991］MR，第 147 页、第 148 页；针对法人名誉权保护：M. -T. Frick, Persönlichkeitsrechte（1991），第 40 页；H. Hubmann（前面脚注 23），第 336 页（独立于刑法上的保护）；R. Ostheim（前面脚注 21），第 156 页；W. Posch（前面脚注 7），§26 边码 29；R. Reischauer（前面脚注 24），§1330 边码 1a, 23c。

刑法拒绝保护这种权利。在"名誉"这个概念上刑法和民法并无差别；这二者都和人的尊严相联系。

5. 隐私

31 　　现代科技[56]的进步以及某些大众媒体对纯私人事务报道不断增强的趋势给个人隐私带来了巨大的潜在危险。当然很长时间以来"对自己私密领域"的权利，也可以被称作隐私权，就已经被视为天赋的权利（《普通民法典》第16条）而受到法律保护。[57] 此外在奥地利法律秩序中还有一系列关于隐私权和其他领域权利的规定。尤其应当指出的是《欧洲人权公约》第8条，它保障了私人生活不受国家干预的权利，并且国家有义务保证这种权利。[58] 除此以外，也应当提及《媒体法》第7条，按照《媒体法》第7条的规定，如果媒体以一种将之暴露在公众面前的方式讨论或者呈现某人的绝对私人生活领域，那么受害人有权就所受的伤害向媒体主张损害赔偿。

32 　　此外还必须关注《媒体法》第7a条，根据这一条的规定，如果公开身份会侵犯值得保护的利益，同时公众对公开这些信息的知情利益并不占优势，那么法律禁止公开特定案件中相关人员（犯罪行为的受害者、犯罪嫌疑人、犯罪人）的身份。另外《媒体法》第7c条还禁止非法公开（未经当事人许可制作的录像、照片等——译者

---

56 在这个语境下指的是，如电视电话、视频监控、监听器、有内置摄像头的移动电话、远距照相镜头或者数码摄影。

57 参见 J. Maucka, Die Anwendung der Theorie der Interessenkollisionen auf die "angeborenen Rechte", in: Festschrift zur Jahrhundertfeier des Allgemeinen bürgerlichen Gesetzbuches II (1911)，第268页及以下。近期的文章可以参见 C. Schumacher（前面脚注17），第29页及以下；M. Hinteregger, Der Schutz der Privatsphäre durch das österreichische Schadensersatzrecht, in: Liber Amicorum P. Widmer（2003），第145页及以下；E. Karner/H. Koziol（前面脚注11），第101页及以下；A. Posch/A. Warzilek, Der "Krieg der Bilder", Salzburger Nachrichten（SN）（2003年4月15日），第6页。

58 对此可参见 J. Frowein in J. Frowein/W. Peukert, EMRK-Kommentar（2. Aufl 1996），Art 8 边码9；M. Hinteregger, Die Bedeutung der Grundrechte für das Privatrecht, [1999] ÖJZ，第741页及以下。同时参见后面脚注111。

补充），这一条可能会减弱奥地利新近采取的用于打击有组织犯罪的侦察手段的作用。[59]

《2000 年数据保护法》第 1 条特别强调保护隐私、防止国家机 33
构或他人入侵。[60] 如果存在值得保护的利益，那么法律不仅仅保护自然人的个人信息，还保护法人或其他人合组织的信息免受调查和传播。[61]

最后，如果危及到合法的利益，《著作权法》第 78 条禁止刊登 34
受害者的照片。[62] 保护隐私的利益也被视作这种合法利益。此外也必须指向《著作权法》第 77 条，根据这条规定，人们既不能公开宣读信件、日记以及其他类似的秘密记录，也不能以其他使之为公众所知的方式传播这些资料，如果这种传播侵犯了作者的合法利益，或者在作者去世之后并且作者本人没有允许或者安排公开的情况下侵犯了近亲属的利益。

6. 《普通民法典》第 1328a 条规定的隐私权

2004 年 1 月 1 日生效的《普通民法典》第 1328a 条[63]不但规定 35
了侵犯隐私案件中的财产损害赔偿，还规定了损害特别严重情况下的精神损害赔偿。[64]

---

59 A. Hanusch，Kommentar zum Mediengesetz（1998），§7c 边码 1。

60 U. Brandstetter/H. Schmid 建议不使用《2000 年数据保护法》第 1 条中那些由宪法确定的针对媒体的数据采集和正确制作数据的权利。

61 《2000 年数据保护法》第 4 条第 3 款明确规定了这一点，参见 R. Knyrim，Datenschutzrecht（2003），第 11 页。在这里环境信息的数据保护问题非常棘手。立法者在《环境信息法》第 4 条中确定：人人都可以自由获取这些数据。仅仅在一方当事人尊严受损不能作为值得保护的利益得到主张时，利益衡量对于《环境信息法》第 4 条第 3 款规定的情形才是必要的。

62 对于这点 G. Zeiler, Recht und Unrecht am eignen Bild—Fragen des Bildnisschutzes am Beispiel der Kriminalberichterstattung，在 H. Mayer（Hrsg），Persönlichkeitsschutz und Medienrecht（1999），第 23 页及以下；同时可参见边码 53。

63 参见 Art IV Z 2 Bundesgesetzblatt（BGBI）91/2003。

64 对其产生历史详细的和批判性的论述见 E. Karner/H. Koziol（前面脚注 11），第 103 页及以下。

36   但是法律明确规定这一条不适用于媒体领域。[65] 理由是《媒体法》第 7 条、第 7a 条和第 7c 条的特殊规定不应当被《普通民法典》第 1328a 条覆盖。[66]

37   但是我们认为不应当欢迎这个新规定，因为新规定附加了不一致的条件使得侵犯人权格导致的精神损害赔偿的证明负担加重。此外，在《普通民法典》第 1328a 条的适用范围内受害者原则上可以请求完全的精神损害赔偿，通常情况下媒体导致的精神损害要严重得多，但是受害者却只能在《媒体法》划定的非常低的额度里获得赔偿，客观上这一点也不合理。

38   这不禁产生了一个问题：媒体导致的物质损害应当按照哪条规定来进行赔偿。[67] 因为《媒体法》第 7 条仅仅规定了精神损害赔偿并且排除《普通民法典》第 1328a 条的适用，所以只剩下援引《普通民法典》第 16 条连同《欧洲人权公约》第 8 条的规定了。[68]

7. 歪曲个人形象

39   和德国[69]不同的是，至今为止禁止歪曲个人形象在奥地利司法判决中还不是什么大问题。如果关于某人的不正确的言论使得公众对

---

65   参见 §1328a Abs 2 S 2 ABGB："媒体侵犯人格权的法律责任分别按照《媒体法》不同时期的相关规定确定，BGBl Nr 314/1981。"

66   Erläuternde Bemerkungen（EB）Regierungsvorlage（RV）第 173 页 Beilage zu den stenographischen Protokollen des Nationalrates（BlgNR）第 22 页。Gesetzgebungsperiode（GP）第 19 页、第 20 页。

67   可以考虑一下这个不是完全不合情理的例子：一位名人因为关于他隐私的报道失去了广告商的青睐，因此遭受了收入损失。

68   应当根据上下文和立法者加大隐私保护的原意，《普通民法典》第 1328a 条中的"仅仅"（"allein"）只关系到《普通民法典》第 1328a 条，并没有关系到《普通民法典》第 16 条意义上的隐私权。

69   参见 Entscheidungen des deutschen Bundesverfassungsgerichts（BVfGE）第 43 页，第 269 页（Soraya）以及 Bundesgerichtshof（BGH）in［1996］NJW，第 2870 页（Caroline I）；关于德国的法律状况还可以参见 C.-W. Canaris in K. Larenz, Lehrbuch des Schuldrechts II/2（13. Aufl 1994），第 501 页；C.-W. Canaris，［1996］JBl，第 207 页及以下（此外在这里和奥地利法律有着有趣的联系）。

其产生了错误的印象，但是却不存在名誉损害或者没有涉及其他值得保护的人格，那么此时就属于侵犯了源于《普通民法典》第16条的特别的人格权。例如某媒体刊登了一次捏造的访谈，这个访谈既没有隐私相关的内容也没有损害名誉的内容。断章取义一定程度上也被看作是对个人生平事略的侵犯。[70]

8. 隐名权

姓名权（《普通民法典》第43条）尤其保护姓名不受质疑和僭越。在媒体出版中通常不涉及这类型的侵权行为，[71] 而是涉及所谓的指名道姓的行为。在新闻中对某人进行实名报道，因为该新闻事实上指的就是这个人，和其他姓名的姓名权人无任何瓜葛，[72] 所以这就不属于不经授权使用他人姓名，因此也不属于《普通民法典》第43条意义上的冒用他人姓名。[73]

40

然而，如果在事实上不合理的上下文中提到某人姓名，那么仅仅是指名道姓也有可能侵害他人人格权。[74] 这种情况就可以说是侵犯

41

70　对此参见 R. Doralt, Der Schutz des Lebensbildes, [1973] ÖJZ, 第645页。尽管对此没有司法判决，部分学说还是肯定法人的肖像权，如果人们把肖像权广泛地理解为"独特的生平事略"。参见 J. Aicher（前面脚注2），§26边码17。非常谨慎的论述（"有可能"）W. Posch（前面脚注7），§26边码29；否定观点，R. Ostheim（前面脚注21），第156页。德国肯定了对法人生平事略权的保护：H. Hubmann（前面脚注23），第336页、第337页；H. Leßmann, Persönlichkeitsschutz juristischer Personen, [1970] AcP 第170页、第284页、第285页（尽管意义不大）。反对意见，D. Klippel, [1988] JZ, 第631页、第632页。

71　如果媒体给一个虚构的人物取名为一个实在的人的姓名时，可以认为冒用他人姓名。也可以参见 J. Aicher（前面脚注2），§43边码10。

72　OGH in SZ 35/110。

73　在冒用姓名时，人们把姓名权人和他的真实姓名联系起来。即使对姓名权人进行了不真实的报道，也不适用姓名权保护，因为在这种情况下不真实的报道也是和这个特定的人有关系的。然而受害人可以以个人形象被歪曲为由维护自己的权利。此处参见 J. Aicher（前面脚注2），§43边码10。

74　J. Aicher（前面脚注2），§16边码23；B. Raschauer（前面脚注25），第296页、第297页。OGH 在以下判决中同意此观点：[1987] JBl, 37, 38 = [1986] MR H 6, 15 = [1987] ÖBI, 26；[1988] MR, 158, 160；[1998] MR, 53, 55。

了源于《普通民法典》第16条和第43条的"隐名权"。如果新闻报道会致使相关人员的其他人格权受到侵害，[75] 或者仅仅因为新闻报道的目的和相关人员受到的利益侵害不相称，那么这两点都可能使得指名道姓的行为不被允许，比如在纯粹耸人听闻的新闻中提及某人的姓名，[76] 或者任意公开姓名使得未参与事件者受了公众的关注。[77]

42   《媒体法》第7a条禁止媒体公开刑法意义上的受害人、犯罪嫌疑人、被判刑者的身份（参见边码77）。这一条明确地提及了公开姓名，因而规定了"隐名权"的一些方面。例如某警察在执行公务打击有组织犯罪时被射伤，因此成为刑事案件中的受害者，按照第7a条的规定，媒体要对他的姓名保密。[78]

43   最后，大多数媒体对《媒体法》第7b条的违反（无罪推定原则，参见边码78）被看作是对"隐名权"的侵犯。[79]

44   法人以及合伙企业也属于《普通民法典》第43条所保护的姓名

---

75 这里可以考虑所有其他的和我们的问题相关的保护领域，如名誉、隐私、歪曲个人形象等等。在这种安排下可以将"隐名权"理解为和作为一般条款的《著作权法》第78条规定的肖像权类似的权利。

76 BGH［1977］Monatsschrift für Deutsches Recht（MDR），739.

77 OLG Köln in［1967］Archiv für Urheber-, Film-, Funk- und Theaterrecht（UFITA），331；参见 OGH［1958］ÖBI, 98（这是一个关于肖像公开的案件）；在考察是否合理时，姓名所属人不同意提及他的姓名这一点并不重要，因为没有人有无限的权利来决定他的名字是否在公众场合被提及。但是与此相反，姓名所属人同意提及自己的姓名在利益权衡中扮演重要的角色，因为这意味着正当化的理由。［R. Raschauer（前面脚注25），第297页及以下；赞成意见：OGH in［1998］MR, 55；参见前面边码8。］

78 OGH in［1996］MR，第97页。

79 参见 W. Berka, Unschuldsvermutung und Recht auf Namensanonymität,［1987］MR，第6页及以下。

所属人，[80] 同样享有"隐名权"。[81]

9. 维护商誉

《普通民法典》第 1330 条第 2 款包括散布不真实的"使他人的 **45** 信用、收益或者持续发展面临危险"的信息，这里"信用"关系到 某人是否值得信任，"收益"关系到受害者眼前的经济状况，"持续 发展"关系到受害者将来的经济状况。[82]

尽管该条位于标题"名誉损害"之下，但是该条不以传播的事 **46** 实（Tatsache）具有毁坏名誉的特性为成立的前提条件，[83] 毋宁说此 规定关系到的是维护商誉权，这种权利被看作是《普通民法典》第 16 条意义上的"天赋"的权利，[84] 因此受到保护。和民事法律上的 损坏名誉一样（参见边码 14），向一个人传播就已经可以满足《普

80　OGH in［1995］MR，111 =［1995］ÖBI，第 228 页；［2000］ÖBI，第 39 页；SZ 15/ 18；SZ 37/178；SZ 50/152；J. Aicher（前面脚注 2），§26 边码 17 以及 §43 边码 4； H. Koziol（前面脚注 20），第 76 页、第 80 页；W. Posch（前面脚注 7），§26 边码 29 以及 §43 边码 1，第 13 页。《普通民法典》第 43 条是《商法典》第 37 条和《反不正 当竞争法》第 9 条意义上的公司法和竞争法上的姓名保护之外的独立的请求权基础。 ［J. Aicher（前面脚注 2），§43 边码 19］

81　参见 OGH［1987］JBI，37；在这个判决中第一原告是第二原告两合公司的无限责任 股东，这个无限责任股东是一个有限责任公司。参见 SZ 59/182（这里第二原告是一 个股份有限公司）以及 J. Aicher（前面脚注 2），§26 边码 17，§43 边码 18；但是我 们仅在功能范围之内保护法人的商号或者姓名。

82　F. Harrer（前面脚注 36），§1330 边码 28。在竞争法中人们可以提出关于《反不正当 竞争法》第 7 条特别规定的信用损害作为理由。

83　已经对此作出论述的有：A. Ehrenzweig（前面脚注 39），第 658 页。此外还可以参见 OGH in［1984］JBI，第 492 页、第 494 页；［1990］MR，57；SZ 56/124；赞成该观 点：G. Zeiler，Persönlichkeitsschutz（1998），第 1 页；还可以参见 G. Hayböck，［1994］ JBI，第 669 页；E. Helle，Der Schutz der Persönlichkeit，der Ehre und des wirtschaftlichen Rufes im Privatrecht（2. Aufl 1969），第 64 页；H. Koziol（前面脚注 3），第 174 页； R. Reischauer（前面脚注 24），§1330 边码 7。

84　参见 OGH in［1993］ÖBI，第 84 页。

通民法典》第1330条第2款的责任条件，[85] 就大众媒体的报道而言，无论如何都满足了这个前提条件。

47 "传播"既可以是告知自己所知的情况，也可以是转述别人的看法，但是并不取决于传播人自己的看法是否和别人的看法相一致。然而媒体对转述具有公共利益并且符合真实情况的第三人的观点不负责，只要媒体没有将这些出自公众的观点作为自己的观点来报道。[86]

48 如果说法的真实性可以被客观检验（参见边码20），那么就是事实。[87]

49 法人也同样享有《普通民法典》第1330条第2款意义上的维护商誉的权利。[88]

10. 肖像权

50 针对侵犯他人权益的公开刊登图片的行为，《著作权法》第78

---

85 OGH in［1978］EvBI，Nr 38 =［1978］ÖBI，3 = SZ 50/86；［1983］ÖBI，第142页；SZ 2/125；SZ 25/169；赞成该观点：H. Koziol（前面脚注3），第175页；其他观点（aA）OGH in［1928］Zentralblatt für die juristische Praxis（ZBI），Nr 125。

86 G. Korn/J. Neumayer（前面脚注36），53页及以下更多提示。

87 OGH in［1975］EvBI，Nr 146；［1980］JBI，第481页；［1992］JBI，第326页；［1989］MR，第64页；［1990］MR，第66页；［1990］MR，第68页；［1990］MR，第184页；［1990］ÖBI，第18页；SZ 50/111；SZ 60/225；SZ 61/193；R. Reischauer（前面脚注24），§1330边码8；H. Koziol（前面脚注3），第174页；F. Schönherr，Kreditschädigende Tatsachenbehauptungen，［1975］ÖBI，第79页。

88 OGH in［1995］MR，第16页附有 G. Korn 的评注；［1996］MR，第239页附有 G. Korn 的评注；［2001］MR，第93页；［2003］MR，第90页；［1983］ÖBI，第142页；［1993］ÖBI，第163页；F. Harrer（前面脚注36），§1330边码27；H. Koziol（前面脚注20），第76页；R. Reischauer（前面脚注24），§1330边码23b；另外，和名誉权保护的状况不同，权利人在此处依据《普通民法典》和《刑法典》享有保护是同步的。《刑法典》第152条规定的——因他人散布不真实的信息，所以其信用、收益或者是职业持续发展受损或者面临危险的——犯罪对象既可以是自然人也可以是法人。［参见 E. Fabrizy，Strafgesetzbuch（8. Aufl 2002），§152边码1；K. Kirchbacher/W. Presslauer，Wiener Kommentar（2. Aufl 1999），§152边码1。］但是这里只关系到法人的信用、收益，"职业持续发展"这个概念并不适用于法人（参见 OLG in Innsbruck in［1989］MR H6，第208页）。

条赋予被侵权人防御权。所有种类的个人图片[89]都受到保护，不论它是照片、油画、素描、版画还是雕塑。[90] 甚至是在"移动图片"的情况下，如电影，受害人也可以根据《著作权法》第78条请求肖像保护。[91] 重要的是大家可以辨认出谁是被拍照的人，如果读者注意到照片所附的文字就可以确定此人的身份，那么事实构成条件也能被满足。[92]

在奥地利有大量的关于肖像权的法院判决，其中的大部分判决和大众媒体侵权有关。这要归因于这样一种趋势，即媒体越来越多地给文章加上插图，这不仅发生在那些铜版杂志上，而且日报也是如此。此外《著作权法》第78条仅仅涉及图片的公开，并没有涉及图片的制作。[93] 正是在大众媒体领域，图片公开非常典型，尤其是在电视中。此外人们越来越钟爱新型的网络媒体，这也导致了媒体在新闻报道中不仅仅使用静态图片还使用视频图片这种发展趋势。[94]   51

之所以有如此多的关于肖像权的判决还有一个原因，那就是和人格权的其他领域相比，肖像权已经深深地扎根在人们的意识中，因为几乎在七十年前它就已经在《著作权法》第78条得到确定，因   52

---

89 因此法人不在《媒体法》第78条的保护范围之内；关于这一点可以参见 G. Korn/ J. Neumayr（前面脚注36），第92页。

90 U. Brandstetter/H. Schmid（前面脚注65），§78 UrhG 边码7；R. Dittrich, Der Schutz der Persönlichkeit nach österreichischem Urheberrecht, ［1970］ÖJZ, 533；G. Korn/ J. Neumayer（前面脚注36），第92页。

91 M. Rintelen, Urheberrecht und Urhebervertragsrecht（1958），第224页；赞成该观点：R. Dittrich, ［1970］ÖJZ, 第533页。

92 OGH in ［1965］EvBl, Nr 148 = ［1965］ÖBl, 49 = SZ 37/148；［1989］MR, 第58页。

93 参见 E. Rehm, ［1962］JBl, 2。然而非法制作图片可以理解为对隐私权的侵犯或者是损坏名誉。

94 在此需要说明，这篇文章主要是关注纸媒和广播对人格权的侵犯。但是这里得出的基本原则一般情况下对网络媒体领域的侵权也适用。

此不需要通过《普通民法典》第 16 条推导出此权利。

53　　只有当被拍照人的合法利益通过图片传播受到侵害时，他才能根据《著作权法》第 78 条受到保护。立法者有意避免进一步地解释"合法利益"这个概念，这样就赋予了法庭最大的灵活性和最大可能的解释空间。和名誉权相似，在评价是否存在侵犯肖像权的行为时，不是相关人员的主观感受而是客观标准起到了决定性的作用。[95]

54　　司法判决和学说尤其将下列情况看作是被拍照人的合法利益受到了侵害：如图片使得相关人员出丑、受到侮辱、被贬低；或者他的私人生活被公开了；此外某些图片让人产生了误解。[96] 这个经常被使用的措辞正好指向了人格权保护的各个领域。然而有趣的是，除了名誉和隐私之外，不真实的陈述至少隐约地歪曲了个人形象。比如把一个政治观点强加于被拍照人，即便是这种强加于人的行为没有毁坏名誉也没有毁坏商誉，但是《著作权法》第 78 条认为该行为是不被允许的。[97] 如之前已经注意到的那样，至今为止，人格权的这个方面（歪曲个人形象，译者注）在司法判决中意义甚微。（参见边码 39）。

55　　或者是单纯的图片公开或者是图片和所附的文字说明一起都可

---

[95] 参见前面边码 12 及以下；对于 §78 UrHG 参见 OGH［1980］ÖB1，第 166 页。
[96] OGH in［1994］MR，第 162 页；［1997］MR，第 26 页；［1958］ÖBI，第 99 页；［1974］ÖBI，第 98 页；［1977］ÖBI，第 23 页；［1980］ÖBI，第 166 页；OGH in SZ 28/205；OLG Wien in［1986］MR H4，第 19 页；H. Blum, Die Berechnung der Entgeltansprüche bei Verwendung von Personenbildnissen, in: Festschrift 50 Jahre Urheberrechtsgesetz (1986)，第 10 页；G. Zeiler（前面脚注 83），第 38 页及以下；G. Zeiler（前面脚注 62），第 26 页、第 27 页；这个概念可以追溯到 EB zu §78 UrhG；这里还可以参见 R. Dittrich, Materialien zum österreichischen Urheberrecht (1986)，第 161 页。
[97] 参见 OGH［1994］MR，162。

能导致对合法利益的侵犯。[98] 这就是说，当被公开的图片本身毫无疑问地侵犯了肖像权时，或者仅仅当文字和图片报道的结合导致了人格侵害时，《著作权法》第 78 条就能对此进行干预。

《媒体法》第 7a 条（参见边码 77）不仅仅在媒体公开姓名的情况下，也在公开图片的情况下保护身份。在某些案件中公开照片的行为不但为基于《著作权法》第 78 条的请求权提供了理由，而且为基于《媒体法》第 7a 条的请求权提供了理由。[99] 但是除《著作权法》第 78 条外，《媒体法》（第 6 条及以下）以及《普通民法典》关于人格权保护条款的构成要件在图片公开案件中也可以适用。

56

11. 作为个人人格权的信息利益？

至今为止新闻的受众要求媒体提供符合真相的信息的权利很少被研究。[100] 在欧洲共同体和欧盟内制定了大量的关于保护和教育消费者政策的项目，[101] 这体现在加强卖方、银行、保险等负有的向客户提

57

---

98 OGH in［1998］JBI, 55 =［1997］MR, 302 =［1998］ÖBI, 第 88 页；［1993］MR, 61 =［1993］ÖBI, 第 39 页；［1995］MR, 第 143 页；［1995］MR, 第 145 页；［1995］MR, 第 226 页；［1996］MR, 第 185 页；［2000］MR, 第 91 页；［2001］MR, 第 165 页；OLG Wien in［1986］MR 4, 第 19 页。

99 关于《著作权法》第 78 条和《媒体法》第 7a 条的关系可以参见 H. Gamerith, Die Probleme des Bildnisschutzes aus der Sicht der Rechtsprechung,［1996］MR, 第 130 页。

100 人们首要要求的仅仅是在提供不实信息引起的侵犯人格权案件中判决更加严厉（比如 C. -W. Canaris,［1991］JBI; 第 210 页）。然而这个观察的视角不是以作为信息接受方的媒体消费者的观点为依据；毋宁说只关系到对媒体报道第三人导致人格权损害的评价。德国联邦宪法法院在最近的判决中指出：公众对媒体应当尽可能提供真实的信息这一点具有利益（BVfG in［2003］JZ 20，2）。欧洲人权法院在解释《欧洲人权公约》第 10 条时谈到了公众对合适的信息的权利，相比之下它的态度更加保守，参见 EGMR in［1979］Europäische Grundrechte Zeitschrift（EuG 边码），第 390 页。但是在德国宪法法院和欧洲人权法院的判决中都没有涉及到个体媒体消费者的人格权上的请求权。关于这个问题的详细论述请见：H. Koziol, Recht auf korrekte Information durch Massenmedien und privatrechtlicher Schutz? in: Festschrift A. Heldrich（2005），第 261 页。

101 Amtsblatt（Abl）Nr C 92 vom 25. 4. 1975 und Abl Nr C 133 vom 3. 6. 1981. 此外还可以参见 Art 153 des Grünbuchs zum Verbraucherschutz in der Europäischen Union, KOM/2001/0531, 以及 die Mitteilung der Kommission an das Europäische Parlament, den Rat, den Wirtschafts- und Sozialausschuss und den Ausschuss der Regionen, KOM/2002/208.

供正确的广泛的信息的义务。但是大众媒体为读者、听众、观众提供真实的、全面的信息的义务几乎没有作为重要的因素被提及。

58　　更加不可思议的是，媒体消费者大体上认为大众媒体的新闻报道非常值得信任，[102] 因此错误信息带来了更加巨大的危害性。这里所言的信息甚至是主义务，然而我们通常讨论的却是作为从义务的已经被承认的说明义务和信息义务。但是实际情况绝非如此：欧盟起草的消费者的知情权仅仅包括从义务，这一点是非常明确的，但是草案其实说的是，消费者享有一般的、完全被承认的、基本的信息权利和调查权利。[103]《建立欧洲共同体条约》第153 条强调了消费者的信息权，并且把它看作和教育权处在同一级别的权利。[104]

59　　初看上去我们至少可以认为：如果一方面信息义务关系到主义务，另一方面错误的信息对个人的利益有非常严重的影响，那么信息提供方应当负有更加严格的提供全面、真实信息的义务。

60　　媒体消费者的人格权上的要求正确信息的权利当然不能指向所有人，只能指向因和信息需求者之间的特殊关系负有提供信息义务的特定人。除公法上的信息义务以外，这个信息义务首先关注的是公众的信息利益。在私法上，这种义务仅仅产生于法律上的特别关系，尤其是产生于法律交易的联系或者产生于合同关系。因此这里牵涉到的不是保护针对所有人的应当获得的人格权，而是牵涉到源自媒体和单个的信息接收者之间的特别关系的义务。但是不同于那些仅仅承担从义务（保护义务、注意义务）的企业，对大众媒体来说这种提供真实的、充足信息的义务更可能是强制性的。

102　OGH in SZ 69/113；H. Koziol, Die Haftung für kreditschädigende Berichte in Massenmedien，[1993] JBl，第 618 页。

103　参见欧洲议会：4. 10. 1 的简短阐述；消费者政策：原则和机制。

104　《建立欧洲共同体条约》第 153 条第 1 款规定："为了促进消费者的利益，为了维护一个较高的消费者保护水平，共同体应保护消费者的健康、安全和经济利益，促进消费者的信息权、教育权的发展，保障他们为其利益结成社团的权利。"

二、受大众媒体侵犯的人格权的保护范围

（一）概述

在奥地利禁止大众媒体侵犯人格权的民事法律保护和其他法律　61
秩序一样，几乎是不能准确理解的领域。这首先和很多条文互相包
含，并且稀稀落落分散在各处有关。尤其应当指出的是《普通民法
典》第 16 条、第 1330 条，《刑法典》第 111 条至 115 条，《媒体法》
第 6 条及以下，《著作权法》第 77 条，第 78 条，而且还有《欧洲人
权公约》第 8 条、第 10 条。这种分散状态首先在法律后果上导致了
法律的不确定性和矛盾。重视基本原则的法律统一是完全值得我们
追求的目标。

对于保护受大众媒体侵犯的人格权的范围这个问题，我们再也　62
不容许简单的、一般的回答，当然是基于别的原因：一方面存在如
前面简要提到的完全不同的保护领域。另一方面通常被看作是绝对
的人格权本身不应享有真正的针对每一种危险的广泛保护，因为我
们也应当考虑人格权和媒体的基本权利，比如人人都有言论自由、
艺术自由，以及公众的利益，尤其是人人都有获得信息的权利。因
此只能基于广泛的权衡才能确定哪些行为是违法的，哪些行为是合
法的。奥地利最高法院十分正确地强调了这一点，[105] 甚至是在保护最
最重要的人格权，也就是说每个人有身体完整的权利时也是如此。[106]

在进行利益权衡时那些具有清晰界限的显而易见的人格权应当　63
被赋予特殊的重要性。[107] 第三人应当尊重这些人格权，这一点是最可

---

[105]　此处参见前面脚注 15。

[106]　OGH in SZ 60/176；还可以参见 E. Picker, Vertragliche und deliktische Schadenshaftung,
[1987] JZ，第 1052 页。

[107]　此处和接下来的论述可以参见 H. Koziol（前面脚注 9），边码 4/24 及以下更多提示。

以被要求的。此外权利的位序也很重要，那些被人权公约和宪法承认的基本权利是最高等级的权利。

64   对于我们现在讨论的问题而言，以上几点意味着：对名誉权进行非常广泛的保护是理所当然的，因为名誉权有着清晰的界限。此外名誉权也是显而易见的，因为它关系到每个人的存在，最后它也是位于高等级的权利。绝对隐私是隐私权最内在的核心，比如性生活属于这种绝对隐私。[108] 因为绝对隐私具有鲜明的界限，容易辨认，同时也通过《欧洲人权公约》第 8 条规定获得宪法上的保护，因此绝对隐私应当享有同样高等级的位序价值。

65   人们对与之相冲突的利益评价越高，那么对人格权，如名誉权、隐私权的保护就越弱：如果公共利益，首先是合法的信息利益、言论表达自由以及媒体自由非常重要，那么人们就必须在很大范围内容忍媒体造成的侵害。相反与其冲突的只是媒体的纯商业利益，那么保护范围就应该扩大。

66   《媒体法》的序言给人这种第一印象：言论表达自由权、信息权因此还有媒体自由享有优先权，即使与其相冲突的是受到威胁的人格权。[109] 然而，最后在进行符合实情的利益衡量时，情况却不是这样：首先序言也强调说，行使媒体自由也会带来义务和责任，这里义务也牵涉到维护他人的利益。此外序言还指出：允许在"《人权公约》第 10 条第 2 款关于保护人权和基本自由的条款所设的条件下"对媒体自由进行限制。因此，比如说为了"保护良好的声誉或者其他人的权利"或者为了制止传播机密的消息可以允许限制媒体自由。通过以上论述我们可以知道：言论表达自由和媒体自由并无不受限

---

108 E. H. Burkhard in K. Wenzel, Das Recht der Wort- und Bildberichterstattung（5. Aufl 2003），边码 5，第 47 页及以下。

109 另外欧洲人权法院也完全给人造成这样一种印象：它同意言论自由表达权的优先地位，参见 W. Berka（前面脚注 17），第 5 页及以下。

制的优先权，毋宁说立法者应当注意到与此相冲突的其他人的利益，因此必须进行全面的利益衡量。[110] 因为《欧洲人权公约》本身在第 8 条规定了保护隐私权，所以，除利益衡量之外别无他法。[111]

《欧洲人权公约》第 10 条首先涉及的是允许国家行为限制媒体 67 自由，因此也涉及面对国家媒体所受到的保护。[112] 因为国家在行使其立法权时负责构建民事法律中的人格权，所以《欧洲人权公约》第 10 条第 2 款对这里讨论的主题也有重要的意义：国家不应该将人格权规定得过于宽泛，以至于最终结果是排除媒体自由，毋宁说国家应当广泛地恰如其分地考虑所有的利益和权利，当然也包括信息权和媒体自由权。

（二）言论表达自由

言论表达自由是一种"天赋的"权利[113]（《普通民法典》第 16 68 条），《1867 年关于公民一般权利的国家基本法》（StGG）以及《人

110　参见 W. Berka（前面脚注 17），第 12 页及以下；C. Schumacher（前面脚注 17），第 244 页及以下。

111　在有关《欧洲人权公约》第 8 条的案件中，我们可以认为：因为基本权利具有积极面向，所以个人可以要求国家在另一个体（也可以是媒体）侵犯他的人格权时提供保护，参见 E. Wiederlin, Der grundrechtliche Schutz der Privatsphäre: eine Entwicklungsgeschichte, in: W. Peissl（Hrsg）, Privacy—Ein Grundrecht mit Ablaufdatum?（2003），第 51 页、第 52 页。如果关系到人类尊严——名誉权最核心的领域，那么国家应给与私人某种程度的保护的义务（出自《欧洲人权公约》第 3 条——禁止侮辱行为）；W. Berka, Verfassungsrecht, 边码 51（在本卷中）。此外 Berka 认为以下这点是很有意义的：总的来说在宪法层面上给与人格权保护清晰的界限；W. Berka, Verfassungssrecht, 边码 129。

112　相反我们可以从《普通民法典》连同《欧洲人权公约》第 10 条得出针对私人交往自由的保护（参见边码 68、69）。这意味着《欧洲人权公约》在民法层面上施加了它的间接影响力。

113　J. Aicher（前面脚注 2），§16 边码 26。

权公约》第 10 条也承认了言论表达自由权。[114]

69 因为媒体的所有人通常也是法人，所以有一个问题十分关键：他是否能享有言论自由表达权。对这个问题我们可以明确地持肯定态度。[115] 从《1867 年关于公民一般权利的国家基本法》（StGG）第 13 条的规定中就可以得出以下结论：言论自由权的主体包括了媒体；同样这一点也适用于《媒体法》第 10 条。[116] 此外《媒体法》序言明确规定："为了保证言论表达自由和信息权"该部法律应当保障媒体完全的自由。然而这些规定以面对国家时给予媒体保护为首要目标，不是以私法上的保护为首要目标。同样媒体也负有传播信息以及公众观点的义务。[117] 只有当媒体享有相应的私法上的保护的时候才有可能履行这些义务。

（三）艺术自由

70 如果在媒体上公开刊登的内容显示出了艺术特征，[118] 那么公开刊登的行为也享有《1867 年关于公民一般权利的国家基本法》（StGG）第 17a 条连同《普通民法典》第 16 条提供的民事保护。奥地利最高

---

114 对此 W. Berka，［1990］ZfRV，第 36 页；C. Schumacher（前面脚注 17），第 16 页及以下。不但在宪法意义上而且在民法意义上，言论表达自由权不仅仅包括那些毫无疑问可以被接受的言论，还包括那些使国家或者某些民众受到伤害、深感震惊或者感到不安的言论。参见 VfGH in［1989］MR，第 129 页、第 131 页；OGH in［1997］MR，第 26 页；因此奥地利最高等级的各法院都追随欧洲法院的观点（in［1997］EuGRZ，第 42 页；也可以参见［1992］ÖBI，第 810 页）。

115 详细论述请见：U. Brandstetter/H. Schmid（前面脚注 65），第 1 页及以下，第 8 页。此外宪法法院认为言论自由的基本权利主体包括法人（in［1987］VfSlg，Nr 11，第 314 页）。

116 参见 EGMR in［1990］ÖJZ，第 716 页。

117 OGH in［2003］MR，第 25 页。

118 由此可以联想到诗歌、讽刺画、讽刺或者挖苦文章以及电视节目，我们还可以联想到摄影以及电影。相反，通常情况下艺术批判没有显示出艺术性，因为在这里注意力主要集中在报道和评价上，而不是集中在创造性的塑造上（OGH in［1996］JBI，第 114 页）。奥地利最高法院也不认为将前联邦总理 Vranitzky 刻画成赤裸形象的合成照片是一件艺术作品（OGH in［1997］JBI，第 29 页）。

法院明确承认艺术自由是一种人格权。[119] 在个案中很难断定某种公开刊登的行为是否能够定性为艺术性的行为。公认的关于"艺术"这个概念的定义看上去似乎很难找到。立法者甚至认为"艺术"是不可能被定义的。[120] 是否能将某些东西视为艺术主要取决于价值、思潮以及社会的情绪状态。社会的边缘群体对艺术的概念产生了主要的影响，这毫不鲜见，这个概念经常改变。

（四）公众的信息利益

在讨论针对大众媒体侵犯人格权的保护时，通常不仅仅以被侵权人的利益和媒体表达自由为依据，与此同时还要在利益权衡时将公众的权利和信息利益考虑进来。[121]《媒体法》（见第 6 条第 2 款第 2 项 b）也涉及到了这一点。   71

三、媒体法的规定

在《媒体法》中相冲突的权利之间的矛盾得到了更进一步的研究，在这部法律中无论如何都没有赋予言论自由在任何时候都享有优先权，这样的规定很符合实际情况。所以涉及到名誉保护的《媒   72

---

119 OGH in SZ 61/210.

120 978 BlgNR 15. GP 2；关于艺术概念讨论的一般情况 W. Berka, *Die Freiheit der Kunst*（Art 17a StGG）*und ihre Grenzen*，［1983］JBl，第 283 页及以下；E. H. Burkhardt（前面脚注 108），边码 3，第 2 页及以下；M. Mandler, *Probleme der Kunstfreiheitsgarantie des Art 17a StGG*，［1986］JBl，第 23 页及以下；A. Pregartner, *Der Bildnisschutz und das Grundrecht aus Freiheit der Kunst*, in：T. Zacharis（Hrsg），*Die Dynamik des Medienrechts*（2001），第 130 页及以下。

121 OGH in［1988］MR，第 194 页；［1999］MR，第 81 页；［1999］MR，第 150 页；［2000］MR，第 84 页；［2000］MR，第 87 页；［2000］MR，第 301 页；［2001］MR，第 287 页；［2001］MR，第 291 页；［2002］MR，第 88 页；［2003］MR，第 25 页；OLG Wien in［2002］MR，第 287 页；［2002］MR，第 375 页；［2003］MR，第 20 页。

体法》第6条规定，原则上相关人员享有损害赔偿请求权，如果媒体[122]造成了恶意诽谤、辱骂、嘲笑或者是诬蔑[123]等客观事实的话。[124]

73　　　然而第2款规定对此的限制要以利益权衡为基础，并规定在言论自由的利益占优势时排除责任：[125] 在符合实情的议会新闻中不存在赔偿请求权（第2款第1项，还可以参见《媒体法》第30条）。如果在恶意诽谤的案件中公开报道是真实的（第2款第2项a），并且公开信息的公众利益占优势，那么被报道人无权请求损害赔偿。此外《媒体法》第6条第1款还规定：无线电广播直播节目（现场直播）中，若新闻工作者已经尽到了审慎的注意义务，则无需赔偿（第2款第3项）；还规定如果公众对援引的观点的知情利益占支配地位的话，那么媒体真实地转述第三者的意见时无需赔偿。如果对意味着恶意诽谤或者侮辱的绝对私人生活领域的报道是真实的，只能在被公开的事实和公共生活有直接联系的时候，才能排除媒体的损害赔偿责任，这一点意义重大（第3款）。

74　　　因此以上规定表明：一方面法律对与真实报道相冲突的人格权的保护要弱于对与非真实报道相冲突的人格权的保护；另一方面公众的知情权是权衡天平中分量较重的那一边。此外，除非绝对私人生活领域的报道和公众生活有关联，否则对此类报道而言没有任何合法的知情权存在。

75　　　原则上只有自然人可以根据《媒体法》第6条享有请求权。法人不是适格的原告，因为从《刑法典》第111条、第115条、第297

122　《媒体法》第1条第1款第1项将媒体定义为："使用具有思想内容的文字、文章、声音、图片以大批量生产或者传播的方式向大众传播消息或者表演的手段。"

123　关于该犯罪行为的构成要件请参见：P. Zöchbauer, *Grundfragen des Medienstrafe chts* (1992)，第1页及以下。

124　相反信用损害在这里没有被包括进来，因为其他规定已经对其进行了足够的保护。参见 U. Brandstetter/H. Schmid（前面脚注60），§6边码3。

125　详细论述参见 U. Brandstetter/H. Schmid（前面脚注60），§6边码14及以下。

条意义上来说，法人也没有被侮辱资格。[126] 然而有趣的是，如果侵犯名誉的违法行为针对的是定期发行的媒体，但是不知道攻击具体是以哪个人为目标的，那么《媒体法》第 42 条[127]赋予出版者提起诉讼的资格。出版商被赋予了追究刑事责任的权利，但是并不能请求实现《媒体法》第 6 条的权利。[128] 有争议的是：《媒体法》第 42 条是否应当被理解为和《刑法典》116 条相似，例外地承认那些消极侮辱资格制度[129]的实体法的特别规定，或者仅仅理解为一个赋予出版商辅助诉权的程序法上的规定。[130]

《媒体法》第 7 条规定禁止探讨或者描述绝对私人生活领域，这些探讨描述使得个人生活被暴露在公众面前。[131] 下列情况无赔偿请求权：其关系到符合实情的议会新闻；报道是真实的并且和公众生活 76

126　OLG Wien in［1986］MR H2，第 14 页；W. Berka in W. Berka/T. Höhne/A. Noll/U. Polley（Hrsg），Mediengesetz Praxiskommentar（2002），vor §§6－8a 边码 9，第 29 页及以下；U. Brandstetter/H. Schmid（前面脚注 60），§6 边码 28 及以下；G. Hager/P. Zöchbauer（前面脚注 24），第 42 页；G. Zeiler（前面脚注 83），第 3 页，第 52 页；基于共同体法上的义务奥地利将进行一次刑法改革（引入法人的违法性），问题是刑法上的改革将如何影响媒体法。

127　关于这个规定的详细论述请参见 K. Schwaighofer，Die Beleidigungsfähigkeit periodischer Medien nach §42 MedG，［2001］MR，第 16 页。

128　G. Zeiler（前面脚注 83），第 179 页；参见 U. Brandstetter/H. Schmid（前面脚注 60），§42 边码 6；E. Foregeger /G. Litzka，Mediengesetz（4. Aufl 2000），§42，第 187 页；G. Hager/P. Zöchbauer（前面脚注 24），第 119 页；U. Polley in W. Berka/T. Höhne/A. Noll/U. Polley（Hrsg），Mediengesetz Praxiskommentar（2002），§42 边码 7；出版者也可以是法人。

129　E. Foregeger /G. Litzka（前面脚注 128），§42，第 187 页；G. Hager/P. Zöchbauer（前面脚注 24）；P. Ozlberger（前面脚注 49），第 45 页（但是真正的原因在于——如《刑法典》第 16 条——保护位于其后的人）。

130　U. Brandstetter/H. Schmid（前面脚注 60），§42 边码 1；E. Foregger（前面脚注 49）Vorbem §§11－117 边码 22；D. Kienapfel（前面脚注 31），Vorbem §§111 及以下，边码 60；结果一样但是说理不同：U. Polley（前面脚注 128），§42 边码 3、4；K. Schwaighof，［2001］MR，第 17 页及以下。

131　从法律的字面意思出发，《媒体法》第 7 条对法人的适用已经被排除（"人的绝对私人生活领域"）；G. Hager/P. Zöchbauer（前面脚注 24），第 45 页。关于媒体法中各个损害赔偿请求权之间的关系请参见边码 160。

有直接关联；可以从实际情况中得出被报道人对此表示同意；在现场直播并且新闻工作者尽到了应有的注意义务。利益衡量的标准符合那些在名誉权中适用的标准。

77　　《媒体法》第 7 条保护犯罪行为的受害人（第一种情形）或者犯罪行为的嫌疑人或者被判有罪的人（第二种情形）的身份不受公开。[132] 但是前提条件是，受到损害的相关人员的利益同时公众要求公开的利益不占优势地位。根据本条第 2 款的规定，在下列情形下值得保护的利益受到了侵害：如情形一中的报道导致了对绝对私人生活领域的干预或者使犯罪行为受害人出丑；或者如情形二中嫌疑人和被判决有罪的人是青少年或仅仅是违法了；或者报道对相关人员未来的发展造成过分不利的影响。根据第 3 条赔偿请求权再度不成立：如果关系到议会报告；如果出版是官方促成的；如果相关人员同意出版，或者出版是基于相关人员对媒体的告知；或者关系到现场直播并且新闻工作者注意到了应尽的审慎义务。

78　　《媒体法》第 7b 条是关于无罪推定原则的规定，《欧洲人权公约》第 7 条也谈到了这个原则。第 7b 条包括以下几种新闻报道：证明某人对刑事犯罪有罪责的新闻报道；或者把某人描述成有罪的新闻报道；或者把某人称为刑事犯罪的罪犯的新闻报道。第 7 条规定应当避免媒体过早地在公众面前羞辱某人。[133] 赔偿请求权在下列情况下再度不成立：当关系到议会报告时；当关系到符合实际情况的关于一审判决新闻报道，此报道坚称判决不具有法律效力时；在现场

132　尽管法人可能是犯罪行为的受害者，但是《媒体法》第 7 条并没有规定对法人的保护；参见 W. Berka（前面脚注 126），vor § §6 – 8a 边码 29 及以下；U. Brandstetter/ H. Schmid（前面脚注 60），§7a 边码 12；因为根据《刑法典》法人不是（直接）可罚的，所以《媒体法》第 7a 条第 2 种情况从一开始就排除了对法人的适用；参见 H. Fuchs（前面脚注 35），第 48 页；O. Triffterer, Österreichisches Strafrecht Allgemeiner Teil（2. Aufl 1994），第 107 页。

133　T. Zacharias, Der Schutz der Unschuldsvermutung, 和前面脚注 120 出自同一本书，第 28 页。

直播并且新闻工作者遵守了应尽的审慎义务时；或者当媒体对第三人的观点进行符合实情的转述，并且此时公众的知情权占优势时。

最后《媒体法》第 7c 条禁止公开通过电信通讯监控、视频或音频监控获得的信息。[134] 在第 7a 条第 3 款规定的几种情况下赔偿请求权被排除。 　79

《媒体法》第 6 条及以下赋予的赔偿请求权由刑事法院管辖，也就是说和是否开启了一个独立的刑事诉讼程序无关（参见《媒体法》第 8 条，第 8a 条第 2 款）。按照法条的意思，私人提起刑事诉讼程序的规定在此适用于根据《媒体法》第 8a 条提起的独立的赔偿诉讼程序。这就是说刑事法官可以运用除《刑事诉讼法》以外的其他规定对具有精神属性的民事权利作出判决。从历史上可以这样解释这个呈现出特殊性的情况，即在奥地利人们一直以来就主要是从刑事法律的角度来观察《媒体法》的。[135] 　80

四、通过司法判决和学说发展的具体化

（一）"瓦尔特劳德·瓦格纳案"（Waltraud Wagmer）

八十年代末发生一起轰动一时的《皇冠报》侵犯人格权案。该报指责一名被怀疑谋杀了多名病人的维也纳护士过着双重身份的生活，其中一个秘密身份是妓女，在她的客户中她以"什么都做的小 　81

---

134 从事实构成的整体关系中并不能推导出法人不被包括在里面。W. Berka（前面脚注 126），在 §§6–8a 条之前，边码 29 及以下。然而至今为止在实践中这条的意义不大。

135 然而在那些既有民庭又有刑庭的法院里，人们开始转而将媒体法程序交给那些也主管竞争法或者说是知识产权法的法官。参见 F. Höpfel, Persönlichkeitsschutz und Strafrecht-An der Grenze zweier Rechtsgebiete，（这一卷 32 边码）。特别的立法规定在实践中似乎并没有得到遵守。

猪"而闻名。[136] 随后立即证实，仅仅因为弄错了才把这位犯罪嫌疑人
和红灯区扯上了关系。她根据《刑法典》第 111 条以恶意诽谤为由
提起了自诉，由于这篇新闻报道广大民众谴责她的行为不光彩，更
确切说是行为伤风败俗。同时她根据《媒体法》第 6 条要求被告对
其所受的侮辱进行赔偿。此外她还有权要求停止侵害，撤销报道以
及根据《普通民法典》第 1330 条第 2 款因名誉损害请求损害赔
偿。[137]

82　　如果某人被称作"猪"或者"小猪"，那么一般来说意味着贬
低的评价，因此《刑法典》第 115 条意义上的侮辱或者说《普通民
法典》第 1330 条第 1 款意义上的侵犯名誉权都成立。事实陈述或者
价值评判是否成立，这个问题最后需要根据被指控的言论的总体关
联性来确认。[138]

83　　在具体的案件中，"小猪"的说法不被作为侮辱而是被作为一种
引述来使用，通过这个引述可能加强了护士同时以妓女身份工作这
个观点。从"她是什么都做的小猪"这句话内容的意义出发可以推
断出，她从事了卖淫活动。然而对卖淫的指责是可以用事实来检验
的，因此这句话应当被划归为事实陈述这一类。[139] 因此这位护士可以
毫不犹豫地以《普通民法典》第 1330 条第 2 款为理由支持她的起
诉。根据当时最高法院的观点（参见边码 21）也可以考虑以《普通

136　按照 H. Wittmann, Der Fall " Waltraud Wagner ": Persönlichkeitsschutz in der Praxis,
　　［1989］MR，第 114 页、第 115 页对本案案情有所描述。

137　然而她以《普通民法典》第 16 条规定的"一般人格权"为依据支持暂时停止侵害的
　　申请。对此很重要的一点可能是：对于《普通民法典》第 16 条规定的绝对权利，当
　　事人不需要证明危险存在。在此我们更有可能放弃精神损害赔偿的考虑，因为当事人
　　已经根据《普通民法典》第 6 条提出了精神损害赔偿请求，只有在赔偿额超过第 6 条
　　规定的精神损害赔偿的最高额度时，《普通民法典》第 16 条才有意义。（参见边码
　　159, 160）

138　OGH［1996］JBI，第 112 页；OGH［1996］RdU，第 45 页。

139　参见 OGH 判决 in［1958］JBI，第 233 页、第 234 页，判决认为，称这位女士为"婊
　　子"，是一种损害信誉的事实陈述。

民法典》第 1330 条第 1 款为基础提出请求权，因为已经存在的事实
陈述同时也可以被看作损害了名誉。

最后这位护士还在接下来的民事诉讼程序中引用了《著作权法》 84
第 78 条规定的肖像保护，因为在被指控的文章中有多处附上了原告
的照片。此外，原告还可以援引《普通民法典》第 16 条和《人权公
约》第 8 条规定的侵犯隐私，或者说是援引歪曲个人形象为依据提
起诉讼，因为这篇报道公布了关于她私人生活的不真实细节。

因为最后诉讼双方当事人达成了一个和解协议，所以，所有未 85
审理的诉讼程序在没有法院判决的情况下结束了。[140] 但是这个媒体法
案例仍然可以作为证明奥地利人格权保护是如何混乱的证据提出来。
案件的复杂性首先体现在，单单是和案情相关的有不同前提条件和
法律后果的请求权基础就有很多（参见边码 61）。但是同样在程序
法方面也可以提出很多批评：必须在三个不同的法院为护士的请求
权基础进行辩论。[141]

尽管上面提到的诉讼程序以和解的方式终结，但是因为被指控 86
新闻报道的典型性，该案仍然具有法律上的影响力。由于该案的影
响力，奥地利最高法院作出了两个值得关注的判决，然而在这两个
判决中法官并没有对最初原告提出的请求作出裁决。

第一个判决中的诉讼双方当事人分别是《皇冠报》和当时已经 87

---

[140] 只有答复请求权（现在叫做相反陈述，参见边码 180 及以下）之前就已经由法庭成功
执行。

[141] 也就是说，根据《媒体法》第 6 条的无过错责任的损害赔偿请求权由维也纳州刑事法
院管辖（参见《媒体法》第 8 条连同第 40 条、第 41 条第 2 款），根据《普通民法典》
第 1330 条提出的请求权由维也纳州民事法院管辖（参见《司法管辖条例》第 50 条连
同第 65 条、第 75 条），违反《著作权法》第 78 条产生的请求权由维也纳商事法庭管
辖（参见《司法管辖条例》第 51 条第 2 款第 10 项连同第 83c 条第 1 款）。然而从
1993 年 1 月 1 日起，根据《普通民法典》第 1330 条因为在媒体上公开报道引起的争
议按照新引入的《司法管辖条例》第 51 条第 2 款第 10 项由商事法院管辖。

被停刊的《新劳动者报》,[142] 在这次诉讼中《皇冠报》是原告。尤其需要强调的是，这个诉讼发生在两家传媒企业之间，并且原告方是一个法人。最高法院必须澄清：《新劳动者报》在何种程度上可以称这篇（刊登在《皇冠报》上的）关于护士过去做过妓女的不真实报道为"卑鄙的行为"（译者注："猪"和"卑鄙的行为"在德语中拼写十分相似，分别是"Schwein"和"Schweinerei"）。

88   根据词语使用所处的上下文，"卑鄙的行为"这个概念再一次被认为是可以审核的事实陈述。根据案件情况受争议的表述被划分到正确的那一类里面，所以原告尽一切可能避免以《不正当竞争法》第 7 条为依据提出请求，因为这一条仅仅禁止不真实的损害信用的事实陈述。[143] 毋宁说他以《不正当竞争法》第 1 条的一般条款为依据支持停止侵害的请求，根据这一条的规定符合事实真相的对实际情况的传播也是不允许的，如果从中可以看出违背了竞争中善良风俗的话。

89   然而根据首席大法官的观点，该案并不属于这种情况，被告明显想用"卑鄙的行为"（Schweinerei）的说法以文字游戏的方式影射原告的"小猪的新闻报道"（Schweinchen）。这样的影射既不能被认为是不客观的或者不必要的对原告的贬低，也不能被认为是被具体化了的对原告总的怀疑。毋宁说这仅仅是对原告行为的强烈抨击。基于这种考虑，从一开始就应该否定《不正当竞争法》第 1 条的适用。因此探讨被告在多大程度上完全是出于竞争目的写出的这篇报道已经成为多余。[144]

---

142 OGH in［1990］MR，第 69 页。

143 《不正当竞争法》第 7 条是《普通民法典》第 1330 条第 2 款在竞争法中相对应的规定，在具体案件中，《普通民法典》中的规定要让位于竞争法的特别规定。因为在这个案件中双方当事人都参与了报业市场竞争，所以他们之间有竞争关系。

144 OGH in［1990］MR，69.

第二个诉讼也是始于其他媒体对"小猪事件"的反应。[145] 在 90
《趋势》杂志上刊登了一幅讽刺画，在杂志的扉页上当时《皇冠报》
的主编被画成一个肥胖的带有一对猪耳朵的猪头，它还使用了《皇
冠报》风格的大字标题"小猪：我什么都做"。

因此主编根据《普通民法典》第 1330 条第 1 款以名誉受损为由 91
提起诉讼。在此他忽视了其他可能的请求权基础，即《媒体法》第
6 条和《著作权法》第 78 条。

最高法院的观点是，开头提到的对一个人的描述原则上被看作 92
是侮辱和贬低人的。然而还必须考察，在考虑到《国家基本法》第
17a 条（艺术自由，参见边码 70）的情况下对原告挪揄嘲讽的图片
是否显得完全合理。总的来说，首席法官坚持认为：通过对现实进
行图片上或者文字上扭曲以及夸大来痛斥弊端是讽刺画这种艺术形
式的特征，一般来说讽刺画具有调皮捣蛋的、肆无忌惮的、轻薄的，
因此也是侮辱和贬损人的基本特点。

为了确定讽刺画是否过分损害了相关人员的权利，为了获得真 93
实的内容核心，这个核心意味着确定可能的损害性影响的出发点，
我们必须对讽刺画进行区分；接下来我们也可以审查经过包装的陈
述是否具有侵害性，在此按照奥地利最高法院的观点，在艺术自由
的意义上应当依据较为宽容的标准来审查。[146]

最高法院认为在这个案件中被指控的讽刺画的内容核心应当被 94

---

145 OGH in ［1992］EvBl, Nr 50 =［1992］JBl, 246 =［1992］MR, 20 =［1992］ÖBl, 49 =［1992］ÖJZ, 233 =［1992］RdW, 174.

146 奥地利最高法院提出了针对讽刺画的基本原则，这些讽刺画和被描绘人的人格权之间存在着紧张关系。关于这一点可以参见 OGH in ［1990］MR, 第 148 页，附有 G. Korn 的评注；G. Zanger, Karikatur, Satire, Kabarett und Kunstfreihet,［1990］ÖBl, 第 193 页。奥地利最高法院认为那张通过照片合成技术制作的当时联邦总统 Franz Vranitzky 的裸体照片不属于讽刺画，因此也不是一种艺术角色。原因在于：对普通读者而言那张合成照片给人的印象是一张真实的照片（OGH in ［1997］MR, 第 28 页）；接下来的边码 96 及以下即将讨论政治家的人格权保护问题。

理解为：批判那篇关于谋杀案犯罪嫌疑人维也纳护士秘密卖淫的"小猪新闻报道"，该报道是不客观的，不正确的，根据最高法院的说法，在最广义上人们完全可以称这篇报道是"卑鄙的新闻行为"。因此关于这个主题的批判性的分析完全不能被认为是侵犯人格权的。

95   另一幅讽刺画中原告是当时作为主编和被批判媒体首席代表人物的出版商。按照最高法院的观点，这些贬低原告的讽刺画属于《国家基本法》第 17 条意义上的艺术作品，因此该画没有导致原告名誉损害。

（二）政治家的人格权保护

96   另一个有趣的、极具现实意义同时也是奥地利法院必须经常处理的问题是面对媒体的侵犯如何保护政治家人格权。因为政治家在公众面前曝光具有特殊性，所以对于政治家的人格权适用特别标准。

1. 对政治家的贬损

97   2000 年由维也纳州高等法院裁决的一个案件很值得一提。[147] 1999 年 11 月 11 日《新闻》周刊的扉页刊登了约尔格·海德尔（Jörg Haider）被合成技术刻画成魔鬼的照片，附随的标题分别是："敌人照片海德尔；他是多么想执政；示威游行：谁在反对他；他现在如何继续玩火"。本案中的政治家以恶意诽谤的客观事实成立（《刑法典》第 111 条）以及侮辱（《刑法典》第 115 条）为由根据《媒体法》第 6 条请求损害赔偿，此外还根据《媒体法》第 33 条第 2 款请求收回作为传播之用的特定的媒介，还请求根据《媒体法》第 34 条第 3 款公开判决结果。[148]

98   一审法院认为恶意诽谤和侮辱的构成要件都已满足，根据《媒体法》第 6 条判决被告赔偿约尔格·海德尔 7267.30 欧元。

---

147 OLG Wien in［2001］MR，第 20 页及以下。

148 没有根据《普通民法典》第 1330 条第 1 款或者说《著作权法》第 78 条的规定维护自己的权利。

二审法院维也纳州高等法院认为，鉴于本案中周刊的扉页画非 99
常引人注目，它应当具有独立的意义，应当与内页的文章区别对待。
普通读者可以从将原告描绘成魔鬼的图画中看出对一个人的侮辱和
诽谤，因为在这个案件中看不出讽刺画异化处理，而是看出明显的
出丑，通过这种方式一个人被描绘为品行卑劣。

虽然政治家的容忍限度，尤其是那些自己在亮相时不畏惧挑衅 100
的政治家，比普通人高，但是政治家也不是在批评者面前完全不受
法律保护。

最高法院的评价是："在民主社会中政治家的人格权相对于那些 101
不积极参加政治讨论的普通人而言受到更多的限制，[149] 对这一点应当
表示赞同。因为政治家由于其公共职责特别吸引公众和媒体的关注。
对他们可以以更加严厉的方式进行批判，这一点对民主社会有着至
关重要的作用"。但是政治家不是在媒体损坏其名誉时完全不受保
护。因此没有充分事实依据的过分评价和否定性评价，以及形式上
的损坏名誉，这种损坏名誉的特点从它的形式上就可以表现出来，
在政治领域同样是不能被容忍的。[150]

被指控的图片作为"醒目的报纸标题"主要是用作促进周刊的 102
商业利益，法院认为这一点尤其无耻。

州高等法院认为周刊扉页上的形象总的来说是侮辱人的诽谤， 103
因此可以作为符合《刑法典》第115条意义上的事实构成进行归类。
然而和一审法院不同，最高法院、维也纳州高等法院否认构成了
《刑法典》第111条意义上的恶意诽谤，因为插图只是一种形象的扭
曲，不能认为杂志把原告和魔鬼的性格相提并论。但是这个评价对

149　参见 OGH in ［1997］ MR，第26页，以及 OGH 26.8.2004，6Ob83/04f；OLG Wien in
　　 ［2001］ MR，第285页；还可以参见欧洲人权法院的判决（比如［1991］ÖJZ，第
　　 641页；［1986］ EuGRZ，第424页）。

150　D. Kienapfel（前面脚注31），前言第111条及以下，边码16、26。

案件的结果没有任何影响，因为原告可以根据《刑法典》第 115 条基于名誉损害支持他的诉讼请求。

104　　最后州高等法院也指出了该案和"奥伯施希里克案（Oberschlick 2）"[151] 的区别。在"奥伯施希里克"案中约尔格·海德尔被称作"白痴"，欧洲人权法院基于大量事实判决认为这个称呼是法律上容许的评价。相反在这个案件的诉讼程序中关系到明显的覆盖了所有可能的事实关系的贬低。

2. 政治讽刺画和艺术自由

105　　杂志可以在多大程度上基于艺术自由刊登合成照片，这个问题已经在另外一个案件中被提到，这个案件是关系到一篇关于损害赔偿诉讼的简短报道（《媒体法》第 8a 条第 5 款）。[152] 关于这一点维也纳州高等法院认为：对人格权的侵犯不能越界，由讽刺画引起的侵犯人格权不能以艺术创作自由作为正当化的理由。

106　　如果人们脱掉上述合成照片有意为之的夸张外衣（参见边码 93），那么仍然能够看见其核心内容：申请人被毫无根据地指责为完全不像一个正直的、有道德感的政治家，他无所顾忌，没有良心，意志不坚定地滥用他的机会，因而是一个卑鄙下流之徒。因此，总而言之这样的公开报道只能被归为粗鄙的、对申请人非常明目张胆地贬低人格的攻击那一类，这种攻击简直是把相关人员的人格和行为方式和恶魔相提并论。

107　　维也纳州高等法院认为在此案中不能以《普通民法典》第 16 条连同《1867 年关于公民一般权利的国家基本法》（StGG）第 17a 条意义上的艺术自由作为正当化的理由，对州高等法院的观点我们不应继续批判。和"小猪新闻报道"案中讽刺画的动机不一样（边码 81 及以下），我们在这个案件中并没有发现有任何存在的事实可以将

151　EGMR in ［1997］MR，第 196 页。

152　OLG Wien in ［2000］MR，第 13 页、第 14 页。

相关人员描述为恶魔的讽刺画正当化。因此它缺少足够的事实依据。

需要批判的是，作出判决的维也纳州高等法院审判委员会把该 108
案中的违法行为看作是对《刑法典》第 111 条（恶意诽谤）的违
反。接下来在维也纳高等法院进行的诉讼程序的结果持相反的观点，
在该程序的判决中仅仅承认了基于《媒体法》第 6 条的损害赔偿请
求权，因为《刑法典》第 115 条意义上的名誉损害的成立条件已经
具备（边码 103）。相反就已经排除了《刑法典》第 111 条的适用。

通过以上案例我们可以发现：即便是在同一个法院中，也很难 109
将各种案件统一归入到《刑法典》第 111 条及以下条款的适用范围。

五、责任人

（一）新闻记者的责任

1. 责任成立要件

根据一般规定，如果撰写报道的新闻记者违反法律，也就是违 110
反客观的审慎义务并且有过错地侵害了他人的人格权，那么该记者
需要承担责任。违反审慎义务表现为刊登不真实的新闻，但是如前
面提到过的也表现为以法律不允许的方式向公众传达真实新闻。

如果判断是否违反审慎义务重点取决于不真实性，尤其是根据 111
《普通民法典》第 1330 条第 2 款，那么客观的努力追求符合真相的
报道[153]就足够否定违反了审慎义务。[154] 最后记者仅仅是履行追求真实

---

153 根据《媒体法》第 29 条，如果媒体工作人员成功获得真实性证据，或者公众对公开
　　报道的利益占优势，或者在尽到了应有的审慎义务的情况下他有足够的理由认为报道
　　是真实的，那么恶意诽谤是不违法的。可以进一步参见 P. Zöchbauer（前面脚注 123），
　　第 15 页及以下。

154 OGH in SZ 60/93.

的义务而不是客观发现真实的义务。[155] 对审查义务的范围而言很重要的几点包括：信息提供者有多么可靠？在对信息存疑时必须在公开事件前赋予相关人员发表意见的权利。[156]

112　　因为在记者和被侵犯人格权者之间不存在法律上的特殊关系，所以此责任是侵权性质的。在奥地利，侵权这个领域里的过错原则上是从主观进行判断的。[157] 但是根据《普通民法典》第 1299 条对广义上的鉴定人而言适用例外规定，即在判断他们的过失时使用客观标准，在侵权领域也同样如此。[158]

113　　同样谈到适当的新闻审慎义务的《媒体法》第 6 条第 2 款第 2 项 b 和第 3 款以及第 7 条第 2 款第 4 项和第 29 条第 1 款也以客观标准为前提条件。[159] 这个标准可以通过职业伦理准则具体化，比如说奥地利新闻委员会出版的荣誉守则或者是奥地利公共服务广播电台（ORF）[160] 的普通程序准则，以及在当时的各个记者流派中占统治地位的调查标准。

　　2. 举证责任

114　　按照一般的举证规则，在《普通民法典》第 1330 条第 2 款的案

155　OGH［1991］JBI，796 页、第 800 页；［1987］MR，第 131 页；［2001］MR，第 93 页；还可以参见 F. Pallin, Persönlichkeitsschutz und Massenmedien,［1972］JBI，第 394 页。真实义务源自法律规定（《媒体法》第 6 条第 2 款第 2 项 b 以及第 29 条），从媒体职业伦理中也可以推导出这个义务，参见 OGH in［2003］MR，第 149 页；OLG Wien 8.3.1993，第 21 页，Bs 407/92，援引自 G. Hager/G. Walenta, Persönlichkeitsschutz im Straf- und Medienrecht（1995 年第 3 版），第 186 页。

156　参见 OGH in SZ 48/28；SZ 60/93。

157　H. Koziol（前面脚注 9），边码 5/35 及以下。

158　H. Koziol（前面脚注 9），边码 5/39 及更多提示。针对侵权领域的大量限制，R. Reischauer in P. Rummel, Kommentar zum Allgemeinen Bürgerlichen Gesetzbuch II（1994 年第 2 版），§1299 边码 6。

159　AB（Ausschussbericht）zu MedGNov 1992 zu Art I zu §6 Abs 2.

160　U. Brandstetter/H. Schmid（前面脚注 60），§29 边码 8。

件中受害人必须对事实陈述的不正确性以及过错进行举证。[161] 如果例外情况下造谣同时也可以被归入到损坏名誉中去，那么根据当下的主流观点，加害人必须对事实陈述的正确性或者对传播错误新闻缺少可归责性进行举证。我们可以从《刑法典》第 111 条、第 112 条中推断出这一点。[162]

此外，最高法院认为在媒体所为损害信用的事实报道中受害人不了解记者的工作范围，因此不可能确定，在已知的情况下记者是否为报道的真实性获得了足够的线索。因此加害人必须证明他自己没有过失。[163]

3. 编辑秘密的影响

根据《媒体法》第 31 条第 1 款的规定，在一个程序中媒体所有人（出版商）、发行人、媒体工作人员和媒体企业的雇员或者媒体服务提供商的雇员有权拒绝法院或者行政机关作为证人回答下列问题，这些问题关系到著作者、投稿者、文章或者资料的提供者本人，或者关系到由于工作原因提供给他的消息。这样的编辑秘密导致了要求提供不署名报道的负有责任的作者的请求遇到了近乎不可克服的困难，这使得受害者几乎不可能找到赔偿义务人。[164]

115

116

161　参见 F. Harrer（前面脚注 36），§1330 边码 36；R. Reischauer（前面脚注 24），§1330 边码 18；OGH in SZ 37/176；SZ 50/111；［1982］ZAS，Nr 28；SZ 60/93。

162　OGH in［1991］JBI，第 724 页；［1991］MR，第 18 页；［1992］MR，第 205 页；A. Kletečka，Kreditschädigung und Wahrheitsbeweis，［1991］Fachzeitschrift für Wirtschaftsrecht（ecolex），第 311 页；R. Reischauer（前面脚注 24），§1330 边码 6、17。

163　OGH in［1991］JBI，第 796 页；［1982］ZAS，Nr 28 和 P. Böhm 的评论。

164　U. Polley（前面脚注 128），§31 边码 14。

（二）发行人的责任

117　　发行人[165]可以对传播、没有阻止传播、选择作者、监控不足或者组织不利负有自己的过错。因为发行人实际控制了危险根源，也就是实际控制了媒体，所以可以认为就这方面来说发行人负有交易安全义务。[166] 必须注意的是发行人没有义务注意每一篇计划刊登的报道的内容。[167]

（三）媒体所有人的责任

1. 媒体所有人对自己过错的责任

118　　根据损害赔偿的一般规定，媒体所有人[168]的责任在考虑之内，如果他被指责在传播或者没有阻止传播，在选择作者，在监控或组织[169]中实施了客观的违反义务的行为并具有过错的话。

119　　媒体所有人必须主动制止损害第三人的行为，因为他是危险根源的所有人，也就是媒体的所有人，因此他应当承担交易安全义务。[170]

120　　媒体所有人也可以通过委任一个合适的人，也就是委任主编的

165　根据《媒体法》第 1 条第 1 款第 9 项的规定，发行人是指确定周期发行的媒体基本方向的人。基本方向关系到政治、宗教信仰、世界观、艺术或者科学等方面。因此发行者有权确定媒体的刊物路线（译者注：根据奥地利《媒体法》的规定，刊物路线是指报纸和杂志上书面确定的总的方向，它描述了印刷媒体的"精神上层建筑"），参见 U. Brandstetter/H. Schmid（前面脚注 60），§1 边码 50，§24 边码 6。

166　参见 zur Entstehung von Verkehrssicherungspflichten H. Koziol/R. Welser（前面脚注 20），第 294 页；H. Koziol（前面脚注 3），第 57 页及以下；F. Harrer（前面脚注 36），§1295 ABGB 边码 42、43；R. Reischauer（前面脚注 158），§1294 边码 5；OGH in SZ 30/22；SZ 57/57；SZ 60/190，256；[1989] JBI，第 653 页；[1991] JBI，第 647 页；[1994] EvBI，第 8 页；[1996] ZVR，第 11 页。

167　R. Ostheim，[1997] ÖJZ，第 4 页。

168　根据《媒体法》第 1 条第 1 款第 8 项的规定，媒体的所有人是指经营媒体企业或者媒体服务企业的人，此外还指负责通过媒体作品投入使用而发行媒体作品的人。

169　关于组织不利参见 OGH in SZ 44/45；G. Korn/J. Neumayer（前面脚注 36），第 57 页。

170　总体见 OGH in [1990] JBI，第 113 页；SZ 60/256。

方式来履行交易安全义务。[171] 因为媒体所有人通常情况下会选择这种方式，所以他们自己很少对传播或者不实施禁止传播的行为负有过错。

如果媒体所有人是法人，那么他为当权者的过错负责就像他对自己的过错负责一样。[172] 尤其是主编应被算作当权者，[173] 此外，副主编、职务领导者、责任编辑、业务主管、出版商都属于当权者。[174]

2. 媒体所有人对他的辅助人的责任

直接助手，尤其是新闻报道和文章作者的错误行为，根据一般民法，仅仅是根据《普通民法典》第 1315 条的规定必须归责于媒体所有人：助手的任务不是完成和受害人之间的合同义务也不是完成基于特别法律关系的义务。因此媒体所有人仅仅在辅助人被确定为"危险人物"，并且媒体所有人知道这个辅助人的性格，或者是辅助人是"不称职的"的时候才负有责任。

"不称职"不取决于企业主是否知道或者可以知道这一点。"不称职"以对承担的工作的要求不能胜任为前提，或许已经可以从一次没有完成任务中，比如说在具有重大过失违反职业义务或者严重不认真的情况下，推导出对承担的工作的要求不能胜任。因此，下面这位编辑可以被认定为《普通民法典》第 1315 条意义上的"不称职"。这位编辑没有进行认真核实，仅以捏造的事实作为论据报道了

121

122

123

171　R. Ostheim in ［1974］ÖJZ，第 4 页。

172　J. Aicher（前面脚注 2），§26，边码 26；H. Koziol（前面脚注 20），第 68 页及以下；W. Posch（前面脚注 7），§26 边码 34；近期文献请参见 OGH in 8 Ob 84/02i，16.5.2002；［2001］JBl，第 525 页。

173　OGH in ［1974］JBI，526 = ［1987］MR，第 95 页。

174　参见 R. Ostheim，［1974］ÖJZ，第 7 页；G. Korn/J. Neumayer（前面脚注 36），第 56 页。

建筑业的受贿问题，并给一家建筑企业带来损失。[175]

124　根据一般规定，受害人必须对"不称职"或者"危险性"进行举证。[176] 然而，在此受害人遇到了这样的困难，既作为一方当事人的媒体所有人不能被迫公布作者的信息，[177] 作为证人的媒体工作人也可以援引编辑秘密作为拒绝透露信息的理由。

125　当然，不必一定要证明某个特定的辅助人的"不称职"或者"危险性"，只要证明受到了企业主的某个辅助人的侵害，这位辅助人也一定是"不称职的"和具有"危险性的"。[178] 但是这也是很难证明的，因为除了不正确的报道之外，受害人和特定人没有任何关系，他几乎没有任何线索可以证明习惯性的"不称职"。

126　仿效由最高法院[179]发展出的基本原则，在名誉损害中侵权记者必须驳倒关于疏忽的指责。这个基本原则可能也可以支持这样的观点，企业主在关系到辅助人"称职"和对辅助人的危险性不知情这一点上必须提出开脱责任的证据。受害人缺少对重要的情况的了解这一点在此同样也是一个很好的论证。

127　媒体所有人对工作人员的行为承担责任还以下面的要件为前提：即不真实的报道是在违反审慎义务的情况下被传播的，媒体工作人员的行为是违法的，比如说，因为没有在调查的时候尽到必需的审慎义务。

128　《媒体法》第6条到7c条规定了媒体所有人对他的辅助人错误行为的广泛的责任：如果，通常案例是，媒体工作人员实施了侵权

175　OGH in［1987］JBI，524 =［1987］MR，93；关于辅助人一般责任参见：H. Koziol/ K. Vogel, Liability for Damage Caused by Others under Austrian Law, in J. Spier（Hrsg），Unification of Tort Law：Liability for Damage Caused by Others（2003），第11页及以下。

176　H. Koziol（前面脚注9），边码16/18。

177　参见 OGH in［1991］MR，第235页附有 G. Korn 的评论。

178　R. Reischauer（前面脚注24），§1315边码9。

179　OGH in SZ 60/93；SZ 64/36.

行为，虽然工作人员的不称职或者危险性对此侵权行为并不重要，但是媒体所有人同样也需对受害人负责。

3.《媒体法》规定的媒体所有人责任

一方面当《媒体法》第 6 条至 7c 条的构成要件成立，也就是说仅仅在恶意诽谤、侮辱、讥讽以及破坏名誉，在侵犯绝对私人生活领域，在特别案件中公开相关人员身份，在无视无罪推定原则，或者在非法刊登新闻时，《媒体法》中关于媒体所有人责任的规定才会产生影响。另一方面《媒体法》只规定了对精神损害的赔偿，关于这一点下面还要进一步探讨。[180] 129

然而，责任范围的狭窄要面对责任前提条件中的值得注意的宽度：根据《媒体法》第 6 条第 2 款第 2 项 b 的规定，媒体所有人仅仅在以下情况下才能免除责任，当他证明了言论的真实性或者当公众知情利益占优势，以及当作者尽了必须的新闻审慎义务后有足够的理由认为该言论是真实的。尽管这一点针对的是作者，但是在文章未署名的情况下也可以提出这个证据。[181] 130

如果公开报道是不正确的，也没有占优势地位的公众知情利益，尽管此时他已经尽到任何可以被考虑到的审慎义务，媒体所有人仍然要对此负责；[182] 因此媒体所有人承担的是无过错责任。[183] 相应的这也适用于《媒体法》第 7 条规定的责任，因为在此重要的是公开报道的真实性而不是是否尽到审慎义务。 131

4. 无过错责任类推适用到《媒体法》?

由《媒体法》规定的辅助人错误行为的扩大化归责方式以及严 132

180　对此可见 W. Berka（前面脚注 30），第 227 页；M. Graff, Das neue Medienrecht—Vorzüge und Schwächen,［1981］RZ, 第 213 页。

181　M. Graff,［1981］RZ, 第 214 页。

182　M. Graff,［1981］RZ, 第 213 页。

183　参见 OGH in 6 Ob 2287/96h, 29.10.1997；G. Korn, Das Entschädigungssystem, in: H. Mayer（Hrsg）, Persönlichkeitsschutz und Medienrecht（1999）, 第 101 页。

格的无过错责任只在《媒体法》承认的精神损害赔偿请求权情况下存在影响力，然而在《普通民法典》第 1330 条规定的财产损害赔偿请求权情况下并无任何影响。但是这也提出了一个问题，在讨论财产损害赔偿时是否可以类推适用对媒体所有人的更加严格的责任的规定。[184]

133   首先赞成在所有媒体所有人责任中都实施广泛的辅助人行为的归责原则的理由是：几乎没有显而易见的原因支持只有一部分的损害应当执行较为严格的归责规定；针对严格的责任的重要因素必须同样适用于精神损害赔偿和财产损害赔偿。此外，编辑秘密原则也在最大程度上实际排除了辅助人的责任；这个责任豁免规定也是支持出于平衡目的扩大企业负责人责任的理由之一。职务责任是这个基本思想的基础。

134   最后媒体也可以被归入危险企业那一类，[185] 因此，总的来说媒体要为辅助人的行为承担严格的责任。[186] 为了公众利益新闻报道必须及时，也必须很快地进行，[187] 因此由于时间紧迫媒体只有相对较少的机会来审查即将发表的新闻报道；所以我们面临的由错误报道导致的危险不是微不足道的。此外，还必须考虑：一方面新闻报道广泛传播，因此极有可能出现损害；另一方面通常来说损害也会造成非常严重的后果。对信息受众人数众多这一点而言还需要补充的是：这些受众对大众媒体提供的信息高度信任。[188]

135   问题是媒体企业的特殊性是否为其超越扩大辅助人责任承担媒

---

184 详细论述可见 H. Koziol，［1993］JBI，第 620 页及以下。

185 H. Koziol，［1993］JBI，第 618 页、第 619 页。

186 OGH in ［1982］JBI，第 152 页；H. Koziol, Umfassende Gefährdungshaftung durch Analogie? in: Festschrift W. Wilburg（1975），第 175 页及以下。

187 参见 OGH in SZ 44/45.

188 参见 OGH in SZ 60/93，SZ 64/36 依照 J. Helle, Der Schutz der Persönlichkeit, der Ehre und des wirtschaftlichen Rufes im Privatrecht（2. Aufl 1969），第 158 页、第 159 页。

体所有人的无过错责任，也就是"危险物主人"的无过错责任提供
了正当化的理由?[189] 立法者已经考虑到了大众媒体这一典型的危险
性，因此也在《媒体法》第 6 条、第 7 条中规定了无过错责任，但
是这个无过错责任仅仅限于精神损害赔偿（参见边码 72 和边码
159）。最开始奥地利最高法院[190]否认了除此之外的危险责任，然而仅
仅用了一句话没有进行更进一步的讨论。

在最新的判决中最高法院看上去改变了观点，可以对《媒体法》 136
第 6 条、第 7 条进行类推解释，因此媒体所有人的无过错责任也可
以适用于根据《普通民法典》第 1330 条提起的损害赔偿请求，最高
法院的观点与之前完全相反，因为他用这个观点暗示欲类推适用另
一个《媒体法》的法条。[191]

至少赖肖尔（Reischauer）[192] 也认为：在贬损名誉的损害[193]案件 137
中应当禁止加害人以无过错为由拒绝承担责任，如果加害人对真实
性的证明失败并且加害人在大众媒体（参见《刑法典》第 111 条第
2 款）中实施了该行为。

我们的观点是：至少在存在非常重要的理由时，部分领域实行 138
媒体所有人的无过错责任原则，即《普通民法典》第 1330 条保障的
损害赔偿应实行该原则。虽然我们也必须承认，大众媒体的危险性
和核设施、飞行器、铁路或者煤气管道的危险性不可同日而语，不
能为了将媒体吸收到危险责任中来而将针对这些危险主体的法律规
定类推适用于大众媒体。然而我们在上面已经论述过，因为大众媒
体具有广泛的传播性，有及时报道的压力、在广大受众面前具有较

189　已经论证证过：H. Koziol，[1993] JBl，第 621 页、第 622 页。
190　OGH in SZ 60/93.
191　OGH in SZ 68/136.
192　R. Reischauer（前面脚注 24），§1330 边码 17。
193　此种情形的前提条件为：不仅关系到《普通民法典》第 1330 条第 1 款，还关系到
　　《普通民法典》第 1330 条第 2 款。

高的公信力，所以大众媒体自身也具有高度的潜在危险。此外，不正确的或者不被允许的报道会在很大程度上威胁较高位阶的人格权。

139   尽管有以上观点，但是因为媒体具有另一种形式的危险性，所以还是有观点反对引入无过错责任。但是以下两种观点完全可以反驳这种反对引入无过错责任的观点：这关系到对产品责任而言意义重大的理由，以至于必须从现存的法律秩序中寻找严格责任的其他依据。

140   在论证中多次引证风险共同体的思想作为赞成产品责任的理由：[194] 因减少安全防范措施而降低的产品的成本体现在低廉的产品价格上。如果所有的购买者都享受到了低廉的价格，那么就不应当让少数的因为产品缺陷受损的购买者独自承担损失。因此，首先应当由产品制造者来弥补损失，因为他有能力将成本以价格的方式转分摊到所有消费者头上去。

141   我们在媒体领域可以进行相应的思考：为了保证公众对及时的，但经济上仍然可以承受的信息的利益，法律必须允许媒体传播那些在此之前真实性没有得到最仔细审查的新闻。然而那些及时的、便宜的信息以不正确信息的受害人权益受损为代价产生影响。风险共同体思想首先体现在企业和产品的购买者之间，因为这些购买者享受了低廉的价格。同样在产品质量责任[195]领域，局外第三人也受益于产品生产者的无过错责任。[196] 在媒体领域应当将第三人包括进来，因

---

194 I. Gilead, in：B. A. Koch/H. Koziol（Hrsg），Unification of Tort Law：Strict Liability（2002），边码45和60；H. Koziol, Grundfragen der Produkthaftung（1980），第59页。

195 参见《产品质量责任法》（PHG）第1条，对此还可以参见 W. Posch in M. Schwimann（Hrsg），Kommentar zum ABGB VIII（2. Aufl 1997），《产品质量责任法》（PHG）第1条，边码33及以下。

196 虽然局外第三人已经不属于风险共同体的成员，因为他没有从中取得任何好处，参见 H. Koziol（前面脚注194），第60页、第61页。但是缺陷产品也会危及第三人，实际每个从中获利的人都有可能蒙受损失，这种思想在此产生了影响。这个观点支持了产品生产者的责任，这些产品生产者可以通过价格的方式将责任成本分摊到每一个产品购买者身上去。

为不正确的新闻正好关系到他自身，因此是他本人而不是新闻的订阅者受到了威胁。

即便人们应当否认媒体企业相应的抽象危险性，因此也否认在核设施、铁路等领域的危险责任，但是在我们讨论这个问题时必须注意这一点：产品缺陷导致的具体危险很可能非常严重；[197] 和产品一样，错误的新闻——因此也是它的客观缺陷——会危害第三人。然而，只有在不正确的新闻损害了第三人的时候才能使用这个论据。因为以公众信息需求和时间紧迫性为由的论据在错误新闻的整个范围内都可以使用，所以这里我们的观点是：无论如何无过错责任都是合理的。

但是我们应当承认：在辱骂或者讥讽、公开相关人员身份、违反无罪推定原则、非法刊登新闻的情况下这个论据达不到同样的强度，因此人们可能会对无过错原则产生怀疑。

142

143

（四）其他人员的责任

1. 主编

按照最高法院的观点，根据一般规定，主编只有在积极参与了文章的传播以及出现过错的情况下才承担责任。主编对审慎义务有所疏忽，如果尽到审慎义务就不会刊登这样的报道，也就是说单纯地停止侵害，这一点不足以支持主编的责任。[198]

144

总的来说这个观点是有问题的，因为主编主管领域的所有文章和新闻报道的责任都已经转移给了他，所以作为危险源头掌控者的主编负有交易安全义务，此交易安全义务集中体现在应当积极阻止

145

---

197 关于具体危险的重要性请参见：B. A. Koch/H. Koziol, Comparative Conclusions, in: B. A. Koch/H. Koziol (Hrsg), Strict Liability (2002), 边码 54 及以下，附有其他比较法上的证据。

198 OGH in［1970］ÖBl, 148 页；SZ 26/193；SZ 60/93. 批判 in R. Ostheim, ［1974］ÖJZ, 第 3 页及以下。

损害发生这一点上。[199]

146   但是我们必须考虑到主编不可能有义务审查所有报道的真实性。因此，只有当存在间接证据或者可以预见新闻报道会给相关人员造成特别危险时才能对主编进行指责。此外，在组织不利时，人们也可以指责他。

2. 信息提供人

147   《普通民法典》规定了传播不真实信息时的责任。[200] 与此相对应媒体的信息提供人也可能承担损害赔偿义务，如果他知道或者应当知道信息是错误的。[201] 按照法律规定，"故意"仅在非公开刊登信息的场合是必需的成立要件。但是，在实践中针对信息提供人的请求权几乎没有起到任何作用，因为编辑秘密（《媒体法》第31条）也涵盖了信息提供人，因此一般情况下受害人不会知道是谁告诉了记者这个消息。

六、侵犯人格权的法律后果

（一）恢复原状

148   根据《普通民法典》第1330条第1款的规定，在损坏名誉的情况下排除使用以恢复名誉声明或者撤销为方式的恢复原状。[202] 相反本条第2款规定了在传播不真实的、有损信用的言论情况下的撤销权和公布撤销决定的权利。

---

199 按照一般已经被承认的原则，每个事实上已取得掌控权的辅助人因此也控制着危险，那么他自己承担交易安全义务。参见 H. Koziol（前面脚注3），第66页、第67页。

200 只要告诉一个人这个信息，比如告诉记者，传播的构成要件就已经满足。参见 H. Koziol（前面脚注3），175页、176页。

201 按照现在的司法判决，轻微过失就已经足够：OGH in［1978］ÖBI，第37页；［1979］RZ，第37页；H. Koziol（前面脚注3）R. Ostheim，［1974］ÖJZ，第3页。

202 参见 H. Koziol（前面脚注3），第173页、第174页还附有其他信息。

撤销是恢复原状的一种方式，换一种说法撤销就是"撤回不真 149
实的言论"。[203] 根据撤销的意义和目的，只有在错误的言论继续起作
用的时候才能请求撤销。撤销必须以能够达到和不实言论同样传播
效果的方式进行。[204]

最高法院将以被告人过错为前提条件的撤销请求权认定为排除 150
妨害请求权。[205] 我们可以赞同这种观点，因为撤销权具有排除妨害的
基本特点，事实上的损害出现不是撤销权成立的前提条件。[206]

（二）财产损害赔偿

根据《普通民法典》第 1330 条的规定，加害人必须赔偿被害人 151
的实际损失和可得收益。但是按照《普通民法典》第 1324 条的一般
规定，只有在加害人具有重大过失时才赔偿被害人的可得收益。相
反《媒体法》没有规定财产损害赔偿，因此按照字面意思由本法规
定的严格责任在补偿财产损失时不生效力，关于类推适用的可能性
在前面已经探讨过了（边码 132 及以下）。

根据《著作权法》第 87 条第 1 款的规定，加害人在非法侵害 152
《著作权法》第 87 条第 1 款意义上的肖像权或者《著作权法》第 77
条意义上的私密记录（译者注：如信件、日记）时，不受过错程度
的影响，除了赔偿受害人的实际损失外还要赔偿其可得利益。这就
是说在轻微过错的情况下，加害人也必须赔偿可得利益。最初为著
作权构想的《著作权法》第 87 条作为肖像权领域的特别条款阻却了
《普通民法典》第 1324 条一般性条款的适用。从第 87 条的字面意思

---

203 OGH in［1957］EvBl, Nr 188；［1930］JBl, 第 325 页；［1933］JBl, 第 129 页；
H. Zoziol（前面脚注 3），第 177 页；关于撤回请求权的一般理论还可以参见
O. Zimbler, Der Widerruf nach §1330 ABGB und §7UWG,［1934］JBl, 第 523 页及以
下。
204 H. koziol（前面脚注 3），第 177 页及更多提示。
205 In［1979］ÖBl, 106 = SZ 52/81.
206 OGH in［1977］ÖBl, 第 122 页；［1985］ÖBl, 第 7 页。

看，这一条和《普通民法典》第1330条或者说是和仅由《普通民法典》第16条保护的人格权之间存在着令人担忧的矛盾。

153 依据《著作权法》第78条以及第87条提出的财产损害赔偿经常涉及到未经权利人同意以广告为目的刊登他人肖像引起的权利损害。[207]

（三）非财产损害赔偿

1. 概论

154 如果没有特别的规定，那么《普通民法典》第1323条、第1324条规定的一般原则适用于人格权，根据这两条的规定精神损害赔偿只在有重大过失的情况下才成立。[208]

155 然而，《普通民法典》第1330条明确规定仅赔偿遭受的损失和可得利益，也就是财产损害，[209] 通过这种方式《普通民法典》排除了侵犯名誉权案件中的精神损害赔偿责任。

156 有种观点认为，至少在侵犯人类尊严的案件中应当对精神损害进行赔偿，[210] 此种观点想要通过这种方式根据现行法律缓和精神损害

---

207 OGH in［1990］MR，第141页；［1995］MR，第109页 =［1995］ÖBI，第284页 = SZ 67/224；［1974］ÖBI，第97页；［1982］ÖBI，第85页；还可以参见 OGH in［1990］MR，第278页。最后提到的这个案例在我们的上下文关系中特别有意思，因为在这个案件中，一家周刊杂志未经 José Carreras 同意在广告中使用其图片。在杂志报道中，越来越多的新闻被植入了广告信息，因此这个问题在媒体领域的意义越来越重大，还可以参见 OGH in SZ 44/104；OLG Wien［1986］MRH4，第19页。

208 详细论述参见 E. Karner/H. Koziol（前面脚注11），第17页及以下；E. Karner/H. Koziol, Non-Pecuniary Loss Under Austrian Law, in W. V. H. Rogers（Hrsg），Damages for Non-Pecuniary Loss in a Comparative Perspective（2001），第1页及以下。

209 参见 F. Bydlinski, Der Ersatz ideellen Schadens als sachliches und methodisches Problem,［1965］JBI，第180页。

210 如 J. Aicher（前面脚注2），§16边码34；F. Bydlinski，［1965］JBI，第254页；J. Aicher, Der immaterielle Schaden in der österreichischen Rechtsentwicklung, in Festschrift E. von Caemmerer（1978），第798页；E. Karner /H. Zoziol（前面脚注11），第99页；W. Posch（前面脚注7），§16边码30；但是，R. Reischauer（前面脚注24），§1330边码3，没有提到这个区别。

得不到赔偿的现状。在侵犯人格尊严的案件中《普通民法典》第16
条，《刑法典》第111条及以下条款，以及《媒体法》第6条必须作
为请求权基础代替《普通民法典》第1330条第1款被考虑进来，从
目的论的角度考虑应当减少《普通民法典》第1330条第1款的使
用。

此外，《普通民法典》第1328a条第1款还规定了侵犯隐私案件 157
中的精神损害赔偿，这一条可能也对填补法律漏洞有帮助。然而，
令人遗憾的是这一条对我们必须研究的主题没有任何意义，因为立
法者已经明确地排除了这一条在媒体法领域的适用（参见边码36）。

然而我们可以首先在《媒体法》里找到引起人们兴趣的领域的 158
特别规定，《媒体法》规定了对那些严重的侵权案件——也就是说媒
体在特定的公众中发行——中的精神损害赔偿[211]（《媒体法》第6条
及以下），然而对被害人遭受的伤害的赔偿数额相对较低（在
14,535欧元和72,673欧元之间，最高额度的赔偿只有在重大的、严
格控制的特别案件中才会出现）。《媒体法》修改草案将赔偿数额提
高（提高到2万欧元至10万欧元）。

《媒体法》规定了下列情况下的精神损害赔偿：在媒体中制造了 159
恶意诽谤的客观事实、侮辱、讥讽或者破坏名誉（《媒体法》第6
条）；[212] 在媒体中以在公众面前暴露他人信息的方式探究或者描述了
此人绝对私人生活领域（《媒体法》第7条）；在特别案件中违反禁
止公开相关人员身份的规定（《媒体法》第7a条）；无视无罪推定
原则（《媒体法》第7b条）；非法刊登特定方式获得的信息内容
（监控通讯网络；视频、音频监控；使用技术手段监控某人）（《媒

---

[211] 参见 G. Korn（前面脚注183），第99页及以下。

[212] 原则上《普通民法典》第1330条没有规定针对侵犯名誉权的精神损害赔偿，这是一
个难题，但是《媒体法》第6条的特别规定适用于媒体领域，这使得前述难题得到了
很大的缓解。

体法》第7b条）。

160　　如果某案相关人员因为公开报道根据《媒体法》多条规定具有多项损害赔偿请求权，那么按照《媒体法》第8条第2款的规定必须确定唯一的赔偿数，不能超过最高的被考虑进来的赔偿请求权的最高限度。然而，法官在裁量具体赔偿数额时会考虑请求权的累加。

161　　《数据保护法》第33条规定精神损害赔偿请求权不取决于是否公开报道，当然只是在特别严重的违法情况下。因此只有在案件关系到某种数据类型的时候，相关人员才有这种请求权。这里的数据类型包括：刑事判决相关或者信用状况相关的数据；关系到种族或人种的来源、政治观点、工会成员资格、宗教信仰或者人生观、健康或者性生活等的敏感数据。

162　　关于更详细的前提条件和根据《数据保护法》所确定的赔偿范围参见《媒体法》第6条及以下的规定。[213] 但是如果媒体企业、媒体服务提供商或者他们的工作人员将数据直接运用于新闻工作，那么《数据保护法》第33条以下规定不得适用（参见《数据保护法》第48条）。

163　　最后需要强调的是，如果公开受害人照片侵犯其《著作权法》第78条意义上的合法利益，那么根据《著作权法》第87条第2款的规定也应当赔偿精神损害。[214] 在轻微过失的情况下加害人就已经要承担责任。尽管在《著作权法》第87条第2款中没有发现任何限制该条使用的依据，但是依据司法判决，损害必须比通常情况下每起侵犯肖像权案件都会导致的不愉快状态更加严重，也就是说必须是

213　法人是否可以根据《数据保护法》第33条要求精神损害赔偿，看起来还成问题。一方面《数据保护法》第4条第3款明确规定法人的相关数据也受到保护；此外如果以《媒体法》第7条规定的相同方式损害相关人员的信用，根据这条（《数据保护法》第4条第3款）规定法人也有权要求精神损害赔偿。另一方面根据《媒体法》第7条的字面意思（"人的绝对私人生活领域"），该条并不适用于法人。

214　详细内容参见 G. Korn（前面脚注183），第140页及以下。

特别重大的损害。[215]

在媒体公开照片的案件中有一个问题，《著作权法》第 87 条第 164
2 款和《媒体法》第 6 条及以下是什么关系。立法者认为引入《媒体法》不应当导致双重赔偿。[216] 这意味着不允许对同一精神损失支付两次赔偿金。这个观点与受害人不应从损害赔偿请求权中获得高于损失的额外利益的基本原理相一致。因为奥地利法院倾向确定更低的因侵犯人格权导致的精神损害赔偿，从来没有充分利用《媒体法》规定的最高额度，所以人们可能根据《著作权法》第 87 条第 2 款提出高于《媒体法》最高赔偿额的索赔诉讼，这个问题至今为止没有任何实践意义。

与《著作权法》第 78 条意义上的肖像保护一样，在《著作权 165
法》第 77 条规定的书信保护（保护私密记录）案件中轻微过失就可以导致《著作权法》第 87 条第 2 款规定的精神损害赔偿，当然，这里也以重大的损害为请求权的前提条件。

2. 赔偿数额的实际范围

以奥地利司法判决的一些案件为例，我们应当说明那些对确定 166
侵犯人格权引起的精神损害赔偿的实际范围起决定性作用的因素。

比如著名的一级方程式赛车手杰哈德·伯格（Gerhard Berger） 167
根据《著作权法》第 87 条第 2 款的规定获得了 7267.30 欧元的精神损害赔偿，因为"蒂罗尔信使报"（Tirol-Kurier）的一幅图片以及一

---

215 参见 OGH in［1990］MR，第 58 页以及 U. Polley 的评论；［1993］MR，第 226 页；
［1996］MR，第 185 页；［2000］MR，第 16 页；［2000］MR，第 303 页；［2002］
MR，第 21 页；［1957］ÖBl，第 60 页；［1970］ÖBl，第 157 页；［1993］ÖBl，第
279 页 = SZ 66/122； ［1995］ÖBl，第 186 页；SZ 55/25；SZ 63/75；OLG Wien in
［2002］MR，第 211 页。赞成意见：G. Korn（前面脚注 183），第 89 页、第 90 页；反
对意见：F. E. Mahr, Der "besondere Ärger" als Voraussetzung einer Entschädigung nach
§ 87 Abs 2 UrhG,［1996］MR，9 页；M. M. Walter 对 OGH in［1993］MR，64 的注
释。

216 Justizausschussbericht（JAB）851 BlgNR 18. GP 2.

篇针对他父亲约翰·柏格（Johann Berger）的调查将他牵扯进来，以至于不仔细阅读的读者会产生一个印象：有关部门在调查他而不是他的父亲。[217] 原告有十分高的知名度，该篇文章造成了假象：他实施了刑事犯罪行为。这篇文章使得原告作为一名有名望的优秀运动员受到了损害；同时被告有严重的过错，他明显有意识地想要造成这种误解，给原告增加负担。这两点在确定损害赔偿的范围时起到了重要的作用。[218]

168　　同样约尔格·海德尔也获得了 7267.30 欧元，因为《新闻》（New）杂志在封面上刊登了将他描绘成"魔鬼"的合成照片。在该案中并没有使用《著作权法》第 78 条连同第 87 条第 2 款而是使用《媒体法》第 6 条（参见边码 97）作为请求权基础。在确定损害赔偿金额时特别考虑到被指控的图片被刊登在奥地利发行量最大的周刊的扉页这一点。

169　　在某案中警察（错误地）追捕某人，因为警察认为他操纵了银行自动取款机。之后《圣帕尔滕报》（NÖN-ST. Pöltner）刊登了他的照片，并且附上了文字说明，这篇报道不是将该人描述为犯罪嫌疑人，而是直接认定他实施了犯罪行为，是有罪的，但是法院仅仅判给这位被损害了依据《媒体法》第 7b 条规定享有的无罪推定利益的人 1090.09 欧元。[219] 尽管奥地利最高法院认为这篇公开报道的影响不可谓不严重，但是鉴于被诉新闻报道并没有过分地广泛传播，所以最高法院认为判给受害人的损害赔偿金的数额合适的。

170　　如前文所言，法人也有人格权，并享有相应的保护。但是精神损害赔偿却是一个很大的问题，因为从性质上来看法人不可能有负

217　OGH in［1996］MR，第 185 页、第 186 页。最高法院认为该图片损害了名誉，因此违反了《著作权法》第 78 条的规定。并没有提出以《普通民法典》第 1330 条第 1 款为基础的请求权或者因损害"隐名权"产生的请求权。

218　OGH in［1996］MR，第 186 页。

219　OGH in［2001］MR，第 24 页、第 25 页。

面的感受。因此问题是：法人是否可以得到精神损害赔偿请求权？如果可以的话，那么如何计算？

    奥地利最高法院至少根据《反不正当竞争法》第16条第2款[220] 曾赞成针对法人的精神损害赔偿：[221] 可以根据《反不正当竞争法》第16条第2款赋予小的合伙企业和股东人数较少的法人损害赔偿请求权，因为在这些组织中可以将企业和股东视为一体，所以针对企业的损害信用的言论也会对股东造成伤害；因为大的法人组织机构庞大，所以他们不能因"遭受的侮辱"具有损害赔偿请求权；但是如果违反竞争的行为使得这些企业外部社会地位严重受损，那么《反不当正竞争法》第16条第2款允许法官自由裁量确定一定数额的罚金。

    赔偿数额的标准由相关法人具有的声誉以及违反竞争行为带来的损害的严重程度来确定。民法上的精神损害这个概念是否包括了除遭受的侮辱导致的反感以外的外部人格损害[222]？对于这个问题最高法院的态度非常开明，因为《反不正当竞争法》第16条第2款提到了"其他的人格损失"，也就是说在计算罚金的时候无论如何注意到了外部的人格损害。有趣的是，欧洲人权法院原则上承认应当赔偿法人的精神损害。[223]

    综上所述，我们可以认为：奥地利最高法院在承认法人的精神损害赔偿请求权这一点上更加保守。[224]

171

172

173

---

220 《反不正当竞争法》第16条第2款："此外法院还可以因当事人受到的损害或者其他人格上的损失判给其适当数额的赔偿，如果本案的特殊情况可以证明这一点的话。"

221 OGH in［1996］ÖBl, 134 = SZ 68/17；这里确定的罚金是4360.37欧元。之前奥地利最高法院就已经根据《反不正当竞争法》第16条第2款承认了法人具有赔偿请求权（［1927］JBl, 第362页；［1990］MR, 69 = SZ 62/192；［1991］ÖBl, 第58页）。

222 这是一种针对在共同体内贬损相关人员社会价值地位的赔偿。

223 EGMR 6.4.2000, Beschwerdenr. 35382/97；16.4.2002, Beschwerdenr. 37971/97.

224 M. -T. Trick（前面脚注55），第42页。其他承认法人精神损害赔偿请求权的特别条款：§16 Abs2 UWG；§150 Abs 3 Patentgesetz 1970（PatG）；§53 Markenschutzgesetz（MSchG），§87 Abs 2 UrhG。这些规定首先涉及到知识产权，但是也可以关系到人格权。

（四）预防妨害请求权和排除妨害请求权

1. 预防妨害请求权

174   预防妨害请求权不以过错为前提条件，[225] 但以直接面临危险为前提条件。如果侵害已经发生，那么不再考虑预防妨害请求权，除非存在再次发生的危险。[226] 要强调的是，在人格权有被侵犯的危险时也可以赋予相关人员预防妨害请求权。[227]

175   如果关系到信件或者肖像保护，那么适用《著作权法》第81条，这一条明确规定了预防妨害请求权。胜诉一方当事人还可以根据《著作权法》第85条第1款请求公开刊登预防妨害判决书。[228]

2. 排除妨害请求权

176   如果侵害已经发生，那么无论对方是否有过错受害人都有请求排除侵害造成的状态的权利。[229] 该请求权也同样不取决于客观上是否违反了审慎义务。毋宁说最重要的是被保护的法益受到了侵害。排除妨害请求权和预防妨害请求权的区别首先在于：排除妨害请求权

---

225 可以参见 M. Karollus, Zum Beseitigungsanspruch gegen pfandverschlechternde Einwirkungen, insbesondere durch Vermietung der Pfandliegenschaft, ［1991］ÖBA，第164页；C. Hirsch, Ist der Unterlassungsanspruch wirklich verschuldensunabhängig? [1998] JBI，第514页及以下；还可以参见 OGH in ［1991］MR，第22页；［1984］ÖBI，第18页。

226 OGH in SZ 69/97；P. Böhm, Unterlassungsanspruch und Unterlassungsklage（1979），第54页、第55页；G. Korn/J. Neumayer（前面脚注36），第73页；在判断是否存在再次发生的危险时不必墨守成规。如果在原告提出抗议之后，从被告的行为中仍然看不出半点清楚的、认真的悔改之意，那么曾经的违法行为就足够使"再次发生的危险"这一点成立。

227 OGH in ［1997］JBI，第641页；SZ 67/137；关于《普通民法典》第1330条，参见OGH in ［1991］MR，第21页；［1992］MR，第20页；参见 J. Stabentheiner, Zivilrechtliche Unterlassungsansprüche zur Abwehr gesundheitsgefährdender Umwelteinwirkungen，［1992］ÖJZ，第78页。

228 最近最高法院秉持这样的观点，在《普通民法典》第16条引出的人格权案件中也可以请求公开刊登预防妨害判决书，在此《著作权法》第85条第1款可以类推适用；参见 OGH in ［2003］MR，第95页。

229 参见 H. Zoziol/R. Welser, Grundriss des bürgerlichen Rechts II（12. Aufl 2001），第284页及更多提示。

针对积极的作为。违法状态应当通过排除妨害请求权被撤销。

《著作权法》第82条规定了书信保护和肖像保护中（《著作权 177
法》第77条）的排除妨害请求权。根据这一条第2款的规定，原告
可以特别要求销毁非法制作或者传播的以及以非法传播为目的的复
制品，还可以要求销毁仅仅是以非法复制为目的而使用的特定工具
（模具、印版、胶片以及这一类的东西）。

根据《著作权法》第82条第6款的规定，排除妨害请求权针对 178
的是物品的所有人，这些物品由用于排除非法状况而采取的措施来
处置。作为取代销毁侵权物品或者销毁侵权工具的方法，受害者还
可以要求退还适当的、没有超过制作成本的赔偿（参见《著作权法》
第82条第5款）。根据《著作权法》第85条第1款，在排除妨害之
诉的案件中还可以请求公开刊登判决。

在《媒体法》中还可以找到没收请求权（《媒体法》第33条）、 179
判决公开请求权（《媒体法》第34条）、查封扣押请求权（《媒体
法》第36条）以及公开刊登关于准备进行的诉讼的报道（《媒体
法》第37条），[230] 这些请求权基本上都具有刑事法律性质。

（五）相反陈述

相反陈述权可以被理解为恢复原状的一种方式，[231] 《媒体法》第 180
9条承认了这种权利：每个通过周期性媒体上发表的"有关事实的
陈述"所涉及到的自然人和法人[232] 都有权利要求在该媒体上免费刊登

230　根据《媒体法》第8a条第5款的规定，在依据《媒体法》第6条及以下条款单独提
　　起赔偿程序时，提出这种公开报道的申请。

231　OGH in［1993］ÖBI，第89页；H. Koziol（前面脚注3），第177页。

232　《媒体法》第9条明确承认，法人也享有要求免费刊登相反陈述的权利。申请资格人
　　再次仅仅是法人自己，不是作为法人机关行使职权的自然人。参见 OLG Wien in
　　［1988］MR. 第155页；［1988］MR. 第155页；［1989］MR. 第127页；G. Hager/
　　P. Zöchbauer（前面脚注24），第68页、第69页；T. Höhne in W. Berka/T. Höhne/
　　A. Noll/U. Polley（Hrsg），Mediengesetz Praxiskommentar（2002），§9边码44。合伙甚
　　至是企业工会委员会，但是不包括民法上的公司，都有资格提出申请。

相反陈述，除非相反陈述是虚假的或者因为其他原因排除刊登相反陈述。

181　　以下信息可以被理解为刚才提到的"有关事实的陈述"：根据其性质可以判断真实性和完整性的陈述，这种陈述的主要内容不仅仅在于他人个人的意见表达、价值判断或者对将来行为的警告（参见边码20、48）。

182　　在相反陈述中必须简洁明了地表达："有关事实的陈述"是错误的或不完整；有多少错误或残缺；从哪里得出了这个结论。相反陈述的范围不能超出与"有关事实的陈述"的关系。

183　　相反陈述是一个很有问题的辅助手段，因为在澄清的时候，不正确的言论在公众面前被重复了一遍。此外媒体更倾向于给法院发出的相反陈述配上讽刺性短评，媒体评述得如此之微妙，以至于读者很难用法律的方法去理解，进而阻碍了相反陈述的应有的效果。最后我们还必须考虑，一般读者如果注意到了，只会粗略地浏览一下相反陈述，因为通常情况下读者会觉得相反陈述非常无聊、没有意思。

184　　虽然我们没有关于如何组织相反陈述的语言表达上的模板，但是它必须尽量的简短，并且将内容限制在不真实陈述的主要部分，因而读者经常不清楚被诉新闻报道的背景信息。[233]

（六）根据《媒体法》第10条的规定事后报道刑事审判程序的结果

185　　如果周期性媒体曾经报道过某人被指为刑事犯罪的犯罪嫌疑人，或者对其提出了刑事诉讼，之后法院没有判决此人有罪，那么该周期性媒体应当对此进行免费的报道。

233　A. Noll, Recht contra Medien? (1993)，第93页。

（七）惩罚性赔偿

《普通民法典》没有规定惩罚性赔偿（punitive damages）。[234] 毋 186
宁说损害赔偿法具有补偿性功能，[235] 即便关系到精神损害赔偿也应当
如此。[236] 虽然人们也赞成损害赔偿法的预防性功能，[237] 但是此功能必
须在补偿性功能的范围内起作用，那么我们也只能在实际出现的损
害的限度内满足赔偿请求权。

反对惩罚性赔偿的理由有：总的来说，民法领域少见惩罚的思 187
想，因为根据其意义和目的民法不倾向具有惩罚性，同时民法也完
全没有能力恰当地实现这个目标。此外只有既没有遭受损失也没有
受到伤害的人才应当受到显示公共谴责的惩罚，该理由尤其反对将
惩罚纳入民法。

F. 比德林斯基（F. Bydlinski）[238] 的解释很有说服力：从法律后 188
果上来看这种解决方案违背了双方合理的结构原则。他强调说，私
法规范总是关系到两个或者多个法律主体之间的关系，因此每个规
范直接在事实上接近的主体之间发生作用；将权利、利益或者机会

234　F. Bydlinsiki, Die "Umrechnung" immaterieller Schäden in Geld, in: Liber Amicorum
　　P. Widmer（2003），第 34 页；F. Bydlinsiki（前面脚注 16），第 190 页；H. Zoziol,
　　Damages under Austrian Law, in: U. Magnus（Hrsg），Unification of Tort Law: Damages
　　（2001），第 9 页；E. Karner, Der Ersatz ideeller Schäden bei Körperverletzung（1999），
　　第 132 页；B. Steininger, Austria, in: H. Zoziol/B. Steiniger（Hrsg），European Tort Law
　　2001（2002），边码 79 及以下；然而还有其他的观点：D. Kocholl, Punitive Damages in
　　Österreich（2001）。

235　OGH in SZ 53/173；F. Bydlinsiki（前面脚注 16），第 187 页及以下；H. Koziol（前面脚
　　注 9），边码 1/13。

236　F. Bydlinsiki，［1965］JBl，第 253 页、第 254 页；E. Karner/H. Koziol（前面脚注 11），
　　第 24 页、第 25 页；H. Zoziol（前面脚注 9），边码 1/14。其他观点：R. Strasser, Der
　　immaterielle Schaden im österreichischen Recht（1964），第 16 页及以下。Zu §87 UrhG,
　　der Ersatzansprüche UrhG, in: R. Dittrich（Hrsg），Beiträge zum Urheberrecht IV
　　（1996），第 51 页及以下。

237　H. Koziol（前面脚注 9），边码 1/13 及以下更多提示。

238　F. Bydlinski（前面脚注 16），第 92 页及以下。

分配给一方就直接意味着另一方的义务、负担或者风险。根据他的观点，"这不仅能说明为什么分配给一方相对人有利的法律后果，而给另一方不利的法律后果，而且还能说明为什么这种分配正好在这两方之间发生，为什么一方特定的主体正好拥有针对另一方特定主体的权利或者义务、机会或者风险。"

189 因此应适用相对双方的正当化原则。绝对的、片面的、仅仅关系到一方主体的理由——这个理由在某方面可能更加充分——不能单独使私法规定正当化。

190 将以上观点运用到我们讨论的这个问题上意味着：很有可能存在非常有说服力的理由支持惩戒加害人的观点，但是这个理由无论如何也解释不了，尽管没有损失需要被补偿，但仍然赋予另一方损害赔偿请求权；在损害赔偿法中我们找不到任何一个论据支持"某人因为一般惩罚需要而获得赔偿，尽管他没有遭受相应的损失。"如果我们能够找到"支持惩罚一方当事人但是不支持另一方请求权"这个观点的论据，那么惩罚性赔偿就是合法的，但是这就不是私法了。

191 同样，德国的关于精神抚慰金请求权的司法判决[239]在奥地利也遭到了拒绝，这个判决基于预防性的理由依照加害人的盈利而不是依照受害人的损失来确定精神抚慰金请求权的金额；仅能够依据关于不当得利请求权的规定将没有相应损失的没收违法所得考虑进来。[240]在损害赔偿法中我们能够通过充分利用精神损害赔偿的限额来剥夺加害人的获利，但是这也只能在实际出现的损失范围之内进行。[241]

---

239 参见这一卷中的德国国别报告，边码 104 及以下。

240 见 F. Bydlinski（前面脚注 234），第 46 页、第 47 页；E. Karner/H. Koziol（前面脚注 11），第 30 页、第 31 页；H. Koziol, Die Bereicherung des Schädigers als schadener-satzrechtliches Zurechnungselement, in: Festschrift F. Bydlinski（2002），第 184 页、第 185 页。

241 H. Koziol（前面脚注 240），第 192 页；F. Bydlinski 赞成这个观点（前面脚注 234），第 47 页。

七、基于不当得利的请求权

《普通民法典》第 1041 条是侵犯人格权导致的不当得利请求权的   192
基础,[242] 该条提供了不当使用非已物情况下的一般请求权。这种类型
的请求权成立的前提条件是：每个人都以排他的方式享有权利和法益。

这个前提条件在人格权领域原则上可以被满足。但唯一的问题   193
是：人格权本身是否包含财产内容，而这一点又是主要的前提条
件。[243] 如果人格权具有经济上的可用性的话，那么奥地利法律对这个
问题的回答是肯定的。[244]

在这个意义上奥地利最高法院完全赞同：公众场合出现的名人   194
可以向那些为自己利益使用其姓名和照片、利用他们知名度的人提
出使用请求权（Verwendungsansprüche）之诉。[245]

但是在仅侵犯肖像权的情况下不当得利请求权并不成立，即使   195
经济上的可用性这个标准得到了满足。因此，奥地利最高法院认为，
基于违反《著作权法》第 78 条的请求权只能以《著作权法》为基

---

[242] 《普通民法典》第 1041 条："如果没有经营管理权限而使用他人之物，那么该物的所有
人可以要求恢复物的原来状况；如果不可恢复，所有人可以请求返还使用该物所获得的
价值，虽然该物将来不可再使用。"

[243] 现在的观点以及针对主流观点的反对意见：H. Koziol, Bereicherungsansprüche bei Ein-
griffen in nicht entgeltsfähige Güter, Festschrift W. Wiegand (2005), 第 449 页及以下。

[244] 参见 P. Apathy, Der Verwendungsanspruch (1988), 第 67 页。基础性的论述 C.-
W. Canaris, Gewinnabschöfung bei Verletzung des allgemein Persönlichkeitsrecht, in: Fest-
schrift E. Deutsch (1999), 第 85 页及以下，针对奥地利的法律也可以参阅该文，参见
F. Bydlinski（前面脚注 234），第 47 页；E. Karner/H. Zoziol（前面脚注 11），第 31 页。
立法机关和司法机关都决定以市场来评估人格权的经济价值，并将获益返回人格权所
有人：Festschrift W. Hefermehl [1976], 445, 453, 457)

[245] OGH in [1983] EvBl, Nr 66 = [1983] ÖBl, 118 = SZ 55/12；[1995] MR, 第 109 页
带有 M. Walter 的评注；[1991] ÖBl, 第 40 页；[1998] ÖBl, 第 298 页。

础，因而《普通民法典》中关于不当得利法的规定不适用。[246]

196   我们认为，即使不用偏离最高法院的法律立场也可能为不当得利之诉找到理由。如之前已经论述过的那样（见边码 50 及以下），《著作权法》第 78 条被视为一般条款，该条并没有提到人格权的特殊部分。如果人们想以《著作权法》第 78 条为依据，那么因此必须找到其他的由公开刊登照片引起的侵犯人格权的因素。比如说这些侵犯人格权的因素有可能和名誉或者隐私相关。

197   但是我们不但可以依据《著作权法》第 78 条还可以依据《普通民法典》第 16 条（连同《普通民法典》第 1330 条或者《欧洲人权公约》第 8 条）来考虑和公开刊登照片相联系的名誉损害或者隐私损害。因为《普通民法典》在第二种情况中被考虑进来，所以我们适用《普通民法典》没有任何障碍。[247]

198   在此还有一个原则性的问题没有解决：我们可以在何种程度上

---

246 OGH in［1983］EvBl，Nr 66 =［1983］ÖBl，118 = SZ 55/12；［1989］JBl，786 =［1989］MR，第 132 页。《著作权法》第 86 条规定了在不同的侵犯著作权的情况下基于不当得利的请求权，这一条不应当适用于《著作权法》第 78 条涵盖的案件，因为在第 86 条中并没有明确注明参阅第 78 条。最高法院的这个观点遭到了学界强烈的批评，直到 Mahr 建议类推适用《著作权法》第 86 条第 3 款（F. E. Mahr, Der Verwend-ungsanspruch beim "Recht am eigenen Bild"，［1995］MR，第 159 页），在学界方面，《著作权法》第 78 条规定的侵权情况下的不当得利请求权也可以以《普通民法典》第 1041 条为基础，参见 K. Nowakowski, Anmerkung zu OGH in［1989］JBl，第 786 页；K. Nowakowski, Kein Verwendungsanspruch bei Eingriff in das Recht am eigenen Bild?［1989］ÖBl，第 97 页；赞成该观点 W. Buchner, Das Persönlichkeitsrecht des Abge-bildelten, in：Urheberrechtsgesetz-Festschrift（1986），第 23 页；同样可参见 H. Blum（前面脚注 96），第 18 页；H. Pfersmann, Bemerkungswertes aus der SZ 55［1986］ÖJZ，第 33 页；P. Polak, Grenzen des Bildnisschutz für Prominente，［1990］ecolex，第 742 页、第 743 页。同样 W. Wilburg 在 20 世纪 30 年代时就已经要求，在侵犯肖像权的案件中放开不当得利之诉（W. Wilburg, Die Lehre von der ungerechtfertigten Bereicherung（1934），第 43 页、第 44 页）。然而现行有效的直到 1936 年才被引入的《著作权法》在那个时候还不适用（参见 BGBl 1936/111），当时适用的是旧著作权法，在旧著作权法中没有和《著作权法》第 86 条相对应的条款。

247 在此还可以参见 A. Warzilek, Anmerkung zu LG Hamburg in［2004］MR，第 194 页。

追溯到《普通民法典》第 1041 条？名誉、隐私或者其他通过《普通民法典》第 16 条获得的权利何时被媒体侵犯？至今为止对此还没有最高法院的司法判决。[248]

因为媒体通过侵犯人格权能使发行量上升，进而可以获得大量赢利，以至于损害赔偿请求权和诉讼费用显得用微不足道，[249] 许多报纸和杂志（首先是马路小报）部分有意识容忍这种这种侵权行为。所以从预防的理由出发，在这类案件中允许提起使用请求权之诉看起来很有必要。 199

按照《普通民法典》第 1437 条的基本思想我们可以根据获利媒体企业是否正派来确定使用请求权的范围。[250] 不正派的获利债务人必须返还所有的利益（《普通民法典》第 335 条）。从中可以得出：该债务人不但必须偿还普通的价值，还必须偿还额外获得的收益，但是这里我们也必须考虑到债务人自己因此支付的费用。与此相反，在额外收益较少的情况下针对正派的债务人的使用请求权范围相应缩小，他最多只需要偿还普通的价值。[251] 200

针对这里研究的领域，我们还必须注意：媒体侵犯人格权所获得的收益的缘由不仅仅可以追溯到使用他人的人格利益，部分收益 201

---

248 在"Gerhard Berger"判决中（参见边码 167）最高法院仅仅确定根据该案的情况无需在此研究讨论这个问题。

249 A. Noll（前面脚注 233），第 92 页。

250 在《普通民法典》第 326 条的意义上，只有当获利的债务人基于可能的原因认为他使用的物为自己所有时，该债务人才能被看作是善意的。

251 P. Apathy, Redlicher oder unredlicher Besitzer, ［1989］Notariatszeitung（NZ），第 142 页；P. Apathy, M. Schwimann（Hrsg），Praxiskommentar zum ABGB VII（2. Aufl 1997），§ 1041 边码 28 及以下；F. M. Bydlinski, Zum Bereicherungsanspruch gegen den Unredlichen，［1969］JBl，第 252 页及以下；OGH in ［1992］JBl，第 388 页；［1996］JBl，第 653 页；［1998］JBl，第 250 页。媒体侵犯人格权，但是销量却没有上升，此时媒体获得了多少额外收益（比如满足了老读者爱好猎奇人听闻消息的需求），这个问题不能在这个数额的范围内解释。奥地利最高法院认为：收益不一定非要是财产性质的；"Auszeichnungsurkunde der Pariser Weltausstellung" GIUNF 3151.

还可以通过新闻工作者以及其他参与发行的工作人员的工作以及媒体投入使用的设施和媒体的知名度获得。我们不能无视那些可归为获利媒体自身因素的份额。

202　　威尔伯格（Wilburg）[252] 建议：或者根据被告所付出的花费额的比例分配收益，或者如果前面的建议不可能实现的话，赋予受损人一定补偿的请求权，根据《普通民法典》第 417 条在不正派的媒体企业的案件中按照最高的市场价格确定补偿数额。

203　　因为在大众媒体侵犯人格权的案件中获益人和受损人之间的金额比例很难确定，所以在这里给受损人一定数额的补偿这个方法看起来更加合适。媒体为额外的故事或者照片支付的款项可以在此作为计算的参考标准。或许媒体购买"狗仔队"照片[253]的价格也能够提供某种程度的线索。

204　　如果他人法益受到了严重的侵犯，那么威尔伯格也赞成以下观点：无论是否存在收益获利，债务人都必须承担补偿义务；[254] 司法判决采纳了这个观点。[255] 严重侵犯人格权的媒体无论如何必须承担一定的补偿义务，即便该媒体通过使用人格权利没有获得任何收益。

205　　判决给公众名人的不当得利法上的赔偿金额往往高于非名人，这一点经常受到人们的诟病。[256] 因为不当得利的赔偿金额是按照加害人的获利而不是按照受害人的损失来确定的，所以，赔偿金额的高低不受受害人身份的影响乃理所当然，并且符合法律的价值。

252　W. Wilburg（前面脚注 246），第 128 页及以下。

253　最近几十年来，以下现象越来越普遍：高价提供名人婚礼的新闻报道、摄于医院的新生儿出生的照片。比如说在 1973 年的时候，第一张关于世界上第一个试管婴儿的照片被以 50 万欧元的高价卖给了一家媒体（援引自"100 Jahre – 1973"节目，该节目于 2004 年 12 月 4 日在 Phönix 电视台播出）；参见英国的情况，边码 83，第 100 页。

254　W. Wilburg, Zusammenspiel der Kräfte im Aufbau des Schuldrechts, ［1964］AcP 第 163 页、第 353 页以及第 356 页及以下。

255　OGH in ［1988］JBl，第 250 页；［1999］JBl，第 458 页附有 Apathy 的评注；SZ 74/102。

256　参见 A. Stadler, Die Kommerzialisierung des Persönlichkeitsrechts-Individualrechtsschutz gegen Medienübergriffe im Privatrecht（1999），第 21 页、第 22 页。

针对大众媒体侵害人格权的保护：英国

W. V. H. 罗杰斯

一、人格权与独立侵权行为

第一点要强调的是，普通法没有德国法中自 1954 年以来就已经   1
确立的一般"人格权"的概念。[1] 而总体上对法律家来说，甚至连
"（复数的）人格权"这样一种集合都只是一个毫无意义的术语。然
而，人们通常都会发现，不同的法系在对利益的保护方面，实质上
存在很多的相似性，所以如果问普通法是否承认对个人名誉、荣誉、
隐私或肖像权的保护，那么答案应该是"是的"，尽管其保护的范围
与其他的法系可能大不相同——例如，对于名誉的保护要比对于其
他权利的保护发展得更加完备。第二点触及普通法系和大陆法系不
同概念结构的根基所在。这个领域极好地例证了，普通法系是通过
各个独立的侵权行为而不是在一个通用的损害赔偿概念之下演进的。
仅仅由于这个原因，就不可能在一种以法国法或德国法为基础的结
构体系之中，来对英国法作出描述。英国侵权法中与"一般条款"
最为近似的，是过失侵权，但是，尽管它确定地延伸到为受众所信
赖的陈述的责任之上，但从那些有关人们的陈述之责任的名目出发，
产生的却是迥然有别的发展道路。具有讽刺意味的是，就过失侵权

---

1 案例来源：Entscheidungen des Bundesgerichtshofes in Zivilsachen（BGHZ）13, 334.

已经侵入传统诽谤法领域的范围而言，它被用来削弱后来所承认[2]的表达自由。

二、表达自由

2   毫无疑问，普通法并不倾向于以宽泛的原则或权利为依据。如果是在早些年问及是否要将表达自由视为一个价值原则，那么你得到的答案将是"是"。如果你继续提问在何种法律文件或判决中能够发现它，那么你得到的答案将是：无法在任何特定的地方发现它的存在，它是从被认为支撑这一原则的诸多法律文件和判决中得出的一种推论，例如就诽谤创设有限特权和公正评论抗辩的法律文件和判决。更消极的是有人认为，表达自由隐含在这样一个命题当中，即法律的出发点是法不禁止为自由。但是，这是一个中立的或者是价值无涉的说法，因为它未给予表达自由具体的优先权。但是现在，英国是《欧洲人权公约》的成员国之一，而且某些判决已经给予该公约在国内法中[3]直接适用的地位，并且公约对该权利给予明确的承认[4]，尽管是以某种有限的方式[5]。公约中对于表达自由的保障已经被描述为创造"一个新景观……现在的出发点是表达自由权，是一个基于宪法或者更高法律秩序的权利。[6] 表达自由的例外情况必须被证明是为民主所必需的。换句话说，表达自由是规则，而对言论的规制是需要证明的例外。任何例外的存在及其幅度只有以急迫的社

---

2   Spring v Guardian Assurance plc［1995］2 Appeal Cases（AC）296，House of Lords（HL）. 参见后文边码60。

3   1998年人权法案。

4   《欧洲人权与基本自由公约》（ECHR），第10条。

5   参见第10条第2款。

6   从公约的视角来看（当时仅在国际层面上生效），吉尔布兰顿勋爵（Lord Kilbrandon）早在1972年就已经准备给予言论自由此种地位。参见：Broome v Cassell & Co Ltd［1972］AC 1027 at 1133，HL。

会需要为基础才是正当的。"[7] 媒体出于向公众传递信息的目的，[8] 扮演着"公众的眼睛和耳朵"的角色，公众所处的地位是表达自由最应优先加以考虑的。简而言之，在表达自由和诸如个人的名誉和个人信息的控制这样一些有价值的利益之间，有必要平衡地加以运用。在这方面本质上没有什么新生事物：例如诽谤法的全部历史，正可以被视为这样一种平衡的运用。[9] 与此同时，这一运动并非全然朝向言论自由。因此，普通法最初否认任何可诉的隐私权，它可以被认为是采用了这种一般的立场，即表达自由总是胜过公开真相所带来的破坏性影响；但是在过去的几年里，隐私法以一种对表达自由加以一定程度限制的方式予以发展和采用。

这个报告根据下列标题加以组织。需要考虑的事首先是诽谤法和许多其他的责任形式，其责任存在的根本依据是所发布的原告的信息是不真实的。然后我们转向真实性并非中心问题的那些领域——有关私密和隐私的法律、数据保护的立法以及在隐私方面起着外部作用的各种类型的侵权责任。最后，针对媒体的管控作一个简短的总结，这些管控包括对不准确和不适当造成的侵害给予制裁（制裁不必是法律上可强制执行的）。

3

---

7 参见斯泰恩勋爵（Lord Steyn）在瑞诺德诉泰晤士报一案中的观点（ Reynolds v Times Newspapers [2001] 2 AC 127 at 208, HL.）。

8 参见麦克卡坦·托金顿·布林诉泰晤士报有限公司案（*McCartan Turkington Breen v Times Newspapers Ltd* [2001] 2 AC 277, HL）（北爱尔兰）。早在《1888年诽谤法修正案》中通过给予某些报纸的报道以特权保护，这个问题已经得到有效认可。目前对此问题的立法（《1996年诽谤法》附表1）（的适用对象）形式上并不局限于媒体，但是在实际操作中它们会是该法的受益者。

9 因此在莱昂诉《每日电讯报》一案（Lyon v Daily Telegraph [1943] 1 King's Bench Division Reports (KB) 746 at 743）中，上诉法院斯科特法官认为公平评论的权利是"自由言论和创作的一项基本权利……它对我们所依赖的有关人身自由的法律规则至关重要。"

三、名誉侵扰：诽谤[10]

4　　如果发布的文字或事件对原告的名誉造成了不利影响，那么就属于侵权行为，除非被告能够证明其陈述是真实的，或者是在一个享有特权的情况下作出的，又或者是对于公共利益事件的"公正评论"。

（一）书面诽谤和口头诽谤

5　　诽谤有两种形式，书面诽谤（libel）和口头诽谤（slander）。前一种形式到目前为止是更重要的，口头诽谤行为相对少一些。[11] 二者的区别很重要，书面诽谤本身始终是可诉的，也就是说，即使证明原告没有实际的经济损失，他也能够胜诉，因为损害是推定的。但是一般来说，要求口头诽谤的原告举证证明一些可计算的直接经济损失——例如，就业损失是可以计算的，但是社会排斥就没办法计算了。这里有四种例外，在这些例外中，即使不能证明损害的存在，口头诽谤也是可诉的，即：被判处监禁罪行的诋毁，"令人厌恶的疾病"的诋毁，原告不胜任工作或不听调遣的诋毁，以及（依照法规）对于女性不贞洁的诋毁。[12] 第一种和第三种在实际操作中是比较重要的；第二种不甚明了，因为已经有 200 多年没有这类诉讼案例；最后一种在目前的西方文化标准看来则被认为不合时宜。两者的区别在于："libel"是以永久的形式发表的，"slander"则是以临时的形式发表的。因此，出于切实可行的目的，"libel"是书面形式的，而"slander"是口头形式的。口头诽谤对于媒体并没有实际的重要性：纸面媒体是在普通法有关于书面诽谤的范围之内，自 1952 年起广播

10　参见御用大律师 P. 密尔摩、W. V. H. 罗杰斯以及加里合著：《论书面诽谤与口头诽谤》（on Libel and Slander）（2003 年第 10 版）；D. 普莱斯著：《诽谤法》（2003 年第 3 版）。

11　因此，除非存在对口头诽谤加以区分的特殊理由，律师们经常会将"libel"作为"defamation"的同义语来使用，本文中也常遵循这一惯例。

12　《1891 年诽谤妇女法》。

依法被认为属于书面诽谤。[13]人们普遍承认：未纳入立法范围的可视网络节目属于书面诽谤。[14] 在苏格兰法中，书面诽谤和口头诽谤是不存在区别的，并且这种区别在一些普通法的管辖区域内已经被全部或部分废除了。

书面诽谤属于犯罪行为，但口头诽谤则否。不过关于书面诽谤 6 的刑事诉讼非常少见，并且对报社编辑的起诉需要高级法院的准许，可是这不太可能被准许，因为有些情况"的确是非常例外的"。或许可以肯定地说：就媒体而言，目前刑事诽谤已经失去意义。

（二）什么是诽谤

尽管民事陪审团已经很大程度上被取消，但诽谤诉讼的程序在 7 英国仍然主要由陪审团来审理。[15] 由陪审团决定涉案的言辞[16]代表什么意思，以及它们是否属于诽谤；而法官主要扮演着"守门员"的角色，因为他必须就这些言辞是否在法律上含有原告所指控的意思作出裁决，[17] 如果是，还要就这些言辞在法律上是否可能构成诽谤作出裁决（也就是说，一个理性的陪审团是否会作出同样的裁决）。其检测方法是："理性阅读者"（reasonable reader）会如何理解这些言辞。"理性阅读者"是这样一类混合型的人，他一方面不受法律人的解释规则的束缚，另一方面则具有基本的公正感，并且不愿把无辜言论曲解成有害的意思。所以在路易斯诉每日电讯报案（Lewis v

---

13 目前可参见《1996 年广播法》第 166 条，该条取代了早先的法规。与此相似，根据《1968 年影剧院法》第 4 条，剧院的产品（即上演的作品，译者注）属于书面诽谤。在尤索波夫诉米高梅电影公司（1934）一案中，法庭根据普通法判决电影属于书面诽谤 ［Youssoupoff v MGM（1934）50 Times Law Reports（TLR）581, CA.］。

14 更为全面的评述，参见 M. 科林斯：《诽谤法与互联网》（2001）。

15 除非审理需要延长不方便由陪审团审理的关于文件、账目、当地的或科学方面的证据的询问，否则根据 1981 年《最高法院法》第 69 条的规定，诽谤案件可由陪审团进行审理。但是根据《1996 年诽谤法》第 8 条，法院现在有很大的权力在没有陪审团参加的情况下依简易程序处理程度较轻的案件。参见下文边码 56。

16 "言辞"的使用无处不在，诽谤当然也可以由可视的途径来传达，例如卡通。

17 原告必须给出他主张具有的特定含义。

Daily Telegraph）中，[18] 有篇文章谈到，原告的个人事务正在受到反商业欺诈局的调查。这件事情本身是真实的，但是原告认为该陈述会让读者认为其本人涉嫌欺诈，这个主张被上议院驳回。无疑事实上很多读者已经得出了这一主张所提出的结论，但是让法律接受这样的结论，会使在定罪之前对刑事调查的任何报导都变得非常危险。[19] 诋毁不一定非要是直接的：比如说某人不是乔治·华盛顿，也就是变相说这个人是个骗子，因为华盛顿在诚实方面具有卓越的声誉。但是如果这一暗指（暗讽）并不是出自众所周知的事物，那就有必要证明这些言辞是向知道会导致名誉损害的事实的人们公布的。

8　　　对于什么是诽谤的评判标准已经有很多种说法了，不过现如今最通用的标准是，这些言辞是否会使理性的人们（"能够正确思考的人们"）鄙视原告。[20] 19 世纪早期适用的经典标准为涉案言辞是否将原告公开置于"令人讨厌的、受人轻视的、或者是遭人嘲笑的"境地，这一标准过于狭隘，但是没有一个"标准"可以适用于所有案例。因此，评判的标准或许依旧遵循这样的法则，即若涉案言辞超出拙劣的模仿或者不礼貌的范围，而使原告处于受人嘲笑的境地，则这些言辞是可以被起诉的，即使它们实际上并不损毁他的品格。[21] 需要注意两点：第一，这一公式必须是依照当时的社会价值倾向来予以适用。如在五十年前，仅仅声称某人是同性恋就属于非常严重的诽

18　［1964］AC 234，HL.

19　另参见 Charleston v News Group Newspapers Ltd［1995］2 AC 65，HL. 这也许可以归因于读者对于小报的那种不太现实的仔细的阅读风格。

20　参见 Sim v Stretch（1936）52 TLR 669，HL. 诽谤已故的人是不可能的，所以死者的遗产不能够提起诉讼，死者的家人也不能够提起诉讼，除非涉及死者的内容伤害了他们的名誉。政府机构也不能提起诽谤之诉（参见 Derbyshire County Council v Times Newspapers Ltd［1993］AC 534），但是如果针对该机构的诋毁构成对其个人的诽谤，该机构的自然人代表就可以起诉。对于商业公司，如果该言论涉及它的商誉或资产，那么商业公司也可以起诉。

21　参见 Berkoff v Burchill［1996］4 All England Law Reports（All ER）1008，CA.

谤行为，但是这种情况是否在今天还如此就不再一目了然了。[22] 第二，比起实际存在的态度来，这个通用的公式似乎假设了更高的同质性，而在一个人所属的群体看来，某一不可能被一般公众认为是被诉的诋毁行为，可能会使该人的名誉遭受严重的损害。然而在实践中的大多数情形中可以认为，原告违背其所属群体的规则是有伪善之责的。

1. 关于原告

言辞必须是"针对或者关于原告"而发布的，所以要求理性的读者会把这些言辞理解为是关于原告的。单单是涉案言辞中的人物恰巧与原告的姓名相同，这还不充分。不过，在普通法中，问题在于，如果合乎情理地理解，则言辞能够具有什么含义；而不在于，被告想用他的言辞表达什么意思；而在此问题上，一些判决似乎是相当有利于原告的。[23] 现在像这样的案例会受到 1996 年《诽谤法》关于"无过错诽谤"方面的规定的影响，[24] 但是，在一桩无意间发表了"相貌相似"的照片的案件中，法庭裁决认为：如此严格的责任会有悖于欧洲人权公约的第十条规定。[25] 1996 年《诽谤法》会要求该案的被告提出更正的建议，也就是说，进行更正和道歉，并支付适量的赔偿，然而这个判决则（为被告）提供了一个全面的抗辩不论出版之后被告有多么不配合。

2. 发表

侵权不是指侮辱，它取决于对原告的名誉损害。因此，言辞必

9

10

---

22 《1891 年诽谤妇女》（前引脚注 12）在当今不合时宜的一个原因是大多数人婚前同居，而相当一部分人一直同居不婚。

23 参见 Newstead v London Express Newspapers ［1940］1 KB 377，CA（哈罗德·纽斯泰德，一名坎伯维尔男子，被判重婚；那位坎伯维尔的真正的哈罗德·纽斯泰德，并非提起诽谤之诉的原告；被告应承担责任，但陪审团仅裁定给予少量的赔偿）。

24 参见下文边码 45。

25 O'Shea v MGN Ltd ［2001］ Entertainment and Media Law Reports（EMLR）40，Queen's Bench Division（QBD）。

须向原告之外的其他人发布。[26] 但"发布"的说法具有误导性，因为这里言辞无需在商业意义上发表：如果 A 向 B 寄了一封诽谤 C 的信，B 阅读了该信，那么 A 就构成了对 C 的诽谤。发布的范围与损害有关，而与是否构成侵权的问题无关。那么，如果在媒体发表，假如原告的身份可被充分识别，那就无需举证哪些人实际阅读了该信息并且相信这则信息是针对原告的，因为这是可以被推定的。就冲突法而言，发表侵权地即公布地，所以，如果法国报纸的出版人可以因其报纸在英国发行而在英国被诉。[27] 从技术上讲，对每一位读者都存在一个独立发布行为。对一份报纸的单个发行提起多个诉讼的企图属于滥用诉权，但是"独立发布"规则在重复发布信息或者在不同地点发布的情形下是有适用空间的。[28]

11   任何在诽谤的发布中发挥作用的人，对此承担连带责任。因此，以报刊为例，撰写文章的记者、编辑以及报纸本身（在实务中是公

26　这在苏格兰法中并不是必需的。

27　Shevill v Presse Alliance SA［1995］2 AC 18，欧洲法院（ECJ）.

28　澳大利亚高等法院已经认定无论在何地访问，互联网上的材料都视为出版：Dow Jones & Co Inc v Gutnick［2002］HCA 56. 判决主义认为："争论过程中主要强调的是互联网的出现是一项重大的技术进步的事实。的确如此。但是广泛传播信息的问题比网络和万维网的历史要久远多了。自从报纸和杂志分发给不同地域的人们，法律已经在努力应对这些情况。广播和电视也和印刷材料的广泛传播一样呈现出同样的问题，尽管材料的国际传输随着电子传播方式出现更为简单。"（at［38］）而且，"考虑到普通法上的诽谤抗辩被认为需要进一步发展的情况，对于只有当原告在实施发布行为的所在地存在名誉利益时名誉赔偿请求才有把握获得实质性赔偿金的事实状况必须加以适当的权衡。而且，原告不可能就法庭管辖范围之外所公开实施的诽谤行为提起诉讼，除非在诉讼行为中获得的判决对原告有实际价值。判决所具有的价值受该判决是否可以在被告拥有财产的地点强制执行的影响。最后，如果刚刚提及的这两个考虑因素不被认为会对那些互联网上的有效信息的制造者所面临的问题的范围构成限制，那么当想到除却极为不正常的情形之外，确定了拟发布的材料所涉及的那个人的身份就已然确定此人可能以其作为依据的诽谤法，道琼斯公司在本上诉审当中所寻找的能够像魔术般变出来的、有义务对其在互联网上发布的每一篇文章与从阿富汗到到津巴布韦的每一个国家的诽谤法进行仔细斟酌的出版商的幻影，显然是不真实的"（at［53－54］）。针对报纸的纸质版及其网络出版，存在彼此独立的诉求。参见：Loutchansky v. Times Newspapers Ltd（Nos 2－5）［2001］EWCA Civ 1805，［2002］Q. B. 783.

司）都应当承担责任。[29] 报纸对于记者所撰写稿件的的责任并不是替代责任（所以，即使文章是由一个独立的专栏作家所写也没有关系）：因为报纸将诽谤予以公开，所以它应当承担责任。如果为了挫败诸如优先特权或者公正评论这类抗辩而试图证明（行为人的）恶意，那么替代责任就是相关的。因此，如果记者为主观恶意所驱使，那么报纸就要承担责任，因为报纸须为记者承担替代责任。相比之下，并无恶意的编辑可以在这类案件中免于承担个人责任。[30] 在实际操作中，编辑和记者都没有支付损害赔偿金额的风险，除非报纸无力偿还债务。是否要起诉这样的"附带的"当事人的决定可能取决于策略上和程序上的考虑，例如举证不能的影响。

在普通法中，印刷者被认为是需要对出版负责的人，即使实际上他对出版物的诽谤属性丝毫不知情，而如果遇到资源匮乏的短命杂志的话，印刷者在一定程度上面临被起诉的风险。但是像报刊亭那种纯粹的发行人可以以他们没有理由知道所出售的报纸当中是否包括诽谤的内容作为抗辩。现如今这一点已经通过 1996 年《诽谤法》第 1 条得到了系统化并扩大了适用的范围。如果能够证明其在出版方面已经尽到了注意义务，并且不知道也没有理由相信他的行为导致或助成了诽谤性言论的出版，那么作者、编辑和出版商（这里指的是以盈利为目的的出版商，而不是仅仅指在技术层面上具有诽谤意义的出版商）以外的人不承担责任。印刷者也包含在这一范围之中，但是它也包括那些对爆料者缺乏有效控制手段的现场直播的传输者和网络服务提供商。[31] 但是，如果某个网络服务提供商接到了有关登载于网站或新闻组的诽谤材料的通知，而没有将相关内容

12

29　通常认为报纸的"出版商"（从所有人的意义上来说）也是要承担法律责任的。如果他参与了发布某个消息的决策，他当然要承担责任，但另一方面，股东（甚至是控股股东）不必为公司的侵权行为承担责任的主张又是值得怀疑的。

30　编辑不是记者的老板。

31　参见第 1 条第 3 款。

移除的话，那么他就应承担法律责任。[32] 与 1996 年《诽谤法》并行的是 2002 年的《电子商务规程》（EC 指令），[33] 后者对 2000/31/EC 的指令作了修正。这些规定甚为复杂，可概括如下。如果网络服务提供商所扮演的角色仅仅是一个临时传输信息的渠道（例如邮件或者通过服务商的系统达到链接的目的网站），倘若他没有发起传输、选择接收者，也没有对信息加以拣选或更改的话，那么他就不必承担损害赔偿责任。假如他将信息予以缓存（也就是说，将最初储存在另外一台电脑上的信息予以保存，以便更有效地对网页进行检索），当他实际得知最初的传输源已经从互联网移除，或者访问已经被禁止，或者法院或行政机构已经命令这样的移除或禁止之后，他就迅速予以移除或者停止访问该信息，那么他就不承担损害赔偿责任。如果他拥有由别人提供的、放在他的服务器上的信息（例如缓存的网页），而他对于据以判断该信息是违法的事实或情况一无所知，或者在知晓上述事实情况后，迅速移除或停止了对该信息的访问，那么他就不需要承担损害赔偿责任。

3. 转载/转播

13　　当 A 发布一则报道，被 B 转载，就出现了两个问题。首先，B 是否要承担法律责任（这一问题在下文中将有涉及[34]）；第二，A 是否要为 B 的再次发布承担法律责任。关于后一种情况，原告可以用两个办法来提起诉讼，要么主张 A（除了 B 以外）应对 B 的再次发布承担责任，要么主张源于 B 再次发布造成的损失原本起因于 A 的最初发布。[35] 如果 B 的转载是得到 A 授权的，或者一个理性的人站在 A 的位置上可以意识到该言论的内容很可能全部或者部分被其他

32　Godfrey v. Demon Internet Ltd〔2001〕Queen's Bench Division Reports（QB）201.

33　Statutory Instrument（SI）2002 No. 2013.

34　参见下文边码 16。

35　Slipper v BBC〔1991〕1 QB 283, CA.

媒体转述，也都可以产生责任。[36] 显而易见，一个在新闻发布会上发布的言论符合后一种情况，或许也能满足前者——但可能不太正式。

（三）抗辩

在被告没有提出抗辩的情况下，原告若能证明信息的发布导致 14
他人对其评价降低（某些口头诽谤案件除外，它要求证明有实际的损害），原告即可赢得此案。

1. 真实

除属于 1974 年《罪犯改造法》[37] 适用范围内的有限例外，真实 15
是针对诽谤之诉可提出的绝对的抗辩。专业术语是"正当理由"
（justification），这个概念容易产生误解，因为它可能暗示（而事实上并不是这样的）在所发表的言论中必须有某种公共利益。根据通常的民事标准，应由被告证明其言论是真实的。[38] 这一点经常受到批评，理由在于它通常都会使被告有罪，除非被告证明自己的清白。但是，除了由刑事法律的争论所反映出的疑点之外，这个问题看上去还是属于合理的规定：如果你叫我小偷，我起诉了你，那么就应该由你来证明我是个小偷，而不是由我来证明我不是小偷。一些普

36　McManus v Beckham［2002］EWCA Civ 939，［2002］1 Weekly Law Reports（WLR）2982，CA.

37　此处涉及的是对"时过境迁的"定罪事实的公布。该法与《欧洲人权公约》第 10 条是否相符，这一点是有疑问的：Silkman v Heard，2001 年 2 月 28 日，QB. 如果公布的行为并非出于恶意，则被告仍可逃脱责任，但不完全清楚的是，这一点在一项真实陈述的语境下究竟意味着什么：参见 Silkman v Heard and Herbage v Pressdram［1984］1 WLR 1160，CA.

38　然而，当原告起诉的诋毁属于刑事犯罪的范畴时，原告因该行为被定罪的事实是他有罪的确凿证据：《1968 年民事证据法》第 13 条。开释并不是原告无罪的决定性证据，所以被告可以不管开释的存在，自由地设法证明原告有罪，虽然那样做通常是一个有着很高风险的计策。

通法的管辖区域已经增加了一个条件，即出版必须是出于公共利益。[39] 这在英国法中并没有体现。这不是说发布令人不快的事件真相必然不会受到法律制裁，因为它可能符合我们称之为泄密（breach of confidence）的那种侵害隐私的伪装形式。[40]

16　　如果 B 重复了 A 的某一言论，B 并不能通过证明 A 确实说过该言论而证明真实性，即使 B 的陈述表明他只是在转述 A 所说的内容：B 必须证明其陈述的实质内容是真实的，而不仅仅是 A 说过的。[41] "你无法通过将诽谤性文字放在诸如'我听人说过……'或者'传闻说……'这类前缀性句子后面，然后声称事实上你是被告知的或者事实上是传闻而逃脱诽谤的责任。你不得不证明谣传的主要事件是真实的。"[42] 与此相似，如果被告的辩解说，是原告使其产生了关于原告做了某种不当行为的合理怀疑，那被告必须对能够为这一主张提供合理根据的原告行为予以证实，仅仅证明合理怀疑的信息来源可靠，那是不够的。[43]

17　　言论不需要在每个细节上都要被证明是真实的，所需要的是证明言论本质上是真实的，或者像通常所说，构成诽谤的"伤害性表述"必须要被证明是真实的。除此以外，根据 1952 年《诽谤法》第

39　尤其可参见新南威尔士：《1974 年（新南威尔士）诽谤法》第 15 条第 2 款。但是新南威尔士法律改革委员会把这视为对侵害隐私课加责任的一个可以变通的方式，并且要求通过立法直接对隐私问题明确提出来，因为如果陈述是真实的但并不是一个关系到公共利益的事情，就不存在原告遭受诽谤之后恢复原状的可能：Report No. 75 Defamation（1995）§ 2. 35.

40　参见下文边码 65。

41　当这一规则被确立时，传闻证据在民事诉讼中总体上不被采纳。而今虽可采纳，但是仅仅通过证明 A 说过 C 做过某事，那么 B 就设法要去证明 C 的确做了这些事情的话，这依旧属于鲜见之事。

42　Lewis v Daily Telegraph [1964] AC 234 at 283, HL, per Lord Devlin.

43　Shah v Standard Chartered Bank [1999] QB 240, CA; Chase v News Group Newspapers Ltd [2002] EWCA Civ 1772, [2003] E. M. L. R. 218. The latter case rejected a challenge under Art. 10 of the Convention.

5 条的规定，"在某个诉讼中……对于包括两个或更多不同指控的言辞……一项正当理由抗辩只有根据如下理由才不会丧失效力，即在考虑了其他指控的真实性的情况下，如果其真实性未被证实的言辞在实质上并不侵害到（原告）的名誉，从而每一个指控的真实性都得不到证明。"所以，如果被告已经证明了主要的或者更具侵害性的陈述的话，那么未能证明一个次要的陈述仍然可以赢得诉讼。[44]

被告试图获得"部分的正当理由"的证据，或者是与所指控的诽谤并无直接关联、但被告相信其会以某种其他的方式使原告的形象在陪审团眼中大打折扣的证据，这类尝试为现代诽谤法带来了很大的复杂性。这一法律可以概括为下述这些命题： 18

被告不会被原告所主张的意思所束缚。他可以辩称，这些言辞按理可能具有的其他（通常较次要的）责难的含义是真实的。[45] 这些言辞具有什么含义，以及在该种意义上它们是否真实，这些问题是由陪审团来决定的。但是，在被告已经作出一个具体而直接的陈述的场合，他便不能指望转而依靠某种较次要含义：说"原告偷了银子"的说法仅仅是想表示原告被怀疑偷了银子这样的意思，这是难以被合理地接受的。[46] 19

1952 年《诽谤法》第 5 条只适用于原告针对一个以上的陈述提起诉讼的情况。如果他只起诉一个陈述，那么"针对'你管我叫 A'这个说法提出的指控，就不能以'是的，但是我还同时管你叫 B，并且（在后一种情况）我说的是真实的'来进行抗辩。"[47] 然而，原告没有权利通过修改材料来改变该陈述在上下文当中的含义。而且，被告或许能够指出，即便原告仅针对材料的一个特定部分提起诉讼， 20

44　Recently applied in Irving v Penguin Books, 12 April 2000, QB, the "holocaust denial" case.
45　正如原告被要求给出他所力主的含义的详细解释，也要求被告出示所用以抗辩的含义的详细解释。
46　Berezovsky v Forbes Inc（No 2）[2001] EWCA Civ 1251, [2001] EMLR 45.
47　Cruise v Express Newspapers plc [1999] QB 931 at 954, CA.

但从整体上看，原告在诉中的请求超出该特定范围，这样被告就可以从整体意义上为自身辩解，即使他不能证明其陈述本身属实。[48]

21　　　对被告可通过抗辩提出的事项加以限制，在很大程度上源于"案件管理"的考虑、尤其是源于为陪审团找到可加以界定的问题这一需要。出于同一个原因，传统的方法是，不允许被告为了减少赔偿金的目的、而不是为了证明他的陈述真实而出示有关原告某些特定不端行为[49]的证据。否则就会有一种风险，即为了证明原告不是一个像在没有提供此类证据的情形下所显现的那样的一个好人，案件的审理将通过媒体被告而退化为对原告全部生活进行无边审查的做法。或许在设法以（原告）"总体上行为不端"进行抗辩的许多案子当中，被告都是在真实性这一抗辩的幌子之下试图这样做，因为基于该抗辩所引入的证据即便不被采纳也会影响损害的评估，这是必然的。然而，这个方法的严格程度似乎有所松动，因为在最近的伯斯坦诉时代报刊公司案（Burstein v Times Newspapers Ltd）[50] 中法院裁决，不排除被告举出旨在减轻损害赔偿的、"直接与其公布行为相关的背景联系在一起"的证据。该裁决的含义很难解释，但是在一个涉及不当性行为的陈述的未被报道的案件中已适用了这一裁判意见，以便把七、八年前（原告）同另外一个人的类似行为作为证据予以援引。如果那是正确的，那么似乎传统的规则事实上业已消失。

2. 公正评论

22　　　基于公共利益所作的陈述属于公正评论，构成一项抗辩。如果被告证明该陈述可以被恰当地视作评论，并且所涉事件关乎公共利益，那么他就能够胜诉，除非原告证明被告事实上并没有表达出他

48　例如 Williams v Reason［1988］1 WLR 96，CA. Contrast Bookbinder v Tebbitt［1989］1 WLR 640，CA.

49　原告拥有一个与表象相左的坏名声。

50　［2001］1 WLR 579，CA.

的诚实观点。

公正评论的核心是意见的表达。[51] 然而，它也并非局限于此，因 23
为它可能包含来源于其他事实的推断。因此在布兰森诉鲍尔案
（Branson v Bower）[52] 中，记者得出的关于原告系出于报复的欲望而
蓄意实施一系列的行为的结论被法庭认定属于抗辩的范围。被告本
来当然可以抗辩说其陈述是真实的，但是根据公正评论来看，即使
原告的动机并非如被告所说的，被告依然可以胜诉，除非原告可以
证明那不是被告的观点。当然，事实的推断与"纯粹的"事实陈述
（仅适用于真实性抗辩）之间的界限是很难划出来的。

因为评论并不需要在任何客观意义上都是公正的，所以"公正" 24
一词的表述具有高度误导性[53]。"我们的公共生活的基础是：坏脾气
的人、狂热的人会说出他的诚实想法，就像坐在陪审席上理性的男
人和女人们一样。"[54] "长久以来已经明确的是，个人可能怀有偏见，
于是请求对其所表达的观点给予公正评论这一抗辩的保护。观点本
身或许是夸张的或者顽固的，但它们仍处在诚实意见这一概念的范
围之内。如果个人针对某件涉及公共利益的事件写了什么或说了什
么，无疑法律会允许使用粗鲁的和冒犯性的语言。已经得到公认的
是，例如，批评家出于合法批判的目的，是有权运用恶毒辛辣的笔
调的。"[55] "保护公正评论这一抗辩的目的和重要性，同它的范围不
相一致，它的范围被局限于为了特定原因或特定目的而作的评论，
其中有些被认为是恰当的，其他的则否。尤其是在社会领域和政治
领域，那些进行公共评论的人在他们的头脑中通常是有自己的目标

---

51 正是抗辩的存在，表明一个关于某人的观点的表达可以构成诽谤，这一点正是经常被
  忽视的。
52 ［2001］EWCA Civ 791，［2001］EMLR 32，CA.
53 Reynolds v Times Newspapers Ltd ［2001］1 AC 127 at 193，HL，per Lord Nicholls.
54 Silkin v Beaverbrook Newspapers Ltd ［1958］1 WLR 743 at 747，CA，per Diplock LJ.
55 Branson v Bower（No 2）［2002］2 WLR 452 at 455，QBD，per Eady J.

的，即使只是为了宣传和抬升自己。他们常常怀有所谓"别有用心"的目的。他们的目标通常是显而易见的，但也并不总是这样。他们或许期望达到某种结果，例如推动一项事业或者打败另一方，提升某个人或者贬低另外某个人。在他们做评论时，他们并非不带偏见，他们并不只是想要传递信息。除此以外他们还有其他动机。这些动机的存在——这一点对眼前的目的具有极端的重要性——并不是排除公正评论抗辩的理由。当表达一个观点时怀有这样的动机，并不意味着公证评论的抗辩被滥用了。例如，要是某个动机恰恰与使事件成为一个公共利益问题的特点相关联，那么要认为这样的动机使抗辩无效，就是没有道理的。相反，这一抗辩旨在保护和促进这样的评论。在公共利益的事项方面从事这样的评论的自由，坦诚来讲，处在公正评论抗辩的核心位置。这恰恰就是这一抗辩存在的目的所在。有着各种各样意见的评论员们都有权'拥有自己的议题'。政治家们、社会改革家们、好事者、那些有着政治或其他抱负的人和那些毫无志向的人，全都可以（在这里）一试身手。"[56]

25   于是，被告所需证明的是该陈述系意见的诚实表达，而不仅仅是谩骂。对于把"公正评论"改称为"诚实评论"这个问题，唯一的反对意见是，这样做存在如下风险，即暗示着被告有义务证明该陈述事实上是他的诚实的意见，而与此同时，证明其并非被告的诚实意见实际上成了原告的义务：被告所要做的是完成证明一个诚实的人（对这一问题）也会持同样的观点这一"客观"要求。有人曾一度认为对不诚实或者不良动机的归责方面应当适用更为严厉的检

---

56   Tse Wai Chun Paul v Albert Cheng [2001] EMLR 31, Hong Kong Court of Final Appeal, per
     Lord Nicholls.（这个案件并不对任何英国法院具有约束力，但尼科尔斯勋爵是一个上
     议院的法官，所以它很快就被作为对英国普通法的陈述而接受了。）

验标准，但是这并不是现有的观点。[57]

只有当评论所依据的事实是出版物中所陈述的或者所提及的事   26
实，并且是对它的如实陈述时，公正评论才有可能[58]（你不能捏造事
实，然后就虚构的事实加以评论）。[59] 然而，对事实的描述无需全面，
粗略的提及也是可接受的。[60] 需提到基本事实的这一要求的基本思想
在于，受众可以由此获知所说的话属于评论，并且能够就其确切度
作出他自己的判断。说"A 在会上有不光彩的行为"可以被视为是
对事实的一种宣称，并且很可能比说"A 在会上有不光彩的行为，
因为他继续强行坚持某个先前已经被否决的观点"更能毁人名誉。
无论读者对此是否赞同，他至少能够明白作者正针对原告的行为表
达他的意见。

要拟定任何有关于公共利益事务的检验标准或者目录是不可能   27
的。它不限于政治意义上的"公共生活"或"公共事务"——例如
一位评论家针对一部新戏或者小说提出的观点明显应当被列入这一
抗辩的范围。个人的私生活并不在这一抗辩范围内，这在一般意义上
无疑是正确的，但是如若一位公众人物私下里的行为与他公开的言论
不一致，或者他利用他的家庭来提升他的公共形象，情况就不同了。

3. 特权

这又是一个相当不恰切的术语，而且一个看涨的趋势是，以诉   28
诸豁免这个术语取而代之，但是本文还将使用传统的术语。它指的
是享有特权的情况，而不是享有特权的个人。与公正评论不同，特

---

57   Branson v Bower（No 2）［2002］2 WLR 452 at 460，QBD. Cf. Nilsen and Johnsen v Norway
    （2000）30 European Human Rights Reports（EHRR）878，European Court of Human Rights
    （EctHR）.

58   如果事实是诽谤性的，那么就必须证明它们是有正当理由的。

59   但是如果事实如所说的那样属于特权的范畴（参见下文），那么抗辩仍然是可行的。
    所以如果一项调查性报导随后被证明是不真实的，那么基于这些事实所作的评论在它
    们被驳倒之前仍然是受到保护的。

60   例如 Kemsley v Foot［1945］AC 345，HL.

权适用于有关纯事实的报道。有两种特权形式：绝对特权（absolute privilege），在任何情况下都不得提起诉讼；以及有限特权（qualified privilege），虽然某个陈述是在享有特权的情况下作出的，但是有限特权的抗辩可能因被证明为恶意而败诉。

（1）绝对特权

29　　在这类案例中表达自由所包含的公共利益被视为如此强大，以至于法律拒绝在任何情况下进行干涉，即使证明说话的人充分意识到它是虚假的，而且这样做仅仅是为了损害该陈述所指的对象。基本政策是有必要确保那些行使职责的人不会招来诉讼的麻烦，[61] 而且我们愿意付出偶尔可能会对某些怀有恶意的人提供保护的代价。主要的[62]类别（其细节不在一般报道的范围之内）是：议会的陈述[63]，根据议会的命令出版的报告、文件[64]，司法诉讼中无论是由目击者、当事人、法官还是律师提出的陈述，对司法诉讼所作的公平而准确的即时报道，[65] 以及至少最高级别的国家官员之间的交流。[66]

（2）有限特权

30　　这个特权的范围更广。该特权可能来自成文法，也可以根据普通法提出。

①成文法上的有限特权

31　　最重要的条款出现在 1996 年《诽谤法》的"附表一"当中，它重新颁布并修订了自 1888 年以来以不同形式存在的规定。这些规

61　在诉讼中这一请求会被直接剔除。

62　这里有很多具体的成文法上的例子。

63　参见《1688 年权利法案》。特权与议会程序中的言论相关。议会成员没有个人特权，所以他可能因其在议会以外的言论而通过普通的方式遭到起诉。

64　《1840 年国会文件法》。

65　《1996 年诽谤法》第 14 条，代替先前的法规。针对非同时期报导，另有普通法以及成文法上的有限特权。

66　这一问题的范围很难确定：可以肯定的是不存在为公职人员之间的沟通而设定的综合性绝对特权。

定可以概括如下。首先，是无须借助解释或反驳的、受特权保护的报道：

对世界各地公开的立法活动所作的公正而准确的报道；

对世界各地公开的法庭审理活动所作的公正而准确的报道。前述意义上的法庭包括任何仲裁庭或者行使国家司法权的机构；

对世界各地受政府或立法机关委托担负公共调查职能的个人的公开活动的公正而准确的报道；

对世界各地的任何国际组织或者国际会议的公开活动所作的公正而准确的报道；

对依法要求供公众公开查询的登记信息或其他资料所作的公正而准确的拷贝或摘录；

世界上任何地方由法院当局、法官或法院的其他官员发布或授权发布的通知或者通告；

对世界各地政府当局或立法当局发布的事项所作的公正而准确的拷贝或摘录；

对世界各地国际组织或国际会议发布的事项所作的公正而准确的拷贝或摘录。

另一个类别是"受制于解释或者反驳"的报道。这意味着，只有在遵从了一项以适当方式公布一份旨在解释或反驳的合理信件或陈述的要求的情况下，被告才能主张特权。尽管没有一般意义上的辩驳请求权（*droit de reponse*），不过这是英国法律中最接近辩驳请求权的方式了。 32

对（a）任何成员国的立法机关或欧盟议会，（b）任何成员国政府或成员国、成员国的组成部分或者欧盟委员会的任何行使政府职能的机构，（c）国际组织或者国际会议所发布的、或代表这些机构发布的晓谕公众的通知或其他事项所作的公正而准确的拷贝或摘录。

对成员国法院或欧洲法院（或该法院所辖的任何法庭）或者上

述法院的法官、官员所签发的生效文件的公平而准确的拷贝或摘录。

对联合王国（或者海峡诸岛、马恩岛或另一个成员国的相应活动）范围内的（a）地方当局或者地方当局的委员会，（b）不以法院名义行使司法权的一名或数名治安法官，（c）委员会、法庭、委员或者出于调查目的由女皇陛下或者皇室大臣或者北爱尔兰总署根据法律规定委任的人，（d）根据法律规定由地方当局所委派的承担地方调查职责的人，（e）其他委员会、委员或者依法组建并行使职能的机构的公开会议或者庭审活动的公正而准确的拷贝或摘录。

对在任何一个成员国国内举行的公众聚会活动所作的公正而准确的报道。公开的会议意味着出于合法目的以及本着促进和讨论公众关注事件的目的、善意且合法地举办的会议，不论会议是对一般人开放的还是有限开放的。[67]

对联合王国的公众公司大会议程的公平而准确的报道；或者对（a）由董事会的授权，或（b）由审计师，或者（c）由任何公司成员根据法律赋予的权利；或者面向联合王国公众公司发行的、与公司董事的任命、辞职、退休或除名有关的文件的公正而准确的拷贝或节录。与公众公司的相关会议或者根据海峡群岛、马恩岛或者其他成员国的任何法律所形成的文件受到了同样的保护。

对在联合王国或者其他成员国组建的下列社会团体，或者任何委员或这类团体中的管理机构所作出的裁决或者决议的公正而准确的报道——

（a）出于促进或鼓励在任何艺术、科学、信仰或者学术领域的实践或者兴趣的目的而组建，并且根据其组织章程的授权对社团利益或相关事项进行控制或评审，或者对应当接受控制或评审的人的争讼或行为进行管控或审裁的社会团体；

67　这包括一个记者招待会：McCartan Turkington Breen v Times Newspapers Ltd ［2001］2 AC 277，HL.

（b）出于促进和保护商贸、交易、产业或行业利益，或者是为了促进和保护从事或参与上述事务的人的利益的目的，并且根据其组织章程的授权对与商贸、交易、产业以及行业的有关的事项，或者对当事人的争讼或者行为进行管控或审裁的社会团体；

（c）出于促进或者保护那些邀请或允许公众参加的比赛、运动会、娱乐活动的兴趣的目的，并且根据其组织章程的授权，对与比赛、运动会或休闲活动的相关人员或其参加者进行管理或审裁的社会团体；

（d）出于促进慈善事业的目的或者其他有利于公众的目的，并且根据其组织章程的授权，对与社团利益或相关事项，或者应接受管理或审裁的人员的争讼或行为进行管理或审裁的团体。

上议院议长以及苏格兰国务大臣依法得到授权，可指定某些机构、官员或者其他人员进行公正而准确的报道，其中涉及的裁决、报告、陈述或者通告受到特权"附表一"的保护。

这些成文法上的特权对于不属于公众关注之事件的公布并不适用，也不适用于并非出于公共利益目的的公布行为，但这是属于陪审团（认定）的问题。[68]   33

专门涉及成文法上的有限特权的例子有很多。   34

②普通法上的有限特权

普通法中的有限特权有很多种类，其中有一些与成文法上的特权重叠而且实际上大多被成文法上的特权所代替（例如，对法院诉讼活动的报道）。媒体对议会活动的报道也归入到这一类当中。也许会让人感到奇怪的是，对法院诉讼活动的报道属于绝对特权，而对议会活动的报道则否，但实践中很难看到媒体被告是如何被证明怀有恶意的。   35

68　Kingshott v Associated Kent Newspapers ［1991］1 QB 880, CA, under earlier legislation.

36   建立在"义务和利益"基础上的宽泛的特权种类更加重要。经
典之处是帕克男爵（Parke B）在图古德诉施比林案（Toogood v Spy-
ring）中的判决[69]："通常，诉讼因发布某个实际上属于虚假的并有
损于他人人格的陈述而引起，而法律认为这样的发布是恶意的，除
非是在法律上或道义上均不承担某些公共或个人义务的人公正地予
以发布，或者仅就其自身事务或是关系到他自身利益的事务而公正
地予以发布。在这样的案件中，所涉情形阻止法律根据从未经授权
的传播行为推断的恶意进行的干涉，而给予适当的抗辩，该抗辩依
赖于不存在实际恶意这一点。如果出于合理的情形或者情况紧急，
并诚实地加以传播，那么为了共同的便利和社会福利，这样的传播
受到保护。"包含这些情形的法律可以概括如下："A 对 B 所作的关
于 C 的陈述：（a）A 对于将该陈述传播给 B 负有法律上的、道义上
的或者社会层面的义务，并且 B 对于接收该信息享有相应利益；或
者（b）A 对此有受到保护的利益，并且 B 也具有相应的利益或者有
义务保护 A 的利益"。[70] 这类情况的例子很多，试图列出一个目录来
是难以做到的，但是这里有四个简单的例子：由潜在雇主寻求的、
在引用中作出的陈述；向适当的机构针对不当行为进行的投诉；内
部纪律性调查所提供的证据；[71] 以及被告针对对他的攻击所做的回
应。为此，"义务"不一定是指依法可强制执行的义务：如果 B 打
算雇佣 C，从先前的雇主 A 那里了解情况，从这个意义上说，A 并
没有（法律上的）义务向 B 提供有关 C 的情况，但是 A 的答复可以
看成是 A 在履行某种社会义务。

37   我们主要是在此类实务运用方面对大众媒体投以关注的目光。
在发布某个陈述的一方与接收方之间必须存在义务与利益的相互性，

---

69   (1834) 1 Compton, Meeson & Roscoe（C. M. & R.）181at 193.

70   W. V. H. Rogers, Winfield and Jolowicz on Tort (16th edn. 2002), 452.

71   这不属于为了绝对特权目的的"司法诉讼"。

而传统观点认为，除可能发生的一些非常紧迫或者危险的情形之外，在媒体与公众之间不存在这样的相互性。有限特权本质上是一个"私人"传播问题。在某种程度上来说，根据《诽谤法》附表一及此前的规定，更为宽泛的适用于报道的成文法上的有限特权已把这个问题关注热度抽离出去，但是，除了成文法上的特权不会扩展到超出相对精确限定的那些类别的范围这一点之外，成文法的清单上考虑到了报道其他公共陈述的媒体，而没有涵盖报纸本身采集的信息——调查性新闻。然而，雷纳德诉时代报业公司案（Reynolds v Times Newspapers Ltd）的判决对这一项法律作了根本性的改变。[72] 尼科尔斯勋爵（Lord Nicholls）提出了一份与媒体是否应当被认定负有传输信息的义务以及公众是否享有接受信息的相应的利益有关的问题之情形的一个粗略的列表，对该判决的实质内容用以下方式作了总结：[73]

> "1. 某一言论的严厉性。如果该言论是虚假的，那么指控越严厉，公众就越容易被误导，个人受到的伤害也就越大。
>
> "2. 该信息的属性以及其主题接近公众关注事件的程度。
>
> "3. 消息源。一些提供信息的人对事件并无直接了解。有些人凭想象进行编造，或者是受他人雇佣来编故事。
>
> "4. 核实消息的步骤。
>
> "5. 信息的状态。该言论可能已经成为值得受关注的某个调查的主要目标。
>
> "6. 事件的紧急性。新闻总是瞬间即逝的商品。

72　[2001] 2 AC 127（decided in 1999）.

73　同上注，第205页。

"7. 评论（的素材）是否从原告处得来。他可能拥有别人没有的或者未被公开的信息。接近原告并不总是必需的。

"8. 文章内容是否涵盖了事件的原告一方的主张和依据。

"9. 文章的语气。一份报纸可以提出疑问或者要求调查。不必用论断当作事实的陈述。

"10. 发表的环境，包括时机。"

这个列表并未穷尽一切。给这些和其他相关因素赋予的重要性随案件的不同而不同。假如有陪审团参与，则针对主要事实的争论交由陪审团认定。在关系到已经承认或得到证明的事实的场合，该发表行为是否属于有限特权的判定，乃是法官的事情。这是已经确立的惯例。在一个理性的裁判当中，权衡的工作由法官来担当比交由陪审团来担当更为合适。

38　　这个判决毫无疑问受到了有关媒体的正当角色已经变化了的看法的影响，也受到了对欧洲人权法院的工作方法的了解的影响。也许该判决最重要的部分是这一陈述："法院不要急于下结论认定信息的发布不属于公共利益范畴，因而公众无权知晓，尤其当发布的信息属于政治性讨论时更是如此。任何迟迟得不到解决的疑惑都应当借助信息的公开发布加以解决。[74]

39　　澳大利亚[75]与新西兰[76]的同期发展可供比较，但是它们更多地强调"政治"言论。尽管上段引文诉诸政治事务，雷诺兹案（Reyn-

---

74　同上注。

75　Lange v Australian Broadcasting Corporation (1997) 145 Australian Law Reports (ALR) 96, High Court of Australia (HCA).

76　Lange v Atkinson [2000] New Zealand Court of Appeal (NZCA) 95, [2000] 3 New Zealand Law Reports (NZLR) 385.

olds）则很显然并不限于此：其首批适用的案件之一跟一篇有关"敲诈性"贸易惯例的报纸的报道有关。[77] 但是所有这些方法都要依赖于某个特定发布的情形中的公众"知情权"的合法性，这与美国法律所发展出来的方式差异甚大。美国法律的出发点是原告的身份：只有在公众人物或公共官员能够通过明确且有说服性的证据证明被告的出版是明知的或者无视其虚假，他才能获得名誉损害赔偿。[78]

自雷诺兹案以来，法院已经取得了一项确定"负责任的新闻界"之标准的权力，而图景也当然地随之一变，不再是一系列关于媒体视为公共利益的事务的条款。正如在劳托斯基诉时代报业公司案［Loutchansky v Times Newspapers Ltd（Nos 2-5）][79] 中所表明的，"现代民主在自由表达尤其是提高维护公众知情权的自由而富有活力的新闻界方面（存在着）公共利益。这一利益的至关重要性已经在最近的案例中被反复确定和强调，这里不需要重述。新闻记者（及其编辑）的相应责任是在履行职责的时候发挥适当的作用。他的任 40

77　G. K. R. Karate Ltd. v Yorkshire Post Newspapers Ltd. ［2000］EMLR 410, CA. 雷诺兹案本身是关于爱尔兰首相辞职的一则报道，所以它跟政治有关，尽管不是联合王国的政治。

78　New York Times v Sullivan 376 US 254（1964）. 针对个人来说，法律更加复杂，但是一般的途径似乎只是一个过失标准的适用。通常的情形是，对法律规则进行比较不能脱离程序法。美国有审前公开消息源的制度，然而英国媒体不愿意透露消息源的身份，法院也不强迫媒体这样做。由于拒绝披露消息源不能被看作是媒体被告存在恶意的证据，所以媒体特权的广泛应用会使原告处于一个非常艰难的境地。（在英国）存在一项普通法上的规则，它一般可以阻止被告在案件的最初阶段被迫披露有关其消息源的信息。《民事诉讼规则》第 53 条进一步强化了这一点。这些规定不能保护被告在诉讼审理过程中免于回答该事件的相关问题，但是《1981 年藐视法庭法》规定"法院不得要求某人揭露包含在他应当对此负责的发布的消息的来源，拒绝披露消息来源也不构成藐视法庭罪，除非能够按法庭要求证明披露是为正义、国家安全，或者为了防止无序或犯罪所必须的。"行使酌情决定权（即适用上述例外情形——译者注）责令在诽谤案件中披露消息源的可能性极小，其目的在于允许原告方进而对消息源启动法律程序。行使酌情决定权的可能性更大的是在保密案件当中，其目的在于允许原告方阻止"信息的泄露"。

79　［2001］EWCA Civ 1805, ［2002］QB 783 at ［35］.

务就是像一位负责任的记者那样去工作。他并不负有出版义务，除非他行事负责任的程度超过了公众在阅读不负责任的出版物时的利益。这就是为什么在这类案件中出版商是否负责任地行事的问题需要密切地与是否提出有限特权的抗辩的问题绑定在一起的原因。除非出版商很负责任，否则不得提出特权抗辩……"。当然，认为只有当报纸如果并未出版、但也会接受批评时才算行事负责，这个标准设定过高；但是，另一方面，它并未授权报纸根据可疑的消息源的模糊论断行事，尤其是在没有寻求向文章的主人公求证的时候更是如此。[80]

③恶意

41   应由被告来证明他的出版情况属于有限特权的情形之一。如果他做到了这一点，那么，就由原告来证明被告系受"恶意"的驱使，如果他能够证明这一点的话。通过证明被告没有设法履行职责或者保护借以支撑特权存在的公共利益，便可证明（行为人）有恶意。通常情况下，通过证明被告并不相信他所说的事实，或者是因为他知道他所说的不真实，或者是因为他对事实真相漠不关心，就算大功告成。由于证明被告知道他所说的不真实或者对事实真相漠不关心展现了最为明晰的恶意情形，[81] 于是在某些当代案例中存在一个趋势，认为恶意之存在或者是通过揭示行为人之明知虚假或不顾虚假，

---

80 在劳托斯基一案中，第一审法院的法官根据上诉法院的判决重新考虑了他的决定，再一次得出不存在特权的决定：［2002］EWHC 2490（QB）. Other cases in which claims to Reynolds privilege failed include James Gilbert Ltd. v M. G. N. Ltd.［2000］EMLR 680，QB；Grobelaar v News Group Newspapers Ltd.［2001］EWCA Civ 33，［2001］2 All E. R. 437. Contrast Saad Al－Faghi v H. H. Saudi Research & Marketing（U. K.）Ltd［2001］EWCA Civ 1634，［2002］EMLR 13；H. H. Sheikha Mouza Al Misnad v Azzaman Ltd［2003］EWHC 1783（QB）；and Lukowiak v Unidad Editorial S. A.［2001］EMLR 46. 最后一个案件特别令人感兴趣，因为虽然诉讼在英国提起，但报纸是外国的，法官考虑了根据其本国法要求的核实标准。

81 那些有义务发布不真实内容的情形除外，参见下文。

或者是通过不当动机的呈现来证明的，甚至质疑"不当动机"恶意[82]是否继续有效；但是澳大利亚高等法院已经令人信服地论证了这是不正确的。[83] 根据该观点，只有当被告的行为出于某个不正当的动机时才能成立恶意：明知虚假或者不顾虚假并不是恶意的一个独立的方面，它只是一个关于被告出于不当动机而行事并免除原告对这一问题的证明责任的证明方法。[84] 当问题在于是否明知虚假的情况下，其所要检验的不在于过失或者没有尽到注意义务，而是关乎诚信和实际信念。某个信念的无理性当然可以作为实际上并不抱有此种信念的证据，但是最终作数的是被告相信什么，而不是根据可供其利用的证据，一个理性之人相信什么。所以在霍罗克斯诉洛案（Horrocks v Lowe）[85] 中，地方议员在演讲中的心态被初审法官认定为"总体上无理的偏见"，但是这并不构成恶意。"（地方议员）可能会为强烈的政治偏见所左右，他们可能固执而且愚笨迟钝；但是他们是由选民们选举出来、代表他们对当地关注的事项表达他们的心声，只要他们诚实地表达，就不存在承担诽谤责任的风险……"[86]

上文中雷诺兹诉时代报业公司案对媒体就公众关注事项的发布所给予的保护，形式上是有限特权的问题，但是事实上似乎就像是某个有着不同条纹的动物，而传统的恶意概念也许与它并无关联。 42

---

82 这个类别"濒临消亡"：Eady J. in Lillie v Newcastle C. C. [2002] EWHC 1600（QB）at [1093].

83 Roberts v Bass [2002] HCA 57, 194 A. L. R. 161.

84 Roberts v Bass at [77] – [78] per Gaudron, McHugh and Gummow JJ. 参见格里森首席大法官在判决书第 13 页的阐释："它与特权适用场合，即不是从诚实表达的角度，而是就明知虚假或者不顾真假地将诽谤性事项予以发布——不相符"。柯尔拜法官在第185 页所作的"保留"似乎与此并不相干，但是与在选举之外的场合不相信真实是否等同于明知不真实有关：参见判决书第 195 页。

85 [1975] AC 135, HL.

86 同上，第 152 页。

根据雷诺兹案，被告必须证明的部分是他服从负责任的新闻业的标准，所以当被告证明了这一点时，怎么可能存在其抗辩由于证明有恶意而被驳倒的情况呢？"如果法官判定这种情形不享有特权，那么恶意的问题就不会产生。如果法官判定这种情形下享有特权，那么他就必须判定，在出版之时，在任何情况下，公众有权知晓包括被告调查的范围在内的、无需（被告）作进一步调查的情形下已获得的特定信息。客观上支撑这种情况属于特权的相同调查，如何可能有助于得出其主观上对所发布的消息的真假漠不关心的结论，要弄清这一点，是有些困难的。"[87] 真实的情况是，恶意的基础在于加害原告的欲望，而无论其诚实的信念为何。但是，"对于在雷诺兹案的一个特权案件中，是否还为这样一条原则留有空间，这一点是有疑问的。一旦特定文章的发表被判定系出于公众知情权的考虑而属于公共利益的范畴，特权真的会因为记者（或者编辑）的主导性动机是加害原告而不是履行新闻工作者的责任而丧失吗？这是一个令人吃惊的想法。"[88]

43　　如果特权是建立在被告自身利益保护的基础上的话，不相信他所说事实的被告不受有限特权的保护这一命题无疑是正确的，但是，当他是为了履行某项义务时，这个命题就未必正确了。假设 A 向经理 B 指控 C 有性骚扰行为，那么 B 可能根据 A 的一贯表现，认为 A 不可信，而且是一个麻烦制造者，并且根据类似的情况相信 C 从来都不可能做出这样的事情；而 B 有责任按程序进行调查，那么在他为所做的事情做陈述时仍然受到特权的保护。

44　　在特权的范围内，当诽谤性传播是由多人一同实施时，必须对

87　G. K. R. Karate（U. K.）Ltd v Yorkshire Post Newspapers Ltd［2000］1 WLR 2571 at 2580, CA.

88　Loutchansky v Times Newspapers Ltd（Nos 2 – 5）［2001］EWCA Civ 1805,［2002］QB 783 at［34］.

每个人就（是否有）恶意的问题进行单独判定。即使 A 是 B 的代理人，[89] 而且 A 的特权是从 B 这里"衍生出来的"，也不例外（根据公平而不是根据逻辑）。[90]

4. 无须承担责任的诽谤与更正的提议

虽然严格说来不能算作抗辩，但把它放在这里阐述是出于方便的考虑。假如某人问到诽谤是属于过失侵权（不管是疏忽还是故意）还是属于严格责任侵权，那么唯一可能的回答是，它取决于讲话所涉及的问题。总的说来，当被告冒着言论最后被证明为虚假的风险发布了一则诽谤性的言论时，要原告证明被告对于不知道其言论为虚假存在过错这一点，当然并不必然是一条一般性的规则。但是，如果信息是在属于特权的情形下发布的，则被告通常不承担责任，除非有证据显示他知道或者有意对信息的虚假性漠不关心。与此相类似，在语词含义的问题上，基本问题在于这些话（本身）的含义，而不在于被告通过这些话想要表达什么含义。然而，还有一点，如果属于特权的情形，那么（被告有无）恶意必须参考被告的主观意图加以判断。"语词的含义可以是一个客观的标准，完全独立于被告的主观心态；恶意是一个主观的标准，完全取决于被告的主观心态。因而，在语词最终被认定的客观含义为 A 的情况下，假如被告主观上想要表达的意思不是 A 而是 B，并且诚实地相信含义 B 是真实的，那么原告基于（被告）恶意的诉讼可能就会败诉。"[91] 然而，在这个范围内存在足够的"严格责任"来要求犯错的报纸采取一些手段来"举手投降"并以最低限度的损害赔偿而从中脱身。这就是 1996 年《诽谤法》第二至第四条的宗旨。[92]

45

89　例如，A 是会议秘书。

90　Egger v Chelmsford［1965］1 QB 248，CA.

91　Loveless v Earl［1999］EMLR 530 at 538，C. A.，per Hirst L. J.

92　《1952 年诽谤法》的一项范围更小的规定相当复杂并且几乎没有适用过。

46　　　愿意承认错误的被告根据法规提出"更正的提议"，也就是说，提议作适当的修正以及充分的道歉，根据情况以合理且可行的方式予以发布，并向原告支付相应的补偿（如果有的话）以及花费，这些补偿或花费是其同意或决定支付的。提议只能在抗辩送达之前作出，所以如果事情开始转坏，那么被告不能把它当作一个讨价还价的筹码来使用，尽管他当然还可以支付款项缴存于法院或者根据一般法律申请和解。[93] 如果这一提议被接受，原告就可能不会提起诽谤之诉或者继续已经开始的针对被告的诉讼，但是，即使该提议业已被接受，当事人可能对根据该提议如何加以落实的细节无法达成一致。如果是这样，那是不成问题的，法院可以在当事人没有达成一致的情况下强制被告做任何事情，尤其是通过更正、道歉或发布的方式[94]——这原本是应由被告来决定的问题。然而，假如各方在赔偿数额上没有达成一致，那么就需要由法院"依照与诽谤诉讼中损害赔偿同样的原则"加以解决（在没有陪审团的情况下审理），[95] 并且可以将被告已经通过更正或道歉方式所做的处理所达到的妥当性和充分程度考虑进来。如果这个提议没有被接受，那么诉讼就会继续进行，但是被告可以利用该提议作为诉讼中的抗辩，除非原告能够证明被告知道或者有理由相信有关原告的陈述（或者可能被理解为是关于他的陈述）既是虚假的又是对他的诽谤。[96] "有理由相信"不等于"没有尽到合理的注意"：抗辩一般来讲是有效的，除非被告怀有恶意，也就是说，他明明知道他所说的事情是不真实的，或者对

93　这些诉讼过程不能提供抗辩，但是如果被拒绝就可能影响到关于费用方面的责任。例如，如果被告将若干欧元预存到法院，原告拒绝了被告的提议，并且陪审团（并不知道这个提议）判定的数额少于该金额，那么原告就承担所有费用。这一原则是民事诉讼中通用的。

94　这样的权力已经无法得到新闻界的认可。

95　第3条第6款。

96　第4条第3款。如果他知道这则报道是诽谤性的并且内容指向原告，但是他本身相信该报道是真实的，那么他可以因此主张抗辩。《1952年诽谤法》的规定与此不同。

他知道的并且导致他得出其结论的信息漠不关心。[97] 这是一个对《诽谤法》的大胆解释，但却是可以理解的：既然依赖更正程序之提议的被告只能够这样做，那么假如他抛弃他所享有的任何其他的抗辩的话，当原告按照惯例以没有尽到合理注意为由来对抗辩提出异议时，他采取这样的方法就非常不明智。

5. 救济

可以获得强制令以禁止抗诽谤性文字的二次传播，但是法院没有权力命令被告对已经发生的诽谤予以更正或者致歉。这样的权力不能被媒体所接受。当然可以通过各种方式给媒体施加压力（迫使其进行）改正或者道歉。因此，同意发布原告的反驳是依赖根据1996年《诽谤法》规定的某些成文法上的特权的先决条件；[98] 没有提出可被原告接受的道歉和更正就会剥夺被告依靠更正程序提议的机会；[99] 在任何情况下，假如原告胜诉，那么没有更正或者道歉就很可能加大损害赔偿。然而，有一点是确定无疑的，即假如被告很固执并且愿意承受这样的结果的话，也可以采取消极无为的做法。[100]

47

为了阻止审理前的侵权威胁，可以签发临时禁止令；而一般来说，原告只需要证明"有待审判的是一个严重问题"，并且关于便利性的权衡支持批准这一禁令。然而，这对存在反对"事先限制"的强推定的诽谤案件并不适用。在实践中，如果被告宣誓他将提出抗辩，那么临时禁止令就不会得到批准。

48

在所有的诽谤案中，损害赔偿都是最主要的救济方式。尽管常

49

---

97 Milne v Express Newspapers［2002］EWHC 2564（QB），［2003］1 WLR 927.

98 参见前文边码32。

99 参见前文边码5。

100 固执己见并不限于小报。在拜德温诉鲁斯里格一案（Baldwin v Rusbridger［2001］EM-LR 47, QB）中，一个出版宽幅报纸的报社输掉了这起由原告提起的诽谤诉讼。编辑在一篇批评诽谤法现状的文章中重申了这一主张。作为对原告的律师在被告已败诉的初审当中的指控的一个回应，他宣称这应受特权保护。由于被告完全享有无需特权的保护而对诽谤法进行抨击的权利，所以这里与特权无涉。

规的侵权诉讼时效期间是六年（人身伤害的诉讼时效期间是三年），但是自 1996 年《诽谤法》以来，诽谤诉讼的时效期间只有一年，尽管法院就有权允许某一诉求超过诉讼时效，只要这样做在该案的情形下是公平合理的。损害赔偿（至少如果是实质赔偿）不仅仅要达到补偿原告的目的，而且表明了陪审团的立场。然而，最终的问题（除非唯一的抗辩是针对事实提出的）并不在于陈述真实与否，而在于被告是否实施了侵权行为。因此，如果被告提出特权的抗辩，那么陈述的真实性问题就可能"迷失"在有利于被告的概括裁决（general verdict）之中。[101]

50　　当原告能够证明遭受了可以从财务角度估算的损失（例如生意上的损失或者就业损失），而该损失与诽谤的联系并非十分疏远，则其可以依照正常的方式通过损害赔偿加以弥补。然而，十分常见的是，这样的损失无法轻易地得到证明，不过法律允许原告在无法证明实际损失的情况下就其名誉损失获得"一般赔偿"——损害是依推定得出的。将这些一般损害赔偿视为完全建立在非金钱损失赔偿规则基础之上的观点是不太正确的。无疑，由于损害赔偿考虑到了由于好名声受到攻击而导致原告遭受的担心和苦恼，那个规则（指非金钱损失赔偿规则。——译者注）起到了一部分而且或许是很重要的一部分作用。然而，它们也可以代表一种对将来某个时候可能发生的经济损失给予赔偿的尝试（尽管可能是随意性的），但是要证明损失同诽谤之间存在必要关联势必已超出法庭审理的手段之外

101　一般情况下不会让陪审团回答一系列不相关的问题，尽管如果依据特权对被告进行裁决，则有时会出现这样的情况，并且陪审团有时甚至会主动对报道的真实性提出他们的观点。

了。[102] 毫无疑问，那就是为什么这些一般的损害赔偿可以判给不可能感觉到人身伤害的公司的原因，另一方面也是欧洲人权法院似乎已经接受的观点。[103]

英国的普通法承认被告的行为可能"加重"对非金钱损失的一般赔偿。这些损害在本质上仍然是补偿性的，因为被告的行为方式增加了原告所遭受的伤害。[104] 然而，当被告已经盘算好了因诽谤他人获得的利润将超过任何损害赔偿，或者原告完全被起诉的风险所吓倒时，警示性的（或称惩罚性的）损害赔偿仍然是被允许的。[105] 需要满足的（条件）是被告知道其陈述是不真实的或者对该陈述的虚假性漠不关心。[106] 在这些案件中法庭判定给予赔偿，以惩罚被告并教育他或者其他像他一样的人"侵权是得不偿失的"。当雇员（例如记者或者编辑）具备所需的心理状态时，雇主要对这些损害负替代责任，即使雇主（雇主在媒体场合中通常是法人，因而不可能具备一种心理状态）不具备上述心理状态也不例外。 51

这不是对警示性损害赔偿的利弊进行总体检讨的地方，只是注意到它们已经在普通法的理论中充分地确立起来，尽管补偿和惩罚已经被说成是"像油和醋一样彼此互不相容"，[107] 但（最近以来）它也被说成"油和醋两者虽然相互难以溶解，但是它们混合起来能够 52

---

102 正如艾特金爵士在李诉哈弥尔顿一案［Ley v Hamilton（1935）153 Law Times（LT）384 at 386, HL］中所指出的："赔偿具有随意性准确地说是因为实际损害无法查明。对丑闻进行跟踪、弄清楚危害所及的处所是不可能的。"另参见 Kiam v Neill［1996］EMLR 493, CA.

103 Comingersoll SA v Portugal（2001）31 EHRR 31. See also W. V. H. Rogers（ed.）, Damages for Non-Pecuniary Loss in a Comparative Perspective（2001）, 288–289.

104 跟最初诽谤信息的发布一样，这也可以扩展到他的诉讼行为。请与德国非金钱损失赔偿中突出的"制裁"的观念进行对比。

105 只有这些条件都得到满足或者存在公职人员的专横行为时，这样的赔偿在英国才是允许的。在大多数英联邦司法辖区以及美国，惩罚性的损害赔偿被大量适用。

106 John v MGN Ltd［1997］QB 586, CA.

107 Broome v Cassell & Co. Ltd.［1972］A. C. 1027 at 1077, HL, per Lord Hailsham L. C.

制造出可接受的沙拉酱"。[108] 然而，有两个问题需要作简要阐释。

53　　第一个问题是隐藏在惩罚性损害赔偿背后的威慑政策与可以被称为"法律制度的相称性"两者之间存在着某种紧张关系。对于拥有很大资源的主要媒体机构来说，能够起到有效威慑作用所需的金额可以大到跟其他严重伤害所判给的赔偿相比难以接受的程度。在这些案件中惩罚性损害赔偿没有固定的上限，而在一起现代的案件中，上诉法院认定 83,000 欧元的赔偿额[109]对于并非可想象的最严重行为来说是合理的。[110]

54　　其次，赞同惩罚性损害赔偿的理由有时是基于在媒体案件中它们往往可以防止不当得利的考虑。毫无疑问，尽管损害赔偿的一般目的是补偿原告受到的损害，但是在有些案件中，损害赔偿可以根据被告实施不法行为所获利益来加以估算。[111] 在违约的特殊情形下，目前存在通过计算所获利益进行救济的先例，[112] 但是迄今为止，在侵权案件中总的趋势是按照因不法占有他人财产而支付的合理租金判给"恢复性赔偿"，而这个概念显然不能适用于诽谤的情形，[113] 并且如果我们依靠惩罚性损害赔偿的话，那么就不需要考虑所获利益（假定可以被测算出来）和赔偿数额之间的关系了。[114]

55　　抛开惩罚性损害赔偿的特殊问题不谈，诽谤案中的一般赔偿主要是由陪审团确定。然而，在过去的十年里上诉法院已经表现出更

---

[108]　The Gleaner Co Ltd v Abrahams［2003］UKPC 55，［2003］3 WLR 1038 at［54］.

[109]　所有的欧元兑换都是近似的。

[110]　John v MGN Ltd［1997］QB 586，CA.

[111]　参见 Att Gen v Blake［2001］1 AC 268，HL.

[112]　同上。

[113]　另参见斯科特勋爵在下列案件中的意见：Kuddus v Chief Constable of Leicestershire［2001］UKHL 29，［2002］2 AC 122 at［109］，以及下文边码 82 关于违反保密义务的相关内容。

[114]　参见 John v MGN Ltd［1997］QB 586 at 619，CA.

加乐于以金额过高为由对陪审团裁定的数额进行干预。[115] 现在看来，通过对人身损害案件中非金钱损害赔偿的一般赔偿范围采用指南的方式来知会陪审团（到目前为止最严重的赔偿大约是 300,000 欧元[116]）是妥当的，尽管一条腿的损失当然不能直接与名誉损害进行比较。而且，尽管可以不把其他陪审团判定的赔偿数额告知该陪审团，但是在现代案件中他们可以知晓经上诉法院批准或者改判的赔偿数额，并且许可法官和辩护律师双方表明他们认可或主张的适当的赔偿数额。尽管没有正规的限制，但非金钱损害的最高赔偿标准现在可能对诽谤的一般损害赔偿构成实际的最高限额。[117] 在基亚姆诉 MGN 有限责任公司案（Kiam v MGN Ltd）[118] 中，被告发表了一篇文章，大意是身为商人的原告变成了一个不称职的、"过时的人"，并且在有关其对公司所负义务方面误导公众。记者对事情真相全然的漠不关心得到充分证明，并且在这起案件中报纸的行为存在加重的情节。陪审团判定 175,000 欧元的赔偿金，而法官则已经表示过在 67,000 欧元至 133,000 欧元区间确定一个可能的赔偿数额。上诉法院的大多数人都支持这个（陪审团的）裁决。在判定损害赔偿过程中陪审团的作用仍然得到一定的尊重，并且必须意识到，非金钱损失的人身损害赔偿标准［约翰诉 MGN 案（John v MGN）[119] 已经将其同诽谤"挂钩"］自该案后已经有了实质上的提升。大法官赛德利爵士（Sedley LJ）对此表示不赞同，认为对于诽谤的一般损害赔偿数额过高，尽管他谈到在这个领域中补偿与威慑之间潜在的紧张关系

115　典型的案例是 Rantzen v Mirror Group Newspapers（1986）Ltd ［1994］QB 670，CA and John v MGN ［1997］QB 586，CA.

116　在人身损害赔偿方面的其他因素（例如收入和业务开销的损失）当然是不相关的。诽谤案件的陪审团由于相信人身损害案件中数以百万计的赔偿额代表着非金钱损失，因而可能已经被误导。

117　例如，没有证明经济损失。

118　［2002］EWCA Civ 43，［2002］2 All ER 219.

119　［1997］Q. B. 568，CA.

可能只有议会能够解决。在对记者缺乏罚款或者监禁措施的情况下，这个问题很难得到解决。在枢密院司法委员会（实际上是作为英联邦终审上诉法院的上议院）审理的格林纳有限责任公司诉亚伯拉罕案（Gleaner Co Ltd v Abrahams）[120] 中，赛德利爵士的观点遭到强烈反对。在理论上，上诉法院还有权以赔偿不足为由对陪审团的裁决进行干预，但是这很难得到执行，因为一个较低数额赔偿的裁决表示陪审团将原告的胜诉看成是技术性的。[121] 当然，也可能属于这种情况，即陪审团没有把握住这个理念：一个大额的赔偿对于恢复原告的名誉是必需的，但是这就是由陪审团裁决的不可预测性带来的困难的一个例证。

56 　　1996 年《诽谤法》引入了在被告未提出抗辩的情况下审理诽谤案件无陪审团审理的简易程序，该程序有着合理的成功发展前景。其救济就是宣布（涉案文章的内容）为虚假，责令更正和道歉（尽管在被告不妥协的情况下只能强制其发布法院判决的摘要）以及赔偿不超过 16,000 欧元。尽管这可以由寻求更为经济的救济方式的原告提出，但它也可以（由法庭）主动施加于原告，如果法院被说服：一个简易的救济程序足以弥补原告因不法行为受到的伤害。[122]

---

[120] [2003] UKPC 55, [2003] 3 WLR 1038.

[121] 一个诸如一便士的象征性裁决很可能使原告陷于支付诉讼成本的风险，它通常取决于案件（具体）情况但由法庭进行自由裁量。

[122] 通过对比，在该法案通过后，简易程序中最高 16,000 欧元的数额，对于男性永久性毁容或者全部丧失味觉来说是适中的，大约相当于胫骨骨折所判赔偿的 2.5 倍。根据新闻报道（即 1998 年 1 月 24 日《泰晤士报》，题为"值得分享的好笑话"）泼珀维尔法官（Popplewell J.）在 Allason v B. B. C. Worldwide（被告把前下院议员描写成一个"放纵的小混球"）一案中告诉陪审团：16,000 欧元是一个合理的赔偿数额。原告当时败诉了，尽管并不清楚是因为陪审团发现该言论不具有诽谤性，还是认为这本身就是一个公正的评论，又或者是二者皆有。然而，宣布该言论是谎言的权力意味着是对原告的平反，所以 16,000 欧元的赔偿等于是由陪审团审理的案件的更高的赔偿金额：Mawdsley v Guardian Newspapers Ltd [2002] EWHC 1780 (QB).

（四）非诽谤性的、有害的不实陈述

1. 恶意的谎言[123]

某个关于原告的不真实的陈述即使不是诽谤性的，也可能会造 57
成损害。例如，一则广泛传播的声称某个公司已经停止经营的言论
虽然不一定会影响到公司的"名誉"，[124]但是会对公司未来的业务产
生严重的影响。[125]这里责任的主要源头是恶意的（有时指的是伤害性
的）谎言。恶意谎言的构成要求对某人而不是原告"恶意"地发布
虚假的言论，其结果会使原告遭受损害。与诽谤当中的状况不同，
它需要由原告证明该陈述是不真实的，并且其中缺乏对他有利的推
定。通过与原告的产品相比较，含糊其辞、似有似无地赞扬被告自
身的产品，不在此之列，因为充当产品测试员并不是法院的职责所
在。"恶意"指的是或多或少与诽谤诉讼中使有限特权不能成立的那
种恶意类似的东西，所以如果被告的陈述是假的，或者他对事实真
相漠不关心，或者不管他的信念是什么，他的目的就是为了侵害原
告而不是提升他的公司业务或者晓谕公众，那么他就需要为此担负
责任。过失不属于上述情形。[126]

因此恶意的谎言既可以比诽谤狭窄（因为原告证明案件的难度 58

---

[123] 参见 P. Milmo QC/W. V. H. Rogers（前引脚注10），Chap. 20；Clerk and Lindsell on Torts（18th edn. 2000），Chap 23. 诉讼时效为一年，与诽谤案件一样。

[124] 如果归咎于破产的话，那当然是可行的。

[125] Ratcliffe v Evans [1892] 2 Q. B. 524, CA.

[126] 恶意的谎言最有可能牵扯贸易对手，但是也存在用它来对抗媒体的案例（例如 Ratcliffe v Evans, supra fn. 125；Kaye v Robertson [1991] Fleet Street Reports（FSR）62, CA），有时完全不存在任何"贸易"背景：Joyce v. Sengupta [1993] 1 WLR 337, CA.

要大得多），也可以比诽谤宽泛（因为该言论不一定要指责某人的人品）。[127] 但是它们有相互重叠的部分，所以如果被告出于恶意说原告是个小偷，那么原告就能够基于恶意的谎言和诽谤这两个诉因提起诉讼；尽管证明前者的难度更大，但有时候出于策略上的考虑可能会选择前一个诉因。[128]

59　　　恶意的谎言不包含无需证明存在金钱损失的单纯的名誉损害。然而，原告可以借助两种方式以证明此种损失。首先，当谎言本质上旨在产生、或者在通常情况下很可能产生这种结果时，证明业务上的一般损失就足矣，因为在很多情况下，要证明该陈述致使具体的单个消费者已弃原告而去，那是不可能的。其次，根据 1952 年《诽谤法》第 3 条（1）的规定，下列情况不再需要主张或者证明实际损失的存在：（a）如果讼争所针对的言辞是以文字形式或者其他永久性形式发表的；或者（b）如果言辞在公布之时，根据推测[129]会在有关原告所担负的职责、专业、职业、贸易或者商业方面给原告造成金钱损失。假如原告可以证明存在必要的经济损失（或者依据

---

[127]　诽谤性陈述与损害性的非诽谤性陈述之间的界限是很难界定的。例如，说航空公司更容易经常遭受劫机的风险，如果把错误归咎于松懈的安保，那么这很明确属于诽谤性言论。但是，如果仅仅归咎于运营区域的问题所导致的，那么就可能不属于诽谤行为。然而，声言诽谤性陈述必然归咎于应受指责的行为则或许太过离谱：声称原告患有精神病，即使明智的人们会认为那是很不幸的，显然属于诽谤。声称某位妇女遭到强奸，一直被判定属于对该妇女的诽谤：Youssoupoff v MGM（1934）50 TLR 581，CA. M·土根达特（M. Tugendhat QC/A. Marzec, in: M. Tugendhat QC/I. Christie（eds.），The Law of Privacy and the Media（2002），276）建议：与通过归咎于对"正确判断的人们"的偏见来扩展诽谤法相比，按照公开歪曲他人形象这个诉因来处理这些案件效果更好。

[128]　例如，按照恶意谎言（的诉因）来安排诉讼，会剥夺被告由陪审团审理的权利：Joyce v Sengupta［1993］1 WLR 337，CA. 在 2000 年之前，关于恶意谎言的诉讼对法律援助局（Legal Aid）而言是适格的。它们在由法律服务委员会资助的争议的替代解决方式于诉讼中不再是适格的。

[129]　意思是"很有可能"：Customglass Boats v Salthouse Bros.［1976］Reports of Patent etc Cases（RPC）589（有关《新西兰法案》的相应规定）。

法律规定），他就可以像在诽谤诉讼中一样，索回因情感伤害所受到的损失。[130]

2. 过失

当代，有关过失的法律规定已经渗透到这个领域。在斯普林诉 60
守护者保险公司案（Spring v Guardian Assurance Co plc）[131] 中，议会
上议院认为，当 A 给 B 写了一份关于先前的雇员 C 的证明材料，那
么 A 就其所说的准确性对 C 负有注意义务。这一意见将下述事实搁
置不论，即原告无法证明构成恶意谎言所需的恶意，并且这份证明
（指责该雇员不诚实）显然受到有限特权的保护，而原告是无法驳倒
这一保护的，因为他也不能为此目的证明存在恶意。的确，原告需
要证明（a）陈述是不真实的；以及（b）他因此受到损失（二者中
没有一个属于诽谤的必要条件），但是该判决仍然意味着说，很多年
以来被认为是作为侵权行为 A 的基础的政策不适用于侵权行为 B，[132]
这并没有使伍尔夫勋爵（Lord Woolf）感到困扰：

> "如果他已经受到诽谤法的充分保护的话，扩展过失侵
> 权以保护不当证明信的主体将是毫无意义的……（此类案
> 件中恶意要件）的结果是，对于因一份欠妥当的证明信而
> 令其遭受损失的雇员来说，诽谤诉讼提供了一种全然不充
> 分的救济。这是因为它为这个雇员设置了一种完全不相称的
> 举证责任。恶意极其难以证明……假如法律对因为粗心大意
> 而出具的不恰当的证明信也能提供救济的话，这将会是很有

---

130 Khodaparast v Shad［2000］1 WLR 618，CA. 与诽谤案件相同的警示在申请临时禁令过
  程中得到彰显（参见前文边码48）。然而，在凯伊案中（Kaye v Robertson［1991］FSR
  62）这样一个申请获得成功。
131 ［1995］2 A. C. 296，HL.
132 参见基思法官的异议意见。

利的。这会促使人们在准备证明信时采用合适的标准。"[133]

　　在任何诸如 A 对 B 所作的关于 C 的粗心而不实的陈述由于 B 对
该陈述的信赖而使 C 遭受损害的案件中，作出行为人都要承担责任
的假定是错误的。支撑这一判决的基础是 A 与 C 之间的密切关系，
以及对 A 在写证明信的"责任推定"：它极其不可能适用于诸如媒
体报道这样的情形。[134] 但是它的适用也不局限于出具证明材料。[135] 而
且，斯普林（Spring）案所确定的义务也不局限于字面上不真实的陈
述：它还扩展到误导性的陈述，[136] 尽管这并不意味着出具证明材料的
人有义务出具一份"内容无所不包"的证明材料。[137]

　　3. 假冒

61　　假冒这种侵权行为主要针对被告向公众谎称他的产品就是原告
的产品，由此不正当地利用原告的商誉，是不公平竞争的一种形
式。[138] 因而一般与媒体侵害人格权几乎没有联系，并且通常是针对侵
害商标权的一项"备用"的请求。[139] 然而，对此值得作一些简单的
考虑，因为它有时候扩展到通常意义上的对产品的歪曲宣传之外。
错误地把一项工作归咎于作者[140]或者使用某位医生的姓名来推销药品

133　[1995] 2 A. C. at 346.

134　参见新西兰上诉法院对米德兰德金属公司一案（Midland Metals Overseas Pte Ltd v
　　Christchurch Press Co Ltd [2001] NZCA 321, [2002] NZLR 289.）的判决。

135　Farah v British Airways, The Times, 26 January 2000, CA; Phelps v Hillingdon London Bor-
　　ough Council [2001] 2 AC 619, HL.

136　Bartholomew v Hackney London Borough Council [1999] Industrial Relations Law Reports
　　(IRLR) 246, CA.

137　Kidd v Axa Equity and Law [2000] IRLR 301, CA.

138　参见 Erwen Warnink BV v J Townend & Sons (Hull) [1979] AC 731 [该案被告推销英国
　　的"鸡蛋转换"饮料，仿佛它就是正宗的荷兰艾德沃卡特（advocaat）]。

139　恶意谎言之诉有时也和那些对商标的侵犯交织在一起。

140　Lord Byron v Johnson (1816) 2 Merivale's Reports (Mer) 29; Clark v Associated Newspapers
　　Ltd [1998] RPC 261. 根据《1988 年版权、设计与专利法》第 84 条，存在另一个诉因。

或医疗服务是可以以此为根据提起诉讼的。[141] 甚至在与劣质产品相联系不会对原告名誉造成损害风险的情况下，目前已经判定把对产品或服务的认同错误地寄托在有着可资利用的珍贵名声或商誉的知名人物的身上，属于假冒的一种形式。

> "在这起诉讼的审理过程中即使没有出示证据，法庭也可以作出司法认知，即知名人士通过代言来利用他们的姓名和形象是一种普遍现象。他们不仅仅在自己的专业领域里这样做，而且根据他们名声的好坏程度，也在更为广泛的地方这么做。众所周知，比如对于很多运动员来说，他们通过产品代言获得的收入占到了他们总收入中相当可观的一部分。为代言支付大笔数额的原因是无论它在律师看来多么不合理，但商人们有理由相信，如果某个知名人士的光环能够与其产品或服务挂钩，那么都将会提升那些产品或服务对目标市场的吸引力。在这方面，代言利用了知名人士的名誉或者商誉的吸引力。"[142]

四、真实性不作为决定性考虑因素的诉求

（一）隐私与机密[143]

英国的普通法[144]不认可对隐私本身的侵害是可诉的不法行为：不   62

---

141 参见 Dockrell v Douglas (1899) 80 L. T. 556 at 557, 558；Walter v Ashton ［1902］2 Ch. 282 at 293.

142 Irvine v Talksport Ltd ［2002］EWHC 367 (Ch)，［2002］1 WLR 2355 at ［39］；affirmed，［2003］EWCA Civ 423，［2003］2 All E. R. 881.

143 M. Tugendhat QC/I. Christie (eds)，The Law of Privacy and the Media (2002)；R. Toulson/C. Phipps, Confidentiality (1996).

144 不同于美国的普通法，尽管对言论自由的宪法保障所摒弃的多于受到认可的。参见 D. 道布斯著：《侵权法》(2000)，第 29 章。

存在一个"宽泛的"隐私概念。[145] 然而，成文法和普通法相结合朝着在实践中否定这一命题的方向走过了很长的路程。的确，在没有更多规定情况下，这一命题现在具有严重的误导性。

（二）《1998 年人权法案》

《 欧洲人权公约》第 8 条规定：

> "1. 每个人都享有要求他人尊重其私生活与家庭生活，尊重其居所及通信的权利。
>
> "2. 除非根据法律，为了国家安全、公共安全或国家的经济安康，为了防止骚乱或犯罪，为了保护健康或道德，或者为了保护他人的权利和自由，并为民主社会所必需，公共主管当局不得干涉该权利的行使。"

根据《1998 年人权法案》[146] 第 6 条（1）的规定，公共机构的行为与公约确认的权利不一致的，属于违反英国法。换句话说，公共机构没有尊重他人的私生活与家庭生活现在已成为英国法中法定的诉讼理由，可以在英国法庭提起诉讼。该法并未对公共机构下一个完整的定义，该法的第 6 条规定公共机构包括法院或者仲裁庭，以及承担公共职能的任何个人[147]（但是在后一种情况下，只要某人的行为是私人性质的，那么他在本质上就不属于公共机构）。[148] 该法案的影响是产生了两大类公共机构："核心型"公共机构，是指所有的行为都是"公共的"并受该法管辖；"混合型"公共机构，也就是说，该机构的行为仅就其属于公共性质而非"私人"性质的行为，根据

145　Wainwright v Home Office［2003］UKHL 53，［2003］3 WLR 1137.

146　该法案于 2000 年十月起施行。

147　第 6 条第 3 款。

148　第 6 条第 5 款（b）项。

该法接受检验。[149] 在这两种情形的任何一种之下，所涉及的职能都必须是"政府性质的"——仅涉讼的机构受制于司法审查这一点是不够的。[150] 同样，在赋予欧盟指令以直接效力的背景下，也无需将公共机构等同于"国家的化身"。[151] 换句话说，一个完全的公共机构（例如一个政府部门或者市镇法人）在各个方面都要表现得像一个公共机构，而一个"混合的"公共机构则既有公共行为能力，也有私人行为能力。媒体机构（可能包括英国广播公司）似乎不属于公共机构，该法案不能直接对其适用。然而，这就把我们带到这个众说纷纭而某种程度上又仍无定论的问题上去了，也就是该法案导致的公约的"平行"效力（"horizental"effect）问题。简单来看，争论之处是根据该法案的规定，法院被明定属于公共机构（尽管不同于其他公共机构，而且也不能针对法院的侵害行为起诉要求赔偿）。因此，假如法院否定了根据国内法所享有的侵害隐私之诉权，由此关于法院侵害了公约（所确认的）权利的争论便随之而来。关于公约本身是针对国家行为的说法并不是一个圆满的答案，因为它已经被诠释为要求国家采取适当的步骤保护有关权利不至于受到来自私人的侵扰。正像欧洲人权法院就公约第 8 条所指出的那样，"第 8 条的最主要目的是保护个人不受公共机构的专横的干涉。然而，在有效'尊重'家庭生活方面存在固有的积极义务。那些义务可能涉及采取既定措施保障对家庭生活的尊重，甚至涉及个人关系的领域，既包括对保障个人权利的审判机构和执行机构的常规架构的规定，也包括在适当的时候采取具体步骤的规定。"[152] 而且，法案的第三条要求尽可能按照与公约权利相一致的方式对法律进行解释，不限于与

---

149 Aston Cantlow etc Parochial Church Council v Wallbank ［2003］UKHL 37,［2003］3 WLR 283；and see sec. 6（5）.
150 同上。
151 同上第 55 页，霍普勋爵阐述的意见（per Lord Hope）。
152 Glaser v U. K.（2001）33 EHRR 1.

"公共"事项相关的立法。从另一方面来说，《1998 年人权法案》没有赋予公约第 13 条以直接效力，以保障在公约权利受到侵犯时能够得到有效的救济，而且假如该法案的目的在于为私人之间隐私的侵害创设一项可诉的私权，那么它已经选择了一种极端模糊的处理方式。尽管在这个事项上尚无正式的判决，但是目前占主导的观点仍然认为该法案并未在私人之间创设可诉的隐私权。[153]

64　　在该法案的适用范围所及之处（也就是说，被告是一个公共机构），法院可以判给赔偿，但是它趋向于考虑欧洲人权法院根据公约所适用的原则。[154] 这会产生两个结果。首先，与普通法侵权或者违反法定义务的诉讼主张不同，不存在要求损害赔偿的权利，因为欧洲法院通常认为宣布侵权就算履行了义务。其次，在判给赔偿的场合，赔偿额有可能低于那些通常根据普通法针对"显要人物"的不法加害行为所判给的赔偿。[155]

（三）泄密[156]

65　　在这个语境下《人权法案》可能的有限直接适用范围被迅速发展的保密法所抵销：被设计用于一个很不相同的功能的工具正被人们用来解决新的问题，这在英国法的历史上并不是第一次。机密已经被形象地描述为"因为怀了隐私这个儿子而膨胀的妈妈"，[157] 并且上诉法院已经认为，"在有正当理由保护隐私的绝大多数情况下——

153　参见 M. Tugendhat QC/I. Christie（前引脚注 143），270。关于《1998 年人权法》的平行效力问题，尼科尔斯勋爵在坎贝尔一案（Campbell v MGN Ltd ［2004］UKHL 22, ［2004］2 AC 457 at ［18］）中仍然认为是"有争议的"。

154　该法第 8 条第 4 款。

155　参见法律委员会报告第 266 号：《以 1998 年人权法为依据的损害赔偿》（2000）。欧洲人权法院很少裁决 15,000 欧元以上金额的赔偿。但是通常也不具有判定赔偿的积极性：其行为就像是英国陪审团。

156　参见 M. Warby QC/S. Bate/G. Busuttil/A. Speker, Chap 6, in: M. Tugendhat QC/I. Christie（前引脚注 143）。

157　Jack J in A v B Plc, 30 April 2001, QB.

如果不是全部的话，与《人权法案》生效后的事件相关，泄密之诉在其适合的场合能提供必要的保护。"[158]

直到最近，保密案件大量地涉及到商业事宜，尤其是对商业秘密的保护[159]［维多利亚（Victoria）女王的丈夫阿尔伯特（Albert）亲王创设了一个奠基性的成功案例，即未经授权，禁止发表他和女王共同制作的蚀刻版画目录[160]］，或者涉及对政府机密的保护。[161] 在这些情况下，保密的法律仍然很重要，但近期的趋势在于扩展到隐私领域的保护。

1. 保密义务如何产生

传统上保密性的特点附着于信息，取决于信息在其中被传达给接受方的环境条件。保密义务可以基于明示或者默示的合同条款而产生，或者基于信息诉说者和接受者之间的关系产生，如信托关系或职业关系，或者诸如婚姻这样的亲密关系，但重点在于一种先在的对称关系。但是，许多近来发生的保密案件中，即使原告并非是将信息告知接受者的"诉说者"，在这些案件中也判定了保密义务。"现在，诉讼理由已经摆脱了一开始对保密关系需要限制的约束。"[162]最明确的一个例子是：通过本质上非法的手段获取信息，就如同被告未经许可侵犯原告的财产，或者滥用许可证进入他人领地。[163] 早在上世纪早期，就有人认为"衡平法法院适用多年的原则一直限制不

66

67

---

158 A v B plc ［2002］EWCA Civ 337，［2003］Q. B. 195 at ［11］.

159 参见 Robb v Green ［1895］2 QB 315，CA；Faccenda Chicken Ltd v Fowler ［1987］Ch 117，CA.

160 Prince Albert v Strange (1849) 1 M'Naghten and Gordon's Reports (Mac & G) 25.

161 参见 Att Gen v Guardian Newspapers Ltd (No 2)［1990］1 AC 109，HL. 尽管政府机密案件通常涉及到媒体，但它们和商业秘密案件都不在本文讨论范围之内。

162 Lord Nicholls in Campbell v MGN Ltd ［2004］UKHL 22，［2004］2 AC 457 at ［14］.

163 Creation Records Ltd v News Group Newspapers Ltd ［1997］EMLR 444，QB；Shelley Films Ltd v Rex Features Ltd ［1994］EMLR 134，Ch.

当或暗中获取的秘密信息以及私下透露的不该泄露的信息的公开"。[164] 但是在 1995 年，劳斯大法官（Laws J）在一个非常有影响力的附带意见中，超越了这类非法入侵案件（trespass cases），认为"如果某人携带长焦镜头从远处拍照，在没有得到私人活动的当事人授权的情况下，在我看来，该照片的公开，就如此人发现或者盗取了详述他人私人行为的一封信件或一本日记并将其公开一样，无疑构成泄密。"[165] 戈夫（Goff）勋爵在检察总长诉《卫报》案（Attorney General v Guardian Newspapers Ltd）（No 2）[166] 中说到：

> "我意识到在绝大多数案例中，尤其是那些涉及商业机密的案例，保密义务一般产生于当事人之间的某个约定或者固有关系——通常在合同中，保密义务可以产生于某个明示或者默示的条款。"传输者"和"接受者"这两个表述在这类案例中采用可能是最恰当的。但也可以认为在这类案件中保密义务是独立地产生于衡平的；我已经表达过在广义语境下所产生的保密义务，不仅仅包括那些案例中第三人从某个具有保密义务但已经泄密的人那里接收到信息，还包括了特殊情况——一份机密性文件被电风扇吹出窗户刮到了喧闹的大街上，或者一份机密性文件例如私人日记，落到了公共场所并被路人捡到。我也想到这样的情况，即重要的国家安全机密被公共成员占有……"

68   我们可以通过 1991 年的凯诉罗伯逊案（Kaye v Robertson）看出

---

164 Ashburton v Pape［1913］2 Ch 469 at 475, CA.

165 Hellewell v Chief Constable Derbyshire［1995］4 All ER 473 at 475, QB.

166 ［1990］1 AC 109 at 281, HL，这是一起涉及到政府机密的案件。

法律的变化发展是多么迅速。[167] 该案中，原告是一位知名的电视演员，在一起摩托车事故中严重受伤，住在医院并处于昏迷状态。一家臭名昭著的低俗小报[168]的记者进入了该演员的病房并计划发表一次捏造的"独家"采访。申请禁令的请求以一定程度上是虚假的根据获得了成功，这一根据即：这一可能的发表属于一种恶意的虚假，因为该报纸的发行将剥夺原告向其他报纸出售其遭遇而赚钱的机会。该文章使人产生这样的认识，即原告与一家低俗小报进行合作，在这一意义上，它是诽谤性这一点是可以论证的，但这还不完全足以申请临时强制令。无疑记者非法侵入了他人领地，即在未经允许的情况下进入他人房间，但是这属于针对医院而非原告的侵权行为。[169] 这里也没有提及到保密法，大概是因为原告并没有对记者"透露"信息，但2000年道格拉斯诉《Hello》杂志有限责任公司案（Douglas v Hello! Ltd）[170] 的判词显示，从违反保密义务的可诉性来看，类似案例现在是直线下降的。在维纳布尔诉新闻报业集团公司案（Venables v News Group Newspapers Ltd）[171] 中，原告是两个被判有罪的男孩，因为谋杀了一个小孩而受到广泛的公共谴责。他们从拘留所被释放后，成功获得了强制令以限制媒体透露他们的下落。事实上，他们在这个案例中的控诉要旨，与其说媒体的披露是对他们隐私的侵犯，不如说一旦他们被认出来，他们的人身安全将受到严重

167　[1991] FSR 62, CA.

168　这份小报是否称得上报纸还值得怀疑，因为小报上刊登的内容几乎都是电话性服务方面的广告及显然编造的"故事"。

169　个人必须拥有私人领地才能够起诉他人非法进入，也就是说寄宿者或者旅客是不享有该权利的。

170　[2001] QB 967, CA（在婚礼上偷拍——参见下文边码83）。原告即米歇尔·道格拉斯和凯瑟琳·泽塔－琼斯胜诉了（Douglas v Hello! Ltd（No. 3）[2003] EWHC 786（Ch），[2003] 3 All ER 996）并获得了适度的赔偿 [（2003）EWHC 2629（Ch）]。然而，主要的争议是被告与《OK!》杂志之间的，后者被授予了对婚礼现场的排他性的发布权。最终，《OK!》杂志获得了150万欧元的赔偿金。

171　[2001] Family Division Reports (Fam) 430.

威胁（换句话说，这里居于中心的是公约的第 2、3 条，而不是第 8 条[172]）。但是，法院所限制出版的信息并不是来自于原告，而是可以在不涉及任何非法行为的前提下通过媒体获得。

69　　很难用英语的日常用法把这些案例中的信息描述为"机密的"，但说它们是"私人的"却很容易。即使我们没有一般性的侵犯隐私非法行为，[173] 但也不得不说，我们现在对私人信息提供了广泛的保护。形成这一局面的过程不禁使人想起，在遥远的过去，面对立法不活跃的状况，普通法常常在虚假指控的掩饰下创设诉由，而对虚假指控，是不允许被告推翻的。[174] 正如霍夫曼勋爵所说，这意味着在泄密之诉的核心发生了变化。"基于保护个人机密信息和商业秘密的诚信义务不再是这一诉讼的核心，取而代之的是，它聚焦于保护人的自治和尊严——个人对其私生活信息的传播进行控制的权利，以及顾及并尊重他人的权利"。[175]

70　　当然，在以隐私为基础的这一新的保密法和以"私下告知的"私人信息为基础的旧法之间，很有可能存在重叠部分。坎贝尔诉 MGN 有限责任公司案（Campbell v MGN Ltd）[176] 就是一个很好的例子，该案被告是一家小报《镜报》，它刊登了一则报道，声称身为模特的原告吸毒成瘾并且接受了治疗。英国上议院的所有议员都视该报报道的内容为可能属于保密法适用范围的私人信息，尽管在根据

172　但是在 X（此前因 Mary Bell 而知名）诉奥布莱恩（X v O'Brien），［2003］EWHC 1101（QB）一案中第 8 条尚有争议。

173　因此这个问题在温莱特一案（Wainwright v Home Office ［2003］UKHL 53，［2003］3 WLR 1137）中可以被认为是对隐私的侵害，但是他们不能适用保密法，因为根本不牵扯到信息。

174　例如，将干涉他人财产（转换）这种新的侵权行为建立在指称被告发现原告的财产并将其转换为自己利用的虚假言论之上的方式。

175　Campbell v MGN Ltd ［2004］UKHL 22，［2004］2 AC 457 at ［51］. Cf. Lord Hope at ［86］.

176　同上。

事实该报纸的披露行为能在多大程度上获得辩护这个问题上还存在分歧。审判法官对事实的裁决是：信息或者是从治疗小组的一名成员那里获取的，或者可能是从原告的随从人员得知的。[177] 无论是通过哪种渠道得知的，该信息在传统意义上都已经被"泄露"；而法律上通常认为，如果 A 将秘密信息泄露给 B，B 又将其泄露给 C，这样如果 C 知道了该秘密，那么他就要和 B 一样受到约束。[178] 但从坎贝尔案中可以明确得出，即使 C 仅仅是通过自己的调查获得信息，结论也是相同的。[179]

尽管《1998 年人权法案》没有直接规定针对任何人（公共机构除外）违反公约第 8 条的诉权，但公约这一背景，在促成保密法转向事实上的私人信息保护法的转变上，无疑起到了主要作用。第 8 条明确确认私人信息是"某种作为人的自治和尊严之一个方面的、值得保护的东西"；[180] 在这个基础上，尽管 1998 年法案的适用范围存在限制，但是"要说对于个人在针对私人个体没有正当理由情况下发布其个人信息时所受的保护，要比在针对国家时所受到的保护小，那是没有逻辑基础的"。[181]

2. 什么是机密性？

运用保密法的首要前提是涉案信息必须具有机密性。这类信息包括涉及原告私密生活的事件，例如性关系[182]和婚姻关系[183]，健康情

71

72

177 [2002] EWHC 499 (QB), [2002] EMLR 30 at [14].
178 如果情况并非如此，对秘密的保护将会遭到破坏（除了出于要求 B 赔偿的目的之外）。
179 对比 WB v H Bauer Publishing Ltd [2002] EMLR 8, QB（从与被告并不知晓的法庭命令相抵触的新闻报道中获得的信息；不负保密义务）。
180 Campbell v MGN at [50] per Lord Hoffmann.
181 Ibid at [17] per Lord Nicholls.
182 Stephens v Avery [1988] 1 Ch 449.
183 Argyll v Argyll [1967] Ch 302.

况（包括身体状况[184]和精神状况[185]），私人文件、信函[186]以及电话的通话内容，[187] 财政状况，[188] 或者相貌、身份、住所，或者其他可能受到威胁的重要利益。[189] 信息一旦进入公共领域就失去了机密性，这个原则已经在商业秘密和政府机密的背景下得到了很大发展，而"公共领域"的范围在涉及机密的"隐私"这一方面时，无需在字面意思上来理解。可能信息对一般公众而言在技术上是可以获取的、但在实践上则无法获取，因此"公共领域"不应理解得太窄：已经发出一道针对一家国有报纸的禁令，涉及的是已经有一个早先版本的材料。[190] 有人认为，把某人已经被判刑这一信息描述成是机密的，那是很"荒唐的"，[191] 即便对某些没有渠道接触刑事审判记录系统的人来说可能很难知晓这一信息（除非这个判决非常知名），也还是如此。但是，在适用《1974 年罪犯改造法》[192] 的案件中，被告可能不能针对原告主张的诽谤提出真实性抗辩，所以有可能争论说，这暗含着该定罪判决具有了机密信息的特征。[193] 在 WB 诉 H. 鲍尔出版公司（WB v H Bauer Publishing Ltd）案[194]中，原告在另外一起强奸案的裁决中被宣判无罪。尽管公诉人对于由陪审团宣判无罪的案件不能提起上诉，但总检察长可以提出假如上诉的话会出现的法律要点。他

---

[184] Argyll, supra. Cf R v Dept of Health ex parte Source Informatics Ltd [2001] QB 424, CA（有关医生开出的药品处方的匿名大众信息）。

[185] W v Egdell [1990] Ch 359; Cornelius v De Taranto [2002] EMLR 112, CA.

[186] Thompson v Stanhope (1774) Ambler's Reports (Amb) 737.

[187] Francome v Mirror Group Newspapers Ltd [1984] 1 WLR 892.

[188] John Reid Enterprises Ltd v Pell [1999] EMLR 675.

[189] Venables v News Group Newspapers Ltd [2001] Fam 430.

[190] Blair v Associated Newspapers Ltd, 10 March 2000, QBD.

[191] Elliott v Chief Constable of Wiltshire, The Times, 5 December 1996. See also R v Chief Constable of North Wales, ex parte Thorpe [1999] QB 396, CA.

[192] 参见前文边码 15。

[193] 但是，该法并不适用于最严重的违法行为，因为超过两年半刑期的定罪无须矫正（改造）。

[194] [2002] EMLR 8, QB.

这么做了，而上议院裁定，审理中排除对抗原告的特定 DNA 证据是不对的。这一判定没有对原告产生影响，法院以一个常规方式发出指令，能够导致对原告的识别的信息不应该被公布。不久之后，就有两篇能够识别原告的报道出现在《时代》上，似乎是因为记者忽视了法院的指令。被告的杂志也重提此案，出版了类似的信息，原告即以泄密为由提起损害赔偿的诉讼。尽管伊迪大法官并不准备判定这些信息、甚至包括初审公开审判本身处于公共领域范围之内，但他以其没能揭示诉因而驳回了这一诉请，因为在该情况下不存在任何由被告已经获取的并给他们施加了保密责任的信息。但是，他的其他评论具体例证了将保密法适用于公共司法记录的任何尝试的复杂性和不确定性。原告的诉请本质上是一个因为违反上议院隐名指令而提起民事索赔诉讼的尝试，而确定无疑的是，这样的诉请并没有被直接地提出来，唯一存在的是在刑事诉讼程序中针对藐视法庭的制裁。此外，之所以要下达那个指令，只是出于纯粹偶然的状况，在其中总检察长已经提出了法律问题。认为对某人在刑事案件中被宣判无罪进行报道是错误的，不论事实上对该人来说有多么令人难堪——在通常情况下，这种看法将极大地侵蚀这一原则，即正义应当公开伸张，为此媒体被认为是公众的眼睛和耳朵。[195] 也不能说，对无罪宣判进行质疑是对无罪推定原则的侵犯［这一原则写入

---

[195] 但是，对法庭诉讼活动的报道自由并不是一个普遍原则。基本的原则是公民和媒体都有权接近审判。在某些情况下，公众不能旁听现场庭审，但是诉讼活动可以被报道。即使庭审是公开的，法院可以允许隐去某个事项（如当事人姓名）；而且，即使在法庭公开审判中公布了该信息，法院同样享有各种法定权力［例如，1926 年司法程序（限制报道）法］要求媒体不可披露该信息。根据民事诉讼规则，"假如为了保护当事一方或者目击证人的利益，认为不予披露是必需的"，那么法庭可以下令要求民事案件中当事人或者目击证人的身份不被透露，参见：CPR r. 39. 2（4）. See also In re S（a child）（identification：restrictions on publication）［2004］UKHL 47，［2004］3 WLR 1129，在这起案件中，考虑到对其子女的潜在影响，法官尝试了（但事实上并未成功）限制公开受到谋杀指控的被告的身份。

了公约第 6 条 (2)]：[196] "在刑事诉讼中被宣判无罪的人，或者对他的起诉已经被检察机关中止的人，绝不应受进一步的调查（如通过新闻调查）以确定他是否真是罪犯。如果已经实施类似调查的媒体选择公开发表他们无法证明真实性的报道，那就存在对于诽谤的救济。但在我看来，如果即便在他们愿意提出正当理由之抗辩的情况下，他们也受到（司法强加的）隐私法的限制，那将是对他们的言论自由的一种惊人的限制。"[197]

73   人们也许可以把被认为具有机密性质的事项罗列出来，然而是否有可能规定出某种一般性的原则作为这种罗列的基础呢？国内外大量案例都诉诸《侵权法第二次重述》第 652 条和澳大利亚首席大法官在澳大利亚广播公司诉莱纳野味股份有限公司案（Australian Broadcasting Corpn v Lenah Game Meats Pty Ltd）中使用的公式："对一个理性的人来说是高度冒犯性的"披露。但是，坎贝尔诉 MGN 有限责任公司案[198]则表示，如果把这一公式视为排他性的检验标准，那就把保护的门槛抬得过高了。[199]相反，上议院更愿意简单地根据如下考虑来行事：这个事项是否关系到某些这样的内容，即一个并非过分敏感的人对这些内容会有合理的隐私预期。

74   一些法律制度对个人控制其肖像的使用的权利给予直接的保护，这一领域例证了对隐私的合理预期这个模糊概念在适用上具有的难度。在奥布里诉万版股份有限公司案（Aubry v Editions Vice-Versa Inc）[200] 中，加拿大最高法院的多数票认为，依照魁北克法，杂志社在未经原告同意的前提下刊登她在公共场所的照片，这种过失行为

---

[196] 很显然法官受到了米那利一案 [Minelli v Switzerland (1983) 5 EHRR 544, EctHR] 的干扰，但是这起案件涉及到因法庭宣判无罪引发的负面评论。

[197] At [44].

[198] [2001] HCA 63, 185 ALR 1 at [42].

[199] [2004] UKHL 22, [2004] 2 AC 457 at [22], [136], [166].

[200] [1998] 1 Supreme Court Reports (SCR) 591.

具有可诉性，根据《魁北克人权与自由宪章》的第 5 条，个人对其肖像的控制权乃是隐私权的一个方面。[201] 尽管这个权利必须要与言论自由相平衡，目前还没有表明公众观看照片的权利应该占优势地位。"看来没有正当理由给上诉人以优先权，除非他们提出，在实践中很难让摄影者在刊登照片之前得到所有他在公共场所拍摄的对象的同意。接受这样的意见，事实上就意味着肯定了拍照人的权利是没有限制的，假定照片是在公共场合拍摄的，那么拍照人的自由权利就以损害他人为代价得到了扩大。我们反对这个观点。在审理的这个案件中，被上诉人保护其肖像的权利要比未经同意擅自发表的权利更重要。"[202] 根据奥布里案的事实，照片是"原告的"照片，因为她在照片中并不仅仅充当一个场景的附属物。几乎没有这样的法律规定，即如果某人希望拍一张霍夫堡的照片——即便是为了大量刊登这张照片——该人需要等待街道清空或者得到在场所有人的同意。英国法院会在奥布里案中走多远呢？可以肯定的是，如果照片显示出拍摄对象正在做一些"尴尬的"私人行为，那么法院就会进行干涉。因此坎贝尔诉 MGN 公司案显示出，对于佩克诉联合王国案（Peck v UK）中那样的事实，[203] 如今在国内法上是存在救济的；在佩克案中，闭路电视的画面显示出原告试图在公共场合自杀。[204] 对于坎

201　意识到这个案例无法走得更远是很重要的。最高法院依据省级法规所作的判决在其他省份并没有强制约束力，在洪诉嘉丁那一案（Hung v Gardiner［2002］BCSC 1234）中，英属哥伦比亚省法院拒绝接受奥布里一案支持普通法上侵害隐私这个诉因的存在。

202　At［65］.

203　（2003）36 EHRR 41. 参见欧洲人权法院对佩克案被裁决时所持怀疑态度。

204　［2004］UKHL 22,［2004］2 AC 457 at［74］,［122］. 在特定情况中，某个诉求可以建立在其他（诉因的）基础上而获得（法庭的）支持。如果照片使原告被暴露于危险的处境，就属于违反保密义务的行为（参见前文边码 68）。如果置原告于被嘲笑的境地，那么就属于诽谤（Dunlop Rubber Co v Dunlop［1921］1 AC 367, HL）；或者如果原告具有很高价值的"商业性"声誉而且该形象被用来烘托被告的广告，那么就属于冒充（前文边码 61）。

贝尔案本身，法院大多数法官都认为公布原告正要离开匿名戒毒协会（Narcotics Anonymous）的一次会面的照片是不合法的，即使照片本身并没有令人反感的内容。不过，（其所以不合法的）基础在于照片与有关原告吸毒成瘾这一其他的、不必要的信息产生了联系。这位原告和媒体以公众注意力为生，历年来肯定已经刊登过她成百上千的偷拍照片而不曾遭到异议，也不存在一条法律规定，在未经本人明确同意的前提下拍摄并在公共街区展示的名模照片本身是可诉的非法行为。正如黑尔女士（Lady Hale）所说的："（原告）在被拍摄的照片以外，在生活中大部分都是在设计师的服装之下显得魅力四射。很明显读者会很感兴趣看到这个名模突然出来去商店买瓶牛奶是什么样子。从本质上说，这个信息既没有涉及到隐私问题，也不会被预期损害她的私人生活。这个行为本身可能并不是言论自由的一个高级的层次，但也不能证明干预它是合理的。"[205] 在坎贝尔案中原告属于一个知名的公众人物。但如果她是一个完全不为人知、并且因此尚不曾使她自己成为公众注意的"猎物"，就如奥布里案中的原告那样，那又如何呢？黑尔女士在同一段论述中似乎暗示以上提到的两种情况并没有区别：

> "不同于法国和魁北克，在这个国家，我们并不承认个人对自己的肖像拥有一项权利……目前我们还不认为，仅秘密拍摄这一事实本身就足以决定该照片包含的信息具有机密性。被拍摄的活动必须是私密的。"

在霍思金诉伦特金案（Hosking v Runting）[206] 中，新西兰上诉法院采用了一个类似的方法。这起案件源于被告在大街上拍摄了原告

---

[205] ［2004］UKHL 22，［2004］2 AC 457 at［154］.

[206] ［2004］NZCA 34.

（一对名人夫妇）婴儿的照片，照片本身并无伤害性。不同于英国上议院的意见，这家法院的多数[207]准备承认新西兰普通法已经可以认定独立的和直接的侵犯隐私的非法行为，但拒绝根据该案事实判定被告的责任。没有证据证明照片的公布会对孩子造成伤害，照片只不过是对信息的记录，并且可以被街上的任何一个路人拍到，没有任何一个正常人会对拍照人反感，在此公共场合的人也不会对这种无关紧要的照片有任何合理的隐私预期。[208] 因此在隐私和传播自由之间没必要进行任何平衡操作。在英国，媒体申诉委员会[209]得到一个类似的结论，在一起案例中，某个女演员提起申诉的原因是她的孩子在街上被偷拍了照片并被公布。[210] 另一方面，有必要指出，霍普勋爵演讲中的一个段落可以被解读为与奥布里案的进路有更大的一致性，根据此一进路，无论在什么场合，只要对原告的描绘不限于偶然，就涉及在隐私和言论自由之间进行平衡操作。[211]

3. 否定机密性或对其保护的事项

某项信息即使属于保密法范围的当然类型，保密的权利也可能 75
被某些抵销因素所否决。"不公正的行为无须保密"作为一项原则，由来已久，所以媒体曝光原告的不法行为是合法的。[212] 然而，除了不法行为之外，法律的考虑更进一步，在很多案例中，法院以一种更为宽泛的公共利益为基础，准许了某些披露行为。所以在狮子药业

207　P. 高尔特、布兰查德法官和狄屏法官、凯斯法官和安德森法官持有异议。《新西兰权利法》慎重地删掉了任何对隐私的保障，1993 年《新西兰隐私法》没有创设有关民事诉讼的救济。

208　实际上"无侵犯"这一进路在坎贝尔（Campbell）案中并无助益；但是狄屏法官（Tipping J）依靠的是"不存在合理的隐私期待"这一进路。

209　参见下文边码 91。

210　Alex Kingston and Hello!, 1 May 2001.

211　［2004］UKHL 22，［2004］2 AC 457 at［122］et seq.

212　参见 Initial Services Ltd v Putterill［1968］QB 396，CA（关于卡特尔的信息）。

诉伊文思案（Lion Laboratories v Evans）[213] 中，允许对公众披露显示司机血液酒精含量检测机制的缺陷的信息，而在伦敦地区运输公司诉伦敦市长案（London Regional Transport Ltd v The Mayor of London）[214] 中，对公布与伦敦地铁改组的"公私合营"这个备受争议的建议相关的信息，法院拒绝予以限制。

76 　　更接近传统意义上隐私权的一个案子是 A 诉 B 公司案（A v B plc）。[215] C 和 D 将有关原告（某位英超球员）的事情的内情卖给了一家小报。上诉法院解除了关于原告获得的限制该报道发表的临时禁令。《1998 年人权法案》的第 12 条规定如下：

　　"（1）如果法院正在考虑是否允许救济，这一救济如果允许则可能影响关于表达自由的公约权利，则适用本条……

　　"（3）不得允许这样的救济以限制在审理之前的公布行为，除非法院确信申请人有可能证明不应允许这一公布。

　　"（4）法院须特别考虑关于表达自由的公约权利的重要性，而在诉讼涉及被告主张的材料，或涉及法院认为属于新闻、文学或艺术的材料（或者与此类材料相联系的行为）时，须特别考虑：

　　"（a）范围/程度——

　　"（i）该材料已经或者将要成为公众可以获知的材料的范围；或者

　　"（ii）公布材料符合或将符合公共利益的程度；

213　［1985］QB 526，CA.
214　［2001］EWCA Civ 1491，［2003］EMLR 4.
215　［2002］EWCA Civ 337，［2003］QB 195.

"（b）任何相关的隐私成文法规定。"[216]

关于这个第 12 条，应提到两个要点。首先，尽管它没有转到机密与隐私的语境、即传统上已经在诽谤案件中予以适用了的事前限制原则（如果确实如此，那在实践中就不可获得临时禁令），但很清楚的是，它旨在为原告提高诉讼门槛，并摆正表达自由这一原则的位置。即使在案件不属于任何支持信息公布的、标准的、公认的公共利益范畴（如预防犯罪或者保护公共安全）的情形，任何限制也都仍然要证明是合理的，不论试图发表的材料的"质量"如何。其次，第 12 条（3）只适用于对临时禁令的诉求，其余部分则也适用于事后的损害索赔请求，因为，甚至连损害赔偿也是"救济，这一救济如果允许则可能影响关于表达自由的公约权利"。因此在所有案例中，无论是要求临时禁令的请求，还是要求损害赔偿的请求，都必须在机密和表达自由这两项彼此竞争的权利之间进行平衡操作。

这家法院关于"公众人物的私人生活"的说法值得完整引述:[217]　77

> "在适当环境下，公众人物的隐私有权受到尊重。但是公众人物也应该意识到，若处在公众位置上，他必须预测到也必须接受其行为受到媒体的紧密关注；甚至他的一些琐事也可以成为读者和媒体非常感兴趣的话题。在普通人的隐私权案件中，普通人不能成为恰当的评论对象，但若换做是公众人物，就能够成为恰当的评论对象。公众人物所处的位置是其行为在一个更高的标准上得到公众的合理期待。公众人物可以是一个模特，他的行为可以引领时尚，引起他人效仿。其个人形象曝光次数越多，就越可能将他

216　参见下文边码91。
217　At [11（xii）].

置于公众人物的位置上。如果你已经吸引了公众的注意，那你就不太有理由反对随之而来的骚扰。在许多这类情形当中，若说要被公布的信息涉及公共利益，那将是夸张的。更准确的说法是，公众对于其被告知此一信息拥有可以理解的并且因此是正当的利益。如果是这样的话，那么在法院判定某个案件落在界线的哪一边时，就可以恰当地考虑这一说法。法院必须要考虑到如果报纸不报道公众感兴趣的信息，那么公众感兴趣的报纸将会越来越少。其他媒体也是一样。关于找到正确的平衡这一难题，欧洲理事会1998年第1165号决议提供了一般性质的有益指导。试列举了其中的第6－12段，它们是这样表述的：

'6. 议会（The Assembly）意识到个人隐私是经常受到侵犯的，甚至是在有特定法律保护该权利的国家也是如此，如今人们的私生活在特定的媒体部门之下已经变成了一个获利颇丰的商品。受害者基本上是公众人物，因为他们的隐私生活能够成为刺激消费的重要因素。同时，公众人物必须认识到他们在社会中所占据的特定位置——通过选择，在很多情况下——都自动地将与日俱增的压力转移到了他们的隐私上。

'7. 公众人物是持有公职的人，以及/或者使用公共资源的人，更宽泛地说，是那些所有在公共生活中扮演角色的人，无论是在政界、经济界、艺术界、社会领域、体育界或者其他任何一个领域。

'8. 媒体经常凭着对表达自由权的单方面解释来侵犯他人隐私（而表达自由权是受《欧洲人权公约》第10条保证的），声称它们的读者有权了解公众人物。

'9. 与公众人物、尤其是政治人物私生活相关的一些特定事实，对公民来说可能确实是非常重要的，因此，将这类信息告知读者（同时他们还是选民）就是正当的。

'10. 因此有必要在两个基本权利之间寻求一个平衡的办法，两者都得到《欧洲人权公约》的保护：尊重他人隐私生活的权利和表达自由的权利。

'11. 议会重新确认了个人隐私权和表达自由权的重要性，二者是每一个民主国家的基础权利。这些权利既不是绝对的，也不在任何一个等级中，因为它们都具有平等的价值。

'12. 但议会指出，在《欧洲人权公约》第8条中规定的隐私权，不应该仅仅保护个人对抗政府机构的干涉，还应该保护个人对抗他人或机构包括大众媒体的干涉。'"

以此为根据，许多因素指向反对对（该案所涉信息的）公布进行限制：在基于长期关系产生的保密性，与基于本案原告牵涉其中的这种关系类型产生的保密性之间，有一个显著的区别；[218] 本案中的情况是，这一关系中的其他当事人希望披露他们掌握的内情，并且，尽管这一希望不是决定性的，但它是一个必须予以考虑的因素，因为这还涉及他们的表达自由；而"以下这一点并非不言而喻：某位在其俱乐部里担当重要位置的知名英超球员如何将时间和精力花费在足球事业上，这无法引起公众的关注。足球运动员是年轻人的榜样，在他们身上的不良行为会树立不好的范例。"[219] 尽管初审法官根 78

---

218 在西克顿一案（Theakston v MGN Ltd [2002] EWHC 137，[2002] EMLR 22）中，乌斯利法官拒绝阻止杂志对原告（电视节目主持人）光顾妓院的报道，他说"组织家庭的婚内性关系是一个受保护的底线，或者说是保护它免于遭受来源于各种形式的披露的一个环境基体；某个晚上和一个新近的相识在旅馆一起上床，这种情况也受到保护而不被媒体公开。但是，光顾妓院就另当别论了。"（第60页）。

219 At [43].

据提交给他的证据有权认为，原告并没有引起公众的注意，[220] 但事实是，某个处在他这个位置上的人，必定会是一个受到部分公众和媒体关注的人物。

79   上诉法院在 A 诉 B 公司案中的这种进路已经遭到批评，原因是在允许披露公众感兴趣的、而不是出于公共利益应该披露的信息上，它矫枉过正；这样做近乎否定了基本人权的基础，本质上是"反多数主义"；而"榜样角色"方法是以有关什么会影响公众、公众如何看待这样的角色的假设而非证据为基础的。[221] 此外，在坎贝尔诉 MGN 公司案中，上诉法院阐明"就我们这方面来说，我们会注意到，某个人在公众舞台上变得万众瞩目这个事实，并不意味着他的私生活可以全然曝露在媒体之下。我们不能理解，为什么根据公共利益，某个被当作榜样、而他自己并不追求这一荣誉的人，必然应当将其不为人知的缺陷展示出来。"[222] 正如我们看到的，坎贝尔案诉到了上议院。上议院一致认为，尽管原告有毒瘾是基本事实，但是她拥有隐私权。[223] 确定属实的证据是证明原告藏有毒品并犯有刑事犯罪[224]：很明确，传统的"不公正的行为无须保密"不再自动适用于所有严重的刑事犯罪。似乎，也不能仅仅因为原告可以被认为是一个"榜样"就收回法律的保护。能够证明报纸报道毒瘾事实合法的

---

220 参见 Theakston v MGN ［2002］EWHC 137，［2002］EMLR 22 and Woodward v Hutchins ［1977］1 WLR 760，其中，这样的行为暗示赞同发布。

221 G. Phillipson, Judicial Reasoning in Breach of Confidence Cases under the Human Rights Act: Not Taking Privacy Seriously，［2003］European Human Rights Law Review（Special Issue: Privacy）（EHRLR）53.

222 ［2002］EWCA Civ 1373，［2003］QB 633 at［41］.

223 黑尔女士说得极为明白（［2004］UKHL 22，［2004］2 AC 457 at［147］）："但出发点必须是它是完全私人性质的，并且其发布需要具体的理由"。

224 审理中，报社编辑已经宣誓作证："我认为有两个原因可以证明发表是合理的。（i）Naomi Campbell 一直在实施严重的刑事犯罪，他持有并使用 A 级毒品已经很多年了……"，参见：［2003］EWCA Civ 1373，［2003］QB 633 at［131］.

条件是"她（先前）在公众提问她是否吸毒时谎称她没有。"[225] 换句话说，对（其毒瘾的信息予以）公布的权利的基础是对错误声明的改正，"澄清是非"。[226] 它是从下述事实推出的，即这份报纸公布吸毒成瘾的事实被证明是有理由的，而它公布原告正在接受戒毒治疗的单纯的事实也被证明是有理由的：不用说，那确实会对原告的状况造成错误和不公平的印象。甚至这个处理方法也已经根据下面这个理由而遭到了批评，即欺骗只是在如下情形中进行"逆向披露"（counter-disclosure）的一个理由，在这种情形中对于披露存在某种正当的公众关注，例如，在原告追求的一个政治或社会运动背后，表明存在着一种伪善。[227] 无论对此意见如何，人们都必须承认，在对公众的公然欺骗和仅仅用心保持清白"形象"之间，很难划出一条界限。

但是在这一点上，坎贝尔案中的多数意见和少数意见分道扬镳了。尼科尔斯勋爵（Lord Nicholls）和霍夫曼勋爵认为，报纸对（1）原告正在匿名戒毒协会接受治疗；（2）治疗的一般性质以及（3）她离开小组会议的照片的进一步公布也是有合理根据的。这些事项对于原告因为基本信息的公布而遭受的痛苦并不增加任何东西；这里的治疗不应等同于医院治疗的详细情形，因为它的性质是众所周知的；照片完全是中立的，并未以对原告不利的方式呈现。另一方面，在多数意见看来，认为这三个事项都处在界线的错误一边。他们像少数意见一样承认，发表什么以及如何呈现发表的内容显然是属于编辑的事务，法院不应过早进行干涉，[228]但是，比起对基本信息公布的记录作出更正来说，这三个事项都属于"正当公共利益"中较为低级的层次。尽管照片本身无伤大雅，但打破平衡的关键，或

80

225　Ibid at ［58］, per Lord Hoffmann.

226　据目前所知，原告在 A v B 案中还没有就其性行为作出任何声明。

227　参见 G. Phillipson (supra fn. 221).

228　参见 ［2004］UKHL 22, ［2004］2 AC 457 at ［112］.

许就在于这张照片，因为通过对它的仔细考察，照片能够使（治疗地点）被辨认出来，并且因此，通过使原告对是否回去接受治疗产生犹豫，从而对治疗的继续进行与治疗的成效造成风险。[229]

81   归根究底，坎贝尔案仅仅是一个对事实的判决，这个判决表明，在对不可比较的意见进行权衡的过程中，会合理地产生分歧。尽管制度要求我们接受的是多数意见在上诉审中决定问题，但是很难说在这个审级的法官就垄断了智慧，而在坎贝尔案中五个有经验的法官，在听了这个案件之后做出了对报社有利的判决，而另外四个法官则支持原告，所以这个事情很鲜明而精确地达成了平衡。一些人会认为，最终胜出的（多数）意见在干涉编辑的裁量权方面是有一定错误的。用黑尔女士（该案中持多数意见的法官之一）的话说，"我们需要报纸能卖出去，以便保证我们仍然能够拥有报纸"，[230] 而人们可以怀疑，一则讲述"X 吸毒成瘾并在接受治疗"而且包含了一张照片和并非必要且无冒犯性细节的故事，就能比仅仅讲述"X 吸毒成瘾并在接受治疗"的故事，销量多很多。隐私法一直以来受到批评的一点是，除了极端情况之外，它不能事先给出多少实用的指导。编辑们现在无疑更加倾向于否认首席大法官伍尔夫勋爵在 A 诉 B 公司案中的主张，该主张声称，对是否存在值得保护的隐私利益以及对公众利益的保护是否更有分量而压倒隐私的问题，答案一

---

229   同上。第 123、155、169 页。
230   同上，第 143 页。

般而言是"显而易见的"。[231] 坎贝尔案中的损害赔偿微不足道，大约
5000 欧元，但据说诉讼费却要高达 500,000 欧元，实际上，这正是
上议院所争论的问题所在，因为"诉讼费是由这个事件而产生的"。
A 诉 B 公司案中的判决，以及——在较小的程度上——坎贝尔案中
上诉法院的判决，似乎倾向于在被报道的事项可以从某些方面被视
为有关色情的流言蜚语的案件中，也强调公开出版在表达自由的语
境下的重要性。[232] 我自己对此也深有同感（我的意见并不比其他任何
人的意见更有分量）：我是从对于作为我们宜于了解什么信息这个问

---

[231] A v B［2002］EWCA Civ 337,［2003］QB 195 at［11（vii）and（viii）］. 这起案件以及
坎贝尔案中的初审法官都得出了与上诉法院相反的结论。此外，仅仅在 R 案（R v
Broadcasting Standards Commission, ex parte BBC［2000］3 WLR 1327 at［14］）发生的两年
前，伍夫夫勋爵就已经说过："构成对隐私侵害的东西，或者恶俗，或者未能遵守正派
人的合适的标准，这都属于个人判断的事情，而不是凭借法院的优质配备就能够判定
的。关于隐私，文学和法理学都不情愿提出一个全面的定义。正如贝洛夫先生所提出
的，我们所在的领域包括很多开放结构的定义。干涉隐私甚至难以等同于看到一头大象，
大象即使很难被定义，但是起码可以很容易辨认。而隐私的含义却受当时的环境所左右。"

[232] 沃伦和布兰德斯曾经于 1890 年第四期《哈佛法律评论》中发表了一篇名为"隐私权"
的文章，产生了巨大影响，在 196 页中他们谈到："流言不再是人们空闲时的消遣活
动，而是变成了一种无耻的交易产业。为了满足淫秽的口味，对性关系的描述在日常
报纸的栏目中被广泛传播。出于懒惰的原因，栏目中一档接一档都充斥着流言蜚
语，而这些信息只会扰乱国内社会……当个人的流言通过报纸的出版而变得冠冕堂
皇，并且充斥着原本应该是刊登有关社会真正利益的事件的出版空间，它使得人们感
到惊奇，它让无知者和粗心者对其重要性产生错觉。"正如巴克斯顿法官在温莱特一
案（Wainwright v Home Office［2001］EWCA Civ 2081,［2002］3 WLR 405 at［110］,
CA）中所说："法官能否在 2001 年就侵害隐私判给赔偿提出正当的理由，这或许值
得怀疑。"但是一些人认为隐私法在改进新闻出版版标准上扮演着重要的角色。参见 G.
飞利浦森、H. 芬维克在其合写的文章——"人权法时代借助隐私进行救济的违反保
密义务行为"（载《当代法律评论》［2000］（M. LR）660 at 693）的阐述："如果有
关名人的饮食、服饰或者性行为的报道能把政治言论挤出版面，那么可以说价值很低
的言论正在抑制实际上旨在维持真正的民主社会的言论。这个趋势本身违背了 Meikle-
johnian 对于源于民主的表达自由的论述，因为它导致了大量报纸读者在阅读内容上的
贫乏，并且遏制了他们以知性的方式参与民主的能力。尊重新闻出版在民主制当中的
合法作用的隐私法的发展至少代表着一个阻止标准降低的趋势，同时隐私法的发展将
强有力地与关键性的言论自由的正当性相协调。如果公约（指《欧洲人权公约》——
译者注）的主要目标之一，恰如欧洲人权法院已经反复强调的那样，在于促进民主社
会，那么就表明存在着这样一个趋势，即摒弃对一些耸人听闻的琐事的关注，在通行
的新闻当中趋向于政治性报道的兴趣只能被视为对这一目标的促进，并且完全与作为
《欧洲人权公约》第 10 条基础的那些价值相一致。"

题的裁决者的法官的不满这个立场出发的，[233] 我不能全然肯定地认为，真实性仅仅是政治与哲学讨论所追求的价值。我怀疑是否只有我相信，对于那些其形象建立在公众关注的基础上然后又因这同一台引擎而深受其苦的人们，存在某种正义。至少在实践的层面上，人们可以怀疑，坎贝尔案（或者任何隐私法）的最终结果是否能在下一起案件的解决上减少大笔的诉讼费用，尽管很少有人能够拥有足够资源与一份全国性的报纸战斗到底（进一步参见本书附录）。

4. 分类与救济

82 　　无疑，泄密源于衡平法院的管辖权，从这个意义上讲，它并非一种侵权行为。因为在过去大多数案例都是关于商业秘密的，其义务的来源通常是合同，它允许对违反合同进行损害赔偿；但是另一方面，人们有时认为，在这些案件中是不能对过去的泄密行为判给损害赔偿的，这种损害赔偿只能根据 1858 年《凯恩斯勋爵法案》所授予的管辖权作为拒绝禁止令的替代。由于重点现已稍微向保护隐私的方向改变，出现一种认为分类问题不太重要的倾向，并对普通法和衡平法上的全部救济范围加以利用；但是在坎贝尔诉 MGN 有限公司案中，尼科尔斯勋爵提到责任是以侵权法为依据的。[234] 对过去的违法行为已经判给了赔偿，但并非以《凯恩斯勋爵法案》为依据；它们当然已经扩展到了非金钱损失的领域。[235] 而且，在坎贝尔诉

---

[233] 尽管这些案件涉及事后赔偿，但一部有效的隐私法必定涉及事前限制的手段：参见下文边码 83。

[234] ［2004］UKHL 22，［2004］2 AC 457 at［14］and［15］.

[235] 像坎贝尔诉 MGN 有限公司一案那样，通常不会主张其他损失的赔偿。另参见 Cornelius v de Taranto［2001］EMLR 329，QB；Archer v Williams［2003］EWHC 1670（QB）；Douglas v Hello! Ltd［2003］EWHC 2629（Ch）. 但是，（3500 欧元至 5500 欧元之间）的赔偿金额以诽谤的标准来看是适度的。

MGN 有限公司案中，上诉法院原则上赞同判给惩罚性损害赔偿金，[236]
而且当这个问题在上议院没有争议时，前述上诉法院也的确恢复了
原审法官签发的命令，该命令包含以这个名目判给的的适度赔偿
金。[237] 但是，对名誉判给惩罚性损害赔偿与下述基本原则相冲突：在
诽谤案中真实性构成一项抗辩，没有人因其名誉受损害而应该获得
赔偿，那不是他应得的。考虑获利情况的救济很明显可以适用于违
反保密义务的案件，[238] 但必须记住的是，在过去，这些案件倾向于和
商业秘密相关，而同样的考虑未必适用于根据隐私提起的诉讼案件。
假设无法获取被告因诽谤而获取收益的账目，那么声称有人因为隐
私受到侵害而可以获得赔偿或许会显得怪异，即便诉求是正式以违
反保密义务为由提出来的。在某些情况下，对保密之诉进行归类不
可造次：所以根据《布鲁塞尔公约》的规定，违反保密义务之诉并
不是关于"侵权、不法行为或者准不法行为"的一种诉求，这已有
定论。[239] 假如违反保密义务不属于侵权行为，那么《1980 年时效法
案》具体规定的侵权行为的诉讼时效就对它不适用了。但是，法院
可以通过类推来适用该法案规定的时效期限。困难在于，什么才是
正确的类推：是类推适用针对侵权规定的为期六年的一般时效，还

---

236 Campbell v MGN Ltd［2002］EWCA Civ 1373,［2003］QB 633 at［139］. 加重的赔偿是
基于被告的故意行为增加了原告的痛苦的理念，并且该赔偿方式有别于惩罚性的损害
赔偿，后者是基于惩罚/威慑。由于违反保密义务可以判给惩罚性赔偿吗？新西兰上
诉法院在 Aquaculture Corp v New Zealand Green Mussel Co（［1990］3 NZLR 299）案中
对此表示了认可。但是（a）新西兰法院比英国法院在对待惩罚性的损害赔偿上更为
宽容，（b）若可以拿到获利的账目，那么就可能指向另一个方法：参见前文边码 54。
237 尼科尔斯法官说过他认为这个赔偿是正确的：［2004］UKHL 22,［2004］2 AC 457 at
［35］.
238 Att Gen v Guardian Newspapers Ltd（No 2）［1990］1 AC 109 at 286, HL; Douglas v Hello!
Ltd［2001］QB 967, CA.
239 Kitechnology BV v Unicor GmbH Plastmaschinen［1995］FSR 765, CA（不属于"隐私"
案件）。换句话说，在这个语境中这些概念具有自主的含义，所以在英国隐私危如累
卵的处境下，其他国家的法律制度把侵害隐私当作侵权行为对待或许是恰当的。公约
（指《布鲁塞尔公约》——译者注）现在被欧洲理事会 2001 年第 44 号规定所取代。

是类推适用针对诽谤规定的为期一年的时效？

83   上文已列出了《1998 年人权法案》关于临时禁令的第 12 条规定。由于一旦信息被发布，原告可能并不愿意通过把这个事情交付全面审判（full trial）而招致更进一步的公众注意，在保密案件中，正是在诉讼的这个阶段，注意力经常会高度集中。[240] 但是，除了第 12 条之外，基本的原则仍然是：禁令属于可由法庭自由裁量的救济，假如判令损害赔偿就足够了，那么法庭就会拒绝适用这一救济（指禁令）。这个原则在道格拉斯诉《你好!》杂志有限责任公司案[241]中得到例证，该案件已跨越"商业秘密"和"隐私"两者的界限。该案中，第一原告和第二原告都是知名的电影演员，他们即将结婚。此类事件中的公开权具有很高的价值，所以他们二人将婚礼照片的专有出版权授予了本案第三原告《OK!》杂志。婚礼上的所有来宾都不可以拍照，到达婚礼现场时要搜查是否携带相机。但是原告注意到竞争对手《你好!》杂志得到了一些秘密拍摄的照片（是谁拍摄的则不得而知），并且提议出版这些照片以便使《OK!》杂志就这场婚礼出版特辑的计划"泡汤"。原告们以违反保密义务为由请求签发临时禁令以阻止照片的发表。上诉法院拒绝发出禁令。尽管在审理中，原告们可能对所需的保密义务的违反提供证据予以证明，[242] 但是现实是前两个原告已经将他们在婚礼上的隐私权转让给了第三原告，所以就没有正当理由再去允许他们限制这些照片的发表。就本案第三原告而言，如果案件进入审理，而原告能够证明被告违反保密义务，那么他们将可以得到充分的经济补偿，这尤其是因为，从表面判断，他们能够找到被告从有问题的发行行为中获得收益的账目。

---

240   这就是为什么尽管美国法将侵害隐私的侵权行为纳入进来的方式相对积极，在现代当言论自由成为一个受关注的问题时，对出版的事前限制加以禁止明显地对隐私的重要性构成限制。

241   [2001] QB 967, CA.

242   正如他们所做的：[2003] EWHC 786 (Ch).

相反，如果勒令扣留刊物，那就可能很难评估由被告造成的损失，而被告在审理中就占有优势。所以说，"权衡利弊"的结果是拒绝签发禁令。

传统上，禁令只能针对诉讼案件中的一方当事人签发。在实际　84
中，这一点被如下意见修正：如果说 A 和 B 之间的诉讼目的是保持信息的私密性，那么 C 在明知存在禁令的前提下仍然予以发表就构成藐视法庭，[243] 相当于故意干扰法庭。[244] 但是现在人们已经持这样的意见：在适当的情形下，可以通过发出约束案外人的禁令更直接地处理这个问题。[245]

（四）《1998 年数据保护法》

这是一个很大的题目，这里只能对其做一个简述。[246] 该法被认为　85
有些"冗长和笨拙"，[247] 但是它补充了欧盟 95/46 号指令，同时代替了局限于计算机化信息的《1984 年法案》。该法案适用于个人信息（也就是和某个可识别的有生命的个体相关的信息），在处理这些信息时应符合八项"数据保护原则"，其中包括诸如程序公正这样的事项，符合数据控制者告知数据保护专员这些数据的目的以及它们与这些目的之间的相关性，尊重数据主体的权利（如对数据的使用、修改以及保有信息的安全性）。该法案第 13 条对赔偿作了如下规定：

> "（1）因数据控制者任何违反本法要求的行为而遭受损害（damage）之人，有权从数据控制者那里获得损害赔偿。

---

[243] 违反禁令与藐视法庭一样要受到惩罚。
[244] Att Gen v Times Newspapers Ltd [1992] 1 AC 191, HL.
[245] Venables v News Group Newspapers Ltd [2001] Fam 430.
[246] 更全面的阐释可参见 M. Tugendhat QC/D. Sherborne/J. Barnes, Chap 5, in: M. Tugendhat QC/I. Christie（前引脚注 143）。
[247] Campbell v MGN Ltd [2002] EWCA Civ 1373, [2003] QB 633 at [72].

"（2）因数据控制者任何违反本法要求而遭受精神痛苦（distress）之人，有权要求数据控制者就其痛苦予以赔偿，如若——

"（a）此人因该违法行为也遭受了损害（damage），或者

"（b）该违法行为涉及为特定目的而处理个人数据。[248]

"（3）在根据本条规定而提起的针对某人的诉讼中，如果该人已经证明他已经尽到了在任何情况下为了遵守相关规定而合理要求的注意义务，则构成一项抗辩。"

86　　该法案和相关的附属立法规定了很多免责事项，例如与国家安全、刑事调查以及监管目的相关的事项。但是数据保护的首要原则（First Data Protection Principle）规定，通常只有得到数据主体的同意，或者是为了保护他的重要利益，或者是为了遵守数据控制者的特定法律义务，或者是出于各种公共职能的必要，数据的处理（processing）才是公正的和合法的。对"敏感的个人数据"而言（例如数据主体的种族出身、政治观点、宗教信仰、健康、性生活或者犯罪记录），在读取过程上会有更多限制，特别是数据主体的同意必须是"明确的"。[249] 因为任何新闻报道如今都无可避免地涉及某种相当于该法案所界定的数据处理的问题，所以，上述规定将使正常的新闻业成为不可能之事。[250] 不过，第32条规定，如果"数据控制者在

---

[248] 即出于新闻的、艺术的或者文学的目的：参见下文。在这些案例中所造成的痛苦足以构成一个诉；其他案件中，必定存在实际损害。

[249] 参见该法附表3以及《数据保护（敏感的个人数据的处理）条例》，SI 2000/417.

[250] 报纸本身的出版构成数据处理的一部分：Campbell v MGN Ltd [2002] EWCA Civ 1373, [2003] QB 633 at [107]. 事实上，2000年信息保护（敏感的个人数据的处理）条例允许出于公共利益而对敏感的个人数据（信息）予以发布，涉及违法行为、渎职、不称职或者管理不善等有限的形式，但是这被认为过于狭窄，无法涵盖坎贝尔（Campbell）一案中的那些事实。

特别考虑了公众在表达自由方面的利益的重要性后合理地相信，发布信息实为公共利益之所需，并且……数据控制者合理地确信，对数据保护原则的遵守，无论如何都与此特定的目的相冲突"，那么，这些只出于新闻、艺术与文学目的（第13条第2款b项所指的"特定目的"）而处理的数据便不受数据保护诸原则的约束（但关系到保持数据安全的除外）。那种认为该条的规定只适用于限制某一公布行为的程序而不适用于损害赔偿请求的观点已经被否定了，因为"在信息公布之前免除数据控制人遵守他认为与新闻业相冲突的规定的义务，而一旦信息公布，却又将其置于以第13条为依据的损害赔偿请求之下，这看起来完全不合逻辑。"[251]

（五）《1997 年防骚扰法案》

这一立法的通过是为了阻止"跟踪"（stalking），但具有更加广泛的适用潜力。它主要是刑事立法，但受害人也可据以提起民事诉讼，并可以获得损害赔偿（包括因为"焦虑"而受损害之赔偿）以及/或者禁制令。骚扰没有得到界定，但它要求至少存在两次连贯的行为。媒体可能因其反反复复不受欢迎的来电或"蹲守"行为而承担责任，而且在托马斯诉新闻报业集团公司案（Thomas v News Group Newspapers Ltd）[252] 中，前期上诉法院拒绝驳回原告的诉求，该诉求基于报纸发表了一则关于投诉原告实行种族歧视的报道，结果在一部分读者多种引起反响并给她（此处指原告）带来痛苦。对于被告来说，完全可以证明他的行为在当时的情况下是合理的。[253]

（六）间接保护隐私的其他侵权法

在普通法和成文法中都潜在地存在许多关于侵权责任的规定，

---

251 Campbell v MGN Ltd［2002］EWCA Civ 1373,［2003］QB 633 at［120］. 在坎贝尔（Campbell）一案中，没有就数据保护问题向上议院提起上诉。

252 ［2001］EWCA Civ 1233,［2002］EMLR 78.

253 这里很明确是涉及到表达自由权的，但是在西佛顿一案（Silverton v Gravett, 19 October 2001, QBD）（动物权利运动）中，该抗辩仍然事实上被驳回。

即使不以之作为责任的依据，它们也可能具有产生侵害隐私的损害赔偿的效果。在实际操作中，在同时基于保密法、《1998 人权法案》（当被告是公权力机关时）或者《1997 防骚扰法案》提起的诉讼案当中，这些如今可能是附带的诉求。例如，如果被告非法进入原告的私人领地以获得信息或照片，就属于非法侵入的侵权行为。[254] 因为侵权本身是可诉讼的，而且损害赔偿是"普遍的"，所以毫无疑问对财产（此处主要指土地或房屋）占有人的的痛苦判给实质性损害赔偿。但是，非法进入要求的是对被告身体上的侵扰，所以这项法律规定不适用于使用长焦镜头拍照或者监听行为，[255] 并且只有土地占有者才可以起诉。[256] 有关滋扰方面的法律保护占有者对其私有财产的享用而不受到无理干扰，所以持续的监视[257]或者监听[258]行为可以因此被起诉。但是，如同非法侵入行为，这样的诉求只可能由土地占用者提出，若出于赔偿目的，损失似乎仅限于永久的或者暂时的[259]土地价值方面的减少。[260] 对人的侵害（威吓、殴打、非法监禁）也可能与某些案件相关联（例如非法搜查）[261] 并且其本身是可诉的。

89　　　　版权法也可资援用。在享有版权的情况下，出于私人目的委托

254　非法进入领地一般不属于刑事犯罪，尽管存在一些法定的例外。

255　对此，一般可参见《2000 年调查权力规范法》，该法取代了《1985 年通讯窃听法》。通过公共电话系统非法窃取邮件或者非法窃听电话才属于刑事犯罪。但是非法侵入私人电信系统窃取信息就不属于刑事范畴了，但是可由发送人或者接收人提起民事诉讼，参见：《2000 年调查权力规范法》第 1 条第 3 款。

256　所以不适用于凯伊案（Kaye v Robertson），参见前文边码 68。

257　Lyons & Sons v Wilkins〔1899〕1 Ch 255；Bernstein v Skyviews〔1978〕QB 479.

258　Khorasandjian v Bush〔1993〕QB 727，CA（尽管由于下面的论点，该案件遭到错误裁判）。

259　例如在出租价值上的减少。

260　Hunter v Canary Wharf〔1997〕AC 655，HL.

261　参见温莱特一案（Wainwright v Home Office〔2003〕UKHL 53，〔2003〕3 WLR 1137.）。如果存在精神疾病形式的损害，而不仅仅是痛苦，那么通过间接手段造成伤害的故意侵权（Wilkinson v Downton〔1897〕2 QB 57）才有用武之地。

拍摄照片的人有权要求该照片不被公开或者在公共场合展出。[262] 作品
的作者也享有诸如表明作者身份的权利、防止他人贬损作品的权利
等"精神权利"，但是这些不属于讨论的范围。

五、行业监管

媒体具有独立的监管体制，虽然这套体制不能给予私法上的救   90
济，但在一定程度上被认为至今发挥着与法律原则相同的功能。[263]

新闻出版投诉委员会

自十七世纪以来，平面媒体就不受任何许可证的管制。任何人   91
只要有消息源，就可以建立一个报社或杂志社，而无须得到任何人
的许可。新闻出版投诉委员会（The Press Complaints Commission）[264]
是一个报纸和杂志产业的非法定的、自律性机构，负责受理有关违
反《业务守则》的投诉。[265] 委员会可以要求作为加害方的报刊发布
针对某个投诉（所作出的）重要裁决。[266] 委员会对属于法律诉讼范
围的事项不予考虑，尽管不能阻止投诉者在裁决之后另行提起民事
诉讼程序。

262　参见《1998 年版权、设计与专利法》第 85 条。根据先前的法律，这个规定是不必要
　　的，因为委托他人拍照的人对其享有版权。

263　参见 D. Sherborne/S. Jethani, Chap 13, in：M. Tugendhat QC/I. Christie（前引脚注
　　143）。对监管机构的运行的批判性评论，可参见 G. Robertson QC/A. Nicol QC, Media
　　Law (4th edn. 2002), Chaps 14 and 16.

264　代替了先前的新闻评议会。

265　该守则与下文提到的其他守则都是以《人权法》第 12 条第 4 款（b）项（前文边码
　　76）为宗旨的"相关隐私守则"。尽管这些守则并不会引起私法上的救济，但事实是
　　法院在私法诉讼过程中必定会重视它们，因而至少赋予它们某些法律效力，即使不是
　　强制的效力。守则本身没有涉及任何关于禁制令的内容，因为监管机构没有权力阻止
　　出版。但是如果媒体被告违反了相关守则，那么就有可能依据临时禁制令对他采取重
　　大措施，参见：Douglas v Hello! Ltd [2001] QB 967 at 994, CA.

266　对于不服从的唯一制裁就是开除。

92 　　除了要求报纸公平而准确地报道其作为一方当事人的诽谤诉讼的结果之外，该《业务守则》本身不能对诽谤性的发布进行处理。但是，它对于不得报道不准确的、误导性的或者歪曲的材料以及其一旦实施上述行为之后的改正与道歉课加了更普遍的责任。对于隐私，该守则规定："（1）每个人都享有要求尊重他或她的私人及其家庭生活、家庭、健康、通信的权利。未经允许侵入他人的私人生活必须具有正当理由；（2）未经本人同意使用长焦镜头在私密场所进行拍摄是不能接受的。"[267] 但是，有关骚扰、闯入悲伤场合、设备监听以及儿童隐私方面的更多规定对上述内容作了补充。

93 　　从另一角度讲，只要是可用的无线电"资源"本质上是有限的，广播媒体始终受到国家管制程度的制约。BBC 通过了皇家宪章的许可才能够建立，其独立运营者地位得到成文法的特许。[268] 直到不久前一直存在三个针对独立运营者的管理机构，分别是广播标准委员会（the Broadcasting Standards Commission），独立电视委员会（the Independent Television Commission），以及无线电管理局（the Radio Authority）。[269] 根据《2002 年通讯办公室法案》，自 2003 年底，三者已经合并成一个机构——"英国通信管理局（OFCOM）"。该机构接管了电视和广播管理机构的《行为守则》，它比新闻出版投诉委员会的《业务守则》规定更为详细。不同于后者，合并的这个机构依法有权强制广播机构予以更正，还可以对其实施制裁，包括罚款。尽管 BBC 接受 OFCOM 的管制，但是根据皇家宪章的规定，BBC 有义务维持广播节目的标准，还设立了节目投诉委员会，并且《BBC 制作人指南》发挥着《业务守则》的作用。

267　一句名谚是："当存在对隐私的合理预期时，隐私场所就成为了公众的或私人的财产。"

268　参见 1990 年和 1996 年《广播法》。

269　在它们的功能上有一定程度的重叠。BSC 大体上相当于新闻投诉委员会，但是 ITC 和 RA 的职责范围则更为宽泛，包括诸如竞争和节目范围这类事项。

六、附录：冯·汉诺威诉德国案（von Hannover v Germany，2004 年 6 月 24 日，申请号：59320/00）

这份文件是 2004 年 6 月 14 日奥利地科学院维也纳讨论会的扩 展版，6 月 24 日欧洲人权法院公布了对"卡罗琳"案的判决，要将 其纳入本报告当中已经太迟了。该案背景事实已经广为人知，在这里 不需要详述。诉讼起因于作为申诉人的摩纳哥卡罗琳公主试图通过德 国法院阻止在杂志上发布她的若干系列照片。德国联邦法院阻止了展 示卡罗琳在某酒店庭院中与一名男子在一起的照片的发表，因为他们 已经远离公众视线隐退到一个僻静之处。德国联邦宪法法院进而认定 原告及其孩子的照片是否能够发表还需要根据德国基本法进一步加以 考虑，并将案件的那一部分发回原审法院（重审）。事实上杂志社后 来承诺不再发表这组照片。但是德国联邦法院拒绝阻止发表其他的 在公众经常光顾的公开场合拍摄的照片的裁决内容得到了维持。尽 管申请人是摩纳哥王子的女儿，她在该领域内也不具有宪法角色， 尽管她在一些正式场合履行某种"代表性"角色，但是这些照片与 这样的场合无关。不过尽管如此，德国联邦宪法法院仍然认为：

> "一般人格权并不是要求将无需事先征得同意的发表局 限于当今社会人物执行社会职务时的照片。通常由这些人 物引起的并不是唯独与其严格意义上的职能的履行相关联。 相反，通过特定功能和影响力，扩展到有关这些人物通常 的行为方式的信息——也就是说，也扩展到他们的功能之 外——公共领域。公众具有合法利益评判有争议的、被认 为是偶像或者榜样的人物的个人行为是否令人信服地与他 们在官方的表现相符。

> "另一方面，如果公开发表被视为当代社会公众人物

的那些人的照片的权利局限于他们在官方所担当的职能，
那么，由这些人物所适当地引起的公共利益势必得不到充
分的考虑，而且考虑到这些人的角色榜样作用以及他们产生
的影响，这会进一步助长选择性的报道，那会剥夺公众对于
社会政治生活中的重要人物进行某些必要评判的可能性。"

95　　　在 1997 年与 2000 年期间的另外两起诉讼当中，阻止发布其他系
列照片的禁制令被法院驳回（其中包括一张申诉者在蒙特卡罗海滨俱
乐部被绊倒的照片），而且德国联邦宪法法院拒绝受理对案件的上诉。

96　　　欧洲人权法院一致裁定德国法院做出的判决通过给隐私保护设
置太过狭窄的限制而导致对《欧洲人权公约》第 8 条的违反。多数
意见[270]尽管令小报吃惊，但其实很简单。即使申诉者是一个"完全的
公众人物/主动的公众人物"，当他正在执行公共职能或者发布有助
于政治或公共讨论时，那些无伤大雅的、不会冒犯任何人的、拍摄
于他完全暴露于公众视野之下的照片才是合理的。

> "（该）法院……考虑到对私生活的保护和表达自由二
> 者进行权衡的决定性因素在于被发布的照片和文章对一般
> 利益的争论所做出的贡献。很清楚，在本案中由于申诉人
> 没有行使官方职能并且照片和文章仅仅与她的私生活相关，
> 所以它们对此毫无贡献。
>
> "再者，法院考虑到即使她在不能称之为僻静的处所出
> 现，也不管她为公众所熟知的事实，公众对于知晓申诉人
> 身在何处以及她一般的行为方式不具有合法的利益。
>
> "即使存在这样的一个公共利益，如同杂志在发布这些

270　（持多数意见的法官有）瑞斯、凯夫里奇、图尔门、赫蒂甘以及特拉迦法官。

照片和文章时存在商业利益一样，在本案中，依法庭之见，那些利益必须让步于申诉人有效保护其私生活的权利。[271]"

卡布拉尔·巴雷托（Cabral Barreto）法官和祖潘契奇（Zupancic）法官各自的意见都更为谨慎，但是仍然很难依据可预料的规则构造出一个框架来指引出版行为。对于前者，很明确公众有权知晓卡罗琳公主的生活，因为"名望和公共利益必然导致在对待普通人和公众人物的隐私生活时是有所不同的"；[272] 而且，他也愿意接受当申诉人是一个榜样人物时，公众有合法利益来评判是否公众人物的"隐私"行为与他们设计的形象相一致，例如在官方场合。但是他在关于个人照片问题上的结论却使人感到意外（至少对于还没有看到照片而不得不依赖报道描述的人来说是如此）。申诉人在市场上购物的照片不受到任何隐私权的保护，她的那些在蒙特卡洛海滨俱乐部被拍的照片也不在受保护范围内，那些是仅有的、被认为是让她感到尴尬的照片，而且它们是用长焦镜头拍摄的。但是，自相矛盾的是，他又认为申诉人骑马和打网球的照片受到《欧洲人权公约》第8条的保护。当祖潘契奇法官和他的同事一样"犹豫"时接受了"走上公共舞台的人不能要求自身有匿名权"的意见，但是他对于被拍照的事项是否属于涉及"对隐私的合理预期"的事项更愿意采用一个宽泛的检验（标准），尽管他并未试图将这一检验标准适用于个人照片。他们各自的意见都与大多数意见相悖，后者认为人们"需要准确知道他们在何时何地是处于被保护范围内的，或者相反，在一个什么样的范围内他们能够预料到他人尤其是小报媒体的干涉"。[273]

这不是欧洲人权法院阐述法理的文书，所以我首先关心的是在坎贝尔诉 MGN 公司案（Campbell v MGN）中为英国确立的特许是否

97

98

271　多数判决之第 76－77 段。

272　的确，他准备将这些信息视为"有利于公共争论"。

273　判决第 73 段。

能够与它相一致。当然在本地是可以的，因为国内法无疑是由英国国会上议院而不是由位于斯特拉斯堡的欧洲人权法院制定的；但重要的问题是除非普通法具有"排斥公约"的属性，否则最终一定会有所改变，来防止在国际层面上对《公约》的违反。至于坎贝尔案的核心，即新闻界有权反驳虚假的诉求并且澄清是非这一主要问题，由于（在事实方面是可以理解的）法庭对此问题未发表意见，因而对那个问题难以回答。[274] 但是，坎贝尔案中明确假定在街上展示对原告无害的照片（与她治疗毒瘾的场所无关）并不违法，分明与冯·汉诺威一案中多数人的观点不一致。除非那个案件进而被提交给大法庭审理，否则我不明白我们如何在很短的时间内避免被迫放弃适应保密法的努力并认可（通过立法或司法裁决）一项独立的隐私权。在过去的这十年里保密法已经走过了很长的路，但是某人在公开场合坐在一匹马上的照片（在英国）绝不可能被视为"私密信息"。在冯·汉诺威一案中，大多数人的意见强化了这样一个事实，即对于那些公众视线中的人们来说，狗仔队的关注会形成持续骚扰的不正之风。诚然，英国的一些案例可以列被归入非法骚扰的行为之中，[275] 但是我怀疑这是否适用于一般情形：立法是建立在关于 A 受到 B 的骚扰这样的假定之上，而不是企图把照片和故事卖给新闻界的无关人员的随意接替。当然判决直接涉及到了看得见的形象，但是很难明白为什么基本观点不适用于新闻故事，所以像 A 诉 B 公司这样的案件可以不再维持不变。这就引出了另一个非常重要的事情。主要问题被提出来，即假如在审理之前尤其是涉及新闻材料时，通过禁制令寻求事先限制，由于法庭按要求应拒绝签发禁制令，除非

---

274 参见祖潘契奇法官的意见结尾比较含糊的段落（"合理性对于被晓谕的常识来说也是一个暗示，告诉我们生活在一个玻璃房子里的人是没有权利扔石头的"）没有出现在与该问题相关的部分。

275 参见前文边码 87。

申诉人可能证明发表是不应当被允许的，那么坎贝尔案中判给的损害赔偿就是适度的，并且 1998 年人权法案第 12 条旨在给予言论自由的保护以中心地位。在实务中，如果发表是出于公共利益的情况存在争议，那么被告可以逃脱禁制令。但是如果是以冯·汉诺威一案中多数法官的处理办法为依据，那么其前景又当如何呢？

如果现在允许我表达一些个人观点的话，（我认为）这种状况让我感到有点沮丧。我不知道是否德国律师们对于这些已经找到的相当谨慎的方法而今却又将其弃之一旁是否会感到愤怒，但是我认为在冯·汉诺威一案中德国联邦宪法法院所讲的话中包含着大量的智慧：

"单纯的娱乐在意见形成上所发挥的作用同样不可否定。那或许会得出单方面的假设，认为娱乐仅仅是为了满足寻找乐趣、放松、逃避现实或者分散注意力的需要。娱乐也可以传递现实的镜像并提出供人们争论的议题，这些议题会激发讨论的进度并引起有关人生哲学、价值和行为模式的同化。就那方面而言，它实现了重要的社会功能……与保护新闻自由相比起来，娱乐在新闻界既不是微不足道的，也不是毫无价值的，因而属于基本权利的适用范围……"

"这些道理就有关人的信息而言也是也是适用的。个性化是吸引受众注意力的一个重要新闻手段。通常首先是通过个性化唤起受众对问题的兴趣，进而激发受众获知真实信息的欲望。同样，对特定事件或者情况的兴趣经常由个性化的叙述所激发。加之，社会名流承载着一定的道德价值和生活方式。很多人在选择生活方式时都是以这些名人为榜样的。在采纳还是拒绝的选择上，他们就变成了关键之点，并且充当着榜样或者反面教材。这就是被解释为发生在他们生活中的各种跌宕起伏所包含的公共利益。"

100　　　事实上，我可以进一步探讨，并且仅仅就其与"公共关注"或"争论"或这是"社会问题"之间的关联进行解构。我们所生活的时代是"社会名流们"生活在公众关注的氧气中的时代，并且他们是（套用丹尼尔·布尔斯廷的话说）"因为出名而闻名"。在他们创业的时候，这些人通常要起劲地讨好媒体并且高价雇佣技艺娴熟的公关人员帮助他们做这些事。[276] 但是迄今为止，一般的理解是，与媒体讨价还价（通过媒体渗入到公众中）相当于浮士德式的交易：如果事情弄砸了，那么就需要付出代价，因为公共利益（尽管可能够不上）并不会减少。如果你用尽办法使我对你产生好奇心，那么即使当你宁可我对你失去兴趣，恐怕你也应该接受我可能保持这份好奇心的事实。欢乐属于人类生活的一个组成部分，很多人可能会认为给好管闲事的行为一定的自由，相当于为自由大厦贡献了一小块砖。我并不是说不应该对（人格权）进行保护：针对你的具有羞辱性的照片，卧室里的秘密等等属于一回事；——你在街上的照片（或者甚至是在蒙特卡洛海滨俱乐部拍的照片）又是另一回事。此外，很多社会名流通过向媒体出售采访和拍照机会赚取了大笔钱财，[277] 对此作出决定的后果是一定程度上必须将个人信息（他们长得像谁，他们在业余时间做些什么）转变成一种财产权，因为除非经

276　卡罗琳·冯·汉诺威公主（Princess Caroline von Hannover）无疑会说她自出生起就踏入了社会名流而不是在追求进入这个圈子，但那是作为皇室成员要付出的代价。克里马尔迪（Grimaldi）家族近些年的历史从某些方面讲其实是相当悲惨的，不过在更早、更快乐的时期，我想不起来他们会躲避媒体。

277　道格拉斯诉《你好！》杂志（Douglas v Hello!）一案当然属于这一类型的案件。

过授权，否则可以阻止其发布。[278] 在这些情况下，谈论"一个人的
……心理健全"以及"原本旨在确保在没有外力干预的情况下发展
同其他人相关的每个个体的人格的公约第 8 条所提供的保障"[279] 对我
来说似乎有点脱离实际。

英国政府已经多次被要求引入隐私法，但是至今还没有鼓足勇   101
气来落实这件事。的确，通过欧洲人权公约对 1998 年人权法案产生
了一定的直接影响，恒久性地确保了隐私不会不受法律保护。现在，
我们更知道（这点）。我部分赞同"媒体自由"已经演变成某种神
话性质的观点[280]：美国法已经使公众人物因虚假言论和诽谤性言论而
要求获得救济几乎不可能的做法就是一个例子。但是，我重申，我
也不看好将法官作为高品味和高水平的文明人际行为的裁决者。[281]

---

[278] 我不认为将这种情况与被告借助名人来制造虚假声明的情况进行区分是一件难事。参
见：前文边码 61。

[279] 第 50 段。

[280] 祖潘契奇法官在冯·汉诺威一案中的观点。

[281] 同上。有可能在本文送去印刷之前添加关于冯·汉诺威一案的一个附录，法律变化很
快，现在又出现了很多更重要的关于诽谤的案例可供读者参考。这些案例中的一部分
（the "Jameel" cases）产生于 "9·11" 事件之后的财政调查报告。在贾米尔诉道琼斯
公司案（Jameel v Dow Jones & Co Inc [2005] EWCA Civ 75）这起在英国被限制公开的
案件中，案件被当作滥用诉权而被撤销，即使从技术上来讲，只需一个"被报道者"
即可：当媒体争辩说几乎没有造成损害时，人们可以想象得到媒体的部分版面频繁寻
求利用这一点。贾米尔诉《泰晤士报》（Jameel v Times Newspapers [2004] EWCA Civ
983，[2001] E. M. L. R. 31）一案考虑到了法庭在确定词语的含义方面的作用。
对雷诺兹案的有限特权形式的范围进行考量的重要案例有：Jameel v Wall Street Journal
Europe Sprl (No 2) [2005] EWCA Civ 74；Galloway v Telegraph Group Ltd. [2004]
EWHC 2786 (QB)，[2005] E. M. L. R. 7；Armstrong v Times Newspapers Ltd [2004]
EWHC 2928 (QB). 这个类型的案件表明由法官和陪审团进行审理很难应付，而且出
现了通过协议约定"只由法官"进行审理的方式日益普遍的迹象。汉密尔顿一案
（Hamilton v Clifford [2004] EWHC 1542 (QB)）考虑到了在公平评论方面"事实"和
"意见"之间所存在的区别。布坎南一案（Buchanan v Jennings [2004] UKPC 36，
[2004] 3 WLR 1163）重申议会成员在议会大厦之外重复他在议会里所说的话不享有
豁免权。

针对大众媒体侵害人格权的保护：法国

凯琳·安特里恩　奥利维尔·莫雷托

一、人格权的保护与表达自由

1　　直到 19 世纪末，法国才对个人尊严给予明确的法律保护。在那时，荣誉和名誉的保护只是适用有关财产权保护、少得可怜的刑事救济以及一些侵权法方面的规范。不久，尤其是随着新闻和摄影技术的发展，上述解决方式变得显然不再合适。1883 年，巴齐勒（Bazille）和康斯坦（Constant）在对 1881 年 7 月 29 日的新闻自由法（以下简称 1881 年法律）进行评论时，提出了人身防卫权（*droit the la defense personnelle*），¹ 一种特殊类型的权利的概念——该权利后来被称作"人格权"，其定义是："人所固有的，且每个人（内在的、不可转让的）为保护其与生俱来的利益都享有的权利。"² 假如这项新的权利类型认可一种"人格不受侵害的权利"（*droit de la personne sur elle-même*），³ 那么就是强制性地规定了一项"他人应绝对予以尊

1　C. Bazille/C. Constant, Code de la presse. Commentaire théorique et pratique de la loi du 29 juillet 1881 (1883), 138.

2　"Inhérents à la personne humaine qui appartiennent de droit à toute personne physique (innés et inaliénables) pour la protection de ses intérêts Primordiaux"; G. Cornu, Vocabulaire juridique (4th edu. 1994), in: L. Marino, Responsabilité civile activité d'information et médias (1997), 196.

3　E. Roguin, La règle de droit (1889), 252.

重的权利"（*droit de la part de tous à un respect absolu*），⁴ 它意味着媒体对他人——尤其是那些受到媒体消息影响的人——的权利负有尊重的义务。人格权的概念是纯粹学理性的。⁵ 它涵盖了那些与个人密切相连的权利，诸如私生活权利、名誉权、姓名权、肖像权乃至声音权。人格权具有多重性，从而为法院的积极保护提供余地。它们是不可分割的，只能由本人行使，或去世不久，由死者的代理人基于死者继承人（*continuateurs de la personne du défunt*）的身份行使。它们是不可剥夺的，既不可丧失，也不得抛弃。一个人屡次受到他人对其人格权的侵害却从未提起诉讼，并不因此丧失受保护的权利。至多，以往对于侵害的容忍（*tolérance passée*）可能使得法庭基于此种情形下的损害是轻微的这个理由而判决给予象征性赔偿。

法国法院逐渐确认了多种人格权，以便一旦遭遇媒体或他人侵害的情况时予以保护。然而，直到 1965 年司法机关才使用了人格权的概念。⁶ 最高法院（*Cour de Cassation*）在 1968 – 1969 年年报的一个名为"人格权法与家庭"（*Droits de la personnalité et de la famille*）篇章中将人格权奉为神圣的。⁷ 赔偿的依据是《法国民法典》第 1382 条关于侵权责任的一般原则。在对个人拥有的人格权性质没有进行界定的情况下，允许用该原则解决与姓名、肖像、隐私和名誉有关的争议。"人格权"这一术语随之出现在《1991 年 4 月第 91 – 7

2

---

4 A. Boistel, Cours de philosophie du droit (1889), 18.

5 R. Nerson, Les droits extrapatrimoniaux, doctoral thesis, Lyon, 1939; A. Decocq, Essai d'une théorie générale des droits sur la personne, doctoral thesis, Paris, 1959; R. Lindon, Dictionnaire juridique des droits de la personnalité (1983); P. Kayser, "Les droits de la personnalité, aspects théoriques et pratiques", [1971] Revue trimestrielle de droit civil, 445.

6 Cour d'appel (CA) Paris, 13 March 1965, [1965] Juris-classeur périodique (JCP), II, 14223; CA Paris 8 March 1966, [1967] JCP, II, 14934, comment (cmt.) Neveu; CA Paris, 27 February 1967, [1967] Dalloz (D.), 450, cmt. Foulon-Piganiol; CA Paris, 27 April 1971, [1971] JCP, II, 16804.

7 Rapport annuel de la Cour de Cassation (1968 – 1969), 14.

号法案》[8]和《1992 年 7 月 22 日第 92 - 683 号法案》中，《新刑法典》第四章也专章规定了"侵害人格权的犯罪"。尽管不如判例法规则所确立的肖像和声音受尊重权那么明确，一些人格权已在立法上得到了认可，譬如根据《1970 年 7 月 17 日第 70 - 64 号法案》而分别被纳入《民法典》第 9 条以及《刑法典》（旧刑法典）第 368 条的私生活受尊重权。根据《1993 年 1 月 4 日第 93 - 2 号法案》以及《2000 年 6 月 15 日第 2000 - 516 号民法修正案》，无罪推定作为一项权利被纳入《民法典》第 9 - 1 条。此外，根据《1994 年 7 月 29 日第 94 - 653 号法案》，《民法典》第 16 条也规定了应尊重人的身体和尊严。然而，在法国立法中最早提到人格权的当属 1881 年《新闻自由法》，该法通过对诽谤的规定对名誉权给予保护。最近的一个重要进展是人格权的宪法价值得到宪法委员会即法国宪法法院的认可。[9]现在人们认为人格权由 1789 年《个人权利与公民权利宣言》（以下简称《人权宣言》）第 2 条和第 4 条确立，而该宣言被视为《法国宪法》的组成部分。[10]

3 表达自由受到《欧洲人权公约》第 10 条以及《人权宣言》第 11 条的尊奉，后者与《宪法》一道构成法国宪法性文件的最为基本的部分。《人权宣言》第 11 条规定："思想与意见的自由交流是人类最为宝贵的权利，因而每个公民都享有说话、写作和印刷的自由，但对依法认定为滥用自由的情形所进行的答辩除外。"[11]此处所确立

---

8 Art. 4: "Ne peut être adopté comme marque un signe portant atteinte à des droits antérieurs, et notamment: […] (g) au droit de la personnalité d'un tiers, notamment à son nom patronymique, à son pseudonyme ou à son image […]".

9 Conseil Constitutionnel, 23 July 1999, [2000] D., sommaire (somm.), 265, cmt. L. Marino. "La liberté proclamée par l'art. 2 DDHC implique le respect de la vie privée."

10 J. -P. Ancel, Actes du Colloque "Libre justice", La protection de la personne face aux médias, [1994] Gazette du Palais (GP), doctrine (doctr.), 988.

11 Art. 11 DDHC 1789: "La libre communication des pensées et des opinions est un des droits les plus précieux de l'homme; tout citoyen peut donc parler, écrire et imprimer librement, sauf à répondre de l'abus de cette liberté dans les cas déterminés par la loi."

的表达自由的原则此后数次得到议会和法院的反复确认与细化，还有一项立法，即 1881 年《新闻自由法》，其始终是保障表达自由的关键性法律文件。本文在对与新闻自由有关的适用规则进行界定时，对《人权宣言》第 11 条的框架进行了重新建构，即一项附有除外条款的自由原则，它全方位地反映了表达自由的法国式含义。表达自由并非毫无限制的绝对自由，这是根本性的一点。

有限的表达自由的思想主要是建立在平等原则的基础之上的，该原则包含于法兰西共和国一句格言"自由、平等、博爱"之中，根据《人权宣言》第 4 条的规定，"自由意味着可以做无害于他人的任何事情"，它同时还暗含着尊重他人的自由和权利，譬如尊重人格权。因此，法国立法者和法官一直重视表达自由的基本民主价值[12]以及对其加以保护的必要性，[13] 但他们也始终注意着滥用表达自由对他人造成损害的可能性。表达自由需要与其他的自由和权利相协调。故而，在就 1789 年《人权宣言》进行讨论时，为了防止和遏制表达自由的滥用，所提交的权利法案的大多数建议都规定了表达自由的例外。

结果，1881 年《新闻自由法》在第 1 条确认了新闻自由的原则，[14] 随后在第四编规定了"新闻或其他传播手段的犯罪行为"。虽然乍看起来法律文本就刑事犯罪的定性可能显得对表达自由构成威

4

5

12　R. Cabrillac/M. A. Frison-Roche/T. Revet，Libertés et Droits Fondamentaux（9th edn. 2003），340. 宪法委员会表示关切：当媒体的活动被以这样那样的方式禁止时，一般来说自由就面临着危险。因此，为了保护表达自由，宪法委员会将第 11 条的保护扩大到一切形式的表达和媒介。

13　在 1984 年 10 月第 10 号、第 11 号判决中，宪法委员会对表达自由的宪法价值给予高度重视，重申由于表达自由的存在是其他相关权利和自由以及国家主权的必要保证，所以它是（较之其他自由）更加珍贵的基本自由。见"宪法委员会重大判决汇编"第 589 页。

14　1881 年 7 月 29 日法律第 1 条："L'imprimerie et la librairie sont libres."；Act of 29 July 1982，art. 1："La communication audiovisuelle est libre."．

胁，不过它通过禁止预先禁止令（阻止发表，迄今为止最严重的对传播的限制）和严格限定犯罪行为（如诽谤）的过错类型构建了一项保护自由的制度。[15] 因此，1984 年 10 月 10 日和 11 日，宪法委员会在其著名的判决中否定了为保证媒体多元论和透明度而设置独立行政部门，因为该部门的设置相当于某种形式的预先禁止令，这与《人权宣言》第 11 条是相冲突的。[16] 宪法委员会还通过限制最小原则和比例原则控制着立法上的限制。

6   从"国家限制到国家保护"。[17]在 1789 年之前，国家有关部门无疑代表着对表达自由的主要威胁。为了保护公共利益，表达自由受到限制；而公民的私人利益，譬如名誉，在法律上没有得到重视。1881 年法案的创新之处在于针对新闻造成的侵害，对私人利益提供保护。因此，1881 年法案第 29 条所确立的诽谤规则成了针对媒体侵害保护人格权的第一步。然而，即便将私人利益纳入了考虑的范围，与公共利益相比，它们所得到的保护仍然是远远不够的。的确，在关乎国家安全、公共秩序、公共卫生、公共安全或道德利益时对表达自由施加某种形式的限制被广泛接受（有多部法律规制涉及种族

---

15   Cour de Cassation, 20 February 2001, [2001], D. , 3001, cmt. P. Wachsmann. Art. 55 of the Constitution prescribes the predominance of international treaties on domestic law, therefore judicial decisions must comply with the provisions of the European Convention of Human Rights (ECHR). Some national restraints to freedom of expression constitute violations of art. 10 ECHR. Cour de cassation, chambre criminelle (Crim.) 16 January 2001, [2001] D. , 1067, cmt. J. -F. Renucci.

16   Prior authorisation does exist for television for purely administrative and technical reasons, but does not constitute a violation of freedom of expression.

17   Time after time, public authority then became a guarantor of freedom of the press, where the media's activities appeared to run counter to democratic values, but regulatory intervention has been limited essentially to structural and economic matters rather than to the control of the content. Thus, the Conseil Constitutionnel, in its decision of 29 July 1986, passed anti-concentration laws, in order to protect press independence, pluralism, transparency and freedom of commerce and industry. The Act of 1 August 2000, which created the France Television Company, is therefore peculiar because it promotes media concentration.

和宗教仇恨的言论，为青少年提供保护，[18]处理外国出版物[19]和电影[20]），而在关乎个人名誉、私生活或者肖像时对表达自由进行限制却并非总能得到法律支持。

从表达自由到知情权。1789 年宣言并未使用"表达自由"这个　7
术语，而是使用"思想和意见的自由交流"这一措辞。这是一个更为宽泛的概念。《人权宣言》第 11 条所确认的交流的自由涵盖了发布信息与接受信息的权利。因而，1789 年宣言确实确认了新闻自由，但它同时也保障读者[21]或公众接受消息的权利（知情权）。新闻界具有告知的职责，这意味着，假如媒体未能履行其义务，例如发布虚假消息，那么媒体就应承担责任。

因此，表达自由与人格权的确同样地具有根本性。两者均被　8
1789 年宣言奉为神圣，从而两者互相制约。例如，当披露某信息具有合法的公共利益时，[22]对人格权的保护有时可加以限制。

二、针对大众媒体侵害人格权保护的范围

即使 1881 年法案至今仍保持新闻自由的奠基石地位，它还是对　9
财经利益集团和技术利益集团之间的联姻以及大型商业团体的发展缺乏预见。新闻企业当下乃是公司巨人和经济帝国，营利置于优先考虑，而消息是它的产品。如此海量的消息发布和媒体商业活动，

18　Act of 16 July 1949, art. 14. ; Decree of 12 July 2001, re-establishing the prohibition of movies for minor under 18.

19　1939 年 5 月 6 日的法令。

20　Ordinance of 13 October 1945, art. 13 on entertainment. Act of 18 March 1999 suppressed the prior authorisation; Act of 30 December 1975, art. 11 and 12 on classification of X film.

21　宪法委员会 1984 年 10 月第 10 号、第 11 号判决，见"宪法委员会重大判决汇编"第 589 页。

22　Tribunal de grande instance (TGI) Paris, 4 February 1988, [1988] JCP, II, 21107, cmt. Agostini.

比如娱乐和煽情，使个人面临着极大的被操纵和被压迫的危险。[23] 法官是保护个人免遭强有力的媒体侵扰的唯一屏障。[24]

10   1881 年法案本来是针对新闻自由的唯一的刑事立法，以便界定[25]和阐明对于新闻自由的限制。目前，《刑法典》所包含的犯罪行为以及侵权法的新案例对其进行了增补，这就使得该领域的法律比以往更加复杂。今天，表达自由不再是一个问题，它是一项业已确立下来的权利。由于媒体全球化的威胁，当下个人自由、身份和尊严[26]的保护被置于优先考虑。[27] 由此，法国法给人格权提供广泛保护的事实毋庸置疑。针对大众媒体侵害人格权保护的范围在法国民法和刑法中都作了界定。首先，《法国民法典》尽管没有直接规定对人格权的侵害，但是就私生活、人身以及无罪推定等方面规定了特别保护。法院在处理隐私保护方面对《民法典》第 9 条的范围进行了扩展，以便保护肖像、姓名和声音以及其他具有个人识别性的要素。其次，《新刑法典》又设专章"针对人格的犯罪行为"加以保护。下列侵害隐私权的行为是不折不扣的犯罪行为：未经许可在私人场所拍摄他人肖像；恶意告发；破解私人秘密（职业秘密和通信秘

---

23   D. Becourt，La personne face aux médias，［1994］GP，doctr.，982.

24   J. -P. Ancel：前面脚注 10，第 989 页。

25   "1881 年法案"第 65 条规定了为期三个月的时效期限，从法国法上来看显得格外地短。而且，刑事诉讼只能经由被害人起诉而发动。

26   L. Bérard，Du caractère personnel de certains droits et notamment du droit d'auteur dans les régimes de communauté（1902），182. "Des droits qui ont pour fonction immédiate et spe- cial de garantir la liberté et la dignité de la personne.［…］Nous les appellerons，d'une de- nomination absente de nos Codes et qu'il faudrait inscrire，les droits de la personnalité." Art. 16. Code Civil（CC）"Legislation ensures the primacy of the person，prohibits any in- fringement of the latter's dignity and safeguards the respect of the human being from the outset of life." Art. 16 – 1 CC，"Everyone has the right to respect for his body. The human body is inviolable. The human body，its elements and its products may not form the subject of a patri- monial right."

27   M. Domingo，Atteintes à la réputation：la protection judiciaire pénale，［1994］GP，doctr.，1002.

密）。另外还规定了其他犯罪行为从而保护人们免受计算机文件或程序、遗传特征或基因标记识别的不当使用的侵害。就媒体侵害而言，这些犯罪行为仅有极少数具有讨论的必要。

三、侵权责任

当媒体侵害名誉、私生活、身份、个人尊严或者无罪推定的权 11
利的时候，根据侵权法媒体一般须承担侵害人格权的责任。根据具
体情况，此种责任可能是严格责任，也可能是过错责任；可能是民
事责任，也可能是刑事责任。

（一）记者的民事责任

由判例法发展而来的责任标准决定了特殊的记者责任。[28] 他们负 12
有谨慎与客观的一般义务。尽管对于消息记者须尽快予以公布，但
他们必须谨慎地先要核实消息的真实性。这包含着核实真相的义务，
以及从内容与形式两方面以诚实之心进行报道。[29] 客观性并不排除批
评的权利，[30] 批评是不怀恶意的意见表达。在不至于与事实相混淆的
情况下，不排除漫画、幽默或者讽刺。[31] 此外，根据一般侵权法规则
和特殊的刑法规则，都可以追究记者的责任。

---

28 Tribunal civil Seine, 19 June 1963, ［1963］JCP, II, No. 13379; Cour de cassation, Assemblée plénière, 25 February 2000, ［April 2000］Légipresse, No. 170, III, 45, cmt. B. Ader. False news is also a criminal offence described in art. 27 of the 1881 Act. When the facts are not covered by art. 27, liability is based on art. 1382 CC; TGI Paris, 17 September 1984, ［1985］D., IR, 16, cmt. R Lindon; TGI Paris, 8 October 1985, ［1986］D., IR, 190, cmt. R. Lindon; Civ. 2nd, 2 April 1996, Juris-Data, No. 001357.

29 TGI Paris, 19 May 2000, ［December 2000］, Légipresse, No. 177, I, 148; TGI Paris, 19 September 2000, ［December 2000］, Légipresse, No. 177, I, 149; Paris 4 October 2000, ［December 2000］, Légipresse, No. 177, I, 149.

30 TGI Paris, 4 July 1985, ［1986］D., 5, cmt. E. Agostini; Civ. 2nd, 22 June 1994, Juris-Data, No. 001392.

31 Cour de cassation, Assemblée plénière, 12 July 2000, ［2000］D., IR, 219.

13　　　诽谤规则由 1881 年《新闻自由法》第 29 条加以确立，该法首次从刑法的层面对人格权给予保护。的确，在法国法上，诽谤系犯罪行为。同一切刑事犯罪的受害人一样，诽谤的受害人可以提起刑事诉讼，并且可以向刑事法庭引入民事诉讼要求被告赔偿损失。刑事法庭一旦基于"公诉"（通常由检察官提起）发现被告有罪，就会对被害人提起的民事损害赔偿之诉作出裁决。然而，在诽谤案件中，被害人同时提起刑事和民事诉讼，检察官不予介入。诽谤的成立需满足四个要求：（1）存在武断或诋毁行为；（2）该行为违背事实；（3）损害名誉；（4）针对特定的人或指涉之人。在事实的真实性得到论证的情况下，可以免责，但该事实涉及隐私和无罪推定权的除外。时效期间格外短暂（民事诉讼和刑事诉讼均为三个月），这一事实表明 1881 年法案是照顾媒体的。侵害人格权的犯罪行为的法律规定还有待补充。

14　　　个人自由、隐私保护的宪法依据：像新闻自由一样，隐私权在法国宪法中并没有明确的规定。然而，根据宪法委员会的裁决，[32] 它们隐含在宪法文本之中，因为二者都源于个人自由——它构成法国民主制度的基石。自由的个人主义观念系法国传统。它已为 1789 年人权（包括作为自然人的个人权利和作为公民的公民权利）宣言所明确规定。社会因个体而存在，并以个体为目的。有自由的个体，才有自由的国家。[33] 1789 年宣言所列举的权利和自由构成官方对属于个体的自治范围、自决权的认可。[34]《人权宣言》第 4 条规定："自由意味着在不损害他人的前提下有做任何事情的权利；因而每个人自然权利的行使除了为保障社会其他成员享有同样的权利之外，不

32　Conseil Constitutionnel, Decision 94 – 352, 18 January 1995.

33　J. Gicquel, Droit constitutionnel et institutions politiques (11th edn. 1991), 88.

34　J. Rivero, in: J. Gicquel, Droit constitutionnel et institutions politiques (11th edn. 1991), 89.

受限制；这些限制只能由法律加以规定。"由此，使得隐私权、人身
自由，简言之，即个体的人格权利受到尊奉。

隐私保护的性质。数十年来，私生活只在诽谤侵害这一情况下　15
才受到保护。如在缺乏恶意的情况下，在媒体通常出于经济利益的
考虑披露与私生活有关的事实的场合等，隐私是不受保护的。法国
法院开始放开保护的范围，根据加害人侵害隐私权时的过错或过失
(《民法典》第 1382 条)，受理普通侵权诉讼。正如某本书 (为数不
多的著作之一) 以英文论述这一领域法律的发展状况所说，[35]"此处
的过错的概念对被告而言通常 (尽管并非总是) 似乎具有否定原告
的权利的含义。"为了提供全面的更广泛的保护，隐私权非常特殊的
性质应该加以确认。因此，它被描述为一项人格权，如上述边码 1
部分的阐释。私生活的保护在判例法中很好地得到了确立，而 1970
年第 17 号法案给予了立法层面的承认，从而提升了保护的水准。

新闻侵害隐私权的民事责任：过错责任与严格责任。1970 年 7　16
月 17 号法案[36]引入了一个新的条款，该条款被增列到《民法典》第
9 条当中。该规定为："每个人都享有私生活受尊重的权利。在对于
所遭受的损害给予公平补偿的同时，法庭可以采取诸如查封、扣押
或者其他适当措施以预防或者制止对个人隐私的侵害。紧急情况下，
这些措施可以临时命令加以运用。"因为对隐私的侵害通常导致难以
估算的非金钱损害，所以与一般侵权规则相比，《民法典》第 9 条针
对损害的预防确立了一项对原告方更为有利的具体制度。《民法典》
第 9 条给予损害赔偿请求充分的支持，此项请求不再需要依据《民
法典》第 1382 条的一般条款。尽管这没有做任何改动，正如 1970
年法案之前，单纯对私生活的侵害本身就构成过错，并产生一项救
济权，但这样更加接近于严格责任，而不是过错责任。损害是推定

35　J. Bell/S. Boyron/S. Whittaker, Principles of French Law (1998), 367.
36　Act of 17 July 1970 No. 70 – 643.

的，原告只需证明其私生活被侵入即可。需要注意的是，立法并未
给私人生活与公共生活划定一条界线，这部分法依旧保留着法官创
制的属性。[37]根据判例法，私生活的范围可以十分宽泛，包括个人和
性方面的关系、家庭、健康、出身、宗教习惯，甚至家庭住址，如
果某个名人坚持保守秘密的话。公众人物与普通市民一样受保护：
"如同每个人一样，艺术家享有私生活受尊重的权利"，这方面有一
个裁决被反复引用：针对某杂志披露其怀孕的消息，女演员伊莎贝
尔·阿贾尼（Isabelle Adjani）起诉并获得了赔偿。[38]

17　　　对私人事务的公开是可以提起诉讼的。[39]非法获取和持有个人私
生活信息，即便并未发表，也应依法承担责任。[40]报刊新闻、电视或
广播报道、电影、讽刺[41]或批评[42]文章都可导致对隐私的侵犯。披露
的事实为公众所知的，[43]或者是原告授权或默认在先发表的，[44]侵权同
样是可诉的。的确，正如上述边码 1 部分所阐释的那样，人格权的
保护不得放弃。[45]然而，在估算损失时，原告的行为依然要考虑进来。
新闻界依然可以合法地报道与当下公共事件密切相连的私人事件。
合法的公共信息优先。[46]隐私权是否构成言论自由的一个合法的例外
至今仍是个问题。隐私权，连同他人肖像的受尊重权，的确构成对

37　See J. Bell/S. Boyron/S. Whittaker（supra fn. 35）.

38　Cour de Cassation，5 January 1983［1983］Bull. Civ. II，no. 4.

39　时效期间为 10 年，自损害发生时起算。

40　CA Paris，5 June 1979，［1980］JCP，II，19343.

41　TGI Paris，22 November 1984，［1985］D.，somm.，164.

42　TGI Paris，28 January 1982，［1985］D.，somm.，165.

43　TGI Paris，16 February 1974，［1976］JCP.，Ed. G.，II，18341. Versailles，10 February 2000，［2000］D.，IR，102. 还必须注意的是，在司法程序中或在检举犯罪时，被披露的信息此后不再受一项被遗忘的权利保护，这项权利将阻止当事人进一步惹人注目。Civ. 1[re]，20 November 1990，［1992］JCP，II，21908，cmt. Ravanas；Paris，13 September 2000，［2001］D.，24，cmt. Rassat and Caron.

44　Versailles，16 December 1999，［2000］D.，IR，40.

45　Paris，1[re] ch. A，4 May 1993，Juris-Data，No. 022893.

46　CA Versailles，9 mars 2000，［2000］D.，IR.，132.

言论自由的最重要的法定限制。

　　新闻侵害隐私权的刑事责任：万一发生对私生活的严重侵害，　　18
刑法将提供保护。1970 年确立并经由 1994 年修订的一些罪行被严格
加以限定，以便保持表达自由。《新刑法典》第 226 - 4 条规定："采
用欺诈、恐吓、暴力行为、强迫等方式侵入或非法占有他人的住所
的，除法律准许的情形之外，应判处一年的监禁并处以一万五千欧
元的罚金。"《新刑法典》第 226 - 1 条同时禁止："对他人私生活的
故意侵犯：（1）未经他人同意，窃听、录音、传播秘密或私人场合
的谈话；（2）为取得相关人员的同意，在私人场所拍照、录制或传
播他人的肖像。"故而，当录制或照相发生在私人场所或私人情境
时，未经当事人同意，禁止录制他人谈话和肖像。散播的信息必须
与私生活有关，这就为保护的范围设定了一个界限，并且保护了新
闻自由。从这个角度来看，应当注意欧洲委员会只推荐了对人格权
给予有效的民法保护。结果，最高法院宣布这些关于侵犯人格权的
罪行的规定（《新刑法典》第 226 - 1 条及以下）与《欧洲人权公
约》第 10 条是一致的。

　　法国民法和刑法对包括肖像、声音和姓名在内的个人的身份要　　19
素均给予保护。刑法特别保护个人的形象免遭歪曲。由此，新刑法
第 226 - 2 条规定"保存通过第 226 - 1 条所指行为得到的集体录音、
录像或资料，将其透露给公众或示之第三人，或者指使他人将其透
露给公众或示之第三人，或者以任何方式使用此种资料的，处相同
之刑罚。"第 226 - 8 条还禁止对使用歪曲个人方式的谈话或形象进
行误导性的发表。这种犯罪行为的设定旨在限制图片和文本的组合
（剪接），这对杂志来说是一种十分诱人的技术。该条规定[47]："未经
本人同意，采用任何途径，将用某人的谈话或形象制作的剪接予以

47　2000 年 9 月 19 日《条例》第 2000 - 916 号，第 3 条。

公开，如其显然不像是一种剪接，或者并未明文揭示其属于一种剪接的，处一年监禁并科以 15000 欧元罚金。如前款所指轻罪是经文字或视听新闻途径实行，关于确定有责任人员，适用有关法律之特别规定。"同意是就剪接制作而言的，而不是对发表的要求。接受剪接就意味着同意其传播。[48] 剪接的存在具有隐蔽性，以至于看起来像是真实展示。凡是剪接手法显而易见，或者已注明系剪接的场合，就不认为是犯罪。必须强调的是：新刑法第 226 - 1 条和第 226 - 2 条所确定的犯罪行为是相互独立的。举例来说，尽管犯罪发生在国外，在法国境内依旧可以追诉发表行为。即便新刑法典第 226 - 1 条未予规定制裁，发表行为仍然可被判定为有罪。新刑法典第 226 - 31 条还规定了附加刑，如从业禁止，这在 1881 年法案第 131 - 27 中是被排除的。然而，这个条款极少执行。

20　　对个人身份的尊重包括保护肖像和声音。这些乃是受侵权法保护的人格权。[49] 在 1858 年的雷切尔（Rachel）案中，这名女演员躺着死在床上的画像被发表，法院认定个人享有拒绝发表其肖像的绝对权利。该判决未提及《民法典》第 1382 条，该条是规定因过错致人损害的应负赔偿责任的一般条款。[50] 当下，个人就其肖像所享有的权利被人为地附着于隐私权，但是它不属于隐私。诚然，《民法典》第 9 条仅仅指的是隐私，而不是肖像。然而，肖像权据称系规定一项拒绝复制[51]和发表本人肖像的权利，而非仅仅为了阻止未经他人同意拍摄其照片。[52] 证明已事先征得当事人同意乃是发表者的义务。肖

48　新刑法第 226 - 6 规定："第 226 - 1 和 226 - 2 所规定的情形，刑事诉讼程序仅依受害人、受害人的合法代理人或者权利的合法继承人的请求而启动。"

49　Paris, 14 June 1983, ［1984］D., 75, cmt. R. Lindon；Paris, 10 September 1996, ［1998］D., somm., 87, cmt. Bigot.

50　Trib. de la Seine - référés - 16 June 1858, ［1858］D., 3, 62.

51　T. pol. Paris, 25 May 1984, ［1985］JCP, II, 20531, cmt. Taquet.

52　Civ, 1re, 13 January 1998, ［1998］JCP, II, 10082, cmt. Loiseau；CA Versailles, 4 November 1999, ［2000］D., 347, cmt. Ravanas.

像未必要求跟本人一模一样，只要能够被识别即可。⁵³ 然而，当照片拍摄于公共场所时，肖像的保护便受到限制，至少对知名人士而言是如此：信息自由似乎占据上风。诚然，公众人物不能对在他们进行公务活动中于公共场所拍摄的他们本人的肖像享有权利提出反对意见。

这里必须提到几项特殊的规则。2000 年 6 月 15 日的一项法案作出规定以强化无罪推定，禁止未经授权给戴着手铐的人和某些受害人拍摄照片。将死者肖像予以公开发表必须取得家属的授权。⁵⁴ 跟隐私权一样，肖像权作为新闻自由的一个障碍而出现。它时常与获得信息的法定权利发生冲突。根据媒体的说法，这项人格权正对新闻报道构成难以忍受的限制。最高法院认为，传播自由包括对公共事件中涉及的相关人员的肖像加以公开出版的权利，只要不侵害其人格尊严即可。⁵⁵ 根据 1986 年 9 月 30 日法案第 1 条对于视听传播的规定，"传播自由的行使仅仅出于尊重人格尊严的要求时始得予以限制"。⁵⁶ 法院据此认定，获得信息的公法权利授权新闻界无需征得同意即可出版现时公共事件所涉人员⁵⁷的照片。这就意味着，在现时公共事件之外的场合，⁵⁸始终须经原告同意。⁵⁹

21

---

53 TGI Nancy, 15 October 1976, [1977] JCP, Ed. G., II, 18526; TGI Paris 17 September 1984, [1985] D., IR, 16; TGI Versailles, 31 January 1991, [1992] GP., 2, 14/08; TGI Paris, 17 October 1984, [1985] D., IR, 324; Paris, 6 June 1984, [1985] D., IR, 18; Versailles, 27 January 2000, [2000] D., IR, 146; Civ. 1re, 25 January 2000, Bull. civ. I, n° 27; TGI Nanterre, 25 April 2000; Civ. 13 January 1998, Légipresse, n° 152, III, 77.

54 TGI Paris, 11 January 1977, [1977] D., 83; TGI Aix en Provence, 24 November 1988, [1989] JCP, Ed. G., II, 21329.

55 Civ. 1re, 20 February 2001, [2001] D., 1199 – 1990, cmt. Gridel and A. Lepage; Civ, 1re, 12 July 2001, [2002] D., 1380, cmt. C. Bigot.

56 "L'exercice de cette liberté ne peut être limité que dans la mesure requise par le respect de la dignité humaine.", J-P. Ancel (supra fn. 10), 993.

57 Paris, 16 March 1999, Juris-Data, n° 023448.

58 CA Versailles, 9 mars 2000, [2000] D., IR, 132.

59 TGI Paris, 17 February 1999, Juris-Data, n° 040877.

22   肖像、声音和姓名权。过错责任。因为当下有了数项具体的法律文件保护人格权，故而一般侵权法规范，如《民法典》第1382条关于"任何行为，给他人造成损害的，行为人负有因其过错予以赔偿之义务"这样的一般条款时下已经很少适用了。[60]然而，它们依旧是可适用的。[61]这就导致规范之间的冲突。诚然，《欧洲人权公约》第10条要求对表达自由的限制必须由法律加以规定，它意味着限制应当是明确的。《民法典》第1382条的一般条款同《欧洲人权公约》可以兼容吗？最高法院最近[62]给予了积极的回应，裁定《民法典》第1382条依旧对人格权提供保护，但仅限于具体法律规定缺位的情形。[63]它针对下列情形提供保护：个人名誉遭受贬低性评判、诋毁，[64]虚假的声明，以及未经有关当事人同意而发表真实的声明和他人的肖像。事实上，在这些案件中基于《民法典》第1382条而提起的诉讼乃是原告获得补偿的唯一途径。因"过失诋毁"而提起的民事诉讼，又称"民事诽谤"，在不具备诽谤要件的情况下，亦可获得法庭支持：譬如，如果公开声明中未涉及具体事实，则依然构成民事过错。[65]未经同意复制或者传播他人的肖像或声音同样构成民事过错。

23   个人肖像受尊重的权利最初是基于财产权[66]（《民法典》第544

---

60 A. Lacabarats, La protection judiciaire des atteintes à la réputation: la voie civile, [1994] GP, doctr., 1005.

61 Cour de cassation, Assemblée plénière, 12 July 2000, [2000] D., information rapide (IR), 218. "Les abus de la liberté d'expression prévus et réprimés par la loi du 29 Juillet 1881 ne peuvent pas être réparés sur le fondement de l'art. 1382 CC."

62 A. Lacabarats (supra fn. 60), 1004.

63 Civ. 1ʳᵉ, 5 November 1996, [1997] D., 403, cmt. Laulom; Civ. 1ʳᵉ, 6 October 1998, [1999] D., somm., 376, cmt. Lemouland.

64 TGI Paris, 4 April 1990, [1991] Maxwell, GP, 1, somm., 52.

65 TGI Paris, 4 April 1990, [1991] GP, somm., 52; TGI Nanterre, 21 July 1993, [1995] D., somm., 269, cmt. T. Massis.

66 TGI Lyon, 8 July 1887, [1887] Dalloz Périodique (DP) 2.180; Tribunal Civil de la Seine, (Trib. civ.) 10 February 1905, [1905] DP., 2, 389; Trib. civ. Seine, 26 February 1963, [1963] GP, 2, 53.

条）。现在是基于人格权，尤其是私生活受尊重权。对肖像的侵害在
某种意义上的确构成对隐私和名誉的侵害，但是在不构成侵害隐私
的场合，[67]肖像权遂受《民法典》第 1382 条保护。未经本人授权将
其肖像公之于众，表明存在过错。[68]凡未经同意整理并出版公布他人
肖像或声音依惯例是受到禁止的。

声音受尊重权。[69]在可能对自己不利的情况下，每个人都有权拒 24
绝他人录制或者模仿其声音。未经授权的录音本身并不构成侵权的
证明。若复制系用于谋取商业利润，如广告，肖像和声音受尊重的
权利愈益给予重视。

姓名受尊重的权利。有两个诉因可用于姓名权的保护。首先， 25
如遇侵占姓名的场合，可对不当使用的第三人提起诉讼。原告无须
证明所受损失。其次，将他人姓名用于作品中的人物，有引起混淆
的危险，如若给他人造成损失，可针对出版物的作者提起诉讼。此
诉讼以《民法典》第 1382 条为依据，且原告必须证明损失的存在。

无罪推定：法国议会先后于 1993 年和 2000 年向《民法典》引 26
入了"尊重无罪推定的权利"，这严重地限制了新闻自由。[70]第 9 - 1
条规定："任何人都享有无罪推定的权利"。[71]在判决之前，一个人经
询问或初步调查被公然地显示出有罪，则法院甚至可以依临时命令
并且遵循有利于损害赔偿的原则，裁定采取任何措施，如纠正的介
入或者发行布告，以便阻止对无罪推定的权利的侵害，费用由对侵

---

67 TGI Grasse, 27 February 1971, [1971] JCP, II, n° 16734, cmt. R. Lindon and Civ. 1[re], 8 January 1980, [1980] Bulletin Civil (Bull. civ.) n° 18, 15. When the information was obtained through subterfuge, long surveillance, telephone harassment, misrepresentation.

68 TGI Seine, 24 November 1965, [1966] JCP, II, n° 14521, cmt. R. Lindon; TGI Paris, 16 April 1996, Juris-Data, n° 022230.

69 TGI Paris, 3 December 1975, [1977] D., 211.

70 Civ. 2e, 21 June 2001; pourvoi n° 99 - 18.536.

71 Act of 4 January 1993, n° 93 - 2.

权负有责任的自然人或法人负担。"[72] 这个条款重申了《欧洲人权公约》第 6 条所规定的原则，是人格权保护的关键要素。在司法程序悬而未决的情况下，它给个人的名誉和荣誉提供保护。此处对无罪推定的保护有别于人们在 1881 年法案中看到的条款，[73] 举例来说它意味着在诽谤案件中有效的真实性抗辩被排斥于《民法典》第 9 - 1 条之外。尽管还没有诉讼使用过诽谤规则，其依然是可适用的。

（二）编辑的责任

27　　替代责任：关于媒体侵权案件的替代责任的规定有很多，有民事规范，有刑事规范；有一般规范，有特殊规范。一方面，《民法典》第 1384 条规定了雇主对雇员造成的损失承担责任的一般原则。"任何人不仅仅要对由其自身行为所导致的损害承担责任，而且要对他所应负责的人的行为以及他所监管之下的物件所造成的损害承担责任。主人或雇主对仆人或雇员因履行职责造成的损失承担责任。"另一方面，《新刑法典》和 1881 年法案第 42 条[74]规定了一个特殊的责任链。依据《新刑法典》第 226 - 2 条和第 226 - 8 条，"如通过出版物或广播实施的上述非重刑罪，则规制这些事项的具体法律规范可用以界定责任人。"这个责任链的设计旨在便于指定责任人，并促进媒体从业者谨慎从事。1881 年法案第 6 条和第 42 条规定出版者[75]应对出版物负责，他们对出版负有某种"监督与管控义务"。[76] 他们乃是主要的犯事者。记者被视为是共犯，出版者、销售者、发行者以及广告张贴者也可能被判承担责任。

（三）出版者的责任

28　　不仅限于自然人，法人也可被判定有罪。《新刑法典》第 226 -

72　Act of 15 June 2000, n° 2000 - 516.

73　诉讼时效期间仍然是同样的 3 个月。

74　Act of 29 July 1982. At. 93 - 3，基于视听的交流。

75　Ordinance of 26 August 1944 and Act of 1 August 1986, the editor has got now an economical and legal liability.

76　Cour de cassation, Chambre criminelle, 13 November 2001, ［2002］Légipresse, n° 190, III, cmt. B. Ader.

7 条规定："根据第 121 - 2 条所设定的条件，法人如有本节所界定的犯罪行为时可能会招来刑事责任。适用于法人的刑罚如下：1. 根据第 131 - 38 条所设定的条件处以罚金；2. 签发一项永久性或者最长可达五年的禁令，直接或间接地剥夺与其实施犯罪行为相同的社会或职业活动；3. 按照第 131 - 35 条规定，将决定予以公示和宣传仅能够认为是共同犯罪。"还应予注意的是《新刑法典》第 226 - 5 条规定："企图实施本节所列犯罪行为的，给予类似的惩处。"而 1881 年法案将其排除在外。不过，该款极少适用。事实上，出版者极少被判有罪，或即便在对其作出有罪判决时课刑亦颇为宽大。[77]

（四）其他人的赔偿责任

假如对原告是否同意未予核实，则向媒体提供消息或肖像的通讯社也可能被判承担责任。[78] 记者和网站经营者[79]同样会牵涉其中。还须注意的是指派他人对第三人进行暗中侦察、监视或者跟踪的，也构成犯罪。[80]

29

四、救济

正如我们前面所见，法国法针对侵害人格权的行为提供了民事上的以及刑事上的多种应对。同时还考虑到对原告所遭受损失的不同类型，给予法官机会选择何者是最适当的救济，补偿和/或禁令。法国法也考虑到针对原告所遭受的损失的不同形态。必须强调的是，

30

77　这些刑法规范对于媒体特别有利。在重复违法的情况下并没有加重处罚，（有三个例外）并只有一个很短的时效期。它规定了 3 个月的时效期间并且不允许重新起算。

78　Civ. 1re, 15 December 1981, [1983] JCP, II, 20023；Civ. 11 March 1997, Légipresse, n° 143, III 99；CA Paris, 21 October 1991, Juris-Data, n° 024135；CA Paris, 28 June 1993, Juris-Data, n° 050649.

79　CA Paris, 10 February 1999, [1999] D., 389, cmt. Mallet-Poujol.

80　Civ. 1re, 25 January 2000, [2000] D., somm., 267, cmt. A. Lepage.

《民法典》第 1382 条的主要目的是赔偿损害，[81]而《民法典》第 9 条的设计则是为了保障未来"有利于获得赔偿"而阻止侵害。[82]

（一）实物补偿

31 　　根据原告的请求，法庭可以责令将宣判该违规出版有害的判决在该涉案出版物中予以登载。[83] 该项措施一般规定在当扣押不足以阻止对个人隐私[84]的侵犯（《民法典》第 9 条第 2 款）或者当无罪推定的权利遭到侵害时（《民法典》第 9－1 条第 2 款）。诚然，此等发表可能令私生活更加公开，否则待数月或数年后予以发表可能为时已晚。但法官可能签发这样的命令，因为其认为无论在何种情况下读者获取信息的权利是首要的。尽管发表法院判决的义务可以看作对表达自由的限制，最高法院最近宣布这一限制同《欧洲人权公约》[85]是一致的。1881 年法案第 13 条[86]和 1982 年 7 月 29 日法案第 6 条关于视听作品传播规定了答复权利，这意味着法庭有权责令出版者发表受害人对事实真相的看法。这不是一种攻击，而是有个公平的机会来回应错误、进行解释、抗议发表文章或图片的情况。

（二）对金钱损失的货币补偿

32 　　在既有非金钱损害，[87]又有经济损失的场合，后者可能更容易估算。公众人物，例如演员、运动员以及模特的肖像确实是具有商业

81　G. Viney, La responsalité: conditions (1982), n° 257.

82　Paris, 5 December 1997, ［1998］GP., somm., 30; TGI Nanterre, 8 June 1999, Légipresse n° 167, III, 172, cmt. B. Ader.

83　Paris, 28 November 1988, ［1989］D., 410, cmt. Aubert.

84　Paris, 24 February 1998, ［1998］D., 225, cmt. Beignier.

85　Civ. 1re, 30 May 2000, ［2001］D., 1571, cmt. Ravanas.

86　Act of 29 July 1881, art. 13, as amended by the Act of 29 September 1919, "le directeur de la publication sera tenu d'insérer dans les trois jours de leur réception, les réponses de toute personne nommée ou désignée dans le journal ou écrit périodique quotidien, sous peine de l'amende prévue pour les contraventions de la 5ème classe, sans préjudice des autres peines et dommages-intérêts auxquels l'article pourrait donner lieu."

87　Civ. 1re, 12 December 2000, ［2001］D., 2434, cmt. Saint-Pau.

价值。[88]因此，一旦其肖像权被侵害，法庭会根据他们以往的合同为基础评估损失。如今，某些案件的原告运用人格权尤其是肖像权，以便强制执行有关私人事件独家报道的合同。[89]

（三）非金钱损失的货币补偿

在大多数人格权案件中，法国法院通常裁定一笔金额以补偿原 ₃₃告所受损害。[90]出版物一旦发行进入流通环节，损害赔偿或许是唯一合适的救济。[91]损害赔偿建立在损失填平原则的基础上，要求赔偿与所受损害是成比例的，以便损害获得完全的弥补。然而，对于非金钱损害，对损失的估算就显得困难。裁决的数额首先以原告请求的数额为基础，这个数额在最终司法裁量中可能会有巨大变化。在对损失进行评估过程中，法庭会考虑一切相关因素，包括原告自身的行为，其之前是否参与或容忍该侵害行为，[92] 还有从事该违法行为的形式以及严重程度。[93]

（四）禁制令与要求删除的权利

为了保护人格权，法国法还提出了额外的救济。这些措施规定 ₃₄在《民法典》第9条以及《新民事诉讼法》第809条中。《民法典》

---

88 Paris, 10 September 1996, ［1998］D., somm., 87, cmt. Bigot; Paris, 8 November 1999, ［2000］GP., 1, somm., 1389, cmt. Saya-Salavador.

89 C. Bigot, Protection des droits de la personnalité et liberté de l'information, ［1998］D., chron., 235.

90 Art. 809 subs. 2 NCPC. 在紧急情况下，法官"可以授予债权人一笔临时的款项"。

91 Paris, 19 June 1987, ［1988］JCP, II, 20957, cmt. Auvret.

92 Paris, 28 February 1989, ［1989］JCP, II, n° 21325, cmt. E. Agostini; TGI Nanterre, 3 March 1999, ［June 1999］Légipresse, n° 162, I, 75.

93 TGI Paris, 27 February 1974, ［1974］D., 530, cmt. R. Lindon; Paris, 27 January 1989, ［1989］JCP, II, n° 21325, cmt. E. Agostini; Civ. 1ʳᵉ, 3 April 2002, ［2002］JCP, IV, 1871.

第9条第2款[94]规定：法庭可以采取任何措施以预防或终止与发表行为相关的对隐私[95]的侵害。法院在其判决中可以下令采取诸如查封、扣押、没收出版物及其他标的等各种不同的措施。在紧急情况下，[96]法庭可以通过临时命令准予采取上述措施。在中间诉讼程序（interlocutory proceedings）中，法官还可以预先裁决责令停止出版、禁止发行流通，或责令将出版物全部或部分予以查禁。[97]通常采取这些措施希望制止更为严重的侵权。《新民事诉讼法》[98]第809条也规定了紧急情况下的一般措施："为了保护原告免遭即将发生的损失，或者为了减轻明显非法的伤害，即便遭到激烈反对，法院院长根据需要随时可以通过简易的中间诉讼程序的方式提供保护性措施或者采取措施以维持现状。在被告可能被判负法律责任时，法院院长可以裁定支付债权人中期付款，或者命令强制履行义务。

35   在1858年的雷切尔一案中，法庭不仅禁止发表死于卧榻之上的女演员的画像，而且命令将其销毁。1881年法案对于发表没有规定这样的禁止性强制令。当对隐私的侵害[99]特别严重且赔偿损失并非恰当的解决方案时，[100]如今根据《民法典》第9条，在对隐私严重侵犯，并且以后可能得不到赔偿的情况下，可以合法地签发命令。最

---

94   Art. 9 CC. 为了不使遭受伤害的赔偿权利受到损害，法院可以采取任何措施，例如扣押、没收和其他阻止或者消除对于个人隐私侵权的适当措施；在紧急情况下，那些措施可以由法院的临时命令规定。

95   Civ. 1re, 12 December 2000, ［2001］JCP, IV, 1253 – 1254；Civ. 1re, Juris-Data n° 007502.

96   Civ. 1re, 12 December 2000, ［2001］D. , 2434, cmt. Saint-Pau.

97   Civ. 1re, 4 October 1989, Bull. civ. , I. , n° 307；Paris, 14 May 1975, ［1975］D. , 687, cmt. Lindon.

98   Decree No. 85 – 1330 of 17 December 1985, sec. 8, Official Journal of 18 December 1985；Decree No. 87 – 434 of 17 June 1987, sec. 1, Official Journal of 23 June 1987.

99   Civ. 1re, 12 December 2000, ［2001］D. , 2434, cmt. J. -Ch. Saint-Pau.

100   Paris, 30 May 2001, Juris-Data, n° 157815.

高法院认定禁止发行对新闻自由构成严重限制，[101] 但它有时充当着终止侵害的仅有的、可靠的保全措施。[102] 此外，欧洲人权法院认为《民法典》第 9 条第 2 款同《欧洲人权公约》第 10 条[103]是一致的。不过，法国某法院曾认定对尚未定稿的书籍发布预先禁制令同《人权宣言》第 11 条[104]相抵触，因而侵害隐私不能成为全面禁止出版的正当理由。[105]

（五）惩罚性赔偿

根据媒体的说法，《民法典》第 9 条第 2 款所规定的措施超越了
侵权法所奉行的损失填平原则。民事赔偿的目的在于填补受害方的损失。像禁制令一样，损害赔偿应当根据比例原则进行评估。[106] 赔偿应当恰好弥补损失所需的金额。这里困难之处在于人格权的侵害导致的非金钱损失难以估算。这样的估算留待法官自由裁量，这种自由裁量超出了最高法院的控制，从而在受害人补偿方面引起巨大的差异。[107] 对于自身的损害，原告方若存在挑唆或助成行为的，赔偿额一般会相应减少。因而，有人主张在遭受的损失特别巨大的情况下，赔偿额可以增加。依 R. 林顿（R. Lindon）的观点，法官应该尽量抑制惩罚性赔偿的适用，损害赔偿只意味着补偿性赔偿。[108] 当然，补偿的损失填平原则不应消失在司法裁量的幕后，损失的评估是唯一可

36

101　J. Ravanas, Liberté d'expression et protection des droits de la personnalité, ［2000］ D. , n°
　　 30, doctr. , 461.

102　Civ. 1ʳᵉ, 29 October 1990, ［1992］ D. , somm. , 72. cmt. T. Hassler; Civ. 1ʳᵉ, 16 July 1997,
　　 Bull. civ. , I, n° 249; Civ. 1ʳᵉ, 14 December 1999, ［2000］ D. , 372, cmt. Beignier.

103　Paris, 24 February 1998, ［1998］ D. , 225, cmt. Beignier.

104　TGI Paris, 18 November 1998, ［1999］ D. , 462, cmt. Rebut.

105　Paris, 27 May 1997, ［1998］ D. , somm. 85, cmt. Massis.

106　J. Ravanas, (supra fn. 101), 462.

107　TGI Paris, 23 October 1996, ［1997］ JCP, II, n° 22844, cmt. E. Derieux.

108　R. Lindon, Vie privée: un triple dérapage, ［1970］ JCP, I, No. 2336: "Le juge se doit de
　　 ne pas donner aux dommages-intérêts un caractère punitif mais réparateur".

接受的变数。[109] 赔偿系设计用来弥补所遭受的损害，并且不应当随过错[110]的严重程度或者加害人获利[111]的多寡而改变。这些不应当最终变为民事罚款。[112] 学术界强烈倾向于损失填平原则。然而，根据衡平法，法官在行使司法裁量权的限度内可能轻微偏离此原则。

37　　人格权的侵害系由本人引起或经其同意的，法庭在处理这种案件时可能会把补偿降格为象征性损害赔偿。判给这样的赔偿是为了维护原告的权利，以便人们可以看到正义得到实现。但是，由于被告的蓄意、欺诈或恶劣的行为而加重伤害的，尤其是此种行为意味着会给原告带来附加的伤害的，理论上和一些司法审判机构实践中均认为法庭也不应裁定实质性损害赔偿导致惩罚性赔偿。因此，在对损失进行评估时，法官应考虑原告的行为，而不是被告的行为。民事和刑事诉讼中奉行不同的政策经常受到谴责。刑法主要关注的是被告的行为，而民法只需考虑原告的损害。结果，由于法国法将惩罚看作是刑法的任务，民事法庭（就民事行为引起的损害判给受害人赔偿的，刑事法庭亦同）不应当判给惩罚性赔偿。如上所述，为了保护人格权，法国法确实将若干行为界定为犯罪行为。当同一事实既构成犯罪又构成侵权时，原告可以选择向民事法庭提起侵权之诉，或者启动刑事诉讼并且向刑事法庭提起（附带）民事诉讼。原则上，这个选择不应当影响拟判给的赔偿的数额。

38　　当民事法庭判给实际损害赔偿[113]时，它们应被视作补偿性赔偿，而非惩罚性赔偿。尽管如此，人们有时候还是会产生这样的感觉

109　"Le préjudice est le seul paramètre recevable devant le juge civil"：CA Versailles, 16 January 1998, unreported.

110　Versailles, 23 September 1999, [2000] Communic. Comm. Elec. , Comm. 25, cmt. Lepage.

111　TGI Paris, 5 May 1999, [2000] D. , somm. , 269, cmt. Lepage.

112　C. Bigot, Protection des droits de la personnalité et liberté de l'information, [1998] D. , chron. , 235.

113　TGI Paris, 23 October 1996, [1997] JCP, II, n° 22844, cmt. E. Derieux.

——损害赔偿含有惩罚的因素，比如法官对被告从侵害人格权所期望获得的利益进行调查的情形。侵害人格权对媒体来说确实构成巨大的金钱收益，而且将此利益的一部分移转于受害人看起来是公平的。这引出另一种解释。未经其同意，公众人物基于其肖像的活动，被出版物进行商业性利用，这样就剥夺了他们所预期的收益，[114] 判给的赔偿则是一种不当得利的返还形式。

五、不当得利

在法国，不当得利这个诉因在《民法典》第 1371 条作了规定："准契约系纯粹个人自愿的行为，从中产生对第三人的义务，有时产生双方当事人相互的义务。"这一主张立足于如下观念：当被告的获利不具备合法原因，即缺乏合同上或法律上的义务时，原告方可以要求被告方自负费用退回所获利益。就媒体利用他人的人格权而言，这个诉因似乎特别令人感兴趣，但遗憾的是它只是一个辅助的诉因。如果存在其他可行的诉因，受害者不能够依据不当得利请求返还。这种人格权保护之诉实际上阻止了原告使用不当得利原则。然而，人们有必要看一看"黑体字法"（black-letter law，一种非正式用语，用来表示被法院普遍接受的或体现在某一特定司法管辖区的制定法中的基本的法律原则，其在书中字体被设置为粗黑体）幕后的情形。低等法院对于损害赔偿的补偿性质始终只是口头上遵从，判决采用"评估的损失达……"之类的表述。然而，在评估损失过程中，假使他们在司法自由裁量的限度内的行为超出了最高法院的控制，不把不当得利的因素考虑进来，未免太不人性化了。

39

114　Paris, 19 September 1985, [1986] D., IR, 189, cmt. R. Lindon; TGI Paris, 3 December 1997, [1998] JCP, II, n° 10067, cmt. M. Serna.

针对大众媒体侵害人格权的保护：德国

格哈德·瓦格纳

一、人格权保护与表达自由

（一）人格权的保护

1.《民法典》的初始结构

1　　隐私权、一般人格权并未得到一百多年前制定的《德国民法典》的支持。[1] 特别是，在经过讨论并出台了多个相互冲突的草案之后，立法者拒绝了将一般人格权以及其派生的如个人荣誉等权利纳入德国侵权法的核心条文，即《德国民法典》第 823 条第 1 款所保护的利益清单的提议。诚然，除了那些明确列举的的权利即生命、身体完整性、健康、自由和财产之外，《民法典》第 823 条第 1 款还明确规定保护"其他权利"，但是在保护生命和肢体方面，此种地位类似于财产利益而非人身利益这一点始终是主流观点。另外，关于立法者将一般人格利益排除在侵权法保护范围之外的意图，立法材料有

---

[1]　为获得总体看法，参阅 H. 考茨欧（Koziol）和 G. 瓦格纳（Wagner）：《侵权责任法》，2001 年第 9 版，第 85 页及以下、第 623 页及以下；G. Wagner：《欧洲私法》（ZeuP），第 200 页及以下；B. Markesinis 和 H. Unberath：《德国侵权法》，2002 年第 4 版，第 74 页及以下、第 392 页及以下；U. Magnus 与 J. Fedtke：《非金钱损失赔偿的比较观察》W. V. H. Rogers 出版（ed.），2001 年，第 120 页及以下；E. Reiter：《2002 土伦法律评论》，第 673 页、第 686 页及以下。

明确记载。[2]

　　尽管《德国民法典》不承认一般人格权，但它确实保护一些具 　　2
体的人格权，即姓名权[3]和肖像权[4]。根据《德国民法典》第 823 条
第 2 款规定的对法定义务违反提供的保护性规范，侵害人格权也可
能引起侵权责任。《德国刑法典》包含大量的用以保护个人名誉免遭
诽谤性言论（《德国刑法典》第 185 条及以下）与保护个人隐私信
息利益免遭侵入（《德国刑法典》第 201 条及以下）的犯罪行为的
规定。因此，假如有人出版（传播）有损于原告的名誉（《德国刑
法典》第 185 条），出版被证明是虚假的关于事实的陈述（《德国刑
法典》第 187 条）或者行为人无法证明其真实性（《德国刑法典》
第 186 条），或者如果有人将他人的私下交谈加以录制以便加以公开
（《德国刑法典》第 201 条），开拆、阅读或公布他人的信件内容
（《德国刑法典》第 202 条），[5] 甚或医生、心理治疗师、律师、家庭
顾问将其职业范围内所获悉的关于客户的信息加以公开（《德国刑法
典》第 203 条），这些行为既构成民事侵权也构成刑事犯罪。

　　除了大量的犯罪行为借助《德国民法典》第 823 条第 2 款的应 　　3
用而转化为民事侵权行为之外，民法典本身还规定了一种保护隐私
利益的特别侵权行为条款，即《德国民法典》第 824 条。《德国民法
典》第 824 条所规制的侵权针对虚假且对受害人的商誉产生不利影
响甚或损害其经济上的预期的事实的陈述，旨在弥补刑法典规定的
诽谤罪（《德国刑法典》第 185 条及以下）。由此，鉴于《刑法典》
第 187 条所对应的犯罪仅限于故意行为，设计这个条款是为了填补
刑法规定的保护范围所留下的空白。与此相对照，《德国民法典》第

2　《"民法典"草案第二次审议稿》，1897 年第 1 卷，第 622 页及以下，第 641 页。
3　《德国民法典》第 12 条。
4　1907 年《艺术创作法》第 22 条。
5　因违反本法而引起的侵权诉讼，参阅：Entscheidungen des Reichsgerichts in Zivilsachen
　　（RGZ），94，1，2。

824 条要求的是过失，这样假如一个居于相同处境下的理性人能够意识到传播的陈述是虚假的，侵权行为人就应担责。

4 　　最后，值得一提的是，因故意违反善良风俗而侵害人格权的，根据《德国民法典》第 826 条，即《德国民法典》一般侵权法规范的第三种类型之规定，应承担民事责任。然而，由于故意侵害他人隐私利益被视为犯罪而加以制裁，并且这些犯罪行为借助《德国民法典》第 823 条第 2 款被转换成民事侵权，故而《德国民法典》第 826 条在人格权领域从未在实践中引起重视。

　　2. 演变与革新

　　（1）停滞不前

5 　　整个二十世纪上半叶，德意志帝国法院依旧能够准确地把握《德国民法典》的语言以及立法者的"本意"。面对快速发展的大众媒体，侵权法保护范围出现明显的空白大都寄生于刑法，法院拒绝承认一般人格权。[6] 相反，为了符合个人利益，法院力图扩张其他权利，如版权的概念，以便为侵害提供最低限度的保护。[7]

6 　　据此，当弗里德里希·尼采（Friedrich Nietzsche）的妹妹作为继承人起诉时，法院判定哲学家尼采的信件属于著作权法意义上的"个人智力创作成果"，允许她禁止第三人出版上述信件。[8] 但是，即便就信件而言，保护的范围的确依然是有限的。法庭在早先裁决的一个案件中，否定了作曲家理查德·瓦格纳的信件的作品属性，并且裁决认定这些信件属于商业信函和个人笔记的范围，不值得版权法保护。[9]

6　Reichsgericht（RG）in［1908］RGZ 69, 401, 403et seq.；RG in［1926］RGZ 113, 413, 414.

7　Cf. H. Kötz/G. Wagner（supra fn. 1），no. 85 et seq.

8　RG in［1908］RGZ 69, 401, 404 et seq.

9　RG in［1898］RGZ 41, 43, 49.

（2）战后德国的创新

①对一般人格权的承认

在纳粹统治下，法律被滥用以推行非正义，甚至用以实施群体 7
屠杀。德国宪法的制定者深有体会，并竭力确保历史不至于重演
——至少不会在德国土地上重演。针对这一目标有一个策略，就是
规定个人的基本权利和自由（德国宪法第 2 条及以下），设置宪法相
关条款着重强调人格尊严（德国宪法第 1 条第 1 款），并提醒政府机
关：宪法基本权利和自由直接对其具有约束力（德国宪法第 1 条第 3
款）。很多出任新近成立的联邦最高法院的法官对纳粹统治的邪恶印
象极深，他们认为基督教传统意义上的自然法应当作为实证法的标
尺和控制器。在这种氛围中，依据着重保护人格尊严的宪法的保障，
法庭于 1954 年冲破传统，公开承认了一般人格权。

开创性的判例与亚尔马尔·沙赫特（Hjalmar Schacht），一位曾 8
经在纳粹政府担任财政部长的人有关。[10] 战后，沙赫特在汉堡开了一
家私人银行。有一份周报以此为线索发表了一篇批评文章，就沙赫
特在魏玛共和国艰难时期的角色以及他对纳粹的支持展开讨论。沙
赫特随后与他的律师联系，后者以其委托人的名义致信于该报纸，
纠正了那篇指控文章中的一些错误的提法，并要求发表回应。该报
并未允准这一请求，而是在"致编辑的信"的标题下简要发表了律
师的来信，由此给人留下这样的印象：该律师对沙赫特的名誉保护
存在个人的而不是单纯职业上的利益。该律师要求更正失实陈述，
而联邦法院支持了他的请求。法院认可了一般人格权的存在，论证
了新宪法给予个人基本权利以最高的尊重，这些基本利益包括人格

---

10 Bundesgerichtshof（BGH）in［1954］BGHZ 13, 334, 338 =［1954］Neue Juristische
Wochenschrift（NJW）, 1404 =［1954］Juristenzeitung（JZ）, 698 with an approving note
by H. Coing for subsequent cases cf. BGH in［1954］BGHZ 15, 249, 257; BGH in［1956］
BGHZ 20, 345, 351; BGH in［1958］BGHZ 26, 349; BGH in［1958］BGHZ 27, 284,
285.

权，并且这些权利不仅要求公共实体（此处主要是针对行使公共权利的国家机构而言——译者注）予以尊重，而且应予保护使其免受来自其他公民的侵害。[11] 根据法院裁决，一般人格权的功能之一在于保护个人不被公开、歪曲地加以曝光。[12]

　　②金钱补偿

9　　　沙赫特一案的裁决涉及更正的发表，从原告未要求金钱赔偿这个意义上来说，这种救济方式接近于禁令。关于金钱赔偿，《德国民法典》设置了另外一个障碍，该法第 253 条（现为 253 条第 1 款）规定：只有当法律作了明文规定时，对非金钱损失才能给予金钱补偿。结果，对非金钱损失允许给予金钱赔偿的关联条款要求：存在对物质性人格权的侵害，譬如人身损害事故、非法监禁或者剥夺生命（民法典第 847 条；现为民法典第 253 条第 2 款）。

10　　　民法典第 847 条的文字表述中未包含一般人格权并不足为奇。民法典除了聚焦于生命、健康、身体完整及人身自由而将一般人格权弃之不顾之外，别无选择，因为法典的制定者总体上是排斥一般人格权的。[13] 这个态度绝非偶然，而是以下占支配地位的观念的产物：对非金钱损失的金钱补偿只应作为严格限制下的例外予以适用，而不宜作为一个广泛适用的原则。法典制定者认为拿尊严的损失换取金钱是不道德的且事实上也是不光彩的："那些试图通过索要金钱

11　BGH in［1954］BGHZ 13，334，338："Nachdem nunmehr das Grundgesetz das Recht des Menschen auf Achtung seiner Würde（Art. 1 GG）und das Recht auf freie Entfaltung seiner Persönlichkeit auch als privates, von jedermann zu achtendes Recht anerkennt, … muß das allgemeine Persönlichkeitsrecht als ein verfassungsmäßig gewährleistetes Grundrecht angesehen werden."

12　BGH in［1954］BGHZ 13，334，339.

13　参见边码 1。

来弥补侮辱诽谤所带来的损害的人实属寡廉鲜耻。"[14]

如果说法院一直对非物质性人格利益给予金钱补偿的做法加以 11
排斥的话，在联邦法院承认存在一般人格权之后，就意味着这种状
况不会延续下去了。旋即，于1958年，即一般人格权得到承认后不
久，法院扩大了金钱损害赔偿的范围以涵盖对一般人格权的侵害。

在著名的"赫伦斯莱特（Heirrenreiter）"一案中，[15] 原告是当地 12
一名贵族，也是科隆一家啤酒厂的老板，他酷爱骑马并参加了一项
比赛。被告未经原告许可将展现原告作为比赛骑手的照片用于一则
名为"欧卡莎"（Okasa）的壮阳药做广告。法庭重申一般人格权属
于民法典第823条第1款的保护范围，[16] 随之类比适用民法典第847
条（现民法典第253条第2款）裁决对原告所遭受的非金钱损失给
予金钱补偿。[17] 鉴于这两个条款对个人"自由"被侵害的情形下都
可以给予金钱赔偿，法庭试图对这个术语作更为宽泛的解读，不是
仅限于人身即行动自由的范围，而是扩大到"精神自由"。根据这一
理论，民法典第847条甚至对于"精神禁锢"的情形也准予金钱赔
偿。[18] 而且，法官并不仅仅停留在对民法典所包含的私法规范的解
释，还殚精竭虑地将其裁判建立在宪法之上：人格自由与尊严的宪
法保障需要一旦遇有利益被侵害时具有适当的救济。由于非物质性

---

[14] B. Mugdan, Die gesamten Materialien zum Bürgerlichen Gesetzbuch für das deutsche Reich II (1899), 1297. The language in the above text is my own translation of the Kommissions-bericht. In the original German, the full passage reads as follows: "Nach der allgemeinen Volksansicht sei es nicht ehrenvoll, sich Beleidigungen durch Geld abkaufen zu lassen, und derjenige habe wenig Ehre zu verlieren, der die Verletzung derselben durch eine Klage auf Geld zu reparieren suche." For a broader perspective cf. G. Wagner, [2000] Zeitschrift für Europäisches Privatrecht (ZEuP), 200, 201 et seq.

[15] BGH in [1958] BGHZ 26, 349 = [1958] NJW, 827 with a note by K. Larenz = [1958] JZ, 571 with approving article by H. Coing.

[16] BGH in [1958] BGHZ 26, 349, 354.

[17] BGH in [1958] BGHZ 26, 349, 356.

[18] BGH in [1958] BGHZ 26, 349, 356.

人格权被侵害时大多可能伴有非物质损失，假如法庭对金钱赔偿加以限制，宪法确认的这些权利的有效保护仍旧可能被制止。[19]

13　　此后，为了把侵害个人尊严的金钱赔偿的救济直接建立在宪法的基础上，联邦法院抛弃了类比民法典第847条的做法，即宪法第1条和第2条规定了对人格尊严和自决权的保护。[20] 要了解现行法律的情况和对金钱救济的确切要求，可参见边码19。

　　③宪法关怀

14　　由于民法典第253条第1款明确规定对非物质损失的赔偿限于民法典规定的特定情形，并且民法典（原）第847条相关条文（现为第253条第2款）要求存在生命丧失、人身伤害、错误监禁或者性侵害，即侵害的明确界定的权利都具有肉体、个人"身体"方面的利益，故而法庭的推论受到了很多批评。因而，简单说来，侵害像荣誉和名誉这样的从人身分离出来的一般人格利益已经远远超出现被置于民法典第253条第2款所规定的例外情形的范围。由于几十年来审判实践和理论研究都将自由与行为自由等量齐观，导致人格权没有从一般权利中分离出来，[21] 而联邦法院借助于对自由权的概

19　BGH in［1958］BGHZ 26, 349, 354 et seq.："Die Art. 1 und 2 des Grundgesetzes schützen, und zwar mit bindender Wirkung auch für die Rechtsprechung, das, was man die menschliche Personhaftigkeit nennt ⋯. Sie schützen damit unmittelbar jenen inneren Persönlichkeitsbereich, der grundsätzlich nur der freien und eigenverantwortlichen Selbstbestimmung des Einzelnen untersteht und dessen Verletzung rechtlich dadurch gekennzeichnet ist, daß sie in erster Linie sogenannte immaterielle Schäden erzeugt. Diesen Bereich zu achten und nicht unbefugt in ihn einzudringen, ist ein rechtliches Gebot, das sich aus dem Grundgesetz selbst ergibt. Ebenso folgt aus dem Grundgesetz die Notwendigkeit, bei Verletzung dieses Bereiches Schutz gegen die der Verletzung wesenseigentümlichen Schäden zu gewähren".

20　BGH in［1994］BGHZ 128, 1, 15；BGH in［1999］BGHZ 143, 214, 218 et seq. = ［2000］Gewerblicher Rechtsschutz und Urheberrecht（GRUR）, 709, 712 with an approving note by G. Wagner（717）.

21　As the BGH admits itself, BGH in［1958］BGHZ 26, 349, 355.

念的再造以掩盖这一问题的尝试被公认为是失败的。²² 尽管法庭的论
据显然不足，当遇到对一般人格权的侵害遭受非物质损失给予恢复
性弥补已演变为一般性的司法惯例。²³ 但是，在 1973 年，根据联邦
宪法法院的裁决，当遇到权利受侵害时，由于缺乏确定的法律依据，
一般人格权的引入还有非物质损失的恢复都遇到了挑战。²⁴

在下列案例中，某八卦周刊发表了对前波斯女皇苏拉娅公主   15
（Princess Soraya）的一个专访。事实上根本就没有作过什么采访，
纯属虚构。联邦法院根据当时已确立的法律理论，支持了公主的请
求，对其所受的非物质损害给予补偿。²⁵ 杂志的出版人向联邦宪法法
院申诉，认为联邦法院对本案的裁决以及对侵害隐私权所引发的非
物质损失给予赔偿与法律相抵触，并进而以违宪的方式僭越了立法
权。联邦宪法法院不为所动，并驳回了申诉。相反，法院呼吁德国
宪法制定者的意图是避免法律实证主义以及对法律规则实质意义的
范围内形成的新规则加以固定，并肯定了法官出于正义的考虑可以
超越成文法的字义对法律加以发展和改变。²⁶ 这种司法能动主义的启

---

²²   Oberlandesgericht （OLG） München in ［1985］ OLGZ 85, 466; H. Kötz/G. Wagner （supra
     fn. 1）, no. 56; O. Soergel/A. Zeuner, Kommentar zum BGB （12th edn. 1998）, Sec. 823
     no. 27; H. T. Palandt/H. Sprau, Bürgerliches Gesetzbuch （63rd edn. 2004）, Sec. 823
     no. 6; W. Erman/G. Schiemann, BGB （11th edn. 2004）, Sec. 823 no. 23.

²³   BGH in ［1961］ BGHZ 35, 363; BGH in ［1988］ VersR, 405; BGH in ［1994］ BGHZ
     128, 1, 12.

²⁴   Bundesverfassungsgericht （BVerfG） in ［1973］ BVerfGE 34, 269, 286 et seq.

²⁵   BGH in ［1965］ NJW, 685 et seq.

²⁶   BVerfG in ［1973］ BVerfGE 34, 269, 287: "Richterliche Tätigkeit besteht nicht nur im
     Erkennen und Aussprechen von Entscheidungen des Gesetzgebers. Die Aufgabe der Rechtspre-
     chungkann es insbesondere erfordern, Wertvorstellungen, die der verfassungsmäßigen Recht-
     sord- nung immanent, aber in den Texten der geschriebenen Gesetze nicht oder nur unvollkom-
     menzum Ausdruck gelangt sind, in einem Akt des bewertenden Erkennens, dem auch willen-
     hafteElemente nicht fehlen, ans Licht zu bringen und in Entscheidungen zu realisieren. Der
     Richter muß sich dabei von Willkür freihalten; seine Entscheidung muß auf rationaler Argu-
     mentationberuhen. Es muß einsichtig gemacht werden können, daß das geschriebene Gesetz
     seine Funktion, ein Rechtsproblem gerecht zu lösen, nicht erfüllt. Die richterliche Entscheidung

动条件一直被认为必须满足在特定的情况下施加的金钱制裁足够高和损害水平仍然足够低，从而避免对言论自由和新闻自由的侵害。[27]此外，法庭坦承这样一个事实：在西方世界其他法律制度下以金钱制裁保护人格权免遭潜在的侵害是相当普遍的。这使得《德国民法典》看起来像一个"老旧的法典"，亟需发展和变化。[28]

16　　为了理解这个判决，关键是要承认基本权利作为对抗公权力保护手段的最初含义在战后的德国已经发生了巨大变化。人权是指向国家行为的，旨在保护个人以对抗多数人的不法行为，这一点依旧是基本权利的主要功能。然而，它不再是仅有的功能。基本权利的另一个特征被认为是其作为价值，更确切地说是作为价值"体系"的"目标"功能。联邦宪法法院在其开创性的吕特案（Lüth-decision）中作出裁决：宪法基本权利具有"辐射"私法并约束法官审理民事案件的效力。因此，民事法庭有义务考虑诉讼案中当事人所享有的宪法权利，以便在与宪法教义保持一致的基础上实施和发展私法。[29]

17　　在取得德国宪法法院的支持之后，德国联邦法院继续拓展其战果，但持续地对实证主义的批评予以关注。法院承认民法典原第847条对于侵害隐私利益造成的非物质损失给予金钱赔偿而言显得过于狭窄，并直接依据宪法条文进行救济。对人身自由和人的尊严的宪法保护（宪法第2条第1款、第1条第1款）被认为给侵害隐私利益的金钱赔偿请求提供了法律依据。[30]

18　　为了充分理解这种发展，关键是要承认战后德国在宪法领域总

（接上页注2）

　　schließt dann diese Lücke nach den Maßstäben der praktischen Vernunft und den 'fundierten allgemeinen Gerechtigkeitsvorstellungen der Gemeinschaft' …".

27　BVerfG in［1973］BVerfGE 34, 269, 286 et seq.

28　BVerfG in［1973］BVerfGE 34, 269, 289 et seq.

29　BVerfG in［1958］BVerfGE 7, 198 =［1958］NJW, 257.

30　BGH in［1994］BGHZ 128, 1, 15.

体上以及具体的基本权利方面所发生的深刻变迁。基本权利的主要作用在于制约主权者，即现代的议会多数派和政府行政机关。结果，基本的宪法保护被理解为个人反对国家及其政府之权利。确切地说，宪法第1条第3款专门强调了德国宪法基本权利的功能，宣布一切政府机关均受下述权利条款拘束。联邦宪法法院从未对此有任何怀疑，也并未就此裹足不前。质言之，联邦宪法法院通过对基本权利附加"价值体系目标"这个第二重含义，使得基本权利已经远远超越了传统含义。这一步不仅对公民与公共机构之间的关系，而且对私人之间的关系都产生了重大影响。由宪法建立起来的价值体系被认为影响到了法律的所有领域，总的来说穿透了私法，尤其是宪法性敏感领域，诸如一方当事人所享有的言论自由保障与另一方当事人的隐私利益之间的博弈。于是，对纯私人争议的当事人的权利义务的决断演变成对宪法权利权衡的努力，同时演变成为一桩宪法事件。关于这个问题，联邦宪法法院有最终发言权。这就足以解释该院之所以在这一原本属于私法范围的领域留下大量裁决的缘由。

④当代法

如今，一般人格权同因侵权造成的非物质损失给予金钱赔偿救济 19
一样在德国侵权法中牢牢地占有一席之地。在一流的德国侵权法注释者当中，尚无一人质疑这些原则，[31]甚至根据宪法文本确定金钱赔偿的救济这一做法也被广泛接受。虽有批评，但它们相应地更钟情于类推适用民法典第847条或253条第2款，而不是对救济予以全盘否定。[32]

然而，那些民主社会中负责立法的人士，即联邦议会成员及其 20
在联邦官僚机构任职的支持者的态度又如何呢？假如他们不同意法

---

31 E. Deutsch, Allgemeines Haftungsrecht (2nd edn. 1996), no. 278; H. Köz/G. Wagner (supra fn. 1), no. 626 et seq.; K. Larenz/C. W. Canaris, Schuldrecht Besonderer Teil 2 (13th edn. 1994), § 80, in particular § 80 I 1, 491.

32 K. Larenz/C. W. Canaries (supra fn. 31), § 80 I 4, 494.

院的做法，他们有足够的机会来阻止一般人格权的发展以及除非该权利被接受才不得不应付的后续问题。事实上，若仅是相反立场的话，曾经是有过干预企图的。1967 年，联邦司法部发布了一部侵权法改革草案，其中包含了关于一般人格权的条款。尽管该议案除了将已被广泛接受的法律原则法典化之外，别无他为，但还是遭到来自新闻界的强烈反对，并最终导致该法案夭折。自那时起，联邦政府再也不敢触碰这一问题，唯恐这么做的话会扼杀包含这种手段的任何整个的法案。

21   那么，丝毫不奇怪，本世纪初司法部提出非物质损害赔偿的改革法案时没有提到一般人格权。尽管业已写入 2002 年 8 月 1 日法律的近期改革抛弃了被人们所珍视的、历史悠久的德国法原则，即把非金钱损失的赔偿局限于不法行为法，将严格责任还有违约责任排除在外，但是新近起草的德国民法典第 253 条第 2 款在侵害隐私利益的问题上依旧保持沉默。一如立法材料所显示的那样，就此得出立法者意欲剥夺联邦法院的权力并摧毁其司法上对侵害人格权裁决以金钱赔偿的法律基础这样的结论将是错误的。更确切地说，立法者意欲这一法理保持发展，令其根植于宪法——毕竟宪法超脱于一切利益集团，尤其是超脱于媒体的压力。[33]

（二）表达自由与出版自由

22   德国宪法第 5 条保护基本的表达和信息自由，即言论自由、新闻自由以及有权使用消息源的自由。

23   第 5 条第 1 款确立了言论自由，但没有使用这一术语。德国宪法赋予了表达意见的权利，而问题由此产生了——宪法保障是仅限于价值判断抑或还包含事实陈述。首先，意见和价值判断无疑居于

---

[33] Cf. the draft bill, BT-Drucksache 14/7752, 25；G. Wagner, Das neue Schadensersatzrecht (2002), no. 40.

宪法第 5 条第 1 款第 1 项所保障的权利的核心。[34] 另一方面，表达与事实毫无关系的个人意见和信念几乎是不可能的。纯粹形式的价值判断，如"红色是最美的颜色"，当然是存在的，但通常不会引起争议，不会引发民事诉讼。通常，当某个表达伤害了某人，价值判断与事实陈述彼此混杂到难以分开，以至于拒绝宪法对事实陈述提供保护势必严重危害言论自由。假如某报纸报道了一桩贿赂案并接着宣称涉案的一名政客是"撒谎者"，那么要界定这个说法究竟是属于事实陈述还是价值判断是不可能的——事实上，两者兼有。

基于上述原因，联邦宪法法院情愿将事实陈述纳入宪法第 5 条第 1 款 cl. 1 的保护范围，而将被证明是虚假或者加害人在实施该行为时知晓其为虚假的陈述排除在外。[35] 在相反的场合，当陈述被确定为真实的，尽管言论的发表可能因侵犯隐私遭到制裁，但从人格权之名誉侵害这个层面来说有关当事人却不得不予以容忍。[36] 尊重对言

24

---

34 BVerfG in [1982] BVErfGE 61, 1, 7 et seq.

35 BVerfG in [1982] BVerfGE 61, 1, 8 = [1983] NJW, 1415; BVerfG in [1991] BVefGE 85, 1, 15 = [1992] NJW, 1439, 1440; BVerfG in [1994] BVerfGE 90, 1, 15 = [1994] NJW, 1781; BVerfG in [1994] BVerfGE 90, 241, 254 = [1994] NJW, 1779; BVerfG in [1998] BVerfGE 97, 125, 149 = [1998] NJW, 1381; BVerfG in [1998] BVerfGE 99, 185, 197 = [1999] NJW, 1322, 1324; BVerfG in [1991] NJW, 1475, 1476; BVerfG in [1991] NJW, 2074, 2075, BVerfG in [1992] NJW, 1442, 1443; BVerfG in [2000] NJW, 199, 200; RG in [1919] RGZ 95, 339, 343; BGH in [1959] BGHZ 31, 308, 318 = [1960] NJW, 476, 478 et seq.; BGH in [1984] BGHZ 90, 113, 116 = [1984] NJW, 1607, 1607 et seq.; BGH in [1998] BGHZ 139, 95, 101 = [1998] NJW, 3047, 3048; BGH in [1951] NJW, 352; BGH in [1977] NJW, 1681, 1682; BGH in [1997] NJW, 1148, 1149; BGH in [1997] NJW, 2513; see also European Court of Human Rrights (ECHR) in [2000] NJW, 1015, 1017 no. 65.

36 BGH in [1961] BGHZ 36, 77, 80 et seq. = [1962] NJW, 32, 33; BGH in [1984] BGHZ 90, 113, 116 = [1984] NJW, 1607 et seq.; BGH in [1998] BGHZ 138, 311, 320 et seq. = [1998] NJW, 2141 = [1998] JZ, 1120 note A. Beater; BGH in [1966] NJW, 2010, 2011; BGH in [1980] NJW, 881, 882; BGH in [1987] NJW, 2746 et seq. = [1987] JZ 414, 415 note G. Brüggemeier. For exceptions and qualifications see infra no. 58, 65.

论自由的保障要求法庭不得制裁真实的陈述，以及对个人和公共的
意见和态度的形成有重大贡献的真实陈述。

25   宪法并未将保护局限于政治的、伦理的、科学的或者其他公众
关注事项的陈述，还包括商业性言论[37]和娱乐作品。[38] 于是，商业广
告享受保护，而诸如电影、喜剧、电视等休闲消遣产品也同样受保
护。然而，在对表达利益与受影响的人格权进行权衡时，表达若与
公共利益无关这一点将要予以考虑。

26   宪法第 5 条第 1 款保护出版以及其他诸如广播网和电影业等大
众媒体的自由。保护的范围从调查和事实采集的过程开始，延伸到
编辑过程并且覆盖事实和意见的发布，即影响发表的内容的每一个
决定。[39] 宪法第 5 条出版自由条款的保护范围类似于言论自由的保护
范围。再者，尽管保护的功能在于支持和促进公共讨论以及对有争
议的问题的议论，然而出版自由不仅限于具有明确政治性文字的发
表，其还延展到娱乐产品以及追求商业目的的出版物。[40] 联邦宪法法
院一直认为，要划分政治的抑或娱乐性的是不可能的，并且那种认
为只有确定无疑的政治性出版物才影响并形成个人的政治观点与信
仰的看法是错误的。[41]

（三）利益衡量

27   我们已经强调过，宪法赋予的基本权利不限于行政法的范围，
并且不是以联邦宪法法院或其他专门法院的强制执行为条件的。一
切国家机构以及每个德国法院在其日常工作中必须遵守宪法原则。

---

37 B VerfG in［1967］B VerfGE 21, 271, 278；B VerfG in［1983］B VerfGE 64, 108, 114.

38 B VerfG in［1999］B VerfGE 101, 361, 390.

39 BVerfG in［1966］BVerfGE 20, 162, 176；BVerfG in［1996］BVerfGE 95, 28, 35 et
    seq.；BVerfG in［1998］BVerfGE 97, 125, 144；BVerfG in［1999］BVerfGE 101, 361,
    389；B. Pieroth/B. Schlink, Die Grundrechte（17th edn. 2001）, no. 568.

40 BVerfG in［1984］BVerfGE 66, 116, 134；BVerfG in［1999］BVerfGE 101, 361, 389 et
    seq.；cf. BVerfG in［1971］BVerfGE 97, 228, 257.

41 BVerfG in［1999］BVerfGE 101, 361, 389 et seq.

于是，审理诉称人格遭侵害的案件的民事法庭必须考虑宪法的层面以及联邦宪法法院的裁决。然而，由于宪法不仅保护人格尊严和一般人格权，而且保护言论自由和出版自由，两者对法院均构成约束。在不危害言论自由和出版自由的情况下，对人格权给予相应的保护乃是法院的义务，反之亦然。鉴于人格权、言论自由和出版自由的保护都没有界定，宪法需要以这种方式加以运用。更确切地说，宪法第 5 条第 2 款给表达权设置了一个但书，即相关判断的陈述不得违反"一般法律"，并且通过对宪法第 2 条第 1 款的解释也可以得出同样的结论，该款规定人身自由的行使不得与宪法秩序相抵触。这一条款应作广义理解，意指整合每一部法律，使之与宪法相一致。

由于无论一般人格权还是言论自由都不享有绝对的保护，在每 28
一个具体案件中法庭必须对二者进行全面权衡。因此，在发生争议时，表达自由必须让步于优先序列的个人利益或公共利益。在某种情形下可以优先于言论自由的利益之一就是一般人格权。当然，利益优先权的衡量也有另外的一面：人格权的保护并非在针对任何种类的侵害，而是在表达自由不占上风的情况下。总之，表达自由受当事人的一般人格权的制约，而后者又反过来制约表达自由的保护。制约是双向的，结果两种权利不断地相互影响。为利益衡量考察所内在地包含的作用与反作用的概念已经被宪法法院框定为所谓的"互动理论（*Wechselwirkungstheorie*）"，其也发展为德国的标准做法。[42]

汉堡市的一名资深官员，埃里克·吕特（Erich Lüth），号召抵 29
制电影导演法伊特·哈伦（Veit Harlan）最近执导的一部电影，该导演曾因在纳粹统治期间制作被认为是反犹太的电影而出名，尤其是一部名为《犹太人聚斯》（Jud Süss）的电影。汉堡上诉法院适用《德国民法典》第 826 条关于故意以违背善良风俗的方式加害于他人

42　BVerfG in［1958］BVerfGE 7, 198, 209 =［1958］NJW, 257.

的规定，认定该发表属于侵权并予以禁止。与此相反，联邦宪法法院作出裁决，认定在解释《德国民法典》第826条的善良风俗条款时民事法院必须将言论自由考虑进去，并且在本案中，吕特所享有的表达自由利益的重要性超过了对法伊特·哈伦人格权的侵害。

30　　利益衡量考察招致注释法学者的激烈批评，他们指责法院为了单纯的利益衡量抛弃了条规的精当性。[43] 虽然这样的责难有一定道理，但是必须承认：尽管存在不确定性，进行区分，即对该领域进行梳理为具体案件中利益衡量的执行提供有价值的指引是可能的。利益衡量的最重要的因素是：

- 相关信息与公共争论有关与否；[44]
- 系合法还是非法的手段获取；[45]
- 待考量的行为中，明示或隐含的事实陈述是真实的还是虚假的；[46]
- 该陈述是以私密的方式，还是至少面对少量的受众、封闭的群体，抑或向大范围的公众散布。[47]

二、针对大众媒体侵害人格权保护的范围

（一）框架权（Umbrella Right）

31　　不法行为法通过把人格权认定为一项对严格的保护范围缺乏界

43　For further information cf. W. Erman/H. Ehmann（supra fn. 22）Appendix to Sec. 12，no. 66 et seq.

44　BVerfG in［1958］BVerfGE 7，198，212，215 =［1958］NJW，257；BVerfG in［1969］BVerfGE 20，256，264；BGH in［1994］NJW，124，126.

45　BVerfG in［1984］BVerfGE 66，116，137 et seq.，139 et seq.；BGH in［1995］BGHZ 131，332，340 et seq.

46　BVerfG in［1973］BVerfGE 34，269，283 et seq.；BVerfG in［1980］BVerfGE 54，208，219 et seq.；BGH in［1994］BGHZ 128，1，16.

47　BVerfG in［1973］BVerfGE 35，202，226 et seq.；BVerfG in［1980］BVerfGE 54，208，216.

定的框架权（Rahmenrecht），承认了人格权的不确定性。[48]与此相对，它又包含了大量具体的权利，这些权利在具体内容上彼此差别极大。[49] 作为第一个相近之处，可以说与普通法的一般传统以及当代美国法具体内容相比，德国的一般人格权显得是诽谤与隐私侵权的综合。一般人格权的一个组成部分便是带有诽谤内容的发布对个人荣誉的侵害，但是法律并未就此止步，而是承认了许多其他领域的保护，或曰侵害方式。隐私侵权最为重要的有：（1）对私生活的侵入以及私密信息的公开；（2）歪曲某人的形象；（3）不当侵害某人的选择自由。上述侵害方式旨在保护个人就其人格所享有的"非物质"利益，而对市场化利用他人人格之利益就没有那么重视。然而，顺便提一下，德国法也承认若干财产性的具体人格权，尽管必须承认它们旨在保障非金钱利益。明确规定的带有财产成分的两项具体人格权是姓名权（民法典第11条）以及肖像权（《与美术和摄影作品著作权相关的法律（KUG）》第22条）。针对这些相当有限的条款，联邦宪法法院添加了重要的补充，认定了一项一般人格权责任来保护人格利用中的金钱利益。[50]

　　显而易见，一般人格权保护的领域本身以及彼此之间的关系是很复杂的。值得一提的是业已确立的一揽子的具体人格权并非一成不变的，而是允许增加的，也允许那些曾经重要但现如今已失去其恰当性的权利消失。　　32

48　BGH in［1957］BGHZ 24，72，78；BGH in［1959］BGHZ 30，7，11；BGH in［1961］BGHZ 35，363，368；BGH in［1987］NJW，2667；Münchener Kommentar/G Wagner（MünchKomm/G. Wagner），BGB vol. 5（4th edn. 2003），Sec. 823，no. 172；Münchener Kommentar/R. Rixecker（MünchKomm/R. Rixecker），BGB，vol. 1（4th edn. 2001），Appendix to Sec. 12 no. 7；W. Fikentscher，Schuldrecht（7th edn. 1997），no. 1225："Rahmenrecht"．

49　K. Larenz/C. W. Canaris（supra fn. 31），§ 80 II，498；W. Erman/H. Ehmann（fn. 22），Appendix to Sec. 12，no. 4；G. Brüggemeier，Deliktsrecht（1986），no. 219.

50　参见前文边码69及以下。

33　　事实上，从保护个人不受侵害的一般观点来看，将威吓、殴打与过失伤害这些传统的侵权行为同"当代"的诽谤、侵害隐私加以整合甚至是可能的。后者不局限于对身体完整性的损害，而且包括对非物质属性的人格的侵害，如荣誉和隐私。古老的"肉体侵权"与当代的"非物质损失"之间的内在联系在一个涉及非金钱损害赔偿的诉讼案件中浮现出来，该案的原因是医院对病人在摘除癌变睾丸手术前委托给医院保管的精子样本进行了错误处置。联邦最高法院认为，身体完整权只是其一，尽管特别重要，一般人格权的组成部分要包括身体上的完整和非身体方面的完整两个方面[51]。这个推理为以下裁决铺平了道路：精样的毁坏不仅仅侵害了病人在生育方面的非身体利益，而且侵害了身体上的完整之利益，即便后者的一部分已经被提取单独储存。这个结果至少是令人惊讶的和有争议的，但是潜在的原则似乎是稳妥的并建立在了坚实的基础之上：通过私法属性的不法行为法，人的完整性享受广泛的保护。只是在身体的完整与尊重非身体利益之间的保护程度有差别。身体方面的人格，即生命和身体的完整受到绝对的保护，也就是不受某些已确立的抗辩理由的影响；而非身体方面的人格仅就某些方式的侵害受保护。因此，后者的情况下，在每一个有待审理的争议中须确定被诉行为的不当性。

（二）具体权利

1. 肖像权

（1）成文法依据

34　　肖像权由成文法明确加以规定，即《与美术和摄影作品著作权相关的法律》（Kunsturhebergesetz，KunstUrhG）第22、23条。根据《与美术和摄影作品著作权相关的法律》第22条第1项的规定，未

51　BGH in［1993］BGHZ 124，52，54 =［1994］NJW，127，128.

经肖像所有者同意不得出版其肖像。上述规定对同意作了狭义的理解，以至于默许某种形式出版并不等于一般签字放弃对画像或者照片的相关权利。当（肖像权人的）同意仅限于某种特定形式的出版时，并未涵盖以其他方式进行出版。举例来说，某犯人同意一册关于刑事判决执行的图书使用其照片，并不意味着必须容忍关于监狱艾滋病方面的报告刊载其照片。[52] 甚至即便在对基于商业目的的利用做了同意概括授权的情况下，仍然可以限制以某种形式刊载其肖像。[53]

（2）抗辩

关于公众人物肖像的同意请求《与美术和摄影作品著作权相关的法律》第 23 条第 1 款第 1 项规定了一个例外。对于这类人的形象，无需征得其同意甚至在其公开表示反对的情况下仍可出版。德国法律对完全的公众人物（即"绝对公众人物"）与有限公众人物（即"相对公众人物"）予以区分。在前者，知名人物的形象本身使得照片成为属于公共利益的事项。因而，举例来说，一幅表现拥挤的街道的图片，倘使并未拍下著名的体育冠军、演员、政治家或者皇家成员的形象，那么无论作为消息源还是作为一项财产都是毫无价值的。相比而言，航班坠毁现场摄制的照片并非因为所拍下的个体——警察、消防员、医生、记者的缘故，而是由于事故的文献价值才吸引公众的兴趣。在这样的情形下，由于他们的肖像只是事故的附带部分而不是真正的吸引读者的地方，所以出版者没有义务征得所有相关人员的同意。

完全的公众人物与有限的公众人物的区分对于界定需要征得"同意"的例外情形的范围至为关键。无疑，完全的公众人物比有限的公众人物在容纳公共利益方面承受更重的负担。毕竟，只在前一种情况下个体本身就是公共利益事项，而后者则否。故而，与某个

35

36

---

52 OLG Hamburg in［1987］Zeitschrift für Medien und Kommunikationsrecht（AfP），703.
53 BGH in［1987］GRUR，128 =［1987］JZ，158.

事件毫无瓜葛的完全的公众人物可能在违背其意愿的情况下被拍照，而有限的公众人物仅仅就与特定事件有关的报道负有容忍其肖像被公开曝光的义务。对该特定事件，他们应当为他们相应的名声而有所付出。[54]尽管欧洲人权法院在 2004 年 6 月 24 日发布的一项引人注意的判决中冒着风险舍弃了完全的公众人物即便对于与其私生活有关的事项也必须迁就媒体的好奇心这一观念，不过，这项规则是否依旧属于良法还有待观察。[55]

37　　在处理摩纳哥公主卡罗琳（Caroline）的数个裁决中，有一个涉及她后来的丈夫，汉诺威的恩斯特·奥古斯特（Ernst August）王子。[56] 当时就其自身的实际情况而言，人们并未把他视作完全的公众人物。确切地说，仅仅因为他与卡罗琳的关系才被置于社会关注的中心，摩纳哥公主的身份，自然等同于完全的公众人物。因为两个恋人身份的不对称，问题由此产生——将奥古斯特王子的照片用作描写他同卡罗琳公主关系的文章的插图是否侵害了他的肖像权。王子并未挑战德国法业已确立的原则，即所谓知名人物的同伴对于描绘他与其朋友在一起的照片的公开出版必须予以容忍。[57]相反，他的目标在于制裁那些公开发表单独描写他个人照片的行为。联邦宪法法院以涉讼照片系拍摄于二人在一起的场合故而对原告的描绘与对一个完全公众人物的描绘密不可分为由，驳回了他的请求。[58]此外，法院认定原告不享有禁止发表对其"不偏不倚的"描述的权利，比如护照上的照片，就曾被用作一篇关于他袭击准备给他拍照的记者的一篇报道的插图。为此，法庭将王子界定为有限的公众人物，因

54　Cf. BVerfG in〔1999〕BVerfGE 101, 361, 394.

55　European Court of Human Rights, Case of Hannover v. Germany, 3rd section, Application no. 59320/00, para 68, 72 et seq. For details see infra, text accompanying fn. 65 et seq.

56　BVerfG in〔2001〕NJW 2001, 1921.

57　BVerfG in〔2001〕NJW 2001, 1921, 1922 et seq.

58　BVerfG in〔2001〕NJW 1001, 1921, 1923 et seq.

为对记者的人身攻击对于一名贵族来说实属过于反常的行为以至于无法令公众不为所动。[59]

有限公众人物针对媒体对其生活的侵扰仅享有有限度的保护这一事实不得导出这样的结论：完全的公众人物不受任何保护。名人必须学会容忍他们所意味的公共利益，即使它延伸到像体育运动、购物等纯私人的活动。在这个意义上，即便是名人的私人活动也与公众相关，从而构成媒体报道的合法对象。[60] 然而，完全的公众人物没有义务容忍一切，也没有义务完全忍受私人生活的看法。《与美术和摄影作品著作权相关的法律》第 23 条第 2 款自身包含一个无需"同意"要求的例外款项，当名人应予保护的利益的重要性超过媒体和一般公众的合法关注时，"同意"要求重新发挥作用。据此，除非其表示同意，否则知名政客的肖像不允许用作广告目的。[61]

即便是完全公众人物的肖像未经当事人同意不得用于商业目的这一原则，也允许有例外。故而，联邦最高法院驳回了前总理维利·勃兰特（Willy Brandt）的遗孀针对某硬币制造商为了纪念这位著名政治家的去世而铸造供人收藏的纪念章。[62] 被用作纪念章的肖像仅仅反映维利·勃兰特的政治生活并且对其形象毫无歪曲这一事实促使法庭作出上述裁决。

另一方面，名人甚至享有不受打扰和不被媒体关注的私生活的权利。当一个著名人士已经从公共利益之中抽身之后，其不应被跟踪进入其家庭、庭院或任何其他私密空间，这一点得到广泛的认同。

38

39

40

59　BVerfG in［2001］NJW 2001, 1921, 1925.

60　BGH in［1996］NJW, 593, 594 et seq. ; BGH in［1995］BGHZ 131, 332, 344 et seq.

61　BVerfG in［2001］NJW, 594; BGH in［1992］NJW, 2084; BGH in［1979］NJW, 2205, 2206; BGH in［1996］NJW, 593, 594.

62　BGH in［1996］NJW, 593, 595.

41   有关利用名人隐私利益的创新裁决还是和摩纳哥公主卡罗琳有关。[63]作为原告的公主针对两家发表她与某男伴在一起照片的杂志寻求法律救济，据传该男伴是她当时的恋人，他们一起在餐厅就餐，在公共市场购物，在围场骑马；照片还展示了与她的女儿一起划独木舟，还有与她的两个孩子一起在停车场的情景。联邦最高法院认定名人的曝光有一定的界限，但是讼争照片的发表并未越过这些界限。公众人物自身有义务躲避媒体，而一旦利益相关人物离开私人领域并在公共场合露面，新闻界没有义务保持袖手旁观。私人领域被认定为不仅包括他的家庭，相反还延伸至其寻求躲避公众视线而其他人可接近的处所。根据这些标准，不仅在公开市场，而且饭店也不被视作私人庇护所而是部分公共领域，这些场合名人必须容忍媒体的行为。

42   公主声称原判漠视其隐私权，不服判决向联邦宪法法院提起诉讼。联邦宪法法院驳回了其大部分诉求，仅仅推翻了原判中关于展示公主与她的孩子们在一起的照片这一部分的判决。出于儿童健康成长的利益考虑，法院裁决杂志社应适用更加严格的标准。[64]

43   然而，漫长的摩纳哥公主卡罗琳案又出续篇。原告将联邦最高法院的判决和上述联邦宪法法院的判决上诉到欧洲人权法院。在她嫁给汉诺威的恩斯特·奥古斯特王子并成为汉诺威王妃之后，欧洲人权法院于2004年6月24日作出了一个对她有利的判决。[65]具体说来，欧洲人权法院的法官因为原判未能就《欧洲人权公约》第8条规定的隐私权与该公约第10条保障的表达自由之间进行权衡而教训了他们的德国同行。[66]争论的实质在于是否必须对媒体就合理的公众

---

63   BGH in［1995］BGHZ 131, 332；BVerfG in［1999］BVerfGE 101, 361 =［2000］NJW, 1021.

64   BVerfG in［1999］BVerfGE 101, 361, 396 et seq.

65   ECHR, supra fn. 55.

66   ECHR（supra fn 55）, no. 61 et seq.

兴趣事项的报道与纯粹偷窥癖的满足之间作出区分。德国法院的立场是应当允许新闻界满足公众对名人生活方式的兴趣，即便这些兴趣不太值得赞扬和称道。[67] 相比之下，位于斯特拉斯堡的欧洲人权法院采取的立场是媒体的特权限于"可能有助于民主社会的讨论的事实——甚至是有争议的事实"的传播，譬如限于有关政治家履行公职的信息。[68] 与此相对，无论媒体报道何种事实，当它来源于与民主程序无关的名人私生活的时候，"表达自由需要作狭义的解释"。[69] 欧洲人权法院进一步舍弃了德国法院发展起来的对拍摄于公共场所的照片与侵入私生活领域拍摄的其他照片加以区分的做法。在欧洲人权法院看来，照片在哪里拍摄并不重要，重要的是表面上显示的是什么。假如仅仅与私生活有关，那么未经当事人同意即发表这些照片就是有过错的。位于斯特拉斯堡的人权法院强调：甚至完全的公众人物也应当免受来自狗仔队对他们日常出入沿途跟踪所造成的骚扰。[70]

　　虽然欧洲人权法院的裁决在联邦德国政府的媒体代表当中引起 44
了巨大的反对浪潮，在 2004 年 9 月 1 日举行的内阁会议上依然决定不向大审判庭（the Grand Chamber）提出上诉。据说，欧洲人权法院渴望为对政治家的公开议论和报道留有余地，该裁决势必激发德国法官之间的辩论。然而，尽管从严格意义上讲德国法院不受欧洲人权法院裁决的约束，但是德国法院很难在毫不考虑欧洲人权法院明确表示关注的事项的情况下继续沿着老路走下去。

　　2. 姓名权

　　尽管《德国民法典》对一般人格权的概念怀有敌意，但该法典 45

67　For a recent account of this position cf. BGH in ［2004］NJW, 762, 764.
68　ECHR（supra fn. 55）, no. 63.
69　ECHR（supra fn. 55）, no. 66.
70　See supra fn. 55.

在第 12 条依然对这一特定的利益加以保护。从这个意义上讲，姓名权显得与众不同。该条的目的在于为作为人的身份标识的姓名提供保护。因而，其保护的范围不限于包括将他人的姓名勾除后列上自己的姓名（Namensanmaßung）的情形，而且包括侵权行为人争夺他人署名权（Namensbestreitung）这种罕见的情形。

46   法庭增加了一项对媒体至关重要的延展，即将不法使用他人姓名的法定要求延伸到不仅为了识别某人的身份，而且侵权行为人使用它给市场销售的货物或者服务命名的情形。于是，出于广告或者创立品牌的目的使用某个广为人知的名字，例如将其印刻在商品的外观上或者在商业活动中加以利用，就如同已经将该名字注册为商标那般，会引发侵权责任。[71]

47   海德堡大学授予原告使用其名称与印章的权利，以便推销其产品，尤其是 T 恤衫和运动衫，包括印有该大学名称和印章的图案的衬衫的照片。[72] 早在该所大学与原告之间的许可协议成立之前，被告未征得学院的同意一直在发售印有海德堡大学图案与名称的 T 恤衫和运动衫。原告的诉求除了根据被告以往借助不正当地利用该校名称和印章所获得的净收益进行赔偿之外，还请求禁止其继续使用该大学的徽章。联邦最高法院支持了这两项请求，认为：（1）姓名权可以通过许可协议的方式让与他人，而且事实上已经让与给原告；（2）尽管被告未曾宣称他是该大学名称的真正持有人，但是大学的名称已经受到不当利用的侵害。根据《德国民法典》第 12 条，假如 T 恤衫和运动衫的潜在购买者被人误导以至于相信被告从该大学获得了许可，相信被告是在征得同意后进行销售，那么就足以认定侵权的存在。

48   然而，记住这一点是相当重要的：对姓名权的慷慨保护并不能

---

71   BGH in［1959］BGHZ 30, 7, 9；BGH in［1990］BGHZ 110, 196, 200.

72   BGH in［1992］BGHZ 119, 237, 245 et seq.

扩展到仅仅模仿公司外观而并未非法使用其名称的情形。在著名的
F1 方程赛麦克拉伦（当时为：麦克拉伦—本田）车队一案中，某玩
具赛车和玩具赛道的生产商（卡雷拉）因以麦克拉伦 F1 赛车手的
形象为模型生产一款玩具赛车而遭到起诉。[73] 联邦最高法院驳回
了麦克拉伦的诉讼请求，理由是被告并未使用原告的名称来售出
其产品，并且其并未违反现实中玩具汽车模型的同行间公平竞争
的规则。

3. 诽谤与对尊严的其他侵害行为

如前所述，根据《德国民法典》的最初架构，诽谤主要属于刑　　49
法问题。事实上，《刑法典》包含一些涉及尊严方面的犯罪行为，这
些行为通过《民法典》第 823 条第 2 款的应用转化为私法上的侵权
行为。据此，由于一些原因刑法与侵权法关于诽谤领域建立起来的
联系过于狭窄。刑法专注于故意行为，甚至使得不计后果的行为都
得不到制裁，而且刑法罗列了不少颇为技术性的要求，从特有的荣
誉概念到精确的举证责任的分配。在一般人格权得到承认之后，大
量的诉讼迅速从刑法移向新的框架权，后者允许法庭拥有更大的余
地来发展法律。

如今，人们已经普遍接受一般人格权的主要内容之一是针对名　　50
誉受贬抑性材料发布的侵害提供保护。与普通法相比，德国法并不
区分口头与书面陈述，而对两者等量齐观。在两种情况下，相关测
试均为发表的内容是否具有诽谤属性，即是否侵害他人的名誉。

人的名誉既可以因事实的陈述，也可以因价值判断而受到侵害。　　51
因此，一般人格权针对这两种言论都提供保护。然而，这并不意味
着对这两种言论的区分与特定争议的解决无关。当被告的利益，即
言论自由和出版自由，与原告寻求保护的愿望进行权衡时，系争出

73　BGH in〔1994〕BGHZ 126, 208, 216.

版物的确切属性发挥着重要的作用。除了限制作用之外，假如被诉的发表行为包含有伤害原告（译者注：此处原文为 defendant，按逻辑理解，应为"原告"，原文应该是错误的）名誉感但却真实的陈述，言论自由则优先考虑。[74] 真实的陈述依旧可能侵害隐私权，也就是说，在以不正当方式获取信息的情况下很少会侵害受害者的名誉。[75] 反之亦然，假如证明了事实陈述是虚假的，让被告的不法的事实陈述继续散布是绝对无法接受的。[76] 诚如法庭适当地强调，没有任何合法的公私利益支持对业已被认定为虚假的事实性信息继续传播。

52   就价值判断而言，在名誉保护与言论自由保障之间求得圆满平衡更加难以做到，因为在价值判断的属性上既不存在"真实"，也不存在"虚假"问题，而是或多或少地带有似是而非的意味并且完全是关于个人确信的问题。此外，未经审查的有关价值判断的表达位居宪法言论自由保障的核心。根据这一原则，政府或者法庭不应当对价值判断进行猜测以及制裁那些对决策者来说似乎难以置信的、被误导或骇人听闻的言论。那并不意味着一般人格权对表达自由毫无限制，而只是利益权衡必须从优先保障言论自由而不是审查着手。

---

74 BGH in ［1961］BGHZ 36, 77, 80 et seq. = ［1962］NJW, 32, 33；BGH in ［1984］
    BGHZ 90, 113, 116 = ［1984］NJW, 1607 et seq.；BGH in ［1998］BGHZ 138, 311,
    320 et seq. = ［1998］NJW, 2141 = ［1998］JZ, 1120；BGH in ［1966］NJW, 2010,
    2011；BGH in ［1980］NJW, 881, 882；BGH in ［1987］NJW, 2746 et seq. = ［1987］
    JZ 414, 415.

75 W. Erman/H. Ehmann（supra fn. 22），Appendix to Sec. 12 no. 23, 51, 158.

76 BVerfG in ［1982］BVerfGE 61, 1, 8 = ［1983］NJW, 1415；BVerfG in ［1991］BVerf-
    GE 85, 1, 15 = ［1992］NJW, 1439, 1440；BVerfG in ［1994］BVerfGE 90, 1, 15 =
    ［1994］NJW, 178；BVerfG in ［1994］BVerfGE 90, 241, 254 = ［1994］NJW, 1779；
    BVerfG in ［1998］BVerfGE 97, 125, 149 = ［1998］NJW, 1381；BVerfG in ［1998］
    BVerfGE 99, 185, 197 = ［1999］NJW, 1322, 1324；BVerfG in ［2000］NJW, 199,
    200；BGH in ［1959］BGHZ 31, 308, 318 = ［1960］NJW, 456, 478 et seq.；BGH in
    ［1984］BGHZ 90, 113, 116 = ［1984］NJW, 1607, 1607 f.；BGH in ［1998］BGHZ
    139, 95, 101 = ［1998］NJW, 3047, 3048.

以侵害人格尊严[77]或者单纯的人身贬抑（所谓"辱骂批评"）的方式所表达的价值判断，[78] 不受宪法保护，而且恰恰受到侵权行为法的制裁。

在政治舞台上，适用特殊的规则。纳粹统治的十二年毋庸置疑 53
地证明了政府以被认定具有"冒犯性"为借口对异端思想的表达进行审查是轻而易举的。根据这一经历，法庭制定了有关政治领域允许发表苛刻言论的指导原则。甚至粗俗的话语也是可以容忍的，当受害人自己表现出易于使用这样的语言时更是如此。因此，以尖刻、粗野的方式批评对手的政客不得就来自对手的"反击"提出控诉。[79]

4. 歪曲某人形象

歪曲个人形象的出版物，即便没有以构成诽谤的方式对受害人 54
进行侮辱，从技术意义上来说，也侵害了属于人格权的一个特定方面的自主权。德国式的歪曲形象这一类侵权是对诽谤法的重要补充，因为这一类型既不要求所提供的信息的内容本身具有贬损性质，也不要求被告实施了故意诋毁原告的行为。从而，假如出版了虚假的事实陈述，或者传达了有关某人的态度或行为的错误印象，它提供某种保护，以对抗媒体歪曲他人公共形象的任何报道。

在一个著名的案子中，某个义齿清洗剂的生产商发布广告，其 55
中某女演员宣布："即使我不如卡塔琳娜·瓦伦特（Catarina Valente，即原告，德国知名歌唱家、艺术家）出名，舞台对我而言也意味着一切。[80] 不过，不幸的是，当在演出过程中我的假牙不慎掉落，我的

77　BVerfG in ［1987］BVerfGE 75, 369, 380.

78　BVerfG in ［1990］BVerfGE 82, 272, 283 = ［1991］NJW, 95; BVerfG in ［1995］NJW, 3303, 3304.

79　So-called doctrine of Gegenschlag; cf. BVerfG in ［1961］BVerfGE 12, 113, 130 et seq.; BVerfG in ［1968］BVerfGE 24, 278, 282 et seq.; BVerfG in ［1976］BVerfGE 42, 143, 152 et seq; BVerfG in ［1984］BVerfGE 66, 116, 150 et seq.

80　BGH in ［1959］BGHZ 30, 7 et seq.

演艺生涯突然宣告终结。"原告并未许可上述广告，并声称她绝不会这么做。联邦法院认定：由于广告使人联想到原告也戴着假牙或者至少将其置于与假牙和任何跟牙齿护理有关的事情紧密相连的境地，根据《德国民法典》第12条不仅原告的姓名权被侵害，而且其一般人格权也受到侵害。

56   基于歪曲形象侵权的其他著名案例前已述及，譬如赫伦斯莱特案中，广告暗示当地知名的显贵系壮阳药消费者，[81] 以及沙赫特案中，某报刊发表了一位律师写给编辑的简短来信，暗示该律师以个人而不是职业的身份袒护他的委托人。[82]

57   有些原告误以为禁止歪曲形象的陈述仅仅包括展示最有利的形象的权利。当然，这样的权利并不存在。[83] 从而，媒体可自由选择名人的照片予以发布，而且不限于该名人本人最喜爱的。即便作者事后表示后悔，媒体仍有权发布据实陈述的报道。在此情况下，认定侵权的唯一方式就是证明发布的信息是经由非法途径，即通过下文将要阐述的侵害隐私的方式取得。

5. 侵害隐私

58   在特殊情形之下，甚至披露真相也会侵害他人的人格权。原则上，该由每一个市民自主决定公众可以接触哪些个人信息。[84] 例如，将私人环境中的谈话进行发表是难以接受的。否则，为了避免因发表这样的言论可能带来的不良后果，人们就有理由不开口说话了。[85] 因为这个原因，联邦最高法院裁决未经事先通知将私人电话录音是

---

81 参见上述边码13。

82 参见上述边码9。

83 BVerfG in [1990] BVerfGE 82, 236, 269; BVerfG in [1998] BVerfGE 97, 125, 149; BVerfG in [1999] BVerfGE 101, 361, 380.

84 BVerfGE in [1983], BVerfGE 65, 1, 41 et seq.

85 BVerfG in [1983] BVerfGE 65, 1, 42 et seq; BVerfG in [1999] BVerfGE 101, 361, 394.

非法的，即使该录音是出于证明其中一个说话者的犯罪行为这一目
的。[86]

当然，承认受保护的隐私空间并不等于一般性禁止有关当事人 **59**
想要保密的事实的披露。不然的话，要想发表对个人不利的材料就
几乎不可能了，因为后者有充分理由拒绝发表。于是侵害隐私的关
键要素在于侵权行为人通过非法的途径获取信息，即威胁、欺骗、
违反保密义务或者非法侵入。

然而，在侵害隐私的场合，合法与非法手段的区分并没有明确 **60**
的界限。一方面，哪些行为可以被称为非法还远未确定。关于发布
名人照片，早已被指出照片系由狗仔队采用强长焦镜头以秘密方式
拍摄这一单纯的事实，从侵害隐私这个意义上来说尚不足以认定其
为非法。[87] 这里，针对公开其形象，公众人物可以通过选定具有屏蔽
公众视野意义的私人场所进行保护。[88] 另一方面，甚至主要政党的领
导人也不应容忍他们的电话被窃听、谈话内容在杂志上被发表。[89]

偶尔，法庭会许可发布以明显非法的方式获取的材料。德国法 **61**
院一直不支持以非法方式获取信息自动导致出版物也是非法的这一
原则。[90] 简而言之，在侵害隐私方面德国法不存在"毒树之果"这
一学说。

这些案例中最著名的一个就是爱挑剔的记者金特·瓦尔拉夫 **62**
（Günter Wallraff），他为了同《图片报》——一份德国最主要的八卦
小报签约，假扮了一个新的身份。[91] 为编辑工作了五个月之后，他辞

86　BGH in［1958］BGHZ 27, 284, 287.

87　As to infringement of the right to one's image see supra no. 34 et seq.

88　BVerfG in［1999］BVerfGE 101, 361, 394 et seq.

89　BGH in［1978］BGHZ 73, 120, 129 et seq.

90　BVerfG in［1984］BVerfGE 66, 116, 137; BGH in［1978］BGHZ 73, 120, 124 et seq;
　　BGH in［1998］BGHZ 138, 311, 319.

91　BGH in［1981］BGHZ 80, 25 et seq.

职了并将他作为知情者的经历编撰成书出版，该书成为畅销书并导致《图片报》在当今学术圈内口碑不佳。《图片报》的出版商针对瓦尔拉夫的调查性内容的出版物申请禁制令，但未获支持。联邦最高法院裁决：知晓与八卦小报有关的丑陋真相的公众兴趣超过报纸出版商可能具有的任何经济上的利益。[92] 接下来，联邦宪法法院被要求重新审议联邦最高法院的裁决。虽然该法院推翻了最高法院的部分判决，但它仍然是以"仅因获取的方式非法这个单一的理由，不能认定消息的发布为非法"这一原则作为出发点的。[93]

63　　　　另外一个最近发生的涉及经济利益而非隐私利益的案子，为刚才的观点提供了另一个例证。[94] 此案中，德国电视频道的一个摄影队在接到住西班牙一个度假胜地的德国游客的投诉后，进驻该处所。摄影队制作了一部反映该建筑极端恶劣条件和设施的片子，准备在德国电视台的新闻专栏播出。已将假日酒店推销给愤愤不平的游客的德国旅行社申请到了一个禁制令以阻止上述材料的播出，但联邦最高法院将其推翻并许可继续播出。在法院看来，摄影队在进入酒店实施不合法行为之前没有征得不动产所有人的允许这一单纯的事实并不表示发布所获得的资料的行为也不合法。[95] 在特定场合，公众了解假日旅游市场、酒店质量以及将酒店房间销售给他们的旅行社的信息所承载的利益，被认为大于旅行社继续诱使顾客前往度假地的单纯的经济利益。

64　　　　显而易见，一般认为市场活动应当服从于合法的公共利益，因此对商业行为的报道并不侵害相关个体的人格权。[96] 概括这一点，可以说发布特定事实方面的公共利益越强，事实离私生活的中心越远，

92　BGH in［1981］BGHZ 80, 25, 33 et seq.

93　BVerfG in［1984］BVerfGE 66, 116, 137 et seq.

94　BGH in［1998］BGHZ 138, 311.

95　BGH in［1998］BGHZ 138, 311, 318 et seq.

96　See also BGH in［1961］BGHZ 36, 77, 80 et seq.

侵害隐私的行为就变得越虚幻。这个关系式可以视作对传统的关于区分有保护梯度的相关三种领域的理论的现代性的重构。即亲密关系、隐私、社会生活。[97] 它仍然属于良法，然而，亲密关系这个领域享受着特殊的保护。甚至公众人物有权将一个领域完全对公众关闭，在这里他们能够接受自己的缺点、治疗疾病以及按自己的性取向生活。

6. 个人信息保护

一般隐私权当中有一个特殊的方面可以阻止以完全合法的方式收集的有关个人的事实的发布，但是仅供有限的目的之用。控制个人信息利用的权利在行政法中广泛存在，起着阻止不同政府部门之间自由交换信息的作用。在私营部门内，其传统的范围表现为医生、律师以及神父所承担的不得披露在履行职务过程中所采集的信息的义务。如果他们违背了保密义务，根据《德国民法典》第 823 条第 2 款、《德国刑法典》第 203 条，他们应当对病人和委托人负责。 65

然而，控制某人使用自己的数据的权利比传统的保密义务更进一步。提出有关隐私权与新闻自由相互作用这些艰涩问题的一个标志性案例是所谓的"莱巴赫（Lebach）案"。[98] 66

1969 年，德军的一个弹药库遭到攻击，四名卫兵被杀，一些武器被盗。该犯罪行径吸引了大量公众注意力，并且在冷战和左翼恐怖主义抬头的时代背景下在民众中引起极大的不安。三名肇事者被抓获并被判处徒刑，其中两人终身监禁，第三人被判六年监禁。三年之后，正值第三名罪犯准备缓刑释放之前，某收视率颇高的德国电视频道打算播出关于这起犯罪的纪录片。在该片中，罪犯的同性恋取向起到了很重要的作用，而且由于他们的照片被展示出来并提到他们的名字，其身份彻底暴露。那名准备缓刑释放的罪犯向法院提出申请，要求禁止电视公司播出该片。对此，他在管辖该案的上 67

97　Cf. K. Larenz/C. W. Canaris（supra fn. 31），§ 80 II 4, 503.

98　BVerfG in［1973］BVerfGE 35, 202, 237 et seq.

诉法院败诉了[99]，但从联邦宪法法院得到了一份禁制令。[100]

68　　　　莱巴赫案非同一般，因为它关涉到禁止信息的发布：这些信息在内容上既不构成误导——披露的属于事实真相；也不是通过非法途径获得——主管编辑知晓其中的绝大多数信息采自公开的刑事审判。促使法官签发禁制令的并不是要隐藏确实实施的犯罪真相的一般性权利，而是保护原告免遭公众愤慨并获得继续其生活的公平机会的利益。[101] 二十五年之后，另一个电视频道制作了一部莱巴赫案的资料片，该片没有披露罪犯的姓名和肖像。其中两名罪犯，有一名还在监狱服刑，再此申请禁制令并成功获得了由上诉法院颁发的禁制令。[102] 和上次一样，联邦宪法法院又一次推翻了上诉法院的裁决，但这一次的结果是许可该片的播出。[103] 法院认为由于并未披露原告的身份，所以该片对原告利益的损害是轻微的，而公众对悲剧事件的纪录片具有合法的利益。一般人格权对于永不面对自身劣迹的利益不再提供保护。[104]

（三）非经济的和财产性的利益

69　　　　关于姓名权和肖像权，《民法典》第 12 条、《与美术和摄影作品著作权相关的法律》第 23 条都有相应的明文保护，他们包括持有人对其姓名和肖像的商业化利用的财产性利益，这是被普遍接受的。[105] 于是，是否将姓名与肖像用于广告目的，应由这些权利的拥有者决定。[106]

70　　　　当然，对他人的姓名与肖像进行商业化利用的利益仅存在于公

99　OLG Koblenz in［1972］NJW 1973, 251.

100　BVerfG in［1973］BVerfGE 35, 202.

101　BVerfG in［1973］BVerfGE 35, 202, 231 et seq.

102　OLG Koblenz in［1998］AfP, 328.

103　BVerfG in［2000］NJW, 1859, 1860 et seq.

104　BVerfG in［2000］NJW, 1859, 1860 et seq.

105　BGH in［1956］BGHZ 20, 345, 350 et seq. ; BGH in［1992］NJW, 2084.

106　BGH in［1956］BGHZ 20, 345, 350; BGH in［1992］NJW, 2084.

众人物。这类人须适用《与美术和摄影作品著作权相关的法律》第
23 条第 1 款第 1 项所要求的无需征得相关当事人同意即可公开其肖
像的例外情形。这个矛盾不难解决，这一点前已述及。即便公众人
物也没有义务容忍利用其每一幅照片或者某一特定的照片。诚如对
躺在医院病床上、与重病抗争的公众人物进行描绘并不存在合法的
公共利益一样，未经肖像所有人的同意，利用受众喜爱的照片给诸
如酒精饮品或者伟哥药丸等做广告同样不存在公共利益。然而，出
现过一些处于两者之间的案例，很难在彼此之间划出一条界线。

在这样一个模棱两可的案例中，法兰克福上诉法院驳回了著名   71
网球选手鲍里斯·贝克（Boris Becker）针对自学网球运动书籍的出
版商提起的诉讼，后者在作品封面使用了该明星的照片。法庭作出
裁决：这种编排的主要目的不在于为了出版商的商业目的而利用名
人的肖像，而是为了与这本书的总体定位，即通过模仿职业运动员
打球的方式教授网球技巧相一致。[107] 联邦最高法院以相似的风格拒绝
针对未经授权将某著名足球运动员的肖像用作再现不同足球比赛场
面的挂历封面的行为进行制裁。[108]

直到 2000 年，一般人格权是纯粹非金钱性质的观点还占主导。[109]   72
结果，在一般人格权受到侵害的情形下，联邦最高法院建立了一套
仅就非金钱损失予以补偿的方案。有两个判决让情况发生了变化，
而这两个判决都与马琳·迪特里希（Marlene Dietrich）有关。

两个诉讼都是由马琳·迪特里希的女继承人——她的独生女针   73
对被告提起的，被告使用马琳·迪特里希的名字制作了一部音乐喜
剧，以"马琳"的名字注册了商标并把使用权转让给了意大利汽车

---

107 OLG Frankfurt in［1989］NJW，402，403.

108 BGH in［1979］NJW，2203.

109 See however BGH in［1959］BGHZ 30，7，9 et seq.

生产商菲亚特汽车股份公司用于一些特定版型号的汽车。[110] 马琳·迪特里希案的判决使一般人格权的性质由清晰转入模糊，对此法庭认定该权利具有两面性：它不仅仅保护个人的非经济利益，例如不得将私生活信息置于媒体关注的聚光灯下，而且保护当事人获得基于名人的姓名、肖像和人格所生之金钱利益。

74 　　随着马琳·迪特里希案判决的作出，第一次民事合议庭评议会（1st civil senate）明确地要求将美国的"公开权"引入德国法中，公开权即对自身人格及其为商业目的而进行利用的财产权利。这个动作对相关问题产生了全方位的重大后果，对此且容后文叙述。概括起来，最为重要的包括：

　　● 一旦发生侵权，法庭不限于仅判处非金钱赔偿，而且还可以认定原告所遭受的金钱损失。

　　● 关于经济损失的数额，法庭必须遵循为诸如专利与商标等其他知识产权所确立的特殊规则，它们不仅可以对实际损失进行补偿，而且还要求被告将所获利益予以返还。

　　● 一般人格权的财产性的一面可以存续到人死之后，并作为财产的一部分移转于继承人。[111]

75 　　应当注意：马琳案判决的说教并未得到一致的支持，却招致评论者尖锐的批评，批评者称法庭对人格权的全面商业化倾向加以支持而不是予以抵制。[112]

---

110 BGH in ［1999］BGHZ 143，214，218 et seq. = ［2000］NJW，2195 = ［2000］GRUR，709 note G. Wagner = ［2000］JZ，1056 note H. Schack；BGH in ［2000］NJW，2201 = ［2000］GRUR，715 note G. Wagner. Cf. also E. Ullmann，［1999］AfP，209 et seq.，G. Wagner，［2000］ZEuP，200 et seq.；H. P. Götting，Persönlichkeitsrechte als Vermögensrechte（1995）.

111 参下文边码82。

112 H. Schack，［2000］JZ，1060，1062；K. N. Peifer，Individualität im Zivilrecht（2001），291 et seq.

（四）死后的保护

1. 一般保护

人格权的保护并不必然随着受害人的死亡而终止。德国宪法提 76
供了将这些权利延伸到权利人死亡之后所需的手段，人格权领域的
很多进展均建立在此基础上。虽然《宪法》第 2 条为生命、健康和
自由所提供的宽泛保障仅适用于活着的人，而《宪法》第 1 条第 1
款所尊奉的人格尊严的情况大不相同。[113] 人格尊严是非常独立于特定
人的福祉的一种价值，亵渎墓碑案对此作了阐释。即便死了很长时
间并且没有照料墓碑的亲属存在，此种行为依然侵害了人格尊严并
按照"没有受害人"的犯罪提起公诉（《刑法典》第 168 条第 2
款）。

一般人格权得到承认后不久，德国民事法庭也认可该权利至少 77
某些核心方面在人死之后仍可存续。由于《与美术和摄影作品著作
权相关的法律》第 22 条第 3 款明确规定肖像权的保护期一直持续到
画像的主人去世后满十年，而且任何对出版该肖像感兴趣的人必须
征得死者近亲属的同意，对肖像权而言，情况至为明了。[114] 随着这样
的制度业已被载入典册，就像它本身容易泛化一样，它转向一般人
格权的另一面就不足为奇了。事实上，联邦最高法院从未抱有一般
人格权如同财产一样移转于死者的继承人这样的理论，而是准备许
可生者实施某些倘使死者继续活着的话他所喜欢采取的保护措施。

这方面的开创性案例当属"墨菲斯托（Mephisto）"案，《墨菲 78
斯托》是由克劳斯·曼创作的一部关于纳粹体制下某个过度追求名
利的演员为内容的小说。小说的主角被公认系以作者的前姐夫古斯
塔夫·格林德根斯（Gustav Gründgens）为原型，其被描写成丑陋、
不计后果的机会主义者。该书写成于克劳斯·曼逃离德国后的 19 世

---

[113]　BVerfG in〔1971〕BVerfGE 30, 173, 194；BVerfG in〔2001〕NJW, 594.

[114]　Cf. as an illustration BGH in〔1996〕NJW, 593.

纪 30 年代，1956 年首次在德国出版，虽然出版商来自东德。1963
年，格林德根斯死后不久，一位西德的出版商发行了一个新版本，
结果遭到那名已故演员的唯一继承人的起诉。联邦最高法院依原告
申请签发禁制令，不是因为申请人从死者处"继承"了一般人格权，
而是因为死者人格权的核心内容可以延续到他死后，并可由近亲属
来行使，不管这些亲属是否属于继承人之列。[115]

2. 保护范围

79　　当然，在相关当事人死后尚存的特定权利的核心范围内针对诽
谤与公开不实形象之侵害是保护的。歪曲形象的侵权是"墨菲斯托"
案的要旨，菲耶特·舒尔策（Fiete Schulze）案亦然，该案中，卷入
左翼与右翼不时发生的暴力冲突的一个德国共产党党员的女儿在战
后起诉一份右翼报纸，该报将她的父亲称为"杀人犯"。[116] 基于相同
的理论，法院认以保护表现主义画家埃米尔·诺尔迪（Emil Nolde）
的作品为据，允许阻止对已故艺术家画作的赝品进行发行，即使是
在这位画家去世三十多年之后。[117] 在这些案件中，允许近亲属申请禁
制令和以同样的方式进行补偿，例如收回妄称他人有罪的话。相比
之下，联邦最高法院早已明确：非金钱损失赔偿限于对直接受害人
本人适用，而不得为了近亲属的利益在死者身后给予非金钱损失的
赔偿。[118] 尽管《德国民法典》于 1990 年放弃了最初对于非金钱损失
赔偿请求的转移的敌视态度，删除了《民法典》原第 847 条第 1 款
第 1 项，但这个判决至今仍然不愧为良法。

3. 时间范围

80　　一般人格权在人死后还可以继续存在多长时间是一个仍需探究

115　BGH in［1968］BGHZ 50, 133, 137; cf. also BGH in［1954］BGHZ 15, 249, 259;
　　　BGH in［1974］GRUR, 797, 798; BGH in［1989］BGHZ 107, 384, 391.

116　BGH in［1974］GRUR, 797, 798.

117　BGH in［1989］BGHZ 107, 384, 391 et seq.

118　BGH in［1974］GRUR, 797, 800.

的事情。由于《与美术和摄影作品著作权相关的法律》第 22 条第 3 项明确规定了十年的延续，肖像权的问题已经解决，但在这方面该规定不适宜于一般化。在埃米尔·诺尔迪案中，法院准备考虑给予人格权不少于死后三十年的保护期。此外，把这一裁决当作其他案件的一个蓝本必须谨慎。法庭强调该案事实的特殊性，即赝品对具有国际声誉的画家的作品产生了不良影响，并且对作为遗产的画作产生了极大的危害。[119]

4. 潜在的原告

另一个悬而未决的问题关系到有权行使死后人格权的主体。联邦法院业已阐明这一权利并非授予死者的继承人——但是，那它究竟授权给了其他什么人呢？《与美术和摄影作品著作权相关的法律》第 22 条第 3 项所指的亲属（Angehörige）是在私法的其他领域中未曾听说过的难以捉摸的范畴。然而，在刑法当中它是一个熟悉的概念，比如，刑法诽谤领域中为死者的配偶、其他永久性伴侣和子女（《刑法典》第 77 条第 2 款、第 194 条第 2 款）保留了提起刑事诉讼的权利。这些人的共同点在于当受害人去世时，他们与前者具有较近的人身关系，不管这一关系建立在血缘还是婚姻的基础之上。生者的法律地位无关紧要；重要的是他或她与死者人身关系密切。在诺尔迪案中，联邦最高法院甚至许可画家的遗孀将其行使已故丈夫尚存人格利益的权利转让给为保护其丈夫的作品而设立的基金会。[120] 81

5. 财产性人格利益

就死后的人格利益执行所述的一切，仅适用于一般人格权组成部分当中那些本质上保护非经济利益的。前文已经释明，马琳·迪特里希案已经在一般人格权的范围之内认可了一项新的内容，它涵盖了为了商业目的，例如通过广告、赞助和类似方式利用其人格的 82

119　BGH in〔1989〕BGHZ 107，384，392 et seq.

120　BGH in〔1989〕BGHZ 107，384，389.

权利。[121]法庭清楚地预料到这一变化的后果，并且明白不得不坚持财产性人格权这个新近发展出来的概念。在死者去世时，该权利与属于财产权的任何其他财产的权利一样被同等看待：它并非移转于近亲属（angehörige），而是移转于继承人，无论他们是否属于近亲属。[122] 假如继承人不属于亲属之列并且寻求为近亲属所反对的、对死者人格权的商业利用，情况会怎样尚不明朗。[123] 看一看联邦最高法院将会如何解决这种利益冲突应该很有趣。

83　　假如一般人格权的其中一部分具有财产性的性质，有人或许会认为它会永久持续下去。不过，这是错误的。法庭已经阐明意欲以一种与非经济的、在人死后不再无期限地存续的人格利益对财产性人格权加以限制。仅就保护多长时间而言，与非经济性的人格利益一样，尚不明确。无论如何，《与美术和摄影作品著作权相关的法律》第22条第3项的十年法定延续期充当了一个标杆，确定了最低保护期。[124]

三、侵权责任

（一）概述

84　　在德国，侵权责任建立在过错基础之上，即只有当被告出于故意或者出于过失造成损害时才承担。严格责任原则对过错责任领域的介入有很多，但总是依赖于立法行为，因为法庭实行司法上的自我限制，在关于法律的特定领域的动议中否决了自身引入严格责任

121　Supra no. 72 et seq.

122　BGH in［1999］BGHZ 143, 214, 226 =［2000］NJW, 2195 =［2000］GRUR, 709, note G. Wagner =［2000］JZ, 1056.

123　For such a scenario see H. Schack,［2000］JZ, 1060, 1061.

124　BGH（1st senate）1.12.1999 BGHZ 143, 214, 227 et seq; for a critical appraisal see H. Schack,［2000］JZ, 1060, 1062.

的权力。[125] 没有一部提到严格责任的法规涉及到出版社或其他媒体的活动；此外，这些法规仅保护有形财产和身体的完整性，在目前情况下不保护相关非身体的人格利益。于是，新闻界的责任取决于原告能够证实过错。

（二）记者

假如某新闻记者写了一篇侵害了他人人格权的文章或者其他媒体文稿，则他通过自己的行为造成了损害，进而根据《德国民法典》第 823 条第 1 款承担损害赔偿责任。[126]   85

我们应该牢记：记者仅对他们自身的陈述和决定负责，而不是对出现在他们为之出力的报纸或者节目中的一切负责。他们所做的仅仅是为他人说出他们的内心想法提供一个机会，他们只是提供一个交换意见的场合，因而不必对争论的参与者所表达的观点负责。[127] 如果记者采用了第三方的陈述而却看似他本人的，情况就不同了。[128]   86

在早期曾吸引广泛关注的一起案件中，某个周刊登载了关于电视播音员的系列报告。[129] 其中描写原告表现的一段话包含了大量贬损的语言，诸如她看起来像一只山羊、她能让牛奶变酸以及她真正地属于汉堡黎坡班红灯区的二流窝棚里的人等等评价。尽管撰写文章的记者把这些作为第三方的意见提出，但他未采取措施使他本人与贬损性的语言相区分。相反，整个段落的风格和要旨清楚地表明他对意欲报道的原告的表现持同样的评价。因为这个原因，他被判对损害承担责任并被判支付巨额的非金钱损害赔偿金。   87

---

125 For details see MünchKomm/G. Wagner （supra fn. 48）, before Sec. 823 no. 23.

126 BGH in ［1976］BGHZ 66, 182, 188 = ［1976］NJW, 1198；MünchKomm/G. Wagner （supra fn. 48）, Sec. 824 no. 60.

127 BGH in ［1976］BGHZ 66, 182, 188 et seq.

128 BGH in ［1976］BGHZ 66, 182, 188 et seq；BGH in ［1994］, BGHZ 128, 1, 11 = ［1995］NJW, 861, 864；BGH in ［1996］BGHZ 132, 13, 18 = ［1996］NJW, 1131, 1132；for a critical appraisal see MünchKomm/G. Wagner （supra fn. 48）, Sec. 824 no. 30.

129 BGH in ［1963］BGHZ 39, 124, 127.

88   从对将要发生的损害采取保护措施的费用与损害的发生概率之间进行平衡这个意义上看，适用于记者的注意标准是普通的标准。损害的大小通常取决于所传播的信息的内容。就名副其实的丑闻案来说，政治家和其他官员无论在金钱与非金钱方面都将遭受严重的损失，对此不得等闲视之。由于可以肯定贬抑性事实的发表会对有关人士构成伤害，所以实际发生损害的可能性通常是没有疑问的。方程式的另一边是对记者行之有效的保护措施，即在事件与谎话一起被公开之前，他享有对事实进行调查并进一步对事件加以展开的选择权。尤其是当记者的评价超出了他的能力所及，为了证实某些事实，记者有义务采访目击证人、咨询专家。能量巨大的调查性新闻工作在于将通讯社提供的消息转换成容易为一般公众所领悟的文章。在此情况下，记者不必亲自进行发现事实的活动，而是允许推定由可信赖的通讯社提供的消息为正确无误，只要他没有理由怀疑即可。[130]

89   由于《德国民法典》第824条第2款就诽谤的特殊情形已有明确规定，法庭不得适用狭窄的检验标准，将注意力仅仅集中在侵权行为人与受害人的各自耗费方面。此外，（向人们）告知当下发生的事件以及获取足够的信息方面存在的公共利益是必须加以考虑的。[131]于是，信息流通过程中的公共利益必须与采取有效保护措施的耗费一同加以评估，并且当某个具体消息公布出来，必须与由此受到负面影响的当事人的权益进行权衡。[132]提示消息所包含的公共利益越强以及保护措施的成本越高，则在尚未对可依托的消息源作彻底研究、调查的情况下就将消息予以发布的行为就愈可为人们所接受。

---

130 BGH in [1998] BGHZ 139, 95, 106; OLG Karlsruhe in [1993] NJW-RR, 732, 733; Münch-Komm/G. Wagner (supra fn. 48), Sec. 824 no. 50.

131 For details see MünchKomm/G. Wagner (supra fn. 48), Sec. 824 no. 40.

132 MünchKomm/G. Wagner (supra fn. 48), Sec. 824 no. 41; see also BGH in [1986] NJW, 981, 982.

（三）编辑

编辑对在其部门工作的记者的行为不承担责任，但是应对其自 90
身过错行为和不作为承担责任。由于对用以编排电视节目或报纸的
各式各样的素材加以整合是编辑的义务，所以对这份责任不应掉以
轻心。他对某个具体消息的发布作出决定是终局性的，而且作出该
决定必须达到所要求的注意标准。因此，编辑必须确保供职于其所
在部门的记者履行了调查与核实的相关义务。[133] 在常规工作中，他必
须根据职责对记者的工作进行抽样检查。如果他获取了外部消息，
使得对某一则新闻的准确性产生怀疑，或者对某个记者责任心产生
怀疑，那么他必须采取进一步措施并且亲自对事实展开调查直至合
理的程度。[134]

（四）出版者

出版者被最高法院称为"出版物的主人"。[135] 主导性的角色导致 91
承担严重的责任，虽然事实上出版者本人并未实施诸如调查、编辑
等"行为"。首先，根据《德国民法典》第 831 条，出版者作为雇
主应当对为其工作的雇员，即记者和编辑的不当行为负责。[136] 对于出
版者来说，有个好的消息是德国法并未承袭"雇主负责"（*responde-
at superior*）原则，从而，雇员的不当行为就不归咎于雇主，而是雇
主仅对其自身过错负责，即就其选任过失（*culpa in eligendo vel custo-
diendo*）承担责任，唯一细化的要求是举证责任预先分配给雇主承
担。根据《德国民法典》第 831 条第 1 款的规定，应由雇主来证明
他在对雇员的选任、指导过程中尽到了合理的注意，而不是由受害
人来证实雇主存在过错。

---

[133] BGH in ［1976］BGHZ 66，182，188 = ［1976］NJW，1198，1199；MünchKomm/
 G. Wagner（supra fn. 48），Sec. 824 no. 60.
[134] MünchKomm/G. Wagner（supra fn. 48），Sec. 824 no. 60.
[135] BGH in［1963］BGHZ 39，124，129；BGH in［1974］GRUR，797，798.
[136] BGH in［1951］BGHZ 3，270，275；OLG Oldenburg in［1989］NJW，400，401.

92　　　　由于与一般人格权无涉，以及该条款在面对媒体时的脆弱性，《德国民法典》第 831 条的原则自 1900 年法典实施之时起即一直呈衰落之势。为了让雇主、事实上的商业企业承担起比民法典预设的框架更为宽泛的责任，围绕着雇员的行为不应当归咎于他们的雇主这一原则，法庭尝试了各种方法。[137]其中一种特别重要的工具就是不可转授责任，使得通过第三人损害最小化的方式对公司实施管理。出版者有责任采取必要的管理和组织措施以避免对他人的损害。[138]由于这项义务的原因，通过证明在选择雇员时尽到了自己的义务来免除替代责任的可能性就不存在了。假如出版者是诸如公司那样的法律实体，根据《德国民法典》第 31 条，就职员的作为和不作为逃避责任是不被允许的，出版者应当对其部分职员的过错行为承担责任。鉴于以安全的方式对公司进行组织、管理是高级职员义不容辞的责任，并且不得再委托给一般雇员，所以新闻集团本身通常无法就为其工作的记者和编辑的过错行为逃避责任。

（五）第三方

93　　　　媒介产业的技术人员，诸如印刷工或者排字工，由于他们的活动对出版物的内容而言是中立的，所以不承担责任。[139]

94　　　　即使供职于媒介产业并掌控媒介产品内容的人们的责任被作了广义解释，这也不能成为其他人摆脱责任的理由。特别是，广告或商业事务专员应当对其发布的内容负责，而不应当拿发布其广告的报纸、杂志或电视频道的责任当作挡箭牌。[140]

137　For details see MünchKomm/G. Wagner（supra fn. 48），Sec. 823 no. 370 et seq.

138　BGH in［1963］BGHZ 39, 124, 130; 4. 6. 1974 GRUR 1974, 797, 798.

139　C. Ahrens, Persönlichkeitsrecht und Freiheit der Medienberichterstattung（2002），no. 171.

140　BGH in［1961］BGHZ 35, 363, 366.

四、救济

（一）实物补偿

《德国民法典》第 249 条第 1 款规定的德国式损害赔偿规则主要   95
准予实物补偿，即对损害负有责任者必须恢复原状，或者更确切地
说假如没有发生侵权行为，势必存在的事实状态。于是，当一般人
格权的概念被法院创制出来的时候，所给予的救济就是实物补偿。
在此前报道的"沙赫特案"中，原告要求被告报纸予以更正，该报
纸曾经以"寄给编辑的私人信件"的形式转载了一份备忘录以声援
其委托人。[141]一旦联邦最高法院创制出值得法律保护的一般人格权，
法庭给予救济就毫无困难。[142]根据德国损害赔偿法，有疑问的不在于
禁制令救济或"特定履行令"，而在于作为对非金钱损失补救的金钱
赔偿。[143]可以实物赔偿的最重要的救济当属稍后拟加以讨论的禁制令
与移除权。[144]

（二）对金钱损失的货币赔偿

一旦一般人格权得到认可，根据德国法的原则，即根据《德国   96
民法典》第 249 条第 2 款第 1 项所规定的条件，可给予金钱损失赔
偿。这个规定要求受害人由于一般人格权被侵害而遭受了金钱损失。
经济损失的因果关系在侵害隐私及与一般人格权相关的尊严的情形
中，似乎只有极小的可能性。然而，不应当忘记，《德国民法典》明
确针对名誉权的仅有的规定，即第 824 条旨在针对纯经济损失保护
那些曾遭受有关经济事务方面的虚假陈述损害的人。[145]当为《民法

141　See supra no. 8.
142　BGH in［1954］BGHZ 13, 334, 341.
143　See supra no. 9 et seq. and no. 14 et seq. , and infra no. 97 et seq.
144　See infra no. 101 et seq.
145　MünchKomm/G. Wagner（supra fn. 48）, Sec. 824 no. 3.

典》第 823 条第 1 款所固定的一般人格权受到影响时，同样给予经济损失的赔偿，比如由于诽谤性的媒体报道导致雇员被解雇[146]或自营职业者因顾客离他而去而遭受损失。[147]这一种类型的损失的问题不在于赔偿的条件，而在于难以确定赔偿的幅度。受害人常常不能提供确凿的事实和数据，这使得法庭可以对因诽谤或其他侵害人格权的行为而失去的收入的金额加以估量。关于这一点，《德国民事诉讼法》（Zivilprozeßordnung，ZPO）第 287 条允许法官对损失的数额进行估量，适用更为宽松的证明标准：假如证据表明原告遭受的损失程度较之主张赔偿的金额较有可能，那就足够了。

（三）对非金钱损失的货币补偿

1. 《2002 年改革法案》之后的法律状况

97 　　前已述及，联邦最高法院借助人格尊严与自决的宪法保障，设法克服《德国民法典》原第 847 条的狭隘限制。[148]对非金钱损失给予货币补偿限于债法的这一分支，将违约的损害赔偿还有超出合同范围的严格责任排除在外，这一点从《民法典》第 847 条在侵权行为法这一节的定位就可以推断出来。这两个方面的限制已被 2002 侵权法改革法案所摒弃，后者将《民法典》第 847 条移到损害赔偿法一般规定的章节之中，成了《民法典》第 253 条的第 2 款。[149]然而，如今同以往任何时候一样，法条并未提及一般人格权，而是聚焦于物质实体层面的人的完整方面的利益——身体完整、健康、自由、性自主。假使 2002 年立法者没有动议将一般人格权纳入现行《民法典》第 253 条第 2 款之中，那么提出对侵害一般人格权给予金钱补

---

146 OLG Köln in［1993］ZUM, 34 et seq.

147 BGH in［1994］NJW, 1950, 1953.

148 Supra no. 12, 17.

149 Zweites Gesetz zur Änderung schadensersatzrechtlicher Vorschriften, 19. 7. 2002, BGBl. I, 2674; for details of the reform act see G. Wagner, ［2002］NJW, 2049, 2053 et seq; G. Wagner, Das neue Schadensersatzrecht（2002）, 33 et seq.

偿的既定判例法应予废弃的建议决非武断之举。总之，假如立法者想要让这一判例法延续下去，他们完全可以轻而易举地在条文中加以明确规定。然而，事实上，毫无疑问，最高法院将会继续援用这一判例法，并且将来还会对侵害一般人格权作出金钱赔偿的裁决。[150]首先，法庭已通过直接依据宪法，即保障人的尊严与自决权，而明确切断了这种救济同《德国民法典》原第847条之间的联系。[151]其次，2002年"法案"未触及该问题的唯一理由是：由于议会选举迫在眉睫，政府竭力避免挑动媒体的抵抗行动，后者很可能导致整个法律改革计划瞬间无可逆转地终结。[152]基于这些原因，对非金钱损失给予货币赔偿的既定原则得以保留，甚至应当扩大到由违反合同义务导致的尊严损害。[153]

2. 金钱损害赔偿的条件

由于《德国民法典》制定时对于以货币方式赔偿非金钱损失抱有敌意，联邦最高法院似乎总是有点昧着良心，从而将其作为不赔偿规则的一个例外来对待。在著名的"人参"案判决（Ginseng-decision）中，对金钱赔偿提出了相当严密的先决条件。[154] **98**

"人参"案的原告是一名来自奥地利的宗教法领域的教授，他在从韩国返回时携带了一些人参的根须，并把这些东西给了跟他要好的一名药理学教授供研究之用。1957年该药理学家在完成了他的研究之后，在一篇有关人参根须的科学论文中报告了他的发现，而且还彬彬有礼地对为他提供研究原料的朋友表示感谢。被告在德国销 **99**

150 G. Wagner［2002］NJW, 2049, 2056 seq; G. Wagner（supra fn. 141）, no. 40 et seq.; G. Wagner,［2004］Juristenzeitung（JZ）, 319, 328 seq.
151 Supra no. 9 et seq.; BGH in［1994］BGHZ 128, 1, 15; see also BGH in［1961］BGHZ 35, 363, 367, supra, no. 14.
152 G. Wagner［2004］JZ, 319, 328 seq.
153 G. Wagner［2004］JZ, 319, 329 seq.
154 BGH in［1961］BGHZ 35, 363 et seq.

售保健食品，包括含有人参提取物的一款产品。制造商在广告中列举了人参的积极功效，其中治疗阳痿是其功能之一，而且指称原告是这方面的权威。毫不奇怪，由于原告不得不应付来自同事和朋友的嘲笑和轻慢，在 20 世纪 50 年代一名宗教法领域的教授与催情用品之类的东西牵扯在一起，导致上述结果是必然的。他为此很是不悦。于是，他起诉要求赔偿损失，并得到支持。

100　　法庭裁决这种补偿要求满足以下条件：首先，恢复原状，例如禁制令、更正以及全面而公平地收回所说的话并不足以弥补原告遭受的全部损害；其次，损害要足够严重以证明金钱赔偿是正当的，要么是因为损害特别严重，要么是因为侵权行为人故意或者不计后果地实施加害。[155] 如若为追求商业利益而侵害人格权，那么这两个条件全凭推定得出。[156]因此，从很早以来威慑原则就在人格权保护的发展中起着决定性的作用。如果需要的话，对于非经济损失，除了要求撤回的禁制令之外，可以判令金钱赔偿，假如禁制令不足以使受害方得到全面补救的话。[157]

（四）禁制令与删除权

101　　前已述及，德国法对无法度量的损失给予金钱赔偿抱有敌视的态度，但是对于实物赔偿和特定履行令则否。因此，禁制令救济是现成的，也是日常诉讼的通用方式之一。[158]进一步讲，由于受害人为寻求赔偿不得选择针对侵权行为的居先的直接诉讼，所以禁制令的救济方式优先于金钱补偿。"忍受与清算"，或曰"受损与索赔"这一传统原则并不适用于侵害一般人格权的情形。在此，适用相反的格言：假如受害人未能通过寻求对被告发布禁制令的方式积极地采

155　BGH in［1961］BGHZ 35，363，369.
156　BGH in［1961］BGHZ 35，363，369.
157　BGH in［1994］BGHZ 128，1，13.
158　See supra no. 95.

取措施以避免损失，那么他就不得为了索取金钱损害赔偿而诉诸法庭。

针对媒体活动的禁制令救济的标准模式是撤销权。[159]该权利仅适 102
用于对事实的陈述，因为撤回意见是毫无意义的。[160]假设受害人遭到来自出版物的有关事实陈述的侮辱，关键问题在于原告能否成功证实该陈述为虚假。如果他做到了，他就有资格发布一项命令，责令全面、公平地将该陈述予以撤回。假如被告方成功说服法庭该陈述是正确的，随之而来的是原告必定败诉。于通常情形，无法证明其真实，根据签发的撤销令，案件以有利于原告的形式得以解决。然而，在案情不明的情况下，撤回并非"全面而公平"的，而仅仅是有限的：被告所必须做的，是保证他不再继续陈述，而不是彻底撤销。[161]

最后，值得一提的是，当适用禁制令这种救济时，在德国侵权 103
法上作用甚巨的过错要求不再适用。传统的见解坚持认为过错要件的配置源于《德国民法典》第 1004 条所规定的排除妨碍之诉（actio negatoria）的一般化，但更为妥当的观点是故意与过失在禁制令式救济的场合下失去了目标。[162]前已述及，禁制令式救济措施仅于有争议的陈述的真伪已得到证明的情况下方可签发。然而，假如该陈述已被证明为虚假，则被告须承担不得重复该陈述的责任以及将其撤回的责任。于是，疏忽的问题仅仅在（事实的真伪）不确定的情况下于事前发挥作用，此时只需确定：在拿原告的利益进行冒险而发表

---

159 For a discussion of the details to follow see MünchKomm/G. Wagner（supra fn. 48），Sec. 824 no. 54 et seq.

160 BGH in［1953］BGHZ 10, 104, 105 seq；BGH in［1962］BGHZ 37, 187, 189 et seq. =［1962］NJW, 1438；BGH in［1994］BGHZ 128, 1, 6 =［1995］NJW, 861.

161 BGH in［1962］BGHZ 37, 187, 190 =［1962］NJW, 1438；BGH in［1975］BGHZ 65, 325, 337；BGH in［1977］BGHZ 69, 181, 182 et seq.

162 BGH in［1960］. BGHZ 34, 99, 102 et seq. ; see also MünchKomm/G. Wagner（supra fn. 48），Sec. 823 no. 14 et seq. , Sec. 824 no. 54.

该陈述之前，被告应当在多大程度上实施调查。

（五）惩罚性赔偿

104　　在德国民法中不适用惩罚性赔偿乃是得到认可的智慧。在承认
与执行美国法院判决的一项包含惩罚性赔偿的著名裁决中，联邦最
高法院甚至认定其有违公共秩序。[163]然而，对调整侵权法不同领域的
法律规则的仔细观察揭示出惩罚性的因素并非完全与德国习惯做法
相左，至少惩罚的目的不可等同于复仇，而与威慑是一致的。[164]一个
有趣的例子与未经授权使用（他人）音乐财产权有关。在该案中，
侵权行为人所应承担的赔偿责任金额不是假使他业已征得相关机构
同意后所应支付的金额，而是相对于许可使用费两倍的金额。[165]对这
一法理的唯一解释是假如事后让他们承担与许可使用费相同数额的
责任，那么潜在的侵权行为人就没有动力去事先征求（权利人的）
同意。

105　　在媒体侵害人格权的范围内，很多评论家相信让摩纳哥的卡罗
琳公主获得一大笔金钱以供另行刊载一则作为该新闻杂志对伤害进
行弥补的、完全无害的采访，——（另行安排）"现实"采访的要
求业已被摩纳哥王室法庭驳回，[166]联邦最高法院在其判例中采纳了惩
罚性赔偿的某些成分。事实上，法官抱持着这样的主张：判处的损
害赔偿额必须高到足以对可能的潜在侵害构成有效威慑。[167]作为这个

163　BGH in［1992］BGHZ 118, 312, 344 et seq.; see also BVerfG in［1994］BVerfGE 91,
　　335, 343 =［1995］NJW, 649; BVerfG in［2003］NJW, 2598, 2599.

164　MünchKomm/G. Wagner（supra fn. 48）, before § 823 no. 37; P. Müller, Punitive Dama-
　　ges und deutsches Schadensersatzrecht（2000）, 126 et seq.

165　BGH in［1955］BGHZ 17, 376, 383; BGH in［1972］BGHZ 59, 286, 287 et seq.

166　Cf. R. Stürner,［1998］AfP, 1; R. Stürner, FS Bernhard Großfeld, 1999, 1201 et seq.;
　　H. P. Westermann, in: Einheit und Folgerichtigkeit im Juristischen Denken（1998）, 125,
　　137 seq; M. Körner,［2000］NJW, 241, 243 et seq.

167　BGH in［1994］BGHZ 128, 1, 16; BGH［1996］NJW, 984, 985.

裁决的结果，原告获得了一笔大致相当于九万三千欧元的赔偿。[168]根据普通公民在失去肢体时可获得一笔相同金额的赔偿金这一事实，而且与其他身体伤害[169]的赔偿的分类两相比较，看起来联邦最高法院已朝因转载虚假却无害的采访（所应支付的）的另一种有节制的赔偿当中"添注了"实质上的惩罚性因素。

假如沿着联邦最高法院的思路，即这些案件仅涉及非金钱损害　106
赔偿，那么就必然得出这样的结论：惩罚性损害赔偿对于侵害名人的一般人格权来说虽然某种程度上属于隐含的要素，但仍然是一种实实在在的责任。

原告真正要求的是非经济损失的赔偿而不是对未经授权即盗用　107
（他人）的宝贵人格权的行为要求补偿——这个推定可以追溯到这一判例的诞生之日，即"赫伦斯莱特"案的判决。[170]尽管科隆市的这位名人明确要求就其肖像的利用进行补偿，而且，尽管事实上联邦最高法院在数年前的"保罗·达尔克（Paul Dahlke）案"中已支持了这样的请求[171]，但目前联邦最高法院声称该请求的确属于非金钱损失的赔偿。[172]

根据这一主张，显然确定无疑的是卡罗琳得到了比适当的为了　108
单纯补偿的目的数目更多的金钱。事实上，她是否由于在邻国的一本八卦杂志上发表的一则内容无害的采访"遭受痛苦"尚不得而知。极有可能，该损害赔偿的补偿性因素为零或者接近于零。

然而，针对卡罗琳一案，从名人的人格权不仅具有非经济属性，　109
而且沿着另一路径其具有显而易见的财产性的前提来看，存在一种

168　OLG Hamburg in［1996］，NJW，2870，2871 et seq.

169　Cf. G. Wagner,［2000］VersR，1305.

170　See supra no. 12.

171　BGH in［1956］BGHZ 20，345，353.

172　BGH in［1958］BGHZ 26，349，350，353.

不同的解读。[173] 根据这个理论，在卡罗琳一案当中真正利害攸关的不是防止原告遭受诽谤、隐私侵害之类的东西，而是将她的财产性人格权作为一项财产强制执行，即她的公开权。从这个观点出发，实质性的损害赔偿仅仅具备补偿的属性，就如同一名交通事故的行为人不得不对名贵轿车的车主支付实质性的金额旨在弥补受害人的损失是一个道理——即便其并未真的因损失而"遭受痛苦"。如上所述，人格权的财产性理论在最近的马琳·迪特里希一案的判决中业已得到最高法院民事第一审判庭的支持。[174] 主管侵害隐私案件审判的民事第六庭是否会沿袭这一路径并认可在诸如摩纳哥的卡罗琳一案的案件中利害攸关的不在于痛苦或者任何其他非金钱损失，而在于对属于原告的宝贵财产——对其闻名于世的人格的利用权在未经授权的情况下被（他人）盗用予以补偿。对此，人们拭目以待。

（六）不当得利

1. 返还请求权的要件

110   大众传媒为了获利经常侵害人格权，问题由此产生——受害人是否还可以主张返还。侵害人格权返还赔偿的相关问题同前文就惩罚性赔偿的讨论密切相连。即，根据侵害财产性权利及人身权利分为经济损失与非经济损失。根据德国关于返还的法律规定，诉讼权利的存在要求被告利用了另一方的受法律保障的利益。虽然《德国民法典》第 812 条第 1 款的文字上并未提到这一点，但人们普遍承认并非任何合法利益都可以作为返还复原的基础，而是仅限于那些具有财产性（vermögensrechtlicher zuweisungsgehalt）的权利。[175] 只有当被告利用了对其合法享有者具有经济价值的某种地位时，他才负

---

173   G. Wagner, ［2000］ZEuP, 200, 220 et seq.；G. Wagner, ［2000］VersR, 1305, 1307 et seq.

174   Cf. no. 73.

175   K. Larenz/C. W. Canaris, Lehrbuch des Schuldrechts II/1（13th edn. 1994），§ 69 I 1, 171；MünchKomm/M. Lieb, Vol. 5（supra fn. 48），Sec. 812 no. 249.

有返还的义务。于是，显而易见的问题就成了人格权是否保护经济利益，抑或仅仅保护非经济利益。

在上文刚提到的"保罗·达尔克案"判决的早期裁判路径方面，联邦最高法院支持了一项申请复原的请求，判决出于商业目的在未经同意的情况下使用著名演员的肖像构成一项以他人肖像权为代价的不当得利。[176] 这一推理链条被随后的许多判决所依循，其中有当红明星的形象被印在 T 恤衫上[177]，著名电视人物的照片被用于当地眼镜店的广告活动[178]，甚或著名的赛车队的名字被用于玩具车[179]，其中没有一项曾征得有关当事人的同意。

在"赫伦斯莱特"一案中，法院选择了一条不同的路径，裁决该请求属于非经济损失的请求，于是对不当得利的请求路径构成排斥。[180] 由于"赫伦斯莱特案"中的科隆名流绝不会同意将他的照片公开用在一则壮阳药的广告当中，所以"保罗·达尔克案"与此不同。[181] 结果，返还请求的存在取决于被诉的发表行为在事先征求受害人意见时他是否有可能表示同意。如果答案是肯定的，可以判给恢复性的损害赔偿；如果答案是否定的，那么该请求系非金钱损失，并不得指令恢复原状。幸亏有这个分歧，人格权经济属性的观念在德国法中一直保存了下来，并容许民事第一审判庭根据这一理论作出马琳·迪特里希一案的判决。

111

112

176 BGH in [1956] BGHZ 20, 345, 354 et seq. ; 50 years earlier yet the Imperial Court in its decision in the Bismarck case (two photographers burst into the room where the German Chancellor was laid out and took photographs of his body) RG in [1899] RGZ 45, 170, 173.
177 BGH in [1987] GRUR, 128, 129.
178 BGH in [1992] NJW, 2084.
179 BGH in [1981] BGHZ 81, 75, 77 et seq. = [1981] NJW, 2402；BGH in [1992] NJW, 2084, 2085.
180 BGH in [1958] BGHZ 26, 349, 353.
181 Ibid.

2. 返还性请求的优点

113　　根据德国法的一般原则，补偿性和复原性损害赔偿并非排他性救济。所以，受害人可自由选择将其请求建立在不当得利或者侵权行为的基础之上。为何潜在的原告选择不当得利的诉讼请求而不是以侵权提起诉讼？

114　　答案体现为两个方面。其一，由于对过错没有要求，所以基于不当得利的请求更容易成立。[182] 将所获得的，更确切地说，占用的利益予以返还的义务，随着对他人权利的利用而产生，不管被告是否知道或者应当知道他正在侵犯别人的合法领域。因此，在眼镜商利用著名演员的照片在当地报纸上做广告的案件当中，尽管该眼镜商系从他的生意伙伴那里得到照片并被告知可出于广告目的自由利用该照片，但是（原告的）诉讼请求仍然得到支持。[183] 法庭确认被置于被告处境的理性人是没有理由预知的，而且也会实施该广告活动。但被告依然有责任返还。

115　　与侵权损害赔偿请求权相比，返还请求权的第二个优点在于无需证明损害的存在，事实上，它们全然避开了损害的要求。不当得利关涉到被告被迫交出所获利益，而不是原告所受损失的补偿。由此产生的视角的变化对原告颇具价值，原告要么在详述并证明其损失方面面临着困难，要么压根儿就没有损失。让我们再度审视其肖像被眼镜商利用的电视名人一案：假定原告未从事其他广告活动，广告商无视法律利用其照片肯定没有造成他收入的减少。根据侵权法，他的请求金额为零，但根据利益返还的法律规定，零损失无以成诉。申言之，根据《德国民法典》第818条第2款的规定，被告必须就其为了自身利益不法使用该权利的价值对原告进行补偿。在人格权的范围内，这意味着被告必须支付一笔假想的许可费，即为

182　BGH in［1981］BGHZ 81，75，77 et seq. =［1981］NJW，2402.
183　BGH in［1992］NJW，2084.

了诱使原告事先同意其利用其人格权而大概应当支付的金额。[184]

3. 交出获利

除了弥补原告的损失和被告盗用的价值之外，第三种救济就是 116
迫使被告将实际获利交出来。《德国民法典》在紧挨着无因管理的位
置规定这样一种救济，但限于被告明确意识到他正在侵入到他人的
领域并侵占属于别人的东西这一事实的情形（《德国民法典》第687
条第2款）。从法典的这个基本规定出发，每当知识产权遭到他人过
错侵害，法庭已经将获利返还发展成为适用于一般情形的救济。[185] 简
而言之，这意味着交出获利不再需要刻意将疏忽排除在外。相反，
任何程度的过错均可引起交回所获利益的义务。

4. 三种救济的选择

这三种救济——被滥用的价值的恢复、对所造成的损失的补偿 117
以及交出所获利益彼此之间关系如何？答案取决于两个原则。第一
个原则强调原告不得从他人的不法行为中获利，而只是恢复其（最
初的）圆满状态即可。因而，这三种救济只能是选择性的，不得并
用。原告不得在其所受损失的补偿之外再谋求被告交出所获利益。

根据第二个原则，原告可在这三种救济类型中进行选择，并且 118
他可以随意挑选其中的一种。假如似乎很容易证明实际发生的损失，
他可能行使损害赔偿请求权；如果被告的获利较之原告的损失显得
更易于证明，则其可能趋向于利益返还请求权；假如看起来难于量
化和证明造成的损失或者被告的获利，建议原告选定恢复性请求权，
要求偿付假定的许可费用的数额。

在每一起被告故意或过失侵害原告的财产性人格利益的案件中， 119

---

184 See generally BGH in ［1981］BGHZ 82, 299, 305 et seq.
185 RG in ［1895］RGZ 35, 63, 67 et seq.; RG in ［1898］RGZ 43, 56, 58 et seq.; RG in
［1902］RGZ 50, 111, 115; Münchener Kommentar/H. H. Seiler, (3rd edn. 1997), Sec. 687
no. 22 et seq.

无论是肖像权、姓名权或者一般人格权，原告均享有选择的自由。在过错无法证明的情况下，原告只限于行使恢复性请求，用以偿付被滥用的、按假定的许可费金额计算的权利价值。[186]

120 　　如果不法行为并未侵害受害人的财产性利益，但是侵害了用以保护尊严和隐私的非财产性利益，那么唯一可行的救济便是根据侵权法要求非金钱损失的赔偿。[187]

186　参见上文边码 112 及以下。
187　参见上文边码 97 及以下。

针对大众媒体侵害人格权的保护：意大利

阿莱西奥·扎卡拉　米尔科·法乔利

一、人格权保护与表达自由

在过去的数十年里，对人格权（或者说是人身权）保护的问题 1
在意大利得到了认真的探讨，且观点不断发展。在讨论这个报告的
主题之前，有必要对这个课题进行大体上的评论。

第一个要讨论的是这个权利的法律基础。在不同时期，法学学 2
者和判例法都设想了两种解决办法。

首先，在所谓的"多元论"[1] 之下，立法者承认了许多不同的 3
单个的人格权［即根据《意大利民法典》（以下简称"民法典"）第
6 条及以下条款保护的姓名权，民法典第 10 条保护的肖像权，根据
《意大利宪法》第 32 条等保护的健康权］。这一学说带来的结果是，
为了确认除了明确纳入法律保护的那些权利以外的人格权，需要采
取某种扩张的或相类似的法律推理。

后来，"一元论"[2] 一步一步地获得了人们的赞同，现已成为主 4
流学说。这一不同路径是基于将个人置于统一的保护范围的中心的

1　该理论详见 A. de Cupis， "人格权的保护"，载 A. Cicu/F. Messineo 主编：Trattato di
　diritto civile e commerciale，1982 年第 2 版。
2　关于该理论，另见 P. Rescigno："对人格权的保护"，载 Enciclopedia giuridica Treccani，
　XXIII（1990）.

需要。通过单个具体的规范个人特征的法律条款，这个需要似乎只是部分地得到满足（针对有限的、特定的方面）。对该权利的更广泛且综合的保护的法律基础可以（或应该）在《宪法》第 2 条以及第 3 条第 2 款中找到。这些规定使得解释者可以在人格权概念的范围内确认，人格权的概念随着环境和社会需求的变化，成为不断延伸的所谓"开放的"权利群。在这一学说下，就不再需要扩展或类比的法律推理了。

5　　选择不同的学说，会产生两种不同的情况。

6　　首先，在"一元理论"下，当事人可以主张第三方的普遍责任的存在，该第三方除非在特殊授权情况下，不得侵害他人权利。相反，在"多元理论"下，除非有特殊规定，第三方实施的一切侵害都是可以容忍的。

7　　第二，两种理论对人格权内容的看法存在差异。依据"一元理论"，人格权的内容就是人类自身，即当下享有权利的人［自我保有权（the *ius in se ipsum*）即是明证］。而依据"多元理论"，保护的对象能够在时而需要加以考虑的个人人身特质（例如身体、肖像）当中找见。[3]

8　　两种理论的相同核心是对某些根本特性的确认（对此长期毫无争议），他们在几乎所有的人格权当中都可以找见。人格权的共同特性有：（1）人格权是固有的（法律之所以保护人格权是因为每个人的法律人格）；（2）不能继承；（3）不能被买卖（不能转让和放弃）；（4）没有时效。然而，这些基本特征在最近一些案件中显得已经过时，因为在立法和司法方面都倾向于忽视这些。[4] 在涉及大众媒

3　对"一元论"及"多元论"的区别及更深入的研究，详见 C. Ridolfi, Persona e mass-media（1995）；G. Giacobbe, Natura, contenuto e struttura dei diritti della personalità, in: P. Cendon（ed.）, Il diritto privato nella giurisprudenza, Le persone, III, Diritti della personalità（1998）, 21 et seq.

4　对这些特征的详细介绍，参见 G. Giacobbe（前引脚注 3），第 38 页及以下。

体侵权时，单个的人格权被考虑进去，我们将稍后谈及这个问题。

二、大众传媒对人格权的侵害

关于这个报告的特定话题，很有必要分析容易被大众传媒侵害 9
的权利，以此来定义侵害行为。从本质上说，这些权利有：（1）姓
名权；（2）肖像权；（3）隐私权；（4）身份权；（5）名誉、荣誉
权。

（一）姓名权

姓名权受《宪法》第22条及《意大利民法典》第6条保护。 10

这一权利主要（但不唯一）的特点是其具有公共利益，因为其 11
满足民事关系管理稳定性的需求。事实上，国家为了管理社会及法
律维度的市民生活，需要明确每一个处于这一体系内的民众的身份
（这一职责通过诸如减少犯罪、征税、组织服兵役等得以实现）。然
而，如果个人认为（除了民法典第6条及以下相关规定的文字表述
之外）姓名的意义在于识别一个人，同时为姓名的所有者提供保护，
这也不构成对它作为一种真实的主体权利的界定的妨碍。拥有姓名
权的个人，在社会保护的人格权范围内，有权获得认可且当姓名权
受侵害时，有获得救济的权利。就这一点而言，在姓名权的保护范
围内，权利人有权排他性地使用姓名，并制止第三人有害而不当地
使用其姓名（这一结论的更多讨论，参见下文边码35）。

（二）肖像权

在关乎利益的人格权中，除了姓名权以外，肖像权是唯一一个 12
法律明文保护的权利。《意大利民法典》第10条、《版权法》（1941
年第633号法令）第96和第97条就保护了这一权利。

随时间推移，这一权利的性质及其相关性也在逐步发展。从摒 13
弃了原先的客观学说后（这一学说旨在保护外部形象，将这一利益

与自然人分离），主观说被接受。依据主观说，鉴于肖像权是自然人的个人特征的体现，必然在被保护的人格权之列。尽管在此列入，这一权利的真正价值长期存疑，而且这一权利也代表了其他权利的特征，例如隐私权、名誉权、身份权。最新的主流观点认为，肖像权构成了受法律保护的自治权利，无论以上提到的其他权利是否被侵犯。[5]

14   至于它的内涵，我们必须指出，这一权利并不意味着其他人没有意识到自己的形象（这种认识是普通社会生活的一个正常结果）。这意味着即使法律没有明文规定，第三人也不能使用或泄露当事人的肖像[6]（参见下文边码 38 及以下）。从这个角度看，肖像权的经济效益也日渐凸显，也就是说这一权利需要被当事人完全掌控（参见下文边码 104 及以下）。

（三）隐私权

15   隐私权是人格权的一种，（即使没有被法律明文保护）已普遍被法学学者和判例法广泛接受。由此，判例法兼用了一元理论和多元理论。基于多元理论，不难找到保护隐私权的理论基础。在这些规定中，可参考，例如：（1）前文已提到的对肖像权的保护；（2）《版权法》第 21 条、第 24 条（保护出版的权利）；（3）《劳动法》第 4 条、第 6 条、第 8 条（保护劳动者权利）；（4）《欧洲人权公约》第 8 条；（5）各类关于规范个人信息数据库的规定（从 1981 年的第 121 号法令至 1996 年的第 675 号法令和 676 号法令）；（6）《宪法》第 14 条、第 15 条；（7）《刑法》中各类旨在保护隐私的规定（《意大利刑法典》第 614 条、615 条、616 条）。

5　详见 P. Perlingieri, Manuale, 民法论文（1997），第 157 页，该文指出了不同的权利如隐私权、身份权、肖像权受侵害的后果。

6　参见，例如 A. de Cupis（前引脚注 1），第 289 页。

众所周知，隐私权首次是在英美得到确立的，特别是美国，隐 16
私的定义比任何其他人格权都更宽泛。事实上，隐私权旨在防止国
家或公权力侵犯个人的自由选择，只要这种选择不妨碍他人或社会
秩序。从这个角度看，这一理论确立了隐私权的基础即个人在国家
及其他公民前的自由。

依据我国的法理基础，隐私权并不是规范个人与国家关系的主 17
要支柱，但这是一项重要的人格权。这一权利使当事人一方面拥有
私人空间，即"独处的权利"；另一方面，这一权利使当事人有权控
制个人信息的传播。包括所有他生活的信息，情感、资产、道德、
观点等。因而，这些信息不能被滥用，除非出于公共利益的需要。

因此，如果隐私权的存在毋庸置疑，而其所保护的范围则是有 18
疑问的。尤其，假定一些极其私人的事件（首先是家庭生活）应该
被排除在公众可接触的范围之外，那么我们讨论的是那些个人不愿
透露给亲朋之外的，尽管不属于最低保护范围的事件，是否应该也
被同样对待。

法学界和判例法采取了严格方法和弹性方法来研究这个问题。 19
再者，学界还提出解决这一问题取决于案子的知名度（该案件超出
了最低保护范围）。依据这一解决方法，如果事件（无论是自然发生
还是由相关利益方自主选择）向公众泄露了，就不再被隐私权保护[7]
（即使这样，这也不是永久的：参见下文，遗忘权的概念）。

（四）身份权

身份权的最大特点是它最初就受判例法的保护，然而，受学者 20
的推动，这一权利将被置于一个特定的法学环境。[8] 这一权利最早被

---

7 对这一问题更深入的探讨，详见 A. Giuffrida, Il diritto alla riservatezza, in：P. Cendon
（ed.），Il diritto privato nella giurisprudenza. Le persone，III，Diritti della personalità
（1998），300 et seq.

8 S. Fiaccavento, Tutela della persona e creazione giurisprudenziale del diritto，[1992] Giusti-
zia civile（Giust. civ.），243.

确立于七十年代中期，罗马第一法庭的部分关于《意大利民法典》第 700 条的判决中。在八十年代中期，对这一权利的保护在罗马法院、意大利最高法院中被确立为规则。

21   一元论与多元论的通常区别可以在这些判决以及以下的学者论文中确定。尤其是，多元论的支持者基于姓名权和肖像权，以及 1948 年第 47 号法令的第 8 条，1990 年第 223 条法令的第 223 条（规范出版和电视行业的权利），1996 年第 675 号法令（保护言论自由的权利），类推得出身份权。

22   身份权可以被概括为"成为你自己"的权利。事实上，这是一个对个人性格，即个人特别的、排他性的呈现方式的真实追求。换句话说，某人的"个人特点"由个人的信仰和行为呈现。然而，受保护的身份，即个人对自己的看法无法在主观上被发现。因为这是被隐藏的，又因为没有人会轻易看低自己。然而，身份在客观层面上应该被确认，由于社会对个人身份的保护来自外界客观而明显的因素。例如，行为、个人状况、表达等的解释是根据一般的勤勉和善意的准则。[9]

23   要对身份进行准确定义，我们必须摒弃以往提出的反对意见，即，身份权的概念是无用的，因为其保护的权利已在其他权利的涵盖范围之内。事实上，身份权毫无疑问地区别于其他权利：（1）名誉、荣誉权，对抗个人品性的不真实呈现，无论该呈现是消极、中立（政党成员的偏向），甚至是积极（例如，对于一个不想获得某项奖励的人，一条假新闻称其获得了这一奖励）的；（2）隐私权，这一权利致力于防止个人信息泄露（消极影响），而身份权致力于使关于某人的品性描述是真实的（积极影响）；（3）肖像权与姓名权，尽管存在因个人的肖像和姓名而对人产生误解的状况。然而，这一

---

9   对这一问题更深入的探讨，详见 A. Bevere/A. Cerri，Il diritto di informazione e i diritti della persona（1995），第 158 页及以下，可获取对相关判例法更深的理解。

理解是错误的。因为身份权比以上两种权利的保护范围更广，因为其不涉及身体特征或是个人的"外部特征"。其实，这一权利主要涉及对个人品性的完整表现，包括道德层面。[10]

（五）名誉、荣誉权

荣誉权依然颇受争议，因为目前还没有任何法律规定。 24

在上述提到过的众多学说中，最被广泛接受的学说是基于对名 25
誉（个人拥有的对自己品性的感受，即主观评价）和荣誉（社会及第三方对个人品性的感受，即客观评价）的区别。

在这一框架下，尊严可被区分为两种。 26

部分学者称，名誉不仅包括能表现个人社会价值的道德品质 27
（所以尊严应被理解为个人对于自我特征的认识，例如，身体特征、智力特征、专业特征等）。其他学者认为名誉应被理解为个人的所有品质。因而，其认为尊严是个人通过行为对名誉的外在表达。

为了批判以上两种对于对名誉和荣誉的传统学说，学者提出这 28
一权利不保护两类人：（1）无行为能力人（未成年人、精神病人等），由于其不能意识到自己的尊严且不能察觉到侮辱；（2）拥有极差名誉的个人。

为避免这些不便，（尤其是最近）有学者提出，应该对名誉界定 29
一个统一的概念。这一概念应被鼓励为依据《宪法》第三条建立的平等的社会尊严，即个人自出生就拥有的，不会被改变的道德。对这一价值的保护基于个人自身或第三人的确认。[11]

提及名誉权的法律依据，在这方面一元论支持者与多元论支持 30

10　对这一问题更深入的探讨，法律论文与判例法详见 M. V. De Giorgi/M. Farneti，in：
G. Cian/A. Trabucchi（eds.），Commentario breve al codice civile，Introduzione al Titolo I，
Libro I（6th edn. 2002），80 et seq.

11　对这一问题更深入的探讨，详见 A. Giuffrida，Il diritto all'onore，alla reputazione e al
decoro，in：P. Cendon（ed.），Il diritto privato nella giurisprudenza. Le persone，III，Dirit-
tidella personalità（1998），第 363 页及以下。

者存在着分歧。后者的观点基于对其他权利的类推，主要是《刑法》第594、595条，《民法》第10条，《版权法》第20条、第97条第2段，以及《劳动法》中的相关规定。

三、思想的自由表达

31　　如上所述，到目前为止分析的五种人格权，可能会（或多或少）受到大众媒体的侵害或限制。而媒体的传播活动依照的是法律明确保护的权利，即《宪法》第21条保护的思想的表达自由。这种权利间的冲突该如何解决亟待作出规定。

32　　不得不指出，在现有法律中不能找到这种冲突的解决办法。事实上，如果思想自由受到《宪法》的保护，那其就和人格权有同样的等级，因为人格权受到《宪法》第2条的保护。这不仅基于一元论观点，一元论观点认为表达自由就是基于《宪法》第2条的。事实上，即使适用多元论（意味着人格权的法律基础在于特殊的法律规定，而非《宪法》第2条），这些权利是基于后者规定的原则直接产生和表达的似乎也毫无疑问。之后，人们可以得出结论，思想自由和人格权的冲突必须通过法律规定来解决，而不是其他途径。这一问题将在之后的章节里详细讨论。

四、针对大众媒体侵害人格权的延伸保护

33　　人格权与表达自由的平衡必须符合两个标准。如果人格权受到了相关法律的保护，为了保护其他相冲突的权利，法律体系本身必须限制对这些权利的保护。相反，如果人格权没有受到相应法律的保护，法律则必须竭力在紧急情况中平衡这些权利。

34　　让我们讨论受到法律明确保护的权利的相关问题，例如姓名权、

肖像权。

（一）姓名权

《意大利民法典》第 7 条通过两条特殊的方式对姓名权进行保   35
护：（1）非法使用姓名，姓名的拥有者对不法使用其姓名者进行抗
辩，（2）篡改姓名，第三方越权、恶意使用姓名，通常表现为盗用
姓名。

事实上，大众传媒侵害姓名权的情况并不多见。依此分析，行   36
为人更有可能面对所谓的滥用（或未经授权使用）而非篡改，[12] 即
姓名拥有者以外的第三人使用姓名。例如，某人的姓名被用于电影
中的人物，或被用于广告意图。在这些情况下，姓名所有者只有在
姓名的使用对其造成损害结果的情况下才能寻求救济，例如，未经
授权的使用对人身的或是财产的其他权利造成了损害（例如，某人
的姓名被与一文学人物联系起来，而该人物卑鄙且道德败坏，结果
造成其名誉受损）。依据判例法，当该名字家喻户晓或者姓名的所有
人在姓名被非法使用时毫不知名，这类侵权行为不被认可。

在任何情况下，姓名所有人都不能通过简单的许可，使他人对   37
其姓名的侵犯合法。事实上，给每个人标明身份具有很大的社会公
共利益（详见前章），且其以两种方式影响姓名所有者的行为：（1）
要求姓名的更换、附加、修改必须依据法定程序（姓名不变原则，
详见《意大利民法典》第 6 条，2000 年第 396 号总统令第 89 条，）；
（2）禁止姓名使用者同意他人对其姓名进行缩减、排除、强制修改
（姓名不可协商原则）。最后，必须强调的是，到目前为止，我们所
说的姓名被认为是真实的，依据《意大利民法典》第 9 条，即使是
绰号，只要它与真实名字一样重要即可。

---

12   相关资料，请参见 A. D'Angelo, Il diritto al nome e allo pseudonimo, in：G. Alpa et al.
(eds.), L'informazione e i diritti della persona (1983)，第 69 页及以下。

（二）肖像权

38   在意大利的法律体系中，《意大利民法典》第 10 条以及《版权法》第 96、97 条都对肖像权给予保护。分析这些法条可以得出，使用（指展出、复制、商业使用、出版等）他人的肖像至少有两个积极性的前提条件：（1）当事人同意；（2）属于以下可出版的情形（《版权法》第 97 条第 1 款）：肖像所有人是公众人物；肖像所有人在政府担任公职；有必须出版的原因；教学、科研、文化用途；该肖像与社会公共事件相关。假定符合其他消极的前提条件，对肖像的使用也会是合法的；（3）对肖像的传播不会造成肖像所有者的名誉或荣誉受损。

39   以下将分别分析各种情形。

40   1. 对肖像使用的同意不仅可以通过合同，还可以通过不经正式请求的单方行为，只要行为人有法定行为能力（不仅是头脑健全）。必须指出的是，同意并不导致个人肖像权的处置和消灭，而只是阻止使用者的非法行为。因此，一般认为，对肖像使用的同意能够撤销，即使对方有获取赔偿的权利。在这点上，有学者认为由于这一权利是关于个人特征的，故不存在赔偿义务。同时，也有学者认为，应当区分许可是基于合同或是单方行为。在近期的案件中，行为人都享有获得赔偿的权利。在任何情况下，当涉及肖像有损当事人的名誉或荣誉时，行为人撤回对肖像的同意不会产生赔偿金是毫无疑问的。[13]

41   然而，对同意使用肖像的效果，有严格的限制，既包括客观性（指肖像被泄露的范围）也包括主观性（指当事人的肖像可被第三人随意使用）方面。如果权利持有人并没有对使用肖像的许可设定时间或其他限制，通常都认为权利持有人希望其肖像的使用是可预见

---

13   对这一学说更深入的解释，详见 C. Ridolfi（前引脚注 3），第 16 页及以下。

的（该使用不会有损其尊严、荣誉、名誉）。从这一角度看，杂志封面上的模特照片，即使没有其个人明示同意，该使用也被认为是合法的。

最后，在没有正式请求的情况下，同意也可能表现为默许。不 42
过在这种情况下，同意与否须经法官谨慎定夺。

2. 任何时候权利持有人不予同意，肖像权与表达自由的平衡都 43
能从《版权法》第 97 条第 2 款所列举的发表情形找到合理理由。通常来说，这一规定主要涉及肖像的公开，无论在肖像的首次泄露或之后的泄露中，都只有在特定的情况下才能适用。应该严格地解释这些情形，因为侵害肖像权是法定的，不允许类推解释。在所有的情况中，利益关系最大的情况是权利持有人名声败坏或者事件涉及公共利益，抑或发生在公共场合。

如果权利持有人在其所经历的成名事件中被描绘，其恶劣的名 44
声可以替代其许可。然而，当事人的不良名声也不能允许大众媒体在任何情况下都这样描述他。第二种限制泄露的情形，表现为在某一地区内行为人的行为为大众所知晓。

再者，我们普遍承认，不能仅仅因为行为人与公共利益相关， 45
应该被知道，就剥夺当事人同意的权利。这种情况不适用于肖像被用于商业目的。当肖像的公开被用作取悦读者，例如某名人的裸照被直接或间接用于某一商品的广告。在这些情况下，损害应在排除商业用途的情况下考虑。造成的损害不仅因道德因素，还（更因如此）包括商业因素。（参见边码 104 及以下。）

对于涉及公共利益或在公共场所发生的事来说，基本规则是不 46
仅应在事件刚发生时通知公众，也应在未来任何有新情况时通知公众。举一个著名案件的例子，在比赛中复制一个著名球星的照片是合法的，包括在以后的时间内（重播赛事时）。然而，当与公共事件无关时，复制照片则是违法的（在这一点上，为宣传足球电视节目而使用球迷的痛苦的表情是违法的）。

47   3. 最后，无论是权利持有人的许可或是其他法定原因，使用他人肖像都不得损害他人的名誉、荣誉或尊严。

48   首先，肖像内容本身就具有侮辱性，例如：（1）某人的肖像会引起公众的讥笑、厌恶、鄙视；（2）被公开的肖像被认为行为人准备引起人们以上的情绪。其次，行为人通过特定途径描绘肖像，而后被证明是具有侮辱性的，即使描绘出的形象是中性的：这种情况发生在肖像被展示在不雅的场合或情境中（一些非色情图片被发布在色情杂志上）或该肖像被配上了会影响当事人名誉的注释、对白。

（三）隐私权、身份权、名誉权

49   大众传媒所倡导的表达自由可能会和隐私权、身份权、名誉权有冲突。在这种情况下，法律并没有明确提供解决这一冲突的准则。这些准则应在谨慎地平衡涉及的相关权利中确定下来。

50   自七十年代中期起，判例法对于这一问题采取了一个没有争议的观点，该观点认为当满足以下这些条件时，表达自由优先：（1）泄露该新闻有利于保护公共利益，（那么这种信息可能是公众的利益）；（2）这一事实必须是真实的；（3）这一新闻必须以正当形式公开。[14]

51   1. 公开消息所追求的公共利益必须以法制秩序和市民社会的基本价值为依据进行正当性判断。通常来说，被公开的信息是为了追求公共利益，这种情况是该信息会帮助公众了解真相，进而促使了解真相的公众积极参加涉及政治、经济、社会生活的组织（例如，新闻涉及某个在某领域起领导作用的个人，受到了某项刑事或民事审判。这就是合法的法治新闻）。通过泄露某人的隐私来满足公众的

---

14 对这一话题所涉及的判例法的更多评论，可参见 V. Zeno-Zencovich/M. Clemente/ M. G. Lodato, La responsabilità professionale del giornalista e dell'editore（1995）; A. Bevere/A. Cerri（前引脚注9）。

好奇心通常是不合法的（特别是涉及公众人物，或涉及热点事件）。

这一要求对于公开公众人物的隐私的界限意义重大。事实上，52
相对于普通人来说，公众人物享有较少的隐私保护，但这一规定仍
将帮助公众人物享有一定的隐私空间。只有当他的私生活直接与令
其成名的事件相关，才可以公开。这一情况适用于，正是某一事实
帮助该人成名，或通过这一事实，帮助公众评价该人及其行为。

另一公开新闻的要求是，该消息必须是适时的。被公开的某一 53
事实，并不表示其在将来也会被公开，除非在将来该公开仍是合法
的，而且对公众有益。在这一观点的指导下，遗忘权[15]指的是隐私权
的一个方面，即某人由于其私生活的公开而成为公众人物所享有的
权利。它意味着当公众不再关注那些事情的时候，当事人享有默默
无闻地生活的权利。值得指出的是，适时的要求不仅仅指新闻本身，
也包括其社会效用。这意味着遗忘权不会随时间消逝而消失，因为
（当存在相关公共利益时）事实可能会在以后再一次被曝光。这一情
况有利于人们正确评价一个有影响力的人（考虑其过往的行为）。

2. 第二个判定信息合法的原则是该新闻必须是真实的。 54

从一开始，我们很容易相信坚持绝对真实将会终结与信息自由 55
的冲突。因此，基于严肃而谨慎的调查研究，"推定事实"总是被允
许。当记者基于诚信，且确认该新闻源可信后，认为某新闻是正确
时，其往往不会被追究责任。

对新闻的真实性的理解并不一致，由于其可被理解为是基于该 56
新闻产生的事实，或是该新闻本身（不考虑内容的真实性）。换句话
说，某一故事为公众所知晓，而该故事被媒体公开后，媒体并未担
保该故事是一个真实的故事。媒体可以合法地予以曝光与公众相关
的事实，即使，有必要指出，宣称真实的新闻没有涵盖故事本身。

---

15 对这一学说更深入的解释，详见 T. A. Auletta, Diritto alla riservatezza e "droit à l'oubli",
in: G. Alpa et al. (eds.), L'informazione e i diritti della persona (1983).

只不过故事本身已被公开发布。

57　　最后，真实的故事必须是完整的，因为残缺的故事不会是真实的。这意味着，只公开单独的事件，而不提其前因后果（会使故事完全不同）很有可能成为假新闻。微小的差异是允许的，仅仅限于细枝末节而非重要部分（例如，记者对于逮捕的实际发生地的错误认识没有关系）。

58　　3. 最后一个要求，即媒体是以正当形式侵入他人的私人空间，即"正当公开"，这要求事实是以一种有礼貌并且适当的方式曝光的。

59　　如果某人以消极的观点看待这个方面，可以说"正当公开"是不存在的，仅仅当记录或批评的方式：（1）超出新闻追求的目的，或者（2）缺少善意或公平，或在任意情况下，（3）并非基于传统的忠诚的观念。判例法总结了大众传媒用以下可能的方法来做不正确的新闻报道：

● "明确的暗示"，指媒体（基于多种原因）用明确的诱导性语言使公众曲解文字的实际意思。在任何情况下，这些陈述总是以一种非常消极的方式阐述，以使公众对某人的评价降低。

● "联合报道"，指新闻报道将事件和与之相关的（扮演消极角色的）个人联系在一起，该个人又与其他个人或（其他消极）观点相关。这些评论都通过常用且复杂的方式分别表达，不过，在这种特殊情况下，这些评论与该个人息息相关。

● "不相称的报道"，指人为地为达到戏剧化效果所做的通常被用于标题的，旨在吸引读者关注新闻文字以外的内容。

● "影射报道"，指真实的观点，（尽管事实或观点并没有被明确公开），这些词句引诱公众对事实和观点抱有各种猜想，以更明确地理解某人的不诚信。

五、合同外责任（过错责任、替代责任与严格责任）

（一）记者的责任

记者民事义务的第一个重要特征是其从刑事责任中独立出来的。 60

首先，对人格权的刑事保护十分普遍，因为受害人必须提起刑 61
事诉讼，作为"刑事诉讼中的民事当事人"来请求财产赔偿。然而，
不久就发现根据这个角度获取赔偿的可能性主要受两个限制：第一，
依据刑法中重罪的判断标准，记者的犯罪事实构成重罪。同时，近
期学界认为，由于侵害人格权的行为与当下的刑法相关性不大，故
人格权不受刑法的保护（例如身份权）。第二，依据普遍原则（《刑
法》第 42 条第 2 款），刑罚只能（至少与本情况有关的重罪罪行）
适用于故意的违反行为。同时，记者的违法行为若仅基于过失，受
害人仍不能基于《刑法》寻求法律保护。

随着时代的发展，学界更多地致力于民法保护，这意味着，受 62
害人逐步选择直接寻求民法的帮助，而非刑法。[16] 这是由于《民法
典》第 2043 条的开放性措辞，其保护了许多"非典型性权利"，既
包括不当行为，也包括过错行为。另外，不得不指出的是，在民法
中过错不是一个充分条件，而是一个必要条件，即使在依据第 2043
条以外的主张损害赔偿的条文中也一样。换句话说，依据第 7 条
（姓名权）、第 10 条（肖像权）也必须受第 2043 条所确定的原则支
配，即合同外的义务必须以过错为要件。例如，客观上的要件既包
括不当行为，也包括过错行为。[17]

就侵权责任相关的基础要素而言，由于关于大众传媒的绝大多 63

16　明确提及"民法救济优先"，详见 G. Citarella, La r. c. del giornalista, in：P. Cendon
　　（ed.），Il diritto privato nella giurisprudenza. Responsabilità extracontrattuale, X（1998）。
17　参见 A. de Cupis（前引脚注 1），第 315 页。

数争议的处理深受正当理由（依据《刑法》第 51 条）的影响，对于反法律行为的特殊联系也应考虑。这也包括记者的表达自由权（众所周知，刑法中的原则在民法中也适用[18]）。依据这一观点，记者若要免责，必须合法行使其思想、表达自由的权利，例如，必须平衡新闻的实际价值与人格权保护[19]（参见上文边码 31）。

64   我们可以得出结论，当记者报道的是真实的新闻时，其责任可以被免除，即使这一新闻只是推定的，但是只要经过了严肃而勤勉的调查，也一样适用。这是《版权法》第 59 条第 4 款规定的，民法领域所谓的"正当的推定理由"适用的结果。这一原则规定，只有当其行为是无过错的，才可免责。相反，如果只要其行为被认为触及《刑法》，其因过错而造成损害结果，仍应受罚。这一原则一旦适用于记者的行为，就意味着当其公布的误认为是正确的新闻，且错误不归结于其过错时（假定他已谨慎调查或尽力想要追寻真相），无论在《刑法》或《民法》上都不应追究其责任。相反地，若记者并非如此行事，其刑事责任也可被免除，因为在刑事领域适用无过错原则。而在民事责任领域，违法行为只有在满足过错的前提下才能追究责任，因此，第 59 条第 4 款规定了记者未尽勤勉义务判断真实性而发布新闻的承担赔偿责任。[20]

65   勤勉的行为与《民法典》第 1176 条第 2 款规定的职业勤勉相

---

18 对这一学说更深入的解释，详见 G. Visintini，Trattato breve della responsabilità civile（2nd edn. 1999），499 et seq. For an accurate analysis of the reasons underlying the extension of civil liability to the causes of justifications enlisted in the criminal code，with a discussion on each cause，see，especially，C. M. Bianca，Diritto civile. 5. La responsabilità（1994），第 679 页及以下。

19 这是一个（包括民法外也适用的）基本原则，只有当适用合理时，权利才受保护，例如，必须在权利自身的范围内，详见 C. M. Bianca（前引脚注 18），第 682 页。

20 对于刑法与民法相互作用的不同点，详见 C. Tenella Sillani，La responsabilità professionale del giornalista，［1985］Diritto dell'informazione e dell'informatica（Dir. inf.），518，in note 122.

关，其实质包括专业经验，例如，对于一个专业活动与其相关的知识和技术规则。在目前的情况下，这些规则主要适用于信息的收集、选择、组合。[21] 对记者过错的确定必须依据不同的案件情况（如报纸或是月刊）而定。判例法专门指出部分关于不可信消息源的典型情况，例如社会谣言、国家机密、匿名信等。另一新闻机构的消息不能被认作可靠的消息源，因为新闻机构必须依据自身得来的消息建立信用基础。

有人建议，记者的责任可以受《意大利民法典》第 2236 条的规范，该条规定只有在故意及严重过失的情况下才能追究责任。有人认为，当记者在极其困难的情况下获取信息时，如在游击战争期间或调查有组织犯罪期间，这一责任的限制可以适用。[22]　　66

（二）主管的责任

当新闻机构的主管与记者一起进行不法行为时，其也会被追究责任（包括民事和刑事责任）。　　67

此外，《刑法》第 57 条规定了主管的责任，该条对主管（或副主管）疏于监管时或者未阻止其媒体犯罪的行为进行制裁。这条要求疏于监管直接导致刑事犯罪。然而，判例法广泛地趋向于依照主管责任是独立的（至少是财产性赔偿），甚至当疏于监管时仅带来额外的合同责任（而非刑事责任）。[23]　　68

为了确定主管的刑事和民事责任，判断主管过失的标准是统一的。在这一点上，判例法裁判认为，不能期望主管被像记者一样去确认新闻的真实性。为了监管发表行为，他可以利用一般的、综合　　69

21　对这一学说更深入的解释，详见 G. Visintini, Responsabilità professionale del giornalista, [1991] Dir. inf., 548 et seq.; V. Zeno-Zencovich, Il controllo sulle metodologie informative, [1991] Dir. inf., 第 553 页及以下。

22　详见 M. Garutti, Il diritto all'onore e la sua tutela civilistica (1985), 55.

23　详见，例如 Tribunale (Trib.) Trieste, 28 July 1993, in: [1995] Il Foro italiano (F. it.), I, 1022.

的机构（个人和资源）或者安排其雇员承担监督功能。[24]

（三）编辑的责任

70　　《新闻法》第 11 条明确地规定了编辑的责任，据此，"出版物的所有者和编辑对该出版物引起的违法行为承担连带责任"。对于编辑责任的判定，有些判决将该条款与民法典第 2049 条一起适用，对其解释一致。然而，这似乎并不正确，即使适用第 11 条的要求全部满足，这一规定相对于第 2049 条更特别。当第 11 条适用的条件不存在时，或是违法行为发生在广播、电视领域时，后一规定却能够适用。[25]

71　　不管在何种情况下，两条文的共同特点是都涉及严格责任。这意味着，编辑的行为从不用过错、注意来判定，因为相对于记者或主管，编辑的责任与过错无关。

72　　鉴于编辑的独立责任，当事人可以免于起诉其他主体，而直接起诉编辑。

（四）其他赔偿责任

73　　如前文所言，《新闻法》第 11 条规定，财产赔偿也可向报纸的所有人主张（前提是该所有人不是编辑本人）。然而，当第 2049 条适用时，第 11 条不可能适用。因为后者规定监管者应对其雇员的违法行为承担责任。就报纸来说，监管者是主办者即公司的实际管理者，而非报社的所有者。[26]

（五）总结

74　　无论适用哪一条规定，相关责任方（记者、编辑、报社所有人）

24　详见 Trib. Roma, 16 July 1991, in：[1992] Dir. inf. , 82；Trib. Roma, 5 October 1987, in：[1988] Dir. inf. , 435.

25　对两个条文关系的深入解释，详见 E. Roppo, Diffamazione per "mass media" e responsabilità civile dell'editore, [1993] F. it. , 第 3363 页及以下。

26　E. Roppo, [1993] F. it. , 3363. On the (undisputed) possibility that the entrepreneur may not be the owner of the goods and of the facilities used to run the enterprise, see, among others, F. Ferrara jr. /F. Corsi, Gli imprenditori e le società (11th edn. 1999), 40.

都需承担共同责任。因此，依据《民法典》第2055条，受损害方可向其中任何一方主张全部赔偿责任，而损害方内部可再依据责任大小分担责任。

事实上，编辑在大多数情况下会承担全部责任，原因有两个。 75 第一，因为其通常具有更强的经济实力，受损害方首先针对其主张损害赔偿（无论是只起诉编辑本人，或是共同起诉其他侵权人）。第二，编辑通常不会通过起诉，向主管或记者进行追偿，因为尽管编辑的赔偿责任代表了他们，但他们之间通常维持着很好的关系。

六、违反《个人信息保护法》的责任

探讨媒体活动而产生的责任，不得不考虑最近通过的《个人信 76 息保护法》（"隐私保护法"，2003年第196号法令，2004年1月起实施），其收录了全部现有的关于个人信息保护的规定。[27]

除了确定每人都享有个人信息得到保护的权利（第1条）外， 77 该法律对收集、使用个人信息设定了一系列的要求（例如，那些旨在直接或间接表明某人或法人身份的行为）。这些要求旨在确保"个人信息在保护个人基本自由与尊严的基础上传播，特别是个人的机密信息"（第2条第1款）。

在法律范围内，个人信息保护最重要的途径就是对信息主体进 78 行义务性的告知，并且数据处理征得其同意。

以上提及的原则，不约束对大众传媒领域工作的人员。假定这 79 些活动（数据处理）在以下情况下进行时，上述要求并不适用于记者收集、编辑、泄露个人信息（第136条及以下）：

---

[27] 详见 J. Monducci/G. Sartor, Il codice in materia di protezione dei dati personali（2004）；G. Elli/R. Zallone, Il nuovo codice della privacy（2004）；G. P. Cirillo, La tutela della privacy nel sistema del nuovo codice sulla protezione dei dati personali（2004）.

- 执行公务；

- 依据规定行事（1998 年 8 月 3 日官方公报，第 179 号）；

　　● 对获得信息权利的限制（见前面的详细论述），特别指"有关公共利益事实的需要"。有法学学者指出，这一限制似乎是与信息的社会效用等同了，这个问题在八十年代中期判例法就曾进行过讨论。

80　　　　这些规定并不妨碍新闻从业人员遵守其他的法律条文，甚至大众传媒必须：

　　● 个人信息处理的启动时通知个人信息主体；[28]

　　● 依据《隐私保护法》第 11 条的一般原则收集、处理个人信息，即忠诚和公平的原则；

　　● 尊重依照《隐私保护法》第 7 条至第 10 条规定的信息主体的权利。

81　　　　违反这些规定，将承担刑事、行政和民事责任。就后者来说，第 15 条规定"任何人就个人数据管理造成他人损失的，依据民法典第 2050 条承担责任"。

82　　　　这一规定很特别，值得注意。

83　　　　从主观上来说，"任何人"似乎使得在大众传媒环境中的任何人承担责任（参见上文边码 60 至 72），甚至可能是连带责任（依据第 2055 条规定确定各自的责任份额）。

84　　　　从客观上说，规定的措辞并不是引导人们相信，任何使用他人个人信息的个人依据第 2050 条承担赔偿责任，而是指"管理"他人个人信息而造成的损害结果。因此，可以推测，该项规定只能适用于法定的处理个人信息"管理"侵权（我们已经明白了哪些适用于记者，哪些不适用）。然而，当使用他人信息造成损害时，不构成法

---

[28]　隐私法将通知信息传播过程的责任转移至 1996 年第 675 号法令，E. Pelino, Il diritto di manifestazione del pensiero, in: J. Monducci/G. Sartor（前引脚注 27），第 465 页。

定的侵权，可能适用一般的民事责任的条款更合适。[29]

提到《意大利民法典》第 2050 条，还有疑问，因为关于其是否 85
规定了过错推定，而不是严格责任或是中间类型的责任，还有争
议。[30] 学者处理这个问题时，基于 1996 年第 675 号法令第 18 条的相
同措辞，倾向于认为该规则提出了过错推定。[31] 然而，应该指出的
是，当这个条款制定时，某些学者回避了关于第 2050 条责任性质的
不必要的争议，而使判例法来处理证明责任的内容。这种证明实质
上在于展示已采取了适当的预防措施以防止造成损失。[32]

基于以上提及的目的，一般的注意义务的证明不应认为是充分 86
的证据，就像缺乏违反个人信息管理条款的证据一样[33]（包括保护机
构的裁决和行为守则[34]）。相反，一般来说，有必要证明适当的组织
和技术手段已被采用来防止损害结果的发生。[35]

事实上，针对侵害人格权造成的损害（在涉及个人信息的问题 87
中），必须考虑第 15 条。这一规定允许非经济损失的赔偿（参见下
文边码 104 及以下、边码 112 及以下）。假如违反《个人信息保护
法》第 11 条，即违反个人信息处理的一般原则（参见上文边码

---

29 G. Alpa, La normativa sui dati personali. Modelli di lettura e problemi esegetici, ［1997］
    Dir. inf. , 722.
30 对这一学说的简短介绍，参见 M. V. de Giorgi/A. Thiene, in: G. Cian/A. Trabucchi
    (eds.), Commentario breve al codice civile, sub art. 2050 (6th edn. 2002).
31 G. Alpa, ［1997］ Dir. inf. , 722; G. Buttarelli, Banche dati e tutela della riservatezza
    (1997), 351; V. Zeno-Zencovich, I diritti della personalità dopo la legge sulla tutela dei
    dati personali, ［1997］ Studium Iuris (S. I.), 468.
32 F. D. Busnelli, Tutela della privacy. Spunti per un inquadramento sistematico, ［1999］ Le
    nuove leggi civili commentate (Nuove l. civ. comm.), 232.
33 相反，违反这一规定必须限制所有免责事由: S. Sica, in: E. Giannantonio/
    M. G. Losano/V. Zeno-Zencovich, La tutela dei dati personali. Commentario alla L. 675/
    1996, sub art. 18 (1997), 185.
34 G. Buttarelli (前引脚注 31), 352.
35 G. Buttarelli (前引脚注 31), 352; S. Sica, in: E. Giannantonio/M. G. Losano/V. Zeno-
    Zencovich (前引脚注 33), 186.

80）。1996 年第 675 号法案第 29 条第 9 款也提出了同样的规则，据此违反该法第 9 条规定的一般原则造成的非经济损失可以请求赔偿。因此，学者对第 29 条第 9 款的评价现已转向新的法典第 15 条。

88　　为了扩大精神损害可能获得赔偿的机会，对于 1996 年第 675 号法案，许多学者主张从第 29 条转而援引第 9 条。在这一点上，鉴于该条规定了法律惩罚的基本原则，（在大多数情况下）我们认为对 1996 年第 675 号法案任何条文的违反，至少间接的，也是对第 9 条的违反。[36] 另外部分学者将援引第 9 条认为是令人遗憾的草稿规范，基于法律的目的，人们可以将援引由第 29 条第 9 款提出的本条文，解释为是援引上述法律的所有其他条文。[37]

89　　从相反的意义来说，鉴于以上提及的条文对依据《意大利民法典》第 2059 条金钱损害赔偿的一般原则提出了例外，必须对其进行严格的解释。在这个意义上，我们已经指出，除了刑事犯罪的情况以外，精神损害的赔偿应该限制在严重侵害关于个人信息[38]方面的个人权利，如德国 1990 年 12 月 20 日法案第 7 条的模式。

90　　然而，非经济损失的赔偿这一争议焦点又再次被意大利法院最近公布的规定所提及（参见下文边码 104 及以下、112 及以下）。我们会解释，意大利法院会保护基于《宪法》而产生的非经济利益损失。由于个人信息可以合理地被认为是受宪法所保护的权利，所以《个人信息保护法》第 15 条第 2 款（前述的 1996 年第 675 号法令第 29 条第 9 款）现在看来是多余的。[39]

36　S. Sica, in: E. Giannantonio/M. G. Losano/V. Zeno-Zencovich（前引脚注 33），288.

37　G. Alpa,［1997］Dir. inf. , 723.

38　F. D. Busnelli,［1999］Nuove l. civ. comm. , 232.

39　F. Di Ciommo, Il danno non patrimoniale da trattamento di dati personali, in G. Ponzanelli, Il "nuovo" danno non patrimoniale（2004），269.

七、救济

（一）具体赔偿

在意大利法律体系中存在两种针对人格权侵害的具体赔偿：即 91
所谓的纠正和发表定罪判决。

1948 年第 47 号法案第 8 条，确定了出版新闻领域的纠正权[40]， 92
以保护那些"肖像或言论已被公开，且其尊严受到伤害"的个人。
在广播和电视新闻领域，1990 年第 223 号法案第 10 条给予了"任何
认为自己的尊严或经济利益因不真实的节目而受到侵害的个人"保
护。在第一种情况下，必须对主管或是出版负责人主张权利；第二
种情况下，应对（私人或公共）网络特许人或节目播放负责人进行
起诉。法律规定了主张纠正权的时间和途径，以便使其具有同样的
信息有效性和广播能力。同时，对该权利的救济也有限制（如，在
报道性文章中不超过 30 行）。

如果未按照法律主张纠正权，原告可以提起诉讼从法官那里获 93
得一个"发表命令"（依据《民事诉讼法》第 700 条），就报纸出
版、广播电视领域来说，他可以请求"广播和出版的主管部门"发
表（因此，有两种纠正的方式：第一种是司法性的，第二种是行政
性的）。不进行纠正的会被处以行政罚款。

《新闻法》第 8 条、《民事诉讼法》第 700 条提出两个相关的问 94
题。[41]

第一个涉及（至少在物质层面）法官有责任评估临时救济的前 95

---

40 在众多观点中，认为修正权属于特殊权利的，详见 A. Bevere/A. Cerri（前引脚注 9），
第 171 页。
41 对这一学说更深入的解释，详见 G. Alpa/P. Zatti, Commentario breve al codice civi-
le. Leggi complementari, I, l. 8 febbraio 1948, n. 47, subart. 8 (1999).

提是存在的或者有责任仅仅执行一种非典型方式的临时救济（不需要评估临时救济的前提存在）。后者的情况下，可以得出结论，立法者认为已经符合前提归结于未能发表纠正。

96 　　第二，我们想弄清《新闻法》第 8 条的内容是否可以排除民事诉讼法第 700 条的直接适用，因为后者具有附属性。通常来说，这一问题的答案是消极的，由于纠正权不是一个程序手段的保护，而是实体性权利，与第 700 条规定的临时保护措施不同。因此，普遍承认的是当事人可依据第 700 条直接提起诉讼要求纠正不可信或有害的新闻，而不需满足《新闻法》第 8 条的规定（这对受害人有利，例如，纠正的要求长于 30 行）。

97 　　定罪判决的发表[42]（不仅限于《意大利民法典》第 7 条对姓名权的保护，也包括《新闻法》第 9 条对姓名权的保护，通过杂志发表构成犯罪的情况下）提出的是：

98 　　（1）根据《民事诉讼法》第 120 条规定，依照该规定"当发表判决能修复损害时，法官可以根据当事人的申请，敦促出版方在其选择的一个或多个刊物上发表"（费用由败诉方支出）；（2）依据《刑法典》第 186 条规定，"当发表行为能够作为一种弥补犯罪造成的非金钱损害的措施的情况下，任何重罪迫使违法者自负费用发表有罪判决。"（《刑事诉讼法》第 543 条作了与《民事诉讼法》第 120 条相类似的程序性规定）。

99 　　条文的文本显示，这一制度具有补偿的性质，鉴于补偿损失的能力是其适用的必要条件之一。

100 　　第二个要求是当事人的经济补偿（限于依照《刑事诉讼法》第 543 条的刑事诉讼）。

101 　　一旦满足这两个条件，法官在发表的长度和方式方面就拥有很

---

42 这一情况下，通常会主张修正属于前提情况，例如 C. Tenella Sillani，［1985］Dir. inf.，第 923 页。

大的自由裁量权，因为他决定报纸和发表的数量（依据《刑法典》第543条，在刑事审判中不能超过两个）。最后，法官决定判决书是全文公开或只公开摘要（依据《民事诉讼法》第120条，公开摘要是唯一合法的行为）。

纠正以及发表判决而产生补偿效果是使受害人主张的赔偿得以减少的适当的理由。判例法却以另一种方式适用这一原则，一些判例明显降低了侵权责任的承担，部分甚至没有考虑对纠正进行发表。在任何情况下，这两种救济都不足以赔偿全部的损害，这似乎是没有争议的，同时，发表判决书比纠正更有效也是没有疑问的。 102

基于两项请求的一致性，纠正的失败并不阻碍诉求的提出（和接受），且可在纠正不及时或不充分时实施。 103

（二）财产性损害的金钱赔偿

一段时间，（至少在意大利学者中）关于财产性损害与非财产性损害的概念存在相当多的争论，在财产损害的领域内，区分两个不同的分类很有用。 104

第一种类别指依据其（基础性、无争议的）文义，例如，对被损害人人格权的保护。 105

依据这一方面，当事人须首先考虑的是以营利为目的侵犯其享有的排他性的姓名权、肖像权和私生活事件。这种考虑是基于其可能允许大众传媒使用这些个人信息。[43] 这一侵权可能出现在某人的姓名或肖像被用于广告（在这种情况下，另一侵权行为又发生了，例如，失去提供给另一广告商使用其姓名和肖像的权利）。这不仅仅涉及到知名人士，也包括那些被阻断了获取未来利益的人。[44] 为了获得这种案件中的赔偿，当事人依赖于"同意价值"的标准。这包括基 106

43　详见 M. V. De Giorgi/M. Farnetti（前引脚注10）。

44　P. Vercellone, Diritti della personalità e "rights of publicity", [1995] Rivista trimestrale di diritto procedura civile (Riv. trim. d. proc. civ.), 1171.

于假定受害方同意使用其姓名、肖像以及私生活信息可以讨价还价的数额进行的推理。

107   第二，行为人会遭受财产性损害，同时其尊严也会受损，包括其职业生涯（客户的丧失、销售量下降等[45]）。这种情况不仅会发生在某人的职业或专业技术存在不诚信，也会发生在某人的道德品质受到质疑（只要某人所受的损害是由某人道德品质所引起，且反映了该人的个性特征，包括智力和艺术天赋）。这一损害的典例就是在大众传媒界的商业产品的不诚信。

108   再者，为了规避《意大利民法典》第2059条规定的限制，即对非财产损失的赔偿，学者和判例法扩大了财产损失的范围，超出了传统的"消极经济损失"的概念。

109   为了达到这一目的，产生了两种途径。第一，财产损失的概念被界定为不止包括减少或降低受损失方的财产，在更广的程度上说，也包括可用金钱来评估的损失（在第二种情况下，只要有合意，每一样损失都将以经济损失进行估量）。第二，损害事件（对权利本身的侵害）与损害结果（侵害权利所产生的结果）被做了区分。行为人只需判断后者是否具有财产性或非财产性（只能在特定情况下满足），但任何情况都可依据《意大利民法典》第2043条主张权利。

110   依据两种途径中的任意一种，我们必须面对新的、更大的（或者是巨大的）损失，其中包括"对生命的关系的损害"（限制了某人与他人的社会交往。例如，某人的不良名声使其他人远离他）；"生物型损害"（影响某人的生理、心理完整性的损害）；最常见的是"生存的损害"，指损害了法律所保护的一切利益（包括人格

---

45   详见 the fundamental contribution by P. Auteri, La tutela della reputazione economica, in: G. Alpa et al. (eds.), L'informazione e i diritti della persona (1983).

权），其损害了某人的生活环境。[46]

然而，对这一问题的争论，随着意大利法院对非财产性损害赔   111
偿的规定又再次回到人们的视野（参见边码112）。

（三）对非财产损害的金钱赔偿

对财产损失概念的扩张性解释（见前文），使得学者与判例法缩   112
小了非财产性损失的概念，其只有在遭受精神损害时才适用，例如，
受损害方所受的心理及生理上的疼痛和精神痛苦。这一损害可依据
《意大利民法典》第2059条主张赔偿，仅限于凭借明确的法律规定。

依据较早的法学学说，即使有法律对这一行为有相类似的规定   113
（《民法典》第7、10条，保护个人的姓名权和肖像权），也必须在
第2059条的范围内，除非其是第2043条[47]的简单复制。然而，这一
学说，已被学者和判例法所抛弃。

直至去年，依据第2059条的最重要的案子，即参照了《刑法   114
典》第185条：由大众传媒引起的不法行为构成重罪时，精神损害
可以得到赔偿。为此，没有必要对所有重罪的相关的要件都进行评
价，因为理论上设想犯罪的要件就足够了。这意味着民事责任的领
域，即使在有时间限制的或者违法者已经死亡或者罪行从来没有被
报道的情况下，也可以要求精神赔偿。民事审判能够独立认定理论
上存在的重罪，而不需要进行刑事审判（由于大多数情况根本不能
进行刑事审判）。

然而，2003年意大利最高法院[48]、宪法法院[49]对第2059条做了   115

---

46   对这一学说更深入的解释，详见 P. Cendon/P. Ziviz（eds.），Il danno esistenziale（2000），
and, from a critical perspective, G. Ponzanelli（ed.）, Critica del danno esistenziale
（2003）.

47   这一学说，例如 T. A. Auletta, Riservatezza e tutela della personalità（1978），158 et seq.

48   详见，意大利最高法院（Cass.）31 May 2003, no. 8827 and 8828, in：［2003］Danno e
resp. , 816.

49   Corte Costituzionale（Corte Cost.）11 July 2003, no. 233, in：［2003］Danno e resp. ,
939.

新的解释，扩大了对非财产性损害的赔偿范围。依据这一解释，第
2059 条必须被适用于所有侵犯了被保护权利而造成的非财产性损害。
这一新方法有助于将上文提到的扩大财产性损害范围的尝试撇在了
后面[50]。

116　　　最后，《个人信息保护法》的第 15 条第 2 款陈述了另一种补偿
非财产性损失的途径（参见边码 76 及以下）。

（四）禁制令救济和没收

117　　　鉴于已经分析的救济方法，禁制令救济手段表现出其自有的特
色。这一手段旨在通过法庭命令制止正在发生的侵害行为而非对已
经发生的侵害行为进行纠正。这一手段的目的在于防止进一步的损
害，即反复的不法行为带来的后果。

118　　　对于损害赔偿来说，禁制令救济不需要侵害人主观过错（故意
或过失）的存在，[51] 也不需要财产性或非财产性损失的存在。禁制令
的适用范围看起来要宽于损害修复诉讼范围，一定程度上，它可以
被认为（据某些学者）是一种独立的保护措施，一种构成对实体法
性质保护的替代性措施。[52]

119　　　以上所述似乎与法律条文有冲突，因为其并未提出禁制令救济
能够用来保护任何人格权。法律的运用往往基于当事人主张其姓名
权（《意大利民法典》第 7 条）、肖像权受到侵害（《意大利民法典》
第 10 条）。然而，立法者基于以上条文的推理，承认这一行为可被
用于保护所有其他人格权。[53]

50　对这一学说更深入的解释，详见 G. Ponzanelli, Il "nuovo" danno non patrimoniale
　　(2004).

51　A. De Cupis (supra fn. 1), 315; C. Tenella Sillani, [1985] Dir. inf., 911.

52　详见，例如 V. Denti, Diritti della persona e tecniche di tutela giudiziale, in: G. Alpa et al.
　　(eds.), L'informazione e i diritti della persona (1983), 263.

53　详见 G. Giacobbe, Strumenti di tutela, in: P. Cendon (ed.), Il diritto privato nella giuris-
　　prudenza. Le persone, III, Diritti della personalità (1998).

依据《民事诉讼法》第700条，判例法对非典型性临时救济做 120
了灵活的规定。在某些情况下，基于这一法律情形，一些人格权可
以在第一时间受到保护，例如身份权（参见边码20）。尤其是，法
官很容易认为，对人格权的侵害所造成的损失是不能挽回的。这一
损害特别地受这一法条（第700条）的保护：（1）因违法行为造成
的精神损害（不同于刑事责任）；（2）损害可以赔偿，但很难评估；
（3）损害可以用金钱评估，但无法计算精神的损害（所谓的主观上
不可挽回的损失）。

法学学者与判例法创立的不同的解决方法，找到了一个共同的 121
未定的、可变更的解决方法。在两种情形下，可考虑的解决方法
（《意大利民法典》第7、10条，《民事诉讼法》第700条）来解决
正在发生中的损害行为。然而，其并没有指出这一目标的实现途径。
从实际上说，法官对于法条的解释及适用拥有很大的裁量权。

当禁制令救济手段要求没收报纸时，必须考虑《宪法》第21条 122
第3款（该条文限制了这一手段，其只有在构成重罪，且《新闻法》
强制规定没收时才适用）。

宪法法院通过严格解释《宪法》第21条处理此类问题。依据法 123
院的解释，必须严格区分实际的新闻材料以及新闻所必要或有用的
材料（文件、图片等）。依据法院的观点，只有第一种材料才是观点
表达的途径，依照《宪法》第21条第1款，受表达自由的保护。所
以，我们认为第3款对没收的限制只适用于对第一种材料，而非对
第二种材料的限制。

（五）私自处罚

在意大利的法律体系中，包括民法体系，法官无权判处侵害人 124
赔偿受害人高于其损失的部分（不同于普通法法官所谓的惩罚性赔
款）。

为了补偿这部分利益，法官的这一权利受到《新闻法》第12条 125

的肯定，[54] "新闻构成诽谤的，受损害方可以依据《刑法》第185条主张经济赔偿。这一数额基于行为的严重性与传播的范围"。应该注意的是，尽管这种制裁只在诽谤罪认定时适用，但能够独立地设想罪行存在的民庭法官也可以裁决。

八、不当得利

126   判例法从未为保护人格权确立不当得利。然而，法学学者指出，任何人未经同意，在广告上使用普通大众的肖像，有义务将其所得的利益返还给当事人。因此，任何人未经他人同意通过侵犯其人格权所获的利益应返还当事人。[55]

---

54   详见 C. Tenella Sillani，[1985] Dir. inf.，918.

55   详见 P. Vercellone，[1995] Riv. trim. d. proc. civ.，1171 et seq.

比较法视野下诽谤案件的损害赔偿：意大利

温琴佐·泽诺－泽科维基

以下数据来自罗马民事法院审理的第一审案件的三个调研。[1]　　1

尽管罗马法院只是意大利数以百计的初审法院中的一个，但它　　2
是其中最大的一个法院，而且数量最多的诽谤案件和侵害人格权案
件都在此审理。

罗马法院曾处理里程碑性的案件，确立了相关的原则，并被其　　3
他法院尊崇，1984 年 3 月 27 日[2]，因被告诽谤，该法院判给了原告
非象征性数目的赔款（超过 40,000 欧元）。

从统计学的观点来看，13 年间超过 650 个关于诽谤的判决意义　　4
重大，意味着在意大利存在着法官造法的趋势。

还要指出的是尽管没有针对罗马上诉法院、意大利最高法院的　　5
相应的调研，如果对罗马法院的一审判决提起上诉，表明总体上启
动司法审查至少与损害赔偿有关。

其调研的主要结果及对比如下：

民庭的诽谤案数量明显上升：1988 年罗马法庭做出了 40 个判　　6

1　A. Scarselli/V. Zeno-Zencovich, Analisi di 170 sentenze sulla lesione della personalità rese
dal Tribunale di Roma（1988 – 1994）；A. Scarselli/V. Zeno-Zencovich, Analisi di 200 sen-
tenze sulla lesione della personalità rese dal Tribunale di Roma（1994 – 1997）；V. Zeno-Ze-
ncovich/R. Bitetti, Analisi di 286 sentenze sulla lesione della reputazione rese dal Tribunale
di Roma（1997 – 2000）, all published in ［1995］ Diritto dell'informazione e
dell'informatica, 701；［1998］823；［2002］109.

2　Pannella v. Scalfari, in ［1984］ Foro italiano I, 1687.

决，2000 年做出了 151 个判决。这一增长缘于越来越多的被损害人偏向进行民事诉讼而非刑事诉讼。[3] 但这也是该侵权行为增加的结果。

7　　　被告一般是印刷品的出版者，且大多是日报。电视行业越来越少地出现，而广播也从未出现过。最合理的解释是，印刷媒体的文章容易取证和检验。而电视和广播的证据很难收集，某人必须向特定公司索要录制品，并向法庭出示。

8　　　在 50% 以上的案件中，原告获胜并获得了赔偿。

9　　　在最近的调研（1997 年－2000 年）中，平均赔偿为 27,000 欧元，相比之前的调查有了很可观的增长（23,000 欧元和 15,000 欧元）。

10　　　损害赔偿实际都是对非金钱损害的赔偿。原告无法证明其遭受了经济损失。被用于确定损失的标准——前文提及的 1984 年 3 月 27 日罗马法庭作出的判决——从社会和经济的角度分析被指控罪责的严重性，法律条文的适用，报纸的销量及读者人数、读者的种类。从相关观点分析，这一标准需要在案件的比较中证实，而非帮助法官缩小其自由裁量的权利。

11　　　总的来说，尽管法院总是表明估价有标准，对于其解释判决原因的责任大多数只是限于口头。

12　　　该调研还总结了原告的职业。在近期的调研中，法官和检察官为最大的群体，紧接着是政客（185 人中占 36 人）。得到最高补偿的群体为军人和警察（平均 45,000 欧元），接着是记者（35,000 欧元）。低于平均水平的是普通人、商人、运动员和政客。

13　　　在 1997 年至 2000 年间，损害赔偿共计 500 万欧元，远高于之前的调研（240 万欧元），将近四倍于第一次调研结果（140 万欧元）。

3　在意大利，和其他很多国家一样，诽谤可以被追究刑事责任。

一个 2001 年至 2003 年中期的临时调查显示，损害赔偿只有一 14
个小幅增长，其原因在于通货膨胀导致里拉和欧元贬值。

尽管许多判决只在一个法院所管辖的地区实行，但三个调查所 15
显示的结果表明了意大利判例法的趋势。为了使之与其他国家相区
别，收集其他国家的数据很重要[4]。与来自法国和英国（以及美国）
的数据相比很重要。数据显示，在法国损害赔偿非常有限，平均只
有 3000 欧元至 8000 欧元。在少数英国的判例中，赔偿较高，尽管
通常会在上诉中数额下降。一个常用标准就是年收入。

在对出版商赔偿责任的比较中产生了有趣的思考。从经济的角 16
度看，对一个传媒界的公司来说损害赔偿只是一个商业风险。报社
和电视台购买新闻和小说故事并将其出售给公众和广告商。可想而
知，这样的传播方式会侵害第三人的利益。这一产业与其他产业所
造成的伤害相比结果如何？从侵权法的角度来说，它应当导致减轻
威慑还是过度威慑，答案在于修改侵权程序的一些原理：例子来源
于美国最高法院提出的实际恶意标准的经验或对侵害个人信息的行
为采取严格责任的欧盟法律。[5]

意大利的经验明确表明，因为严格的编辑条例，侵权责任会打 17
击大多数无法实际控制出版内容的出版者。在其他国家也存在这种
情况。从商业的角度看，这是在对编辑过程进行严格限制，除非出
版者可以确保其所支出的赔偿费用低于其所挣得的收视率和广告费。
这是传媒公司普遍的想法，当然也可以想到其他降低风险的方法，
例如对品牌质量进行收集和传播。

将调查进行相互比较可以得出各国不同的政策。例如，尽管意 18
大利允许传媒公司为因雇员而造成的损害赔偿上保险（例如记者），

---

4 V. Zeno-Zencovich, Profili comparatistici dell'alchimia: la liquidazione dell'impalpabile,
   [1995] Rivista trimestrale diritto procedura civile, 1145.

5 Directive 46/1995.

并没有出版商为第三人所受的损害投保。保险是出版商对第三人损害赔偿的正常反应，因为商人可以通过增加小额费用，将保险费用转嫁给消费者及广告商。

19   从更广的角度上说，需要考虑"信息社会"比以往的媒体社会更宽广，这不仅仅因为新媒体（特别是因特网），也包括其他：任何产业和公司，更多人致力于收集和传播信息。这一行为逐渐被用于实现更广的利益，而且大多数不为了经济目的。

20   因此，不得不考虑在这一领域更多的立法：不仅是保护个人信息的 46/1995 号法令，也包括关于电子商务的 31/2000 号指令（规定了提供商的临时责任）以及其他欧盟发布的为保护网络安全使用的各种计划。

针对大众媒体侵害人格权的保护：日本

正町奥田　伊丽莎白·赖德尔-马库里

一、序言

此篇有关日本的国家报告参考了五十岚清（Kiyoshi Igarashi）教授所著《人格权法概说》（Jinkakuken Gaisetsu）一书，该书几乎涵盖了日本各级法院有关保护人格权的所有判决。[1]　1

但是，本文会重点关注最高裁判所（Saiko Saibansho，日本最高法院）的判决，下级法院处理的案件仅会偶尔出现。　2

二、大众媒体对人格权的侵害

（一）对于人格权及言论自由之保护

在日本的法律之中，对于人格权（jinkakuken）的解释可以概括为依法对生命、身体、人身自由、个人名誉（包括一些女性权利，如贞洁）以及对于姓名、肖像以及商业上的信誉的保护。　3

在日本，同时也见于其他诸国，最常见的媒体侵权主要是对个人名誉的诋毁以及对个人隐私的侵犯。报纸文章中对于人格权的侵犯是本文着重讨论之处。同时，关于画刊、杂志的侵权报道，本文　4

---

[1]　五十岚清（Kiyoshi Igarashi），北海道大学退休名誉教授；《人格权法概说》（Jinkakukenho gaisetsu）（2003）。

也会捎带提及。

5　　　　现如今，报纸在报道社会感兴趣的热点新闻时面临着巨大的时间压力。在如此高压的环境下工作致使缺乏足够的时间去检查每一篇文章的细枝末节，最终导致了错误报道时不时地出现。另外，某些被利益驱动的报纸和杂志经常会刊登一些色情或恶意中伤的文章并宣称掌握了政治家或者其他公众人物甚至是一些个人的丑闻。这些不实的带有偏向的侮辱性的报道会在短时间内传播到世界的每一个角落，比起以前传播手段简单的工业社会，如今对个人的伤害已经达到了无以复加的地步。然而包括媒体的出版自由，深深地根植于社会的"知情权"[2]，该权利是自由民主社会之必需也是受日本国宪法保护的权利。

6　　　　战后，以一部基于现代民主社会基本原则的宪法为中心的改革，保证了从那之后的必要的自由和权利，这也保障了其中言论、出版及其他一切表达的自由，并规定不保留审查制度（《日本宪法》第21条）。新宪法的生效改革了1893年的《出版法》（shuppan ho）和在1949年被废止的《报刊法》（shimbunshi ho）中的部分内容。从那之后，日本便没有了任何精确的限制出版媒体的法律法规。只是一些大体上对人们运用权力与自由要负责任的大体上的要求，如"国民不得滥用此种自由与权利，而应经常负起用以增进公共福利的责任。"（《日本宪法》第12条），在日本法中也仅有此条可对媒体原则性地适用。在信息领域中推行个人数据的保护也导致了一场关于媒体自身言论自由的大讨论。本文将讨论关于小报侵犯个人权利的调查，有时也认为是为了公共福利的合法调查，这一问题该如何

2　此权利来源于1949年通过的《日本宪法》（nohonkoko Kempo）第13条：全体国民都作为个人而受到尊重。对于谋求生存、自由以及幸福的国民权利，只要不违反公共福利，在立法及其他国政上都必须受到最大的尊重。在此，值得注意的是，关于规制个人信息泄露的特别法在1999年已被应用。

处理。2003 年通过的《个人信息保护法》（kojin joho hogoho）第 50
条在媒体一章中，减轻了文学职业、学术研究机构、宗教和政治团
体在从事搜集个人信息行为时被施加的义务。这些义务包括通知资
料被搜集人的义务，解释这些资料将被用于什么目的，并获得将这
些信息向第三人披露的事先同意。（《个人信息保护法》第 15 条），
如有违反将被处以监禁或罚金。关于媒体，该法明文将广播台、报
社（shimbunsha）、新闻通讯社排除在外，同时也对一些提供商业信
息的报道性机构和个人做了有关免除法律责任的补充性规定（第 5
条第 1 段）。该条也对新闻报道（hodo）做了界定，"客观公正的用
事实向不特定的多数人报道（可以包含个人意见的陈述和评论）"。
但是界定"客观公正的事实"，就需要在合法的言论自由与权利滥用
之间划出界限，这将是法院的任务。

　　正如上文所言，作为民主社会运行之基石的媒体的言论自由受
到了日本宪法的保护。因此，对于为了过分保护公众人物名誉而限
制媒体自由的趋势，实际上就是一种对于言论自由的限制，这种趋
势在一开始便应该受到限制。 　7

　　在新宪法制定以后，日本法院开始在诽谤案件中运用所谓的真
实性和充分性原则（shinjitsusei/sotosei no hori）[3]，在出版自由、公
众知情权以及对于个人权利保护的三方中进行权衡。根据该原则，
报道的真实意旨是否满足真实和充分的要求是划清出版自由和保护
个人权利的界限的关键，在这个原则的处理上日本法院有许多经典
判例。 　8

　　在新宪法制定以后，日本法院才开始逐渐意识到，对于隐私权
和肖像权侵犯的核心是对个人权利侵犯中单独的一类，也不属于诽
谤条款和其原则的受理范围。最新的情况是关于这两个独立的但缺 　9

3　参见 K. Igarashi（前面脚注 1），第 48 页以下。

乏法理的领域的判决正在逐渐完备。

（二）诽谤的事实陈述

1. 真实性和充分性原则

10   该原则由 1966 年 [4] 日本最高法院的判例所确立，此后为各级法院所运用。当诽谤的民事侵权行为声称是为了公共福祉时，该条便得以运用。一旦该事实陈述被证明是正确的，该行为即为合法 [5]，因此也不会构成侵权。但是，即使被告无从证明其报道的真实性，只要他有合理理由相信其报道是真实的，由于不存在故意或过失，他也可免于承担责任。

11   该理论合理性的法律基础可以参见《日本刑法》第 230 条第 2 款。

12   第 230 条第 2 款第 1 段 [6] 表明当涉及公共利益同时有助于社会福祉的诽谤性的报道，如果其真实性被予以证实将不会受到刑法惩罚。该条为 1947 年的刑法修正案所加入。其实，追溯到《出版法》的第 31 条和《报刊法》的第 45 条，均在借鉴国外法的基础上，包含了当媒体成功证明其带有诽谤性报道的真实性时免除其责任的条款。战后的法律改革虽废除了这些条例，但是这些例外的情况仍然在刑法的关于诽谤的条款之后加以补充。1966 年，在日本最高法院确认的真实性和充分性原则之前，一些下级的法院已经在很久前的一些关于民事诽谤的案件中做了类似的规定。真实性的原则可以在第 230 条第 2 款之前的有关民事侵权的模糊使用中推出来，但是引入充分性作为被告无力证明受质疑的实时报道的真实性时的补充性原则。

---

4   Minshu（日本最高法院民事案例汇编）第 20 卷第 5 号件第 1118 页，即 Minshu20 - 5 - 1118（1966 年 6 月 23 日判决）。

5   日文术语"ihosei"（来源于德文术语"Rechtswidrigkeit"）常被书面翻译为"违法的"。这种大陆法系的理论不仅用于刑法，同时也用于私法领域中关于诽谤的界定。当有证据证明特定的行为（如带有诽谤性的报道）存在时，如果该行为被认为是合法的，那么便不构成侵权。普通法系国家的律师通常会说该行为构成"侵权"而不说"违法"。

6   文章后的连字符表明的是修正案，如"Art. 230 - 2"在欧洲便会标为"Art. 230a"。

在日本，关于媒体是否构成诽谤行为一直是在出版自由和人格　　13
权保护方面占支配地位的难题，对于这一问题，日本法院在审判中
已经通过恰当地运用真实性和充分性原则解决了案件，下面，将介
绍一些这样的案例。

（1）报纸文章的真实性评述

正如上文所述，根据真实性原则，当报纸上的报道是以第一手　　14
资料事实为基础，并且证明是为了公共利益和社会福祉时，这一行
为不会被认为是违法的，因此也不会构成侵权。但是，被告报社负
有举证责任。

日本最高法院第三审判室在 2002 [7] 年的决定中提出，分析真实　　15
性的最佳时间，是在言辞程序结束之后。这一决定说明了运用真实
性原则必须要进行客观分析。因此，对于侵权行为发生时无法获得
的证据同样可以在之后被法院采纳。

总体来说，该决定表明了在分析报道的真实性时，法院采取了　　16
一种更加严格的态度，以前的决定也无一例外。但是，与之相反的，
日本法院减轻了被告的证明责任，即在能够证明关键事实的真实性
的情况下，不需要证明细枝末节的事实的真实性。法院考虑到在当
代民主社会和信息高速发展的背景下媒体所固有的表达自由是必要
的，减轻了举证责任。

（2）真实性的替代因素——"可信性抗辩"

上文已经提到，即使报纸无力证明其报道的真实性，并被认为　　17
是带有错误的报道，只要他能够有充分的理由证明自己相信报道的
真实性，就能够免除被指责诽谤而带来的惩罚。

7　收录在 Hanrei Jiho（第 1778 号），第 49 页（2002 年 1 月 29 日判决），与欧洲法院相
　　比，当（日本）法院不是全体法官出席庭审时，该文件使用了"审判庭"的术语。
　　日本最高法院由一个大法官和 14 名法官组成，他们每 5 个人分到一个审判庭。日语
　　称其为 shohotei，常常翻译为"小法庭"。

2. 报道私人行为时应注意公共利益和社会福祉

18 正如上文所讨论，当一个具有诽谤性质的行为是同时为了社会公共利益和社会福祉之时，将不被认为是侵权行为。但结果是，非法的诽谤行为仍然层出不穷，因为即使真实性得到证明，但是公共利益和社会福祉却很难达到证明的要求。为了确保万无一失，负责任的媒体会同时满足三个要求，因为大多数的符合社会利益的报道将有助于社会的福祉。报道公共官员的文章原则上就属于这一类。但是，当报道受隐私权保护范围更广的个人的行为时，由于这种会使人丢脸的报道很难有助于社会利益和社会福祉，因此这些报道也很容易构成对于个人权利的侵犯。

19 1981 年，日本最高法院第一审判室在一起刑事诽谤案件[8]中支持了一家月刊刊登的有关一位宗教活动家私生活的文章，在判词中写到：

20 即使该文报道的是一个人私人领域的事，当考虑到他的社会活动和社会影响时，有关他的任何会引起评论或评价的社会活动的报道，都被视作有社会公共利益在其中。[9]

21 最高法院的这个决定对于公共利益做了扩大化的解释。

22 基于上面的决定，四年后东京地区法院审判了一起民事诽谤案件。这是一起关于编辑在拳击俱乐部的行为是否构成为了公共利益而实施的行为的案件，[10] 该案件牵涉到一个带图周刊的诽谤行为。然而，时至今日，大多数人否认带图周刊的诽谤行为中的公共利益，但是，在报纸中却得到了确立。

3. 充分性原则的标准

（1）概述

23 正如上文所提及的，充分性原则在 1966 年日本最高法院的判决

---

8 Keishu（日本最高法院刑事案例汇编），35–3–84（1981 年 4 月 16 日判决）。

9 同上。

10 Hanrei Jiho（第 1160 号），第 97 页（1985 年 1 月 29 日判决）。

中得以确立[11]，自那之后，在诽谤案件中，该原则就被用来权衡个人的人格权和受宪法保护的言论自由。

（2）一般标准

当谈及分析充分性或可信性抗辩时，不得不提及 1978 年东京高等法院作出的判决[12]，该判决认为，基于可靠的消息源，做出的调查性的事实性的报道被认为是符合可信性抗辩的（也就是充分性），这是至今为止，对该原理最好的阐述。但是，如果消息源仅仅是谣言或猜测的话，充分性的原则就不能被适用。此外，考虑到媒体人实际工作在一个充满着当局对调查采取限制命令的环境中时（这样的话媒体就很难获得消息源），同时，基于当今社会对于新奇消息的渴求，过分要求媒体新闻源的真实性以及要求他们知道每一处细微的限制也是不切实际的。

（3）一些否定"可信性抗辩"的案例

在接下来介绍的案件之中，法院通过否认媒体的"可信性抗辩"，支持了有关诽谤的诉讼[13]。

● 在一些案子中，印刷媒体不是依据如官方调查后的消息那样的可靠消息源，而是基于一些非官方的消息，有的甚至就是来源于一些知情人如家人朋友、同事、伙伴等在街头巷尾的议论罢了。

● 在对所称事实的可信性不能证明的情况下，法院根据是否有紧急发布报道的必要做出不同处理。在最新的判决中，法院要求媒体在发布该报道之前要有一个备份审查。如果媒体怠于对他们所称的可以信赖的消息进行审查的话，法院就会否认他们满足"可信性抗辩"这一先决条件。

在大量的案件中，媒体被判决过分轻信从一些调查机构如当地

11　见脚注4及其对应的文本内容。
12　Hanei Jiho（第915号），第62页（1978年9月28日判决）。
13　此处及下一节的编排参考仿照 K. Igarashi 的著作（前面脚注1）。

警局获得的消息，甚至会通过曲解的官方消息做出调查，这和上文所讲应该归于一类。但是，如果媒体是基于通过警局而得到的消息的话，那么媒体此时是免罪的。

● 如果媒体过分渲染从调查机构获得的消息或者在官方消息中加入自己的评论（一般是贬义）的话，那么，媒体是无法满足"可信性抗辩"要求的。

● 如果媒体编辑是在歪曲事实，那媒体也无法被免罪。

（4）一些确认"可信性抗辩"的案例

27　　同时，日本法院也作出了大量关于媒体的行为满足"可信性抗辩"的判决。

● 这一类型的案件主要是指那些媒体在报道时明确说明他们的消息源自调查部门的案件。原则上，在这种情况下，即使这些媒体所报道的事实被证明是错误的，也是免责的。

● 大体上，当媒体的报道是基于充分的调查时，日本法院会免除这些媒体的责任。

（5）关于"可信性抗辩"检验的决定性决定

28　　这些决定都是在轰动一时的三浦（Miura）案[14]中确立的，当涉及到报道之初的材料是开始就满足"新来原则"的要求，还是当罪犯有嫌疑被确定时才满足，在这一问题上，东京高等法院出现了分歧。该案的特别之处在于，当下级法院做出的不是终结性的一审认为被告人有罪时，这一消息能否构成本文所讨论的一个值得信赖消息源。

29　　1997年，日本最高法院第三审判室的判决支持了前文所述的东京高等法院所持的观点，在判决中指出，当分析如逮捕、起诉、定罪量刑等情况时，如下级法院作出的有罪判决，可以在今后的实践中被视作事实性报道追求信赖的消息源，因此，在这种情况下，这

14　三浦（Kazuyoshi Miura）先生被怀疑有通过谋杀在洛杉矶的第一任妻子来获得巨额保险的诈骗行为。

些媒体是可以免责的[15]。简而言之，在这些报道中他们的"可信的消息源"是被推定存在的。

4. 新闻通讯社保护

（1）概述

根据日本最高法院所做的解释，"新闻通讯社保护"这一原则，　30
是指新闻媒体报道从享有盛誉的新闻通讯社获得的其以一贯的方式
提供的消息时，即使这些报道可能有损于某些人的名誉，但是此时
这些新闻媒体也不会被要求侵权损害赔偿。但是，如果新闻媒体明
知这些消息是错误的，该保护原则就不能得以适用。

"新闻通讯社保护原则"最早在上文的三浦案中提出，当时三浦　31
先生采取了一些反对当地报纸和体育杂志的活动[16]，并将他们起诉，
当时被告就把该"新闻通讯社保护原则"分成了有理由相信的"充
分性"和报道事实的消息源的"可信赖性"。当时日本最大的日文新
闻通讯社日本共同社也在被告之列。

东京地区法院的各个分院在是否承认"新闻通讯社保护"这一　32
原则上，得出了不同的结论。

关于这一原则，学者们也是众说纷纭，见仁见智。有的学者支　33
持接受这一原则，而有的学者却极力反对这一原则，他们都列举了
大量的理由以期印证他们所持的观点。

接下来，将对这一争论做简单介绍。　34

（2）支持该原则的理由

● 大多数新闻通讯社特别是日本共同社可以被视为可信赖的消
息源。

● 地方性的报纸中的报道必须依靠新闻通讯社提供的消息源，
因为他们没有承担大规模调查的经济实力。

15　1997 年 5 月 27 日判决；在日本最高法院案例汇编中没有公布。

16　见前面脚注 2。

● 一旦缺乏对于新闻通讯社消息源的使用，同时也无法免除错误报道时的诽谤责任的话，今后的一些地方性报纸在报道的时候就会格外小心，从而使公众的知情权受到严重的影响。

● 被告的那些当地报社，当他们被判决赔偿之时，法律也赋予了他们追索权，但实际上，以他们的弱势地位面对强大的新闻通讯社，一切都变得不切实际。

（3）反对该原则的理由

● 新闻通讯社不能比一些主流报纸在"可信性抗辩"上占有更大的优势。

● 如果该原则得以贯彻，就意味着被害人失去了控告报社或者新闻通讯社的诉权。

● 地方性的报社是可以向新闻通讯社提起有关消息源诉讼的。

● 承认这一原则将在很大程度上伤害到被害人。

（4）日本最高法院关于"新闻通讯社保护"原则的判决

35　　　日本最高法院的两个审判室曾经依据该原则作出了判决，但是判决结果却大相径庭：

36　　　2002 年 1 月 29 日，第三审判室作出了如下判决[17]，否认了"新闻通讯社保护"原则，判词如下：

> "当考虑到日本的现状，媒体报道中充斥着大量的有关犯罪、丑闻或者是一些关于某些人所谓的不好的行为的报道，但是，他们在出版前缺乏对这些所谓存在的事实或行为的审查。无疑的，这一现象是媒体为了满足公众的一些庸俗的爱好而展开的竞争所致，那么这些报道文章的内容也是如此。即便是那些新闻通讯社因为配有充足的人员和良好的组织系统而通常有着可资信赖的声誉，也不能（或

17　Minshu 56 - 1 - 185.

者自动的）说因为消息源来自有名的可以信赖的新闻通讯
社，所以在上述报道中指出的被控事实是高度可信的。"

然而，在接下来要讨论的案件中，日本最高法庭第三审判室并　37
没有否认"新闻通讯社保护"的原则，但是在不同情况下第三审判
室是否会做出不同的判决，这还需一些时日的观察。

日本最高法院第二审判庭倾向于仅仅基于通讯社的抗辩接受可　38
信性标准。不管怎样，五个审判庭之间所给的理由有所不同。

两位法官认为报纸上的文章是否基于可靠的消息源，这才是重　39
点。缺乏对消息源的注明是要承担责任的。另外两名法官却说"处
在本案争议中的新闻通讯社（日本共同社）还有报纸，如他们的股
东和员工所言，他们是明显的违法，因为他们是法人组成的法人。
正因为新闻通讯社缺乏存在的法律基础，那报纸作为其股东也无法
从该原则中获得救济。"

5. 普通读者的阅读能力标准和其他要素

关于一篇文章报道的内容是否构成诽谤，日本最高法院第二审　40
判室在 1956 年运用了普通读者的注意力与理解力作为判案标准[18]。

此外，日本最高法院第三审判室在 1997 年的判决中处理这一报　41
道行为是否构成诽谤时，将报纸的级别也作为参考因素[19]。这一判决
否认了东京地方最高法院做出的有关晚报上刊载的关于三浦先生的
文章的判决。

东京最高法院的审理理由是："被告供职于一家所谓的晚报之　42
中，众所周知，晚报的文章往往是白领在通勤回家时阅读的。这些
读者一开始就希望读一些较为低端的报纸文章。所以人们不能由此
推断出通过阅读这类文章，社会对原告三浦先生的人格评价因为被

18　Minshu 10 - 8 - 1059（1956 年 7 月 20 日判决）。
19　Minshu 51 - 5 - 2009（1997 年 5 月 27 日判决）。

告报纸（载有争议文章）的发行而进一步降低了[20]。"

43   然而日本最高法院却在判决中说："当谈及诽谤之时，当刊载有可能损害一些人的社会声誉的文章时，侵权行为被视作已经实施，因为这些人（本案中的三浦先生）的声誉可能被这些报道所损害。而一些关于编辑方面的，如目的、读者的社会地位、该报纸的类型并没有成为法院考量的因素。每个读者可能会相信这些文章都是正确的，也就是他们认为文章提供了正确的消息。"

6. 在印刷媒体中评论性文章的侵权以及"公正评论"理论

44   除了消息本身性质之外，一些在政治、经济、文化及其他领域的文章，经过报道的加工手段如编辑，就可能会带有诽谤的因素。换言之，就是一个评论性的言论是否会伤害个人的名誉或者在处理时有没有适当的救济的问题。

45   如今，从大陆法系发展出来的"公正评论"原则业已为日本所接受。

46   该原则精髓在日本的适用如下：

只要不侵犯个人的隐私，任何人皆可对一些可以唤醒公共利益的事情做出评论，这些不涉及隐私的方面一般指官方的或者一些公共的活动，如此一来评论就不会损害个人的人格权了。如果评论严守"公正评论"的原则，虽然评论表达上或语言等方面尖酸刻薄、冷嘲热讽，这些评论员也是可以在诽谤方面得以免责的，但是，这样一来这些评论员的名誉可能受损。

47   下文中将提出一些问题：

一些人仅仅被一些言论或者观点侵害，而没有被上文所说的因报道不实而产生的诽谤所损害，是否给予低级别的法律保护？因为表达观点的自由受日本宪法的保护，故日本法院在涉及表达观点自

---

20 已收入 saiko saibansho hanrei Kaisetsu/minjihen（日本最高法院民事案件汇编判决之评析，1997 年，第 630 页。

由时是否应当更加宽松？

如果回答是肯定的，那么对于一些需要处理的案件，一些根据事实作出的报道是否构成诽谤，还是如上文所言，仅仅视作表达观点的自由而免责，如何确定这两者之间的界线是个棘手的问题。

日本最高法院在 1997 年的一起关于报道有关三浦先生的文章的案件[21]中认为：　　　　48

> "如果评论之目的是为了公共利益或主要是保护公众之　　49
> 福祉，同时作者有充分的理由相信该评论的对象如一些行
> 为是确实存在的，此时报道中故意或者过失带来的中伤，
> 如果构成诽谤的也会被法院免责。然而，如果这些表达超
> 出了评论的界线而达到人身攻击的地步，这一理论就无法
> 适用。但是即使是一些认为某人犯罪的报道大量存在充斥
> 着街头巷尾，在这种情况下当一份报纸确凿地说该人就是
> 罪犯时，因为这些消息不足以让这家报社相信事实确实存
> 在，所以他们不能援引这个原因为自己开脱责任[22]。"

7. 针对画刊提起的诽谤诉讼

在当今日本，画刊（shukanshi）被认为是所有印刷媒体中对于个人　　50
隐私或者其他权利最大的加害方。画刊市场销售策略战是十分普遍的，
画刊急迫地想要通过对一些特定题材的爆料以吸引潜在读者的兴趣。全
面调查已经为报纸、电视广播报道过的新闻，找到背后的猛料，他们视
这为天职。所以，画刊就极易侵犯调查对象的隐私以及其他人格权利。

自 20 世纪 70 年代以来，随着民众对于个人权利和隐私权保护　　51
意识的日益觉醒，关于侵犯人格权的诉讼日趋增多。

总体来说，上文所论的有关报纸新闻诽谤免责的理论也可适用　　52

21　见前面脚注 14。
22　Minshu 51 – 8 – 3804（1997 年 9 月 9 日判决）。

于画刊。当考虑到是否某人的人格权受到报纸文章侵害时，考量读者的因素，在处理画刊诽谤的问题时同样得以适用。

53　　同时，一个与画刊标题有关的问题随之而来，现如今，用于在通勤车上阅读的周刊，为了打广告而设计的标题通常在尺寸上或颜色上均十分醒目，因此，毫无疑问，当这些标题以此种形式出现之时，侵权行为的要件就已经满足[23]。

54　　一些杂志由于不是为了公共利益和社会福祉而报道引上了诽谤的官司，对于这种情况，前文所述之"真实性与充分性"[24] 原则同样可以予以适用，所以，即使这些画刊报道的内容全部属实，他们也可能因为诽谤而承担责任。

（三）侵犯隐私

55　　传统意义上法院处理的大多数牵涉个人权利的案件都被列在了民事诽谤侵权案件之中，而当时对诽谤做了扩大化的解释。正如上文所述，当发表的言论并非为了公共利益或社会福祉之时，即使该言论属实，他的负责人也会因此被追究诽谤侵权的责任。这就是为什么一些个人就这一问题提起诉讼时，他们往往会趋于胜诉。另一方面，在一个纯粹的关于隐私的案件中，虽然事实的确存在，但是其涉及了他人最私密的事情，这些敏感消息的出版随即构成了诽谤侵权。所以，"真实性和充分性"的原则在这种情况下无法得以适用。而事实上，日语中并没有完全相当于英语意义上的"隐私"一词，日语中隐私一词是一个外来语（gairaigo）。该词常用于日本法院的判决中，日本法院也常常援引一些其他的权利以对这一词汇加以补充说明。在日本法律体系中对隐私权的确认在日本宪法中可以寻见[25]。

23　见 K. Igarashi（前面脚注 1），第 80 页。

24　见前文边码 10。

25　第 13 条，见前面脚注 2。（《日本宪法》）第 35 条规定："对任何人的住所、文件以及持有物不得侵入、搜查或扣留。此项权利，如无依据正当的理由签发并明示搜查场所及扣留物品的命令书，一概不得侵犯……"

对于一些涉及隐私权的案例，关于权限的主要理论并没有建立，56
但是在合比例的原则（hikaku horyosetsu）下正在不断地进步与完善，
这也就强调了言论自由的优先性和公共利益与社会福祉的重要性。
除非是对于个人隐私的侵犯即将发生，并且通过稍微缓和的手段无
法解决危如累卵的、比公共利益和社会福祉还要重要的隐私权时，
这些针对言论自由的限制性手段才可以实施[26]。

1994 年发生了一起案件，在该案中，一家周刊报道了一个人过 57
去的犯罪记录、年龄及社会地位等一些细节，日本最高法院最终审
理认为，是否发布一些有争议的事实，法律价值就应该被考量。运
用合比例原则使法院会考虑一些因素，如报道的目的和重要性、被
报道的事实的范围、原告实际受到的损失、原告在文章发布时的社
会背景还有发布该消息的必要性[27]。2003 年，日本最高法院在援引
先前的判决时确立了合比例原则的适用，判决公共利益在该案中超
过了对隐私的预期，最终，此种侵犯隐私的侵权被判决不成立[28]。

三、责任

（一）概述

因为日本尚没有一部明确的《新闻出版法》，所以也没有任何条 58
文规制新闻出版业[29]，比如在报纸或杂志上都有一些框，这些小框都
会声明其所有者、出版人、编辑、该报刊的办公地址以及联系电话。
事实上，日本报纸的做法就只有其公司名称、联系地址和电话。有

---

[26] 关于隐私权的保护以及法院颁发事前禁令的案件的做法，参见下文边码 105 及以下。
[27] Minshu 48 – 2 – 149（1994 年 2 月 8 日判决）。
[28] Minshu 57 – 3 – 22（2003 年 3 月 14 日判决）。
[29] 在美式英语中称为 masthead。

些会提供一些其组成部门的联系人和联系方式[30]。无论怎样，现在日本媒体呈现出一种匿名化的趋势，这也是为什么只有出版媒体被起诉而编辑或者记者则免于被起诉的原因。但是，画刊常常会登载那些负有责任的出版人或者编辑的名字，这的确有点让人感到奇怪。

（二）报纸侵害人格权的责任（潜在责任的范围）

1. 出版人

59   报社（shimbunsha）通常是股份制的形式。所以，根据《日本民法》（JCC）第 715 条规定，一个私人的出版社可能要代替其编辑和记者承担诽谤的民事责任。此时，要务就是证明记者在汇集和编辑这篇消息之时是否有疏忽大意的情形。但是，根据《日本民法》第 715 条的原理，对于受雇佣人（这里指报社）的选任即事业的监督已尽相当注意时，或即使尽相当注意但损害仍会发生时，则不认为构成诽谤。但是，这一原则没有被日本法院普遍适用，也没有被用于抗辩理由。因此，日本法院对于一些出版社如报纸的行为以《日本民法》第 709 条的援引来认定该出版社是否构成诽谤[31]。

2. 新闻通讯社

60   新闻通讯社如果有类似于前文报社的行为，也要承担责任。成熟的报社担责原则同样适用于通讯社承担责任的情形。

3. 记者和编辑

61   记者和编辑鲜有承担责任之时。因为日本的报纸组织有着刻板严格的组织体系，所以日本法院只在极少数情况下要求记者个人负责。即使这些法院最终判决记者或者编辑承担责任，通常在上诉时也被推翻[32]。

---

30 但是，日本的通常做法看起来与欧美的报纸大相径庭，可能是因为国外的法律要求不同，或者是为了更好地与国际标准保持一致。

31 《日本民法》（minpo）第 709 条："因故意或过失侵害他人权利时，对因此而造成的损害承担赔偿责任。"

32 见 K. Igarashi（前面脚注 1），第 76 页。

4. 私人消息源

如果新闻消息源出于故意或过失提供了错误的信息，并且基于 62
此消息的报纸文章对受害人的名誉造成损害的话，则该消息源将承
担责任[33]。

有些法院的案件中这些信息的提供者却被免责，或者欠缺不法 63
行为的要素（承担侵权责任的前提条件），或者因为这些提供者有足
够的理由相信他们所提供的消息的真实性。除此之外，法院还会以
原告无法证明消息源所提供的消息与带有伤害性的报道之间的联系
为由，判决消息源不承担责任。在这些案件中，编辑常常被认为对
提供的消息的哪部分进行报道和如何呈现是做独立自主决定的。[34]

（三）画刊侵害人格权所承担的责任

一般情况下出版画刊的公司承担责任。然而随着周刊出版行业 64
中的各个部门日趋独立，同时一些周刊上也经常登载对其负责的出
版人或编辑的姓名，在一些案例中单位负责人和总编与出版公司承
担连带责任。在极个别的案例中，记者和摄影师也要求承担责任[35]。
此外，杂志也会邀请一些客座评论员或者特约撰稿人，他们一般都
是匿名写作，但是也常常暴露了他们作者的身份。出于代替承担责
任的考虑或者是为了保护受宪法保护的出版自由以打击那些不怀好
意的行为，日本的印刷媒体没有义务公布他们消息源的姓名。因此，
受害者常常会起诉那些周刊的特约撰稿人而不是主流的杂志，因为
这些主流杂志常常隐藏了他们作为消息源的身份。的确，有一些关
于杂志侵权的案件中，特约评论员需要承担额外的责任[36]。

---

33 同上，第77页引述了日本下级法院的相关判决：在一个案例中一个整形外科医生的
病人向媒体提供了关于这名外科医师的虚假信息。
34 同上，第78页引述了下级法院的相关判决。
35 对于摄影、摄像人员而言，拍摄某人肖像的特许权问题同样适用于对隐私的侵害；同
上，第84页。
36 同上。

四、救济

（一）概述

65　　对于侵害人格权的主要法律救济是根据侵权法的概括条款基于民事侵权提出损害赔偿的诉求。[37] 正如上文所指出的，《日本民法》第 710 条包含了人格权损害赔偿的规定："不问是侵害他人身体、自由或者是名誉…应对（受害方）承担财产损失之外的赔偿责任。"

66　　《日本民法》第 417 条和第 722 条第 1 款共同构成对人身损害给予金钱赔偿的基础[38]。

67　　而且，对于诽谤案件，《日本民法》第 723 条为在日本广泛采用的恢复名誉提供了一个法律架构：在印刷媒体上正式的道歉（shazai kokuku[39]）。日本社会认为，在出版物上道歉是对诽谤行为合理有效的撤回（诽谤）的方式。在公众面前的道歉有着更大的影响，同时为道歉的接受者挽回了面子，这种方式深深根植在日本的文化中。就这种道歉本身而论，同样对日本当今社会产生了重要的影响。

68　　虽然《日本民法》第 723[40] 条没有将赔礼道歉视为侵权损害赔偿的手段，但是当受害方提出时，法院可以判决对加害方采取适当的措施。

（二）金钱损害赔偿——抚慰金

1. 抚慰金在日本的性质与功能

69　　日本法院多次在涉及侵害人格权的案例中判决支付抚慰金。但是，最后判决的抚慰金的数额却不合比例的过低，这让人难以接受。

37　见前面脚注 31。

38　第 417 条主要处理的是合同违约纠纷，该条表明如无其他意思表示，损害赔偿以金钱定其数额。第 722 条使第 417 条的规定准用于侵权损害的赔偿。

39　从字面上理解就是公开道歉。

40　见下文边码 88 及以下。

这样的结果主要是因为日本法学理论界对于抚慰金的性质与功能存在着争议。这个问题的关键点即在于抚慰金是源于为了弥补损害方的精神损害，还是同样起到惩罚加害人的作用。简而言之，抚慰金仅仅是用于赔偿还是兼具赔偿作用的同时带有惩罚的功能。依照民法的基本理念，日本传统的法学理论是根植于严格区分私法与刑法这一原则之上的。结果，民事侵权的性质与功能就在赔偿实际损害方面受到限制。另一方面，当评估非金钱损害时，日本法学的理论界与实务界则采取了与德国和其他大陆法系国家不同的态度，在赔偿问题上，受害者的主观方面在所不问。比如，在日本一些不省人事的受害者可以获得和有意识的能够感觉疼痛的受害者一样的金钱抚慰金。在决定是否授予一项具有惩罚性组成部分的抚慰金时，如果授予，日本法院多少会倾向于考虑加害人的主观因素，即加害方是出于故意，还是重大过失，还是仅仅一个小的过失。

2. 适度补偿的司法实践

日本法院关于侵犯人格权的抚慰金救济一直不合比例地处于较低的位置，这种情况持续到了 20 世纪 80 年代。在 1986 年的北方杂志案（Hoppo Journal）[41] 中，日本最高法院的全体一致裁决为改变抚慰金的过低局面铺平了道路。正是大桥（Ohashi）法官的异议被其他两位法官所支持，启动了提高诽谤案抚慰金的进程。大桥法官的观点在大体上与主流保持一致，如预防性措施——出版的事前限制只有在特殊的情况下才能够得以允许并严格限制。但是，他也提出了自己的异议，他认为受害方应该在诽谤案的赔偿中被判决获得尽可能高的赔偿。他主张，日本在诽谤案中赔偿额度过低的事实使得媒体在以表达自由为借口的保护下发布不属于宪法保护的言论。

70

---

41 Minshu 40 – 4 – 872（1986 年 6 月 11 日判决）。Hoppo Journal 是在日本最北部的 Hokkaido 发行的月刊。Hoppo 理解为"北方的"，该案会在接下来的本章边码 95 及以下详述。

71   随后，数额超过了 200 万日元的抚慰金在逐渐上升，[42] 在一起值得我们注意的案件中，一篇报纸文章断言，一名律师将许多法院的记录交给了一个在逃的客户，这位客户以前就因为非法持有毒品而被逮捕过。但是，在上诉后，抚慰金的数额就大幅减少。

72   总而言之，法学界虽然早在 20 世纪 80 年代就意识到对无形侵害人格权的赔偿额度应该提高，但是提高仍非常缓慢。

    3. 涉及上调抚慰金的最近的判决

73   即使上文中东京地区法院在上诉审理后将赔偿额度降低，然而这一趋势有时仍然被法律著述所引用，同时也直接影响了 1992 年大阪地区法院做出的判决，该判决责令向其名誉受到报纸文章损害的某位律师偿付 600 万日元的抚慰金[43]。

74   东京最高法院在一起关于画刊刊载的诽谤文章中声称某公司存在不真实资产负债表，在该案中法院要求赔偿 500 万日元[44]。

75   从 2000 年开始，关于抚慰金的巨额判决层出不穷。东京地区法院曾经在一起以画刊为被告的案件中，做出了 1000 万日元的判决[45]。画刊报道了一位日本家喻户晓的棒球球星在休赛之时前往美国做自我训练的轶事。然而，上诉之后，东京最高法院将抚慰金降至 600 万日元[46]。

76   一年后另一位职业棒球员状告一家画刊，因为画刊声称其在联赛中与某些从事赌球的诈骗团伙有某些可疑的交易。东京最高法院

---

42   为了对照，在 1989 年 4 月 1 日日元对欧洲货币单位的平均汇率是：1 欧洲货币单位 = 165 日元，或者是 100 日元 = 0.606 欧洲货币单位。从那之后，日元与欧洲货币单位也就是后来的欧元的汇率有大幅度的浮动。2005 年 2 月 1 日，平均汇率大体上为 135 日元等于 1 欧元。

43   Hanrei Jiho（第 1774 号），第 108 页（1992 年 10 月 23 日判决）。

44   Hanrei Jiho（第 1517 号），第 40 页（1994 年 9 月 7 日判决）。

45   Hanrei Times（第 1055 号）第 29 页（2001 年 3 月 27 日判决）。

46   Hanrei Jiho（1778 号），第 73 页（2001 年 12 月 26 日判决）。

判决支付 600 万日元的抚慰金[47]。

2001 年，东京地区法院在一起案件中判处支付 500 万日元的抚 　77
慰金，这是一起关于画报报道一个影星的隐私，但是侵犯了其名誉
权和荣誉权的案例[48]。画刊提起的上诉最终被东京最高法院驳回，在
该案中就抚慰金而言，有人认为不应该少于 1000 万日元[49]。

同年，东京最高法院在一起某著名歌手遗孀诉两家画刊的诽谤 　78
案件中，要求支付总共 500 万日元的抚慰金[50]。

同样是在 2001 年，东京地区法院支持了一起著名新闻主播诉一 　79
家画刊的诽谤案件，他诉称该画刊报道他的过去，最终法院要求支
付 500 万日元的抚慰金[51]。

十年前，在一起牵涉一名政客的诽谤案中，东京法院同样要求 　80
支付相同数额的抚慰金，该案中，一家报纸报道说一位某党派的秘
书长是一位诡计多端的政客[52]。

4. 对侵害人格权抚慰金上涨原因的分析

上文所涉及的关于法院要求的抚慰金上涨的案例主要被认为是 　81
如下原因造成的[53]：

● 随着媒体报道的范围不大扩大，他们对于人格权的侵犯程度
也随之加深。

● 媒体能够从对个人权利的侵犯之中提高其获利额，从一定程
度上说，过低的金钱赔偿达不到抑制媒体侵权的作用。

● 最近，随着日本公众个人权利意识的不断觉醒，个人权利的

47　Hanrei Jiho（第 1778 号），第 79 页（2002 年 3 月 28 日判决）。
48　Hanrei Times（第 1055 号），第 24 页（2001 年 2 月 26 日判决）。
49　Hanrei Jiho（第 1760 号），第 93 页（2001 年 7 月 5 日判决）。
50　Hanrei Times（第 1070 号），第 29 页（2001 年 8 月 28 日判决）。
51　Hanrei Jiho（第 1773 号），第 104 页（2001 年 9 月 5 日判决）。
52　Hanrei Jiho（第 1764 号），第 92 页（2001 年 7 月 18 日判决）。
53　如下的原因来自于东京高等法院在 1991 年 12 月 1 日一次没有公开的判决，见
　　K. Igarashi（前面脚注 1），第 254、255 页。

价值的重要性在不断被人们所认知。

- 同样也由于日本经济和社会的不断变化，同时在其他侵权案件中的平均赔偿额也促使了侵犯人格权的赔偿额的上涨。

82　　另外，一些发表关于抚慰金估算的文章和协定书的法官可能也对这种发展有相当大的影响[54]。

5. 在抚慰金评估标准方面的进步

83　　自从 1897 年《日本民法》[55] 颁布以后关于侵权案件中抚慰金的赔偿标准，法院享有裁量权。

84　　结果就是日本法院的法官在侵犯人格权的案件中行使裁量权没有拘束。法官甚至没有被要求声明他们是如何得出授予抚慰金的数额的。但是，关于抚慰金的计算公式，随着一些法律著作的发表逐渐成形，这其中就包括了 1974 年 Y. 田中（Y. Tanaka）在其论文[56]中列举的如下考虑因素：

- 伤害的程度、种类和持续时间
- 受害者的社会地位
- 其他的赔偿请求和其已经获得的赔偿
- 侵权的种类和手段
- 加害人事后的表现

85　　井上（Inoue）法官在 2001 年发表的一篇名为《对于建立诽谤案件赔偿金标准和判决中法人赔偿范围的尝试性建议》[57] 的文章中，

54　见 K. Igarashi（前面脚注 1），第 255 页，同时前面脚注 9 列举了许多出版物。

55　1895 年，即明治 29 年，Minpo（《日本民法》）以第 89 号法律的形式公布，该法是受其原型启发，即受《德国民法典》影响的债权编，然而德国法的侵权编又受英国法的影响。《日本民法》的物权编则从《法国民法典》中加以借鉴。

56　Yasuhisa Tanaka，isharyogaku no santei（金钱损害赔偿之计算），载于 gendai songaibaishoho（现代赔偿法论第 7 卷）（1974），第 279 页，Noho Hyoronsha，引自 K. Igarashi（见前面脚注 1），第 256 页。

57　Inoue："meiyo kison ni noru isharyo santei no teikeika oyobi teigakuka no shiron"，载 Hanrei Times（第 1070 号），第 14 页。

他具体且全面地陈述了哪些因素应该被考量，并且他们在计算诽谤案件抚慰金时的权重是多少。他甚至建议，如果情况允许可以将额度通过计算加以固定化。

井上法官列举了如下需要考量的因素： 86

（1）加害人部分

- 考虑加害行为动机和目的后的恶意程度
- 考虑加害行为的个人因素后的恶意程度
- 关于诽谤的陈述中事实情况里的不同寻常之处
- 所声称事实的可信度
- 加害行为的手段和伤害程度
- 加害行为所获利益
- 在实施侵权行为后对受害方所做的弥补措施及其程度

（2）受害者部分

- 社会地位（受害人的职业）
- 侵权行为对被诽谤的受害者的社会地位造成的影响的程度
- 侵权行为对受害者造成的金钱损害的程度
- 对于社会生活所造成的不利影响
- 是否存在双方的共同过失责任
- 受害者是否采取了补救措施并在何种程度上补救
- 受害者还有权主张的其他请求

井上法官依照上面的考量因素和一些应该权衡的要素，得出在 87 单个的案件中对于金钱抚慰金的范围可以在 500 万日元到 1100 万日元之间。同时，井上法官的公式在估计金钱赔偿时得到了广泛的认可，并成为了一条不成文的指导原则。

五、声明撤回——道歉和其他纠正措施

（一）概述

88   作为对诽谤行为进行更正的"撤回"的法理依据是《日本民法典》第 723 条，该条规定：

"对毁损他人名誉者，法院得应受害人请求，责令侵权行为人采取适当措施恢复名誉，以代替金钱损害赔偿，或者与金钱赔偿一并适用。"

89   由竞争者承担恢复受害者遭受损害的名誉的责任，分别地对侵害作者精神权利予以救济之类似规范，在《不正当竞争防止法》[58]第 7 条和《著作权法》[59] 第 115 条作了规定。

90   正如上文所提到的，违法者的公共道歉是深深根植在日本社会之中的，这些做错事的人也常常在道歉后得到一定的解脱。这在当今日本的商界也是相当普遍的，一些大公司的领导也会承认他们所做的错事，不论是否导致环境污染、制造出了带有瑕疵的车辆还是其他一些不妥的行为。通常在这些情况下，这些巨头们如主席或者是 CEO 或者是公司的其他高管会通过一个深深的谦卑的鞠躬强调他们的道歉陈述。这种行为在让道歉者感到倍加羞辱的同时，也让道歉的接受者倍感舒畅，这在西方是难以想象的。因此，在日本在印刷媒体上公开道歉被视作一个强有力的惩罚手段。自从一个多世纪前《日本民法典》颁布以来，日本法院判决要求在报纸或者画刊上发表公开道歉，这被视为恢复名誉的一种合适的惩罚手段。关于道歉的一些细节和形式（包括名称、在将发表道歉声明的媒体上所占

---

58   Fusei kyso boshi ho，法律号 47/1993.

59   Chosakuken ho，法律号 48/1991.

的版面同时包括尺寸）这些都在判决书中做了实质性的规定[60]。

（二）法院责令发布道歉性质的撤回声明是否侵犯了被告的权利?

20世纪50年代，通过强制道歉来撤回（诽谤言论）成了上诉程序中引起争论的问题，被告会宣称书面的道歉违背了受宪法保护的良心自由[61]，因此，这些要求书面道歉的判决被认为是违宪的。该案涉及一起被电台和报纸报道的日本上议院选举中的一次政治演讲。在这次演讲中，被告作为反对派的参选人指控其竞争对手也就是前首相贪污贿赂。法院在初审时认为对于贪污贿赂的主张毫无根据，因此，被告应对其诽谤行为负责，在原告的要求下，被告被判决要求采取书面的形式道歉[62]。 91

日本最高法院一致同意被告的道歉只是要表明其已意识到他所犯的侵权行为并且为此而道歉。因而，可以认为，这种道歉的形式没有涉及伦理道德层面，更不会触及良心自由[63]。 92

总而言之，只要法院判决要求采取道歉的措施，日本法院就不会认为这种方式侵犯了被告受宪法保护的权利。在本案中，法院还明确了道歉作为"强制性的代替手段[64]"是在宪法规定的范围之内的。 93

（三）签发"撤回"令的先决条件

如果加害方已经采取了足够的措施弥补损害，并且被害者的名誉已经受到合理的保护，此时法院不会判决惩罚性措施，被害方也无权要求惩罚性措施。同理，如果受害方已经受到了充分的经济补 94

60　见后面脚注62，展示了作为日本成例的以发布道歉方式撤回（诽谤言论）的实例。

61　《日本宪法》第19条："思想良心之自由不容侵犯"。

62　该表达要被日本社会和文化理解，具体如下："我在电台和报纸的言论扭曲了事实，我损害了你的名誉也打扰了你。在此，我表达我的歉意。"

63　Minshu 10-7-785（1956年6月4日判决）。尽管当时有两名法官极力反对，而且日本法律理论界也存在争议，但是这一一致的同意在50年后还是被确立了。参见 K. I-garashi（前面脚注1），第262页。

64　在日本这种措施被称为"daitai shikko"，在德语中对应"Ersatzvornahme"一词。

偿或者该侵权被认为相对不重要或者该行为没有违背公序良俗（善良风俗），这一原则也得以适用。

（四）强制令[65]

95　　1986 年，日本最高法院在全体会议中讨论了以下事项：

●在针对媒体的诽谤案件中，受害方是否可以要求强制令停止侵权行为；或者一个可能成为受害者的一方，当他预见到加害人可能对其构成侵权时，是否可以获得强制令阻止媒体做出该侵权行为。

●行为人是否可以要求一些禁止性措施作为事前强制令[66]，阻止媒体散布或者分发可能构成侵权的材料。

96　　在上文提到的北方杂志（Hoppo Jounal）案[67]中，日本最高法院澄清了这些问题。

97　　由于北海道地区的一些城市的市长的原因，被告作为一个因为报道小道消息而臭名昭著的月刊已经经历了一些单独的诉讼程序，当地的法院也颁发了事前禁令。

98　　关于著名的北方杂志案在上诉至最高法院之前的背景如下：

99　　在 4 月份地方长官大选之前，北方杂志就声称为了吸引注意，他们准备在 4 月份提前报道有关这次选举的一些消息。其中有一篇报道就评论了这次地方长官的参选人，也就是北海道一个主要城市的市长。该报道公布了该候选人私生活的丑闻并且将其贬低为无法被选为北海道长官的人。北方杂志在 1979 年 2 月 23 日就准备在 4 月份的那期期刊上发表该评论文章。然而这位受到攻击的候选人得到了消息，为了控制已经印刷出来的 4 月份的那期期刊同时为了阻止继续印刷，也为了阻止通过售卖该杂志传播这篇有问题的评论文章，

65　日语表示为"sashitome"，在此处翻译为强制令，和德语"Unterlassung"有类似之意。表明原告有权起诉要求被告禁止做某事（日语"sashitome seikyuken"——德语"Unterlassunganspruch"）。

66　在日本中该词为"kari shobun"，与德语"Einstweilige Verfügung"有类似之意。

67　见前面脚注41。

这名政客于是向札幌区法院申请事前禁令。法院颁布了事前禁令，随即北方杂志根据《日本国家赔偿法》[68] 向法院起诉要求赔偿，同时也根据《日本民法典》[69] 第 709 条，起诉颁发事前禁令之人，声称法官和执行人员的行为是公共权力机关权利滥用，同时该禁令也违反法律。

一审法院驳回起诉但是上诉法院提出了如下考量意见：   100

"损害某人的名誉的行为是违法的，构成侵权行为。该行为也不   101
受言论自由这一由宪法规定的权利之保护而且法院颁布的事前限制也没有侵害言论自由。事前禁令带来的事前限制只有在如下情况皆满足的情况下才能得以实施：（1）要禁止的行为一定是要明显地会立即诽谤到他人的行为；（2）加害人所带来的伤害是巨大的；（3）赔偿无济于事或者很难实施。有争议的文章明显地会伤及原告的名誉。也就是说，提前写好的文章被认为是在讨论很可能成为北海道长官的品质。但实际上这的确诽谤了原告也对其做了不实的描述。一旦这家杂志社已经开始售卖这 5000 份杂志，其内容会受到选民的注意，这会对被告的政府参选活动造成不可弥补的伤害。当在诉讼程序中权衡双方的利益后，禁止散发该杂志的禁令就被颁布了。"[70]

在全体大会上日本最高法院驳回了由北方杂志出版方提出的上   102
诉[71]，同时日本最高法院也给出了详细的理由，其精简如下：

- 签发事前禁令的法律依据

在生命权和身体权之外个人的名誉权是最重要的受法律保护的   103
对象。同样作为人身权的一部分的名誉权，和物权一样是一项绝对权（对于任何人都如此）。

---

68   Kokka baisho ho，法律号 125/1947。

69   见前面脚注 31。

70   见前面脚注 41。

71   日语中对于不服原审判决而提出的上诉称为"kokoku"，该词与德语"Berufung"类似，对于向日本最高法院的上诉称为"jokoku"，和德语"revision"有类似之意。

● 在实施阻止出版的事前限制时要考虑的因素：

104   只有在特定的情况下阻止出版的事前限制才能够被允许，因为这种措施剥夺了公众通过阅读、收听或者观看新闻来评论的权利。因此该行为的理论令人怀疑，同时也被认为是肆意践踏公民的言论自由。阻止出版的事前禁令就是一种事前限制的声明，尤其当限制的是对于公共官员或者政府参选人的评价或者评议时，这种声明就显得尤为突出，因为这些言论常常被视作是公共利益。与侵犯他人名誉权的言论相比，这些有着重要社会价值的声明就更加值得受到宪法的保护。除非有如下情况，事前禁令是不能被颁布的：（1）该言论的内容存在瑕疵或者其目的明显地违反了公共利益；（2）对于受害者存在无法弥补的伤害。故在这些（例外情况下）言论的价值比受害者的名誉受到的保护要小（或不那么重要），这样一来，被视作有效合适之救济的事前禁令就得以颁布。所以，事前的限制（以事前禁令的形式）在这些例外的情况下得以颁布。

      按照惯例，法院在颁布事前禁令前，会给予被告在口头辩论或特殊听证会的阶段一些机会，此时被告可以来证明其言论是符合公共利益并且受到质疑的言论也是符合事实的。但是，当原告能够运用证据证明被告的言论存在错误或者无法符合公众利益，同时也证明其给原告带来了无法弥补的伤害的话，法院可以不为加害方安排事前的口头开庭或者特别的听证程序就颁布禁令，这也没有违反《日本宪法》[72]。这一由日本最高法院在一起关于权衡对于公众人物的言论自由和受害者名誉权的案件中确立的原则一直沿用至今。

105   在 2004 年，东京高等法院在一起关于某位著名的前任部长的女儿和其前夫的案件时，权衡了个人隐私和言论自由后，驳回了有关事前禁令的动议，该动议由一对已离婚的夫妇提出，针对该周刊企

---

72 Minshu 40 – 4 – 872；参见前面脚注 41。

图发布所有的刊载了可能侵犯他们隐私权的文章的刊物。在系统地分析这项禁令是否满足前文所述的三项要求后，东京高等法院撤销了一审法院所做的决定，高等法院没有同意下级法院原则性的估计，除了在该侵害隐私的行为是否构成了严重的无法弥补的伤害这一点上同意低等法院。文章上说这位女儿和一位同行记者的婚礼遭到了其具有社会名望的父母的反对，这对新婚夫妇因为工作安排前往了美国，但是从美国回来后，两人随即离婚。该高等法院说，在当今日本社会不再认为离婚是个人的品格缺失。而且法院也没采纳上诉人诉求，在诉求中说，除了诽谤，该文章对于其隐私权的损害是无法挽回的。最终，即使法院指出该报道既无法满足合法的公共利益也不是为了公共的福祉，但是该法院还是认为该报道的行为无法构成"严重的无法弥补的伤害"。总而言之，尽管言论自由权是民主社会健康发展之基石，同样的，它也应当在宪法的层面受到尊重。故关于出版的事前禁令是对言论自由的巨大限制，所以要倍加小心地适用[73]。

六、结语

前文关于在日本法中媒体侵权之论述，皆有助于框架性地呈现关于个人权利的现状。我们的重点放在了一些法条和指导意见的发展上，而这些法条和指导性意见是在这个法条稀缺的领域无比重要的。 106

近20年来，日本法院关于个人权利的侵犯，尤其是诽谤方面的案例法得到了长足的发展。一个重要原因是受到政治迫害的三浦先生对日本媒体提出的超过500起的诉讼，而超过三分之二的诉讼都 107

---

[73] Hanrei Jiho（第1865号）；2004年3月31日东京高等法院判决。

得到了法院的支持。

108　　因为本文着重关注日本最高法院作出的关于一些纸质媒体的法律问题，而对于印刷媒体上的图画侵权的问题，本文只是在为了理解一些相关案例时捎带提及。

109　　从 20 世纪 80 年代开始，印刷媒体侵犯个人权利的事件不断增多，但是大多都没诉诸法院。

110　　尾随三浦案轰动的报道，低俗小报利用读者在那个刑事案件中显示出的浓厚兴趣，搜集了更广泛的由当地警方提供的基于个人怀疑的与罪行相关的信息，用根据谣言和不正当手段调查得来的材料的故事炒作它。在当时一些所谓的"体育报"也开始加入周刊画报的行列，他们大多数情况下不是报道体育消息而是捏造一些消息，实际上这是对他人的一种恶意中伤。在某些情况下这也可能导致整个社会对于受害者直接攻击。最严重的，就是这些报道中往往有受怀疑对象的全名同时还带有住址。然而，也只有未成年人的姓名才受法律保护不被披露。

111　　虽然个人独立主义倾向有所提高，日本社会仍然很大程度上是集体导向的，有时会显示出对违反根植于集体主义态度的根深蒂固的风俗要求的的人进行责难的强烈的倾向。

112　　同样，一些民事案件常常对于原告的诉讼请求不予支持，这在一定程度上扩大了媒体可以报道的范围。一些遭到媒体的诽谤或者其他人格权受侵害之人往往排斥将他们的案件诉诸法院：他们可能惧怕该案如果败诉可能会扩大媒体已经掌握的报道范围从而带来不利的社会影响，或者单纯是出于经济考量。也就是说，即使原告胜诉，他也需要负担诉讼代理人的费用。免费的司法救助是极少的，即使有也会要求事后交齐费用。同时，一些由学者、记者、律师所组成的私人组织和大众媒体受害者一样出现，他们为控告这种侵权行为提供帮助。考虑到周刊画报巨大的受众范围，广告商仍然大量地投放广告。一些公司已经开始着手来资助这些他们将投放广告于其版面上的媒体。广告理所当然是这些周报刊重要收入来源；然而，周刊中的大部分属于一些受人尊重的出版巨头，但是他们也发表一些粗暴的严重侵犯他人权利的文章。

最近，公众呼吁极高的媒体问责机制已由日本政府着手开展：其中要求媒体成立自律监督委员会，否则这一机制就由法律制定实施。正如前文在一开始所讲，最新的《个人信息保护法》将报纸（shimbunsha）、报社和兜底条款"其他报道性机构（hodo kikan）"包括个人等以提供消息为业的人排除在外。消息的报道（hodo）被视做是"向不确定的人提供真相的客观解读（包括个人观点和评论的表达）"（第50条第2款）。印刷媒体如报道小道消息的周刊画报（shukanshi），在一段时间，因为害怕"对真相的客观解读"这一原则使得这些周刊画报不敢出声，他们甚至成为了那些公众利益调查类刊物的冠军。 113

近期从诽谤诉讼中对媒体判处非金钱损害赔偿金的急剧飙升来看，这已经给媒体施加了压力。 114

由日本报业出版商与编辑联合会统筹的日本主流新闻媒体已经开始着手准备一些基础性工作，通过对新闻以及其负责销售和广告的员工制定道德标准来进行员工间的互评。虽然有记者协会，但是自律对于小报仍然是可行的方法。最初，民主社会期望通过报道议会的议程来启发民智，追溯到1890年，虽然开始之时，这些要求都得以满足，但是在上世纪中后期随着一些现已废止的法律或者颁布的法律对新闻报道加以限制。在二战后，占领军认为日本记者协会有利于建设民主社会，同时也可以抵制共产主义的宣传，故日本记者协会未受损伤。如今，大量的有关政治、法律、私法或者刑事以及经济的报道铺天盖地，同时还有一些简报一般都是由一些巨头或者是如日本记者协会这样的工会所控制。一般一些新闻报道主要记 115

者不参与编辑。这就是为什么一些主流媒体报道国内政治或经济形势时都显得比较刻板，至少以西方的视角，他们的评论和观点栏目一般都显得索然无味。在日本，这些协会都显得无比专业，他们常常在他们的总部有一个出版室，这也使得这些协会与记者和他们的消息源关系融洽。也只有那些有名望的大的报纸的记者或者播音员才能登记为该协会在实体上的一分子。但这也对于一些只有几名员工的国内小型报刊或者国外媒体带来了不利的影响。同时，自其与国外媒体沟通并使国外媒体获得权利登记注册起也才十年时间。欧盟声称这一规定实际上是对信息自由流动的限制同时也大大降低了公众可获知的信息的质量。

116　　尽管宪法保护出版自由，同时，在战后改革之后，出版部门在法律上是不受规制的，但是，看上去媒体自身并没有强烈的渴望通过利用言论自由的权利成为一个独立的第四权利。另一方面，小报因为常常侵犯公民的人格权并制造一些有违宪法规定的公共福祉的文章，这也使得小报这一形式被认为是对言论自由权利的滥用。

117　　因此，一些有关出版自由的言论，在日本听起来充满矛盾，有时出版很自由，但是，一旦你掌握真相，就变得艰难起来。

118　　日本诽谤法的批评人士对于证明责任的转移即由被告来证明有争议的陈述是真实的（真实性原则）扼腕叹息。然而，不能单独从其结构而对其武断地做出结论，而是应该考虑到法律所处的社会环境，考虑到法律还是要提供尽可能多的解决方案。

119　　考虑到小报在日本的过度泛滥，如果原告还负有责任证明被告报道的缺陷的话，我们认为是不公平的。这只会引起对于受害者肆无忌惮的侵犯。同时，上文所提的原则应当与充分性原则一起加以分析，在这种情况下，要求被告能证明他有足够理由相信该有争议的言论，这时，被告才不用承担责任。

120　　另外一个关于日本人格权侵犯方面广为诟病的问题，就是对于非金钱赔偿的要求过低，虽然，本文没有做介绍，也无从知道根据现在法院判决非金钱赔偿上升的趋势，本文所提是否将来站得住脚。同时《个人信息保护法》是否会使小报在将来更加负责，我们将拭目以待。

2005 年 2 月，日本政府向议会提交了《人权保护法议案》，该 121 法案旨在保护那些受到媒体严重侵权的受害者，如刑事案件中的被害人、少年嫌疑犯、受害者的家人以及犯罪嫌疑人的家人。在该议案中列明了如跟踪、埋伏、侵入住所、电话骚扰或其他搜集个人信息的方法所构成的骚扰，以这一骚扰作为前提，当事人可以向人权委员会投诉。相比三年前的草案，该议案有了全新的视角，企图平息人们有关媒体和其他人权委员会要求的机构的关注，出于对媒体自由以及对媒体自律的合理尊重，该议案只调查投诉并且提供救济途径。然而，由于媒体和议会中存在的反对意见，他们认为该议案缺乏充分性，政府撤回了该议案。这在日本法制史上也是不多见的，人们也期待《个人权利保护法》能够充分表明应该受到保护的人群同时也指明在哪些例外情况下公众能够自行阻止媒体权利的滥用。

针对大众媒体侵害人格权的保护：
斯洛文尼亚

罗克·兰普

一、引言

1　　和大多数欧洲国家一样，斯洛文尼亚共和国人格权的法律保护也陷入了混乱的局面。本文涉及法律实践层面和理论层面。如今，"人格权与出版自由和公众知情权"这一法律问题的主要特点是，自斯洛文尼亚独立后，关于这个问题的各审级的已决案越来越多。近来，由最高法院或宪法法院作出的具有法律上的先例作用的判决澄清了这一领域出现的某些重要问题——人格权的法律依据，保护人格权方面的民事法律文件的效力，还有出版自由和公众知情权，利益权衡的分析，人格权的分类，对隐私享有"广泛的"权利的具体分类等等。

2　　在人格权理论研究领域，过去的十几年可以称为"第三时期"，相比起"第一和第二时期"在理论上建树很少。前面的这两个时期被认为缺乏法律实践[1]，从另一方面说，这两个时代以产生大量高水准的学术著作为特点，每每提到人格权及相关的法学理论，不得不提到阿洛伊齐耶·费茨格（Alojzij Finžgar）这位学者。费茨格在五

1　罗克·兰普（R. Lampe）：《隐私权——证明其广泛实施》（Pravica do zasebnosti, zagovor njene široke implementacije），2003 年，第 196 页。

十年代后期开始了他关于人格权问题的科学研究。² 1989 年他发表
的最后一篇论文³，总结了在这个有趣且重要的法律领域中 40 年来
的理论成就。费茨格担任卢布尔雅那大学（Ljubljana）大学法学院
"人格权法"教授一职超过 40 年。基于一项人格权法与大众传媒的
全球性调查，费茨格写了一份全面的研究报告。⁴ 这篇报告和其他一
些人格权领域的重要成就，被喻为是斯洛文尼亚人格权理论研究的
基石，同时也被看作是理论经典。⁵ 1985 年由斯洛文尼亚科学与人
文研究院出版的《人格权》一书是这位学者最重大的贡献，这本书
亦对欧洲的法律文明做出了贡献，它对法律实践的影响也是极深远
的。另外一个重要的学者是亚内兹·诺瓦克（Bogomir Sajovic）教
授，他也是笔者的导师。他对人格权法的研究有重大的贡献，特别
是他有关"一般人格权"的理论分析。⁶

　　斯洛文尼亚的法律中"人格权与表达自由"问题最重要的特点　　3
是：人格权和表达自由都是由宪法保障的权利。宪法第 35 条（规定
了"保护隐私权和人格权"）确定了人的身体和精神完整不容侵犯，
当然人的隐私和人格权也受到保护。后文将详细分析这些难以理解
的宪法上的措辞。一个基础性的出发点是：斯洛文尼亚的法律保障
"具体人格权"。其中，以下这些已经在宪法中做出了详细的规定：

2　A. Finžgar, Pravica do osebnega življenja, ［1958］Zbornik znanstvenih razprav Pravne
　　fakultete Univerze v Ljubljani（ZZR）XXVII, 59–83.

3　A. Finžgar, Francuska deklaracija o pravima čovjeka i građanina i prava li čnosti, in：E. Puši
　　ć（ed.）, Francuska revolucija-ljudska prava（1991）, 163–171.

4　A. Finžgar, Pravica do osebnega življenja（1966）；A. Finžgar, Osebnostne pravice
　　（1985）；A. Finžgar, Civilnopravno varstvo č lovekovih pravic, in：P. Jambrek（ed.）,
　　Varstvo človekovih pravic（1988）, 125–146.

5　S. Stromholm/A. Finžgar, et al. Die Haftung der Massenmedien, insbesondere der Presse,
　　bei Eingriffen in persönliche oder gewerbliche Rechtspositionen（1972）.

6　B. Sajovic, Osebnostne pravice in civilno pravo, Pravnik（1988）, 567–581；B. Sajovic,
　　Nekateri teoreti čni pristopi k fenomenu osebnostnih pravic（1990）；B. Sajovic, O pravni
　　naravi osebnostnih pravic（1996）.

人身和精神的完整、"其他"人格权、隐私权。隐私权在斯洛文尼亚法律中有三层"角色"：（1）由宪法确立，民法保护的人格权；（2）宪法权利，由公法保护；（3）人权，由国际公约保护（主要有欧洲人权和基本自由公约第 8 条）。以下这些人格权也可以作为广泛的隐私权来分析，是由宪法直接确定并保护的（毋庸置疑也是受到民法保护的）：某人的家庭住所不容侵犯（第 36 条），通信秘密（第 37 条）以及保护个人信息的权利（第 38 条）。以上列出的这些权利，我们只是探讨其作为个人权利的层面。

4   另一方面，宪法第 39 条确定了表达自由——"在一个自由的共和国中，语言与思想应该是自由的"。或者可以说，在斯洛文尼亚人的眼中："表达思想的自由，演讲和出席公共场合的自由，还有出版及其他形式的公开传播信息和表达的自由都是被保护的。任何人都可以自由地选择、接收、传播信息和观点。除了法律明确禁止的一些情况，每个人都由法律授权有权利获知那些和公共利益相关的任何信息。"由宪法第 35 条保障的权利和由宪法第 39 条保障的权利形成了一种典型的利益和权利的冲突。根据实际的真实情况权衡这些利益"仍然是"判断人格权是否被非法侵害的唯一方法。

二、对人格权和表达自由的保护

5   在斯洛文尼亚的法制史上，人格权法经历了三个历史时期。在"人格权法"和"隐私权法"混为一谈的时代，"人格权法"被认为还不是一个独特的法学学科分支。第一个历史时期起始于奥匈帝国，衰落终止于 1978 年，这一年债法（Act on Obligations）开始实施。这个时期最显著的一点是从奥地利民法中引入的人格权的概念。这个经典的法典在斯洛文尼亚国内也发挥着保护下列这些特殊人格权的作用，这些特殊的人格权包括：生命权（第 1327 条）、身体完整权

（第 1325 条），人身自由权（第 163 条），荣誉权（第 1330 条），女性的身体完整权（第 1326 条）及女性的精神完整权（第 1328 条）。

民法，还有人格权法在新的南斯拉夫呈现四分五裂的局面。该 6
国分为（多个）所谓的"法域"。[7] 斯洛文尼亚的民法直接来源于奥地利民法典（ABGB）。直到 1978 年，这部法典的大部分条款在斯洛文尼亚都是有效的，有的条款至今仍然在适用。因此，民法对人格权的保护也完全是建立在奥地利民法典条款基础之上的。南斯拉夫联邦共和国在全国范围内推行了一些法律措施。在本论题下最典型的是 1929 年版权保护法案。这个法案受到德国 1907 年版权保护法案的影响。在艺术和相关领域，版权保护法成了人格权保护次生的法律渊源。其实并不完全像字面意思一样，1929 年版权保护法案保护如下一些特殊的人格权，例如"肖像权"、"通信秘密权"和"著作权"。前两个权利被看做是特殊的人格权，不过我认为应该将这两种权利看做广泛的隐私权，在当代隐私法的领域内进行探讨。从教条主义观点出发，1929 年版权保护法案仍然具有重要意义。这部法案是在斯洛文尼亚法律中确定人格权的多元概念的基石之一。上文已经提及，这个多元概念的引入，很大程度源于奥地利民法典。

人格权也受到刑法的辅助性保护。转换成民法术语后，1929 年 7
通过的刑法法案保护人们的以下权利：性的完整权，住所不受侵犯的权利，身体完整性，私人和家庭生活权（这个术语，现在斯洛文尼亚的债法中仍然沿用）。在早期的斯洛文尼亚人格权法领域，这是具有重要历史意义的一幕。因为它呈现了法律对人格权系统的保护，其特征是——主要由民法保护，但同时也由刑法和一些较低层次的

---

7 S. Lapajne, Razvoj in stanje našega državljanskega prava（1st edn. 1934）. 在塞尔维亚，塞尔维亚民法典独立地约束着民事法律规范，黑山地区的黑山民法典也是相同的情况。尽管没有明文规定，奥地利的民法典在克罗地亚具有法律效力。在波黑和黑赛哥维那也是如此（达拉马提亚不同于此，它明文规定了奥地利法典具有法律效力）。在布达佩斯（库里）最高法院的先例下，在伏伊伏丁诞生了一个特殊的民法法庭。

民法法规进行保护。在斯洛文尼亚的实体法中也能发现这些特征。

8　　　人格权法发展历程中的第一时期以一个伟大的理论探索，即一份民法导论作为标志。由斯坦科·拉佩奇（Stanko Lapajne）教授领导的斯洛文尼亚"学院派"，对这份文本做出了很重要的理论贡献，它原本可以成为一项现代的和高度深刻的民法典编撰运动。[8] 自1926年以来，其"人法"受到了"列支敦士登人与公司法"的影响。该民法典（本应）对以下这些具体人格权提供民法保护：人身完整、荣誉权、自由权、住所不受侵犯的权利、通信秘密权、姓名权等等。非常遗憾的是，这部法典并没有真正成为法律，结果，奥地利民法典中的人格权保护制度继续沿用了将近5年。

9　　　人格权保护的第一时期的第二阶段始于二次世界大战之后，其特征是拒绝民法对人格权进行保护。当时普遍认为，民法保护人格权的主要手段是用金钱补偿非经济损失，这在当时是不被社会普遍接受的。这种社会氛围典型的例子是，1946年南斯拉夫最高法院驳回了依据修改后的奥地利民法典第1328条（保障妇女身体完整权和性的完整权）提起的诉讼。[9]

10　　　人格权法发展第一时期第三阶段的转折点在1964年。这一年南斯拉夫最高法院作出了一项决定：当人身权受到不法侵害时，除了损害赔偿之外，原告有权要求（签发）强制令、排除妨害，要求金钱赔偿以及非经济损失赔偿。[10] 最高法院列举了以下这些具体人格权：自由权、荣誉权、名誉权、个人和家庭生活权（法院书面措辞

8　S. Lapajne, Mnenja k predhodnem na črtu državljanskega zakonika za Kraljevino Jugoslavijo (1938); S. Lapajne, Na črt odškodninsko-pravnih dolo čb za jugoslovanski državljanski zakonik, [1938] ZZR, no. 37–38, 256–268.

9　斯洛文尼亚公共共和国最高法院判决（德文）1946年10月24日，Pv 350/46，Ljudski pravnik 出版（Ljuvljana 1946），425–426。

10　联邦最高法院的判决，参见 nr. 247/64，刊于最高法院判例精选，Zbirka sudskih odluka IX/1，1964，no. 29.

是"个人和家庭得以平静生活的权利"）和"其他权利"。同一年，南斯拉夫最高法院认可了向一个人格权受侵犯的瘫痪女孩所遭受的非经济损失用金钱进行赔偿的权利，这个瘫痪女孩的照片被刊登在一份医学期刊上。法院采取了利益衡量的方法，权衡了将科学成果予以公开的利益和原告不被公之于众的利益。在这些"先例"之后的法律实践呈现出，只有很少的一部分判决是基于人格权被侵犯作出的。

11　然而第一时期最主要的成就并不是在实践方面，而是在理论方面。这个时期，关于债法法案的许多种理论草案广泛被探讨，这些草案规定了保护人格权的法律手段。其中最严肃的一份是由康斯坦丁诺维奇（Konstantinović）教授撰写的，他出版了"债法草案"。由于它是1978 债法法案的理论原型，所以这份理论成果非常重要。必须强调的一点是，在这个时期，确切说是在1974 年，南斯拉夫联邦宪法生效。尽管在斯洛文尼亚的法律理论中没有关于认定"一般人格权"的严格依据，这部法案最终明确了人格权的多元概念。由1974 联邦宪法授权保护的"人格权不可侵犯的权利"被教条地当做"一般人格权"（类似于"人格权"的概念——源于未经修订的瑞士民法典原稿第28 条）的法律根基。某人的人格权不受侵害的权利，个人和家庭生活的权利以及"其他权利"作为具体人格权成为由宪法直接保护的权利。直接应用宪法的规定，自此在斯洛维尼亚法律中得以实现。

12　人格权保护发展历程的第二时期一定要提及下列这些成果：人格权的法律根基可以从宪法条文的片段中，也可以从债法中找到，例如个人和家庭生活不受侵犯的权利（ZOR 第157 条），荣誉和名誉权（ZOR 第198 条），身体和精神完整的权利，自由权和"其他权利"（宪法第200 条）。认定具体人格权立法方法是制定了一个"框架"，其意义在于，没有在文字上提到的人格权，仍然受到保护。对人格权"辅助性"保护由刑法和其他民事法律提供。转换成民法术语，以下这些人格权受到保护：性完整权，自由权，人身和精神完

整的权利，隐私权的各个要素（肖像权、通信秘密权、住所不受侵
犯的权利、职业秘密受到保护的权利）及其他权利。

13　　虽然已经由民法作出了"清晰的"规定并予以保护，民事法庭
却鲜少接到人格权案件的诉讼。得出这一结论的证据是"第二阶段"
一张很简短的判例清单。第 157 条作为强制令和要求排除妨害的法
律依据，在法律实践方面，是白板理论（tabula rasa，洛克依据培根
关于人的知识来源与人对客观事实的经验、感觉是认识的源泉等唯
物观点，在《人类理解论》中提出他的著名的"白板"论，指出：
"人心中没有天赋的原则"，人心如同一块白板，理性与知识都从经
验而来。——译者注）的典型。人格权问题更多的是一些学者的研
究对象而不是一项重要的法律制度。

14　　如上所述，斯洛文尼亚共和国人格权法发展的第三阶段始于其
取得独立的 1991 年。从 1991 年 2 月 23 日开始，斯洛文尼亚保护人
格权并且由宪法（第 5 条）直接保护基本的自由。共和国特别强调
保护第 35 条中提及的人格权还有出版自由（第 39 条）。

15　　对人格权的保护还有表达自由、思想自由、演讲自由、出席公
共场合的自由、出版自由、获知信息的自由等等，都是由分散的司法
权进行保护。宪法提供主要的授权和主要的法律保护。人格权受到由
债法提供的传统的民法手段的具体保护。斯洛文尼亚的债法（2002）
是 1978 年债法最直接的产物。针对人格权的侵权行为法保护方法基本
相同。除了来自债法的侵权法规范之外，斯洛文尼亚还通过传媒法对
人格权进行保护。传媒法对以下这些权利的落实作了明确的界定："要
求更正的权利"、"答辩权"或曰"公开答辩权"（字面上表述为"the
right to answer"）。这些权利也享受宪法直接的相应的保护。

16　　传媒法在实现上文提过的两个宪法授权的法律方法方面新闻已
有规定："要求更正"和"要求公开答辩"。将两者看成是否认是法
律理论和实践领域的困惑（不仅在斯洛文尼亚）的一种原因。这两

种诉求都被称为"平等武器"进行保护，或用特尔（Tuor）博士的话说："来一场公平的竞争"。有了作为"要求更正的权利"，原告可直接要求媒体更正其发布过的信息。有了"公开答辩权"，原告可以要求媒体将从原告的角度陈述的经过发布出来。"兼听则明"体现了"公开答辩权"最主要的理念。

三、保护人格权不受大众媒体侵害的范围

斯洛文尼亚的民法未列出具体人格权的目录。正如上文提过，他们的法律基础是分散的。在本节中，我们只着眼于那些被保护不受大众媒体侵犯的人格权。毫无疑问，最清晰的领域是隐私权。可以直接在宪法（第35条）中找到其法律依据。同一条法律条文也保护"其他"人格权，包括身体完整，该权利也被作为特殊人格权进行定义和探讨。其他被保护以免受大众媒介侵害的人格权是"荣誉权"和"名誉权"。这两项权利是基于债法（第177条、第179条）。其他人格权保护的法律依据可参见刑法典。 17

我们在逐个分析每项权利前，必须强调，对于个人人格权，刑法和民法的法律方法是有差异的。1999年斯洛文尼亚最高法院在一个判决中作出规定，[11] 民事法庭在遇到人格权被侵犯的案件时主要考虑遵照先前案例，当先前的案例并不充分时，民事法庭才能运用由刑法衍生出来的那些准则。必须要谨记，民事法庭必须专门运用民法来对待人格权，刑法方法只是一种辅助工具。 18

实践中一类典型的例子是混淆了"诽谤"和"侵犯隐私权"。这两种民事侵权行为很相似。最主要的不同是它们保护的权利不同。诽谤侵权是用非法的方式侵犯了人格权中的荣誉权和名誉权。另一 19

---

11 最高法院判例（Sodba Vrhovnega sodišča）402/99，最高法院出版，案例精编，Vrhovno sodišče，Zbirka odločb 2000，（2000），179.

方面，侵犯隐私权，是指某人的隐私权被非法侵害的民事侵权行为。当侵权人通过散播有关个人隐私生活的信息侵犯某人的荣誉权或名誉权时就会产生这种混淆。

20　　传统的诽谤这种民事侵权行为被归入到刑法司法权管辖下。刑法典区别了有关荣誉权和名誉权的犯罪行为：冒犯某人、诬告、刑事诽谤和（口头）散布谣言。后两种犯罪行为必须简要分析。刑事诽谤是一种某人声明或传播了关于别人的不实内容，他明知该内容是不真实的。如果并不具备最后一项要件——关于传播内容真实性的主观故意——那么被认定为冒犯他人的行为。另一方面，散布谣言的犯罪行为又被称为"不得体的犯罪（tactless crime）"，是指某人传播了关于他人私人和家庭生活的消息，这些消息可能损害他人的荣誉和名誉。在这种情况下，隐私权和荣誉权都受到保护。当隐私权被侵犯，荣誉权和名誉权同时也客观受侵犯时，该罪行成立。在刑法理论和司法实践领域，当传播内容关系到以下这些私人和家庭生活的事件，这项罪行也成立：传播有关某人性生活、疾病、感情事务、不良嗜好（例如酗酒）、懒惰、个人生活、家庭关系等的流言。[12]

21　　散布谣言罪从结构上说最接近侵犯隐私的民事侵权行为。两者从字面上理解都是保护隐私权，然而最大的不同在于民事侵权范围更加广泛，它并不要求关系到某人私人和家庭生活的这些传播内容客观上也损害这个人的名誉权和荣誉权。[13] 某人的私人和家庭生活的事实外泄而引起损害隐私权的民事侵权，这类事实在理论上可被界定为：关于亲密生活、家庭不幸、精神疾病等事实。

22　　隐私权是一个非常宏大的命题，必须系统地学习和分类。我赞同隐私权有四个保护领域这项理论：隐私决定权、隐私专有权、信息隐私和身体隐私。在本议题下最重要的是身体隐私。有了这项被

12　M. 迪森格：《刑法典——评注》，Kazenski zakon SRS，1985 年，第 433 页。

13　最高法院判例，第二部，Ips 507/2000。

保护领域，一般隐私权就有了更多层次：性完整权、私人和家庭生活权利、肖像权、姓名权、声音和私人生活的秘密。这些不同的层面都可以作为具体人格权来研究和理解（性完整权等等）。除了个人和家庭生活的权利，还有以上提到的肖像权、姓名权、声音权和个人生活秘密权，都是保护个人免受大众媒体侵害的权利。

以下这些具体的人格权，或可以理解为广义隐私权的某一特殊方面，时常受到大众媒体的侵害，首当其冲的是肖像权。这项人格权（也包括其他）并没有被斯洛文尼亚民事立法作出清晰的界定。在"人格权法发展的第一阶段"，它是由版权法进行保护的。随着时间推移它逐渐失去了原有的法律基础。今天肖像权被认为是法律教条化的产物。这项权利的客体是某个人的外表、肖像和照片等，而不管其是以画像、绘画、雕塑、照片或还是以其他技术支撑下的可视物呈现。沃迪内利奇（Vodinelic）教授将这个权利作如下定义：被可视化的事物所呈现的这个人本人有权决定将要呈现的是什么。[14]但我们能否想象一个没有照片和新闻的当今世界？我们能否想象任何刊出的照片或印刷物都要征得被刊出者的许可？由此，针对这些未经许可要刊登的可视化内容产生了一些"不成文的规定"，有关公共事件和公众人物的可视物作为典型例子。在这种情况下，隐私的范围缩小了，相应地，公众的知情权扩大了，公众知情权占主导地位。 23

2002年起，"公众人物"的概念被写入了新闻业伦理规则中。这份规则中如上文所述那样作出了定义。只有当公众利益需要对个人隐私进行干涉时，干涉隐私才被允许。当报道中出现的是那些服务于公共职务和公共职位的公众人物时，公众的知情权更加重要。斯洛文尼亚法律中公众人物的概念接近于德国或美国法律中的这一概念。公众 24

14　V. V. Vodinelić, Lična prava, in：M. Orlić（ed.），Enciklopedija imovinskog prava i prava udruženog rada（1978），913 – 936.

人物是指，由于他们的公共作用和他们的职位或者其他的角色，常常出现在公众视野中。由此公众理应有被告知的合法权益。公众人物一般是政府官员、运动员、商业演出明星、艺术家、商人等等。不过他们的隐私也不能被无限制地曝光。非常隐私的内容例如亲密照片，包括私人生活等应该远离公众视野。裸照、某些情绪化的照片（例如悲伤等），亲密的情景，换句话说"必须保持的秘密"应该也必须被法律保护。

25   视觉化的公众事件也遵循相同的逻辑。在这类情况下公众知情权比个人隐私权重要。要求记者在公开照片或报道前要征得所有相关人士的同意的做法显然是荒谬的。在这种情况下公众知情权至上的原则只有一种例外。那就是弱势群体的隐私必须被保护，特别是儿童、残疾人、受害者（特别是性犯罪的受害者），受害者的家庭等等。在这些情况下记者在搜集信息和作报道时必须更加谨慎。在这些诉讼中，对被告和已被判刑的犯人也应当采取特殊的照顾措施。公众事件一般的规则对此都可适用，但不可违反无罪推定的原则。

四、侵权责任（过错责任、替代责任和严格责任）

26   侵权责任的一般规则在债法第131条中作了规定。根据该规定，"对他人造成损害的人，如果没有证据证明自己对造成此损害没有过错，就应当为此损害予以赔偿。"这句话界定了民事责任中的举证责任倒置。根据这项规则，原告必须证明侵权行为的下列基本要件：

1. 被告实施了不法行为；
2. 遭受了实际损害；
3. 不法行为和损害之间具有因果联系。

27   第四项要件，"过错"，由推定得出。被告必须为自己开脱责任，证明损害并不是由于自己的过错造成的。如果被告是故意或过失造成了损害，过错就成立（podana）。故意（dolus）和过失（culpa）是由刑法而不是民法作出定义的。故意分为两个级别——直接故意（dolus directus）和间接故意（dolus eventuails），过失分为三个级别——普通过失（culpa levis），重大过失（culpa lata）还有轻微过失（culpa levissima）。后面这三种类型的划分取决于一方当事人的"谨慎注意"。一方当事人有义务使其行为符合法律规定的"善良管理人"或专业领域的"专业人士"这样的标准。两者的标准都相当于普通法中"中等人/理性人"的标准。

上文已经提及，斯洛文尼亚法典是债法的直接产物，所以相应地其理论基础是"债法草案和纲要"（起草者康斯坦丁诺维奇教授）。这个学者为这份草案引入了迥异于传统德国民法制度的法国法律中的一些概念。除了合同的"导致（la cause）"之外，"过错（la faute）"的概念也纳入到新的 1978 债法中。根据"过错（la faute）"这个概念，侵权应具备以下要件：损害（dommage），因果联系（le lien de causalite）还有"过错（la faute）"。"La faute"——"过错"或者斯洛文尼亚语的"有罪的责任（krivdna odgovornost）"都必须作更广义的理解。也就是要具备两个要件："非法性"（客观要件）和"过错"（主观要件——个人该行为的主观意图）。只有这些要件都存在时才构成了一个人"要负法律责任"。这种传统的民事侵权和侵权责任的罗马法方法在实践中作了修正。客观要件"过错（la faute）"——行为不合法（在我们关于侵犯人格权的场合中）——变成了侵权责任的第一要件。民法只对人格权遭到不合法侵害提供了保护，正因如此"不合法"是最重要的一个要件。2000 年斯洛文尼亚最高法院明确界定了侵权责任的四个基本要件：[15]

1. "不被允许的（非法的）有害行为"——"不予受理的（非法）不利行为"〔"*nedopustno（protipravno）škodljivo dejanje*"〕

---

[15] 最高法院判例，第二部分，Ips 402/99，19. 4. 2000。

2. 损害

3. 因果联系

4. 过错（与行为的主观联系）

30 　　附1 "不被允许的（非法的）有害行为"：对非法侵害人格权可能只能通过利益权衡得出结论。斯洛文尼亚法学界费茨格教授用近乎文学的方式对这种方法做出了解读。[16] 无论是学界还是业界对每起案件都会采用所偏好的个人化方法。每起案件中独特的环境对利益权衡有至关重要的作用。在一份鲜有的由民事法院对这种方法作出的解释中（有两个重要解释是由宪法法院做出的），[17] 最高法院认为相比起公共事务，在私人事务中人格权不容侵犯的标准更加严格。[18]

31 　　附2 "损害"：在债法中损害是由于人格权受到侵害引起的，但是最重要的问题是什么样的非经济的损失被认为是损害。学界和业界最通行的界定是非经济损失必须涉及到持续的情绪抑郁。[19] 以下这些情绪是法律认定的由于人格权受侵犯引起的损害：情绪抑郁、堕落、震动、迷茫、紧张脆弱、愤怒、悲伤、歇斯底里症、公开场合害羞、屈辱、失魂落魄，还有其他一些消极情绪如失眠、迷茫、害羞、丧失自尊、丧失内心平静、丧失名誉等。[20]

32 　　附3 "因果联系"：因果联系或因果关系遵循侵权法中的一般原则。人身权同出版自由和公众知情权相比，因果联系方面并没有特殊规则。

33 　　附4 "过失"作为第四个要件，"过失"一词非常敏感，特别

16　A. Finžgar, Varstvo osebnostnih pravic po ZOR, ［1980］Pravnik 297。

17　宪法法院判例 U–I–51/90；宪法法院判例 U–I–137/93。

18　斯洛文尼亚共和国最高法院判例，VS RS 第二部分，Ips 272、2000，Zbirka odloč出版（2000），194–195。

19　S. Cigoj, Commentary of the art. 155, in：K. Blagojević（ed.），Komentar zakona o obveznim odnosima（1980），430–431.

20　最高法院判例，第二部分，Ips 194/92；最高法院判例，第二部分，Ips 582/96。

是在举证责任倒置的系统中，在斯洛文尼亚的侵权法中只有一般过失是推定得出的。在故意的侵权或严重过失情况下，举证的责任在原告一方。在这类案件中原告必须证明所有侵权的基本要件。由于涉及到赔偿规则，这些情况非常重要。

　　职业责任中的特殊规则（记者、编辑、出版商）。以下这些类型 34 的责任：记者责任、编辑责任和出版商责任，都遵循同样的规则——民法第147条，它们被定义为相同类型的责任。"一个法人或自然人对其雇员在工作中或与其工作行为有关的行为中造成的损害负有责任，除非被告（译者注：原文为"原告"，按照逻辑此处应该为"被告"）证明员工的行为是其在所处环境下应当做的。"这种定义是典型的主仆关系。无论谁为公开刊发的文章负责（记者、编辑或出版商），雇主都为对原告造成的损害负责。法典中设定了一种例外，就是：如果损害是由雇员故意引起的，那么受害方可以直接要求他赔偿。所以，如果一名记者故意地通过侵害原告的人格权造成损害，原告可以直接起诉记者而不是记者的雇主。但由于"深口袋"理论（deep pocket，即任何看上去拥有经济财富的人都可能受到起诉，不论其应当受到惩罚的程度如何），这类案件在实践领域很少见。一般的替代责任规则也有例外：如果原告从雇主那里获得了赔偿，但法庭发现损害是由雇员故意或严重过失（不顾后果）引起的，那么雇主可以直接要求员工进行赔偿。这项规则被称为"追偿之诉"。[21]

五、救济

（一）实物赔偿

　　"实物赔偿"或者人格权受侵害的案件中，"准恢复原状"已经 35

---

[21]　B. 斯托萨克："Odškodninsko pravo in druge neposlovne obvezosti"，载 Obligacijska razmerja II，1994年第2版，第96页。

根据债法（1978）成为人格权保护的法律方法。该法第 199 条（标题为"公布判决和更正"）规定法庭可以命令发布一项判决或"更正"（由被告承担费用），或可以命令被告必须收回非法侵害原告人格权的那些言论（撤回说过的话）。此外，法庭可以责令采取可以起到赔偿作用的其他措施。在债法第 178 条也出现了同样的措辞。公布判决、公开更正，收回言论或"其他措施"是与"纯实物赔偿"相关的、在财产损失方面非常可行的制裁方式。对于非金钱损失，这些制裁形式具有相似的作用——恢复原状，尽管在侵害人身权的案件中，"简单"地恢复原状事实上是不可能的。

36　　除了将判决公开，公开更正，收回言论之外，法庭还可以责令采取可起到补偿作用的"其他措施"。理论上定义的"其他措施"有撤销、移除或销毁被认定侵害了他人人格权的那些材料。必须要强调这些措施不可以混同于那些"预防性"措施——"强制禁令"和"移除"——这两者是专门的法律措施。"预防性"措施和"补救性"措施（制裁）最主要的区别在于两者适用的条件。用预防性措施来保护人格权，原告要证明其人格权存在受侵害的潜在而严重的危险。另一方面，在实物赔偿的案件中（公开判决、更正、收回言论或其他措施），要求补救性措施，原告（译者注：原文为"被告"，按照逻辑此处应该为"原告"）必须证明他的人格权由于民事侵权行为而受到侵害：被告的侵权责任必须被证明。这也是为什么实物赔偿（准恢复原状）必须被理解成制裁人格权侵害的原因。

37　　斯洛文尼亚最高法院用实物赔偿[22]的方式处理了一起罕见的这类案件[23]。它裁定"更正"和"收回"言论是典型的实物赔偿的形式。它们作为制裁方式的作用在于因被告侵害原告人格权而对原告予以

22　B. Strohsack：前面脚注 21，第 96 页。

23　Decision of the Supreme Court, VS RS II Ips 184/2000, II Ips 185/2000, published in ［2000］Zbirka odločb, 208－218.

赔偿。法院也详细地解释了"更正"和"收回"言论的区别。"更正"是一种适用于涉及虚假陈述（不真实、虚构）案件的严厉的制裁类型，这些虚假陈述必须受到谴责并且被宣布无效。

必须说明的是理论[24]上也提及"公开道歉"可以作为赔偿的适   38
当的（"其他的"）措施。在民法意义上"最纯粹的赔偿形式"不仅仅具有"恢复原状"的作用，也包括一个非常重要的因素——"名誉说明"。

（二）对经济损失的金钱赔偿

斯洛文尼亚法律对于人格权中的荣誉权和名誉权遭到侵犯的案   39
件——简而言之：诽谤案件中对经济损失的金钱赔偿早有预见。债法第 177 条规定某人侮辱别人或者"宣称或散布了关于别人的过去、学问、能力或者其他一些事情的不实的言论"，并且他知道或应当知道，这些言论是不真实的，且这些言论造成了他人的经济损失，那么他有义务对造成的损害进行赔偿。然而，作者在下列情况下无需为他散播的不实言论负责：（1）并不知道这些言论是不实的，并且（2）对于散布言论具有合法的利益。这些定义只适用于人格权保护中的荣誉权和名誉权问题，笔者认为隐私权保护问题的某些层面也可以归入这个问题下。"或者一些他人的其他事情"也可以被理解为"某人的私事和家庭生活方面的事"。可以想象得到：受到影响的人会因为关于其私人和家庭生活的谣言被散布出去而遭受经济损失。

"第二时期"的法律实践已经建立了一项规则，即对经济损失的   40
金钱赔偿并不排斥对非经济损失进行金钱赔偿。[25] 人格权被非法侵害的案件中，两项制裁可以一并适用。在用金钱赔偿经济损失的自然

---

24   M. Toroman，commentary of the art. 199，in：K. Blagojević（ed.），Komentar zakona o ob-
    veznim odnosima（1980），535.

25   "原告在诽谤类案件中可以要求，除了对经济损失进行金钱赔偿外，也对非经济损失
    进行金钱赔偿。"克罗地亚共和国最高法院判例，Rev. 2071/83，普瑞格李德诉豪特斯
    克案，第 25 号，1984 年，第 78 页。

属性方面还有理论分歧。瑞德洛维克教授[26]引用迪卡皮斯的论文，认为在人格权下的荣誉权和名誉权被侵害中所遭受的经济损失，只是所遭受的普通非经济损失中的一部分。根据这篇论文，非经济损失是主要的，经济损失是次生的和无法认定的。斯洛文尼亚的法律实践（也包括整个联邦）都不承认这个理论。他们普遍认为经济损失是独立于非经济损失的损害类型。两者可以累计，并不互相排斥。

41　　　再者，对经济损失给予金钱赔偿的法律成例非常匮乏。这也是为什么理论探索非常重要的原因。理论上[27]把收入减少、利润损失、更换工作地点、阻碍晋升等等看作是侵害荣誉权和名誉权的结果。为了获得人格权（名誉权，荣誉权，隐私权）受侵害所遭受的经济损失的赔偿，原告（译者注：原文为"被告"，按照逻辑此处应该为"原告"）必须证明以下四个要件：

　　1. 被告声称或散布了关于原告过去、知识或能力，私生活或者家庭生活，或者其他一些事情的不实言论；

　　2. 这些言论是不实的；

　　3. 被告（译者注：原文为"原告"，按照逻辑此处应该为"被告"）知道或应该知道这些言论是不实的；

　　4. 他遭受了经济损失。

（三）对非经济损失的金钱赔偿

42　　　在斯洛文尼亚的法律上，对非经济损失给予金钱赔偿是一种对非法侵害人格权的定型化的制裁。正如已经论述过的，在人格权法发展的第一时期这个领域并不被看好。后来，随着1964年联邦最高法院作出的判决，因人格权受到侵害的非经济损失可以给予金钱赔偿成了常用的做法。债法第179条规定了对非经济损失给予金钱赔偿。该条规定，如果受害方"遭受了身体上的或精神上的痛苦"，他

26　A. 瑞德洛维克, Građanskopravna zaštita subjektivnih neimovinskih prava（1984），192。

27　B. 斯托萨克：前面脚注21，第223页。

就有权得到公平的金钱赔偿。根据该法，精神痛苦是在"日常活动
减少"、"心理变异"、"非法拘禁"，"诽谤"（侵害荣誉权和名誉
权）或者因为某项人格权受到侵害的情况下遭受的有关的法律上的
损害。赔偿的数目必须和受到损害的个人形象相对等（第 179 条第 2
款）。赔偿的裁决不可与其功能（从字面上讲是它的"目的和性
质"）相悖。

在斯洛文尼亚民法中，对非经济损失给予金钱赔偿的作用是预 43
防性功能、补偿和赔偿。作为第四种效果的惩罚性功能以及惩罚性
赔偿的主要特点已经有一部分包含于补偿性功能之中。这主要是因
为，就侵害人格权判给的赔偿应当是损害和侵害强度的一个结果。
并没有确凿的证据证明斯洛文尼亚的法律实践判给纯粹的惩戒性赔
偿。

除了普通的规定，即赔偿必须公平以及符合其功能以外，并没有 44
对判给的赔偿额作详细的规定，并且，正因如此，个案的情况变得至
关重要。赔偿金的数量尤其在媒体案件中必须发挥重要的预防作用。

（四）强制令与排除妨害

强制令和排除妨害是保护人格权的预防性措施。这两种法律工 45
具最主要的特征是原告并不一定要证明存在侵权行为。原告只需要
证明造成它人格权受损的行为的非法性。针对界定强制令和排除妨
害的法律规定的异议，在《斯洛文尼亚债法》的"损害赔偿的原
因"这一编，准确地说是在"一般规定"这个小标题之下。

第 134 条（标题为"要求停止人格权侵害"）规定了两项制度 46
——强制令和排除妨害。因为其前身，定义的名称发生了改变——
债法第 157 条——文中的移除权成了一个会产生混淆的定义。必须
强调还没有出现杰出的、依据第 157 条或是第 134 条作出的法律成
例。

第 134 条写道："每个人都有权借助法庭或其他有关机构，请 47

求：（1）停止侵害，这种行为侵害了不可侵之人格、个人和家庭生活或者其他人格权，（2）防止出现这类行为，或者（3）消除已有的后果。"出现了这类行为可以采取下行动：（1）原告可以要求"预防"或"一般强制令"。在这类案件中行为（侵害人格权的行为）尚未实施。原告必须（有理由的）证明其人格权受到了潜在的非法侵害进而可以受到这样的保护。（2）原告可以要求"停止侵害"。在这类案件中，侵权行为已经发生。原告不需要遭受任何后果，只需要其人格权受到了非法侵害。（3）原告可以要求"消除"已有（非法）结果。在此场合中，人格权被非法侵害并且由侵害行为引起的后果已经产生。例如一篇文章已经被刊登。这个行为是非法的，因为它侵害了人格权并且一个非法的结果就产生了。

（五）惩罚性赔偿

48　　　另外不同于常理的是，"在理论上"如果被告不执行根据第134条作出的判决，惩罚性赔偿可以采用。在此情形下，第134条第2款规定了如果被告不停止其行为，可以采用"民事处罚"的方法。这条款应被理解为"民事处罚"而不是普通法律中的"惩罚性赔偿"。

49　　　理论界声称，我国民法并没有规定"民事处罚"这个概念，因此应该被当成"不成文"。[28] 如今民事处罚已经不是斯洛文尼亚民法中的"舶来品"。民事执行法（1998）也规定了这种制裁方式。我必须强调在此种场合下，民事处罚并不是保护人格权的直接的法律方法。它只是作为在之前的判决不能严格执行的情况下，对责任人的辅助性的惩罚方法。

50　　　出于好奇，必须提及一点，惩罚性赔偿对于斯洛文尼亚法律来说并不完全陌生。新的版权法（1997）规定了在严重侵犯版权的案

28　A. 费茨格，Osebnostne pravice（1985），49.

件中采用惩罚性赔偿的方法。第 168 条规定，如果版权受到故意的或是不顾后果的侵害，那么无论实际损失多少，合法权利人都可以要求相当于"通常的酬金"200%的赔偿。类似于美国或德国的侵权法（特别是"卡罗琳诉摩纳哥"案的判决），惩罚性赔偿可以作为保护人格权重要的法律手段。遗憾的是，斯洛文尼亚立法机关（得到两大法学院支持）并没有把这种人格权保护的方法纳入新的债法之中。由于这项缺失，该法并没有成为侵权法保护人格权的进步反而是停留在 1978 年债法的水准上。一个改变侵权法上的人格权保护，使之现代化的机遇被错过了。

（六）不当得利

早已由罗马法谚提出的不当得利的一般规则"根据自然法，没有人能从他人的损失当中获取利益"也被吸收进斯洛文尼亚的债法当中。第 109 条表明，在可能的情况下，如果某人没有合法原因取得了别人的财产，必须归还这些不义之财。如果不行，他必须赔偿别人。理论上不当得利制度也可以作为保护人格权的法律方法，尽管斯洛文尼亚还没有相关的成例来证明这一点。 ₅₁

理论上说，不当得利是一种"准侵权行为"。沃兰德密尔·沃汀里克教授赞同这样的主张，即准侵权在我国法律中也适用于人格权保护，类似于德国民法。[29] 人格权保护中可以运用这种制度的可能情形是：通过非法使用别人的人格声望，受保护的姓名权，肖像权，声音权等，获得（不正当的）利益。斯洛文尼亚债法第 191 – 198 条设置了归还不义之财的详细规则。第 193 条同人格权有关。该条规定：如果获利者并非出于善意，那么他必须归还从侵害他人人格权所取得的全部利益。 52

29　V. V. Vodinelić, Lična prava, in：M. Orlić（ed.），Enciklopedija imovinskog prava i prava udruženog rada（1978），913 – 936.

针对大众媒体侵害人格权的保护：南非

约翰·尼斯林

一、人格权保护与表达自由

1   在南非的法律体制中，人格权是通过"侵权之诉"（action ini-
uriarum）获得保护的。[1] 针对不法侵害，即针对非法、故意的[2]侵害
人格利益[3]，当事人可以主张抚慰金（solatium/satisfaction）。受到南

---

[1] 参见 J. 尼斯林：Persoonlikheidsreg，1998 年第 4 版，第 2 - 9 章，第 3 - 5 页、第 49 页
及以下；J. 尼斯林、J. M. 波特吉特、P. J. 维瑟尔：《侵权行为法》，2002 年第 4 版，
第 5 - 6 页、第 13 - 17 页、第 327 页及以下；J. 尼斯林："Troosgeld en kompensasie vir
persoonlikheidsnadeel in Suid-Afrika"，载 G. E. van Maanen（ed.），De Rol van het Aans-
prakelikheidsrecht bij de Verwerking van Persoonlijk Leed，2003 年，第 163 - 164 页；
J. M. 巴启：《侵权法原理》，1993 年，第 149 页及以下；J. M. 巴启：《人格权与表达
自由》，《现代侵权诉讼》，1998 年，第 133 - 135 页；J. M. 巴启：《南非诽谤法》，
1985 年，相关各页；N. J. 范德莫威，P. J. J. 奥利维亚：Die Onregmatige Daad in die
Suid-Afrikaanse Reg，1989 年第 6 版，第 15 页、第 389 页及以下；J. C. 范德华尔特、
J. R. 米德利：《侵权行为：原则与案例》，1997 年第 2 版，第 2 页、第 13 - 15 页、第
87 页及以下；D. J. McQuoid-Mason：《南非隐私法》，1978 年，第 13 页及以下；W. A.
琼波特：Grondslae van die Persoonlikheidsreg，1953 年，相关各页。

[2] 我们将会看到，下文大众媒体侵害名誉权的案例中，只要存在过失就足矣。（后文边
码 30）

[3] 参见 Hofmeyr v Minister of Justice 1993 3 SA 131（A）154；Marais v Groenewald 2001 1SA
634（T）645；Jackson v NICRO 1976 3 SA 1（A）11；SAUK v O'Malley 1977 3 SA 394
（A）402 - 403；Ramsay v Minister van Polisie 1981 4 SA 802（A）806；Jansen van Vuuren
v Kruger1993 4 SA 842（A）849；另见 J. 尼斯林（前引脚注 1），70 - 71；J. 尼斯林、
J. M. 波特吉特、P. J. 维瑟尔（前引脚注 1），第 6 页、第 132 页。

非的法律——普通法和属于《1996 年宪法》（组成部分）的《权利
法案》的确认和保护的这些不同的人格权，是关乎身体与精神健康
的完整（身体权与人身自由）、名誉权（好名声或名誉）和有关尊
严的权利。有关尊严的权利是一个囊括了尊严权、隐私权、情感权
与人格特性权在内的集合性术语[4]。只有名誉权、尊严权、隐私权和
人格特性权受到保护——除尊严权之外，其他权利法人也享有[5]——
由于它们极易受到大众媒体的侵害，故本报告也会予以重点讨论[6]。
现将这些人格利益简述如下：

- 好名声

某人的好名声是指某人享有的社会外界对他的认识与评价。任
何贬损或降低他人在社会中的名誉的行为，即构成对他的良好声誉
的侵害。这也是诽谤最常见的侵权领域（在英国法中诽谤分为口头

4　参见 J. 尼斯林：前引脚注 1，第 3 - 9 章，第 99 - 100 页；J. 尼斯林、J. M. 波特吉特、
　　P. J. 维瑟尔：前引脚注 1，第 337 页、第 331 页及以下；J. 尼斯林 in G. E. van Maanen
　　（ed.）：前引脚注 1，第 164 页及以下。

5　参见 J. 尼斯林书：前引脚注 1，第 85 - 92 页；J. 尼斯林、J. M. 波特吉特、P. J. 维瑟
　　尔：前引脚注 1，第 329 - 331 页；J. 尼斯林："Die persoonlikheidsregte van regsper-
　　sone. Deliktuele en strafregtelike aanspreeklikheid uit 'n Suid-Afrikaanse perspektief"，载
　　M. Faure/K. Schwarz（eds.），De Strafrechtelijke en Civielrechtelijke Aansprakelijkheid van
　　de Rechtspersoon en zijn Bestuurders，1998 年，第 181 页及以下；也可参见宪法权利法
　　案第 8 条第 4 款。侵害尊严权的一个必要事实是造成了对情感的伤害，但作为一个法
　　人是没有情感可以被伤害的，因此法人不享有这项权利［参见 Caxton Ltd v Reera For-
　　man（Pty）Ltd 1990 3 SA 547（A）561；Universiteit van Pretoria V Tommie Mayer Film
　　（Edms）Bpk 1979 1 SA 441（A）453 - 454；Boka Enterprises（Prt）Ltd v Manatse 1990
　　3 SA 626（ZH）631］。

6　这些权利中只有尊严权和隐私权在权利法案中得以单独列名确立（参见第 10 条、第
　　14 条），但是学界普遍认为名誉权和人格特性权也属于尊严权的一部分，并应当据此
　　而受到保护。［参见 Van Zyl v Jonathan Ball Publications（Pty）Ltd 1999 4 SA 571（W）
　　591；Marais v Groenewald 2001 1 SA 634（T）646；Van den Berg v Coopers & Lybrand
　　Trust（Pty）Ltd 2001 2 SA 242（SCA）253；J. M. 巴启：《人格权与表达自由》，前引
　　脚注 1，第 139 页；另可参见 J. 尼斯林：前引脚注 1，第 95 页脚注 394；J. 尼斯林、
　　J. M. 波特吉特、P. J. 维瑟尔书：前引脚注 1，第 20 页脚注 135。］

与书面诽谤)[7]。

  ● 尊严

3   一个人的尊严含有他对尊严或自尊的主观感受。相应地，侵害某人的尊严当然包括对他的侮辱行为[8]。

  ● 隐私

4   隐私是一种得以与公众隔绝、不被公开的个人生活条件。这种条件囊括所有该人依自己意志希望保密、不愿为外界得知的私事。在南非，与公众隔绝暗示了与其人及其私事都无法接触，因此隐私侵害只能是外人未经授权地接近当事人本人或得知他的私人事务。这种获取有两种表现方式：第一，侵权人本人非法接近该人或获取该人的个人信息。这种情况的典型实例即为"非法侵入"（intrusion）。第二，侵权人从第三人处获得接近该人或得知该人的私密事项，尽管此时已为侵权人知晓，但仍应为隐私。这种情况可能构成"泄密"（disclosure）。[9]

---

7 参见 J. 尼斯林：前引脚注 1，第 34 – 35 页、第 157 页及以下；J. 尼斯林、J. M. 波特吉特、P. J. 维瑟尔书：前引脚注 1，第 337 页及以下；J. 尼斯林 in G. E. van Maanen（ed.）前引脚注 1，第 167 页；J. M. 巴启：《人格权与表达自由》，前引脚注 1，第 139 页及以下；另可参见 Esselen v Argus Printing and Publishing Co Ltd 1992 3 SA 764（T）770；Gardener v Whitaker 1995 2 SA 672（E）686；Khumalo v Holomisa 2002 5 SA 401（CC）.

8 参见 J/尼斯林：前引脚注 1，第 34 – 35 页，第 233 页及以下；J. 尼斯林、J. M. 波特吉特、P. J. 维瑟尔：前引脚注 1，第 353 – 354 页；J. 尼斯林 in G. E. van Maanen（ed.）：前引脚注 1，第 167 – 168 页；J. M. 巴启：《人格权与表达自由》，前引脚注 1，第 328 – 329 页；另可参见 Jackson v NICRO 1976 3 SA 1（A）4；Minister of Police v Mbilini 1983 3 SA 705（A）715 – 716；Delange v Costa 1989 2 SA 857（A）.

9 参见 J. 尼斯林：前引脚注 1，第 36 – 41 页，第 265 页及以下；J. 尼斯林、J. M. 波特吉特、P. J. 维瑟尔：前引脚注 1，第 354 – 355 页；J. 尼斯林 in G. E. van Maanen（ed.）：前引脚注 1，第 168 – 169 页；J. M. 巴启：《人格权与表达自由》，前引脚注 1，第 371 – 395 页；另可参见案例 National Media Ltd v Jooste 1996 3 SA 262（A）271；Jooste v National Media Ltd 1994 2 SA 634（C）645；Universiteit van Pretoria v Tommie Meyer Films（Edms）Bpk 1977 4 SA 376（T）384；Bernstein v Bester 1996 2 SA 751（CC）789；Swanepoel v Minister van Veiligheid en Sekuriteit 1999 4 SA 549（T）553；cf. Motor Industry Fund Administrators（Pty）Ltd v Janit 1994 3 SA 56（W）60；Financial Mail（Pty）Ltd v Sage Holdings Ltd 1993 2 SA 451（A）462.

• 人格特性

人格特性是识别某人为一个特殊个体并有别于他人的独特性。　5
人格特性以多种标记方式体现，让目标人物得以被识别：也就是说，
某人独特的人格切面，例如他的人生经历、性格、姓名、信用记录、
嗓音、笔迹、外形等等。如果这种标记以不能反映真实的（自己的）
个人形象的方式被扭曲使用，即属于侵害人格特性权。[10]

同以上人格权一样，表达自由权[11]包括出版业和其他媒体的表达　6
自由，也被普通法[12]和权利法案[13]确认与保护。在最近的一则宪法法
庭[14]的判决中，奥里甘法官（O'Regan J）强调了作为基本权利的表
达自由的重要性及其内涵，内容如下：

"在一个民主社会中，大众传媒扮演着毋庸置疑的重要角色。他
们肩负着向人们传递信息，提供意见交流的平台这样的使命，这些
使命对于民主文化的发展至关重要。作为传播信息、意见的主要机
构，他们不可避免地成为民主社会中强有力的社会事业机构。宪法
要求大众媒体要充满活力、富有勇气、正直诚实、承担责任。大众媒
体实现其宪法责任的方式对我们这个民主社会的发展有重大的影响。

10　参见 J. 尼斯林书：前引脚注 1，第 44－45 页、第 307 页及以下；J. 尼斯林、J. M. 波
　　特吉特、P. J. 维瑟尔书：前引脚注 1，第 356－357 页；J. 尼斯林 in G. E. van Maanen
　　（ed.）：前引脚注 1，第 169 页；J. M. 巴启：《人格权与表达自由》，前引脚注 1，第
　　395 页脚注 79；另可参见 Universiteit van Pretoria v Tommie Meyer Films（Edms）Bpk
　　1977 4 SA 376（T）386－387.
11　参见 J. M. 巴启：《人格权与表达自由》，前引脚注 1，第 1－23 页，第 29－30 页关于
　　表达自由的传统认识和基本概念。
12　参见 J. M. 巴启：《人格权与表达自由》，前引脚注 1，中各处有关表达自由作为受保
　　护的人格权的详细例子；另可参见案例 National Media Ltd v Bogoshi 1998 4 SA 1196
　　（SCA）1207－1210。
13　宪法第 16 条（1）款（a）项；另可参见 J. M. 巴启：《人格权与表达自由》，前引脚
　　注 1，第 59 页及以下。
14　Khumalo v Holomisa 2002 5 SA 401（CC）417；参见 J. 尼斯林："宪法法庭给普通法上
　　的诽谤开绿灯"，《南非法律期刊》（SALJ），2002 年，第 700 页及以下；另见关于隐
　　私权的案例：MEC for Health, Mpumalanga v M-Net 2002 6 SA 714（T）719－721.

如果大众媒体在实现宪法责任时表现得谨慎而可靠，那他们必然会使我们新生的民主更具活力和健康发展。如果大众媒体在实现其宪法责任时表现得摇摆不定，那么宪法目标就会陷入危险之中。宪法主张保护媒体承担社会责任的行为，尤其体现在宪法第16章的规定。"

7　　但这并不意味着表达自由具有最高的价值。表达自由权必须结合其他宪法权利价值进行解释[15]，特别是人格尊严权（包括名誉权与人格特性权）和隐私权。这要求我们仔细地衡量这些权利的冲突。很重要的一点是，南非的普通法多年来一直在寻求一个可行的平衡点，一方面保障表达自由，另一方面保护人格权利益。[16] 权利法案赋予以上权利的宪法保障，是我们在权衡过程中必须彻底考虑的方面。[17]。宪法已经被适用于侵权法，其能否适用于人格权法，仍然是

[15]　Khumalo v Holomisa 2002 5 SA 401（CC）417 – 419.

[16]　参见 J. M. 巴启：《人格权与表达自由》，前引脚注1，第59页关于保护名誉权的论述；另参见 J. 尼斯林，SALJ，2002年，第700页。在 National Media Ltd v Bogoshi 1998 4 SA 1196（SCA）1216，汉弗大法官认为："最终问题归结于，我坚持认为的普通法能否适当地平衡名誉权保护和表达自由。由于这些权利都是宪法保护的价值。我相信它（此处指普通法。——译者注）能够胜任。"另见 Khumalo v Holomisa 2002 5 SA 401（CC）423 – 424；J. 尼斯林，SALJ，2002年，第706页。

[17]　参见 J. 尼斯林：前引脚注1，第268页、第294 – 295页；J. 尼斯林、J. M. 波特吉特、P. J. 维瑟尔：前引脚注1，第21 – 24页、第25页。关于隐私权、参见案例 MEC for Health，Mpumalanga v M-Net 2002 6 SA 714（T）722。在诽谤法方面，1993年宪法至1996宪法过渡期后，多数观点认为普通法的平衡已经失去作用，事实上已经彻底走样了。最后有一派观点提出建议，要求作为普通法的诽谤法应当重新按照宪法精神进行修订。[参见案例 Mandela v Falati 1995 1 SA 251（W）；Gardener v Whitaker 1995 2 SA 672（E）；Holomisa v Argus Newspapers Ltd 1996 2 SA 588（W）；Rivett-Carnac v Wiggins 1997 3 SA 80（C）] 但也有人支持完全相反的方法 [参见案例 Potgieter v Kilian 1996 2 SA 276（N）；Bogoshi v National Media Ltd 1996 3 SA 78（W）；Hall v Welz 1996 4 SA 1070（C）；McNally v M & G Media（Pty）Ltd 1997 4 SA 267（W）]。不难预想到，这些完全相反的发展路径造成了法律上的不确定。[参见 Du Plessis v De Klerk 1996 3 SA 850（CC）882 – 885]。这些不确定性必须由最高法院上诉庭联合宪法法庭作出修正（或者单由其中一方）。（参见 J. 尼斯林：前引脚注1，第157页脚注5；J. 尼斯林、J. M. 波特吉特、P. J. 维瑟尔：前引脚注1，第337页脚注104；J. 尼斯林，SALJ，2002年，第701页），另可参见下文脚注20。

悬而未决的问题，[18] 这很大程度上说明在衡量基本权利冲突的过程中，一般原则已经确立了，尤其是"合理性"或"公序良俗"标准（指社会的合法性评价），将继续对帮助确定现领域[19]的违法行为发挥作用[20]。

二、针对大众媒体侵害人格权的保护范围

（一）名誉权（诽谤）[21]

诽谤是（大众媒体）由于过失（或故意）侵害了他人的名誉权。申言之，诽谤是通过错误的、过失或故意的言论或行为，伤害

8

18　See Carmichele v Minister of Safety and Security（Centre for Applied Legal Studies Intervening）2001 4 SA 938（CC）.

19　参见 J. 尼斯林：前引脚注 1，第 294 – 299 页；关于一般标准，参见 J. 尼斯林、J. M. 波特吉特、P. J. 维瑟尔：前引脚注 1，第 37 页及以下；J. 尼斯林："南非侵权法中的违法性问题"，载 H. 考茨欧编：《统一侵权行为法：违法性》，1998 年，第 101 – 114 页。

20　参见 J. 尼斯林：前引脚注 1，第 69 页、第 95 页脚注 389；J. 尼斯林、J. M. 波特吉特、P. J. 维瑟尔：前引脚注 1，第 23 – 24 页；J. 尼斯林、J. M. 波特吉特："Toepassing van die Grondwet op die deliktereg"，载 Tydskrif vir Hedendaagse Romeins-Hollandse Reg（THRHR），2002 年，第 272 页。在案例 Van Eeden v Minister of Safety and Security（Women's Legal Centre Trust, as amicus curiae）2003 1 SA 389（SCA）396 – 397 中，法庭认为："对社会习惯的合法性认定这样一个概念必须包含宪法所保护的标准、价值和原则。宪法是本国最高的法律，没有任何与宪法不一致的法律、引导、准则或者价值具有法律上的有效性。只有这样才能保证宪法成为一个为了实现法制目标而存在、客观的有指引价值的体系……但是，宪法不能成为人们心目中判断侵权行为的唯一的准则，这也并不意味着宪法会失去它作为型构和提升侵权行为法以应对新的挑战这项事业中的媒介地位。"此外，最高法院上诉庭和宪法法庭认为，在诽谤案件中对比衡量名誉权保护和表达自由，核心的观念没有发生改变，对于诽谤案件普通法律的原则仍然是可用的：National Media Ltd v Bogoshi 1998 4 SA 1196（SCA）；Khumalo v Holomisa 2002 5 SA 401（CC）；J. 尼斯林，SALJ，2002 年，第 700 页及以下。

21　大体上可参见 J. 尼斯林：前引脚注 1，第 157 页及以下；J. 尼斯林、J. M. 波特吉特、P. J. 维瑟尔：前引脚注 1，第 337 页及以下；J. M. 巴启：《人格权与表达自由》，前引脚注 1，第 139 页及以下；J. M. 巴启：《诽谤法》，前引脚注 1，相关各页。

了他人的地位、声望或名誉。[22] 通过定义可以很明显地看出侵权要件：侵权行为（文字发表或行为举动）、损害后果（文字或行为的诽谤性效果）、非法性（造成对名誉权的侵害）和主观过错（故意或过失）。诽谤言论的虚假不是诽谤的侵权要件。[23] 原则上，真实的诽谤性言论仍然是可诉的。[24]

1. 发表[25]

9 由于一个人在社会中享有的声望与别人对他的看法关系很大，而且诽谤要构成对他人名誉权的侵害，不言而喻地，诽谤性言论或行为必须被公开或向第三人公布泄露。[26] 一般来说，这要求言辞或行为向原告以外的至少一人公开或泄露即可，[27] 大众媒体的案例自然满足了这一要件。然而，对媒体来说还要满足一个重要条件，[28] 即发表诽谤性言辞或行为时，如果从一般外界的角度，意识不到针对原告

---

22 参见 Tap Wine Trading CC v Cape Classic Wines（Western Cape）CC［1998］4 All SA 86（C）107；N. J. 范德莫威、P. J. J. 奥利维亚：前引脚注 1，第 389 页。

23 参见 National Media Ltd v Bogoshi 1998 4 SA 1196（SCA）1218；Mohamed v Jassiem 1996 1 SA 673（A）694；Selemela v Independent Newspaper Group Ltd 2001 4 SA 987（NC）993；Khumalo v Holomisa 2002 5 SA 401（CC）414；Sayed v Editor，Cape Times 2004 1 SA 58（C）61；J. 尼斯林，SALJ，2002 年，第 706 - 707 页。

24 这是建立在下列事实的基础上：不同于罗马法上的真实性抗辩——诽谤内容的真实性不能单独构成诽谤诉讼的抗辩事由，发表行为必须同时符合公共利益。（参见 J. 尼斯林：前引脚注 1，第 33 - 34 页、第 165 页；J. M. 巴启：《诽谤法》，前引脚注 1，第 18 页、第 206 - 207 页；J. 尼斯林，SALJ，2002 年，第 706 - 707 页；下文边码 15）

25 大体上可参见 J. 尼斯林：前引脚注 1，第 158 - 163 页；J. 尼斯林、J. M. 波特吉特、P. J. 维瑟尔：前引脚注 1，第 338 - 440 页；J. M. 巴启：《人格权与表达自由》，前引脚注 1，第 181 页及以下。

26 参见 Whittington v Bowles 1934 EDL 142 145. 正是在这一点上，该案对诽谤和侮辱或侵害尊严权作了区分（下文边码 19）。在后一种情况中，只重在强调相关人自己产生的主观感受，是否对第三人公开了侮辱性的言辞显然不是要件。（参见 J. 尼斯林：前引脚注 1，第 35 页脚注 294，第 234 页脚注 15）

27 参考案例：Kyriacou v Minister of Safety and Security 1999 3 SA 278（O）287；Rivett-Carnac v Wiggins 1997 3 SA 80（C）88；Tsichlas v Touch Line Media（Pty）Ltd 2004 2 SA 112（W）120 - 121.

28 参见 J. 尼斯林：前引脚注 1，第 159 - 160 页有详细论述。

的诽谤指向或诽谤含义[29]，则不视为公开发表。[30]

公开发表成立后，原告必须证明被告负有责任。一般的判断标 10
准是被告对发表应意识到或能理性预见到第三人可能产生诽谤性认
识。[31] 另外，很重要的是，不仅是诽谤内容的发布者，也包括复述、
确认或仅仅注意到它的人，原则上都对公开发表负有责任。因此不
仅是诽谤性报道的新闻记者，[32] 编辑、印刷商、出版商和报纸拥有者
都可能承担责任。[33] 这个原则同样适用于发行者和他们的雇员（例如
报摊主），他们都对报纸传播流通起到了相应的作用。[34]

2. 非法性[35]

非法性的基础是被告的行为造成了对原告名誉权的侵害。当确 11

---

29 例如，当第三人失聪、失明或者是文盲，又或者诽谤性言辞是用某种密码或外语来表
达的。

30 参考案例：Vermaak v Van der Merwe 1981 3 SA 78（N）79 – 80；Richard Michael Knigh-
ton Chadwick v Faku（1890）11 NLR 174。如果第三人后来懂得了诽谤性的意义，那么
公开者也要承担责任。[Vermaak v Van der Merwe 1981 3 SA 78（N）83]。也许很多人
会同意法庭的价值观，决不能让被告逃脱他应承担的责任。不仅因为媒体的失职，还
因为对人格权造成了侵害。然而如果第三人不懂得诽谤性言辞或行为的意义，尽管有
媒体公开，这种诽谤性的言辞或行为并没有造成对原告名声的损害。

31 参考案例：Pretorius v Niehaus 1960 3 SA 109（O）112 – 113；Van Vliet's Collection A-
gency v Schreuder 1939 TPD 265, 268 – 269.

32 See Potter v Badenhorst 1968 4 SA 446（E）449.

33 参考案例：Wilson v Halle 1903 TH 178；Dunning v Thomson and Co Ltd 1905 TH 313；
Dunning v Cape Times Ltd 1905 TH 231；Robinson v Kingswell；Argus Printing & Publishing
Co Ltd v Kingswell 1913 AD 513；Toerien v Duncan 1932 OPD 141.

34 然而，这些人通常因为没有过错，所以不会受到处罚：参见 Trimble v Central News A-
gency Ltd 1933 WLD 88, 91 – 92（1934 AD 43, 48）；Masters v Central News Agency
1936 CPD 388, 394 – 395.

35 大体可参见 J. 尼斯林：前引脚注 1，第 163 页及以下；J. 尼斯林、J. M. 波特吉特、
P. J. 维瑟尔：前引脚注 1，第 340 页及以下；J. M. 巴启：《人格权与表达自由》，前
引脚注 1，第 187 页及以下。

定非法性时，当事人的名誉在事实上是否受到损害，并不重要。[36] 唯一要考虑的问题是该人的名誉，以智力正常的一般理性人的标准来看，是否受到了伤害（即形成客观的评价标准）。[37] 如果是，那么该言辞或行为即构成诽谤[38]，并且原则上（表面上）构成了对他人的非法侵害。[39] 关于上述检验方法的应用，下列原则已经在实践中确立起来：[40]

- 理性人是虚拟的、普通的、会权衡且思维正常的人。他既不吹毛求疵、也不过度敏感，而只能是情绪反应正常的人。[41]

- 理性人遵守所有法律中体现的宪法的价值规范。[42] 因此，宪法

36　通常，证人不可以被问询他如何理解涉案的言辞（参见案例：Sutter v Brown 1926 AD 155，163 – 164；Botha v Marais 1974 1 SA 44（A）48；Beesham v Solidarity Party 1991 3 SA 889（N）892；Mangope v Asmal 1997 4 SA 277（T）286）在关于暗讽的场合中，也有例外（J. 尼斯林：前引脚注 1，第 168 页脚注 88；另见下文）。

37　参考案例：SA Associated Newspapers Ltd v Yutar 1969 2 SA 442（A）451；要想了解更多的案例，参见 J. 尼斯林：前引脚注 1，第 163 – 164 页。

38　参考案例：Botha v Marais 1974 1 SA 44（A）48 – 49；Demmers v Wyllie 1980 1 SA 835（A）842 – 843，847 et seq.；Greeff v Raubenheimer 1976 3 SA 37（A）43；SA Associated Newspapers Ltd v Samuels 1980 1 SA 24（A）35，44；Johnson v Beckett 1992 1 SA 762（A）733；Rivett-Carnac v Wiggens 1997 3 SA 80（C）89 – 90；Sindani v Van der Merwe 2000 3 SA 494（W）497；Mine-workers Investment Co（Pty）Ltd v Modibane 2002 6 SA 512（W）518 519 – 520。要想了解根据理性人的检验标准而被判定为诽谤的案例，参见 J. 尼斯林：前引脚注 1，第 170 – 172 页。

39　参见 J. 尼斯林：前引脚注 1，第 163 – 164 页。

40　详见 J. 尼斯林：前引脚注 1，第 165 – 168 页。理性人的检验标准必须被看做是善良风俗以及合理性标准的一种具体体现。这是非法性的一般衡量标尺。（参见前文引注 19；另可参见 J. M. 巴启：《人格权与表达自由》，前引脚注 1，第 207 – 208 页。）

41　SAUK v O'Malley 1977 3 SA 394（A）408；SA Associated Newspapers Ltd v Schoeman 1962 2 SA 613（A）616；Argus Printing and Publishing Co Ltd v Inkatha Freedom Party 1992 3 SA 579（A）587 – 588；Rivett-Carnac v Wiggins 1997 3 SA 80（C）89；Kyriacou v Minister of Safety and Security 1999 3 SA 278（O）286 – 287；Sindani v Van der Merwe 2000 3 SA 494（W）497 – 498.

42　Sokhulu v New Africa Publications Ltd 2001 4 SA 1357（W）1359.

必须被看做决定社会理性人价值观的基本原则。[43]

　　● 理性人是社会的一般成员而并非隶属于某个团体。因此被控诽谤必须在所有社会理性人眼中构成对原告名誉的侵害。[44]

　　● 理性人的反应取决于每个案件所处的特殊环境。被认为是诽谤的内容必须结合当时发表的语境进行解读。[45]

　　● 口头谩骂在大多数情况下不构成诽谤，因为通常不会对原告的声誉造成消极影响。[46]

　　● 判断言辞（或行为）是否是诽谤性的，[47] 要依据基本的表面事实或是主要意思。然而，有的句子会产生双关含义（暗讽），即需要读者具有特殊的认知环境才能读懂的言外之意[48]。常见情形是原告

43　Rivett-Carnac v Wiggens 1997 3 SA 80 （C） 89. 补充说明：婚姻状况不应该遭受任何不公平的歧视（1996年宪法第九条）。因此，婚外关系也不应该背上任何骂名。故而指称某女性未婚状态下生育或者与孩子的父亲未婚同居超过两年，这样的内容在理性人的眼里并未降低某人的名声。（参见 Sokhulu v New Africa Publications Ltd 2001 4 SA 1357 （W） 1359.）

44　参考案例：Botha v Marais 1974 1 SA 44 （A） 49；Ngcobo v Shembe 1983 4 SA 66 （D） 71。但是由于南非的各个阶层之间，在文化、社会、经济和教育背景上都有很大的差异，这一原则在适用上有些不现实（参考案例 Mohamed v Jassiem 1996 1 SA 673 （A） 708 - 709）。法律规定也会有例外情况，就像 Western Cape Muslim 社区的默罕默德，就得到了例外对待。（可参见 J. 尼斯林：前引脚注 1，第 165 - 166 页；J. M. 巴启：《人格权与表达自由》，前引脚注 1，第 189 - 195 页。）

45　参考案例：Johnson v Rand Daily Mails 1928 AD 1901 94，204；Coulson v Rapport Uitgewers（Edms） Bpk 1979 3 SA 286 （A） 294。如果被指称诽谤的内容是刊登在书、报纸或者杂志中的一篇文章，在判断是否具有诽谤性时，就应该要阅读整篇文章或整本书，另外还要注意其他问题，例如，文献的阅读者和口头报告或广播的聆听者有非常大的不同（J. 尼斯林：前引脚注 1，第 166 页）。

46　Bester v Calitz 1982 3 SA 864 （O） 874；J. M. 巴启：《人格权与表达自由》，前引脚注 1，第 197 页。

47　参见 Deedat v Muslim Digest 1980 2 SA 922 （D） 926.

48　参考案例：Ngcobo v Shembe 1983 4 SA 66 （D） 69。比如一项言论说"某位女士有孩子"（表面上并不是诽谤性的），但是如果别人知道她从来没有结过婚，这是时候就可能构成诽谤［参考案例 K v T （1904） 21 SC 177］。详见 J. M. 巴启：《人格权与表达自由》，前引脚注 1，第 187 - 189 页。

所指控的言辞，其表面含义是非诽谤性的，却带有诽谤性的暗讽。[49]
反之亦然，被告也可以证明表面上看似诽谤的言辞实际上不具有诽
谤含义。[50] 在这两种情况下，主张的一方必须要举证暗讽成立的背景
环境。[51] 表面与引申含义都要通过理性人测试客观地查明[52]。

• 如果言辞带有歧义———一种可做诽谤理解而另一种不能———
则采用更偏向于被告的解释。[53]

12   即使原告能证明在一般理性人眼中该言论或行为是具有诽谤性
的，也不代表被告对他实施了非法的侵权行为。为提起诽谤之诉，
他还须证明该诽谤内容的公开发表是针对或关涉他的。[54] 且原告能确
切说明、举证该内容与他的名誉高度相关。同样也由"理性人测试"
检验二者的关联性，即从一般公众的角度看，该诽谤性内容能否与
原告联系起来。[55] 这种情形常常出现在被称为"群体诽谤"的案件
中。如果一个诽谤言论是攻击某一群人，[56] 群体中的成员只能主张举
证在一般理性人的眼中，这种言论关涉他个人，才有资格提起诽谤

49 参考案例：Deedat v Muslim Digest 1980 2 SA 922（D）927 et seq.

50 参考案例：Blumenthal v Shore 1948 3 SA 671（A）.

51 Ngcobo v Shembe 1983 4 SA 66（D）69.

52 Basner v Trigger 1945 AD 22，32；Rivett-Carnac v Wiggins 1997 3 SA 80（C）91；一般
可另见 J. 尼斯林：前引脚注 1，第 167 – 168 页。

53 参见 J. 尼斯林：前引脚注 1，第 168 页。

54 AAIL（SA）v Muslim Judicial Council（Cape）1983 4 SA 855（C）865；A Neumann CC
v Beauty Without Cruelty International 1986 4 SA 675（C）680；Williams v Van der Merwe
1994 2 SA 60（E）64.

55 参考案例：SA Associated Newspapers Ltd v Estate Pelser 1975 4 SA 797（A）810 – 811；
Sauls v Hen-drickse 1992 3 SA 912（A）918；Williams v Van der Merwe 1994 2 SA 60
（E）64 – 65；参见 J. 尼斯林：前引脚注 1，第 169 – 170 页；J. M. 巴启：《人格权与
表达自由》，前引脚注 1，第 198 – 203 页。

56 例如政府机关［如行政机关：SA Associated Newspapers Ltd v Estate Pelser 1975 4 SA 797
（A）］；公司董事会［参考案例：Goodall v Hoogendoorn Ltd 1926 AD 11；Bane v Colvin
1959 1 SA 863（C）］或者报社的编辑人员（参考案例：Nasionale Pers Bpkt v Long
1930 AD 87）。

之诉。[57] 很多因素会影响这种判断，比如群体规模，诉由的概括性及滥用诉讼（extravagance of the accusation）的情形。[58]

3. 抗辩事由[59]

原告证明了公开内容是诽谤性的并且是指向本人的，只提供了   13
非法性的表面证据。对非法性的推定，[60] 剩下的就是被告要承担反驳的责任。[61] 被告可通过证明存在诽谤行为的抗辩事由达成反驳。如果失败，则非法性成立。大众媒体诽谤案最重要的抗辩事由是特权抗辩（在"特权报道"这种形式中的有限特权），真实性抗辩和公共

57　参考案例：Sauls v Hendrickse 1992 3 SA 912（A）920.

58　参考案例：A Neumann CC v Beauty Without Cruelty International 1986 4 SA 675（C）681；
　　Bane v Colvin 1959 1 SA 863（C）867. 如果群体很小或者容易识别，以至于涉及群体
　　的言论需要适用于每一个成员，那么其中的每个人都可以提起诽谤之诉（参见 Neu-
　　mann 书，第683页）。

59　大体可参见 J. 尼斯林：前引脚注1，第173页及以下；J. 尼斯林、J. M. 波特吉特、
　　P. J. 维瑟尔：前引脚注1，第342页及以下；J. M. 巴启：《人格权与表达自由》，前
　　引脚注1，第205页及以下。

60　公开发表诽谤性的言论或行为，不一定使非法性的推断成立。例如某些大众媒介上发
　　表这样的言论或行为，也会出现被告是疏忽的推断。（参考案例：National Media Ltd v
　　Bogoshi 1998 4 SA 1196（SCA）1215）这将在下文边码30部分探讨。

61　参考案例：Neethling v Du Preez；Neethling v The Weekly Mail 1994 1 SA 708（A）767 –
　　769；SAUK v O'Malley 1977 3 SA 394（A）401 – 403；Borgin v De Villiers 1980 3 SA 556
　　（A）571；May v Udwin 1981 1 SA 1（A）10；Marais v Richard 1981 1 SA 1157（A）
　　1166 – 1167；Joubert v Venter 1985 1 SA 654（A）695, 697；Herselman v Botha 1994 1
　　SA 28（A）35；Argus Printing and Publishing Co Ltd v Inkatha Freedom Party 1992 3 SA
　　579（A）588, 589 – 590. This is a full onus of proof and not merely an evidentiary burden
　　[Neethling 770；Van den Berg v Coopers & Lybrand Trust（Pty）Ltd 2001 2 SA 242
　　（SCA）252；Mohamed v Jassiem 1996 2 SA 673（A）709]。尼斯林案件的判决受到了
　　强烈质疑，被认为过分强调了表达自由作为基本权利的地位。因此，为了能够取得名
　　誉权和表达自由之间一个公平的平衡，最好还是能够恢复尼斯林原有的地位，也就是
　　说，原告负担证明非法侵害的诽谤成立的全部举证责任，而被告也有举证责任证明非
　　法性不成立。（参见 J. 尼斯林：前引脚注1，第173页脚注136。）

利益抗辩、媒体特权抗辩以及公正评论抗辩。[62]

(1) 特权 (privilege) 或特权场合

14 特权存在于被告有权利、责任或利益作出特殊的诽谤陈述，并且受众也相应地有权利、责任或利益知情的场合。此时特权赋予了被告损害他人名誉的合法权利，以此来阻却公开发表的表面违法性。[63] 应当区别绝对特权和有限特权。在绝对特权案件中，被告受绝对保护，意味着诽谤责任被完全免除，但一般不适用于大众媒体。[64] 在有限特权案件中被告享有暂时或有条件的保护。当原告证明被告超过了特权保护范围的时候，这项保护就失去了作用。南非法律发展出几种不同的特权，但只有特权报道 (privileged reports) 可适用于大众媒体。[65] 这项

62　并不仅限于这四项。其他同样可以适用于大众媒体的抗辩理由包括诸如"同意"（参见 J. 尼斯林：前引脚注 1，第 197 页；J. M. 巴启：《人格权与表达自由》，前引脚注 1，第 260 页及以下）。另外，由于适用一般性合法规定要结合公平、道德、政策和法庭对社区法律观念的理解这些因素来做考虑，这种考虑决定了诽谤行为是否具有合法性。所以当公共政策非常需要，重新确定被告发表诽谤性内容的行为是否合法时，法庭才有权这么做［National Media Ltd v Bogoshi 1998 4 SA 1196（SCA）1204，1212；see also Argus Printing and Publishing Co Ltd v Inkatha Freedom Party 1992 3 SA 579（A）590；Khumalo v Holomisa 2002 5 SA 401（CC）414；Sayed v Editor，Cape Times 2004 1 SA 58（C）61；Mineworkers Investment Co（Pty）Ltd v Modibane 2002 6 SA 512（W）520 – 52］。

63　大致可参见 J. 尼斯林：前引脚注 1，第 175 页及以下；J. 尼斯林、J. M. 波特吉特、P. J. 维瑟尔：前引脚注 1，第 343 – 345 页；J. M. 巴启著：《人格权与表达自由》，前引脚注 1，第 285 页及以下。

64　这些案例有专门规章进行规制，因此，例如宪法［第 58（1）和第 71（1）规定］议会中的议员（国民大会和各省的地区议会）在议会的辩论或者其他议程中有绝对的表达自由［参见 J. 尼斯林：前引脚注 1，第 175 – 176 页；参考案例：Poovalingan v Rajbansi 1992 1 SA 283（A）］。

65　大致可参见 J. 尼斯林：前引脚注 1，第 183 – 185 页；J. M. 巴启；《人格权与表达自由》，前引脚注 1，第 272 页及以下。（对于法庭来说）特许权存在的原因是"为了公共利益这种公开应当进行，以便那些不能亲自去法庭的人可以通过阅读这些公开物来看审判是如何进行的。"［参考案例 Siffman v Weakley 1909 TS 1095 1099 – 1100；see also Argus Printing and Publishing Co Ltd vAnastassiades 1954 1 SA 72（W）74］。（对于议会来说）"有利于人民获知他们选举出来的立法机关的所作所为，并且如果某人被公开诽谤了，他被侵害的程度可能会被公共利益高估了。"［参考案例 Benson v Robinson & Co（Pty）Ltd 1967 1 SA 420（A）432］

抗辩能豁免媒体对法庭、[66] 议会或特定政府机构[67]的公开活动的报道。为了享有临时性保护，被告必须证明报道的内容是公正且实质性准确的。[68] 但如果原告能证明被告的行为动机不当，临时性保护将失效。[69]

（2）真实性和公共利益[70]

如果被告证明了诽谤性内容是真实的且有关公共利益，也可以   15

---

66 以下原则适用于对司法的报道过程中：首先，特许权只保护关于当下或近期发生的庭审过程的报道。披露很久以前的庭审内容的公开出版物或准公开出版物，是违背公共政策原则的，因而是非法的。其次，特许权只保护对公开庭审案件的报道，也就是说，内容是关于公开审判的案件。总之，公开庭审中没有涉及的文献内容（例如案件记录、答辩记录和宣誓陈述等）除非涉及公共利益，否则不应当被披露。简单来说，原则上说未经许可不允许用影像记录法庭庭审过程。然而，一个审判即包含向外界保密的一面也包括向公众公开的一面，对于向公众公开的这一面，应该本着公平和监督的原因，使用影像记录。第三，所有应向公众告知的细节，包括性质、过程和审判结果都应当在报道中有所反映。报道不需要逐字逐句照搬判决，但是全篇报道或记者的选取角度必须是理性的且大体上正确的。［参考案例 De Flamingh v Pakendorf 1979 3 SA 676（T）682；Argus Printing and Publishing Co Ltd v Anastassiades 1954 1 SA 72（W）74；Webb v Sheffield（1883）3 EDC 254，256；Siffman v Weakley 1909 TS 1095，1100；Van Leggelo v Argus Printing and Publishing Co Ltd 1935 TPD 230，237，241；Botha v Pretoria Printing Works Ltd 1906 TS 710，713；Welken v Nasionale Koerante Bpk 1964 3 SA 87（O）90 - 91；Kingswell v Robinson（1），Kingswell v Argus Co Ltd（2）1913 WLD 129，144，146，147；Kavanagh v Argus Printing and Publishing Co 1939 WLD 284，289 - 290］。

67 如果报道是公平且大体上准确的，那么对于所有议会里的演讲的报道是受特许权保护的。对于政府部门的报道过程，只有当报道是关于公开法定机构之时才受特许权保护。换句话说，是依法成立的职权部门。［参考案例 Hearson v Natal Witness Ltd 1935 NPD 603 605；Benson v Robinson & Co（Pty）Ltd 1967 1 SA 420（A）427；Craig v Voortrekkerpers Bpk 1963 1 SA 149（A）157］

68 参考案例：De Flamingh v Pakendorf；De Flamingh v Lake 1979 3 SA 676（T）682；Argus Printing and Publishing Co Ltd v Anastassiades 1954 1 SA 72（W）74.

69 参考案例：Argus Printing and Publishing Co Ltd v Anastassiades 1954 1 SA 72（W）75.

70 参见 J. 尼斯林：前引脚注 1，第 185 - 188 页；J. 尼斯林、J. M. 波特吉特、P. J. 维瑟尔：前引脚注 1，第 345 页；J. M. 巴启：《人格权与表达自由》，前引脚注 1，第 276 页。还可参见 Yazbek v Seymour 2001 3 SA 695（E）701.

阻却公开发表的表面非法性。[71] 被告只需证明诽谤内容在实质上、而非字面上的真实，这就是说，发出责难或诽谤的依据为真实即可。[72]总之，夸张的语言并不必然排除合理抗辩。[73] 什么是"公共利益"，要视社会规范（即公序良俗）而定，在此时此境，诽谤公开的行为与场合就起到了重要作用。[74] 此处强调的是法律意义上的"公共利益"而非仅指对某事的公共兴趣（或好奇心）。[75] 一般而言，在以下情况存在公共利益的争议较小：质疑公权力机关或公权力个人是否贪腐与渎职；[76] 抑或批评公共机构或准公共机构的管理行为。[77] 在某些特殊案件中，例如某人实施了犯罪，有关个人的品格或操守的真实情况也属于公共利益的范围。[78] 但时过境迁的不端行为不应该被挖掘公

---

[71] 参考案例：Patterson v Engelenburg and Wallach's Ltd 1917 TPD 350，356；Lyon v Steyn 1931 TPD 247，251；Coetzee v Central News Agency 1953 1 SA 449（W）452 – 453；Mahomed v Kassim 1973 2 SA 1（RA）9；Yusaf v Bailey 1964 4 SA 117（W）125 – 126；Deedat v Muslim Digest 1980 2 SA 922（D）928；Sage Holdings Ltd v Financial Mail（Pty）Ltd 1991 2 SA 117（W）135 – 137；Couldridge v Eskom 1994 1 SA 91（SE）98，103；Iyman v Natal Witness Printing & Publishing Co（Pty）Ltd 1991 4 SA 677（N）684 – 686；Kemp v Republican Press（Pty）Ltd 1994 4 SA 261（E）772 – 774；Yazbek v Seymour 2001 3 SA 695（E）701.

[72] 参考案例：Smit v OVS Afrikaanse Pers Bpk 1956 1 SA 768（O）772 – 774；Johnson v Rand Daily Mails 1928 AD 190，205 – 207；Kemp v Republican Press（Pty）Ltd 1994 4 SA 261（E）264 – 265.

[73] Johnson v Rand Daily Mails 1928 AD 190，205 – 207.

[74] Patterson v Engelenburg and Wallach's Ltd 1917 TPD 350，361.

[75] 参见 J. M. 巴启：《人格权与表达自由》，前引脚注 1，第 274 – 275 页。

[76] Argus Printing and Publishing Co Ltd v Inkatha Freedom Party 1992 3 SA 579（A）589.

[77] 参考案例：Argus Printing and Publishing Co Ltd v Esselen's Estate 1994 2 SA 1（A）24 – 26（judge）.

[78] Graham v Ker（1892）9 SC 185，187；Kemp v Republican Press（Pty）Ltd 1994 4 SA 261（E）265 – 266.

开。[79] 此外，仅为了牟利而进行的"人格谋杀"更加不能容忍。[80] 诽谤的公开是否包含公众的公共利益，要依据公开的时间、行为和场合仔细调查判断。[81] 与"特许权报道"不一样，如果被告的行为有实际恶意，真实性与公共利益抗辩并不一定就失效。[82]

（3）媒体特权[83]

被告可以通过举证诽谤言论的误差是合理的，来对抗非法性。[84] 在决定公开行为是否合理合法时，社会的法律观念（即公序良俗）必须被考虑进去。[85] 促进公序良俗标准的应用一定要考虑多方面的因

16

---

79 在 Graham v Ker（1892）9 SC 185 187 一案中，德·威瑟尔大法官指出："就我理解，公共利益相比起那些无聊的已被忘却却又被重新被提起的流言蜚语来说，应当获得更大容忍。"在另一案件 Yusaf v Bailey 1964 4 SA 117（W）127 中，有过类似的表述："重新公开那些过了很久的流言蜚语，如果仅仅是为了满足读者们的低级趣味，是绝对不合理的。"也可参见 Kemp v Republican Press（Pty）Ltd 1994 4 SA 261（E）265 – 266.

80 Kemp v Republican Press（Pty）Ltd 1994 4 SA 261（E）266.

81 因此每个案件都应按其特有的法律依据来对待。[参见案例 Allie v Foodworld Stores Distribution Centre（Pty）Ltd 2004 2 SA 433（SCA）445.]

82 Schourie v Afrikaanse Pers Publikasies 1966 1 PH J1（W）.

83 总体上可参加 J. 尼斯林、J. M. 波特吉特、P. J. 维瑟尔：前引脚注 1，第 345 – 346 页；参考案例 National Media Ltd v Bogoshi 1998 4 SA 1196（SCA）1211 – 1213；Khumalo v Holomisa 2002 5 SA 401（CC）414 – 415，423 – 424. 对这些重要案件的分析可以参见 J. 尼斯林：[2002] SALJ，第 700 页及以下；J. M. 巴启：《人格权与表达自由》，前引脚注 1，第 210 页及以下，第 262 页及以下，第 320 页及以下；J. M. 巴启：《当严格责任遭遇红牌，媒体的表达自由得分：从 National Media v Bogoshi 一案说起》，1999 SALJ，第 1 页及以下；J. 尼斯林、J. M. 巴启：《Die lasterreg en die media：Strikte aanspreeklikheid word ten gunste van nalatigheid verwerp en'n verweer van mediaprivilegie gevestig》，1999 THRHR，第 442 页及以下；J. R. 米德利著：《媒体诽谤的责任》，[1999] SALJ，第 211 页及以下；J. 尼斯林著：《Die lasterreg, die Grondwet en National Media Ltd v Bogoshi》，[1999]，TRW，第 104 页及以下。

84 National Media Ltd v Bogoshi 1998 4 SA 1196（SCA）1211 – 1213；Khumalo v Holomisa 2002 5 SA 401（CC）414 – 415. 这个原则也适用于那些认可特别抗辩的、对不实的政治演讲的报道（Mtembi-Mahanyele v Mail & Guardian 2004 – 08 – 02 case no. 054/2003（SCA））。

85 National Media Ltd v Bogoshi 1998 4 SA 1196（SCA）1212；Khumalo v Holomisa 2002 5 SA 401（CC）414；Sayed v Editor, Cape Times 2004 1 SA 58（C）61.

素，虽然对这些因素并不苛求详细与明确：[86] 例如，存在公共利益而非单纯的公共兴趣（或好奇心）；言论的性质——政治讨论往往享有更大的自由；言论的内容；言论的语气——有时文章的笔调带有额外、不必要的讽刺；言论所基于的信息的性质；大众媒体的性质——电视通常比纸媒危害更大；传播的程度与对象人群划分；信息源的可靠性；核查信息真实性的步骤；发表时其他材料对该言论的支持程度；是否给予对方回应的机会；不及检验就发表的迫切性需求；达到同一目的但降低危害的可能性。对"特权"与"公正评论"而言，被告方的不当动机可作为抗辩失效的指导性原因。"媒体特权"的抗辩目前仍在起步阶段，还有待于法院判决的细化澄清，在未来给大众媒体侵权案提供更多的确定性。然而，当处理虚假陈述的案件时，大部分不需要慎重考虑抗辩事由，只有极少数案件才可能适用合理抗辩。这就是说，虚假言论比真实言论更可能被对立面的利益推翻。[87]

（4）公正评论[88]

17　　如果被告能证明诽谤性陈述构成了对真实且含公共利益的事件的公正评论，则可能驳回诽谤公开的表面非法性。这需具备四个基

86　参见 National Media Ltd v Bogoshi 1998 4 SA 1196（SCA）1211 – 1213；Khumalo v Holo-misa 2002 5 SA 401（CC）414 – 415；Sayed v Editor, Cape Times 2004 1 SA 58（C）61 – 62；Lieberthal v Primedia Broadcasting（Pty）Ltd 2003 5 SA 39（W）44 – 45；Marais v Groenewald 2001 1 SA 634（T）644 – 645；尤其可参见米德利书，[1999] SALJ，第218 – 219 页，对此有全面阐述。

87　Hamata v Chairperson, Peninsula Technikon Internal Disciplinary Committee 2000 4 SA 621（C）632. 在 National Media Ltd v Bogoshi 1998 4 SA 1196（SCA）1212 一案中，赫夫大法官也指出："究其根本，虚假的公开出版物不应该具正当性，新闻界人士也不应该有这种理解，即他们有特许权在尽到注意义务方面可以降低门槛，诽谤性言论在报纸上公诸于世之前必须被仔细考证。"

88　总体上可参见 J. 尼斯林：前引脚注1，第190 – 193 页；J. 尼斯林、J. M. 波特吉特、P. J. 维瑟尔；前引脚注1，第346 页；J. M. 巴启：《人格权与表达自由》，前引脚注1，第277 页及以下。

本要件：[89] （1）诽谤内容必须是评论性的而非事实陈述性的。由"一般理性人"标准来判断该内容是事实还是评论。[90]（2）评论必须公正。什么是公正，通常由社会法律观念（公序良俗）来确定。[91]尤其重要的是评论必须与事实相关联，且表达了被告诚实善意的观念。[92] 如果符合相关性与诚实性，无论表述有多批判、夸张、偏狭、考虑不周、不均衡，[93] 都会被视为公正评论；除非原告能证明被告动机不当。[94]（3）评论所基于的事实必须真实。[95]（4）这些事项要关乎公共利益。[96]

---

89 参考案例：Marais v Richard 1981 1 SA 1157（A）1167 – 1168；Johnson v Beckett 1992 1 SA 762（A）778 – 779.

90 参考案例：Marais v Richard 1981 1 SA 1157（A）1167 – 1168；Johnson v Beckett 1992 1 SA 762（A）778 – 779；Heard v Times Media Ltd 1993 2 SA 472（C）.

91 参见 Marais v Richard 1981 1 SA 1157（A）1167 – 1168；Crawford v Albu 1917 AD 102, 114 – 115；Carbonel v Robinson & Co（Pty）Ltd 1965 1 SA 134（D）148.

92 参见 Crawford v Albu 1917 AD 102, 115 一案："如果构成了相关性，任何对观点的真诚表达都是公平的，如果是恶意的就不公平。"［另可参见 Johnson v Beckett 1992 1 SA 762（A）780 – 781；Moolman v Cull 1939 AD 213, 224；Marais v Richard 1981 1 SA 1157（A）1167.］

93 甚至有时，"如果这些指责与真实陈述的事实之间具有合理的关联"，那么指责某人不诚实或者动机卑鄙的评论意见是合理的。［Crawford v Albu 1917 AD 102, 115 et seq., 117；Pienaar v Argus Printing and Publishing Co Ltd 1956 4 SA 310（W）321；Rautenbach v Republikeinse Publikasies（Edms）Bpk 1971 1 SA 446（W）451；cf. also Marais v Richard 1981 1 SA 1157（A）1167 – 1168.］

94 参见 Marais v Richard 1981 1 SA 1157（A）1167, 1170；Crawford v Albu 1917 AD 102, 114, 115, 133, 137；Moolman v Cull 1939 AD 213, 224.

95 参见 Marais v Richard 1981 1 SA 1157（A）1167. 在 Crawford v Albu 1917 AD 102, 114 一案中，明确了："评论必须建立在那些明确表达了或清楚地指明了的、被承认或证实为真实的基础之上。建立在不实情况基础上的评论不可能公平。"

96 参见 Marais v̇ Richard 1981 1 SA 1157（A）1167；Crawford v Albu 1917 AD 102 114. 在涉及真实且有关公共利益的抗辩理由这类案件中（前文边码 15），什么是公共利益，是基于每个案件不同的环境作出定义的，同时也和特定时期社区的（伦理道德）观念有关。因此，公共利益是一些特定事件，如公共官员或公众人物的行为，公共机构和准公共机构的管理，司法机关的运作等。另外，人们普遍认为公众在那些这么做会招致批评的事情上会获得利益，例如公共演讲，公开出版书籍或文章，艺术展览和公共演出等等（参见 J. 尼斯林：前引脚注 1，第 193 页、脚注 284）。

（二）尊严权（侮辱）

1. 性质[97]

18　尊严权在普通法和宪法《权利法案》中作为一项独立的人格权受到保护。[98]

2. 非法性

19　前文已述，[99] 对尊严的侵害在于使原告产生被冒犯的主观感受。虽然"公开"并非侵权要件，但媒体公开地侮辱当然地会让人产生被冒犯的感受。然而，要构成非法性，光有主观冒犯仍不够，还要同时满足违背公序良俗或与社会法律观念相冲突。[100] 就后者而言，基于普通人的智力、敏感度的抽象理解与反应是最重要的判断标准。[101] 如果原告能证明他感到冒犯的情境是一般理性人也会感到冒犯的，[102] 那么即可推断非法性的存在，被告也可主张合理抗辩事由加以反驳。

3. 抗辩事由

20　对于大众媒体来说，在诽谤案件中适用的抗辩事由（即特许报道、真实性与公共利益抗辩、媒体特权、公正评论）[103] 原则上必须做

97　大体可参见 J. 尼斯林：前引脚注 1，第 233 页；J. 尼斯林、J. M. 波特吉特、P. J. 维瑟尔：前引脚注 1，第 353 页；J. M. 巴启：《人格权与表达自由》，前引脚注 1，第 327 页及以下。

98　参考案例：Jackson v NICRO 1976 3 SA 1（A）4；Minister of Police v Mbilini 1983 3 SA 705（A）715-716. 尊严权在宪法第十条中得以确立。［还可参见：Dawood；Shalabi；Thomas v Minister of Home Affairs 2000 3 SA 936（CC）961-963；Moseneke v The Master 2001 2 SA 18（CC）29.］

99　前文边码 3。

100　参见 Delange v Costa 1989 2 SA 857（A）862，另可参见 J. 尼斯林：前引脚注 1，第 236-238 页；J. 尼斯林、J. M. 波特吉特、P. J. 维瑟尔：前引脚注 1，第 354 页。

101　参见 Jackson v NICRO 1976 3 SA 1（A）10；Fayd'herbe v Zammit 1977 3 SA 711（D）718.

102　在 Minister of Police v Mbilini 1983 3 SA 705（A）716 一案中，明确了以下内容："无论如何要注意到……如果一个普通的正常思考的人会感受到威胁……侮辱了他或她的尊严，应当构成了违法，法律应当对感到受侮辱的个人提供保护。我认为这才是合理的让步。"另参见案例 Delange v Costa 1989 2 SA 857（A）861-862；参见 J. M. 巴启：《人格权与表达自由》，前引脚注 1，第 328-329 页。

103　见前文边码 14 至 17。

必要修改适用于侮辱案件。[104] 此外，传统的抗辩事由也可能适用，如
"当事人同意"。[105] 除此以外，审理德朗热与科斯塔案（Delange v
Costa）[106] 的上诉法院还确立了如下规则，表明对某人的合理批评也
可能抵消对其尊严权的表面侵害，从而构成抗辩事由。[107]

（三）隐私权

1. 性质

隐私权从很久以前就作为一项独立的人格权，被南非的普通法
确立与保护。[108] 宪法《权利法案》也将隐私权作为一项基本权利牢
牢树立。[109]

21

104　参见 J. 尼斯林：前引脚注 1，第 239 页。

105　参见 Fayd'herbe v Zammit 1977 3 SA 711 （D）719.

106　1989 2 SA 857 （A）862.

107　斯摩伯格大法官对此作了如下解释："并不存在一项不允许批评的绝对权利，每个人
　　都必须准备好会遭受合法批评，例如公平且诚实的批评。必须做出区别的是，如果实
　　行一项权利的行为并不是违法的，那么不可能造成伤害。诚实的批评就是这种行为
　　……判断合法性必须基于，处在这样的批评环境之中，双方的关系和事件的性质。参
　　与竞争的商人（例如政客在参与公共生活）在自己曝光的时候，就必须预见到，比起
　　普通的个人来说会招致更大程度的批评。"（这项抗辩可能和诽谤案件中基于正当性事
　　由的公平评论相类似：参见前文边码 17）。

108　参考案例：National Media Ltd v Jooste 1996 3 SA 262 （A）271 –272；Jansen van Vuuren
　　v Kruger 1993 4 SA 843 （A）849；Financial Mail （Pty）Ltd v Sage Holdings Ltd 1993 2
　　SA 451 （A）462 –463；Janit v Motor Industry Fund Administrators （Pty）Ltd 1995 4 SA
　　293 （A）303 –304；Bernstein v Bester 1996 2 SA 751 （CC）789 –790. 参见 J. 尼斯
　　林：前引脚注 1，第 265 –268 页；J. 尼斯林、J. M. 波特吉特、P. J. 维瑟尔：前引脚
　　注 1，第 354 – 356 页；J. M. 巴启：《人格权》，前引脚注 1，第 371 页及以下。
　　D. J. McQuoid-Mason：前引脚注 1，相关各页；D. J. McQuoid-Mason：《侵害隐私：违反
　　普通法与违反宪法——有何不同?》，载于 Acta Juridica 2002 年版，第 227 页及以下。

109　第十四条；另可参见 J. M. 巴启：《人格权》，前引脚注 1，第 371 页及以下；
　　D. J. McQuoid-Mason：前引脚注 1，相关各页；D. J. McQuoid-Mason 书，载于 Acta Ju-
　　ridica 2002 年版，第 227 页及以下；J. 尼斯林：前引脚注 1，第 268 页及以下；参考案
　　例：Bernstein v Bester 1996 2 SA 751 （CC）783 –799；Case and Curtis v Minister of Safe-
　　ty and Security 1996 2 SA 617 （CC）656 et seq. ；Mistry v Interim Medical and Dental
　　Council of South Africa 1998 4 SA 1127 （CC）1141 – 1142, 1154 – 1156；Investigating
　　Directorate：Serious Economic Offences v Hyundai Motor Distributors （Pty）Ltd：In re Hyun-
　　dai Motor Distributors （Pty）Ltd v Smit NO 2001 1 SA 545 （CC）556 –558.

2. 非法性[110]

22   前文已述,[111] 侵害隐私有两种方式：一种是侵入私人空间，另一种是泄露私人事务。大众媒体侵权只与后者相关。（对事实的）揭露或者公开私事的非法性由一般标准即公序良俗或理性标准[112]检验。该言论既不能违背该人的主观认识与个人意志,[113] 也不能违反客观的社会法律观念，或不符合一般道理。[114] 在此，未经授权的隐私事实的公开[115]，已经构成了表面上的非法。[116]

---

110   总体上可参见 J. 尼斯林：前引脚注 1，第 268－269 页，第 274 页及以下；J. 尼斯林、J. M. 波特吉特、P. J. 维瑟尔：前引脚注 1，第 355－356 页；J. M. 巴启：《人格权》，前引脚注 1，第 371 页及以下。

111   前文边码 4。

112   参考案例：Financial Mail（Pty）Ltd v Sage Holdings Ltd 1993 2 SA 451（A）462；Jansen van Vuuren v Kruger 1993 4 SA 842（A）850；National Media Ltd v Jooste 1996 3 SA 262（A）270；Motor Industry Fund Administrators（Pty）Ltd v Janit 1994 3 SA 56（W）60；Gosschalk v Rossouw 1966 2 SA 476（C）492；参见 J. 尼斯林：前引脚注 1，第 268－269 页.

113   关于隐私的定义，参见前文边码 4。

114   参见 J. 尼斯林：前引脚注 1，第 268－269 页。这种主观—客观的方法类似于宪法法庭给予隐私权的保护，宪法法庭认为既需个人对隐私有种主观的预期，同时这种预期也能得到社会认可是合理的。［参见案例 Investigating Directorate：Serious Economic Offences v Hyundai Motor Distributors（Pty）Ltd；In re Hyundai Motor Distributors（Pty）Ltd v Smit NO 2001 1 SA 545（CC）557；Bernstein v Bester 1996 2 SA 751（CC）792；参见 D. J. McQuoid-Mason 书，载于 Acta Juridica 2002 年版，第 247 页；J. M. 巴启：《人格权》，前引脚注 1，第 389 页。］

115   见如下判例：未许可将某女士的照片作为广告中的一部分进行公开［参考案例 O'Keeffe v Argus Printing and Publishing Co Ltd 1954 3 SA 244（C）］；未经许可在报纸上刊登了一位护士的照片［参考案例 Kidson v SA Associated Newspapers Ltd 1957 3 SA 461（W）］；原告和女歌手的恋情事实被公开［参考案例 Mhlongo v Bailey 1958 1 SA 370（W）］；原告秘密绑架儿童，并由其前配偶对儿童监禁的事实被公开［参考案例 Rhodesian Printing and Publishing Co Ltd v Duggan 1975 1 SA 590（RA）］；某刑事审判中被告照片被公开［参考案例 La Grange v Schoeman 1980 1 SA 885（E）］；橄榄球员和他的情人的恋情被公开，并曝光他们育有一子［参考案例 National Media Ltd v Jooste 1996 3 SA 262（A）］；这些案例的详细分析，详见 J. 尼斯林：前引脚注 1，第 282－285 页。

116   参见 J. 尼斯林：前引脚注 1，第 280 页及以下；J. 尼斯林、J. M. 波特吉特、P. J. 维瑟尔：前引脚注 1，第 356 页；在 Financial Mail（Pty）Ltd v Sage Holdings Ltd ［1993 2

3. 抗辩事由

如果具备抗辩事由，则可排除隐私侵权的表面非法性。[117] 在侵害 　23
隐私的案件中，大众媒介最重要的抗辩事由是该涉案信息包含公共
利益。其他还有"必要性"，[118] "特权报道"，[119] "公正评论"[120] 和 "当
事人同意"。[121]

4. 信息中的公共利益

前文已述，[122] 此处需要仔细权衡隐私权和表达自由权。[123] 在财政　24
邮件（控股）有限公司诉圣人控股有限公司案（Financial Mail

（接上页注2）

　　SA 451（A）462 -463] 一案中，首席大法官库波特隐晦地表达了这样的观点："在
　　涉及到报纸公开他人隐私的案例中，阻止揭秘这样的事实给个人带来的利益必须与公
　　共利益放在一起权衡。如果具备公共利益这样的事实，必须要提及到……无论被告的
　　抗辩是否能构成正当性事由……即在此处不必考虑被告对表面非法性的反驳，也无需
　　考虑确定非法性时必须要考虑到的事实。"

[117] 参考案例 S v Bailey 1981 4 SA 187（N）189；Financial Mail（Pty）Ltd v Sage Holdings
　　Ltd 1993 2 SA 451（A）462 -463；National Media Ltd v Jooste 1996 3 SA 262（A）270；
　　参见 J. 尼斯林：前引脚注1，第 288 页及以下。

[118] 必要性是指被告由于不可抗力使其处于某种位置，在当下必须通过侵害他人的合法权
　　益（本论题中，是指隐私权）来保护自己（某些）合法权利。在大众媒体领域，例
　　如一个父亲通过报纸或广播、电视公开自己的私人消息：他走失的儿子患有失忆症，
　　这种公开是旨在能找到孩子。（参见 J. 尼斯林：前引脚注1，第 289 页。）

[119] 这项正当性事由，是由诽谤中发展出来的（前文边码14），经过修正后同样可以适用
　　于隐私权［参见 J. 尼斯林：前引脚注1，第 302 页、注释224；参考案例 La Grange v
　　Schoeman 1980 1 SA 885（E）893 -894]。

[120] 这项抗辩事由的确立跟诽谤有关（前文边码17），同样可以比照适用于隐私权（参见
　　J. 尼斯林：前引脚注1，第 302 页）。这里不适用真实性和公共利益的抗辩，因为隐私
　　只可能是通过人们对私事的事实进行交流而被侵害（参见 J. 尼斯林：前引脚注1，第
　　302 页）。但是在 Jansen van Vuuren v Kruger［1993 4 SA 842（A）850] 一案中，哈马
　　斯大法官认为："在确定侵害隐私权案件中的表面事实是否合理时，简而言之，诽谤
　　中的合理性抗辩原则应当可以适用。"

[121] 参见 J. 尼斯林：前引脚注1，第 300 -301 页；另见 Jooste v National Media Ltd 1994 2
　　SA 634（C）647；National Media Ltd v Jooste 1996 3 SA 262（A）272.

[122] 参见前文边码7。

[123] 参考案例：MEC for Health，Mpumalanga v M-Net 2002 6 SA 714（T）722；Prinsloo v
　　RCP Media Ltd t/a Rapport 2003 4 SA 456（T）469.

（Pty）Ltd v Sage Holdings Ltd）中，[124] 首席法官库波特（Corbett）认为："在'隐私侵权'这一类案件中，为界定合法与非法的界限，法庭必须考虑案件的特定事实，并以当代公序良俗与社会普遍正义观为检验标准……通常……一个侵权判决会在考虑与权衡相冲突的利益后再做出……在媒体侵害个人隐私的案件中，个人保护隐私不被泄露的权利要与公共利益两相权衡，若该隐私包含公共利益，就应被公布。"

25　　　适用公序良俗原则时，要考虑以下因素[125]：原告是否是公众人物；[126] 原告是否卷入了有新闻价值的事件；[127] 事件所涉及的公共利益，而不仅是公众兴趣（或好奇心）；[128] 侵权行为的范围和程度；[129]

124　1993 2 SA 451（A）462 – 463；另见 National Media Ltd v Jooste 1996 3 SA 262（A）270；O'Keeffe v Argus Printing and Publishing Co Ltd 1954 3 SA 244（C）248；Rhodesian Printing and Publishing v Duggan 1975 1 SA 590（RA）594 – 595；Jooste v National Media Ltd 1994 2 SA 634（C）645 – 646.

125　参见 J. 尼斯林：前引脚注 1，第 295 – 299 页；J. M. 巴启：《人格权与表达自由》，前引脚注 1，第 423 页。

126　参见 D. J. McQuoid-Mason：前引脚注 1，第 218 – 224 页；J. 尼斯林：前引脚注 1，第 295 页，脚注 194；参考案例：La Grange v Schoeman 1980 1 SA 885（E）892 et seq.；Jooste v National Media Ltd 1994 2 SA 634（C）645 – 646.

127　参见 D. J. McQuoid-Mason 书，（前引脚注 1），第 218 – 224 页；J. 尼斯林：（前引脚注 1，第 296 页，脚注 195 – 196；参考案例：La Grange v Schoeman 1980 1 SA 885（E）892 et seq.；Jooste v National Media Ltd 1994 2 SA 634（C）645 – 646.

128　参见 Financial Mail（Pty）Ltd v Sage Holdings Ltd 1993 2 SA 451（A）464；Prinsloo v RCP Media Ltd t/a Rapport 2003 4 SA 456（T）472 – 473；Jooste v National Media Ltd 1994 2 SA 647（C）646.

129　参见 J. 尼斯林：前引脚注 1，第 297 页，脚注 197；参见 Jooste v National Media Ltd 1994 2 SA 634（C）646. 一般原则是，隐私被侵害情况越恶劣，就越难证明其合理性。在 Prinsloo v RCP Media Ltd t/a Rapport 2003 4 SA 456（T）476 一案中，法庭甚至认为公开两个成年人在自己家中的性行为的照片，只能通过证明此事涉及极端重要且严肃的公共利益来证明合理性。

权利人是否将其隐私置于曝光的危险境地;[130] 被告行为的动机、倾向或目的;[131] 被告是否通过违法手段获得该隐私，如非法入侵[132]或违反保密义务;[133] 涉案人物的重要性及社会地位;[134] 新闻事件发生和报道之间的时间跨度;[135] 被侵权人的可辨识性;[136] 公开行为是否违反了法庭

---

[130] 因此公开报道某人故意置于公众视野范围的私事，相比起公开报道某人在隐私空间内做同样的私事来说，其正当性更容易被证明。[参考案例 O'Keeffe v Argus Printing and Publishing Co Ltd 1954 3 SA 244（C）249，此案中原告的癖好与公共利益的关系被考虑在内；另可参考案例 Prinsloo v SA Associated Newspapers Ltd 1959 2 SA 693（W）695；Mhlongo v Bailey 1958 1 SA 370（W）371 - 372；Prinsloo v RCP Media Ltd t/a Rapport 2003 4 SA 456（T）474.]

[131] 如果公开某人私事或者在某特定具有新闻价值的事件中曝光某人的身份仅仅是为了满足公众的低级趣味或者好奇心，那么并不构成信息与公共利益之间的联系。[参见 Jooste v National Media Ltd 1994 2 SA 647（C）646；La Grange v Schoeman 1980 1 SA 885（E）893 - 894.]

[132] 参考案例：Financial Mail（Pty）Ltd v Sage Holdings Ltd 1993 2 SA 451（A）462 - 463；Motor Industry Fund Administrators（Pty）Ltd v Janit 1994 3 SA 56（W）61 [1995 4 SA 293（A）]；MEC for Health，Mpumalanga v M-Net 2002 6 SA 714（T）721. 然而在某些特定案件中，为了保护公众知情权，过分看重了信息的性质（过分考虑了公共利益），不管信息的来源和获取信息的方式，都被看成是合法的（ibid）。参见 J. 尼斯林：前引脚注 1，第 298 页，脚注 200。

[133] 参见 Financial Mail（Pty）Ltd v Sage Holdings Ltd 1993 2 SA 451（A）463 - 465. 在前面的脚注中关于侵入（隐私）的阐释，此处可以比照适用。

[134] 参见 O'Keeffe v Argus Printing and Publishing Co Ltd 1954 3 SA 244（C）249；Prinsloo v SA Associated Newspapers Ltd 1959 2 SA 693（W）695；Mhlongo v Bailey 1958 1 SA 370（W）371 - 372；Prinsloo v RCP Media Ltd t/a Rapport 2003 4 SA 456（T）472 - 473；see also J. Neethling（前引脚注 1），第 298 页、脚注 201。在 Khumalo v Holomisa 2002 5 SA 401（CC）424 一案中 [另见 Sayed v Editor，Cape Times 2004 1 SA 58（C）62，66]，法庭认为公职人员享有较少的隐私权。

[135] 这项因素同时也是诽谤案件中正当性事由的限制条件，真实和公共利益中要考量的内容（前文边码 15）。

[136] 在隐私被曝光的时候，只有当一个人的身份能被识别出来时才可能构成侵害隐私（参见 J. 尼斯林：前引脚注 1，第 274 页）。

禁令或成文法;[137] 公开隐私是否同时违反合同约定。[138]

（四）身份权

1. 性质

26　　确立身份权作为一项独立的人格权，由纳塔尔报纸有限公司与比勒陀利亚的托米迈耶电影案 [Uniersiteit van Pretoria v. Tommie Meyer Films（Edms）Bpk][139] 确立。

2. 不法性

27　　前文已述,[140] 侵害人格特性是指以无法反映个人真实形象的方式使用其特征标记。侵害人格特性的两种方式在美国法中已经发展为两种独立的侵权，即个人形象的公开歪曲（错误曝光侵权，"false light tort"）和为经济目的盗用个人身份标记（尤其是出于广告目的）（盗用侵权，"appropriation tort"）。[141] 这两种侵权类型可以作为南非

137　这种行为不能被认为符合公共利益；相反，法庭禁令或法律法规的要求反映了伦理道德观念，因此是符合公共利益的 [参考案例 Rhodesian Printing and Publishing Co Ltd v Duggan 1975 1 SA 590（RA）594－596]。

138　参见 National Media Ltd v Jooste 1996 3 SA 262（A）272.

139　1977 4 SA 376（T）386；参见 Universiteit van Pretoria v Tommie Meyer Films（Edms）Bpk 1979 1 SA 441（A）456；Sage Holdings Ltd v Financial Mail（Pty）Ltd 1991 2 SA 117（W）129. 对身份的保护是在隐私权的名义下得到认可的 [参见 O'Keeffe v Argus Printing and Publishing Co Ltd 1954 3 SA 244（C）；Kidson v SA Associated Newspapers Ltd 1957 3 SA 461（W）]。然而，在 National Media Ltd v Jooste 1996 3 SA 262（A）271 案件中（是否涉及了 O'Keeffe 的隐私问题），以及 Financial Mail（Pty）Ltd v Sage Holdings Ltd 1993 2 SA 451（A）462 案件中，人格特性权是否是一项独立的人格权的问题上，上诉法院都没有明确表态。（参见 J. 尼斯林：前引脚注 1，第 307 页）。

140　前文边码 5。

141　参见 J. 尼斯林：前引脚注 1，第 45 页、第 308 页；关于这个问题，J. M. 巴启：《人格权与表达自由》，前引脚注 1，第 411－414 页沿袭了美国的作法，否认人格特性权的独立存在。

"侵权法"（iniuria）[142] 当中侵害人格特性权的未来发展的指引，尽管披着保护隐私的外衣，南非法院在事实上已将这些侵权行为类型加以考虑[143]。公序良俗原则作为判断侵害人格特性的一般标准，仍然起到主要作用。[144] 因此，不言而喻地，大众媒体公开发布虚假信息是违背公共政策的，并且是表面非法的。[145] 当然，表面非法性同样可被合理抗辩事由排除。

3. 抗辩事由[146]

一旦某人被大众媒体错误曝光了虚假的信息，除非在极少数情况下，一般很难适用抗辩事由。除"当事人同意"外，另外唯一可适用的抗辩是"媒体特权"，该抗辩同样适用于诽谤之诉。[147] 这些原则视当下具体情况适当变通而适用，被告可通过证明其发表虚假的、不具有诽谤性的情况是合理的，来对不法性的推定进行反驳。[148]

28

---

142 参考案例 Universiteit van Pretoria v Tommie Meyer Films（Edms）Bpk 1977 4 SA 376（T）386 - 387. 关于盗用侵权，必须注意，如果案中涉及的某人个人形象是虚假的，这些情形仅限于认定为对人格特性的侵害。由于盗用通常造成一种误解，即某人同意了行为人使用自己的形象，或者他得到了补偿，又或者他支持代言某种商品、服务或业务。（参见 J. 尼斯林：前引脚注 1，第 45 - 46 页、第 308 页、脚注 12。）

143 参见 O'Keeffe v Argus Printing and Publishing Co Ltd［1954 3 SA 244（C）］一案，此案中，一名妇女的照片在未经本人许可的情况下被用作来复枪、手枪和弹药的广告，这主要是一个盗用的案件。另一方面，在 Kidson v SA Associated Newspapers Ltd［1957 3 SA 461（W）］一案中，法院认定为错误曝光案件。一名护士的照片配上了给人误导的字幕，形成了公众眼中原告错误的形象。（参见 J. 尼斯林：前引脚注 1，第 313 页）。

144 参见 Universiteit van Pretoria v Tommie Meyer Films（Edms）Bpk 1977 4 SA 376（T）387；总体上可参见 J. 尼斯林：前引脚注 1，第 308 页。

145 总体上可参见 J. 尼斯林：前引脚注 1，第 311 - 314 页。

146 总体上可参见 J. 尼斯林：前引脚注 1，第 314 - 316 页。

147 参见前文边码 16。大众媒体涉及名誉权诉讼中的其他正当性事由与此无关。真实性与公共利益，公正评论，特许权报告都被排除在外，这是因为某人形象是错误和虚假的这点已经是确认无疑的（参见 J. 尼斯林：前引脚注 1，第 315 页）。

148 关于在大众媒体侵害人格特性权的案件中与媒体特许权相类似的抗辩应当被确立下来的主张，还可参见 J. 尼斯林：前引脚注 1，第 315 - 316 页，以及 P. P. J. Coetser, Die Reg op Identiteit（1986），第 224 - 226 页。

三、侵权责任（过错责任、替代责任和严格责任）

29 　　传统上，故意或曰侵害故意是所有侵权的基本要件，包括诽谤、侮辱和对隐私权与人格特性的侵害。[149] 因此，疏忽通常不足以认定行为人应承担责任。[150] 然而，在英国法的影响下，在涉及到大众媒体侵害名誉权的案件中，法庭都通过非常规方式认定过错。在诽谤案件中用严格责任[151]替代了作为实质要件的侵权故意（animus iniuriandi），上诉法院[152]进一步将此要件运用于报业中的出资人、发行人、印刷者和报纸的编辑。

30 　　在国家媒体有限公司诉博戈斯案（National Media Ltd v Bogoshi）[153] 中，最高法院上诉庭做了一个根本的改变。胡佛（Hefer）大法官认为严格责任是尤为错误的。因为它有悖于民主的规则，即阻碍公众对信息自由流动的需求及大众媒体在其间的作用发挥。然而，当时法院还没准备好恢复普通法上"侵权故意"（animus iniuriandi）的归责原则，这会使大众媒体轻易将没有故意作为抗辩借口。因而，

---

149 见前文脚注1、3，另可参见有关诽谤的案例 Moaki v Reckitt and Colman（Africa）Ltd 68 3 SA 98（A）105；SAUK v O'Malley 1977 3 SA 394（A）401 – 403, 409；Marais v Richard 1981 1 SA 1157（A）1166 – 1167；Kyriacou v Minister of Safety and Security 1999 3 SA 78（O）288 – 289, 290 – 291；Majolica Pottery（Venda）（Pty）Ltd v Barrow & Coetzee 1999 1 SA 1166（C）1177 – 1181；cf. Khumalo v Holomisa 2002 5 SA 401（CC）413 – 416. 更多关于侮辱以及对隐私和人格特性的侵害，参见 J. 尼斯林：前引脚注1，第240 – 241页、第303 – 304页、第316页；J. 尼斯林、J. M. 波特吉特、P. J. 维瑟尔：前引脚注1，第354页、第356页、第357页；J. M. 巴启：《人格权与表达自由》，前引脚注1，第327页。

150 SAUK v O'Malley 1977 3 SA 394（A）407；Marais v Groenewald 20011 SA 634（T）644.

151 参见 Pakendorf v De Flamingh 1982 3 SA 146（A）156, 157, 158；Williams v Van der Merwe 1994 2 SA 60（E）63；J. 尼斯林：前引脚注1，第203 – 204页。

152 Pakendorf v De Flamingh 1982 3 SA 146（A）156 – 158；另参见 SAUK v O'Malley 1977 3 SA 394（A）404 – 405, 407；National Media Ltd v Bogoshi 1998 4 SA 1196（SCA）1205.

153 1998 4 SA 1196（SCA）1210 – 1211.

疏忽大意在当时也被当作媒体诽谤责任成立的充分依据。[154]

疏忽责任一般仅适用报业投资人、发行人、印刷者和编辑，但 31
完全可能扩展到记者身上。[155] 此外，也有人建议疏忽责任在未来法
（de lega ferenda）中也应适用于对尊严权（侮辱）、隐私和人格特性
的侵害。[156]

四、救济

（一）实物补偿

虽然罗马－荷兰法系中有"恢复名誉"的规定，也就是法庭可 32
以要求诽谤案的被告收回言论并公开道歉，但在南非这项救济似乎

---

[154] 1214；另可参见案例 Khumalo v Holomisa 2002 5 SA 401 （CC）415 - 416；Marais v Gro-enewald 2001 1 SA 634 （T）644 - 646。这种意见应该得到支持，因为在法律领域中，它取得了名誉权与表达自由之间更合理的平衡。此外它还具有另一层价值是加固了宪法权利法案的地位。（另参见案例 Marais v Groenewald 646 页；J. 尼斯林、J. M. 波特吉特、P. J. 维瑟尔：前引脚注 1，第 348 页、脚注 205；J. M. 巴启：《人格权与表达自由》，前引脚注 1，第 210 页及以下、第 320 页及以下；J. M. 巴启书，SALJ 1999 年，第 1 页及以下；J. 尼斯林和 J. M. 巴启书，THRHR 1999 年，第 447 - 448 页；J. 尼斯林书，TRW，1999 年，第 113 - 118 页；J. R. 米德利书，SALJ 1999 年，第 212 - 215 页、第 221 - 223 页；参见 J. 尼斯林：前引脚注 1，第 198 页、脚注 322、199，脚注 322、204，脚注 360；J. M. 巴启：《诽谤法》，前引脚注 1，第 185 页及以下、第 193 - 194 页。）

[155] 在 Marais v Groenewald 2001 1 SA 634 （T）646 一案中，法庭认定过失责任不仅仅适用于大众媒体，还应当成为所有诽谤诉讼中的普遍原则。这就已经认定了卖报者或者他们的雇员（例如报亭的摊主）在报纸传播的过程发挥了作用。［参考案例 Trimble v Central News Agency Ltd 1933 WLD 88，91 - 92 （1934 AD 43，48）；Masters v Central News Agency 1936 CPD 388，394 - 395．］

[156] 参见 J. M. 巴启：《人格权与表达自由》，前引脚注 1，第 429 页。

被弃用了 150 年之久。[157] 直到矿工投资公司（控股）有限公司诉莫德利班案［Mineworkers Investment Company（Pty）Ltd v Modibane][158]，"恢复名誉"才再度启用。它的合理性在于"收回言论与道歉"比金钱赔偿更有助于恢复原告的名誉。[159] 这种方法对被告来说付出的代价比赔偿的数额要少，后者实际上有时赔款数额极其巨大，这种判决结果会造成对表达自由的限制，使被告对于是否要发表言论产生犹豫；所以"恢复名誉"的救济方法可以使表达自由权和名誉权更加平衡。[160]

33　　也有学者主张赋予原告一项对诽谤陈述的回应权，但目前这一权利尚未得到现行法的确认。[161]

（二）金钱损失的货币赔偿

34　　虽然此种加害主要侵害了他人的人格利益，但是它也时常导致其他的非财产性利益的损害。[162] 原则上被诽谤者必定提起两种诉讼：

157　J. 尼斯林：前引脚注 1，第 60 页；J. 尼斯林、J. M. 波特吉特、P. J. 维瑟尔：前引脚注 1，第 15 页；J. Neethling/J. M. Potgieter, Herlewing van die amende honorable as remedie by laster 载 THRHR 2003 年版，第 329 页；J. M. 巴启：《人格权与表达自由》，前引脚注 1，第 495－496 页；J. M. 巴启：《诽谤法》，前引脚注 1，第 316 页及以下；J. R. 米德利：《撤回、道歉与应答权》，THRHR，1995 年，第 288 页及以下。

158　2002 6 SA 512（W）；参见 J. 尼斯林，J. M. 波特吉特书，载 THRHR 2003 年版，第 329 页及以下；另参见案例 Young v Shaikh 2004 3 SA 46（C）57.

159　Kritzinger v Perskorporasie van SA（Edms）Bpk 1981 2 SA 373（O）389.

160　参见 J. 尼斯林、J. M. 波特吉特书，THRHR，2003 年，第 332－333 页。

161　参见 J. M. 巴启：《人格权与表达自由》，前引脚注 1，第 496－497 页；J. R. 米德利书，THRHR，1995 年，第 294 页及以下。

162　例如，诽谤可能造成一个医生、商人或者律师失去病人或者客户；总体上可参见 Salzmann v Holmes 1914 AD 471, 480；Die Spoorbond v SAR；Van Heerden v SAR 1946 AD 999, 1005, 1011；International Tobacco Co（SA）Ltd v United Tobacco Co（South）Ltd 1955 2 SA 1（W）；Ebrahim t/a Broadway Fisheries v MER Products CC 1994 4 SA 121（C）124－126；Caxton Ltd v Reeva Forman（Pty）Ltd 1990 3 SA 547（A）560－561. 关于这一点，作为非财产性权利（指名誉权当中具有很强财产属性的权利要素。——译者注）的商誉权，挣钱能力（收入损失）以及信誉度被包含在内（参见 H. J. O. 范·赫登、J. 尼斯林：《不正当竞争》，1995 年版，第 294－298 页；J. 尼斯林：前引脚注 1，第 207 页、脚注 385）。

主张抚慰金的精神赔偿之诉（the actio iniuriarum）和主张财产性利益赔偿的阿奎利亚之诉（the action legis Aquiliae）。[163] 根据阿奎利亚之诉，"过失"足以构成法律责任。[164]

（三）对非经济损失的财产赔偿

原告可能会为了情感利益伤害（即精神损失）求偿，这是被告因侵权行为侵害其名誉权、尊严权、隐私权的后果。但在赔偿金额上并没有一个固定的标准。法院会完全根据自愿原则（arbitrio iuris），公平与善意原则（ex aequo et bono）来决定金额。其他使案件性质减轻或加重的不特定因素也可能被纳入考量。[165]

35

---

[163] 参见 J. 尼斯林：前引脚注 1，第 81－85 页、第 207、242、305、316 页；J. 尼斯林、J. M. 波特吉特、P. J. 维瑟尔：前引脚注 1，第 5 页、第 328 页。区分赔偿诉讼和诽谤在阿奎利亚法中的法律认定，参见案例 Gelb v Hawkins 1959 2 PH J20（W）；Moaki v Reckitt and Colman（Africa）Ltd 1968 1 SA 702（W）704. Cf. however Caxton Ltd v Reeva Forman（Pty）Ltd 1990 3 SA 547（A）560－561，上诉法院没有支持某公司由于诽谤造成了一连串损失的诉求，因为诽谤归在侵权诉讼范围内，而不是归在阿奎利亚法中（H. J. O. 范. 赫登、J. 尼斯林：前引脚注 156，第 55 页、288 页、294－295 页。）

[164] 参见 J. 尼斯林：前引脚注 1，第 5 页、第 8 页及以下。

[165] 法庭应当对人格权采取严格的保护，其中一个方面就是考虑赔偿费的金额。在案例 Ramakulukusha v Commander［Venda National Force 1989 2 SA 813（VSC）847］中法庭认为："在案例法对认定损害程度的研究中，我有些惊讶地发现在侵害人身安全、尊严、荣誉、个人评价以及名誉的案件中，南非法庭判决的赔偿金金额时高时低呈鲜明对比。个人薄见觉得法庭应当要运用这种方法，更有甚者，在我们这个群体社会中，个人素养及价值观呈现出逐步且无法阻挡的堕落趋势，故而这更应成为法庭维护自由和个人安全及尊严的义务。"《权利法案》中对人格权的深化规定也支持这种认定方法。［但见案例 Afrika v Metzler 1997 4 SA 531（NHC）539；另见 J. 尼斯林、J. M. 波特吉特、P. J. 维瑟尔：前引脚注 1，第 23 页；J. M. 巴启：《人格权与表达自由》，前引脚注 1，第 436 页；］但是在 Argus Printing and Publishing Co Ltd v Inkatha Freedom Party 1992 3 SA 579（A）590 一案中，法院认为诽谤诉讼不应被看成是致富的一条道路。更多可参见 J. 尼斯林、J. M. 波特吉特、P. J. 维瑟尔：前引脚注 1，第 255－256 页；J. 尼斯林：前引脚注 1，第 74－75 页；另见 J. Neethling in G. E. van Maanen（ed.）（前引脚注 1），第 175－176 页。

36   以诽谤案为例[166]：有可能会加重判决的因素是被告的"恶意"，例如：被告明知该诽谤言论是虚假的；诽谤言辞尤为激烈与带侮辱性；被告方有鲁莽或不负责任的行为；涉案出版物流通范围较广；原告的社会地位及评价；诽谤内容被重复提起；诽谤的损害结果；被告是否坚持推卸责任。另一方面，减轻处罚的因素包括：原告不良的名声、品质或行为；诽谤性言论的真实性；原告方的挑衅行为；公开范围微小、可忽略不计；被告作出了道歉；原告提起诉讼时有不必要的拖延，及诽谤性言论已传播了相当长的一段时间。

37   在侵害尊严权、隐私权和人格特性的案件中，相关决定因素——用以衡量原告精神损失的程度——与上述诽谤案件大致雷同。[167]

---

166 在 Skinner v Shapiro（1）1924 WLD 157，167 一案中，法庭认为："确定损害的程度属于法庭的自由裁量权。然而这种自由裁量权也是要有理由的而非随心所欲地作出裁决。法官有权考虑诽谤性言论的性质，言论是否虚假以及被告是否有恶意；双方的社会地位和所处的社会阶层；双方是否存在特殊关系；诽谤性言辞向谁公开以及公开的地点、时间、公开的形式；诽谤性言论是否有持续性；在道歉方面是否有拖延、含糊其辞或者是否拒绝道歉。法庭还有权考虑从诽谤案发之日时起被告的行为、事件的导火索和事件回落的因素，也包括了审判中的被告行为及他的抗辩的性质。参考案例 Iyman v Natal Witness Printing and Publishing Co（Pty）Ltd 1991 4 SA 677（N）686 – 687；Couldridge v Eskom 1994 1 SA 94（SOK）105；Smith v Die Republikein（Edms）Bpk 1989 3 SA 872（SWA）875 – 881；更多可参考 J. 尼斯林：前引脚注 1，第 205 – 207 页；P. J. 维瑟尔、J. M. 波特吉特、L. 斯帝博格、T. B. 弗洛伊德：《维瑟尔和波特吉特论损害赔偿法》，2003 年第二版，第 449 页及以下；J. 尼斯林/J. M. 波特吉特/ P. J. 维瑟尔：前引脚注 1，第 256 – 257 页；J. Neethling in G. E. van Maanen（ed.）（前引脚注 1），第 176 – 178 页；J. M. 巴启著：《人格权与表达自由》，前引脚注 1，第 435 – 436 页。

167 参见 J. 尼斯林：前引脚注 1，第 241 – 242 页、第 304 页；P. J. 维瑟尔、J. M. 波特吉特、L. 斯帝博格、T. B. 弗洛伊德：前引脚注 166，第 465 页、第 471 – 472 页；J. 尼斯林、J. M. 波特吉特、P. J. 维瑟尔：前引脚注 1，第 257 页；J. Neethling in G. E. van Maanen（ed.）（前引脚注 1），第 178 页。关于侮辱，可另参见 Brenner v Botha 1956 3 SA 257（T）262；Matiwane v Cecil Nathan, Beattie and Co 1972 1 SA 222（N）229；Radebe v Hough 1949 1 SA 380（A）385；Magqabi v Mafundityala 1979 4 SA 106（E）110；Bester v Calitz 1982 3 SA 864（O）881；and as to infringement of privacy e. g. Jansen van Vuuren v Kruger 1993 4 SA 842（A）857 – 858；Jooste v National Media Ltd 1994 2 SA 634（C）647；Kidson v SA Associated Newspapers Ltd 1957 3 SA 461（W）468 – 469.

（四）强制令（禁令）及撤销权

某人如果受到大众媒体威胁性或持续性的名誉侵权，可以申请 38
强制令。[168] 为获得强制令，申请人必须能从正反两方面证明：被申请
人很可能公开或持续公开有关他的诽谤言论；被申请人对诽谤行为
没有正当的抗辩事由；若禁止令不被获准，将对申请人产生危害；
且申请人没有其他的救济途径。[169] 申请强制令不要求过错（故意或过
失）和损害要件为前提。[170] 这些原则作必要修正后可同样适用于对尊
严权、隐私权和人格特性权利的侵害。[171]

（五）惩罚性赔偿

侵权诉讼中赔偿金除了具有补偿性功能（给予受损情感以安慰） 39
之外，它还具有惩罚性功能，用以缓和原告由于人格利益非法（故

---

168 关于判例，可参见 Mineworkers Investment Co（Pty）Ltd v Modibane 2002 6 SA 512（W）
527－528；Van Zyl v Jonathan Ball Publishers（Pty）Ltd 1999 4 SA 571（W）586－587；
Lieberthal v Primedia Broadcasting（Pty）Ltd 2003 5 SA 39（W）43－44；Minister of
Health v Orangia Medical Supplies Ltd 1946 AD 1033；Rutland v Jordan 1953 3 SA 806
（C）；Prinsloo v SA Associated Newspapers Ltd 1959 2 SA 693（W）；Davies v Lombard
1966 1 SA 585（W）；Rautenbach v Republikeinse Publikasies（Edms）Bpk 1971 1 SA
446（W）；Vorster v Strydpers Bpk 1973 3 SA 482（T）；Buthelezi v Poorter 1974 4 SA 831
（W）；Minister of Justice v SA Associated Newspapers Ltd 1979 3 SA 466（C）。更多可参
见 J. 尼斯林：前引脚注 1，第 208 页。

169 参考案例 Prinsloo v SA Associated Newspapers Ltd 1959 2 SA 693（W）；Raw v Botha 1965
3 SA 630（D）；Heilbron v Blignaut 1931 WLD 167，168－169；Vorster v Strydpers Bpk
1973 3 SA 482（T）；Fayd'herbe v Zammit 1977 3 SA 711（D）716；另可参见 J. M. 巴
启：《人格权与表达自由》，前引脚注 1，第 479 页及以下；J. 尼斯林、J. M. 波特吉
特、P. J. 维瑟尔：前引脚注 1，第 260－261 页有关申请禁止令的要求。在 Hix Networ-
king Technologies v Systems Publishers［（Pty）Ltd 1997 1 SA 391（A）400－402］一案
中，特别强调了权利法案中保护的表达自由。任何可能对表达自由造成限制的行为应
当加倍谨慎，以使这项权利不至于被践踏（参见 J. M. 巴启：《人格权》，前引脚注 1，
第 486－490 页；J. 尼斯林：前引脚注 1，第 208 页、脚注 390）。

170 J. 尼斯林、J. M. 波特吉特、P. J. 维瑟尔：前引脚注 1，第 260－261 页。

171 参见 J. 尼斯林：前引脚注 1，第 242、305 页、第 316－317 页。

意）侵害而带来的负面情绪。[172] 在案例马萨维诉沙巴塔（Masawi v Chabata）[173] 中，法庭认为："在决定赔偿数额时，必须牢记侵权诉讼最主要的目标是通过给付原告财物以弥补对其情感的伤害来惩罚被告。法庭必须把不法行为人的道德谴责与受害人的物理上的困扰、不适与精神上的愤怒相结合考虑。"

40   但有一种呼声很高的观点认为，惩罚性赔偿应属于刑法而非私法范畴，私法的目的应在于补偿原告损失而非惩罚被告。[174] 宪法法庭在民法和宪法案件中似乎也倾向于驳回惩罚性赔偿的诉求。[175]

五、不当得利

41   到目前为止，南非还没有以"不当得利"为诉由的大众媒体侵害人格权的案例。

---

172 参见 P. J. 维瑟尔、J. M. 波特吉特、L. 斯帝博格、T. B. 弗洛伊德：前引脚注 166，第 464 页；J. Neethling in G. E. van Maanen（ed.），前引脚注 1，第 174 页；J. M. 巴启：《人格权与表达自由》，前引脚注 1，第 474－475 页。

173 1991 4 SA 764（ZH）772.

174 参见 J. 尼斯林、J. M. 波特吉特、P. J. 维瑟尔：前引脚注 1，第 8 页、脚注 28；J. 尼斯林：前引脚注 1，第 72 页、脚注 206；P. J. 维瑟尔、J. M. 波特吉特、L. 斯帝博格、T. B. 弗洛伊德：前引脚注 166，第 464 页。

175 Fose v Minister of Safety and Security 1997 3 SA 786（CC）822－824, 826－828；另见 J. M. 巴启：《人格权与表达自由》，前引脚注 1，第 474－475 页。

针对大众媒体侵害人格权的保护：西班牙

米克尔·马丁－卡萨尔斯　何塞普·索莱·费利乌

一、人格权保护和表达自由

（一）表达自由和信息自由：依据西班牙宪法（CE）第 20 条第 1 款所展现的特征

宪法第 20 条第 1 款规定：

1

> "宪法确认与保障以下权利：
>
> "（1）以口头、书面或任何其他传播方式自由表达和传播思想、想法和意见的权利。
>
> "（2）以任何传播方式自由传播或接受真实信息。法律有义务促进公民以良知和保守职业秘密为底线行使以上权利。"[1]

这段宪法文本的一大特点是它将两项自由分别进行了规定，尽管两者实际上密切联系。通过这种做法，西班牙宪法采用了一种被学者称之为"双重保护"的权利关系，承认表达自由与信息自由各有特定的内容、彼此相对独立：如"观点自由"更外化在"表达自

2

1　http：//www. spainemb. org/information/constitucionin. htm.

由"中；而"事实自由"更外化在"信息自由"中。[2] 起初，西班牙宪法法院似乎更倾向于"单一保护"，认为这两种自由包含同样的权利，[3] 但宪法法院从 1988 年 6 月 8 日做出 STC107 号判决开始，确立了"双重保护"标准。宪法法院对判决依据阐述如下：

> "我们的宪法通过采用双重保护机制，将'表达自由'（宪法第 20 条第 1 款 a 项）与'信息自由'（宪法 20 条 1 款 d 项）分别保护，打破了学界惯用的统一论，以及在纽约通过的《公民权利与政治权利公约》的第 19.2 条作出的规定和《保护基本人权和自由的欧洲公约》（即《罗马公约》）第 10.1 条作出的规定。'双重保护'在宪法上的确立，革命性地赋予了'信息自由'独立于其本源'表达自由'的地位，但独立后的'信息自由'仍与'表达自由'有许多共性。根据这种保护，宪法第 20 条第 1 款 a 项的'表达自由'，是指对思想、想法和意见的表达，这是一个非常宽泛的概念，同时包含了信仰和价值判断。相反地，宪法第 20 条第 1 款 d 项规定的'信息自由'，是指自由地传播和接受事实信息，或从更严格意义上说，仅保护有新闻价值（newsworthy）的事实信息。"[4]

2　更多可以参见 J. 皮尔兹荣尤：Curso de Derecho Constitucional，2000 年第七版，第 425 页，J. R. 保罗沙博：Libertad de expresión y derecho de acceso a los medios de comunicación，2002 年，第 15 页。以及 L. 德卡洛雷斯塞拉：Régimen jurídico de la información，1996 年，第 39 页。关于一元论与二元论的总结可以参见 J. M. 戴森蒂斯格兰特和 C. 索瑞亚合著：Los límites de la información，1991 年，第 21 - 26 页。

3　西班牙宪法判决 1981 年 3 月 16 日第 6 号，其中宪法法院认为交流的权利"从某种意义上说，可以被看成仅仅是表达自由的一种特殊运用，也只有最近颁布的宪法条文规定了他们之间的明确界限"。宪法性判例法的发展过程可以参见 J. M. 戴森蒂斯格兰特和 C. 索瑞亚的著述（同注 2），第 20 - 26 页，更多可以参见 J. 皮尔兹荣尤的著述（同注 2），第 425 - 426 页。

4　法律依据 2°。参见思路相同的 1987 年 10 月 27 日第 165 号宪法判决，以及 1988 年 1 月 21 日第 6 号宪法判决。法律依据 5a。

法学界的主流观点认为，西班牙宪法第 20 条第 1 款 a、d 项规　　3
定的"表达自由"和"信息自由"的法理依据，可以追溯到宪法第
16 条第 1 款规定的"宗教与意识形态自由"，据此款规定"个人和
社会团体的宗教与意识形态自由受法律保障，除非维护公共秩序的
法定限制外，他们的宗教与意识形态表达不受其他限制。"据此，若
没有自由的思想，就没有自由的表达，因为表达将毫无内容可言。
同样地，表达自由也会促进信息自由，而这两种自由都是思想自由
的外在呈现。[5] 从这个意义上说，西班牙宪法法院在 1990 年 2 月 15
日做出的 STC20 号判决中阐明："我们强调宪法第 16 条第 1 款规定
的意识形态自由的范围是宽泛的，与人格尊严及其不可侵犯的相关
权利，都包含在宪法第 10 条第 1 款的内在精神中，这也是其他基本
权利与自由的法理基础，当中也包括第 20 条第 1 款 a、d 项的表达
自由与信息自由两项权利。"

　　然而，宪法法院也意识到了困难在于，二项权利难于绝对区分，　　4
还要避免被其中一方的标准所左右。[6] 因此，法院在 1988 年 1 月 21
日做出的 STC 6 号判决中写明：因为"'思想、观点和意见的表达'
与'严格的信息传播'，很难绝对区分"，所以"当一种自由的要素
与另一种混同时，要考虑哪种要素占据优势地位，来审查案件是否

5　J. R. 保罗沙博的著述（同前引脚注 2），第 16 页。

6　正如 1990 年 11 月 12 日第 172 号西班牙宪法判决所表述的那样，"事件中很常见且很
　普通的是，一则信息中包含了并不侵害信息权的要件，同时从主要要件这一层面上看
　传播的目的是提供信息。在这个意义上，必须指出的是对事实的评判也是信息权中的
　一项要件，它包含了批判的态度，即使批判是极端或严厉的，同时传播目的并不过
　分，并没有用反对或驳斥的方法来实现说服目的。因此，不能要求大众媒介传播的信
　息与小范围传播中中立且绝对客观的新闻一样……因而，简化信息自由的繁琐程度使
　其成为一种传递有新闻价值的事实的无害工具。传播中混合了对事实和意见的描述，
　这是传播中非常正常的，要依据事实所具备的特点来确定信息的真实性，而不是依据
　信息中的观点或者是他人的看法来确定，因为观点、个人信仰和价值判断无论对错都
　受言论保护。"（法律依据 3°）。另可参见 J. 皮尔兹荣尤的著述（同前引脚注 2），第
　426 页。

符合宪法第 20 条的相应规定（见宪法解释第 5 条）"。同样意义上，
2003 年 6 月 2 日作出的 STC101 号判决中写道，"当两种自由的要素
发生混同时，必须要更重视占优势或主导地位的那种自由，以便能
将它们归入宪法第 20 条第 1 款的相应内容。"[7] 因此，如果关键的
"价值判断"超过了"事实描述"，且传播的目的在于表达对某人或
某事的评价，将适用第 20 条第 1 款 a 项的规定。相反地，如果事实
陈述占主导地位，且确认目的为告知公众，则将适用第 20 条第 1 款
d 项有关"信息自由"的规定。[8]

5   宪法第 20 条所规定的自由，事实上分为个人自由和社会自由两
个层面。[9] 一方面，这是一种个人权利，保护私人免于公共机构不依
法或违法的侵害以及对个人自由设定宪法法定以外的限制。从这点
来说，西班牙宪法法院已经认为"传播和接受观点、意见"的权利
是"是不受权力影响、由所有公民平等享有的"（STC12/1982 号判
决，3 月 31 日）。另一方面，在一个如西班牙这样的民主社会中，
西班牙宪法第 20 条规定的基本权利还担负着另一层角色，比保护个
人利益的意义更加深远。它是对公众自由理念的捍卫，与政治多元
化的联系密不可分。正如西班牙宪法法院在 1989 年 2 月 22 日作出
的 STC51 号判决中指出，"宪法第 20 条的自由不仅是个人基本权利，
同时还体现了对公共观点自由的认可与保障，这些是一个民主国家
政治多元化必不可少的条件。因此，它们比其他基本权利的意义更
为重大。"西班牙宪法判决 101/2003 号（当年 6 月 2 日作出），同样

---

7 参见宪法判决第 178/1992 号、第 4/1996 号和第 138/1996 号。

8 参见 F. J. 贝斯提达·弗雷杰德和 I. 维拉维·德·米拉德斯合著：Libertades de
Expresión e Información y Medios de Comunicación（1998），第 28 页，但作者指出，这种
论证方法本应具备的稳健性在关于确定某个方面是否占优势的时机这一宪法法院惯例
问题上面临着困境。

9 L. 德卡洛雷斯塞拉（同前引脚注 2），第 41 页；J. 伯纳·戴尔·卡斯特罗和豪纳合
著：verdad e información（1994），第 255 页。

也强调了表达自由的这两层意义。其中宪法法院强调了表达自由的重要性——作为民主的一个重要支柱——也是宪法所要求的、宪法规定的其他基本权利的保障。[10]

我们还可以看到，西班牙宪法第 20 条 a 和 d 项被有系统地安排　　　6在西班牙宪法文本中（第二章第一节，标题一），可以看出西班牙宪法将表达自由和信息自由定义为基本权利。还有，这些基本权利被看作是自由权利（derechos de libertad）而不是由他人授予的可以实行某些行为的权利（derechos de prestación）。西班牙宪法法院已经明确了两种权利的明确界限。西班牙宪法法院指出，西班牙宪法第 20条中保障的权利"是不受权力影响的，所有公民平等享有的权利。专业人员相比普通人会更频繁表达观点、意见或交流信息。然而，他们并不享有任何特权，因而毫无疑问地，并不享有任何有利于他们的权利。也就是说不存在对普通公民来说是自由，对专业人员却是授予特殊权利，使他们有权要求公权力设立或强制大众媒体提供帮助，使其可以表达自己的观点或传播信息的情况。"[11] 西班牙宪法判决也一步步地深入揭示了表达自由的范畴，通过指出哪些观点要求获得宪法保护的理由不充分来揭示表达自由的范畴。如果表达的目的不是侮辱性的，而且涉案的观点有助于自由公众舆论的发展就可以要求获得宪法保护。（西班牙宪法判决 204/1997 号；1/1998 号）。[12]

由于表达自由和信息自由属于基本权利，它们享有特别保护。　　　7为了规制二者，组织法（Ley Orgánica）是非常必要的（参见宪法第53 条第 1 款 a 项和宪法第 81 条）。另外，公民可以就这些权利通过优先程序和简易程序，在普通法院提起诉讼。（西班牙宪法第 53. 2

10　参见 2003 年 6 月 2 日第 101 号西班牙宪法判决，法律依据 3rd。

11　1981 年 3 月 16 日第 6 号西班牙宪法判决，法律依据 4°；以及 1982 年 12 月 23 日第 86号西班牙宪法判决，法律依据 3a。

12　F. J. 贝斯提达·弗雷杰德和 I. 维拉维·德·米拉德斯（同前引脚注 8），第 31 页。

条和组织法第 249.1 条还有组织法第 524.1 条、第 477.2.1 条用以解决这些权利与荣誉权、隐私权和肖像权之间的冲突）。最后，西班牙宪法第 53.2 条和 161.1.b）项规定，一旦原告在普通法院提起了诉讼而未得到保护，还可以向宪法法院提出保护申请。

（二）表达自由

8　　前文已述，西班牙宪法第 20 条第 1 款 a 项保护表达自由，且表达自由比信息自由的保护范围更广，信息自由保护的是具有新闻价值的事实的真实性。表达自由则保护对思想和观点的表达，同样可以扩展至用语言、文字或符号表达的价值判断或信仰（观念）。[13]

9　　与信息自由不同，无论是宪法还是宪法法院的判例，都不要求表达自由符合真实性条件。从这一点上看，就是人们常说的观点或价值观无对错之分，它是个人做出的个性表达。[14] 西班牙宪法法院在 1988 年 6 月 8 日作出的 STC10/1988 号判决中指出："由于事实具有客观性，它较容易被证明；而思想、观点、意见和价值观由于具有抽象性，很难用证据证明其准确性。"这种差别使宪法法院得出结论，即"对表达自由的限制和对信息自由的限制本质上的差别在于真实性。"（参见 STC 223/1992，12 月 14 日判决，法律依据 2）。

10　　前文已述，在西班牙宪法法院的判例中，表达自由与宪法第 16.1 条保护的思想自由有密不可分的联系。[15] 而且，这其中的逻辑

13　参见 L. 德卡洛雷斯塞拉的著述（同前引脚注 2），第 45 页；L. 伊斯柯巴．德．拉．赛纳著：Manual de Derecho de la información（1997），第 389 页。

14　参见 J. 皮尔兹荣尤的著述（同前引脚注 2），第 427 页。

15　参见 L. 伊斯柯巴·德·拉·赛纳的著述（同前引脚注 13），第 386 页。这涉及到两个基本层面：个人或政党自由地思想、信仰和崇拜的权利和自由地表达和传播思想、观点、意见的权利。对于这两个层面，必须要深入考虑信息权或自由传播和接收信息的权利。另一种观点，L. 德卡洛雷斯塞拉在其著作（同前引脚注 2）第 42 页，认为应分为思想自由、获知真实信息的权利（消极的信息权）和表达自己观点的自由这三个层面。

是一致的，因为思想的自由就必然要求表达的自由。[16] 思想自由不仅仅指政治意识形态，也指任何形式的宗教自由和信仰自由。根据西班牙宪法判决 20/1990 号（当年 2 月 15 日作出），除了对反和平内容作出限制，此外再无其他限制。正如宪法法院已说明的那样："对于涉及到公民思想自由的审判，必须分析和权衡其表面行为是否违反了法律所保护的和平。"另外，由于思想自由"与政治多元化密不可分——是我国以宪法为保障的法律体系中一项基本的价值——宪法要求最大程度地保障这一自由"，同时"对思想自由的限制和对表达自由的限制必须要有一整套严密的制度"。

　　表达自由与消极的信息自由，也就是所谓获知真实信息的权利，有密切联系。因为这是自由的公共舆论发展的基础条件。西班牙宪法法院 1986 年 12 月 12 日作出的 STC159/1986 号判决指出："为了能够自由地表达自己的意见，并能用一种合理方式解决实际问题，公民需要广泛获知信息以便能在不同的甚至是相互冲突的观点之间权衡……舆论与政治多样性之间密不可分这一基本事实，使得信息自由的确认与保护成为必要。"（另参见西班牙宪法法院 1986 年 12 月 22 日作出的 STC168/1986 号判决）。

（三）信息自由

　　西班牙宪法第 20 条保护的第二项自由是信息自由，它是指自由传播及接受由媒介提供的真实信息的权利。从其消极层面来看可以看做是获知信息的权利，西班牙宪法第 20 条 1 款 d 项保护信息自由是为了使所有公民可以受惠于通过衡量不同的甚至相冲突的观点来建立自己的认识。正如我们所见，信息自由旨在促进自由公众舆论的发展

16　A. Jiménez-Blanco/G. Jiménez-Blanco、P. Mayor/L. Osorio, Comentario a la Constitución. La jurisprudencia del Tribunal Constitucional (1995)，第 161 页。

（参见西班牙宪法法院 1986 年 12 月 12 日作出的第 159 号判决）。[17]

13   在积极层面，信息自由保障传播真实信息的权利。它的范畴比表达自由窄，因为它是指："传播具有新闻价值的事实的权利，该事实的真实性必须可查证。"[18] 法学学者指出，信息自由的这一层面并未排除记者以外的普通公民，他们同样可以适时地以写信给报刊杂志的编辑、出版有自己观点的文章、参与到电台及电视台的节目中去这些形式来行使自己的权利。然而，有一项基本原则是信息自由必须同记者的职业操守密切关联。由此，信息自由在更广泛的意义上，被理解为保护传播新闻、事实、能被证明的事件真相的出版自由。[19] 不过，法学学者也指出新闻传播并不一定是在行使信息自由权，其中也包含了表达自由。因此，出版自由需要更广泛的宪法保护（当然也不是无限的）及行使豁免权的空间，这两者都适用于保护自由传播新闻、观点和意见。[20]

14   宪法法院规定，信息自由必须达到两项基本要求：用于传播的信息必须真实并且必须具新闻价值或与公众相关。

1. 信息的真实性

15   西班牙宪法法院在宪法判决 1988 年 6 月 8 日第 107 号宪法判决中认为"表达自由的范围比信息自由广，因为真实性作为一项内在要求应用于后者中，而前者并不适用该要求"。这是由于一条信息中所包含的事实具有客观性，能够被证明，而思想、观点和意见还有价值观由于存在抽象性，不能被证明。（法律依据 2°）。然而必须要

---

17 参见 A. Jiménez-Blanco/G. Jiménez-Blanco/P. Mayor/L. Osorio 的著述（同前引脚注 16），第 166 页。

18 参见 L. 德卡洛雷斯塞拉的著述（同前引脚注 2），第 47 页。

19 参见 L. 伊斯柯巴·德·拉·赛纳的著述（同前引脚注 13），第 380–381 页；L. 德卡洛雷斯塞拉的著述（同前引脚注 2），第 47 页。

20 参见 A. Jiménez-Blanco/G. Jiménez-Blanco/P. Mayor/L. Osorio 的著述（同前引脚注 16），第 167 页。

强调，宪法法院一直以来都认为，"真实性"并不要求信息中所包含的事实和表达绝对真实，在某些特殊情况下，宪法对信息自由的保护同样也包括了对错误言论的保护。

因此，宪法法院把"真实性"同"事实"区分开来，并强调
"宪法保护的真实性要求记者——如果他像获得西班牙宪法第 20 条第 1 款 d 项的保护——他有一项特殊义务即核查所发布的事实的真实性，做出必要的并符合新闻职业中注意义务要求的询问。有可能出现如下这种情况，即使某人报道的信息是错误的，但并不完全排除在保护信息自由之外。自由辩论中难免会出现错误的言论……因此，西班牙宪法第 20 条第 1 款 d 项所指的真实信息，是指按照新闻职业化规则核实过，而不包括编造的信息、传闻或策划的信息。"
（1990 年 6 月 6 日第 105 号宪法判决，法律依据 5°）。因此，宪法法院认为真实性并不指信息非常准确，而是指记者证明自己在报道过程中已经表现得非常仔细，可以得出事件是真实的这一结论。即使所有报道的信息都是错误的，只要记者履行了注意义务，做到了查证真实性的要求，就不影响宪法对其进行保护。[21] 正如西班牙宪法判决 144/1998 号中所述"西班牙宪法第 20 条第 1 款 d 项中保护的信息自由，要求具有真实性，其目的并不在于取得传播信息同事实真相以及绝对真实之间的一致性，故而其目的在于杜绝记者在报道中可能会出现的错误或失实。更确切地说，它旨在要求记者履行其特殊职责，即仔细查证新闻事实和核查消息的职责，以便用于传播的消息或新闻能够如同客观数据一样准确，能够如同资料库中的信息一样可靠。西班牙宪法判决 172/1990 号（当年 11 月 12 日做出），法律依据 3 中强调宪法不保护"那些欺骗有权获悉真实消息的人们的报道者、忽视报道内容是否真实的报道者、在报道的任何环节有

16

---

[21] 参见 L. 德卡洛雷斯塞拉（同前引脚注 2），第 48 页；L. 伊斯柯巴·德·拉·赛纳（同注 13），第 382 – 383 页。

疏忽或不负责任的行为的报道者，例如不经任何查证仅凭传闻获得的消息，或者纯粹编造的消息，又或者靠诱骗暗示获得的信息。"[22]

17 　　就这一问题要强调一点，依据这条原则，宪法法院和最高法院确立了中立报道特权。这是指当报道信息是准确且是由第三方进行写作或报道的时候所享有的信息自由。[23] 从这个角度说，普遍认为当媒体在报道或重复他人就某一与公众有关的事件所作出的陈述时，媒体从业人员不用为此负责。正如西班牙最高法院 2001 年 6 月 7 日作出的 ［RJ2001 \ 5535］ 号判决所指出的，"除了有第三方认为某内容对其造成了影响，这些内容是不真实的这一情况之外，判例法确定地排除了记者的责任。"因为"第三方所诉的信息，是真实的。"

18 　　西班牙最高法院判决 2000 年 7 月 27 日所作的 ［RJ2000 \ 6198］ 号判决是一宗名誉权诉讼，该案中多家报纸刊载过一篇指称原告与恐怖组织 ETA 有关的文章。涉案的这篇文章中引用了多年前另一份报道中发布过的信息，并且未加入任何有关评论或意见性的内容，且原告也从未就相关文章起诉过以前的报道媒体。一审法庭认为诽谤成立，上诉法庭和最高法庭不同意该判决并驳回了原告的诉讼请求。最高法院认为："案件事实非常符合被称为'中立报道'或'中立消息'的理论，该理论来源于北美判例法中的'中立报道原则'，其前提是如果某篇报道只是搜集了数据和观点，未加入任何评论，它应受到信息自由的保护，在处理所谓诽谤时，不应该从其本

---

22 这一段另可参见 2000 年 9 月 19 日西班牙最高法院 ［RJ2000 \ 7631］ 号判决。宪法院认为对信息中的错误予以改正就已经证明了记者的行为是勤勉的。1992 年 12 月 21 日第 240 号宪法判决，其中宪法法院认为"发布消息的作者或发布消息的媒体自发作出的更正，这既是他们的主动行为又是记者对所发布信息真实性负责的必然要求……这种更正行为本身以及其范围都表明了事实中包含的错误并不是怀有恶意的，因此，记者并不是有意忽视他所报道的信息的真实与否，并不是有意欺骗有权获悉真实信息的人们"（法律依据 7°）。

23 参见 F. J. 贝斯提达·弗雷杰德和 I. 维拉维·德·米拉德斯的著述（同前引脚注 8），第 34 页。

质上进行判断并予以限制。"正如判决中指出的"本案中的事实与以往所确定的判决产生了冲突，即报道新闻，在处理与公众相关的新闻中，只不过引用了消息来源 ABC 报关于 ETA 组织的图片报道，并且报道的方式和风格与原文一致，未加入任何评论。新闻记者已经核查过他所能找到的所有资料，包括 ABC 报刊登过的报道，由此写出了新的新闻报道。因此，鉴于消息来源是客观可信的，且鉴于原报道从未被质疑，当事人也从未要求更正，故此处只要确认消息来源的准确性。更加有力的依据是鉴于——这个富有挑战性的判决认为本案发生前已经存在同样丑闻的公开报道了。"（同一种意见可参见西班牙最高法院 2000 年 4 月 18 日做出的［RJ2000\3184］号判决；2000 年 9 月 27 日做出的［RJ2000\7032］号判决；2000 年 10 月 1 日做出的［RJ 2002\8499］号判决）。

记者仔细对待新闻信息的要求标准之一是信息的中立性。依据 19 西班牙宪法判决 144/1998 号（当年 6 月 30 日做出），其中提及："对记者的特殊指责——仔细的要求分不同的程度，这取决于新闻报道的方式是否中立，也取决于是从何种媒体或消息来源处得到的素材［西班牙宪法判决 336/1993 号（当年 11 月 15 日做出），41/1994 号（当年 2 月 15 日做出）］，或者要看该信息是其他媒体发布的还是由信息当事人直接发布。在后一种情况下，如果对记者尽到'注意义务'提出比较随意的要求，或者是非常严厉的要求在传播信息中一定要非常仔细地核查其真实性，这两种倾向都不具正当性。"与此不同，在有关中立报道的案件中，宪法法院认为要求记者尽到注意义务，至少"要审查发表观点或新闻事件的人的身份，由此来检视作者的可信度。"

2. 新闻价值

这是第二项要件，由于信息自由并不包含所有的事实，而只包 20 含那些与公众相关的事实，例如那些"具有新闻价值的事实"，西班牙宪法判决 107/1998 号（当年 6 月 8 日做出），其中指出："西班牙宪法第 20 条第 1 款 d 项中保护的自由旨在保护自由交流和接收信息的权利，更确切地说，是保护那些被认为与公众相关的事实。"与此一致的是西班牙宪法判决 171/1990 号（当年 11 月 12 日做出），其中认为"信息自由权内在优先的价值决定了它最主要的保护功能，因此，不止要求信息是真实的——宪法要求信息要准确，这还不够——信息还必须与公众相关，有时真实信息就是受制于这条相关性要求而不能受到宪法的特别保护。"（法律依据 5）。

（四）作为对表达自由和信息自由之限制的荣誉权和隐私权

21   宪法第 18 条保护的荣誉权和隐私权是基本权利，因此常会与宪法第 20 条保护的表达自由和信息自由发生冲突。因此宪法第 20 条第 4 款作出了以下规定：

"这些自由在本章所承认的权利（自由表达和交流的权利），阐述本章各法律的规定，特别是在名誉、隐私、个人形象的权利以及青少年享有被保护权等方面是有限制的。"

22   宪法法院解决这些基本权利间发生的冲突时，常会用到的法律手段是权衡产生冲突的权利并判断在该案中哪项权利更该获得宪法保护。采用这种方法时，在权衡产生冲突的权利后，如果宪法法院认为表达的观点或传播的信息不符合宪法第 20 条第 1 款保护的情况时，多数情况下会判决与其产生冲突的权利受到侵犯。与此相反，如果观点或信息对于形成自由公众舆论有所助益，宪法法院倾向于对这些观点或信息提供宪法保护，而非保护与其产生冲突的其他权利。[24] 权衡宪法第 20 条保护的自由与宪法第 18 条保护的荣誉权和隐私权的前提是，宪法法院有必要确定哪项自由受到了侵犯——是表达自由还是信息自由——并且，前文已述，两者之间的界限在于信

---

24   参见 F. J. 贝斯提达·弗雷杰德和 I. 维拉维·德·米拉德斯的著述（同前引脚注 8），第 32–33 页。

息中的主要内容是什么性质的。宪法法院在宪法判决 223/1992 号
（当年 12 月 14 日判决中认为：“在权衡荣誉权和西班牙宪法第 20 条
所保护的两项自由时，一定要查实涉案信息中的主要内容的性质，
以便确定它是思想性的还是新闻报道类的内容。”[25]

　在处理产生冲突的基本权利时，西班牙宪法法院的判例法所作 23
的分析，显示了表达自由和信息自由在与其他普通基本权利产生冲
突时，如何获得倾斜性的保护，也显示了表达自由和信息自由在与
特殊的基本权利荣誉权、隐私权和肖像权产生冲突时如何获得保
护。[26] 这是由于，一方面，它们作为自由所蕴含的价值决定了它们优
先于其他权利，另一方面，这是由于它们是自由公众舆论的表现，
它们有一项价值是一个民主国家运转的必要条件。[27] 正如宪法法院说
明的，西班牙宪法第 20 条所保障的自由不仅仅是每个公民享有的个
人自由，更是“对于基本政治制度——自由公众舆论的确认和保障。
这项制度与政治多元性密不可分，而且它是一个民主国家在正常运
转的表现和基本状况”。（参见西班牙宪法判决 1982 年 3 月 31 日第
12 号），西班牙宪法判决 104/1986 号（当年 7 月 17 日作出及其他）。
保护这项基本政治制度也就是自由公众舆论的特殊重要性，赋予了
宪法第 20 条所保障的自由一项重要价值，这是其优先于其余基本权

---

[25] 要深入了解这一差别，可参见 2002 年 11 月 4 日第［RJ2002 \ 9629］号西班牙最高法
　院判决。
[26] 事实上，看似宪法法院判例法当中的两个不同层次是能够加以区分的。第一层，荣誉
　权、隐私权和肖像权似乎优于宪法第 20 条保护的自由，因此被称为“故意侵害”或
　“infamandi”而不是“恶意批评”或“infomandi”。然而，依据 1986 年 7 月 17 日第
　104 号宪法判决，第二层次是指宪法第 20 条保护的自由，作为民主社会中基本的自
　由，优先于宪法第 18 条保护的荣誉权、隐私权和肖像权，这些权利也被认为是对表
　达自由和信息自由的限制［参见 A. Jiménez-Blanco/G. Jiménez-Blanco/P. Mayor/L. Osorio
　的著述（同前引脚注16），第 176 – 177 页］。
[27] 因此，J. L. Lacruz Berdejo et al., Elementos de Derecho Civil I. Parte General del Derecho
　Civil, vol 2°, Personas (1990), 86.

利的特殊价值。[28]

24　　由于这种地位，一方面表达自由和信息自由（西班牙宪法第20条）与荣誉权、隐私权和肖像权（西班牙宪法第18条）会产生冲突，另一方面，前者常常会凌驾于后者之上。然而，表达自由和信息自由的这种优势也不是绝对的。根据宪法判例法则，只要表达自由和信息自由超出了宪法保护的范围，就必须作出让步（参见1993年4月19日西班牙宪法判决第123号）。不同自由之间的限制即宪法保护的范畴如下：

25　　1. 在表达自由的案件中（西班牙宪法第20条第1款a项），对表达自由的限制主要有两方面：其一是思想、观点和意见所带来的公共利益；其二是表达内容中冒犯性或辱骂性内容的比重。[29] 1988年6月8日第107号西班牙宪法判决认定：由于"使这些自由具备正当性的根据失去了其存在的理由……，出于自由舆论的目的，对其优先地位的认可就是建立在这一目的的基础之上"，所以"那种完全是辱骂性的语句或者不具有公共利益的语句，毫无疑问，其实质并不是在表达思想、观点或意见，因而缺乏正当性依据"。与此相似，1990年6月6日第105号宪法判决认定："某个文本中的言辞完全是辱骂性质的，毫无疑问，新闻报道是无须采用这种言辞的，如果它对某人的尊严或某组织的声望造成了非正义的伤害，此时应该谨记宪法并不保护侮辱性言辞。"（参见2002年10月1日第［RJ2002\8499］号最高法院判决）。

---

[28] 对于信息自由，它的这项优先价值已经被法律确认，例如，1987年10月27日第165号宪法判决认定："在宪法层面的信息自由起到的作用是它对形成公众意见的教育作用，这种作用关乎到公共利益。作为一项优先于其他基本权利，例如荣誉权的自由，其价值被1986年7月17日第104号宪法判决再三强调，这是由于它作为对舆论的一种保护，这种保护是民主社会中必备的宪政体制，在民主国家公权力有特别职责要保护舆论"。

[29] A. Jiménez-Blanco/G. Jiménez-Blanco/P. Mayor/L. Osorio（同前引脚注16），第179页。

　　总而言之，表达自由的限制条件并不是批评性的言论，而是那 26
些绝不能被容忍的过分言论。宪法判决 171/1990（当年 8 月 12 日作
出），其中认为"某则信息中包含了一部分负面的或有杀伤力的事实
并不能造成对其自身传播的限制"，因为"绝不能被容忍的界限是
指，表达内容是具辱骂性的，影射或暗讽的，被认定为是侮辱或损
害性的言辞进而给人造成困扰，不符合新闻报道的目的或功能的言
辞，但是……不包括由于被激怒或挑衅而产生的恶意。"同样的意思
出现在宪法判决 101/2003 号（当年 6 月 2 日做出）。其中也指出了
表达自由的优势地位"并不意味着它是无限的基本权利，"因为"批
评的自由并不包括辱骂性的言辞和伤害性的语句"。因此，从这些宪
法判决中可以看出，是否能够构成侵害表达自由，必须要分析"我
们有没有恰当地保护这项自由，或者有没有无限制地在扩大这项自
由。"

　　2. 对信息自由的限制（西班牙宪法第 20 条第 1 款 d 项），西班 27
牙宪法对该项自由的限制要比对表达自由的限制广，因为除了信息
要与公众相关之外，还有一条限制是真实性。根据宪法判决 197/
1991，（当年 10 月 17 日做出），其中认为"新闻记者对荣誉权或个
人和家庭生活的隐私权造成合法侵犯，构成这一行为的合法性事由
是，不仅仅信息必须真实——这只是必要而不充分条件——还需要
信息内容是与公共生活有关，且内容涉及的主角和事件的表述方式
也与一般公共利益的要求相符合"。同样意思的论述出现在宪法判决
172/1990 号（当年 11 月 12 日作出），其中认为"信息自由的优先
性赋予了它自身的正当性，其正当性要求……信息与公共利益相关，
如果信息是真实的但缺乏与公共利益的关联，这种情况下信息自由
不可以优先于荣誉权或隐私权"。最高法院整理总结了其 1999 年 4
月 23 日作出的［RJ1999\4248］号判决中的宪法原则，进而宣布了
从宪法判例和其他法院判例中总结出来的章程，该章程用于处理表

达自由或信息自由与荣誉权和隐私权之间的冲突，内容如下："当信息是真实且有关公共利益时，信息自由优先于与其产生冲突的权利；此处的利益不可以被误解为对他人生活的好奇、恶趣味或没完没了的烦扰；信息自由优先于荣誉权或隐私权的正当性情况是，这有利于净化健康的舆论，而健康的舆论是民主社会必不可少的"。[30]

28   信息真实性在侵犯荣誉权和侵犯隐私权的案件中的作用不尽相同，正如1992年6月11日第90号宪法判决所指出的那样，与侵犯荣誉权的案件不同的是，"在侵犯隐私权的案件中，真实性并不作为减轻情节的条件，而是构成侵权的一项独立的要件"。换句话说，信息的真实性是认定是否侵犯荣誉权的一个抗辩事由，而信息的真实性是侵害隐私权的必备条件。（参见下文边码50和51对隐私权的论述，边码65至69对荣誉权的论述）。

29   信息与公共利益相关这项限制性条件的重要意义以及这种限制性与荣誉权、隐私权和某人肖像权间的关系，受到1982年5月5日通过的《宪法组织法》[《保护荣誉权、个人和家庭隐私、肖像权等相关权利组织法》（下文简称1/1982组织法）]的保护。[31]该法案第8.1条规定，如果信息有文献价值，科学或文化研究价值时，本条保护的行为不视作对荣誉权、隐私权或肖像权的非法侵害"。宪法法院要求"新闻要具有合法的价值，因为只有这样才有理由要求那些受到信息内容影响或干扰的人容忍，他们应该容忍是基于传播公共知识或事实情况会给社会带来利益。"（1992年2月14日第20号宪法判决）。同时还强调"因此，判断侵害某人隐私权的行为是否有合法性，最基本的标尺是时间传播与公共利益之间的关系，确切地说，

---

30   另可参见2001年3月29日西班牙最高法院判决［RJ2001\6637］，其中声明了对荣誉权的保护"服从于宪法第20条第1款d项保护的真实信息享有的权利。"

31   《国家宪政公报》，1982年5月15日第115号。1990年1月18日第9号宪法判决废止了第二条第二款的部分内容。

'涉案的传播信息是否与公共利益有关。'这是一项衡量传播对舆论有何种影响的依据。"（1991 年 10 月 17 日第 197 号宪法判决，法律依据 2°）。与此相反，"这些自由存在之目的和理由是有限的，在实际情况中，当不具公共利益的隐私被广泛传播，且这些隐私被认为对于自由公众舆论的发展可有可无时，就是隐私权取得优先保护的依据"（1988 年 6 月 8 日第 107 号宪法判决）。

西班牙宪法法院在 1988 年 6 月 8 日第 107 号宪法判决中认为，当表达自由和信息自由与荣誉权，特别是涉及到公众人物或公共官员的荣誉权产生冲突时，信息的公共性特点是宪法 20 条保护的信息自由和表达自由具备合法性的一个要件。依据这个判决"宪法 20 条所保护的自由，只有当其与某些特定公共利益相关时，或者与公共利益所涉及到的个人相关时，它才具优先性。也就是说，信息要有益于公众舆论的发展"。与此相反，"当权利主体是公众人物，公共官员或会参与涉及公共利益事项的人员时，作为对表达自由和信息自由的限制的荣誉权，会有一定程度的削弱，因为这些人有义务承担这样的风险，即他们某些特定的人格权会受到公共利益或舆论的影响。这是政治多元化的要求，也是容忍义务和公开性精神的要求，没有这些，一个民主社会就不可能存在。"

当信息自由与荣誉权发生冲突时，作为合法性抗辩或真实性抗辩，其操作方法和价值观参见下文边码 65 – 69。

二、保护人格权免受大众媒体侵害的范围

（一）宪法第 18 条保护的荣誉权，隐私权和肖像权及 1/1982 组织法深入保护这些权利的情况

1/1982 组织法对荣誉权、隐私权和肖像权进行民法保护，使其免受非法侵害。该法案旨在对宪法 18.1 条的保护进行深化发展。宪

法 18.1 条规定"保护荣誉权、个人和家庭隐私权和肖像权"。

33   在西班牙宪法和 1/1982《组织法》颁布之前，法学学者及判例法国家同样承认人格权利中的荣誉权、隐私权和肖像权并认为，依据民法典第 1902 条等设立的一般侵权法规定，这些权利应当受到保护。[32] 必须强调的是，虽然是这样规定，在实践中倾向于将侵犯隐私权和肖像权依照侵犯荣誉权处理，因此多数荣誉权的判决处理的是隐私权或肖像权纠纷。[33]

34   目前，除了有 1/1982 组织法中的规定在民法层次上用于处理这些侵权，1995 年刑法典（CP）中第 197 条至第 204 条在刑法层次上提供保护。其中依据刑法典第 205 条至第 216 条的规定"以犯罪手段侵犯隐私权、肖像权以及侵犯神圣的个人住所"（例如闯入他人住所或揭露秘密），作为"以犯罪手段侵犯荣誉权"论。情节严重的，以妨害他人自由及诽谤罪和侮辱罪论。当侵权行为构成了刑事犯罪时，1995 年刑法典对 1/1982 组织法第 1.2 条进行了补充，其中规定，本法案中的规定不影响受害人依据 1982 年法案中第 9 条提起民事诉讼，同时当依循刑事程序追究侵权责任时，如果侵权行为构成犯罪，法案中的规定同样适用。据此，当追究一项侵权行为既可以依循刑事程序又可以提起民事诉讼时，要依照下列的规则。首先，谨记刑法典仅在受害人为自然人提起的动议中才适用（参照刑法典第 215.1 条与第 20.1 条），如果一起民事诉讼中，没有附带任何刑事罪行的指控内容或没有提起刑事自诉，法庭默认该案中不涉及任

---

[32] 重点参见 F. de Castro y Bravo, Temas de Derecho Civil (1972); J. Castán Tobeñas, Derecho Civil Español. Común y Foral, Tomo. I, Introducción y Parte General. Volumen Segundo. Teoría de la relación jurídica (1984)，第 390 页及以下。

[33] 就此问题，参见 J. 卡斯坦·托比纳斯（同前引脚注 32），第 396 页，在对待所谓的"私生活保密权"时，认为保护个人生活不可侵犯，以免受到侵害或因他人不当行为造成困扰"都与荣誉权密切相关——在内容上，一些研究者将这些人格权包含在了荣誉权中。"

何刑事行为。(LE 刑法法案第 112.2 条)。相反，即使提出了针对被告的刑事指控且已进入刑事司法程序，法庭仍要就起诉事项决定被告应承担的民事责任——除非原告为了采取进一步的民事程序保留了民事诉权——如果这样，刑事法庭应该依据 1982/1《组织法》法案中的相关条款进行审判。[34]

（二）1982/1 组织法中规定的程序

1982/1 组织法中，用相同的一套规则来处理荣誉权、隐私权和肖像权。这一套综合的处理程序，并没有清楚的条文规定出这些权利与表达自由和信息自由的界限，因此这项法案遭到诟病。[35]　35

1982/1 组织法第 1.3 条将荣誉权、隐私权、肖像权形容成"不可拒绝的、不可转让的且无期限的。"并且特别规定了"主动放弃本法案对上述权利的保护是无效的，与本法第 2 条的赋权性规定并不抵触。"　36

最后一款的规定与本法案中提及的这些权利"不可拒绝"这一特征紧密联系，这意味着——这种主动放弃权利的无效性是全世界通行的。在特定情形下的特定案件中——这会在下文边码 71 至 91 中分析——部分放弃或特定的弃权行为是有效的，只要权利转让的时间和对象为确定。[36]　37

无保护期限是指上述这些权利没有期限限制，不过因权利被侵　38

34　关于这一点，参见 M. 亚兹奎俄托·托萨达的阐述，收录于 L. F. 瑞格拉诺·坎帕斯（主编）：Tratado de responsabilidad civil, 2003 年第二版，第 1234 页。

35　重点参见 M. 亚兹奎俄托·托萨达的著述（同前引脚注 34），第 1192 页；P. 塞拉维多·科奇等著：Qué es difamar? Libelo contra la ley del libelo, 1987 年版，第 18 页及以下。相反，其他法律学者认为这套综合的处理程序在一定程度上是可行的，这些权利之间有着密切的联系，大多数时候很难区分它们（L. 戴兹 - 布卡祖/A. 郭伦合著：Sistema de Derecho Civil I, Introducción. Derecho de la Persona. Autonomía Privada. Persona Jurídica, 2003 年，第 11 版，第 345 页）。

36　参见 J. 德卡多艾奇文瑞亚的阐述，收录于 J. L. Lacruz Berdejo 等主编的文集（同前引脚注 27），第 95 页。

害提起诉讼存在诉讼期限。[37] 因此，1982/1 组织法第 9.5 条，规定了当这些权利受到非法侵害有一定的保护期限，如逾期将不能以法律手段保护，该诉讼期限为"诉权应被履行的时间开始的 4 年内。"

1. 1/1982 组织法语境下的"非法侵害"的基本概念

39　　"非法侵害"的定义是该法案的条款中贯穿始终的基本概念。法案第 1 条规定："受宪法 18 条保护的基本权利的——荣誉权、个人和家庭隐私权和肖像权，将受到本法案中规定的民法层次的保护，免受各种非法侵害。"

40　　1/1982 组织法第 1 条从两个层面，积极的和消极的，详细定义了"非法侵害"。

41　　积极层面的法律渊源1/1982 组织法第 2.1 条，其中规定了"对于上述权利的民法保护，要依据成文法中的规定，也要考虑到社会习惯，这就是说某人自身或某家庭的行为，禁止他人干涉。"1/1982 组织法第 7 条列举了一些可能构成非法侵害的特例，以便避免 1/1982 组织法第 2.1 条所规定内容可能造成模棱两可的情况，进而降低法律的不确定性。

42　　消极层面的法律渊源来自于权利人的授权，包括法定或约定，根据 1/1982 组织法第 2.2 条"当权利人根据法律规定或合同约定已经授权他人基于合约目的行使其权利，则不存在该权利保护领域内的非法侵害。"[38] 这项规定是对列举案例的补充，用于应对 1/1982 组织法中第 8 条中没有包括的非法侵害情形。当然最基本的，条文中

37　关于这一点，参见 L. 戴兹－布卡祖、A. 郭伦的著述（同前引脚注 35），第 346 页。

38　这是该条第二款的措辞，根据 1990 年 1 月 18 日第 9 号宪法判决的判决起草，后者废止了该法的原有表述。

规定了要考察免责情形中涉及的公共利益。[39]

2. 非法侵害的积极层面

1/1982 组织法第 2.1 条确立的一些通用参考，从依循社会习惯 43
和受害人自身相关权利的特点方面出发，[40] 并受到了最高法院 1986
年 10 月 28 日作出的［RJ 1986 \ 6015］号判决的确认，这个判决是
西班牙最高法院的著名判决之一。判决指出人身权的保护必须要理
清所包含的不同权利间的关系框架……这也体现在隐私中，因为隐
私权的范围是由社会主流的观点决定的，是基于人类行为模式所共
有的，反过来也决定着他们的行为方式。[41]

1/1982 组织法第 7 条包括有一个非法侵害形式的列表。参考主 44
流的法学学者的研究和一些判例，[42] 这张列表并不完善。因此，依据
1/1982 组织法第 1 条的规定，推及为"除第七条条文中描述的侵害
形式之外的，其他形式的非法侵害。"有了这一兜底条款，用于应对
因出现新的技术发展和新的犯罪形式而产生的侵害形式，可以不断
丰富非法侵害形式的案例列表，以期更好地保护这些权利，而不需

39　参见 J. 德卡多艾奇文瑞亚的阐述，收录于 J. L. Lacruz Berdejo 等主编的文集（同前引
　　脚注 27）第 89 至 96 页，将"非法侵害"的概念分为三个层次，其中他谈到了"积
　　极层面"，这在 1/1982《组织法》法案中第 7 条可以找到；同时还谈到了"消极层
　　面"，即由第 8 条落实，而第 2 条被称为"功能层面"，规定了由该法调整的权利的相
　　关性质。

40　参见 1/1982《组织法》的前言，其中宣告："关于因时而异、因人而异的数据，其保
　　护的范围由法官谨慎决定"。

41　根据这一判决，"隐私的范围划定是相对的，必须由法官针对涉案人员和案件情况，
　　谨慎划定保护的范围。"

42　关于这一点，参见 A. L. 卡布祖勒·安纳斯著：Derecho a la intimidad, 1998 年版，第
　　108 页；T. 维达·马林著：El derecho al honor y su protección desde la Constitución
　　Española, 2000 年版，第 115 页。特别是在荣誉权方面，F. 伊瓜图·阿伦衮在其著
　　作：La protección del honor y la intimidad. Comentario a la Sentencia de la Sala Primera del
　　Tribunal Supremo de 4 de noviembre de 1986, 1987 年版，第 96 页当中表达了相反的观
　　点。判例法方面，包括 1986 年 10 月 28 日最高法院［RJ 1986 \ 6015］号判决在内的
　　判例，都认同了 1/1982《组织法》法案中第 7 条包含的兜底条款。

要为了一些特定案件重新制定法案。[43]

3. 对个人和家庭隐私的非法侵害

45　　1/1982 组织法第 7 条中对非法侵害个人和家庭隐私做出了如下规定：

　　7.1　在任何地方，放置可以再现他人个人生活的，可以记录或拍摄的装置或光学设备或任何其他可以用于记录的设备。

　　7.2　运用任何录像设备，光学设备或者任何设备接近、记录或再现他人个人生活的设备，或者通过这些设备公开或私藏他人信件。

　　7.3　揭露了会影响到个人名誉或好名声的个人私密生活或家庭生活事实，揭露或曝光信件、回忆录或其他个人私密写作的内容。

　　7.4　公开通过职业行为或公务行为获悉的他人个人生活和家庭生活的事实。

46　　西班牙宪法判决 127/2003 号（当年 6 月 13 日作出），总结了在隐私权案件中判例的重要作用，并形成了下文（法律依据 7°）：

47　　"西班牙宪法 18.1 条保护的是保留秘密，不为人所知，别人不能知晓我们的身份和行为，不让别人——无论是其他个人或公权力——来决定私人生活的界限在哪儿，并且允许每个人保有一个自我的空间避开他人的好奇心的权利。从宪法条文中可以推断出，隐私权为个人或家庭有关的信息提供强制力保障。由此保障了个人不愿这些信息被公开的愿望，或阻止他人未经允许传播这些信息。显然，这种强制力保障也有限制，那就是其他基本权利和宪法保障的利益。不可以要求任何人顺从地接受公开有关他们个人和家庭生活的真实或确定的信息。"另外，法庭强调隐私权的基本权利保证"形成一个个人空间，这个空间与他人的行为或认知没有关系，并且依据我们的社会文化习惯这个空间也是非常必要的，以保护最起码的个人生活质量。"

43　在这一点上，参见 L. 戴兹－布卡祖/A. 郭伦的著述（同前引脚注 35），第 354 页。

（1）1/1982《组织法》法案中第7.1条列举的案例

在1/1982组织法第7条中列举的前两个判例中，探讨的是存在   48
放置或使用设备即足以构成了非法侵害，并不必需是这些设备已经
被使用，如实际录制、摄像或复制等行为已经发生。因此，例如西
班牙宪法判决98/2000号（当年4月10日做出）判决认为，在四分
之一的员工身上配置麦克风是一种非法侵害行为，因为"这些收听
和录音装置可能会无意中听到员工与顾客之间不影响商业利益的私
人对话内容，从而造成侵权。毫无疑问地，这与监控工作情况的出
发点没有必然关系"。

显而易见，揭露某事实或者搜集和记录谈话内容或摄录某一行   49
为涉及到了对隐私权的非法侵害，同时在某些事件中也涉及到了对
荣誉权的侵害。然而，法庭并不一定要进行侵犯隐私案件中的处理
程序，进行信息内容分析。依据西班牙最高法院 13.11.2001
［RJ2001＼9296］号判决，认为公开传播私人电话内容，在本质上是
未经谈话双方允许的非法窃听行为，是对隐私权的非法侵害，不排
除对名誉权造成侵害的可能性。

前文已述（参见上文边码27、28），在隐私权案件中，信息的   50
真实性条件扮演的角色与其在荣誉权案件中的角色是不同的，在荣
誉权领域所谓"合法性抗辩（即真实性抗辩）"在确定是否构成非
法侵害方面起到了基础性作用。与此相反，揭露事实的真实性是非
法侵害隐私权的一项独立的要件。因此，真实且中立的信息不会构
成对某人名誉权的侵害（最高法院 26.7.1995［RJ1995＼6596］号判
决），但如果存在曝光某人与公众无关的个人或家庭生活的事实，就
有可能构成对某人个人或家庭隐私权的侵害。

正如宪法判决197/1991号（当年10月17日做出，萨拉蒙田   51
案，Sara Montiel case），其中指出"对于真实性条件应该依据在审案
件是荣誉权案还是隐私权案区别对待。在侵犯荣誉权的案件中，真

实性是合法侵害的一项原则。而在隐私权案件中，真实性是构成侵害的一项必要条件，因为假设侵害存在的话，必然要求关于某人私人生活的被曝光事实是真实的。因此，用来衡量合法侵害隐私权最基本的标尺是，被曝光事实是否与公众相关。例如，事件属实，那么它所引起的公共舆论的正当性，将根据所含事项是否在公共利益之内来判定。"另可参见宪法判决 90/1992 号（当年 6 月 11 日作出），宪法判决 115/2000 号（当年 5 月 5 日作出），其中也表达了相同意思，认为"确定对隐私侵害合法或非法的标准不是真实性，而是曝光事实所包含的公共相关性。"[44]

（2）1/1982 组织法第 7.3 条中的案例

52　　1/1982 组织法第 7 条第 3、4 款规定传播事实、揭秘他人写作内容以及违法职业保密原则的行为构成了非法侵害他人个人和家庭生活隐私权。从这个意义上说，西班牙宪法法院认为曝光某一家庭成员的隐私可能造成对其他家庭成员隐私权的侵害，因此西班牙 1988 年 12 月 2 日第 231 号宪法判决声明"家长、配偶或他们的孩子身上发生的某些事件，在我们的社会文化形态中，如遇公开和传播，通常会对他的人格利益产生极大的影响。"

53　　第 3 款中包含的案例用以处理隐私权和荣誉权同时遭到侵害的情况（西班牙原文为"*que afecten a su reputación y buen nombre*"，意为同时影响到某人的荣誉权和名誉权）。然而，作为被认可的判例，当信件、回忆录和个人写作内容被公开或曝光，并不符合侵害荣誉权要求的要件。因此，仅构成一项侵害（隐私），即使被曝光的事实是真实的，也不构成对荣誉权的侵害。[45]

44　参见 A. L. 卡布祖勒·安纳斯的著述（同前引脚注 42），第 116 – 118 页。另可参见 M. 依兹奎尔杜·托赛达的阐述，收录于 L. F. Reglero Campos 主编的文集（同前引脚注 34），第 1214 – 1215 页。

45　参见 L. 戴兹－布卡祖、A. 郭伦的著述（同前引脚注 35），第 354 页。

对于 1/1982 组织法第 7.4 条，必须指出其规定并不要求案件涉　54
及个人生活事实与职业工作有关，只要求这些个人生活事实是通过
职业行为或职业场合泄露的。[46]"职业"一词必须从一个广义的层面
来理解。正如西班牙 2000 年 5 月 5 日第 115 号宪法判决所声明的，
公众人物家的保姆（伊莎贝尔·普瑞斯勒）同样也有负有保守职业
秘密的义务，为他的雇主的个人和家庭生活保密。因此，正如法律
文书中所指，并不一定要求侵权者和隐私权权利人之间存在着严格
的职业关系（医生与病人，律师与客户等）。侵权者和受害人之间并
没有特定关系而只有极少量的职业行为，也满足条件。例如有些情
况下，当一位职业医师帮助另一位医师诊治其病人时，也受到医患
保密关系的要求制约。[47]

4. 非法侵害肖像权

1/1982 组织法第 7.5 条规定，侵犯他人肖像权是：　55

7.5　拍摄、复制或公开他人照片、影片或用画面展示某人个人
生活或其他行动的某一场景的其他介质，除第 8.2 条规定的情形；

7.6　使用他人姓名、声音或肖像用作广告，商业用途或类似用途。

1/1982 组织法第 7 条中的这两款从两个层面来处理侵害他人肖　56
像权。此外，第 5 款着眼于侵害肖像权的精神层面，第 6 款将肖像
权看做商业化的可继承的权利。[48]另外，第 5 款进一步阐述了该权利
非物质层面的一些特点。当提及"在他人私生活的某一场景或某一

46　参见 M. 亚兹奎俄托·托萨达的著述（同前引脚注 34），第 1197 页。

47　关于这一点，参见 L. 戴兹－布卡祖、A. 郭伦的著述（同前引脚注 35）。

48　参见 A. 阿祖门迪·艾达瑞哥著：El derecho a la propia imagen：su identidad y
aproximación al derecho a la información，1997 年版，第 187－195 页。另参见 F. 伊瓜
因·阿瑞奎的著述，收录于 P. 萨拉维多·柯德奇（主编）的文集：El mercado de las i-
deas，1990 年版，第 321 页。他们认为第 7 条的这两个部分从三个层面保护肖像权：
将肖像权作为隐私权的一方面（7.5 条），作为可继承的权利（7.6 条）以及人身权中
的一项权利（7.5 条），该条认为获得和复制非隐私权保护范围的肖像是一种侵权
——除第 8.2 条规定外。

时刻内"拍摄了他人肖像，这是试图保护某人的肖像权进而保护隐私权。这种做法是基于传统上，对肖像权的保护被认为是保护隐私的一项子内容或者是附属权利。事实上，它作为隐私保护的一项内容，是因为这些照片能够反映个人私生活，因而在某种程度上享有保护。[49] 然而，这项子内容发展成了完整的权利，它成为了人身权中的一项独立的权利——它有可能遭受与隐私权完全无关的侵害，也可能遭受与其商业性质无关的侵害。如此，肖像权成为了人身权中由西班牙宪法第 18.1 条保护的三项基本权利之一。1/1982 组织法第 7.5 条第二项保护肖像权的这一层面，其中规定"在非公共场合或在他人私人生活时刻"拍摄照片，例如在某人的私人空间内，构成侵犯他人肖像权，除了 1/1982 组织法第 8.2 条中规定的情况。[50]

57   最高法院对公共场合的定义作出再三分析，宪法法院在两份判决中都做出了规定。有人拍摄了著名的斗牛士，被称为"Paquirri"（对斗牛英雄的尊称）的 F. 里韦拉（F. Rivera）先生的死亡过程。牛角造成里韦拉严重受伤，影片拍摄了他正在波索布兰科（科多巴地区）斗牛场的医务室内接受治疗，但最终重伤死亡。西班牙最高法院在 1986 年 10 月 28 日作出的［RJ 1986＼6015］号判决中，认为斗牛场的医务室是"向公众开放的场合"。相反，宪法法院的判决 231/1988 号（当年 12 月 2 日作出），反对这一观点并且认为医务室显然不是一个向公众开放的场合，尽管他是一个公众人物，但一个斗牛士面对伤痛的反应，也不在他的公共职责以内。因此宪法法院判决：

---

49   F. Igartua Arregui 对此作了阐释，收录于 P. Salvador Coderch 主编的文集（同前引脚注 48），第 321 页，他认为肖像权作为隐私权的一项内容，1988 年 3 月 29 日最高法院［RJ 1988＼2480］号判决可以反映二者之间的这种直接联系。最高法院认为杂志（Interviú）刊登了一幅用长焦镜头拍摄的照片，照片中西班牙著名女演员萨拉蒙田在梅诺卡岛一处人烟稀少的海滩赤裸上身进行日光浴，萨拉的隐私权受到的非法侵害。最高法院认为，该地点"人烟罕至且远离人群中心"，这说明女演员在保护自己的隐私。

50   这方面，参见 F. Igartua Arregui 的著述（同前引脚注 48），第 321 页。

"该录像记录了里韦拉先生（斗牛士）在一个明显很混乱的环境中严重受伤的过程，虽然他表现出了坚强的个性，还是被转移出了竞技场（因此，构成了离开公众视野）。医务室不论是从本质还是功能上说，它都不是表演的场合，不能被认为是向公众开放的场合（事实上，进入该场合的旁人都被命令离开），而且拍摄里韦拉先生在伤痛面前的反应，也不在其公共人物身份的职责以内。"

该判决之所以重要还因为斗牛士被牛角刺伤的画面，还同时被 58 西班牙电视台在周报（Informe Semanal）节目中播出，这是一档有高收视率的周播新闻杂志类节目，这期节目还被一家商业电视台用作商业运作，刻录成一盘叫《Paquirriun，真爱与死亡的颂歌》（"Paquirriun canto de amor y muerte"）的录像带进行发售。宪法法院指出了基于报道新闻的目的在电视台播送画面和基于商业目的发售录像带之间的区别：

"拍摄难得一见的场景，客观且有新闻价值的画面并播放这些画面，并不意味着它们是具有公共利益且合法的（持续侵犯权利人的隐私），因为将里韦拉先生在医务室中的情形以及其致命伤势用录像带记录作持续的曝光，这种复制行为使任何人在任何时刻都可以看见录像内容。"

5. 非法侵犯荣誉权：诽谤

最后，1/1982 组织法第 7.7 条规定了，以下行为也构成侵害： 59
7.7 用任何方式捏造事实或用行为、语言表现出某种偏见构成侵犯他人尊严权，破坏他人名誉或伤害他人自尊。
这一条文包括了侵害荣誉权的定义和最典型的侵害形式，从条 60

文中可以推断出这项权利内容的变化特征。另外这种特征还得到宪法法院判决 185/1989 号（当年 11 月 13 日作出）的确认，其声明："荣誉权的内容并不固定而是流动的，变化的，总之我们只能依据它的形式，价值内涵和当前的社会观念来提出不完善的定义。"

61　　　作为第四修正案的 10/1995 组织法（当年 11 月 23 日通过）对 1/1982 组织法第 7.7 条的条文进行修订，其中用"捏造事实"毁坏名誉，即使没有传播，取代了"传播意见或事实"这个侵害荣誉权的主要要件。[51] 另外，在修订之前，最普遍地定义荣誉权侵害形式的语句是，"明显不利于受害人自尊"，[52] 修改后的语句认为伤害受害人自尊的语句构成了侵害荣誉权。[53] 立法者的这一措施，一方面考虑到了荣誉权中公认的"自尊"这一主观层面，另外也考虑到了传统的客观层面，即当事人生活的社区对当事人的外在评价。[54] 不过，判例已经阐释了侵权的双层意义，新的法律文本只是让法案的文本更加准确（这类案例可见，最高法院判决 23.3.1987［RJ 1987 \ 1716］号、最高法院 5.12.1989［RJ 1989 \ 8800］号，最高法院 31.7.1992［RJ 1992 \ 6508］号判决等）。

62　　　西班牙宪法法院试图作出非法侵害荣誉权的定义，以将它与自由行使表达自由或信息自由的行为区分开来，宪法法院指出了可能存在这样一种侵害，当某人人格尊严被侵犯或者他人作出对某人的

51　针对改革范围的批评，参见 M. 亚兹奎俄托·托萨达的著述，收录于 L. F. Reglero Campos（同前引脚注 34），第 1206 页。

52　很多宪法判决认为荣誉是指好名声"包括他人对某人的看法，如果看法二字前不加形容词，则应认定为是正面的和积极的"。因此，侵害会发生在"对他人的看法是降低别人的社会评价的或是轻视他人的，或者在公众看来这种评价属于侮辱"（1995 年 5 月 22 日西班牙宪法第 76 号判决）。

53　参见 L. 德卡洛斯雷斯塞拉的著述（同前引脚注 2），第 72 页。

54　对这一立法选择的批评，参见 T. 维达·马林的著述（同前引脚注 42），第 123 – 124 页。他认为这个参考标准遵循了荣誉权的主观层面，它可能有一种风险致使法律保护建立在变化着的感觉之上，这种感觉会因每个人的敏感程度不同而不同。

负面评价，需要满足以下条件[55]：（1）事实或者表达内容不具公共利益，表达内容本身和当事人这两方面都不涉及公共利益；（2）传播信息缺乏真实性；（3）事实或者意见是为了影响舆论通过非法的途径公开或传播；（4）使用的言辞明显给人带来了困扰，并且不具备新闻公正性包含的一般利益（西班牙 1994 年 2 月 15 日第 41 号宪法判决；1993 年 5 月 31 日第 178 号宪法判决；1992 年 12 月 21 日第 240 号）。

举例说明上述内容，2002 年 1 月 22 日最高法院［RJ 2002 \ 20］号判决 1990 年一家报纸刊登的一则新闻构成了非法侵害荣誉权，该新闻的标题是"1982 年 7 月某精神异常男人杀妻后试图自杀，因怀疑妻子背叛。"这则新闻中的描述看上去像是这对夫妻达成了协议，一起结束他们的生命，而事实上，法庭查明丈夫患有精神病因此宣告他无罪，犯罪过程并没有被证实。在这个案件中，最高法院认为"表达自由存在于反映新闻价值和真实事件的公开出版物中，而且这些出版物都具备一般利益……当表达自由和个人的荣誉权产生冲突时……无论荣誉权的要件要求是否被满足，或者其中的一些情况使表达和意见不具合理性，表达自由都必须被优先保护"。简而言之，"如果表达的事实仅仅是传闻或者是捕风捉影，不能作为被宪法保护的信息自由的保护内容"。

西班牙法院判决的非法侵害荣誉权的案件中，大部分都涉及大众媒体传播或公开信息。法律文书已经将这些表达和信息自由（由宪法第 20 条保护）与荣誉权（宪法第 18 条保护）产生冲突的案件分为 5 类：[56]

（1）通过非法的舆论渠道传播信息（例如，匿名的秘密传单），言辞针对某个人且用语是给人增添困扰或者侮辱性质的，并且这种信息对于舆论探讨没有帮助。（宪法判决 165/1987 号，当年 10 月 27

63

64

55　这方面，参见 T. 维达·马林的著述（同前引脚注 42），第 118 页。

56　参见 T. 维达·马林的著述（同前引脚注 42），119 – 120 页。

日做出）；

（2）通过媒体传播针对某人，给他增添困扰的或者有侮辱性质的言辞或言论，无论所涉及人士是否是公众人物，传播的信息不是新闻报道工作必要的，或者传播的信息不是发展自由而负责的公共舆论所必需的。（宪法判决 172/1990 号，当年 11 月 12 日做出；10 105/1990 号，当年 6 月 6 日做出；170/1994 号，当年 6 月 7 日做出；42/1995 号，当年 2 月 13 日做出；76/1995 号，当年 5 月 22 日做出；78/1995 号，当年 5 月 22 日做出；200/1998 号，当年 10 月 14 日做出）；

（3）通过大众媒体曝光会降低某人社会评价且与公众利益无关的事实（宪法判决 232/1993 号，当年 7 月 12 日做出）；

（4）通过大众媒体曝光，未考证事件真实性，针对特定人的不雅事件（宪法判决 123/1993 号，当年 4 月 19 日做出；190/1996 号，当年 11 月 25 日做出；144/1998 号，当年 6 月 30 日做出）；

（5）通过大众媒体曝光，未考证真实性的且与新闻主题一般利益没有关联，事实上导致了某人社会评价降低。（宪法判决 138/1996 号，当年 9 月 16 日做出）。

65　　必须注意一点，缺乏真实性是确定非法侵害的一项决定性的必备要件。正如最高法院判决 29.3.2001［RJ2001＼6637］中指出的那样，"一条信息的真实性决定了荣誉权是否遭到侵犯，是否排除其他权利保护。"因为荣誉权"要让位于由西班牙宪法 20.1.d 条保护的真实信息享有的权利"，另外，"被认为体现了人格尊严的荣誉权，考虑的是社会评价（外在层次）和个人感受（内在层次），必须始终贯彻真实的原则；因为，如果真实信息对个人尊严产生了冲击，那么这样的尊严是虚假的，是建立在错误之上的，真实信息只是揭示了它的虚假"。

66　　然而，在论及真实性时，必须注意前文已经论述过的一点，就是并不要求所涉及信息的绝对精确。因此，尽管信息是部分错误的或者是个彻底的错误，只要经过记者尽责的核查，通过客观数据和

可信资料的论证，同样也不构成非法侵害（1990 年 11 月 12 日第
172 号宪法判决，1998 年 6 月 30 日第 144 号宪法判决）。因此，如
果记者调查求证过事件真相，经过实践调查而不是纯粹的逻辑思考，
那么信息就是真实的。不论真实信息是否符合事实真相，都不排除
有侵犯荣誉权的可能性。因此，法律文件坚持认为诽谤的侵权责任
属于过错责任。[57]

虽然真实性条件缩小了信息自由的范围，而且西班牙宪法　67
20.d）条反映了这层意思，就是规定信息自由严格上属于"自由传
播或接受真实信息的权利"的组成部分。但是真实性并不影响表达
自由，正如上文已经论述过的，思想、观点或信仰由于它们本身的
性质，并没有对错之分。[58]

以下情况中，真实性不能成为抗辩理由。当针对某人的断言在　68
本质上是侮辱性的，这种情况下，过去的判例中都认为侮辱是对荣
誉权的侵害。如果一则信息是用这种方式传播的，它就是在侮辱或
冒犯某人，被告不能用"合法性抗辩（即真实性抗辩）"作为抗辩理
由（最高法院判决 2000 年 4 月 17 日作出的 ［RJ 2000 \ 2567］号）。

不过，事实上很难明确区分用批判方式表达的真实信息和信息　69
中可能附带的批判，两者都是负面的或伤害了他人的尊严。在宪法
判决 105/1990 号（当年 6 月 6 日作出），其中规定了以下情况构成
对他人荣誉权的非法侵害，电台记者报道的消息中不考虑信息任何
可能的真实性，记者在信息报道中使用的表达语句"毫无疑问，绝
对是侮辱性的"或者"使用最严厉的词汇却不是合理批判"。这些表
达仅仅是体现了个人观点，完全没有有关事实真相的有效信息或者对

57　参见 M. 亚兹奎俄托·托萨达的阐述，收录于 L. F. Reglero Campos 主编的文集（同前
　　引脚注 34），第 1208 页。

58　参见 M. 亚兹奎俄托·托萨达的阐述，收录于 L. F. Reglero Campos 主编的文集（同前
　　引脚注 34），第 1209 页。

发展舆论没有益处。"最高法院 1990 年 6 月 25 日作出的 ［RJ 1990 \
4890］ 号判决中，法庭认为 "表达自由，因它是思想、价值观或信
仰的外在形式，而思想、价值观或信仰不依赖于事实或已经验证的
数据。但它们绝不可以是侮辱冒犯性的词句，这种词句并不是对观
点和看法的表达，而且也是报道阐释中不必要的。[59]

6. 非法侵害的消极层面：1/1982 组织法第 8 条

70　　1/1982 组织法第 8 条中可以找到非法侵害定义的另一层解释，
该条还排除了定义中的一些特例。依据主流的法律文件，这一条实
质上体现了 "过错" 在 1/1982《组织法》法案中究竟在多大程度上
发挥着龙头作用。故而，除了征得权利人同意（1/1982 组织法第
2.3 条和第 3 条）之外，还有其他的抗辩事由，例如依法行使职权而
造成的侵害，它同样也排除了过错——用上述法案中的表述就是
"不法性" 的存在。[60]

71　　第 8 条深化了 1/1982 组织法中第 2.2 条的普通规定，2.2 条规
定如下 "当某种表达获得了法律授权时，不构成对肖像权的非法侵
害……"，并且作出了下文中这样更详细的规定：

（1）一般情况下，依据相应的法律，某行为是受法律保护的或
者有明文规定的，或者某行为符合优先保护历史、科学或文化利益
的需要时，不构成非法侵害；

（2）具体说来，对某人肖像权的保护不包括：

（a）用任意手段拍摄、复制或公开的图像，当图像中的人物是
公共官员或者是有知名度的专业人士，又或者图片是在公共活动或
公共场合中拍摄下来的。

（b）使用某人图像，是基于社会使用的用途。

59　参见 A. L. 卡布祖勒·安纳斯的著述（同前引脚注 42），第 133–138 页。

60　参见 F. 赫锐罗 – 泰吉多著：Honor, intimidad y propia imagen, 1990 年, 第 226 页；T.
　　维达·马林的著述（同前引脚注 42），第 127 页。

（c）记录公共事件或公共事务的图像，在图像中只是附带拍摄到了某特定人物。（a）和（b）中规定的例外情况并不适用于某些正在工作的公共官员或公众人物。也就是说由于特殊原因，要求正在工作的公共官员或公众人物要受到匿名保护。

该条中的第一款规定的是普通抗辩理由，例如，适用于由本法案保护的所有权利（荣誉权，隐私权和肖像权）的抗辩理由。而第二款只规定了侵害肖像权。 72

因此，依据 1/1982 组织法第 8.1 条，认为以下情况中侵害是正当的，当该行为是受法律保护的或是有明文规定时，或者当涉案的行为是符合优先保护历史、科学或文化利益的需要。总之，抗辩理由是具有公共利益或社会利益。[61] 73

第一组要介绍的是，"受法律保护或是有明文规定"的抗辩理由。宪法本身在西班牙宪法第 18.2 条中建立了一套特殊的应用原则，其中规定了"个人住宅神圣不可侵犯。未经主人允许或没有法庭授权，不可以进入或搜查个人住宅。但不包括犯罪现场。"依据 4/1997 法案（当年 8 月 4 日通过），其中规定了保安部队在公共场合放置的监视摄像头，[62] 也是合法机构得到授权的隐私侵犯行为。判例中也认为，例如警察用犯罪嫌疑人身上带着的钥匙打开犯罪嫌疑人的保险柜，最终在保险柜中发现了大量的毒品，这样的行为不构成对隐私权的非法侵害。（最高法院 1999 年 9 月 21 日作出的 ［RJ1999＼7386］号判决）。电话录音要确定某人是否是他工作的公司失窃案中的犯罪嫌疑人，但——最后在案件中发现——电话录音没有适当的法律授权许可。依据宪法判决 126/2000 号（当年 5 月 16 74

61　参见 T. 维达·马林的著述（同前引脚注42），第 128 页。

62　Ley Orgánica 4/1997, de 4 de agosto, por la que se regula la utilización de videocámaras por las Fuerzas y Cuerpos de Seguridad en lugares públicos（1997 年 8 月 5 日《国家宪政公报》第 186 卷第 23824 页）。

日作出），这样的行为构成了非法侵害隐私权。通过分析判例，法律学者们认为这种普通抗辩理由大多应用在隐私权案件中。[63]

75 　　将"符合优先保护历史、科学或文化利益的需要"作为抗辩要考虑的因素是为了排除这些人身权利的侵害，给表达自由和信息自由留有足够的灵活性。1/1982《组织法》法案没有给出什么是历史、科学或文化利益的定义，因此需要法庭来界定这些利益的范围或者界定辩护的范围。事实上必须考虑到，案例有非常灵活的趋向并且为了保护一般利益或公众利益有可能会超出"历史、科学和文化利益"的限制范围，为了正确对待法律条文中提及的这三种利益，应该举出实例。在这一方面，例如最高法院判决 1999 年 12 月 7 日作出的［RJ 1999＼8172］号，其中认为以下情况不构成非法侵害，例如一本有党派性的书中，作者描述了一位国会议员同时也是某个问题方面的专家，她在自己的国会办公室里举行了一次会议，会晤了一位被描写为"人品不好"、"吸食毒品"、"殴打自己的母亲差点致其死亡"的人士。法庭认为，不仅因为原告的政治公众人物身份使其隐私权的保护范围缩小，更重要的是因为公共利益，书中向公众曝光了党派之争阴暗的一面，因此应受到保护。

76 　　前文已述，1/1982 组织法中第 8.2 条中的规定，使很多涉及侵害个人肖像权的行为都不构成违法。例如说在公共场合或向公众开放的场所拍摄公众人物的照片（1/1982 组织法中第 8.2.a 条），或者是用漫画表现公众人物（第 8.2.b 条），或者在公开场所或公共事件中特定人只是被附带拍进了照片中。（1/1982 组织法中第 8.2.c 条）。

63　在这个问题上，参见 T. 维达·马林的著述（同前引脚注 42），第 131 页，他认为在某些案件中，这个原则也可以扩展运用到荣誉权案件中，例如 1/1982《组织法》法案第 9.2 条中规定，授权法官和法庭可以公开关于侵害他人任意一种受宪法组织法保护的人身权的判决。

在第一种情况下，抗辩理由要基于一个事实，就是照片中的公 77
众人物是因为他的公职或者专业表现而不是因为私人原因使他变得
知名，成为公众人物。这种情况下，复制、传播或公开不侵犯他的
肖像权。然而，在过去的判例中，这条公共性原则并不保护在非公
共场合或者非公共事件中拍摄的照片，以此保护公共人物保留自己
的私生活的权利。因此，例如最高法院判决 12.7.2002［RJ 2002 \
8251］号中认为，一份马路杂志中刊登了一些西班牙银行家的照片，
照片是在未经银行家允许的情况下在银行家自己的乡村住宅外拍摄
的，照片展示了银行家的家庭生活。一方面，最高法院接受了"受
害人是一个有公共知名度的人——这只是其中一个理由，由于他频
繁出现在大众媒体表现了他的工作行为，由此为大众熟知——可以
得出结论，该银行家是这样一个群体中的一员，他们和公共官员一
样，知道自己从事的工作有可能要承担面对新闻舆论的风险"。然
而，另一方面，法庭认为"照片拍摄的是原告在自己的乡村住宅中，
对于在这个乡村住宅之外拍摄照片的人来说，那里是私人领地。拍
照的人没有权利靠近，而且原告既没允许他们拍照也没有任何行为
表现出他不想保护自己的私人生活，使自己的生活可以为外界所知；
这些照片并不是在公开场合或向公众开放的场合拍摄的，因此，本
案不适用1/1982 组织法第8.2 条中的抗辩理由。"

1/1982 组织法中第8.2 条 b 款中规定了对漫画表现的限制条件， 78
很多判决都沿用了这条规定。例如，最高法院在 2000 年 4 月 14 日
作出的［RJ 2000 \ 2565］号判决。该案中，加泰罗尼亚自治区政府
的秘书长、即加泰罗尼亚政府作为原告——提起了一宗关于非法侵
害个人荣誉权的诉讼，他认为一份讽刺意味颇重的杂志，刊登了一
副用讽刺手法展示的，暗讽他是"小偷"的漫画。被告认为这幅漫
画有理由运用1/1982 组织法第8.2.b 条中规定的抗辩理由而受到保
护。然而，最高法院认为，本案并不适用这条抗辩理由，因为虽然

这条抗辩理由可以应用于侵害个人肖像权的案件中，它本身有一个限制条件是保护公共人物的荣誉权。最高法院和宪法法院将这个案例作为判例，他们认为：

"关于党派间的嘲弄和讽刺，事实上本法院 1990 年 5 月 17 日作出的判决（RJ1990，3736 号）强调过，社会对这种现象的容忍，更准确地说，1/1982 组织法第 8.2.b 条中规定的用幽默的形式表现嘲弄和讽刺，并不适用于这类案件中——在某份重要的全国报刊的星期天版中，每周都会刊登刻画一个不知名的知识分子的卡通画并伴有幽默讽刺诗，这构成了对他荣誉权的非法侵害。不过事实上，不管用讽刺的风格嘲弄某人与用开玩笑的轻松方式表达两者之间密不可分，也不论是用简洁表述还是用强调的方式表达信息，这种讽刺趋势都不属于荣誉权保护的边缘范围，虽然应该承受这种讽刺的人其实非常反对这种讽刺。换句话说，这种讽刺手法不能抵消或消除的限制是对个人基本权利荣誉权、个人和家庭隐私权和肖像权的保护。这是在法案的 8.2.b 条中明确规定的，该条中要求要出于社会目的使用漫画的形式；另外在宪法法院的判决中也加以说明了这点，在文本、漫画书或者幽默连环画中，虽然可能本身是有趣或开玩笑的风格，但所谓的"恶意玩笑"可能作为嘲弄的一种方式出现，进而构成非法侵害的情况。（宪法判决 176/1995 号）"。

对于照片中出现的某人只是在拍摄公共事件时附带被摄入图像这一现象，西班牙最高法院 1999 年 3 月 27 日作出的［RJ 1999 \ 2370］号判决认为如下情况不构成非法侵害，某幅公开的照片中政府副总统和他的哥哥也就是原告在一起，原告同时也是一名供职于副总统护卫队的警官。照片中他正在工作，出现在了照片的背景中。最高法院认为，该案中，适用 1/1982 组织法第 8.2 条规定的抗辩理由。因为原告在图片中不是主要人物，基于如下原因："本案中，借由图片传达的信息涉及了公众人物，一个是国家副总统，另一个因

为是副总统的哥哥由此而被公众批评。（换言之，可能涉及到商业腐
败或政治特权的案件中），并且图片是在大街上拍摄的。这个信息具
有公正性，权利人的图像只是整个画面中非常次要的部分，图片想
要传达的意义也对兄弟俩并无恶意。在这种情况下，信息权优先于
权利人个人的肖像权。"

　　7. 抗辩理由之一：获得权利人许可

　　1/1982 组织法第 2.2 条中规定："如下情况不存在对保护权利的　　80
非法侵害……当权利人表达了他的许可"。

　　要件之一是"表达了许可"，也就是说默许或推定同意都是不能　　81
接受的。然而，表达许可的方式不一定要是书面。所以，在侵害发
生之前或之后作出的许可，无论是口头许可还是书面许可，无论是
经过权利人本人同意还是有特别职能的代理人的同意都是有效的。[64]
然而，一些学者认为某些情况下可能会有"默认"的特例，当权利
人本可以起诉，但没有提起诉讼就已去世。这样的情况下，1/1982
《组织法》法案第 8 章的前言中规定："即可推定，该行为虽客观上
构成侵权，但在受害人或其法定代表人眼中不视为侵权。"（也可参
见 1/1982《组织法》法案第 6 条中的反例）。[65]

　　同一个法案第 2 条第 3 款中补充了：　　82

　　"……前款中提及的'许可'，可以在任何时刻取消，但是侵害
一旦成立，或者具备正当性事由将不能得到赔偿。"

　　正如在法律文书中强调的那样，废止带来的后果并不取决于赔　　83
偿的数额。[66]

64　L. 戴兹－布卡祖/A. 郭伦合著：Instituciones de Derecho Civil（I/1），1995 年第 2 版，
　　第 224 页；J. M. 乐特德瑞欧著：Derecho de la Persona，2000 年第 4 版，第 270 页。
65　参见 M. 亚兹奎俄托·托萨达的阐述，收录于 L. F. Reglero Campos（同前引脚注 34），
　　第 1221 页。
66　参见 L. 戴兹－布卡祖/A. 郭伦的著述（同前引脚注 64），第 224 页；J. M. 乐特德瑞
　　欧的著述（同前引脚注 64），第 271 页。

84   1/1982 组织法第 3 条规定，在涉及未成年人和精神病患者的案件中，"依据民法，如果他们自身的成熟状况允许"，是要求他们自己作出许可的。对于以前曾被法院判决无行为能力的精神失常者，要判决他们是否具备"成熟的条件"，这是判断给出的许可是否有效的必备条件。（LEC - 2000 法案第 760.1 条）。如果一位病患不具备成熟条件且受到监护，根据民法第 267 条，需要他的监护人作为他无行为能力人时的法律身份代理人，代表他做出行为。且监护人作出的许可必须以书面形式出现（LO1 / 1982《组织法》第 3.2 条）。这种情况下，监护人必须"事先告知首席检察官准备作出许可的内容，如果 8 日内首席检察官不表示反对，法官将依次作出判决"（1/1982《组织法》第 3.2 条）。如果无民事行为能力人只是处在被照管的情况下，必须由他本人在没有偏见的情况下亲自作出许可。如果法院判决认为本人不具有民事行为能力，还需要照管人员做出许可，以此作为对无民事行为能力人行为能力的补充。（《民法》第 289 条）。[67] 不过必须谨记，1/1996 组织法，《未成年人保护法》（Ley Orgánica, de 15 de enero, de protección jurídica del menor）旨在加强对未成年人的荣誉权、个人和家庭隐私权、肖像权的保护，第 4.2 条和第 4.3 条规定"大众媒体以任何方式使用未成年人的肖像和姓名，使用行为可能会对未成年人的荣誉或名誉造成伤害，或者侵害了未成年人的利益"都被视为非法侵害。该法案的序言中强调了制定这项规定的愿景是"保护未成年人，未成年人容易受到来自法定代理人或者他所属群体的操作。"不过，法律文书中的有些文章对这项规定进行了批评，因为它违反了最初的 1/1982《组织法》法案中的规定，并且改变了 1981 年出台的民法典中的规定，那就是在具备成熟条件足以作出许可的情况下，允许未成年人亲自作出许可。无

---

67   参见 J. M. 乐特德瑞欧的著述（同前引脚注 64），第 271 页。

论如何，在现行的法律中，1/1996 组织法中规定当未成年人的名字或肖像被使用，无论他本人是否作出许可——更让人觉得疑虑的是——无论他的法定代理人是否作出许可[68]，也无论使用行为是否伤害了未成年人的利益,[69] 都视为构成非法的侵权行为。

三、侵权责任（过错责任、替代责任和严格责任）

（一）1/1982 组织法中规定过错是主观归责的标尺

法学界认为，1/1982 组织法范围内的非法侵害，过错是认定责 85
任的基本条件。[70] 在分析判例处理信息自由与法案保护的权利之间的冲突时，特别是荣誉权，这项条件非常清楚。前文已经论述了在对待信息自由的问题上，西班牙判例并不过分要求信息是"事实"而只是要求具有"真实性"，这就意味着"提供线索的人有特殊的责任，应该也是必须要求他所提供的'事实'，要严格核查有关客观数据。因此欺骗享有知情权人、忽视所传播信息真实性的行为，将不受宪法保护"［西班牙宪法判决 6/1988 号（当年 1 月 21 日作出)]。

正如主要的法学著作中所指出的，这个规定造成的结果是"虚 86
假新闻中没有严格责任"。[71] 或者，在有关侵害荣誉权的案件中，

---

68 可以得出结论，立法者试图摒弃 1/1982《组织法》法案中的规定，即法定代理人作出的许可要服从于第 3.2 条规定的特定管制机制，该条规定 "必须要告知检察官准备作出许可的内容。如果在 8 日内检察官反对，法官会依此作出判决"。

69 L. 戴兹－布卡祖/A. 郭伦（同注 35），第 347 页中认为，这种解决方法与 1/1982《组织法》法案的逻辑前后不一，1/1982《组织法》法案是对 1981 年的改良，这种方法非常奇怪。因为这种方法只能应用在非法使用未成年人的肖像或姓名中，却不能应用在其他方式引起的侵害案件中（例如，新闻的再次传播）。另外，它不符合 LO1/1996 法案第 2 条的规定，其中规定了所有对未成年人行为能力的限制规定都必须经过严格的构建。

70 重点参见 F. 赫锐罗－泰吉多的著述（同前引脚注 60），第 226 页；M. 亚兹奎俄托·托萨达的阐述，收录于 L. F. Reglero Campos 主编的文集（同前引脚注 34），第 1208 页。

71 参见 M. 亚兹奎俄托·托萨达的阐述，收录于 L. F. Reglero Campos 主编的文集（同前引脚注 34），第 1208 页，以及 A. 卡洛斯柯．派瑞拉主编：《民法学》1996 年版，第 89 页。

"认定发布诽谤信息的人负有严格责任并不合理，换言之，如果诽谤者能给出合理解释，坚持认定他们的责任是不合适的。"当然，弥补过错能带来一定效益，而且在某种程度上说，接收真实信息的权利（宪法 2. 1. d 条规定）是一种表现权，为了达到这一结果国家确立了有关更正权的规定。但是，宪法并不允许把情有可原的错误的成本强加给提供消息的人。[72]

87   西班牙判例中体现出了，要求把过错作为认定 1/1982 组织法范围内的责任的一项必不可少的要件。因此，例如，西班牙最高法院判决 29. 2. 2000〔RJ 2000 \ 812〕号，其中声明了：

> "宪法法院有关荣誉权和自由传播真实信息的权利之间可能产生冲突的详尽的案例法，多次强调了信息报道者负有注意义务，需要谨慎对待真实性条件的范围，这看起来并不符合 1/1982 组织法范围内认定侵权责任的要求，而应属于严格责任的范围……。也就是说，除了要符合过错要求之外，因任意一项 1/1982 组织法中列举的非法侵害行为的侵权责任而被起诉的被告，其行为中必须要有过错。"过错必须被理解为包含例如致害和疏忽大意的意图，行为时没有遵守要求的注意义务，一方面，取决于被报道的侵权行为已经发生的实践活动，另一方面，取决于侵权行为发生的周边环境。"

88   最高法院 2000 年 6 月 24 日作出的〔RJ 2000 \ 5303〕号案件中，报纸上刊登了一封落款是写给编辑主任的信，信中的内容有损于一名警官的荣誉。此案的编辑主任的行为不符合注意义务的要求，他并没有核查来信人士的身份。因为如果他曾经核查过，就会发现没

---

72   该问题可参见 P. 塞拉维多·科奇等人的著述（同前引脚注 35），第 52－59 页。另可参详 P. 萨拉维多·柯德奇的著述（同前引脚注 48），第 251 页。

有符合这个身份信息的人。考虑到已经证明了确实存在非法侵害行为，判决中总结了宪法法院与这个问题相关的观点，要求报纸的编辑主任在核查来信人士身份时要尽到注意义务。判决如下：

> "报社编辑主任的注意义务包括了在刊登来信之前核查来信人士身份的义务，这样应该是常规做法……。如果没有尽到这项特殊的注意义务，公开来信，是某个大众媒体之外的普通个人实现表达自由的一种方式。一方面，媒体有权利刊登出来给他的读者看，另一方面，并不等于媒体毫无责任；按照宪法20.1.d条规定，这也是读者接受真实信息权利的一个方面。"［其他还可参见宪法法院3/1997号判决（当年1月13日作出）以及159/1986号判决（当年12月12日作出）。］

（二）1/1982 组织法中的个人责任

1/1982组织法中并没有就因非法侵害造成损失的责任人的处理有任何规定，而这个漏洞是由判例来弥补的。不管怎么说，事实上旧的《出版印刷法》（Ley 14/1966, de 18 de marzo, de prensa e imprenta）[73]的第65.2条规定，"认定针对作者、编辑、主编、印刷商和图书引进商或者外国印刷物分销商等的无过错行为或疏忽大意的行为的侵权责任，可以联合或分别提出起诉"，法庭必须予以考虑。然而，最高法院在2004年3月17日作出的［RJ 2004\1927］号判决中规定，印刷商不能单独承担责任，因为他们没有能力去控制印刷品的内容。这条规定同样应用于图书引进商和分销商。

虽然事实上这部法案的出台要早于宪法，但是法律文书和判例

89

90

73　1966年3月19日第67号《国家宪政公报》，及其后对此问题的多次修正。

仍然承认这部法案的法律规定具有法律效力，[74] 并且时常会在非法侵害 1/1982《组织法》法案保护的权利的诉讼中运用它，把它作为联合或分别提出要求认定被告责任的依据。最高法院判决 14.11.2002［RJ 2002＼9816］号中强调，在涉及保护某人隐私权或肖像权的诉讼中，出版印刷法案第 65.2 条"已经被法院多次运用，而且也没有被宪法法院宣布违宪"（还可以参见宪法判决 41/1994 号，当年 2 月 15 日做出，还有宪法判决 176/1995 号，当年 12 月 11 日做出，另外还有最高法院的判例，判例号 22.12.1998［RJ1998＼10151]）。

91　　　因此，法庭一般会联合或分别认定出版物或传播物的编辑的责任，作为出版物或传播物的作者的编辑主任、记者或记者团。当然有时候也不完全是这个样子，因为诉讼并不一定针对他们所有人提出。法律文书和宪法判例以及最高法院的判例都认为认定信息作者的责任的依据来源于民法第 1902 条，换句话说，某人行为的过错责任，同时认定出版物或传播物的编辑主任的责任的依据在于民法第 1903.4 条，其中规定了雇主要为其雇员的行为负责。[75] 与此相似的，宪法法院的许多判决中都声明了："认定联合或单独责任，其中，认定出版物或者印刷公司的主管的责任的依据在于编辑或主管在筛选和监督上存在疏忽，因为这两个职位上的人都应该非常熟悉报纸传播的信息或观点的内容。"（同样的意思可以参见宪法法院 1990 年 11 月 12 日第 171 号判决；1990 年 11 月 12 日第 172 号判决；1992 年 12 月 21 日第 240 号判决）。

74　法学界的观点，可参见 M. 亚兹奎俄托·托萨达著：Sistema de responsabilidad civil, contractual y extracontractual，2001 年版，第 184 页，以及 T. 维达·马林的著述（同前引脚注 42），第 227 页。

75　在这个问题上，参见 M. de Cossío, Derecho al honor. Técnicas de protección y límites (1993)，第 76 页，还有 M. 亚兹奎俄托·托萨达的著述（同前引脚注 74），184 页，另见 M. 亚兹奎俄托·托萨达的阐述，收录于 L. F. Reglero Campos 主编的文集（同前引脚注 34），第 1258 页。

　　在涉及适用 1/1982 组织法的一个案件中，最高法院同时将民法　　92
1902 条和第 1903 条作为认定被告责任的依据。例如，1988 年 3 月 7
日最高法院［RJ 1988＼1603］号判决认定："1978 年 12 月 26 日发
布的 62/1978 组织法，以及 1982 年 5 月 5 日通过的 1/1982 组织法，
都不排斥民法第 1903 条和第 1904 条的适用"，因为"通盘考虑，民
法典是西班牙法律体系中起着基础补充作用的法源。"

　　最高法院 1992 年 4 月 22 日作出的［RJ 1992＼3317］号判决详　　93
细地指明了下列事项具备正当性的理由，即运用民法第 1902 条认定
作者责任和运用民法第 1903 条来认定涉嫌侵害 1/1982 组织法保护
的基本权利的出版物的主管或所有者的责任。判决如下：

　　　"民法第 1903 条支持提起诉讼，并通过法院判决来确
　　定，是否要同时追究涉案的刊登新闻或故事的出版物的主
　　管或者拥有报纸的这家公司，或是不追究两者中的任何一
　　方。如果两者都要追究，是因为双方"监管疏忽"或"筛
　　选疏忽"，都对侵权行为造成的后果负有责任，存在直接行
　　为人通过"操作疏忽"直接侵权，则必须作出赔偿……"。
　　从这个角度说，本判决明确认为在运作一份公开出版物时，
　　"主管时刻都肩负着义不容辞的监管的责任……必须要尊重
　　1/1982《组织法》法案中保护的基本权利"；相同的道理
　　"拥有公开出版物的公司的决策……会受到家属、员工、代
　　理人、代理机构等不同的行为的影响，特别是会受到出版
　　物主管的行为的影响，并且公司应该为这些行为负责。"[76]

　　最高法院 15.2.2000 第［RJ 2000＼1157］号判决，判决了一家　　94

---

[76]　采取同样解决方法的还有，1989 年 12 月 11 日［RJ 1989＼8817］号最高法院判决和
　　　1993 年 5 月 20 日第［RJ 1993＼3810］号最高法院判决。

幼儿园的两个股东提起的诉讼。案由是一份叫"ElPeriódico de Aragón"的刊物刊登了一则不真实的新闻，新闻标题是"医疗中心隔离脑膜炎"，报道中说由于两名儿童死于脑膜炎，医学专家封闭了幼儿园以备隔离检疫。被公开的这份报道中的部分信息是不真实的，而且如果报道者尽到了注意义务的话不应该出现这份报道。因此，最高法院认为，报道以降低了幼儿园在专业方面的声望的形式，构成了对荣誉权的侵害。根据这份判决"公开报道一则涉案信息应负的法律责任，要依据包括最高法院判决22.4.1992（RJ 1992，3317）号在内的众多判决。依据出版印刷法案第65.2条（即使几乎整个法案已经被废除了，这条仍然具有法律效力）控告了三位被告（文章的作者，出版物的主管和出版公司）。依据1/1982《组织法》法案第9条和民法第1902条和第1903条，采取联合或分别认定责任的方式要依据受害人的意愿，在本案这种情况下，受害人享有对他们各自追偿的权利。"

95   在确定被告时，大多数诉讼中不仅仅起诉文章上署名的记者或者新闻报道者，还会同时起诉媒体的主管以及出版公司。[77] 有的时候还会起诉副主管（最高法院判决24.6.2000［RJ 2000＼5303］号）或者编辑（最高法院判决5.7.2000［RJ 2000＼4666］号）。最高法院判决4.6.2002［RJ 2002＼6754］号，处理了一起案件，本案中《全景》杂志（Panorama）上刊登了一篇文章，其中指称受害人是吸毒者还指称他们与毒品交易有关联，侵犯了受害人的荣誉权和肖像权。判决声明，依据出版印刷法案第65.2条，本案中包含的侵权行为"不仅仅只牵涉到文章作者和他的主管，还有编辑和发行人。并

---

[77] 其中，重点参见最高法院2000年4月18日第［RJ 2000＼3184］号判决；最高法院2001年4月26日第［RJ 2001＼2038］号判决（不过最高法院认为本案中并不存在非法侵害情况）；最高法院2000年9月19日第［RJ 2000＼7631］号判决；2001年1月10日第［RJ 2001＼1309］号判决；还有2001年3月15日第［RJ 2001＼5978］号判决。这些案件中，作者、主管以及出版公司被判承担连带责任。

且按照第 22 条的规定，在涉及拥有多家出版物的出版公司时，其中一家出版物造成的侵权责任会对公司其余部分的资产造成不利"。

四、1/1982 组织法中规定的救济方式[78]

1/1982 组织法规定，非法侵害某人荣誉权、个人或家庭隐私权 96
以及肖像权，要采取"一切必要措施来终止相关侵害以及恢复受害人的权利原状，还要阻止和防止进一步的侵害。在这些措施中，预防性措施的目的在于立即停止侵害，还有其他措施例如确认回应权，公开判决以及赔偿损失也包括在内"。

据此，非法侵害的受害人可以运用下列任何一种他倾向的法律 97
机制：（1）申请禁制令要求停止侵害（acción de cesación）；（2）申请禁制令禁止将来重复侵权（acción de abstención）；（3）就相关权利提起诉讼；（4）提起诉讼旨在能够通过公开判决找到被告，以及通过诉讼宣告受害人的人身权遭到非法侵害；（5）提起诉讼要求赔偿伤害造成的损失。除了这些措施之外，2/1984 组织法（当年 3 月 26 日作出）又被称为更正法案（reguladora del derecho de rectificación），保护"更正"的权利，这也应算在其中。[79] 这项法案第 1 条规定"当通过大众媒体或公开出版物传播的信息中包含了涉及本人的事实，本人认为信息不准确而且传播行为造成了对他的伤害"时，对向其他个人或其他法人要求更正的权利予以保护。该权利的实际行使与 1/1982 组织法保护的救济方式——如同 1/1982 组织法第 7 条的规定和法庭多次指出这个观点——是一致的。

---

78 着重参阅 M. 马丁 – 喀索斯的阐述，收录于 P. 萨拉维多·柯德奇主编的文集（同前引脚注 48），第 382 页及以下。

79 1984 年 3 月 27 日《国家宪政公报》第 74 卷，第 8387 页。1984 年 4 月 14 日《国家宪政公报》第 90 卷，第 10661 页勘误。

98 申请禁制令停止侵害或者申请具备预防特征的禁制令要求禁止重复报道，这两者的主要目的就是停止侵害。明显的，更正的权利，公开判决的权利以及要求赔偿造成的实际损失的权利的目的在于赔偿。无论如何，多种救济方式并存并不意味着它们之间会相互排斥。特别常见的是，公开判决以及行使回应权这样的方式不可能完全修复受害人承担的损失，因此，不会排斥为了挽回损失采取的进一步诉讼。[80]

（一）禁制令和恢复原状

99 为了停止侵权或者防止重复侵权的禁制令是预防性措施中最基本的。此外还存在补充措施，因为他们的目的在于消除影响并且阻止将来的进一步侵害。从程序上看，《民事诉讼法》（LEC）第727条列举了法庭可能支持某方动议而采取的预防性措施。在这些措施中有"要求临时禁止某项活动；要求暂停某一行为……"（《民事诉讼法》第727.7条）并且，特别强调"决定是否采取由法律明文规定的为保护某些特定权利的其他措施，或者被视为有效、必要的保证措施时，法院在诉讼过程中应遵循保护原告利益的原则。"（《民事诉讼法》第727.11条）

100 最有效的保护机制是没收公开出版物或者依据侵害的表现形式采取同样方式，或者在视听媒体的案件中，终止播放某些广播或电视节目。不过在采取这种措施时，必须时刻谨记宪法第20.5条中规定的"法庭判决可以要求没收出版物，录音录像制品及其他大众媒体产品。"当非法侵害达到一定程度构成了犯罪或不法行为，《刑事诉讼法》（bis II LECrim）第823条[81]规定："审判程序最初阶段，法

---

80 参见M. 马丁－喀索斯的阐述，收录于P. 萨拉维多·柯德奇主编的文集（同前引脚注48），第383页。

81 2002年10月24日第LO8号法案对此作出修订，complementaria de la Ley de reforma parcial de la Ley de Enjuiciamiento Criminal，sobre procedimiento para el enjuiciamiento rápido e inmediato de determinados delitos y faltas，y de modificación del procedimiento abreviado。这个修订是作为刑事诉讼法修正案的补充，规定了对某些罪行和不法行为要尽快作出判决，而且修正了简易程序，2002年10月28日《国家宪政公报》第258卷。

官可以根据案件情况要求，没收公开出版物或者禁止传播或公布可能构成刑事侵害的信息。如对裁定不服，应在 5 日之内提出反驳申请。"[82]

这些措施都体现了对表达自由和信息自由的限制，这也解释了 101
法庭为何要非常谨慎地采取行为。从这个意义上说，毋庸置疑，如此程度的法律措施只会在极端的案件中采用，也就是当法庭认为，有确凿证据可以证明存在严重且不可被容许的法律侵害。[83]

在法庭实践中，这类禁制令并不经常出现，一旦颁发了禁制令 102
往往会同时采取目的在于赔偿损失的一系列措施。这些措施体现在，判决中会要求被告控制自己的行为，在一定程度上抑制了将来可能出现的侵害（例如，2000 年 19 月 11 日最高法院［RJ 2000 \ 7722］号判决和 2000 年 11 月 6 日［RJ 2000 \ 9590］号判决）。当然，在一定程度上，也是限制原告采取进一步的请愿行为（参见 2000 年 12 月 28 日最高法院［RJ2000 \ 10406］号判决和 2000 年 2 月 21 日［RJ 2000 \ 751］号判决）。

不过，很多其他的判决都采取了更有效实用的预防措施，例如， 103
销毁不雅照片（2002 年 5 月 6 日最高法院［RJ 2002 \ 5590］号判决），印刷版（2002 年 4 月 22 日第 83 号宪法判决），或录音录像制品（2001 年 5 月 14 日最高法院［RJ 2001 \ 6202］号判决），这些都

---

82 在 Ley62/1978 法案［当年 12 月 26 日通过，在其中可以找到类似的规定 sobre protección jurisdiccional de los derechos fundamentales de la persona，（法庭保护基本人权法案）。］后来 2002 年 10 月 24 日通过的 Ley38 法案中的兜底性的撤销条款取代了前一个规定。de reforma parcial de la Ley de Enjuiciamiento Criminal，sobre procedimiento para el enjuiciamiento rápido e inmediato de determinados delitos y faltas，y de modificación del procedimiento abreviado（刑事诉讼法修正案，其中规定对些罪行或不法行为要尽快做出判决，并修正了简易程序）。

83 关于荣誉权，参见 T. 维达·马林的著述（同前引脚注 42），第 209 页；还有，大体上可参见 F. 赫锐罗 – 泰吉多的著述（同前引脚注 60），第 274 页。关于极少数的判决宣告中止电视节目的播出，参见 1999 年 10 月 25 日第 187 号宪法判决。

是为了停止侵害并防止在将来出现再度侵害。

（二）实物补偿

104   可以作为实物补偿的方式是公布判决和行使更正权或回应权。

1. 公布判决

105   大多数判决都支持原告的请求，除了要求赔偿因侵权行为造成的经济损失之外，由被告支付费用，在大众传播媒体上公开判决，以此声明发生的非法侵害。采取这种措施是必须要考虑到 2000 年《民事诉讼法》第 707 条规定的，当需要在大众媒体上传播或公开全部或部分法庭判决的内容，且是由被告付费时，要求被告与广告商签订刊发法庭判决的协议。如果在规定期限内，被告并未按照本条例规定签订协议，原告可以使用被告资产中拟用于案件赔偿的资金与广告商签订协议刊发判决。

106   判例并没有清楚地规定如何具体操作这一法律措施。一些判决中规定了，刊登的内容只可以是判决中的"裁决"部分[84]，还有一些判决认为用以公布的是判决的"必要"部分。[85] 与此相反，另外有些判决中法庭规定用以公布的是"判决全文"[86] 或者一般写成"判决"[87] 或"判决内容"。[88]

107   公布判决的出版物必须和公开构成非法侵害的信息的出版物在条件和地域上一致。因此 2002 年 1 月 22 日最高法院 [RJ 2002 \ 20]

84　这个问题可参见 2002 年 2 月 12 日最高法院 [RJ 2002 \ 3111] 号判决，其中写明了"将判决中的法庭命令或最终裁决部分予以发布"。另参见最高法院 2000 年 11 月 6 日 [RJ 2000 \ 9590] 号判决。

85　参见 2002 年 3 月 8 日最高法院 [RJ 2002 \ 1882] 号判决。

86　参见 2002 年 1 月 25 日最高法院 [RJ 2002 \ 31] 号判决；2002 年 5 月 7 日 [RJ 2002 \ 3679] 号判决；2002 年 7 月 12 日 [RJ 2002 \ 8251] 号判决。

87　参见 2000 年 2 月 21 日最高法 [RJ 2000 \ 751] 号判决；2000 年 10 月 11 日 [RJ 2000 \ 7722] 号判决；2002 年 1 月 22 日 [RJ 2002 \ 20] 号判决；2002 年 11 月 14 日 [RJ 2002 \ 9922] 号判决。

88　参见 2002 年 6 月 12 日最高法院 [RJ 2002 \ 522] 号判决。

号判决中认定，刊发的判决要与构成侵害的文章"有相同的篇幅和版面"。2002 年 5 月 7 日最高法院［RJ 2002＼3679］号判决维持上诉法院的原判，判决被告必须"在名为'Diario Sur'的周日版或假日版上刊登判决全文，并且要在报纸头版上注明，在报纸第 19 页刊登判决，并与涉案的新闻信息采取同样的排版方式。"

2002 年 1 月 25 日最高法院通过［RJ 2002＼31］号判决处理了 108 一起极端严重的非法侵害案件。判决中明确要求被告要刊登判决以声明造成的非法侵害。非法侵害行为发生在一份全国性报刊上，其刊登了一则题为"多名名模涉嫌为性交易团伙牵线"的新闻。这篇文章中配了几张图片，将几位知名模特与一个卖淫和珠宝交易团伙联系起来。最终证明了文中内容不真实，初审法庭在判决中，除了要求对已经造成的伤害作出赔偿，还要求"被告付费在'Diario El Mundo del Siglo XXI'（如遇报纸已停发，就在另一份报纸上执行本判决），在头版上刊登标题"正义伸张，重还瑞秋·R. 名誉"。文章要配上曾在 1993 年 9 月 2 日那期报纸上刊登过的那副原告的照片，照片尺寸必须相同，而且标题也要与当日的新闻标题"多名名模涉嫌为性交易团伙牵线"一样，以相同尺寸出现在相同位置。标题之下要以与 1993 年 9 月 2 日第 1397 期"El Mundo del Siglo XXI"第 19 页中刊登的那则新闻相同的排版方式、相同字体和字号、相同的油墨浓度和行距刊登本案判决全文。"后来上诉法院和最高法院维持了这项判决。

如果造成非法侵害的出版物已经不再在市面上发行，判例要求 109 要在同类型、相同发行范围的其他出版物上刊登判决。例如，2002 年 3 月 8 日最高法院［RJ 2002＼1882］号判决，要求在"全国范围内发行的纸质出版物，与'Diario 16'的发行方式相类似的出版物中刊登判决"。不过，在其他的判决中，如之前提到过的 2002 年 1 月 25 日最高法院［RJ 2002＼31］号判决，其中规定万一原来的出版物已经停止运营，要在作出判决时指定刊登判决的替代出版物。

110 当非法侵害是由电子媒体而非印刷媒体造成之时，判例要求，要通过相应的媒体类型来公开判决。因此，在 2002 年 2 月 12 日最高法院［RJ 2002 \ 3111］号判决中最高法院支持了一审法院和上诉法院的判决，要求被告"付费在 El Diario de Avila 报、ABC 电视台、Avila 广播电台上公开判决的命令部分或者裁决部分。这也是之前传播诽谤性言论的媒体。"

111 当判决要求被告通过某媒体刊登或公布法庭判决，而某媒体本身就是被告时产生了一个问题。要知道在这种情况下，媒体的主管是作为负责决定本媒体传播内容的人，那么他能否选择拒绝刊登或播放判决内容？深层探究这个问题，这其中包含了一个冲突，一方面是作为某媒体的主管的信息自由权，另一方面，是被告有执行法庭判决所赋予的责任的义务。法律学者们认为该媒体主管不可以拒绝刊登判决，因为依据西班牙宪法第 118 条，"严格遵守法庭的判决以及法官或法庭的其他决议，并且在审判过程和判决执行的过程中配合法院和法官，这是公民义务。"[89] 因此，在法庭审判阶段和判决执行阶段，公民有这项宪法赋予的义务，同时这也是宪法第 24.1 条规定的实现民主国家的条件之一。因此，宪法法院作出声明，一般情况下，法院的判决以及法院承认保护的权利"绝不仅指目的性表达而不论实际执行效果。"（1987 年 10 月 28 日第 167 号宪法判决）。

  2. 更正权（或回应权）

112 1/1982《组织法》法案第 9.2 条中规定，将这项更正权或称回应权看作是非法侵害的受害人可以采取的一项法律措施。不过，1984 年 3 月 26 日通过的 LO 2/1984 法案使用了"更正权"（regula-

---

89 对此问题，参见 T. 维达·马林的著述（同前引脚注 42），第 212 页；还有 M. 亚兹奎俄托的著述，收录于 L. F. Reglero Campos 主编的文集（同前引脚注 34），第 1237 页。

dora del derecho de rectificación）[90] 这种表述，没有采用法语中的词源"回应权"，法语中行使权利的主体是个人时称为"回应权"，而行使权利的主体是公权力或公权力组织时，称为"更正权"。[91]

宪法法院在 1986 年 12 月 22 日作出的第 168 号宪法判决中指出，从信息自由权的角度来看，更正权保障的是"作为保护公开舆论的辅助手段……因为对于一项已被报道的事实，允许一种不同的说法而不是打压这种歧见，有助于这项基本权利（即信息自由权）所保护的公众的质询利益和获得真相的权利"。

事实上西班牙法律通过一项特别法案发展了更正权，以便在应对 LO1/1982 第 9.2 条中规定的非法侵害时，行使回应权不会和其他的赔偿方式相互排斥。LO2/1984 法案第 6.4 条中的明文规定，其中指出"本程序的目标在于（获取判决要求行使更正权命令的程序）使因传播事实受到侵害的受害人可以得到保护，本程序可以按照实际情况，与刑事诉讼程序和民事诉讼程序相配合。"在宪法判决 168/88 号中，宪法法院认为更正权的"法律预防性目的"独立于"对因传播客观失实信息造成的损失的赔偿"。另外，最高法院在判决 23.3.1987〔RJ 1987 \ 1716〕号中认为，行使更正权"是法律提供给认为自己受到了媒体传播信息伤害的个人的一种法律力量或者一种选择；因此，在这类案件中他可以选择运用这种方式或者其他法律规定的赔偿方式"。同样的道理，1/1982《组织法》的判例中规定"更正权的行使，不从属于任何一种法律提供的措施（即对案中损失的赔偿）"（2000 年 4 月 18 日最高法院〔RJ 2000 \ 3184〕号判决），此外"如果当事人没有行使他的更正权，无论任何情况下，侵

113

114

90　参见 1984 年 3 月 26 日《国家宪政公报》第 74 卷。后来，1984 年 4 月 14 日的《国家宪政公报》第 90 卷对此作了修正。

91　这种区别现在已经明确作出规定，1966 年出版和印刷法案中第 58 条（回应权）和第 62 条（更正权），参见 T. 维达·马林的著述（同前引脚注 42），第 228 页。

犯荣誉权都不成立"（1998 年 12 月 31 日最高法院［RJ 1998 \ 9771］
号判决）。

115　　在任意类型的传播媒体中传播的信息，涉及个人或者法人，个
人或法人认为这些信息给他们造成了伤害，或者传播信息所描述的
情况是不正确的，那么个人或法人都有权利行使更正权（2/1984 组
织法第 1 条）。能够被纠正的只是事实而不能是观点或者价值观，并
且纠正会涉及对信息自由的限制条件（2/1984 组织法第 2.2 条），
但不会涉及对表达自由的限制条件。[92]

116　　更正权的行使如下：权利人应该需要纠正的涉案信息公开传播
后的七日内询问，或用书面询问的方式，质询大众媒体的主管要求
更正。（2/1984 组织法第 2.1 条）。更正应该要按照原告所述的事实
进行更改（2/1984 组织法第 2.2 条）。如果这些更正的条件都已经
达到，媒体主管应该要在原告提出更正要求后的三天连续免费刊登
或播放更正启事。刊登或播放的更正启事必须与权利人要求的内容
相一致，不能加入评论或者注释（2/1984 组织法第 3 条）。如果涉
及定期播放的广播或电视节目，不可能在 3 日之内作出更正。不能
按照权利人所要求的时间周期在原节目作出纠正的，可以在权利人
要求的时间周期内，在相同受众群和同类型的节目中作出更正。（2/
1984 组织法第 3.3 条）。

117　　上文已经提及了时间限制，如果在此期间内没有刊登或播放更
正启事，如果主管或者媒体负责人明确表达了拒绝刊登或播放更正
启事，又如果刊登或播放更正启事的行为没有遵照第 3 条中规定的
要求，权利人有权在 7 个工作日内向一审法院提起诉讼要求更正。
提起诉讼不需要律师（西班牙语为 *procurador*）的介入，按照民事诉
讼法（LEC）中的口头程序（LEC2000，第 437 条）之规定处理，

92　J. 戴尔加多·艾奇维瑞亚的著述，收录于 J. L. Lacruz Berdejo 等人合编的文集（同前
　　引脚注 27），第 81 页。T. 维达·马林（同前引脚注 42），第 233 页。

或者可以按照 2/1984 组织法法案中规定的程序处理。法庭的裁决会在听证当日或者后一日做出，在裁决中（2/1984 组织法第 6.1.C条），会作出是否要求刊登或播放更正启事的裁判结果，并会依据 2/1984 组织法第 3 条中的规定给出执行裁决的时限，这个时限会从法庭公开作出判决起生效。（2/1984 组织法第 6.2 条）。

（三）经济赔偿、惩罚性损害和不当得利

1. 对经济损失、非经济损失和推定非经济损失的赔偿

非法侵害荣誉权、个人和家庭隐私权、肖像权的补救办法中，有一项是 1/1982 组织法第 9.2 条规定的"命令赔偿造成的损失"。1/1982《组织法》法案第 9.3 条更加细致地规定了赔偿，并且规定"一旦证明了非法侵害，就认定为损害存在"。另外该条还规定了"赔偿将延展到非经济损失（*daño moral*）"。文中还提及了在评估非经济损失时必须要考虑到的多个因素。 118

虽然法律学者和判例都认为 1/1982《组织法》法案第 9.2 条规定，赔偿由非法侵害造成的损失，既包含了经济损失也包含了非经济损失，[93] 但是还有一些怀疑论认为，不能确定 1/1982《组织法》法案第 9.3 条中所指的损失是包含了两种损失还是只指非经济损失。[94]，主流的法律观点认为应该推定为只指非经济损失，经济损失 119

93　这方面的法律学者参见 L. 戴兹 - 布卡祖、A. 郭伦的著述（同前引脚注 35），第 355 页；M. 马丁 - 喀索斯的著述，收录于 P. Salvador Coderch 主编的文集（同前引脚注 48），第 384 页及以下；M. 亚兹奎俄托·托萨达的著述，收录于 L. F. Reglero Campos 主编的文集（同前引脚注 34），第 1239 页；M. 德·科斯尔的著述（同前引脚注 75），第 73 页；A. 阿祖门迪·艾达瑞哥的著述（同前引脚注 48），第 228 页。判例法方面，重点参见最高法院 2000 年 2 月 15 日第［RJ 2000 \ 1157］号、2001 年 3 月 30 日第［RJ2001 \ 4776］号和 2002 年 11 月 25 日第［RJ 2002 \ 10274］号判决。

94　关于这一点，M. 德·科斯尔的著述（同前引脚注75）第 73 页指出：对非经济损失的推定，是不可反驳的；仅可对经济损失加以反驳。在这方面为数不多的判例可参见最高法院 1998 年 1 月 27 日第［RJ 1998 \ 551］号和 2002 年 12 月 31 日第［RJ 2003 \ 335］号判决。

根据一般原则必须在认定损害的诉讼过程中予以证明。[95]

120　　　判例中也有许多判决支持这种观点。最高法院判决 18.4.1989［RJ 1989 \ 3068］号认为"当非法侵害成立，对非金钱损失的赔偿一直是通过推定得出的，已经作出法律推定后，就没有人为裁量的余地了，其他只有 1/1982《组织法》法案第 9.3 条明文规定的对非经济损失评估的标准"。最高法院 24.6.2000［RJ 2000 \ 5303］号也认为非经济损失"只要证明了存在对本法案中所保护权利的非法侵害，依据前文提及的法案第 9.3 条的规定执行。"与此相同，最高法院判决 16.5.2002［RJ 2002 \ 6746］中声明"本案中，非常明显，公众认为 N 女士为了美容整形目的在进行药品交易，毫无疑问其中肯定有关她的隐私，必须对其中造成的非经济损失作出评估"。最后，最高法院判决 25.11.2002［RJ 2002 \ 10274］号支持了这一判决，认为经济损失"必须被证明，并且没有充分证据证明被告所作出的报道，特别是刊登了原告的照片对原告作为模特的专业形象造成了损害"，在判决中还指出："第 9 条指明了在评估由非法侵害造成的非经济损失时必须要考虑到的因素。"

121　　　1/1982 组织法第 9.3 条确立的原则是西班牙法律的普通原则中的一项特例。一般情况下，原告对存在的损失负有举证义务。因此，本条规定的"推定"是正当的，因为这类损失的举证难度很大，同时也由于受到侵害的合法利益的特殊性质（荣誉权、个人和家庭隐私权以及肖像权），允许对非经济损失进行推定。[96] 在 1/1982 组织法第 9.3 条中规定的推定上出现了更多的分歧。少数观点认为本条应

---

[95]　在这个问题上，参见 M. 马丁－喀索斯的著述（同前引脚注 48），第 385 页，以及此后 M. 亚兹奎俄托·托萨达的著述，收录于 L. F. Reglero Campos 主编的文集（同前引脚注 34），第 1239 页以及 T. Vidal Marín 的著述（同前引脚注 42），第 218 页。

[96]　参见 M. 马丁－喀索斯的阐述，收录于 P. Salvador Coderch 主编的著作（同前引脚注 48），第 385 页；另见 T. 维达·马林的著述（同前引脚注 42），第 218 页。

该是不可推翻（*iuris et de iure*）的推定，[97] 而另一些法律学者认为——出发点在于第9.3条规定的推定，既是针对经济损失又是针对非经济损失——争论在于推定究竟是存在于案中的非经济损失部分还是经济损失部分。[98] 不管怎么说，主流的法律观点——也是本文笔者的观点——认为1/1982《组织法》法案第9.3条中确立的对非经济损失的推定是可推翻的（*iuris tantum*），因为法案中并没有规定禁止找寻相反于推定的证据，并且依据民事诉讼法（LEC），第385.3条规定"法律作出的推定可以被相反的证据否决，除非法律规定在某类案件中禁止这样做。"[99]

2. 评估非经济损失中的法律因素

1/1982组织法第9.3条规定，评估非经济损失并确定赔偿的数额必须要"注意案件实际情况以及实际造成伤害的严重性，因此，如果案情内包含了相关情况，媒体发行情况和受众范围必须要考虑进来。造成损失的人从中得到的收益也应作为一项考虑的因素"。 122

法律学者们指出，除了提及与传统的及无实际价值较空洞的"案件情节"衡量标准之外，西班牙的法律文本中第一次明确地列明了必须要考虑到的标准，以便能较好地评估损失情况。[100] 判例法表明 123

97　相关的法律著作，参见如 X. O'Callaghan Muñoz，Libertad de expresión y sus límites：honor，intimidad e imagen，1991年版，第202页。相关判例参见 STS 25.4.1989 [RJ 1989 \ 3260] 号，其中指出了"1982年5月通过的1/1982法案，是对程序的法律规定，第9.3条中明确规定了赔偿可以延展到非经济损失；在这种情况下，对损失的推定不得加以反驳，而且声明肯定包括各种痛苦或焦虑的形式"。

98　参见 M. 德·科斯尔的著述（同前引脚注75），第73页；J. 维德尔·马丁尼斯著：El derecho a la intimidad en la Ley Orgánicade 5 - 5 - 1982，1984年版，第146页。

99　其中，持这种观点的有 L. 戴兹 - 布卡祖、A. 郭伦的著述（同前引脚注35），第355页；J. M. 乐特瑞欧的著述（同前引脚注64），第275页；T. 维达·马林的著述（同前引脚注42），第219页；F. 赫锐罗 - 泰吉多的著述（同前引脚注60），第268页，尽管晚近的法律学者认为推定既包括经济损失层面也包括非经济损失层面。

100　M. 马丁 - 喀索斯的阐述，载于 P. Salvador Coderch 主编的著作（同前引脚注48），第388页。

1/1982 组织法中第 9.3 条 "列举的标准必须是考虑到在衡量非经济损失时的需要，基本的目标在于避免主观的量化以免不符合受害人自己感觉到的受侵害的程度"。（西班牙最高法院判例 25.11.2002 [RJ 2002 \ 10274] 号）。从这个角度说，最高法院的许多判决都提及了该条中列举的标准以及明确提出 "认定侵犯他人隐私权应负的经济责任，应该由以下几方面决定，即侵害的严重性和新闻传播的范围以及从中获取的经济利益。"（最高法院判例 20.7.2000 [RJ 2000 \ 6184] 号；14.11.2002 [RJ 2002 \ 9816] 号）。

（1）"案件情节"

124   虽然要求法院要谨慎对待参考案件中的具体情况，实际上是要求法官要谨慎计算对非经济损失赔偿的数额。在这些案件中，特定的个人、职业或者家庭情况可能会作为参考因素，尤其是某些特别因素例如受害人先前有挑衅行为，或者在诽谤案件中，受害人原本的名声很好或者很差。[101]

125   所以，例如在最高法院判例 14.11.2002 [RJ 2002 \ 9816] 号，案中一幅未经许可拍摄的照片刊登在一份八卦杂志中，照片的主角是一位知名的西班牙商人，他正在海滩上。考虑到已经构成了非法侵害并且只需要就已造成的非经济损失赔偿 200 欧元，最高法院认为："由于缺乏直接引用第 9.3 条中列举的标准的依据，法院考虑到照片的意义——缺乏——受害人富有——重要——照片中人物所处地点——公共场合——实际上该照片是由受害人朋友所拍，不知何人将其外传"。不过，标准做法中，法院并不倾向于如此细致地分析需要进行考量的案件情节。

（2）"损害的严重性"、惩罚性赔偿金、象征性赔偿金

---

101 参见 M. 马丁－喀索斯的阐述，载于 P. Salvador Coderch 主编的著作（同前引脚注 48），第 389－390 页；M. 亚兹奎格托·托萨达的阐述，载于 L. F. Reglero Campos 主编的著作（同前引脚注 34），第 1241 页。

1/1982《组织法》法案第 9.3 条也提到了："损害的严重性"要　126
作为衡量损失时必须要考虑到的一项标准。这项标准强调赔偿金的
补偿性质，因为数额取决于受害人实际遭受损失的情况而非被告
行为的严重性。众所周知，相比起经济损失，非经济损失中一个
主要的问题是，不可能换算成一个准确的金额，或者说任意数额
的金钱，即使再多，也不可能替代损失。从本质上说损失就是无可
替代的，因此，赔偿金只能起到救济或安慰金的作用，从赔偿非物
质损失和其他非物质利益的意义上说，可以获得金钱，甚至能帮助
受害人从所受伤害中恢复过来（即德国法律中所指的克服功能，
Überwindungsfunktion）[102]。因此，考虑到 1/1982《组织法》法案的基
本理念，赔偿金也有赔偿受害人的作用，西班牙法律中强调要区分[103]
惩罚性赔偿金和象征性赔偿金（后者有时在判例中也被称为"象征
性赔偿"）。[104]

　　虽然，有少数法律学者的观点[105]和少数判例[106]认为 1/1982《组织　127
法》法案中的规定是对惩罚性赔偿金的规定，但批判这一观点的人

---

[102]　参见 M. 马丁－喀索斯的阐述，载于 P. Salvador Coderch 主编的著作（同前引脚注 48），
　　　第 392 页；以及 M. 马丁－喀索斯著：Notas sobre la indemnización del daño moral en las
　　　acciones por difamación de la LO 1/1982, in：Asociación de Profesores de Derecho Civil
　　　（ed.），Libro del Centenario del Código Civil（1990）.

[103]　正如 M. 马丁－喀索斯于 P. Salvador Coderch 主编的著作（同前引脚注 48）第 393 页中
　　　指出的那样，必须谨记，第 9.3 条并不考虑造成损害的行为人的行为有多恶劣而只考
　　　虑造成的后果有多恶劣，这也意味着民法的建立并不以惩罚行为人为目的。相同的论
　　　述可以参见 T. 维达·马林的著述（同前引脚注 42），第 224 页。

[104]　M. 马丁－喀索斯（同前引脚注 48）第 392－396 页，也可参见 M. 马丁－喀索斯（同
　　　前引脚注 102）第 1272 页。

[105]　关于这个问题，可参见 L. F. 瑞格拉诺·坎帕斯的阐述，载于 L. F. Reglero Campos 主编
　　　的文集（同前引脚注 34），第 76－89 页。

[106]　1/1982《组织法》法案的一个特例是，最高法院 1957 年 5 月 21 日第（RJ 1957＼
　　　1133）号判决，其中顺带指明了——即使在一个并非由于人身伤害造成的非经济损失
　　　的案件中——"赔偿金（针对非经济损失）是作为惩罚性的赔偿"。不过这种原则并
　　　没有在判例中得到发扬。

也大有人在，以至于大多数学者和判例坚持认为1/1982《组织法》法案从未将惩罚性赔偿引入西班牙法律。[107]

128   顺便讨论一下这些论据，广为人知的是，1/1982《组织法》法案第9.3条并不是按被告行为的严重程度来确定损失，而是按造成损失的严重性来确定。不过，这并不代表严重恶劣的行为不可以作为赔偿的内容。只要行为足够恶劣，换句话说如果存在疏忽或者故意的行为，导致了严重的损害后果——也就是说由故意或疏忽造成的非法侵害相比起只由轻微疏忽造成的非法侵害可能会带来更严重的损害——它可能会作为估算赔偿金时需要考虑的另一个因素。[108]

129   另外，民法典第1107条也没有为惩罚性赔偿金提供支持依据。这一条款，是包含在法案中规定义务的一般性条款中，它规定了合同之外产生的义务。不过法律原则和判例都承认这一条款可以运用于侵权责任中。[109] 第1107.1条规定了当发生因过错违反义务时，责任人应该对造成的损失承担后果。"行为时该后果被预见或应该被预见，且为行为人过错的必然结果。"不过，依据民法典第1107.2条，

---

107 以下学者反对这样一种观点，即西班牙法律体系中应该要重视惩罚性赔偿。大体上可参见 F. 潘塔李昂，在 Comentarios del Código Civil II, com. art. 1902（1991年），第1971页；R. 德·安吉·雅奎兹, Tratado de responsabilidad civil（1993年），第60页；M. 马丁－喀索斯的著述（同前引脚注48），第392页，F. 潘塔李昂著：La Constitución, el honor y unos abrigos［1996］3 La Ley, 第1690页；M. 亚兹奎俄托·托萨达的著述（同前引脚注74），第52页。

108 重点参见 M. 马丁－喀索斯的阐述，载于 P. Salvador Coderch 主编的著述（同前引脚注48），第393页。

109 支持将民法典第1107条适用于侵权行为之债的观点，可参见 F. 瑞夫洛的阐述，载于 J. L. Lacruz et 等人合编的 Elementos de Derecho Civil. II. Derecho de Obligaciones vol. 2. Contratos y cuasicontratos. Delito y cuasidelito, 1999年版，第504－404页；A. 郭伦的阐述，载于 L. 戴兹－布卡祖、A. 郭伦合编的 Sistema de derecho civil, vol. II. El contrato en general. La relación obligatoria. Contratos en especial. Cuasi contratos. Enriquecimiento sin causa. Responsabilidad extracontractual, 1995年版，第617页；R. 德·安吉·雅奎兹的著述（同前引脚注107），第802－809页；A. 德·卡斯欧著：El dolo en el Derecho Civil, 1955年版，第138页及以下。

"在涉及故意做出不法行为的案件中，义务人应当对所有已知的因他未履行义务造成的损失负责。"

正如法学家们已经准确地指出的，本条款的目的——不同结果 130
的目的取决于义务人的行为是出于过失还是故意——并不是要制裁一种行为而是要确立不同的责任范围。因此，在行为人有过错的场合中，行为人要对损害负责的一项必备要件是行为的非法性；在行为人属于故意的情况下，行为人要为所有已知的因非法行为造成的损害负责，无论在作出行为时，产生的后果是否可以预见。在这类案件中决定性的要件是行为与损害结果之间的因果联系，因此"会影响估算赔偿的因素是责任人是否应该对损失承担更多的或较少的责任，衡量损失的方法并不会因为故意或过失而会有所不同。"[110] 最后，从宪法的角度说，法学界也反对在西班牙法律中引入惩罚性赔偿，因为他们认为这样可能有悖于宪法保护的原则，例如罪刑法定、法无明文规定不为罪、一罪不二审原则。[111]

关于所谓象征性或表征性赔偿，西班牙法律体系中也不存在。 131
不过，最高法院判决偶尔会作出象征性赔偿的判罚金额，例如最高法院1989年2月23日［RJ1989\1250］号判决所述，在一例非法侵害荣誉权的案件中，一名赞成堕胎的内科医生的信件被报纸公开刊登，最高法院判罚了1比塞塔（约合0.6欧分）。

总之，法律原则和之后的判例明确地反对了象征性赔偿金。从 132
这个角度说，也就意味着当造成了损害且损害并不可能用上文提及

---

[110] 参见 M. 马丁－喀索斯的阐述，载于 P. Salvador Coderch 主编的著作（同前引脚注48），第393页。还可参见 R. 德·安吉·雅奎兹的著述（同前引脚注107），第808页，其中指出："过错的严重性会对因果关系的范围产生影响，具体如下：当行为人的行为是故意的，与轻微疏忽相比，行为人要对后果承担更多的责任。……过错的严重性在判断受损失的双方哪方必须要负责时起到重要作用，不过一旦损失认定完成（换句话说一旦确定了造成的损失属于民法典第1902条的范围），行为人要负全部、不可分割的责任"。

[111] 参见 M. 马丁－喀索斯的著述（同前引脚注102），第1258页及以下。

的赔偿方式赔偿（例如，通过公开或播放判决或者履行更正权的方式），或者这些已有的赔偿方式不够充分，法庭必须要修复已造成的损失，这就要求要有附加赔偿。[112] 不过一笔象征性赔偿金，并不足以赔付，它只是一种对权利的确认方式，在西班牙法律中这种功能通常通过除了侵权法之外的其他法律机制实现。[113]

133   西班牙最高法院依据该项因素作出了判决，并且自最高法院判决 14. 12. 1993［RJ 1993 \ 9896］号判例之后该条款就成了判例中较主流的意见，该案处理了一起由一名建筑师的六位继承人提起的诉讼，他们控告了一份出版物，出版物中忽略了这位已故建筑师是某栋建筑的设计者这一事实。因而继承人们要求判决出版物侵害了作者权利，并要求赔偿每位继承人 1 比塞塔（约合 0.6 欧分）作为对他们遭受到的非经济损失的赔偿。[114] 最高法院认为，不提及已逝建筑师是某栋建筑物的作者，构成了对作者权的侵害，但是法院没有作出赔偿被告 6 比塞塔（约合 3.6 欧分）的判决。法院认为通过判决确认权利已经能够起到精神抚慰的作用了，并且"由此，法院从学理的角度或从法理探讨的角度，都不支持在无其他特别作用而单只是起到精神抚慰作用时判罚象征性赔偿，虽然这是合法的，但不属于法律管辖的范畴。"相同的道理，最高法院判决 17. 10. 1996［RJ 1996 \ 7506］号，是一起诽谤案件，原告要求 1 比塞塔作为赔偿，最高法院明确声明并且作出强调："所有象征性赔偿必须禁止。"与这个观点相同，在最高法院判决 30. 9. 2002［RJ 2002 \ 7879］号中，该案中原告要求法院作出的判决无益于他们自身的利益。最高法院声明，如果诉讼要求中提及的赔偿金总数只要求 1 比塞塔，该诉讼

---

112 参见 M. 马丁－喀索斯的阐述，载于 P. Salvador Coderch 主编的文集（同前引脚注48），第 395 页。

113 参见 M. 马丁－喀索斯的著述（同前引脚注102），第 1264 页。

114 另参见对此的批判性评论，A. 卡罗斯卡·皮瑞拉著：Com. STS 14 de diciembre 1993,［1993］33 Cuadernos Civitas de Jurisprudencia Civil，第 1105－1117 页．

"没有实质内容"所以可以予以驳回。[115]

最后，宪法法院也反对象征性赔偿金并且作出了很多宪法判决，其中有 1994 年 11 月 17 日第 12 号判决，2001 年 9 月 17 日第 186 号判决。"西班牙宪法第 9.1 条、1.1 条、53.2 条，这些条款防止法院保护权利和自由的行为流于形式或成为象征性的行为。"值得一提的是在后一个案件中，最高法院判决了一起非法侵害公众人物（伊莎贝尔·普瑞赛尔）的隐私权案件，这个案件史无前例地出现了两个法院长久对抗的局面，最终宪法法院撤销了判决。

134

（3）媒体的"发行量和受众面"

1/1982 组织法第 9.3 条中特别指出的在衡量因非法侵害造成的非经济损失的赔偿金时的另一项环境因素是发生非法侵害的"媒体的发行量或者受众面"（印刷品的销售量、受众调查结果等等）。不过，这项因素并不是一项独立的因素，立法者将它与衡量损害的严重程度紧密联系在一起。[116] 另外，这条因素并不仅指大众媒体（出版物、广播、电视等等），还包括了私人写作载体，例如，可以被复制和传播或者张贴在布告栏中的文稿。不过，在定义例如"发行量"、"受众面"时，法律也清晰地规定了必须能够构成传播，也就是说信息能被传给第三人。最后，虽然非法侵害地理区域扩大会作为一个相关的层面，原则上，地理上传播范围越广，就越严重，但实际上并不一定如此。有时也可能会发生这样的情况：本地报刊或者本地的广播电视媒体上传播的信息构成了非法侵害行为，因此，信息传播的范围仅仅集中在原告生活的或者工作的地理区域内。不过，在这种情况下，有可能造成损害的程度与在较广阔的地理区域内进行

135

115　对此，另参见，SSAP Cádiz 8.7.2002［AC 2002＼2266］和 3.12.2001［AC2002＼55965］.

116　参见 M. 马丁－喀索斯的论述，载于 P. Salvador Coderch 主编的著作（同前引脚注48），第 396 页。

传播所造成的损害程度一样强，甚至更强。[117]

136 　　当年 9 月 17 日作出的宪法判决 186/2001 号伊莎贝尔·普瑞赛尔案（Isabel Preysler's case），处理了一起非法侵害隐私权的案件，受害人是西班牙上流社会的一位女性，她是西班牙八卦杂志上的常客，宪法法院受理了上诉，上诉人认为最高法院判决 20. 7. 2000［RJ 2000 \ 6184］号是违宪的，上文已经说过，最高法院判决了 25,000 比塞塔（约合 150 欧元）的赔偿金。宪法法院反对这一判决，认为判决没有恰当理解 1/1982 组织法第 9. 3 条中规定的衡量标准，所以支持了金额为 10,000,000 比塞塔（约合 60,000 欧元）的赔偿金，这个金额是上诉法院作出的判决。宪法法院认为，最高法院作出的判决"并没有考虑到发表文章造成了侵害的这份媒体的发行量或受众面（1/1982 组织法第 9. 3 条中包含的因素），需要强调的是无论媒体发表范围还是因发表所获利益都不应单纯以金钱衡量。"的确，通过公开报道获得的经济利益并没有在这个程序中进行衡量，认定它的程序是通过核算与刊登报道的杂志的发行量相关的记录和数据来认定。宪法法院认为初审法院将这一数字重复计算了，"目前这一阶段为止，依据 OJD（即负责统计报纸和杂志的发行量的办公室，*Oficina de Justificación de la Difusión*）1990 年 12 月 3 日提供的数据，显示 Lecturas 杂志在 1989 年 4 月至 8 月期间的月平均销售量约为 331,934（四月）份至 435,716 份（八月），而销售量的增长刚好与侵权的时间相吻合，可以认定为二者之间有关联"。此外，宪法法院认为最高法院"并没有考虑到案件中的实际情况，……在判决的理由中没有考虑到 Lecturas 杂志在其他形式的媒体上为这篇报道所作的广告，包括电视，以及连续 12 个星期出现的扩展报道，或者将上诉人的照片刊登在封面上非常显著的位置，以上提到的所有这些行

117　参见 M. 马丁－喀索斯的论述，载于 P. Salvador Coderch 主编的著作（同前引脚注 48），第 397 页。

为，都应当成为从造成损害的媒体的发行量或受众面的角度来衡量
损害严重性时，应当要考虑到的因素。"[118]

　　虽然宪法法院来处理这类案件非常奇怪，他们所采用的原则就
是最高法院一般会采用的原则，例如在最高法院判决 21.2.2000［RJ
2000 \ 751］号中，处理了一起侵害 18 岁少女隐私权的案件，案中
有篇文章报道了她遭到强暴，并且她的全名和地址作为一则消息被
公开。除了刊登判决以声明构成了权利侵害之外，原告还请求判罚
2,500 万比塞塔（约合 150,000 欧元）的赔偿金。一审法院支持了
600 万比塞塔（约合 36,000 欧元）的赔偿金额，而上诉法院将赔偿
金金额降低为 150 万（约合 9,000 欧元）。最高法院认为上诉法院未
恰当估算因非法侵害造成的非经济损失，于是又将赔偿金金额增加
到 36,000 欧元，也就是一审法院最初作出的判罚。最高法院增加金
额的判决的依据是"侵害具有极端的严重性，不仅仅因为隐私，例
如性生活，是最基本且主要的权利……"，还因为"公开这些信息很
有可能加重了因为强暴带来的痛苦和损害"，"另外，还要考虑到，

137

---

[118] 事实上，到目前为止，这起案件是这些年中引起西班牙媒体界以及法律界强烈反响的
案件之一。不过，遗憾的是，引起强烈的反响并不是因为这起案件的重要意义或者是
伊莎贝尔·普瑞赛尔的高知名度，而是因为最高法院和宪法法院在体制上可悲的冲
突。西班牙宪法法院在一系列的最高法院判决，例如在 1996 年 12 月 31 日最高法院第
［RJ 1996 \ 9226］号判决的基础上作出的 1999 年 5 月 5 日第 115 号宪法判决。相应
地，这个判决成为最高法院 2000 年 7 月 20 日第［RJ 2000 \ 6184］号判决处理"应答
权"的依据；最后，这项判决被宪法法院通过 2001 年 9 月 17 日第 186 号判决宣告无
效。这种分歧后来仍然出现在 2001 年 11 月 5 日最高法院第［RJ 2002 \ 677］号判决
中，在与该案无关的诉讼中它被提了出来，但最高法院借此找到了就宪法法院在该案
中的观点进行尖锐批评的良机。详情可以参见 P. 赛尔维多 · 柯德奇、C. 戈麦斯 · 里
格瑞主编的 Libertad de expresión y conflicto institucional：cinco estudios sobre la aplicación
judicial de los derechos al honor，intimidad y propia imagen，2002 年版，P. 赛尔维多 · 柯
德奇、S. 拉莫斯 · 格纳利兹、A. 露娜 · 杨格、C. 戈麦斯 · 里格瑞合著的 Libertad de
expresión y luchas depoder entre tribunales，第 19 至 47 页。

这份报纸是地区发行的报纸"。[119]

（4）"侵权者因侵权行为获得的利益"，不当得利

138   1/1982 组织法第 9.3 条中规定的最后一条标尺是"侵权者因侵权行为获得的利益"。这项规定背后的理念是，在一项非法侵害中，除了给受害人造成经济损失和非经济损失之外，有可能还会给侵权者带来利益。为了避免非法行使权利较之合法行使权利——说穿了——反而付出"更少的"成本这种（不合理）现象，必须要阻止侵权者在赔付了造成的损失之后，还能从他的错误行为中获取边际利润。[120] 将所获利益归还受害人，并不意味着私法上的制裁，[121] 而是由他/她自己负担费用，将他从侵权行为中获得的不当得利归还给受害人。因此，这是西班牙法律中少数案件里的一个，其中侵权法与不当得利，他们各自有自己的功能，但又紧密联系。[122]

139   传统上，西班牙法学家和判例中都将这两个法律领域独立开来。不过，近来较多认为，在某些特定领域，不当得利和侵权法可以有相通之处。从下列法律规定上看，这起案件在多个领域构成了对他人权利的侵害，[123] 例如，专利法中第 66.2.b 和 c 条，版权法综述第 140.1 条以及商标法第 38.2.b 条。1/1982 组织法第 9.3 条中规定的

---

119 另可参见最高法院 2002 年 6 月 4 日第［RJ 2002＼6754］号判决，本案是一起荣誉权侵权案件，案中某杂志上刊登了一篇文章，将原告与一起嗑药后发生的交通事故联系在一起。最高法院驳回了诉讼，认为发行量过少（案中为 25,000 份）不足以据此增加赔偿金，只可以通过刊登判决的方式来作为补救，因此，支持了原审法院判处的 1,000 万比塞塔（约合 60,000 欧元）的赔偿。

120 参见 M. 马丁－喀索斯的阐述，载于 P. Salvador Coderch 主编的著作（同前引脚注48），第 398 页；T. 维达·马林的著述（同前引脚注 42），第 224 页。

121 T. 维达·马林的著述（同前引脚注 42），第 224 页。

122 M. 亚兹奎俄托·托萨达的著述（同前引脚注74），第 178 页。

123 参见 X. 巴索萨伯·阿鲁著：Enriquecimiento injustificado por intromisión en derecho ajeno，1998 年版。

通过侵害获利，同样适用于这类案件中。[124] 虽然在这类案件中，侵权法范围内对损害的诉讼请求也包含了归还不当得利的诉讼请求，不过，这和处理专利法案件、版权法案件、贸易法案件和非法侵害 1/1982 组织法第 9.3 条所保护权利的案件有本质的不同。在前一种案件中，请求归还不当得利包括在对损害的侵权索赔诉讼请求中，这可以作为对赔偿损失利益的一种替代诉求。不过，在非法侵害 1/1982 组织法第 9.3 条中所保护的权利的案件中，归还不当得利的诉求是侵权损害诉求的补充，目的在于计算损失时可以增加金额，并且可以收回因造成的伤害所获取的非法利益。[125]

无论如何，必须要谨记的是收回的利益必须确定是侵权者通过　　140
侵权行为而获得的利益，而不能是其他的收入。因此，这项规定的目的不是没收大众媒体因其组织活动所获得的所有收入。[126]

（四）检讨重审案件中出现金额剧增的情况

在检讨重审案件时赔偿金金额剧增的情况，判例中的主流观点　　141
非常清楚地强调，事实上，估算赔偿金的金额应该是一审法院需要解决的问题，因此，在重审中不应该涉及。尽管如此，判例同样认为，在重审中需要核查的问题是，在估算赔偿金金额时对 1/1982 组织法第 9.3 条规定的解释和适用。原因是该条款中规定的标准还是个法律问题，因此有可能在上诉中出现分歧。[127] 如果这些标准"没有

124　参见 M. 马丁 – 喀索斯的阐述，载于 P. Salvador Coderch 主编的著作（同前引脚注 48），第 399 页以及 M. 亚兹奎俄托·托萨达的著述（同前引脚注 74），第 178 – 179 页。

125　参见 M. 马丁 – 喀索斯的阐述，载于 P. Salvador Coderch 主编的著作（同前引脚注 48），第 399 页以及 M. 亚兹奎俄托·托萨达的阐述，载于 L. F. Reglero Campos 主编的著作（同前引脚注 34），第 1241 页。

126　参见 M. 马丁 – 喀索斯的阐述，载于 P. Salvador Coderch 主编的著作（同前引脚注 48），第 398 – 399 页。

127　重点参见参见 M. 马丁 – 喀索斯的阐述，载于 P. Salvador Coderch 主编的著作（同前引脚注 48），第 407 页以及 M. 亚兹奎俄托·托萨达的阐述，载于 L. F. Reglero Campos 主编的著述（同前引脚注 34），第 1242 – 1245 页。

被上诉法院的判决仔细参考，或者考虑得不够周详，不够恰当或不够理性，那么，作为上诉中的特例，估算的赔偿金的金额应该重新计算。"（在众多最高法院判决中，主要参见 1995 年 7 月 15 日第 ［RJ1995＼6011］号判决以及 2002 年 11 月 25 日第 ［RJ 2002＼10274］号判决）。[128]

142   在重审阶段重新估算赔偿金的可能性经过了宪法法院的确认，作出确认的是宪法判决 186/2001 号，当年 9 月 17 日作出（普瑞赛尔案），其中指出了，一般情况下不会在重审阶段重新估算赔偿金，"但这并不妨碍，在判例法庭评估非经济损失时并未充分考虑标准的情况下作出判决时，或者判例法庭整个估算非常不周详、不恰当或者不理智时，或者赔偿金额非常过分时……，最高法院可以在重审过程中增加赔偿金金额。"

（五）诉讼时效

143   依据 1/1982 组织法第 9.5 条，对非法侵害的诉讼保护"遵循惯例"（caducan），其诉讼时效为 4 年，起算时间是权利人可以行使权利时起。事实上法案中使用了西班牙词语是期限（caducidad），而不是时效（prescription），caducidad 这个词非常类似意大利语中的 de-candezza，所以它最大的特点是不能中断。[129]

144   最高法院 2000 年 7 月 31 日第 ［RJ 2000＼6206］号判决明确地将时效期限界定为"caducan"，其中明确了 1/1982 组织法"必须将

---

[128] 相同观点，可以参考最高法院 1997 年 3 月 26 日第 ［RJ 1997＼1864］号、2000 年 1 月 21 日第 ［RJ2000＼224］号、2000 年 2 月 21 日第 ［RJ 2000＼751］号、2002 年 1 月 25 日第 ［RJ 2002＼31］号以及 2002 年 7 月 12 日第 ［RJ 2002＼8251］号判决。

[129] 重点参见 L. 戴兹－布卡祖/A. 郭伦的著述（同前引脚注 35）第 356 页；M. 亚兹奎俄托·托萨达的著述（同前引脚注 74）第 176 页，以及最高法院 1998 年 9 月 28 日第 ［RJ 1998＼6800］号判决，其中指出"前文提及的组织法第 9.5 条，并没有采用 pre-scription 一词，而是用 caducidad 来表达，通过 1982 年 3 月 17 日参议院会议实录第 7311 页看出这是由发生在参议院里的辩论直接形成的。"关于这一点，另参见最高法院 2002 年 11 月 22 日第 ［RJ2002＼10364）号判决。

caducidad 理解为是权利的衰减，这是因为法律对权利的存续期设立
了一个固定的时限，所以当这个时间届满时，就不能再就权利提出
主张"，并且"为了避免缺乏目的的法律保护，必须要从未能行使权
利的权利人的角度来看待法律规定的时限。另外，期限机制不同于
时效最基本的一点是，它不可以中断，这也是区分二者最重要的特
点……"

　　在确定诉讼期限的起算日期时——也就是上文提到的期限的起 145
算日——1/1982 组织法第 9.5 条规定"自权利人可以行使权利之时
起"，换句话说，当他可以提起诉讼来对抗法案中规定的非法侵害行
为时起算。不过，判例中对诉讼起算日期的观点更多样化，因为 1/
1982《组织法》第 9.5 条所规定的方法可能会有多种解释。因此，
最高法院判决 28.9.1998［RJ 1998 \ 6800］号作出解释"判例并不
会给出确凿的答案，而是试图帮助每个特定案件找到答案"，因此，
考虑到日期的起算日"开始于"受害人，依据 1/1982《组织法》第
1.2 条规定，行使他的权利选择提起刑事诉讼以对抗他所遭受的非法
侵害。不过，也有一些观点认为，诉讼期的起算日应自受害人知道
自己的权利受到非法侵害之日。(有很多可参考案例，包括最高法院
1990 年 5 月 28 日作出的［RJ 1990 \ 4090 号判决和 2000 年 7 月 31 日
作出的［RJ 2000 \ 6206］号判决)。

针对大众媒体侵害人格权的保护：瑞士

海因茨·豪斯赫尔　雷吉娜 **E**. 埃比－穆勒

一、人格权保护与表达自由

（一）法律上的一般条款——《瑞士民法典》（ZGB）第 28 条

1　　《民法典》28 条[1]作为私法上全面的人格权保护条款是瑞士民法中人格权保护的核心：

《民法典》第 28 条

（1）任何人在其人格权受到不法侵害时，为了寻求救济，可对任何参与实施侵害的人提起诉讼。

（2）未经被侵害人同意，不存在重要的私人或者公共利益，或者法律未明确排除违法性，侵害行为即为违法。

2　　1907 年，随着在《民法典》第 28 条[2]设立了私法上人格权保护的一般条款，瑞士在国际发展中遥遥领先[3]，在这部法典里，不仅仅

1　Schweizerisches Zivilgesetzbuch（ZGB），瑞士《民法典》，Systematische Sammlung des Bundesrechts（SR），210。

2　参见创始条款 1881 年债法（OR）第 55 条，A. Egger, Zürcher-Kommentar（ZK-Egger）I：Einleitung und Persönlichkeit（1930 年版），N4 ff zu［a］《民法典》第 28 条。

3　更早的一般人格权保护无疑规定在奥地利的《普通民法典》（Allgemeines Bürgerliches Gesetzbuch（ABGB））第 16 条，在过去几十年里，在瑞士以及联邦德国全面的人格权保护的发展很久之后，这条规定才被真正认识到。关于罗马法以来的人格权保护的发展，参见 E. Bucher, Neues auf dem Gebiet des privatrechtlichen Persönlichkeitsschutzes：Estratto dall′ Annuario di Diritto Comparato e di Studi Legislativi XXXV/1（1961），15ff.

特殊领域的人格权保护（比如德国法上所谓的"特别人格权"），而且所有必要的人格方面都得到了保护。[4] 当然人们立刻在学说和判例中建立了典型性侵害的案例类别。[5] 当时适用的《民法典》第28条（现《民法典》第28a条）中提及了对于"人身关系"的侵害，根据此条的字面意思，所谓的人格法益（Persönlichkeitsgüter）成为了当时法律科学中的研究主题。尽管这样，《民法典》第28条（现《民法典》第28a条）仍然是全面的参照请求权（Achtugnsanpruch）和有效请求权（Geltungsanspruch）[6] 的基础，因此，主流的学术观点和司法实践并不认可某种涉及个人法益（Rechtsgüter）的权利，而是认可为了保护人格的某种一般权利，[7] 或者至少澄清说明，这种对于单一人格法益的列举不能够全面。[8] 法律没有解释被保护的人格法益和个别侵害的事实要件，通过这种方式理解可预见的侵害构成要件，在法律环境改变时使得法律续造（Rechtsfortbildung）的空间得以保留。[9]

从给人格权提供保护的环境可以得知，其后果是负面并且是压制的。人格权的功能并不在于对于个体法益或者价值的分配，而是在于基于已经取得的（非财产性）的利益或者价值，保护其免于第

3

4　对于人格权保护的批判，参见 E. Bucher, Was ist Begriffsjurisprudenz, ［1966］ Zeitschrift des Bernischen Juristenvereins （ZBJV）, 102, 282f mwH。

5　此处参见下文大众媒体，边码45以下。

6　ZK-Egger, N47; J. P. Müller, Die Grundrechte der Verfassung und der Persönlichkeitsschutz des Privatrechts （1964）, 45f.

7　ZK-Egger, N47 关于《民法典》第28条。

8　参见 E. Bucher （见注释3）, 14, 根据其观点，在人格权保护方面，一般条款是不可避免的，"因为显然在这方面，立法者的预见并不能够总能适应生活的多样性。特别条款可能是有用的，受欢迎的，并且也确实有益，但人格权保护的实质核心势必需要一般条款。"

9　H. Hausheer/R. Aebi-Müller, Das Personenrecht des schweizerischen Zivilgesetzbuches （1999） Rz 10. 14.

三人的妨害。[10] 基于这种原因，人格权的本质被强调为防御权（Abwehrrecht）。换句话说，人格权的一般条款表明有关人员在法律上被保护的权利，其有权要求其他所有人放弃以某种直接触及其个人利益的任何不法侵害。一旦某种此类不法侵害给被侵害人造成经济上的损失，防御请求权（Abwehranspruch）一定会导致根据一般原则所得出的经济结果请求权（Folgeansprüche）。（参见下文，边码81及以下，边码86以下，边码104及以下）

4 　　伴随着1983年修正案，立法活动中的根本原则并没有变化。现今的《民法典》第28条尽管在字面上有细微的改变，并且在权利救济（Rechtsbehelfe）方面，基于联邦法律通过第28a条至第28l条对其加以补充，但是立法者为了不妨碍法律续造[11]，仍然拒绝就特定的人格权领域明确地逐一列举。[12]

5 　　举例来说，在瑞士个人肖像虽不具有独立的财产价值，但是它是被保护的人格权的一部分。大多数情况下，为了广告目的，对于肖像权人同意在特定产品上使用其肖像的将支付报酬。相反未经同意而使用肖像构成侵害人格权违法的行为[13]，可以导致经济和精神上损害赔偿以及返还所得利益。

6 　　因伴随高度私人化或者与个人相关的防御权，瑞士的人格权概念会导致绝对的涉及范围和方式的私法上人格权保护的限制。因为

10　E. Bucher（见注释3），10。

11　P. Tercier, Le nouveau droit de la personnalité（1984），Rz 344ff；M. Pedrazzini/N. Oberholzer, Grundriss des Personenrechts（1993年第4版），132.

12　应树立的正确观点是，在《民法典》以外，"特殊人格权"早已产生并发展，这样的发展在变得越来越密集的特别立法中得以展示，与此相关，应特别提及的法律规定有：《数据保护法》（Datenschutzgesetz）、《卡特尔法》（kartellgesetzes）、《反不正当竞争法》（Gesetzes über den unlauteren wettbewerb）以及《生殖辅助医疗法》（Fortpflanzungsmedizingesetz）中的某些规定。

13　参见下文边码51。

像这样量身而定（私法上）的人格权保护[14]的法律救济手段是不可转让的，举例来说，（有偿）利用他人人格权某些方面的被授权人［"许可持有人（Lizensnehmer）"］不能够针对侵犯其被授予权利的第三人采取行动。[15] 这在实践中被认为是不理想的。[16] 除此以外，在大多数情况下由于人格权的不可继承性，必须容忍死亡以后人格权保护的漏洞。（参见边码58以下）

根据《瑞士民法典》第28条及以下各条款，联邦私法上受保护的人格权不单单包括各项具体人格，还包括个体人格展开过程中体现出的个体人性（"conditions humains"）。换句话说：人格权作为法律概念包含了"个人作为人，即考虑到个人的生存，精神上和肉体上的力量，有权享有的一切性质和权利。"[17] 学说将受保护的整体人格权所包含的人格法益区分为三种类型，即物理性、情感性（情绪性）以及社会性的人格权。显而易见，这种区分仅仅服务于阐释，并不具有严格的体系性。[18]   7

不仅仅是自然人，法人也可以援引《民法典》第28条及以下条款。[19]   8

---

14 对各种侵犯人格的行为进行防御意义上的人格权；参见下文边码78以下。

15 M. Bächli, Das Recht am eigenen Bild（2002），130ff.

16 这种理念是与瑞士的学说史一致的，根据这种理念，许可仅仅具有债权上的效果。特别应提及，这种理念与之前在联邦德国占主流地位的观点相悖，根据联邦德国的观点，许可仅仅是具有物权或者准物权的上后果；B. Berger/A. Güngerich, Die Prozessführungsbefugnis des Lizenznehmers, ［2003］Zeitschrift für juristische Ausbildung und Praxis（recht），133ff, 135；对于联邦德国法律观点的批判参见 J. Glöckner, Die ausschließliche Patentlizenz, Dogmatische und rechtsvergleichende Betrachtungen zum Schutz des Lizenznehmers, ［2003］Zeitschrift für schweizerisches Recht（ZSR）122I, 473f, 特别是486以下。

17 P. Tuor/B. Schnyder/J. Schmid/A. Rumo-Jungo, Das Schweizerische Zivilgesetzbuch（2002年第12版），87。

18 例如名誉涉及的不仅包括相关者的名誉感，还包括其在公共场合的声望；参见 H. Hausheer /R. Aebi-Müller（注释9），边码12.88。

19 瑞士法院判决，Amtliche Sammlung（BGE）95II 491f（Club Méditerranée）：Schutz eines Reiseveranstalters vor persönlichkeitsverletzender Satire in einer Tageszeitung。

（二）宪法学背景

9   在瑞士，《民法典》（ZGB）中的人格权保护在时间上领先于基本法中的保护。《民法典》第 28 条（现 28a 条）作为一般条款在 1907 年已经存在，而联邦法院在 1963 年才通过判例认可"人身自由"是一项基本权利，[20] 至少在保护范围方面，这项基本权利几乎可以等同于私法上的人格权保护。直到 1998 年，一项全面的基本权利上的人格权保护才最终在修订的联邦《宪法》上加以明确确定。此后涉及公法与私法（或者刑法）上人格权保护之间关系的，基本权利上的价值判断应该考虑私人之间的关系，即通过有关民法规定进行解释。这意味着，只有在根据联邦《宪法》（BV）第 35 条第 3 款规定的所谓间接的第三方效力（Drittwirkung）意义上，基本权利才有决定意义，因为根据瑞士法律观念，基本权利不能在私法关系中直接适用。新闻自由作为实现表达自由、形成公共舆论的保障，当其与个人自由冲突，进而需要解释适用《民法典》第 28 条时，必须要注意联邦《宪法》的评价（即所谓的民法的合宪性解释）。因缺少独立的针对联邦法律的违宪性审查（Verfassungsgerichtsbarkeit），则必须审查民事判决，特别是对联邦法院在终审程序中做出的民事判决是否符合《宪法》规定进行审查。

10   瑞士宪法司法判例并没有在人身自由的基本权利中承认基本法（GG）第二条意义上"一般的行动自由"，而是将基本权利的保护限制在"人格开展的基本表象"上。[21]

11   例如，与德国不同，在瑞士，人们并没有出于这些理由，尝试

---

20   参见 BGE89 I 96。

21   例如 BGE 124I 86f："联邦已经重复表明，并非任何随意的对公民个人领域的侵犯都受未写明基本权利的保护；根据一般行为自由原理，任何个人有权针对任何影响其正常生活的国家行为进行控诉。因个人的自由权不具有一般行为自由的功能，并且不能保护其免于任何身体或心理上的不适感，因此，有必要界定个人自由的保护领域，并且基于侵害的种类和强度在具体情况下予以界定……"

使全面的行动自由或者实质上"人格开展的权利"成为民法中人格权保护的出发点。因此，将人格权作为绝对权利（参见下文）进行处分并无进一步的障碍，尽管在新近的学说中出现了对于现有人格权保护理念的零星批评。[22] 大多数情况下，不仅是作为基本权利的个人自由（包括在私人领域的权利），也包括私法上的人格权保护，一直以来与涉及个人的（对形成公共言论必需的）新闻或者言论表达自由之间处于一种特别的紧张关系，后两者一直以来都以完全特别的方式关注人格权受保护的个体。

1. 言论表达自由与新闻自由概述

直到 1998 年 12 月 18 日宪法修正案于 2000 年 1 月 1 日全面生效，联邦《宪法》第 55 条中的新闻自由才明确得到保障，而联邦《宪法》并未规定一般的言论表达自由。学说和司法判决并没有认同 1874 年联邦《宪法》的基本权利目录，而更多是根据"需要"加以补充，在此之后，通过联邦法院的司法判决，言论表达自由才作为未写明的个别基本权利被同样加以承认，[23] 旨在为宪法性自由权提供充分保护。[24]   12

从这个角度看，新闻自由和全面的言论表达自由中具有特殊意义的某些方面并无不同。[25] 为了达到参与公共言论的目的，前者保障个体表达一己之见并通过媒体参与公共言论形成的自由，后者保障自由的言论形成，涉及文字、笔记、图像或者其他的言论承载体，例如不同的艺术表达形式。   13

这种视角在 1998 年"调整后的"[26] 联邦《宪法》中被接受。现   14

22　参见边码 39。

23　特别参考 BGE 96 Ia 592 以及 98 Ia 421。

24　参见 F. Riklin, Schweizerisches Presserecht（1996），30.

25　参见 BGE 107 Ia 280.

26　根据在此期间公开和明确出现的宪法增补以及法官的法律续造，修订后的宪法文本意在跟上宪法的发展，但并不以全面修正（在全面的重新改写的意义上）为原则。

在一般的言论表达自由规定在联邦《宪法》第16条。与之相联，联邦《宪法》第17条规定了新闻自由，[27] 之所以这样规定，是为了在第20条和第21条中，一方面通过科学研究自由，另一方面通过艺术自由，对其加以补充。需要说明的是，当初立法者将新闻自由规定为一个独立的宪法条款，从而想让其不依赖于一般的言论表达自由而独立存在，《宪法》立法者有意识地想要强调新闻自由在制度上的特别意义，这与联邦参议院的最初设想相悖。[28] 尽管如此，当不考虑在涉及公共言论的形成及表达时，各自表达形式的特殊性，以及需要保护的人格能够在所有不确定的（四种）自由权中发挥作用，《宪法》第16条、17条、20条以及21条在某种意义上构成了一个概念的整体。相应地，对其限制也大致相同。[29]

2. 媒体自由的不同形式

15　　当科研自由和艺术自由通过其特殊的内容以及特别的表达方式从新闻自由中分离出来，考虑到传统意义上的新闻自由，应该注意到的是，对于在过去的一百年中以印刷媒体为手段的言论传播，电子媒体的出现和发展，意味着一场意义重大的变革已经出现。和原则上放任自由竞争的印刷品不同，后者需要一种特别的国家规范。为大众提供信息的信息渠道如广播和电视，不能够简单地放任其自由竞争。一方面存在相应的对于广播和电视的规定，另一方面对于

---

[27] 《联邦宪法》第17条原文如下：
第一款　保障新闻、广播、电视或者传播公共电信信息的其他技术形式。
第二款　严禁审查。
第三款　保障编辑秘密。

[28] 参见 A. Kley, Die Medien im neuen Verfassungsrecht, Berner Tag für die Juristische Praxis（BTJP）1999, Die neue Bundesverfassung（2000），183以下，特别是184。

[29] 《联邦宪法》第16条规定的一般言论表达的构成要件以及根据宪法第17条、20条以及21条规定的特殊言论表达构成要件，是新闻、科学研究与艺术自由的根基还是兜底构成要件（Auffangtatbestand），在学说中有着不同观点，然而并无太大的意义：参见 A. Kley（注释28）以及 U. Zimmerli, Zur Medienfreiheit in der neuen Bundesverfassung, [1999] Medialex（ML），20.

国家控制的相应机构发布的内容予以监管。只要此处涉及类似的媒体自由，那么广播和电视自由就包含于根据联邦《宪法》第 17 条规定的新闻自由之中。然而，为了实现广播与电视自由，考虑到广播与电视的传播网络以及组织者的地位，还需要更多的规则。

后者所涉及的，规定在联邦《宪法》第 93 条，这就是说，在现行（修订过的）《宪法》基本权利目录之外，还规定了内容上有利于国家的管辖权规定，电子媒体被下达了任务指令（Leistungsauftrag）。尽管在内容的适度性以及联邦《宪法》第 35 条第 2 款意义上第三方基本权利的保护方面存有义务，这些必须满足作为独立义务承担者的授权。公权力经营的广播和电视信号上的特殊公共利益不仅仅导致了相应的责任主体，也导致了对于经营者基本权利的约束。这特别意味着应尊重联邦《宪法》新确定的个人自由权利（联邦《宪法》第 10 条）以及新确立的起补充作用的隐私权（联邦《宪法》第 13 条）。 16

根据联邦《宪法》第 93 条第 5 款的规定，这项义务的执行通过一个独立的诉愿机构（Unabhängige Beschwerdeinstanz）[30] 加以保障。基于相应的诉愿，这项执行考虑到了关于经营者的所有宪法性以及一般性法律规定。因此基本权利的框架性规定要求，"尊重所有的人以及所有团体成员的人格尊严，尊重国家的或者所有国家授权被委任以公共职务的人和组织的信仰和文化自由。"[31] 对于人格尊严的尊重在此不仅仅意味着保障已经提及的人身自由以及隐私权，特别意味着实现刑法和民法上的人格权保护。尽管如此，相应的（刑法的）和民法的法律救济同样也能够适用于独立的诉愿程序中。 17

3. 作为媒体自由补充的信息自由

在联邦《宪法》第 16 条第 3 款中，在表达专业言论的前提下， 18

30　此机构被联邦法院在 BGE 122 II 475 案中视为准司法机构。
31　参见独立诉愿机构（UBI）的判决，［1989］Verwaltungspraxis der Bundesbehörden（VPB）48，342。

也就是说在考虑到后期传播的情况下，无障碍地从公共来源取得和接收信息也同样受到保护，并且并不依赖于信息是否和个人相关。只要其他基本权利，如根据联邦《宪法》第 10 条第 2 款规定的身体不受侵害的权利，需要国家方面的信息处理，例如与健康和环境侵害相关的信息，仅在涉及这种情况下，信息义务才涉及国家。[32]

19 如下文进一步所要阐释的[33]，个人领域的信息自由还涉及媒体对于公共的、必要的、与个人相关的法院案件审理或者判决的介入。因此，各级别法庭可能制定的准入准则，关涉报道法院新闻的记者介入案件的程度，因此必须通过基本权利的检验。[34]

4. 特别是编辑秘密（Redaktionsgeheimnis）

20 根据联邦《宪法》第 17 条第 3 款，编辑秘密以及相应的新闻来源保护在基本法上是受到保护的。因此，基于修改后的联邦《宪法》，根据（最新的）狭义的联邦法院的司法判决——因此有时候受到批评[35]——《宪法》上的证言拒绝权（Zeugnisverweigerungsrecht）的意义已经发生改变。针对作为某项原则上所希望的调查和（因此大多）涉及人身权利的媒体活动的前提的来源保护与针对某种极有可能有效的刑事行为的调查涉及的国家利益方面的冲突，联邦法院已经在 BGE 123 IV 236[36] 作出原则上有利于后者的判决。根据《宪法》，编辑秘密防止司法介入不同种类媒体编辑的内部领域。由此，为了"保障"（意思说掩饰）新闻上与个人相关的"自由发明"或者"谎言故事"，必须容忍对于这些来源保护的滥用可能性。第三方

---

32 详见 A. Kley（参见注释 28），195 以下。

33 对此参见边码 32。

34 详见 A. Kley（参见注释 28），197 以下所引用的瑞士以及欧洲合议庭的司法判决，这些判决涉及到瑞士的情况。

35 参见 F. Riklin（注释 24），170 。

36 就其而言，是为了与欧洲人权法院（EGMR）1996 年 5 月 27 日作出的 Goodwin gegen Vereinigtes Königreich 判决一致，［1996］Recueil des arrêts et décisions/Cour européenne de droits de l'homme（Rec）－Ⅱ，483ff 以及［1996］ML，99ff.

与人格权相关的身体和生命的保护法律保留以及与具有特别追究价值的刑事行为由刑法，也只能交由刑法（现在与之相关的是《刑法典》第 27 条之二[37]）规定。任何情况下，这种法律保留必须符合联邦《宪法》第 36 条规定的基本权利的核心内容限制。因此，现今并不能够明确，联邦《刑法典》第 27 条之二第 2 款 b 项提及的有限的几项证言拒绝权[38]的例外情况是否能够在《宪法》第 36 条面前最终持久有效。任何情况下，有问题的法律条款在将来要通过合宪性解释的检验。

5. 与欧洲人权法院相联系的新《宪法》支持下的媒体自由

早在 1998 年《宪法》修正之前，联邦法院相关的宪法司法判决 21 已经一方面对自由的言论表达进行价值性判断，另一方面在（公法或者私法上的）人格权保护领域，多以欧洲的发展，主要结合《欧洲人权公约》（EMRK）第 10 条为根据。[39] 相应的，上文已经解释的新《宪法》的构成也大量地援引《欧洲人权公约》[40]。这意味着，至少原则上如此，言论表达自由的显著的评价（与美国法律传统相似），正如在其他的欧洲法律秩序中，并非立即地加以确定。为了判定相应的基本权利冲突在何处适用，或者说，在《民法典》或者《刑法典》中（一般）法律上的人格权保护的相关条款的合宪性解释的问题，因此都需要参考《欧洲人权公约》第 10 条。[41] 当然，在《欧洲人权公约》的影响下，联邦法院当前的司法实践[42]似乎偶尔更加限制地解释了《欧洲人权公约》第 10 条，或者说比起欧洲法院，

37 瑞士刑法典（Schweizerisches Strafgesetzbuch），SR 311。
38 这与牧师和医生的职业秘密不同。对于州与联邦的不同程序，拒绝作证权对于这些程序将有决定性的作用，参见 A. Kley（注释 28），200 以下。
39 参见 U. Zimmerli（注释 29），16。
40 参见 A. Kley（注释 28），187 以下 mwH。
41 参见判决 Schöpfer gegen die Schweiz，[1998] Rec-III，1042 以下。
42 参见下文边码 39 以下与 53 以下。

在趋势上更加重视单一人格权保护。[43]

22   目前有争议的是，依据新《宪法》第16条、17条的媒体自由是否与《欧洲人权公约》第10条一致，并且是否包含大众媒体中出现的广告，或者说，后者是否受到联邦《宪法》第27条规定的经济自由的支持。在联邦《宪法》第27条框架下，当《欧洲人权公约》第10条确定的标准不需要特别注意时，在与个人的经济展开自由以及经济政策的基本权利限制的联系下，这些才可能有意义。[44]

6. 媒体自由的法律属性及其第三方效力

23   在联邦《宪法》第16条、17条及21条中——作为所谓的基本权利——主要涉及针对国家的防御权。对于国家来说，这些都是一般的、预防性的，这就是说过程性的审查措施（即到现在明确规定在联邦《宪法》第17条第2款中），（基于《宪法》第36条第4款规定的核心内容保障的原因），也包括特殊的批准程序（让步）都是被禁止的。[45] 所以，媒体自由具有机构的意义。媒体不仅仅应该拥有构成保障，特别是在电子领域——基于已经提及的任务指令[46]——也必须履行"公共服务"，即根据《宪法》第93条规定的公法上的职能。

24   这种针对国家的媒体自由的基本权利的调整——如已经提及的——并不与针对私人之间的关系的某些第三方效力相冲突。当"基本权利必须在整体的法律秩序中适用"（第1款）并且行政机关必须对其加以确保，只要合适，即使在私法范围，基本权利同样适

---

43   参考判决 Feldek gegen die Slowakei, 12. 7. 2001 与 Dichand ua gegen Österreich, 26. 2. 2002. 在这两个判决中，针对由国内政府机构所提供的民法上的人格权保护，法院保护与控诉有名望政客相关的言论表达自由。

44   参考比较 J. P. Müller（注释29），206。

45   对此参见 BGE［1978］Shweizerisches Zentralblatt für Staats-und Gemeindeverwaltung（ZBI），505ff 涉及的针对学生报刊的审查。针对让步的禁止，参见 BGE 98 I 586 以下。

46   参见上文边码16。

用（第 3 款）。这使得新《宪法》第 35 条在第 1 款和第 3 款中更加清楚。如今通过联邦《宪法》中明确规定的直接第三方效力的概念（如被阐述）表明，在解释相关的一般条款和私法、刑法上的不确定概念时，同样必须考虑《宪法》条款涉及的媒体自由表达的价值判断。[47]

7. 普通法律上的人格权对于合宪性的被保护的媒体自由的限制

国家的预防性审查（präventive Zensur）一开始就是违宪的，同样情况并不能适用于所谓的事后的回复性审查（repressive Zensur）。因此，每项媒体自由的限制，都被认为特别存在于刑法和民法中的人格权保护。这一类人格权保护经常出现在刑法制裁的背景下以及仅在具体人格权侵害出现后的确认侵害和排除侵害[48]的诉讼中，以至于在狭义上，单一的审查并不能够提及。个别案例中，这些事后才出现的，或者说，在其出现后待确认的具体违法行为，以及因此可能出现的民法或者刑法种类的制裁，同样对媒体的创制活动产生一般预防性的影响，因为媒体创制在其日常活动中，试图根据相应的刑法和民法规定，已经立即做出至少符合趋势的调整。

这种为了保护个人人格权的补救性审查不仅仅基于《宪法》第 13 条规定的隐私权保护的直接第三方效力是可行的，也得到《宪法》第 36 条基本权利的一般性限制的支持。根据刚刚提到的《宪法》规定的第 2 款的规定，不仅仅为了公共利益的维护，也为了保护第三人的基本权利，基本权利的法律上的限制都是可行的。当然，这种限制必须以法律为依据（《宪法》第 36 条第 1 款），并且注意比例性原则（Verhältnismäßigkeit）（明确规定在《宪法》第 36 条第 3 款中）。然而基本权利——在此为媒体自由的核心内容，不受侵犯（《宪法》第 36 条第 4 款）。

25

26

47　参考比较 BGE 104 IV 14；111 II 213f 以及 BGE 120 II 225 关于艺术自由的直接第三方效力。

48　参加下文边码 93。

27   为了某种对于自身有必要的法律上的基本权利的限制，在这样的限制的保留下，如今在联邦最高法院判决 118IV 号，第 44 页及以下（BGE 118IV 41ff.）中得到进一步发展。据此，联系报刊图片已经可以确定，并非只有在报刊（受媒体自由保护）上已经发表的作品中事实能够论证不受欢迎并且因此违反《民法典》第 28 条和《刑法典》第 179 条之四。

28   在这种背景下，《宪法》第 191 条仍待注意，据此联邦法律……对于联邦法院以及其他适用法律的行政机关有重大意义。这意味着，对于联邦立法者以及因此而特别设计的联邦《刑法》和《民法典》框架下的人格权保护，没有直接的《宪法》上的条文可以适用。不仅关于合宪性的法律解释，也包括关于遵守《宪法》第 36 条，（在瑞士法庭内）并不是通过《宪法》条文规定的程序，而是在刑法上的诉愿无效程序或者民法上的上诉程序中通过刑法或者民法法官加以决定。[49]

29   基于这种理由，举例来说，《民法典》第 28c 条第 3 款规定了所谓的防备性措施，根据这种措施——当然只是暂时的由申请人认定为侵犯人格权的出版物能够基于举证而使媒体企业禁止发行，防备性措施最终能够不在相应的程序中一般或者具体地受合宪性审查。尽管毫无疑问地必须存在某种类似于预先审查的效果，从这方面来说，就相应措施《民法典》第 28c 条第 3 款预先拟定了前提条件，即（1）对于有意的媒体出版物涉及的有关人员有特别严重的损害，（2）有利于媒体企业的特别论证理由存在明显的错误，以及（3）在某种意义上，将禁止的比例性原则作为结论看待。

30   瑞士的民法或者刑法的最终判决就其本身而言还是能够被欧洲

---

49   参考联邦法院所谓的 Contra-Schmerz-Urteil 判决，该判决内容当然仅公开了一部分，在 BGE 124 III 72 以下，它还涉及到一项高级禁制令（superprovisorisch verfügtes Verbot），即禁止在一档服务于消费者的著名电视评论节目中（即在"Kassensturz"节目）中评论有争议的法庭程序。

法院撤销，特别是《欧洲人权公约》第 10 条规定的侵害，这种情况下，法律保留当然要重新作出。举例来说，通过这种方式，一方面关于媒体自由与保护（企业）人格权的立法的关系，另一方面关于不正当竞争，瑞士联邦法院第一民事法庭的司法判决最后要接受斯特拉斯堡的法官的裁决。

《反不正当竞争法》（UWG）[50] 第 2 条在一般条款的意义上作出了表述，"任何欺骗或者通过其他方式违反诚实信用原则的行为或者交易行为，只要对竞争者的关系或者供应方和买方的关系造成影响的，都属于不正当竞争，并因此违法。"根据不久前修订的法律，首先"竞争的功能"而不仅仅是与其他供应商有关系的某一供应商地位应当受到保护，因此，自 1998 年 3 月 1 日以来，一项由于不正当竞争引起的诉讼并不再以原告与被告之间的竞争关系为前提。这样可以看到[51]，就在各种不同（尤其是关注环境和健康）的新闻机构上刊登的一篇有关微波炉引起的健康风险的科学研究报告的报道，在相关的科学领域当然存在争议，是否违反了有关不正当竞争的规定，联邦法院第一民事法庭必须作出裁决。在 1994 年 2 月 25 的一项原则性判决中，洛桑的大法官裁决，在《反不正当竞争法》第 3 条 a 款意义上，"当其并没有符合经过确证的科学上的认知，或者缺少明确的对于言论争议的提示"[52]，科学上的表达一般被认为是不正当的。当仅仅是媒体机构的诚实表述才应该享有基本权利的保护时，由此事实上对于记者的竞争法上的补救性审查才合法。然而这个结果被欧洲人权法院修正，欧洲人权法院在其 1998 年 8 月 25 日[53]的判决中，针对——也包括人格权保护相关的——诚实性方面，相比于

31

50　Bundesgesetz gegen den unlauteren Wettbewerb，SR 241.
51　BGE 120 II 76 关于 Sachen Fachverband Elektroapparate für Haushalt und Gewerbe gegen Hertel（所谓的 Hertel I – 判决）的判决。
52　参见 BGE 120 II 76 文献摘要。
53　参见［1998］Rec IV，2298ff.

联邦法院，将媒体自由归入更高层级。基本权利方面的法律争论导致了在第二回合联邦法院最初的司法判决与欧洲人权法院的最初裁定的"妥协"。这样，出版中的责任成为了在印刷媒体上发表观点的科学工作者的负担，他必须在其观点中标注科学上并非没有争议的可能情况，同时也必须担负在大众传媒，也就是面向公众的外部文章中对于不确定的警告保留意见。[54]

32   依据常规的（除非与政党地位相关）且与个人相关的法院报告（有关根据联邦《宪法》第 30 条第 3 款作为原则上公开说明的法院审理程序或者判决公告），类似情况可以参考州和联邦法律对于新闻工作者言论自由的限制。[55] 某项此类的新闻信息活动，更多地以广泛传播的言论表达，即与对司法机关进行有关程序或者实体上的争议处理的批评相联系，自然不仅能够影响法官的独立性，常常也能够涉及程序双方受保护的人格权。一方面对于媒体自由一般抽象意义上的权衡，另一方面针对法官独立性保障（再一次涉及法律求助者）或者同时涉及个体的人格权保护，《欧洲人权公约》第 10 条将由此最终变得具有重要意义。[56]

33   现在重新回到联邦私法对媒体创制者人格权侵害的保护。

---

54   在具体案件中放弃使用死神形象作为死亡标志。参见 BGE 1999 年 3 月 2 日［1999］ML，98 以下，即 Hertel II – 判决，以及之后的欧洲人权法院 2002 年 1 月 17 日的驳回判决（Unzulässigkeitsentscheid），［2002］ML，95 以下。

55   深入了解参考 A. Kley（注释 28），211 以下对于欧洲人权法院 1998 年 5 月 20 日 Sachen Schöpfer gegen die Schweiz（Rec. 1998 – III，1042 以下）以及 1997 年 2 月 24 日 De Haes und Gijsels gegen Belgien（Rec. 1997，198 以下）判决的摘要以及其他。

56   比较参考 BGE 5C. 104/2003（未在官方案例选中公布的联邦法院的判决可以通过案号在网络上调取：www. bger. ch/index/juridiction/ "Rechtsprechung"，"Urteile ab 2000"），根据这个判决，与法院报告部分不一致的规则同样适用于正常的媒体报道。因为在瑞士，公开审理的原则适用于法庭报告，因此，这项判决架起了司法与受其指引的民众之间的桥梁。因此即使匿名报道对于读者来说可能不能接受，但在公开程序中也不能以违法侵害人格权为基础公开参与者的身份。

（三）《瑞士民法典》第 28 条以下条款框架下的具体行为概述

上文（边码 1 及以下）已经阐述的民法上对人格权侵害审查的　34
条件下，导致以下行为：

1. 是否涉及《民法典》第 28 条的保护范围？

首先有问题的是，现行适用的侵害是否涉及受害方（或者例如　35
仅仅是财产权受到伤害）的 "人格权"。在实际的法律应用中，这个
问题很少得到回答，侵害被归入在学说和司法判决大量说明的 "人
格法益[57]" 中。考虑到大众媒体的侵害，即对于名誉和隐私的伤害，
这样也再次合乎所谓的法律的本来面目。

除了《民法典》第 28 条，还有民法和公法的其他条款（例如，　36
《民法典》第 29 条的姓名权保护，《劳动合同法》上的劳动者的人
格权保护，以及《反不正当竞争法》（UWG）和《生殖辅助医疗法》
（FMedG[58]）的上某些条款以直接的方式对人格权进行保护。这些规
定可以在具体案例中用于解释《民法典》第 28 条。

2. 是否存在对于人格权的本质上的侵害？

侵害的数量上的因素在《民法典》第 28 条中不能忽略，这意味　37
着，任何对于侵害的保护同时也是对加害人人格权的限制。因此在
法律上要区分人格权的 "侵害"（《民法典》第 28 条，第 28a 条）
以及（本来的）"影响"，只要保障个人抗辩（Gegendarstellung）请
求权已经足够（《民法典》第 28g 条第 1 款：参见下文边码 100 以
下）。这也关系到 "一些小型案例，比如在社交环境中正常发生、经
常并不带有恶意的行为"，[59] 这就是说，在社交环境中轻而易举就能

57　参考边码 2 的概念。

58　Bundesgesetz über die medizinisch unterstützte Fortpflanzung，SR814. 90.

59　BGE 129 III 715 Erwägung（E.）4. 1.

容忍的侵害是排除在《民法典》第 28 条以下条款之外的。[60] 如果侵害在社交环境中不能被容忍，而且超过正常的程度，那么原则上侵害就是违法的。

38　　虽然相关人员的主观感受在这种条件下并不起决定性的作用，[61] 但是对于具体的被侵害人，主观感受被用来主张人格权侵害的影响。例如，公开政客私人领域的照片，比起公开某个无需承担职业上消极影响的普通人（大众媒体只对非常规事件感兴趣）的，将更为严重。[62]

　　3.（例外情况）是否存在合法性（Rechtsfertigung）理由？

　　根据《民法典》第 28 条第 2 款，人格权侵害仅在非经被害人同意，未经多数人利益或者公共利益以及法律规定合法化的情况下，始得违法。这两层的行为在法律中明确规定，并且实质上意味着：人格权被立法者作为绝对法益看待（如联邦参议院关于修正案[63]的公告，同样主流的学术观点以及司法判决）。[64] 因此在结果不法（Erfolgsunrecht）的意义上，当具体案例中不能证明合法性事由时，原

60　比较参考 H. Hausheer 与 R. Aebi-Müller（注释9），Rz 12. 06f："并非任何人格权的微小伤害都能理解为与法律相关的侵害。侵害必须达到一定强度并且呈现出侵入他人私人领域的特点。换句话说，在人格权被侵害的情况下涉及的是对他人人格权的实质侵犯。"

61　联邦法院以有问题的新闻作品的一般受众为依据（例如 BGE 126 III 213 mwH），这种观点在学理中受到部分批评。

62　当然，在政治讨论中允许使用明确的词语且不算作侵害人格权，这符合现有的学说与司法判决：BGE 105 II 161 E. 2 und 3b；BGE 116 IV 150 E. 3c；更多参考 BGE 128 IV 53（竞选口号涉及的堕胎问题）。

63　联邦参议院关于修改《民法典》第 28 条（当时是 28a 条）的通知，Schweizerisches Bundesblatt 124［1982］，II 636 以下，660。

64　关于客观不法理论，司法判决已经确认（与学说的新趋势相悖），参考 BGE 123 III 312 以下，据此，当损害的造成（Schadenszufügung）违反一般法律上的义务时，才是违法的，除非被损害人的绝对权利受到伤害，或者由于违反相关的保护规则遭受纯财产上的损失。关于人格权作为绝对权利，参考 BGE 5P. 308/2003, E. 2. 2；其他观点特别参考 F. Werro, La définition des biens de la personnalité：une prérogative du juge，出处：Festschrift P. Tercier（1993），15 以下，特别23 以下。

则上任何对于人格权的侵害都是违法的。加害人有义务证明，侵害行为基于法律规定的理由而合法化。一旦不能证明合法事由，侵害仍旧违法。不考虑受害者的同意，实际上对于更高利益的维护是最重要的合法事由。人格权侵害的合法事由是否能够满足条件，取决于加害人的展开利益与受害人的整体利益的对照。人格权侵害的合法化表明，比起受害方对其人格权的尊重，加害人在一定程度上对侵害享有"更好的权利"。[65]

在大众媒体的关系下，公共利益，也就是公共信息利益（详细参见下文，边码 53 以下），通常作为合法化理由被适用。与此相关，在比较法学的背景下应该特别强调，为了使侵害合法化，根据瑞士的法学观点，利益等值并不能够满足。根据《民法典》第 28 条第 2 款明确的字面意思，这需要占优势的利益：[66] "该解决方案从规范性角度肯定了人格权相较于其他理由的首要地位。根据立法的选择，对人格给出了解决措施；如果一个理由得以保留，其应有更大分量的价值……"[67] 40

一旦不存在论证事由，人格权侵害因此而违法，则需要进一步审查，哪一种法律救济对于受害人适用。 41

4. 何种法律救济存在争议？

有争议的法律救济在瑞士法律中作为结果请求权设定（参见边码 95 以下和 100 以下）。需要区分的是所谓的人格权侵害的特殊法律救济，也就是专门保护人格权要求停止侵害、排除侵害和确认侵害（《民法典》第 28a 条第 1 款）的诉讼和在此基础上作为补充的判决出版物（《民法典》第 28a 条第 2 款）损害赔偿、支付精神抚慰金 42

65　例如 BGE 120 II 225 以及 BGE 109 II 362 E. 4c.
66　同等价值的利益并不足够：并不直接相关的 BGE 126 III 305 E. 4a（B. Schnyder in：[2001] ZBJV 137, 390）；相关的 BGE 126 III 212 以及 127 III 491。
67　P. Tercier（注释 11），边码 598；同样 Botschaft（注释 63），655 以及 660。

和收益返还的一般给付之诉。后一部分根据《民法典》第 28a 条第
3 款仅在参考责任法以及无委托关系的企业管理相关规定的意义上加
以规定。

二、与大众媒体关联的人格权保护

（一）概述

43 　　与大众媒体相关联的人格权侵害在瑞士也具有特别重大而实际
的意义。具体行为——不考虑根据《民法典》第 28c 条第 3 款规定
的防备性的法律保护——与一般的人格权保护相比，并不存在特殊
性。然而特定领域受保护的人格权对媒体报道特别敏感，因此以下
详细深入探讨。

44 　　总体上看，存在以下三个问题：

　　究竟是否准许出版？由此要提到个人对于匿名、"出现（消失）
在大众媒体中"的权利。同样对于既不损害名誉也不侵犯隐私的报
道，也需要论证理由。[68] 例如，针对关于特定交通事故指名道姓[69]的
报道，原则上受害者能够获得保护。

　　特定内容是否准许出版？在这个问题上要提及沉默权在瑞士参
考领域理论（Sphäretheorie）（参见边码 46）得到保护。

　　是否准许以特定形式出版？当公共事件的特定过程被允许公开，
问题在于，媒体报道的特定标题是否合法。特别不允许这些报道不

68　参考比较 BGE 126III 481 E. 2c（Minelli）。在并未涉及其私人领域的情况下，原告主张
　　禁止不存在特殊理由情况下有关自身的报道。联邦法院认为出版物原则上是合法的，
　　因为仅与原告本人（一个在不同方面反复提及的"律师的"律师）相关，占优势地
　　位的公共信息利益得到承认。联邦法院默示承认仅仅是基于公共报道的事实（在具体
　　情况下当然是经过论证的），可能造成人格权伤害。

69　如果没有出现姓名以及没有公开照片，而且也不能够基于其他的公开信息辨别涉及的
　　人员，那么一般情况下，不存在人格权侵害。

必要地贬低受害人。

（二）具体情况下受保护的人格权或者受保护的法益

和其他国家一样，在瑞士个人名誉也是一个（在历史上观察） 45
有特殊意义的保护领域。名誉权被理解为个人据此权利在社会上享
有诉求。因此，《民法典》第28条不仅涉及公共声誉——关系值得
重视的媒体干预——在名誉感的意义上，也涉及个人的"内心名
誉"。针对于外部的有效性请求权（Geltungsanspruch）首先涉及个体
在人类道德上的地位，即当个人遵从主流的道德观念，从而期待从
他人方面应该获得的尊重。名誉的定义也包括社会地位，即从广义
上，考虑个人在职业、政治、军队、体育等方面的成绩，特定个人
的社会影响。[70] 与人格权侵害相关的首先是不真实的事实主张，也包
括那些并非不真实的看法，这些看法通过一定的方式和形式，包括
通过回避重要因素，[71] 引起（普通）受众错误的联想。因此需要确
定，以受众的理解言论表达的内容是什么，这并不取决于媒体企业
是如何希望的。[72] 同样，当价值判断基于不真实的事实或者形式上不
必要的损害结果，那么价值判断侵害了人格权。[73] 尽管这样，在瑞士
法中，价值判断与事实主张之间的区别具有某种意义。然而在对瑞
士基本权利理解的背景下（参见上文，边码24以下），比起同样的

---

[70] 参考比较 H. Hausheer 与 R. Aebi-Müller（注释9），边码12、89以下，这与刑法不同，
《刑法典》第173条及以下各条仅仅保护名誉的人情、伦理领域，例如个人职业上的
声誉被排除在外。

[71] 解释参见 BGE 126III 209 以下，特别是 S. 213：基于日报上简短的描述，读者一定会
推论，作为医生的原告，未经其他的预先询问，而仅仅基于与患者丈夫零星的电话通
话记录而将患者送入疗养机构。事实上，这位医生很清楚这位常年患者的生活情况。

[72] 参考比较 BGE130III 1 E. 2. 2，结合对抗性描述中的事实描述的概念；进一步参考
T. Geister, Persönlichkeitsschutz: Pressezensur oder Schutz vor Medienmacht? [1996]
Schweizerische Juristenzeitung（SJZ）92，73ff，77.

[73] 参考比较 BGE 126III 308.

内容，在德国这种区分看起来影响小得多。[74] 因此联邦最高法院判决
（BGE 126 III 308）表达如下："观点表达、评论和价值判断只有在
其基于与此相关的事实构成的原因看起来是合理正当的情况下，才
是合法的。其不会导致真实性审查，只要这些同样也阐明事实主张，
就像在所谓的混合的事实判断的案件中那样，那么对于观点的事实
主张的核心也同样适用如事实主张的原则。此外，价值判断和人的
言论表达，当其本身以真实的事实为根据时，只要其由于某种形式
意味着不必要的贬损，那么也是侵害名誉的……"一旦基于价值判
断的事实构成没有在有问题的媒体报道中出现，则不允许引发关于
这一类事实上的背景的错误指摘。[75]

46　　　为了具体化民法上的沉默权保护（Schutz der Verschwiegenheit），
瑞士的主流学说和司法实践引进了所谓的领域理论（Sphärentheorie）。
尽管在其起源国——联邦德国（BRD），最终也没有全部施行，但是在
瑞士最后被认为非常有意义，以至于 1968 年立法者（i. K. 1. 5. 1969）在
刑法中将其明确规定。[76] 根据司法实践，民法区分了三种领域，为此
还利用图表表示具体的范围：秘密或者私密领域（Geheim-
bzw. Intimsphäre）、私人领域（Privatssphäre）以及共同或者公共领域
（Gemein-bzw. Öffentlichkeitssphäre）。对于究竟是否存在人格权侵害，
在前提性的、一般化的利益权衡的意义下，对于个人相关信息在相
应空间的归纳应该减轻了回答这个问题的难度。因此，空间理论首
先应该服务于法律安全，通过这种方式，一般化地保护特定领域免受
侵害，或者基于这种保护从一般意义上排除特定领域。这样，面对信
息的获得和继续传播，位于私密领域的人身表述（Lebensäußerung）原

74　当然对抗性描述（参见下文边码 100 以下）仅在针对事实主张，并非针对言论表达时
　　是合法的：参考《民法典》第 28g 条第 1 款。
75　BGE 71 II 194.
76　参考《刑法典》第 179 条之四，特别是 BGE 118 IV 41。

则上绝对地受到保护。[77] 换个方式，当涉及公共领域（即，共同领域）[78] 时，便不存在人格权的侵害，因为这些事实原则上允许无限制地获得和继续传播。属于在私人领域确定的事实，尽管原则上受到保护，但是由于存在绝大多数的利益，对其的侵犯，似乎能够被合法化。

现在，越来越多的学说暗示领域理论具有某种不充分性；[79] 基于此，在现有背景下不应该进一步深入。为了清楚说明受保护的人格权，早期司法判决已经零星就私法上的人格权保护引入了信息自主的概念，无疑这个过程的法律影响暂且还不明确。[80]　47

《民法典》第 28 条以特有的经济上（但并一定要是职业上）的"潜力"的请求权来保护经济上的人格权（wirtschaftliche Persönlichkeit）[81]，这种潜力通过手工业或者商业的技巧、外表、声音、受欢迎程度等，依据个人的判断确定是否市场化。特别通过与个人相关的"揭露"发生所谓的人格权"强制商业化"（Zwangskommerzialisierung），这种商业化被评价为侵害人格权，并且不需要《民法典》第 28 条以下各条意义上的相关人格权领域要具有财产价值的特点。[82] 但是已经提　48

77　根据 P. Jäggi，前引书的论述，基本上可以参见 BGE97 II 101；与之相反，瑞士的学说并没有将观点与秘密领域的分类强制地联系在一起，这种观点认为，出版物在任何情况下，即不考虑有争议的利益，都是违法的。

78　BGE 118 IV 45（刑法上的判决，参考了民法上的领域理论），根据这个判决，生命证明属于公众领域，"通过这种证明，一个人通过在一般的可进入场所，进行与个人无关的行为，或者通过其作为艺术家或者演说家登台，如公共场合的任何人一样行为。"

79　对于空间理论的批评，T. Geiser, Die Persönlichkeitsverletzung durch Kunstwerke（1990），Rz 2.41；J. N. Druey, Privat-/Geheimsphäre—was liegt drin? Festschrift F. Vischer（1993），3 以下。

80　参考 H. Hausheer 与 R. Aebi-Müller，［2002］ZBJV 138，797 以下，特别是 800，关于 BGE 127III 481ff（Fall Minelli）。

81　理解经济上人格权的概念，不是市场上的特定地位，而仅仅是原则上无障碍的参与具有自由选择条件的市场的可能性（这也是任何一个卡特尔立法的出发点）。参考 BGE 123III 193，S. 198。

82　参见上文边码 5。

及的名誉权侵害可能损害经济上——职业上的展开自由或者相应的整体性要求。[83] 类似情况通常也适用于政治上的展开自由，这种情况下，公共利益相对于从事政治活动的人们的信息有着很高地位，并且，与相关人员的整体性要求相对。[84]

49   尽管人格权侵害要通过与侵害私人或者秘密领域或者侵害个人名誉权相联系的拍照或者录像来实现，但是早期学说和司法判决就已经多次强调，图片上的权利作为独立的人格权保护客体。[85] 在这之后，当他人未经当事人允许拍照或者将现有录像未经他人许可发表，这样的人格权侵害已经得到认可。后者也适合这种情况，当事人自己将录像公开，但反对再一次出版。

50   公开或者继续传播个人信息在一定情况下会涉及个人的感情世界，就是所谓的感情上的人格权（affektive Persönlichkeit）。特别是（从当事人的角度）关系到"敏感"信息。举例来说，当人面对很久以来早已忘记的年轻时的错误时，个人的价值感就会受到伤害。[86] 同样属于感情世界的还有已经提过的"内在名誉"（innere Ehre），即名誉感。[87] 它根据人的价值观和当事人的看法，并不根据一个"标准的"普通公民的信念。

51   通过探求或者出版与个人相关的信息，可能进一步损害特定的、特别是亲近的人（大多是近亲属，"哭泣的继承人"）之间的关系。[88] 在这种意义上婚姻和家庭的关系也是感情上的人格权的一部分。[89] 在

---

83   BGE 126 III 209（Fall Kraska）。

84   参见上文注释62。

85   特别参见 BGE 127 III 481 以下，E. 3（Minelli）. 对此再次参考 H. Hausheer 与 R. Aebi-Müller，[2002] ZBJV 138，799f.

86   特别参见 BGE 109 II 352 以下（Fall Irniger）。

87   对此参见 P. Tercier（注释11），边码78以下；H. Hausheer 与 R. Aebi-Müller（注释9），边码12，88。

88   比如"暴露"有关某一名人的配偶的出轨行为。

89   H. Hausheer 与 R. Aebi-Müller（注释9），边码12，78。

涉及死者的信息时，家庭成员对于死者的尊敬[90]占有重要地位。

过去，媒体也多次遭遇到了私法上的诉讼（当然可能具有公法 52
上的后果：参见上文边码31），这类诉讼以《反不正当竞争法》第3
条 a 项 或者 e 项为根据，即由于不正当竞争的诉讼。[91]《反不正当竞
争法》——如上文所述——不仅仅约束竞争者，而且也要求第三方，
即媒体，不得发表引起误解或者不必要损失的消息。[92] 联邦法院已经
在不同的判决中设定相对严格的标准。[93] 例如，举例说明的媒体报道
［挑选方法（Herauspickermethode）］被认为是不正当的。[94]

（三）为了公共信息利益的论证理由

如上文已经提到的，媒体创制者常常引用已经公布的媒体报道 53
中的绝大多数的公共信息利益。[95] 因此在《民法典》第 28 条第 2 款
的意义上，从法律教义学出发，常常涉及以优势地位的公共利益为
法律论证理由的案例。众所周知，在实践中，对于公共信息利益与
个体保护需求这双方共同相关的，但是受到不同保护的法益以清晰

90　BGE 70 II 127（Fall Hodler）；BGE 118 IV 319（Fall Barschel）。
91　根据已经提及的规定，不正当竞争是指"通过不正确的误导或者不必要的损害性的言
　　论贬低他人的货物、作品、给付行为、价格或者商业关系"或者"通过不正确的，误
　　导或者不必要的损害性或者依赖性的方法将自己的货物、作品、给付行为、价格与他
　　人比较或者以相应的方法在竞争中使第三方获益。"
92　M. Pedrazzini/F. Pedrazzini, Unlauterer Wettbewerb（2002 年第 2 版），边码 17. 08 以下。
93　如边码 31 已经提到的，联邦因此而陷入言论与信息自由的矛盾中，这项自由在《欧
　　洲人权公约》第 10 条中得到保护，参见 BGE 120II 76（Mikrowellen I）以及 BGE
　　125III 185 以下（Mikrowellen II）。
94　参见 BGE 123 III 35a4 以下（Fall Prokredit）；124 III 72 以下（Fall Contra-Schmerz）；当
　　然在此期间通过 2002 年 5 月 15 日的（并非官方公布的）5C. 31/2002（Fall Alters-und
　　Pflegeheim）判决相对化，根据这个判决，当完整的报告（即列举所有产品或者可能
　　受到相同指责的供应商）是不可能的，并且不会使人产生误解时，举例说明的报告是
　　合法的，已经呈现的误解仅仅局限在具体的供应商或者受批评的产品。
95　然而在个案中会掺杂其他利益，特别是科学上的利益或者与讽刺或者幽默文章相联系
　　的艺术自由，科学上的利益在可能情况下允许对于科学团体的其他成员的理论进行批
　　判：参见上文边码 12 以下。

的标准加以权衡是特别困难的。[96] 然而，仍然形成一些一般原则，这些原则必须得到被诉请法律救济的法院的注意。

54 媒体的任务（如以前）在联邦最高法院判决［BGE 371 388（来源于 1911 年，涉及新闻）］中如下文所描述，"媒体的任务是报道特定的、大众感兴趣的事实，告知读者所有种类的政治的、经济的、科学的、文学的以及艺术上的大事件，引发读者就共同利益的问题的公开意见交流，在任何方向上致力于有关公共问题的实际解决，要求有关国家管理和特别是有关公共资金的使用的说明，发现在国家范围内可能的权力滥用"。简要地说："记者的使命是客观地告诉读者普遍关心的事实"。[97] 因此在利益权衡下，受众的纯娱乐需要自然仅占有很少的分量。[98,99]

55 当事实上存在某种公共现实的信息需要，这种法律论证理由才成立。[100] 这特别意味着，错误信息原则上一直是违法的，因为，在传播不真实信息时，并不存在公共利益。[101] 但是，当陈述涉及例如早已

---

96 对于与公共信息利益相联系的利益权衡的批判参见 I. Cherpillod, Information et protection des intérêts personnels, ［1999］ZSR 118/2, 87 以下, 110.

97 J. -M. Grossen, La protection de la personnalité en droit privé, ［1960］ZSR 79/2, 1aff, 79a.

98 同样，在瑞士［1997］Juristenzeitung（JZ），42 的 BGH 涉及的司法判决中也提到："图样的信息价值对于大众越少，相反当事人的人格权的保护越重……在具体情况中，大多时候受批评的图像具有很少的信息价值。这远远胜过仅是好奇与轰动事件的兴趣以及仅仅是娱乐的兴趣。这样的动机，特别是仅仅满足读者对于原告纯私人事件的娱乐兴趣，不能够……被认定具有保护价值……"有关与法庭报告（"间接的法庭公开"）相联系的公共利益，最新参见 2003 年 8 月 8 日 BGE 5C.104/2003；同样参见注释56。

99 参考比较 H. Hubmann, Das Persönlichkeitsrecht（1967 年第 2 版），166："在新闻媒体方面应该对其注意到的利益的强度等级作如下区分：轰动事件的兴趣，娱乐需要，信息利益以及高级的信息利益。这些等级意味着值得保护的渐进水平。"

100 BGE 126 III 212（Fall Kraska）。

101 参考 BGE 126 III 213（Fall Kraska）："因为新闻媒体的信息服务并未允许其公布违背事实的有损于人格权的信息，因此原则上信息的传播是没有根据的……"当然，细小的错误一般意义上是可以容忍的，参考注释116。

久远的事实，而这种事实对于所牵涉的人员的现有地位并不产生影响时，考虑到所涉及的报道，某种信息利益并不存在。[102] 只要某项匿名报道[103]能够满足公共正当利益，那么直接的指名道姓就是不合法的。

顺便提及，在瑞士公共利益不能与广泛的公共的利益相混淆："并不是所有公众关心的事都应该以公共利益的名义公布。"[104]　56

对人格权的侵害越严重，就越需要存在更重要的公共信息需求。比起（当然很少感兴趣的）普通民众，有关受关注人物的信息需求通常情况下更容易得到肯定。由于这种原因，尤其是政客和当代史的其他人物，[105] 同样的还有执行政府功能的人，[106] 比起那些没有相应职务和没有其他方面知名度的人，要更加容忍有关他们指明姓名的报道。[107] 一个人的公共地位越重要，就必须容忍对其私人领域越深入的侵入，只要认识到与此显著的地位有足够的联系。同样情况并不是轻而易举地适用于名誉权保护。[108]　57

为了维护已经具体实施的合理利益，已经对人格权实施的侵犯　58

102　参考 BGE 122 III 449，457 有关论及由于当事人（一个企业重组人员）的经济与破产侵权的监禁刑（Zuchthausstrafe）："由于长达大概十年……占优势地位的信息利益很难得到论证……"在这种情况下，学术上将其简称"被遗忘的权利"。

103　如果基于公开公布的信息不能够辨别当事人，那么一般意义上不存在人格权侵害。

104　英国支持提高人格权保护经常引用的评述；引自 U. Amelung, Der Schutz der Privatheit im Zivilrecht（2002），172，Fn69.

105　文献中对于现代绝对与相对人的通常区分通过 BGE 127 III 490 相对化，参见 H. Hausheer/R. Aebi-Müller（注释9）。在这种背景下需要注意的是，比起德国这种区分在瑞士从一开始意义就小得多，仅部分规定在《艺术与摄影作品著作权法》（KUG）第23条第1款中。因此在具体案例中有问题的是，有关相对有名的当事人的具体报告中，是否存在值得保护的信息利益，而这种信息利益胜过人格权保护（主要涉及名誉以及私人领域）的请求权。

106　参见 BGE 126 III 215f（Fall Kraska）有关在诊所中承担与安排病人相关的官方任务的医生的判决。更多参考 BGE 126 III 305，非官方公布的 E. 5c）aa）关于从事类似具有批准义务的职业活动的兽医的信息利益的判决。

107　BGE 126 III 490.

108　参见上文注释62，据此在政治性的讨论中，人格权侵害仅在保留情况下才得以肯定。

必须是最经济的手段。[109] 这样，当根据原则考虑事件的发生存在合理
的公共信息利益，那么涉及有关不幸或者犯罪的报道，根据具体情
况，受害者的照片不允许公开。对于报道来说，事实上展示受害者
并不是必要的。[110] 换句话说：对于受保护的人格权的侵害只有在"正
确的手段用于正确的目的"时才不违法。[111] 结合言论表达自由，需要
思考的是，几乎一直以来批评并不尖锐。然而，在公共的言论争锋
中，对于占优势地位的利益并没有夸张的要求，更多时候，法院不
得不给予媒体某种"裁量空间"（Spielraum）。

59　　　最后，仍然要提示的是，被主张的公共的信息利益并不是只能
作为托辞运用，这种托辞在侵害发生后才被"发现"。[112]

（四）媒体的注意义务（Sorgfaltspflicht）

60　　　和德国法不同（在受德国基本法保护的言论表达和新闻自由的
背景下[113]），媒体企业不能因为援引普遍遵守的行业准则而减轻负
担。[114] 这是由（上述）《民法典》第28条关于违法性的规定得出的，
对于受保护的人格权，这种规定以绝对的法益为出发点。因此，尽
管已经尽了正常的注意，已经出现的侵害原则上仍然是违法的。当
然，仍需要注意，就如在其他情形中已经暗示的，联邦法院并不认

---

[109]　参见 BGE 126 III 306，据此法官必须审查，"受侵害的著作权人追求的目的以及其利用的方式是否都值得保护。"

[110]　在所有情况下，即只要不涉及特别有名的受害者，那么提起姓名都是不合法的。对此参见 BGE 5C. 156/2003。

[111]　M. Pedrazzini/N. Oberholzer（注释11），145。

[112]　J. -M. Grossen（注释97），29a f. 报告必须使用其他表述方式以合理的公共信息为目的。

[113]　参见 G. Neben，Triviale Personenberichterstattung als Rechtsproblem, Ein Beitrag zur Grenzziehung zwischen Medienfreiheit und Persönlichkeitsschutz（2001），251f.

[114]　参见 BGE 126III 305，非官方公布 E. 6c："……在《民法典》第28条第2款的视角下，与评论含有事实主张的侵害人格权的报纸文章相联系，并不决定性地取决于遵守行业通用的谨慎与善意……因此有决定性的是……新闻报道是否有义务提供充分的真相，这就是说，并不将被告置于错误的形象下，以至于比照事实，其在周围人中的声誉严重地降低……"进一步参见 BGE 129III 49，126III 213，106II 99，103II 165.

为媒体报道中每一个细小的错误都（在真正意义上）侵害人格权。[115]
更多时候这种侵害仅在媒体报道使受害人获得错误印象时才成立。[116]
自然不能错误认识的是，当有问题的出版仅仅是满足受众的渴望心
理时，司法判决对于信息内容的真实性，以及因此对于新闻调查的
注意义务设定了更严格的标准。

此外，必要的注意义务的问题对于过错责任有某种意义（参见 61
下文四）。最后，不正当竞争的事实构成包含一个评判的标准，注意
义务的标准对于受《反不正当竞争法》第 3 条 a 项和 e 项支持的诉
讼有重要作用。因此，在竞争法领域对于大众媒体，以及任何情况
对于当天有关事件通过必要方法迅速地报道，不应该设定更严格的
标准。[117]

（五）补充说明：由于受保护的法律主体的消失而放弃死后人格
权保护

瑞士司法判决以及主流的学术观点认为，死亡时受《民法典》 62
第 28 条保护的法律主体消失，因此针对这不再存在的个人不存在人
格权侵害。[118]《民法典》第 31 条第 1 款坚持认为："人格权开始于出
生完成后的生命开始，终于死亡。"因此在实质意义上，瑞士法律并
不承认死后的人格权保护。所谓的特殊的人格权诉讼被作为人本质
上的防御权，并且只能通过受害人自己提起诉讼。毕竟，一旦受害
人在世时人格权受到侵害，并在死亡之前已经提起财产上的诉求

115　关于损害的实质参见边码 37 以下。

116　BGE 126III 307f："同时并非任何新闻上的不正确、不准确、概括或者缩写使得新闻报
道都显示为不真实。根据联邦法院的司法判决，在这种意义上，只有在实质点上不符
以及将当事人置于错误的形象或者可察觉的伪造当事人的照片，以至于和事实情况相
比，其在周围人中的声誉降低……的情况下，不准确的新闻表述才被认为是不真实
的，而且是侵害人格权的。"

117　M. Pedrazzini/F. Pedrazzini（注释92），边码 17、13。

118　最新参见 BGE 129I 302 涉及的协会的秘书长（Minelli）针对官方规定的尸体解剖的异
议（Einspruch）"Dignitas-menschenwürdig leben-menschenwürdig sterben"。

（损害赔偿，精神抚慰金，得利返还，参见边码 81 以下及 104 以下），这样的诉讼是可以继承的，并且由继承人继续进行法律程序。

63　　　死者的近亲属（参见前文边码 51）能够通过情绪上的人格权受到侵害而要求保护其自身人格权。[119] 典型的案例是，亲属遭到杀害（参见瑞士债法第 47 条之特别条款）、未经同意的器官提取、违法的尸体解剖、侵害死者的名誉权或者展示死者的照片。[120] 通过对于亲属的独立保护，这种保护主要是保护死者家属对死者的怀念，缓解了死后人格权保护缺失的问题。同时，进一步确认，只有事实上人格权受到侵害的亲属或者继承人，才能够适用民法上对于人格权保护的特别的法律救济。

三、侵害人格权的责任

64　　　《民法典》第 28 条将以一般形式侵害移交给有管辖权的法院，对于特别情形的完整列举，即人格权保护特别的法律救济规定在《民法典》第 28a 条。每个人都被赋予可以积极主张其人格权受到侵害的权利。当有问题的违法的侵犯行为损害了团体的集体人格权时，同样如此。当然，当以这种方式实施的"侵害"针对大多数，单个成员可以从中不再感受到自身被涉及，这种情况不存在请求权。

65　　　《民法典》第 28 条第 1 款的保护也适用于任何共同参与侵害的个人。[121] 被动违法是指侵害的所有（共同）发起者，即主谋与同谋，教唆者和帮凶。例如，在新闻文章损害人格权的案例中，诉讼可以因此针对编选者、编辑、记者、印刷者、分配者以及任何其他参与

---

[119]　BGE 117 II 50ff（Gasvergiftung im Badezimmer）.

[120]　具体参见 BGE 70 II 127（Fall Hodler）；进一步参考 BGE 109 II 353（Fall Irniger）；BGE127 I 115（Rechtswidrigkeit einer polizeilichen Autopsieverfügung betreffend ein verunfalltes Kind）.

[121]　参见《民法典》第 28 条第 1 款的字面意思，上文边码 1。

文章的生产与传播或者参与个人相关信息（关于在广播中）传达的个人。[122] 因此，受害人可以选择向何人以诉讼方式采取措施。特别是他同样可以只针对参与侵害的下属采取措施。[123] 看起来关于消极违法的很大范围因此再次受到事实上的限制，特别是，不考虑共同实施人格权侵害，要求损害赔偿或者精神抚慰金的请求权通常情况下要以额外的个人责任为前提。

（一）记者的责任

如上面已经提及的，根据《民法典》第28条第1款，可以向共同实施人格权侵害的任何人采取措施。无疑也同样适用于记者。因此，人格权保护的专门诉讼，即要求停止侵害、排除侵害或者确认侵害的诉讼在任何情况下都可以针对记者。一般的主张损害赔偿和精神抚慰金（Genugtuung）的诉讼都需要证明存在责任，即至少是过失。根据具体事实情况，针对记者要求利益收缴[124]（Gewinnabschöpfung）的诉讼也是可以考虑的。当记者从事自由职业，并且因为侵害人格权的报道（例如使用杜撰的采访）已经获得报酬，事实上也是合理的。 **66**

（二）编辑的责任

考虑到编辑的责任可以比照适用上述关于记者的论述，因此人格权保护的特别诉讼[125]总是也可以针对编辑。 **67**

编辑对刊登侵害人格权文章（包括读者来信、广告以及诸如此类）的出版物（共同）负责，因此，在所有情况下，在至少存在轻微过失的意义上，编辑可能受到指责，以至于对编辑同样存在要求损害赔偿或者精神抚慰金的请求权。 **68**

122　参考 BGE 103II 166f；106 II 99 以下。
123　BGE 5P. 254/2002：当针对报纸企业并没有采取措施时，能够禁止在报刊亭出售的有关侵害人格权的杂志文章的公告；BGE 5P. 308/2003，E. 2.4 以及 2.5：当通过搜索引擎能够在互联网上找到文章时，可以禁止网页所有人再现特定文章。
124　对此具体参见下文边码 104 及以下。
125　即停止侵害、排除侵害以及确认侵害之诉。

（三）媒体企业的责任

69　　基于人格权共同侵害的结果，人格权保护的特别诉讼对于媒体企业的消极违法性无疑也同样适用。[126] 抗辩（Gegendarstellung）的追求必须一直针对媒体企业。[127]

70　　比起编辑和记者，媒体企业通常具有更强大的经济实力，考虑到这种情况，对于受害人而言，首先存在这样的问题，是否存在要求损害赔偿、精神抚慰金和得益返还的请求权。对于损害赔偿和精神抚慰金适用一般的侵权法规则，因此原则上必须证明媒体企业的责任。由此通常适用组织责任以及企业主责任的特殊规定：

71　　一旦记者、编辑作为媒体企业的机构从事活动，那么其通过合同外行为同样对媒体企业负有义务（《民法典》第 55 条第 2 款）。[128] 在这种背景下来理解侵权行为和无因管理[129]，作为所谓的编辑通常从属的拟制机构（faktisches Organ）[130]，这种地位已经足够。[131]

72　　非组织机构责任情况下，只在人格权侵害归因于与媒体企业有下属关系的人员的情况下，才发生企业主责任问题。[132] 根据《瑞士债

126　明确表达参见 BGE 103 II 166f；106 II 92 以下（涉及读者来信）。

127　参见注释 170。

128　参见通说 Riemer, Berner Kommentar（BK-Riemer）I/3/1（1993），N 56ff zu Art. 54/55 ZGB. 此外，机构的个人责任（即现有背景下：尤其是编辑的责任）存在于：《民法典》第 55 条第 3 款。

129　参见下文边码 104 以下。

130　BK-Riemer, N 28ff zu Art. 54/55 ZGB. 在法人中，形式上并没有要求在职权范围内承担机构功能，而事实上"部分参与公司的意志形成，并且具有相应的法律上或者事实上的决策能力"的个人被作为拟制机构，BGE 122III 227；以及 H. Hausheer/R. Aebi-Müller（注释9），边码 17，69 以下。

131　BGE 72 II 65 f；BGE 95 II 486 E. 2 中得到承认；进一步参见 Handelsgericht St. Gallen in ［2000］SJZ 96，452 mwH. 只要不存在机构态度，那么存在债法第 55 条意义上的从属关系，以至于媒体企业通常基于企业主责任的方式遭到起诉。详见下文。

132　因此根据学说以及司法判决，企业主的概念需要进一步的解释："持续或者暂时为了特定事务而使一方服从于另一方"；R. Brehm, Berner Kommentar（BK-Brehm），VI/1/3/1（1998 年第 2 版），N 6 zu Art. 55 OR mwH.

法典》第 55 条，企业主"员工或者辅助人在从事工作上的或者商业上的日常事务而引起的侵害，当其不能证明为了避免此类损失而根据具体环境所应尽的一切注意义务，或者即使尽注意义务损失也可能出现时，企业主才承担责任。"《瑞士债法典》第 55 条规定了（温和的）因果责任，并不以企业主的责任为前提，当然开启了免责（例外）的可能性。[133] 这一类必须由企业主出示的免责证据，以此为前提，企业主在雇员或者辅助人的选拔、指导以及监督过程中已经尽了注意义务。[134] 当然，与此相关的，在实践中已经设立了非常严格的标准。此外，媒体企业在正常经营中必须计划尽可能地避免对第三方的损害。如此，应该拟定对于企业骨干的特别的义务手册，并且在更广的意义上或者在劳务中安排"媒体产品"的最后监督。[135] 只要自身的责任能够得到证明，在企业主之外，记者要承担作为员工或者辅助人的责任。然而，这些并不是根据《瑞士债法典》第 55 条媒体企业的企业主的责任。

按照《民法典》第 55 条第 2 款或者《瑞士债法典》第 55 条的规定，由自身实施的，即在具体情况下，受企业主指示权约束的记者、编辑实施的或者共同参与的人格权侵害，在实际所有可设想的事实情况下，被归入媒体企业，因此，相应的损害赔偿、精神抚慰金请求权能够无困难地得到执行。[136]   73

根据无因管理的规定（《瑞士债法典》第 423 条，参见边码 104 以下），人格权受到侵害的受害人可以收缴由于出版所得的所有净收入。然而，与此相关现在也没有彻底说明，是否这些要以证明媒体   74

133　具体参见 BK-Brehm（注释 132），N 31 以下 zu Art. 55 OR.

134　深入参见 BK-Brehm（注释 132），N 46 以下 zu Art. 55 OR.

135　关于企业机构的注意义务参见 BK-Brehm（注释 132），N 77f zu Art. 55 OR。

136　对此，比较参考联邦法院 5 C. 156/2003 判决中，一项对于过去的刑事犯罪事实没有必要的指名道姓的重复讨论涉及的显然同样"悲剧性"的案例。

企业方面恶意为前提。[137] 根据新近的学说，受害人还可以有选择性地——不需要责任证明——主张不当得利的规定，这样一来，返还请求权的范围是有争议的。[138]

（四）其他人的责任

75   如已经阐释的，全部参与（人格权）侵害的个人都是被动违法的。在这种背景下，特别是对广告刊登人与读者来信的作者，是有着实际意义的。[139] 但是，印刷工作人员或者负责人[140]，以及共同参与"媒体产品"传播的人都能够受到追究。特殊的法律救济并不以个人的责任为前提，只有一般要求损害赔偿和精神抚慰金的诉求才有此前提，与责任要求相联系，在得益返还的诉求中此原则仍然具有不确定性。[141]

四、侵害人格权的法律后果

76   《民法典》第 28 条以下条款——如已经阐释的——把精神上的权利，因此并不是财产上的权利或者有金钱价值特点的权利当作对象。换句话说，人格权以其是什么，并不是以其有什么而受到保护。然而这不意味人格权侵害不能对财产具有反作用。相反，人格权侵害在一定比例上，经常并且同时造成受害人财产上损害的后果。基于这种原因，《瑞士民法典》不仅规定停止侵害、排除侵害与确认侵害之诉，也参考了无因管理条款中要求损害赔偿和精神抚慰金的请求权以及返还收益的可能性。与之相对，在瑞士，人格权侵害的特

---

137 具体参见边码 106 以下。

138 对此参见 W. Schluep, über Eingriffskondiktionen, in：Mélanges P. Piotet（1990），173 以下，194 以下。

139 参考 BGE 106II 92 以下。

140 参见 BGE 126III 161 以下 关于印刷厂的职责。

141 参见下文边码 106、107。

殊法律后果自 1983 年修正案以来明确得到规定，《民法典》第 28a 条:[142]

《民法典》第 28a 条

（1）原告可以向法庭申请：

禁止有威胁的侵害；

排除现有侵害；

当侵害继续具有干扰性的影响时，确认侵害的违法性。

（2）原告可以特别要求，将更正或者判决告知第三人或者公布。

（3）损害赔偿与精神抚慰金以及与无因管理规定相符的返还收益的诉求仍待保留。

从中得出以下的结论： 77

为保护人格权的诉求与请求

- "特别规定"，特殊的诉求/请求

停止侵害之诉

排除侵害之诉

确认之诉

与排除/确认之诉相联系的公开/更正的请求

- "一般规定"诉求

损害赔偿之诉

精神抚慰金之诉

收益返还之诉

当涉及预防性措施（《民法典》第 28c 条至第 28f 条）的规定原 78 则上仅在特别诉求上适用时，对于为了保护人格权的专门诉讼与其

---

[142] 此外，瑞士法律认识到人格权侵害的特别程序规定（判决地：联邦法律关于民事案件判决地规定在第 7 条第 2 款，第 12Bst. a 以及第 25 条《判决地法》（GestG），SR 272；预先措施：《民法典》第 28c 以下条款），这些规定有助于缓解相关诉讼的实际可执行性。

他或者"一般"诉讼的区分是特别有意义的。此外，要求损害赔偿、精神抚慰金及收益返还的诉讼可以代替专门的人格权的诉讼[143]。自2001 年 1 月 1 日人格权受害人有权就有关其人格权侵害的所有诉讼选择在法院所在地或者诉讼一方所在地的法院起诉。[144]

79   只要在具体案例中存在物质或者精神损害，根据《民法典》第28 条，人格权侵害将导致《瑞士债法典》第 41 条和第 49 条意义上的违法性得到肯定。因此，出于人格权侵害——以过错或者因果责任理由为前提——一定会出现物质性的赔偿请求权。[145] 与此相关，（大致在区别理论的意义上）瑞士法律已经很早就从非金钱价值的"精神性的损害"和非物质性的不公正中剥离出实质的物质损害。受《债法典》第 41 条以下条款支持的财产损失能够得到主张［参见（二）］；对于精神抚慰金请求权《债法典》第 47 条和第 49 条有决定意义，尤其是《债法典》第 49 条更具直接相关性。

现逐一阐述法律救济手段：[146]

（一） 自然修复（恢复原状）

80   在恢复违法侵害之前的状态的意义上，在媒体侵犯人格权的背景下，很难想象实质上的恢复原状，因为通过出版而带来的损害（损失），即对私人空间的侵害、公共声誉的降低（名誉侵害）最终不再能够倒退。无论如何至少能够通过《民法典》第 28a 条的确认之诉，结合判决的公开，在名誉侵权领域，有助于限定损害的扩大。类似情况也适用于相对性描述。为此，在边码 92 以下的具体情况

---

143 H. Hausheer/R. Aebi-Müller（注释 9）边码 14，53。

144 GestG 第 12 条，对此 Bundesblatt（BBl）1999，2852f 认为，早期适用的《民法典》第28b 条规定下原则上存在仅仅针对人格权保护的"特别诉讼"的选择可能性。

145 在这方面，损害赔偿并非服务于恢复原状（restitutio in integrum），而是用于补偿结果，即人格权侵害的经济后果。同样精神抚慰金的数额不应该是重新弥补精神上遭受的不公，更确切的说，抚慰金意味着以其他方式平衡的尝试。参见 J. -M. Grossen（注释97），8a f。

146 参见 H. Hausheer/R. Aebi-Müller（注释 9），边码 14，16 以下。

中，涉及并不以金钱补偿为目的的诉讼可能性。

（二）财产损失补偿

《民法典》第28a条第3款对于损害赔偿之诉指引适用（通常是   81
合同外）侵权法。根据《债法典》第41条以下条款，损害赔偿之诉
因此需要合同外赔偿义务的传统要件的证明，即损害、违法性、合
理的因果联系以及（通常的）过错。[147]《债法典》第41条如下：

《债法典》第41条

（1）故意或过失违法造成他人损失的，有义务补偿损失。

（2）以违反善良风俗方法故意造成损失的，同样负有补偿义务。

在法律意义上——区别于道德上的不公——非自愿的财产减少   82
应该在损失的基础上理解。损失可以存在于积极方面的减少、消极
方面的增加或者利益的消失。其符合财产的事实状态与未存在侵害
事件的财产假定状态的区别。[148]尽管人格权的违法侵害——如已经阐
述的——涉及法益，而作为法益本身并不存在金钱价值，但是举例
说，名誉权的侵害能够导致一个律师商业上的损失。这样的损失原
则上应该以数字形式证明，然而法官能以《债法典》第42条为前
提，在一定界限内，通过自由裁量确认损失。[149]

如上文已经提到的，从作为绝对法益的人格权的侵害可以得出   83
增加损失的违法性。[150]人格权侵害必须是财产损失的合理的原因。[151]
根据事物的自然进程与一般的生活经验，被告的行为对导致已经出
现的这一类结果（在此联系财产损失）是合理的，并且通过这种有

---

147   对此参见联邦法院 2003 年 10 月 23 日 5C. 156/2003 的直接判决以及 H. Hausheer/
     R. Aebi-Müller（注释 9），边码 14，55。

148   所谓的差别理论（Differenztheorie），参见 BK-Brehm（注释 132），N 70 zu Art. 41 OR
     mwH.

149   BGE 122 II 224 E. 4 提到的对于由于新闻机构不正当的经济报道产生损害的证明的要
     求。

150   参见注释 64。

151   具体参见 BK-Brehm（注释 132），N 103 zu Art. 41 OR.

问题的行为导致的结果一般看起来是有利于被告的，这时正常的因果关系进程一直在法律上都是影响巨大的。[152]

84　　联系《债法典》第41条，受害人必须证明被告的过错，在这方面，对于一般抽象的（客观的）表述的新闻的注意义务的违反构成过错的客观方面，个人的判断能力构成了过错的主观方面。原则上任何过错已经足够，不依赖于严重程度，以至过失，至少是"轻过失"（culpa levissima）的证明足够论证责任。

85　　当侵害关系到有很高信息价值的当天的信息，而这种信息有必要迅速传播时，对于通过媒体的人格权侵害，证明过错有时是很困难的。这种情况，经过认证的通讯社要尽特别的注意义务，原则上其余的新闻企业可以信任这一类通讯社。[153] 此外，有必要提起已经叙述过的《民法典》第55条与《债法典》第55条有关机构和企业主责任的规定。另外，结合有关的赔偿责任现有的全部修正案，应该审查对于媒体因果责任的执行。

（三）精神抚慰金

86　　作为对精神上遭受的损害（"tort moral"道德侵权）的"平衡"，精神抚慰金的诉讼使人格权受害人要求一定数额的金钱成为可能。根据瑞士法律，这种精神抚慰金请求权清楚地与损害赔偿请求权区分。其目的不在于补偿物质上的损害，而在于赔偿"非物质上的损失"，通过金钱履行，这种请求权使得"幸福感在其他方面得到提升

152　具体参见 A. Keller, Haftpflicht im Privatrecht I（2002年第6版），79以下。

153　相关的例子参见 H. M. Riemer, Personenrecht des ZGB, Studienbuch und Bundesgerichts-praxis（2002年第2版），边码403；同样参见德国联邦宪法法院（BVerfG）的决议，［2003］Neue Zürcher Zeitung（NZZ）Nr. 235, 63。只要违法侵害人格权，针对已经采用的机构报告以及经过谨慎调查的报道的停止、排除以及确认侵害的特别诉讼可能性仍然存在，因为这方面的法律救济，如已经提及的，不以过错为前提。

或者对其损害变得可以忍受"。[154] 损害赔偿与精神抚慰金不同的前提条件并不依赖于彼此进行审查，尽管经常是同一个人的同一个损害行为引起两种请求权。

人格权侵害的精神抚慰金在瑞士侵权法中有着明确的规定：[87]
《债法典》第 49 条

（1）人格权受到不法侵害的，只要侵害严重到一定程度并且没有得到其他方面的补偿，作为补偿，受害人有权要求获得一定数额的金钱。

（2）代替上述给付或者在上述给付之外，法官可以判决其他种类的补偿。

对精神上的安宁的轻微打扰普遍存在于正常的生活中，因此并[88]不是任何精神上的损害都会导致赔偿的判决。[155]《债法典》第 49 条以严重的人格权侵害为前提条件，这就是说，侵害导致显著（持续）降低幸福感与人生乐趣、引发悲伤或者痛苦、引起自卑感或者社会孤立感。[156] 同样以《债法典》第 49 条为前提的侵害违法性在《民法典》第 28 条意义上通过人格权侵害得到暗示，在这方面，侵害人同样可以主张正当化事由以求免责。[157] 与损害赔偿权一样，在侵害人的行为与非物质上的损害之间必须存在因果联系。

过错的要求在现有《债法典》第 49 条的文本中不再明确提起。[89]然而并没有争议的是，精神抚慰金，就如损害赔偿请求权，或者以因果责任理由存在（在现有的联系中，特别是《债法典》第 55

154　BGE 123 III 15；A. Keller，Haftpflicht im Privatrecht II（1998 年第 2 版），121："金钱帮助受害人摆脱曾经遭受的不公。金钱给予缓解，它是安慰剂。对于已经施加的不公的平衡意味着，加害人必须付出金钱，而受害人接受。"

155　BK-Brehm（注释 132），N 23 zu Art. 49 OR.

156　Vgl M. Sidler，Die Genugtuung und ihre Bemessung，in：P. Münch/T. Geiser（Hrsg.），Schaden-Haftung-Versicherung（1999），445 以下，Rz 10. 23f.

157　参见边码 39f.

条[158]），或者至少以侵权人的轻微过错为前提。[159]

90　　因为根据精神抚慰金的本质和功能，在一特定金钱范围内，精神抚慰金被描述得并不怎么好，因此尽管其能够在某些程度内发挥作用，但是并不应该将其夸大。法官因此不得不"发现在内心感觉的美化与貌视之间的平衡点"。[160] 根据瑞士的法律学说，精神抚慰金并不该具有惩罚侵权人的功能，[161] 在实践中已经判决的损害赔偿的数额，不考虑增长的趋势，在国际范围的比较中仍然算是很少的。[162]

91　　根据《债法典》第 49 条第 2 款法官可以判决代替金钱履行的赔偿形式或者在金钱履行之外附加其他形式的赔偿。例如可以判决向慈善机构支付一笔金钱。[163] 同样公开判决内容（参见边码 97 以下）可以满足补偿的功能，[164] 特别是在（因此或许可能需要更进一步安排的）金钱数额可能累积的案例中，这种形式需要留意。

（四）停止侵害与排除侵害之诉

1. 排除将要发生的侵害

92　　停止侵害之诉（《民法典》第 28 条第 1 款第 1 项）的目的在于，从法庭上禁止被告——在违法行为案例中考虑刑事威胁——从事未来特定的行为，这种特定行为可能违法侵害原告的人格权。当侵害

158　参见边码 72。

159　参见 BGE 126 III 161 以下。

160　A. Keller（注释 154），131.

161　BGE 123 III 16；同样参见边码 103。

162　参见 P. Tercier（注释 11），边码 2075 以及 BK-Brehm（注释 132），N 58 zu Art. 49 OR 关于州司法判决汇编。参见此后的 BGE 5C. 156/2003：在判决 13 年之后，日报上揭露罪犯的姓名，导致其遭受解雇以及长时间不能工作的严重心理后果。州法院判处给予受害人 40,000 瑞士法郎（合 26,000 欧元）精神抚慰金，而联邦法院对此并没有异议。

163　BGE 117 IV 270.

164　BGE 84 II 577f. 尽管在确认之诉以及因此而公开的判决方面，首先涉及的是排除干扰（参见边码 96 与 98），而这方面新近判决认为此点很重要。然而，并不能否认的是，作为公开的司法异议，将确认之诉的判决公开，能够具有某种精神抚慰的功能。同样参见 BK-Brehm（注释 132），N 103 zu Art. 49 OR；A. Schnyder, Basler Kommentar, OR I（2003 年第 3 版），N 17 zu Art. 49 OR.

威胁其人格权时，停止侵害之诉一直适用，在这种情况下，原告必须证明有威胁性的风险。当干扰并不需要严肃对待时，那么就缺少必要的法律保护利益。基于诉讼的预防性功能，所担心的行为必须尽可能精确和详细地描述。对于非特定行为的禁止（例如，禁止任何种类同特定伴侣的人身接触），并不能获得事后的执行。此外，法官的命令必须与所追求的目标具有一定的合理关系。

2. 排除现有的侵害

基于排除侵害之诉（《民法典》第 28a 条第 2 项），应该考虑被　93
告违法行为的持续性以及刑事威胁，因而判决排除侵害原告人格权的现有的违法行为。排除侵害之诉的目的在于，在侵害可以终结时，排除侵害（法文 "si elle dure encore"）。

有时很难将排除侵害之诉从停止侵害之诉中区分出来。现有的　94
干扰仍然能够存在未来不法侵害的威胁。以此为出发点，悄悄进入明星秀现场并秘密拍照的摄影师考虑公开他的照片，在这种情况下，会为了保护人格权在起诉书中提起各种不同的诉讼，这就是说，诉讼请求会被累积。赞同诉讼的法官会以刑法威胁的方法判处侵害者停止此种行为，举例来说，要从市场上召回具有侵害名誉文章的杂志，以及声明未来不再重复此种行为。

3. 确认侵害的违法性

确认侵害之诉（《民法典》第 28a 条第 3 项）的目的在于，从法　95
律程序上确认，被告的某种特定的、过去的、仍然（至少部分的）有影响并且不能够被排除的行为，侵害了原告的人格权。

在一般意义上，在原告对于某种权利或者法律关系的法庭程序　96
的确认上有充足的理由时，即存在重大的法律上的利益，确认之诉才是合法的。在联邦最高法院判决（BGE 127 III 481）中联邦法院才将确认之诉的前提条件有所减轻。现在，为了能够提起确认之诉，前提条件也适用于干扰状态持续的情形，特别是通过"在言论载体

（例如报纸上的文章）上侵害性的言论的持续存在"，这样的条件已经能够满足。此外需要注意的是，根据联邦法院的判决，在人格权上的确认之诉方面，原则上排除侵害占重要地位，以至于在确认之诉的表象下常常提起"给付（排除侵害）之诉"。[165] 因此，以补救性的诉讼为出发点，当然根据具体情况——特别是与公开的判决相联系——在公开的法庭反对的意义上，能够被赋予精神抚慰金的功能。[166]

4. 告知或者公开判决

97　　根据《民法典》第28a条第2款，原告能够要求公开或者传播某项更正或者针对被告颁布的判决。公开出版的愿望使得人格权受到侵害的受害人自行公开针对被告颁布的判决成为可能。[167] 相反，基于更正的愿望，被告本该有义务从自身出发，在特定平面媒体作品上以及电子媒体上提交实际情况的更正内容。

98　　依据《民法典》第28a条第2款的请求以《民法典》第28a条第1款规定的诉讼理由为前提，并且大多数情况下同其他法律诉讼并用，一般意义上是确认之诉。在这种意义上，依据《民法典》第28a条第2款的请求也被描述为辅助性的请求权。依据竞争法方面的判决，联邦法院关于《民法典》第28条以下条款的判决不再把判决公开作为精神抚慰金的特殊种类，而是作为排除干扰的一种手段。[168]

99　　关于判决公开的手段，联邦最高法院判决（BGE 126 III 217）坚持认为："公开的篇幅及位置要考虑传播范围以及违法侵害受害人人格权的文章在媒体作品内部所具有的地位……"

165　BGE 127 III 484，参见 O. Vogel 的提示。
166　参见上文边码91以及注释164。
167　因此《民法典》第28a条第2款根据 BGE 126 III 216 开启了"原则上部分或者全部公开判决处理的选择。"
168　BGE 123 III 358；127III 486；当然在上文边码91以及注释164提到的判决出版的双重功能的背景下。

5. 相对陈述（Gegendarstellung）

一般情况下，针对一定期限内出现的媒体（《民法典》第28g条以下），详细规定的相对陈述权有着巨大的实际意义。这项权利并不以违法的人格权侵害，而是仅仅以事实描述（Tatsachendarstellung）[169]的申请人的"遭遇"为前提，因此要同《民法典》第28a条的法律救济区分开来。 100

在请求更正的诉讼（如上阐述）的范围内，法庭在对立的程序中审查起诉方的陈述的合理性和客观正当性。通过这种方式要达到此目标，即：更正最终重现事实真相。适用的原则是：真相针对主张。相反，对于相对陈述的申请只限于形式上真相或者说"武器平等原则（Waffengleichheit）"的复原，通过这种方式，申请人作为之前陈述被涉及的相关人员有权要求公开其对于事物的主观看法。不发生对于相对陈述文本内容的客观的法官的审查。换句话说，适用的原则是：主张针对主张。无论如何，一项明显不符合实际的相对陈述的复制是能够被拒绝的（《民法典》第28h条第2款）。 101

一项相对陈述在任何情况下针对的是媒体企业（Medienunternehmen）[170]，而不是针对其他参与受指摘的出版物的个人。 102

6. 刑事处罚

在瑞士侵权法中，威慑或者刑罚理念并没有地位。[171] 毕竟，再明显不过的是，过错程度（例如为了增印、营利的目的有针对性地侵 103

---

169 事实主张能够从已经公布的图片中得出。这种情况下，考虑到相对性描述的目的是绝对必要的，那么带有图片的相对性描述能够随之实现；参见 BGE 130 III 1。

170 Art28i ZGB；参见 BGE 5C. 37/2002.

171 当然仍需要提示的是，在大众媒体上侵害人格权的情形在具体情况下根据刑法的视角也有意义，参见《刑法典》第173条以下涉及的名誉损害以及针对秘密或者私人领域的行为。当事人具有在刑事程序上附带提起民事主张的可能性，考虑到（检察院启动的）程序和成本，这种方式具有优势。

害人格权）对于衡量精神抚慰金［参见（三）］能够具有某种意义。[172]

五、不当得利

104　　一旦侵害人通过其行为获得某种收益，根据《民法典》第28a条第3款中的指引条款，首先并不是有关不当得利的规定（《债法典》第62条以下），而是那些有关无因管理的规定（《债法典》第419条以下）得以适用。与人格权侵害相联系，通常是以所谓的"不真正的无因管理"，即（恶意的）自我管理或者侵害人不法管理为出发点。这些结论可以从《债法典》第423条的法律规定得出：

《债法典》第423条

为了管理人利益的管理

（1）未考虑本人利益的管理，仍有权要求从其管理中占有相应收益。

（2）本人只在获益条件下才有义务补偿管理人并免除其责任。

105　　根据《债法典》第423条第1款以及参考《民法典》第28a条第3款，当被告——现在被告常常是媒体企业——基于违法的人格权侵害同时获得收益时，因此一直存在收益返还请求权。[173]当受害人可能不会或者不会按照侵害人的方式利用（"商业化"）其有争议的人格权领域（例如其肖像）时，这种请求权也存在。受害人通过利

172　结合瑞士通过小报的名誉权侵害，Zürcher Obergericht［1971］Blätter für Zürcherische Rechtsprechung 70，Nr. 46，125，对于相对高的精神抚慰金的数额的论证明确提出："对于在人身关系中的侵害的精神抚慰金的数额不应该设定过低，以至于产生人格权法益位于物质上法益之后的印象。因此，在最严重过错情形下，人格权法益存在最严重的侵害；并且作为动机的只能是寻求利益。"进一步参考 BK-Brehm（注释132），N18 zu Art. OR.

173　关于条件（违法侵害隐私，获益，因果联系）；参见 P. Tercier（注释11），边码2131以下；关于过错参见边码106。

用其人格权是否可能获得同样的收益并不是很重要。[174,175] 侵害既不必须是严重的，也不需要涉及"财产上的使用权"，只要构成人格权侵害就足够。[176]

相反（新近）存在争议的是，返还收益的请求权是否要以过错 106
为前提。[177] 人格权学说几乎一致地否定了这种说法，并且给出了很好的理由。[178] 自然，返还收益并非表明——与教义学的部分论述相反——比损害赔偿请求权更严重的侵害：损害赔偿须由债务人自身财产清偿，而收益返还——根据 1983 年立法改革者的想法显而易见极有可能不要其他前提条件（参见边码 109）——应该用来平衡不合法的利益。[179] 在两个新近公布的判决[180]中，联邦法院似乎已经偏离了其至今为止的实践，并且似乎希望收益返还请求权只针对恶意的自我管理。然而仍然需要注意的是，在有问题的案情上，人格权侵害并非作为绝对的法益被评价判断，在非法转租的条件下，还需要判断针对出租者自我管理的强制性（因此仅仅是相对的）义务。就这方面而言，必须首先解决的是，就已经改变的判决，联邦法院是否希望适用于人格权侵害方面。

基于新近学说的一部分，一旦希望返还收益由《债法典》第 107

---

174 J. Schmid, Die Geschäftsführung ohne Auftrag, in: P. Gauch/J. Schmid (Hrsg.), Die Rechts entwicklung an der Schwelle zum 21. Jahrhundert (2001), 421ff, 428.

175 关于已经出现的对于个人私人生活的主张问题在于：由于违法侵害人格权（名誉、私人空间）获取的利益能够很容易被收回，尽管出版的受害人或许既没有同意或者也没有就已经出现的事实自行进行商业上的利用；J. Schmid, Die Geschäftsführung ohne Auftrag (1992), Rz 926 mit Fn 325。

176 J. Schmid（注释175），428.

177 参见反对意见，T. Geiser（注释79），边码13，23。

178 特别是 P. Tercier（注释 11），Rz 2135；H. Hausheer/R. Aebi-Müller（注释 9），Rz 14. 81；H. M Riemer（注释 153），Rz 411；A. Bucher, Natürliche Personen und Persönlichkeitsschutz（1999 年第 3 版），边码 605；其他观点 J. Schmid（注释175），Rz 777 以下 mwH。

179 P. Tercier（注释11），边码3135。

180 BGE 129 III 422 以下，126 III 69.

423 条支持，并且在人格权侵害的背景下，涉及无因管理，使返还收益依赖于管理人的恶意，那么在任何条件下必须适用《民法典》第3 条第 2 款：根据法律规定，恶意是指，"根据具体情况所要求应尽的注意而未能善意行使"。因此和德国法不同，在德国法上，在不法管理方面恶意以对无因条件的积极认识（即故意）为前提[181]，在瑞士，只要证明过失可能就足够。在这种意义上，过错在大多数情况下可能很容易证明，特别是在所谓的人格权"强制商业化"条件下。此外——考虑自我管理[182]的（某种程度上）侵权特点——《债法典》第 55 条（即使不是直接，至少也是类比适用）可能得到适用，[183] 因此，媒体企业可能要对其编辑[184]与记者违反注意义务的行为负责。

108 基于《债法典》第 423 条第 1 款的请求权要求返还净收益，也就是扣除费用后的毛收益。[185] 这意味着，触犯法律的媒体企业可以扣除例如用来支付自由媒体创制者的报酬的费用。[186] 相反，根据《债法典》第 423 条恶意管理人不能够就损失提出抗辩。

109 另外，1983 年的立法者已经意识到人格权"强制商业化"的问题，同样越来越多的"超出限度的"所谓的小报为法律修正提供了诱因。[187] 这也因此以立法者的一项有意识决定为出发点，当经过选择

---

181 参考 § 687 BGB.

182 一旦满足恶意的自我管理的前提条件，并且管理人知悉或者应该知悉其侵犯他人的法律地位，那么即存在不正当行为，这样可以适用侵权法的规定，参见 BGE 126 III 382f；J. Schmid（注释 175），边码 826。

183 参考上文《债法典》第 55 条关于本人责任的规定。

184 编辑通常被赋予作为（拟制）机构的资格，以至于合同要受到《民法典》第 55 条规定的机构责任的限制；参见上文边码 71。

185 J. Schmid, Kommentar zum Schweizerischen Zivilgesetzbuch（ZK-Schmid），Bd. V/3a：Die Geschäftsführung ohne Auftrag（3. Aufl 1993），N94ff zu Art. 423 OR.

186 显而易见，受害人能够通过利益收缴的方式再次要求返还报酬，以此向侵权文章的作者提出要求。

187 Botschaft（注释 63），638；H. Hausheer, Verstärkter Persönlichkeitsschutz：Der Kampf ums Recht an verschiedenen Fronten, in：Mélanges H. Deschenaux（1977），81ff, mit Hinweis auf Fall "Swetlana Stalin"。

的立法程序（这就是说，在受保护的人格权的绝对法益方面与高度
个人的、用于防御的特别法律救济的协助，以及与包括利润收缴的
一般给付之诉的指引相联系）比起德国的法律情况看起来显示出某
种优势，这项决定的合理性更加得以显现。[188] 特别是，在具体情况
下，当受侵害的人格权领域并没有指示通过实践或者学说所确认的
框架时，在物质或者非物质损害方面或者在侵害人自我管理方面能
够出现经济的平衡。换句话说，在《债法典》第 423 条的意义下，
自我管理存在于任何违法的人格权侵害中，而不是仅存在于财产价
值的使用权的僭越方面。[189] 在这种法律背景下，瑞士的学说中某种新
的趋势表明，意图在单一的"人格法益"（尤其是肖像）附加金钱
价值的特点（在德国法上，相应的是单一人格法益的归属内容[190]）
是多余的。[191]

　　在比较新的学说中，《债法典》第 423 条与（在《民法典》第
28a 条第 3 款的指引条款中没有特别提及的）（侵害）给付之诉（参

110

188　Vgl ua J. v. Gerlach，Gewinnherausgabe bei persönlichkeitsverletzungen nach schweizerischem
　　Vorbild？［2002］Versicherungsrecht（VerSR）53，917 以下；J. Schmid（注释 175），
　　边码 924 以下。

189　ZK-Schmid，N 45 zu Art. 423 OR；P. Tercier（注释 11），边码 21，25 以下。

190　进一步深入探讨归属学说概念，参见 J. Schmid（注释 175），边码 744 以下，特别是边
　　码 748 以下 je mwH. 之后对于利益返还，单纯显示为消极内容的此类法益没有受到关
　　注，这样切合《民法典》第 28 条意义上的人格权（相应的）作为绝对法益的特点；
　　H. Hausheer/R. Aebi-Müller（注释 9），边码 10，11f.

191　归属内容的概念对于瑞士法律本来并不熟悉，从外国的法律秩序中"借用"而来，尤
　　其是在人格权保护领域被证明是不必要和没有成果的；J. Schmid（注释 175），边码
　　744f. 因此问题本身并非是人格权的特定领域是否表明"归属内容"，而是人格权本身
　　作为归属内容是否受到侵害。如果与此相符，无疑当事人能够提起"特别的"人格权
　　诉讼以及请求利益返还，在证明过错或其他责任理由（《债法典》第 55 条企业主的
　　责任，《民法典》第 55 条机构责任）的情形下，可以请求损害赔偿以及精神抚慰金。

见《债法典》第 62 条以下）的关系被给与了更多的关注。[192] 这在瑞士不当得利领域并没有明确规定，而学说以及司法判决公认的事实构成，[193] 毋庸置疑是不以过错为前提的。与自我管理结合，只要如现在保持并且因此继续排除过错要求（如上文边码 106），则无需再存在一个竞合的不当得利请求权。

111　　　首先，这样计算基于人格权侵害而获得的收益是有实际意义的。[194] 一直以来，根据学说的观点，人格权受侵害人享有要求侵害人告知以及出示收据的请求权。[195] 此外，可以类比适用《债法典》典第 42 条第 2 款，这样一来，考虑事物的正常运行，法官可以根据自由裁量估算不能通过数字证明的收益。[196] 对于什么应该被归因于媒体企业相对强烈的平衡意愿（Vergleichsbereitschaft）以及具体情形这样的问题，只要对此有所把握，瑞士法庭不需要做深入分析。到目前为止，在瑞士，特别是在名誉权侵害的事实构成（以及由此产生的人格权侵害的确认之诉以及精神抚慰金的给付之诉）以及少量案件中需要评价人格权"强制商业化"的情况下，这种观点得到一致同意。根据这种观点，负有收益返还义务的媒体企业不能够以其即使未侵害原告的人格权也能够获得相同收益为抗辩。[197] 确切地说，必须要反驳，不论是否能够避免，其毕竟在侵害申请者人格权的前提下获得了收益。

192　参见 R. Weber，Basler Kommentar，OR I，（2003 年第 3 版），N 9ff zu Art. 423 OR；在《民法典》第 28a 条第 3 款规定的情形，并没有明确指引至不当得利法，但并不与其适用相冲突，已经提到的指引条款并不切合最终规定的特点；T. Geiser（注释 79），边码 13. 26。

193　明确表达参见 BGE 129 III 422，m. H. 关于学说进一步参见 W. Schluep（注释 138），179 以下。

194　关于利益计算的原则参见 J. Schmid（注释 175），边码 838 以下。

195　进一步深入参见 J. Schmid（注释 175），边码 859 以下，同样是主流观点；其他观点参见 L. Schürmann/P. Nobel，Medienrecht（1993 年第 2 版），251。

196　J. Schmid（注释 175），边码 857 mwH。

197　J. Schmid（注释 175），边码 837。

针对大众媒体侵害人格权的保护：美国

戴维 **A**. 郎根　　迈克尔 **D**. 格林

一、导言

法律早已认可一系列由媒体发布的内容所侵害的人提起的民事　1
诉讼，最近还认可了因媒体采集信息的方式侵害他人而引发的诉讼。
例如，一个虚假陈述使原告遭到他人的厌恶、轻视或嘲笑，因其导
致对于本人名誉或精神上的损害，原告有权以诽谤为由起诉对方
（"Libel"是指文字性诽谤，"Slander"是指语言性诽谤）。如果相关
报道真实揭露了有关原告私生活的私密细节，那么就构成对隐私权
的侵害，即"公开披露私人生活"。通过偷拍原告在家中的情况来搜
集新闻的记者，要承担"侵扰隐居"或者"擅入私人领地"的责
任，而违背向消息源所作的匿名允诺可以成为损害赔偿之诉的诉由。
近些年起诉媒体的民事诉讼还包括"疏忽导致他人精神痛苦"，以及
与之关系紧密的"故意导致精神痛苦"，如同实施有害行为的"煽
动"一样，此外还有单纯主张（媒体）过失的诉讼。陪审团对于这些
民事侵权行为的裁决有时金额很大，甚至是令人震惊的[1]，但是，由
于下面讨论的原因，最离谱的陪审团裁决也几乎无法逃过司法审查。

针对媒体的普通法侵权有诸多特性，其中一个就是陪审团的中　2
心作用，以及与此相伴的、情绪化和偏袒使得裁决过分有利于原告

---

[1]　例如：1999 年对华尔街日报的 2.22 亿美元，以及对 Jenny Jones 电视秀的 2500 万美
元。

的风险（风险存在于所有的侵权诉讼中，但是这种担忧尤其来自于很多美国人对于媒体的敌意）。例如，在诽谤诉讼中，对各种要素的举证责任都由被告承担，并且，像损害赔偿金额这类问题都被认为是"事实性问题"，因而仅接受有限的司法审查。第二，很多这类民事诉讼实质上都属于严格责任范畴，也就是说，如果被告方有可指责之处，那么原告几乎不需要证明什么。例如，有关诽谤的普通法一贯认为，被告是否在公布事后被证明为虚假的陈述之前仔细地对事实进行过审核，是无关紧要的。通过普通法上的特权（如"公平报道"，对存在于公开记录中的虚假陈述的准确复述加以保护），以及偶尔的立法动议（如当被告发布了全面的撤回声明时，对损害赔偿加以限制）对出版商提供了某些救济，但是，总的来说，出版商经常要面临被处以巨额损害赔偿金的风险，尤其是当原告是知名人士，或是受人爱戴的人士，或是被告（或他的观点）是存在争议的情况下更是如此。

3 　　这类诉讼从传统意义上讲是由州法院管辖的（在某种程度上，这种状况还会继续），这至少在细微之处在组成美国的各种司法管辖区内导致了很大的差异。（这对媒体来说问题严重，因为出版物通常是在多个司法管辖区内被受众阅读、收听或观看的）。但是，联邦宪法保护的复杂组合现在已经很大程度上控制了寻求由媒体导致的损害赔偿的民事诉讼，使得相对来说判处巨额赔偿已不可能，通过上诉进行追索就更为罕见了。

二、言论自由的宪法保护

4 　　如果对《美国宪法》中的表达自由条款缺乏基本理解的话，要理解媒体是否要对有害性的出版物承担责任进行管控的法律是不可能的。于1791年批准生效的《宪法第一修正案》规定："国会不得制定法律……限制言论自由和新闻自由。"尽管公民要求自由的声音不断，早期的国会仍然采取措施惩罚那些被认为是具有"不良倾向"的言论。在这些镇压行动中，值得注意的是《1798 年煽动叛乱法》，该法将批评执政的联邦党的言论列为刑事犯罪；还有内战前禁止向蓄奴州的人民散发废奴主义者的作品；以及《康姆斯托克法》（1873）（又名《禁止邮寄黄色书籍与图册法》）禁止邮寄涉性内容的材料。在这些环境中没有联邦法院考虑以第一修正案为基准立法的合法性。并且当美国宪法第一修正案的相关条款被限定在联邦立法时（"国会不得制定法律……"），州宪法中的保护言论自由的规定同样被认为对侵犯言论的州法（译者注：此处指州颁布的一般法）的运行几乎没有任何影响。

一战期间及其后，美国公众越来越惧怕可觉察到的来自布尔什 5
维克、无政府主义者，以及其他革命分子对国内安全带来的威胁。作为回应，美国国会通过立法严惩对战争努力或相关的政府活动（如强制征兵）的批判性言论，并且联邦检察官积极执行这些法律以对抗不同政见者。针对有罪判决提起的上诉使美国最高法院面临着由国内安全与宪法第一修正案中涉及的言论与新闻自由之间的冲突所引发的难题。在自申克诉美国案（schenck v. United States）[2] 开始的一系列判决中，法院在批准具有"明显与即刻危险的"批评政府的言论提起公诉的同时，却禁止因为"仅仅是鼓吹"不法行为而施以刑罚。结果，只有当被告的言论构成即时的、严重的、非法的煽动行为时，制裁才是被允许的，而这是政府非常难以证明的标准。

美国联邦最高法院作出的将第一修正案保护扩展到媒体的第一 6
项判决是尼尔诉明尼苏达案（Near v. Minnesota）[3]，该案涉及市政官员试图禁止某个专门揭露丑闻的周刊进一步发表令人难堪的批评。

2　申克诉美国案，249 U. S. 47（1919）。
3　尼尔诉明尼苏达案，283 U. S. 697（1931）。

这就把审查的最为有力的手段，即事先限制，摆在了法院的面前。不同于刑事判决或损害赔偿，它们只发生于出版之后，事先限制一开始就阻止信息和意见进入"思想市场"，因此它是一个非常值得怀疑的、针对有害言论的矫正方法。在尼尔案中，法院裁定事先限制只是在很狭小的案件范围内被允许：当被公布的信息构成对国家安全的迫在眉睫的威胁时（例如"运输及航行日期或者军队的数量和所处的位置"），淫秽出版物，以及"煽动暴力与暴力推翻有序的政府"即属此列。

7　　　截止到二十世纪中期，现代言论自由架构的关键组成部分是很恰当的。首先，苗头不好的言论不能仅仅因为这个原因而受到惩罚；国家必须证明说话的人意欲让言论挑起受众实施违法行为，并且该言论事实上几乎肯定能够立刻引起这样的后果。第二，事前限制的矫正办法仅限于例外的情形。但是，法院已经拒绝将保护扩展到"特定的容易辨认的并且是受到严格限制的几类言论"，对此，在不"涉及任何宪法问题"的前提下可予以惩罚。这些言论包括诽谤（有损名誉的对于事实的虚假陈述）；"争斗性的言语"（面对面的辱骂，很可能挑起暴力反应），以及淫秽物品（淫乱的、缺乏救赎的社会价值的赤裸裸的性描写）[4]。联邦宪法规定的最低限度保护的理念意味着因发表有害言论而被诉损害赔偿的被告（如诽谤或侵犯隐私权）只能寄希望于不同的州法中对于言论保护学说的庇护。但是，州法通常给媒体提供微不足道的保护，以应对愤怒的、斗气的陪审团。这一切在 1964 年有了彻底改变。

4　Chaplinsky 诉 New Hampshire 案，315 U. S. 568，571 –72 （1942）。

三、虚假陈述的民事责任

纽约时报诉沙利文案（New York Times v. Sullivan）[5] 这一具有 8
开创性的案件，源于美国黑人争取平等民权的努力。这一可歌可泣
的斗争的主战场在靠南部的地区，并且种族隔离主义者借助一系列
手段展开反击，包括对敢于报道由州和地方官员操纵的虐待黑人事
件的国内媒体提起诽谤诉讼。由于报纸的一则广告不当地将沙利文
与针对民权活动家包括马丁·路德·金博士的恐吓行为联系在一起，
亚拉巴马州蒙哥马利市的警察局长 L. B. 沙利文对纽约时报提起诉
讼。这一案件在种族控制的环境中审判，由一个公开的具有种族主
义倾向的法官担任主审；毫不奇怪，陪审团宣告由被告赔偿 50 万美
元的裁决，这是美国历史上金额最大的一笔侵权裁决。亚拉巴马州
高等法院维持了该判决，当美国最高法院受理了上诉，就不得不面
对侵权法不受美国宪法第一修正案有关言论和新闻自由保护的影响
这一传统智慧的可行性问题。

最高法院毫无争议地推翻了原判，并认定至少有一些侵害名誉 9
或情感的不实言论也受第一修正案保护。由像沙利文先生那样的公
职人员提起的诽谤诉讼，应当"参照国家所深深信奉的原则，即对
公共问题的争论应该是无限制的、直率的以及完全开放的，并且包
括对政府和政府官员激烈的、刻薄的以及令人不愉快的攻击"这样
的背景进行权衡。有关诽谤的普通法实行严格责任，并推定冒犯性
言论是虚假的，给出版商行使第一修正案所确立的自由提供了不充
足的"呼吸空间"。法院认定由公共官员提起的诽谤诉讼在未能证明
被告"实际恶意"，即"陈述的知识是虚假的，或者全然不顾其虚假

5　纽约时报诉沙利文案，376 U. S. 254（1964）。

与否"的情况下不可能胜诉。肇始于纽约时报的实际恶意要求不久就扩展到由"完全的公众人物"（那些在社会事务中特别突出的人，例如社会名流以及其他"家喻户晓"的人物）提起的诽谤诉讼，进而扩展到由"有限的公众人物"（指那些并非广为人知的人，已经将他们自己推到了公共论战的风口浪尖，试图对结果有所影响）提起的诉讼。

10　　这一实际恶意的要求戏剧性地改变了诽谤法。法院明确指出对于被告的归责方面需要适用更高程度的要求，即使证明出版商一方存在"严重疏忽"，也不足以使法院作出有利于身为公职人员的原告的诽谤判决。作为纽约时报案的结果，除了媒体极其不负责任的情形之外，源于对公共事务的报道而引发的诽谤诉讼中媒体几乎都得到了实质性的保护。

11　　随后的判决对诽谤法作了其他重要的、言论保护方面的改变，例如，要求以"清晰而令人信服的证据"证明实际恶意的存在（而不是在一般民事诉讼中所适用的证据优势标准），要求对陪审团关于实际恶意的裁决进行严密的司法审查（与大多数的侵权诉讼相反，在后者，法官通常会遵从陪审团有意作出的裁决），并将对虚假性的举证责任转移给了原告（使诽谤法与一般的侵权法原则相一致）。

12　　最高法院同时已经对"私人原告"提起的诽谤诉讼中的损害赔偿设置了屏障。标志性案件是格茨诉罗伯特·韦尔奇案（Gertz v. Robert Welch）[6]，法院将关于公共原告（译者注：此处指公众人物）的虚假事实陈述，涉及到第一修正案的核心关切事项（由此受到高等级的保护而免于承担诽谤责任），与私人原告提起的诉讼作了区分，后者跟媒体有更少的接触以反驳虚假事实，而且因为他们并非自愿地将自己置身于公众关注的中心，所以他们更加值得对其被玷

6　格茨诉罗伯特·韦尔奇案（Gertz v. Robert Welch, Inc.），418 U. S. 323（1974）。

污的名誉予以恢复。因此，法院允许私人在仅仅证明出版方存在疏
忽的情况下进行索赔。审理格茨案的法院还改变了主导可赔偿损害
的普通法规则。与普通法不同，后者推定诽谤已经造成损害，现在
原告必须证明对原告的名誉（译者注：原文——the defendant's repu-
tation 有误。从上下文意思来看，应为 the plaintiff's reputation 才合符
逻辑）或精神幸福造成了实际伤害。还有，被告对原告单纯的敌意
（比较而言，陪审团仅从批评性报道的发表就容易推断出来）不再成
为判定惩罚性赔偿的理由；现在，所有的原告，不论作为公众人物
的原告还是私人原告，都负有艰巨的任务，即在法庭判给补偿性损
害赔偿之外的赔偿（译者注：此处指惩罚性赔偿）之前，证明被告
是在明知陈述虚假或者不顾真相的情况下予以出版的。

　　共同发生的这些变化，已经给予媒体实质性的保护而免于承担　　13
诽谤责任，而且陪审团裁决大额赔偿的阴影，更不必说在上诉审得
到维持，已经不再是一个现实的威胁了。

　　意识到成功的诽谤诉讼所面临的巨大困难，富有创造性的原告　　14
律师已经尝试采用巧妙的诉求来回避自纽约时报案开始构筑起来的
坚固的宪法屏障。这方面的一个极佳的例子是《皮条客》杂志诉福
尔韦尔案（Hustler Magazince v. Falwell）[7]。名为《皮条客》的杂志
是一份低端的因其色情内容为世人所知的出版物，曾发表过一篇名
为"戏仿广告"（"ad parody"）的文章，其中将电视福音传道者杰
瑞·福尔韦尔（Jerry Falwell）——总体上保守的"道义多数"运动
的领导者，描述为一个与其母亲有染的酒鬼。福尔韦尔以诽谤和故
意施加精神痛苦为由对该杂志提起诉讼。福尔韦尔家乡的主审法官
驳回了诽谤请求，其理由是没人会相信这则"广告"包含对事实的
陈述，但是允许福尔韦尔向陪审团证明《皮条客》杂志蓄意发表的

7　Hustler Magazine v. Falwell, 485 U. S. 46 (1988).

行为已造成严重的精神痛苦，且事实上精神痛苦确实已经发生。最终 20 万美元的损害赔偿被美国联邦最高法院撤销，该院认为福尔韦尔将其贴附为诉因的幌子——故意侵害——并没有改变他作为一个因为媒体发表而提起诉讼的公众人物所承担的举证责任；也就是说，在获得损害赔偿之前他必须证明他所受到的损害是由于被告的实际恶意所造成的对事实的虚假陈述而引发的。

15　　总的来看，从纽约时报案到《皮条客》杂志案的一系列案件，尤其令作为公众人物的原告对于因出版物的侵害性报道向媒体被告追讨损害赔偿变得极其困难。

四、侵犯隐私

16　　当被告在没有正当理由的前提下刊登了披露原告私密情况的某个真实的陈述时，普通法认可侵害隐私这个诉因。在这类案件中，美国联邦最高法院已经对损害赔偿设置了实质性的宪法屏障。这方面的范例是佛罗里达之星诉 B. J. F 案（Florida Star V. B. J. F.）[8]。一位警官不小心将一个强奸案受害人的名字遗留在了"新闻发布厅"，尽管该州法律将这样的公布行为视为犯罪，被告报社还是公开了这个名字。陪审团裁决原告同时获得补偿性损害赔偿和惩罚性损害赔偿。但是联邦最高法院依据宪法撤销了上述裁决，理由是如果"报社是通过合法渠道获得具有公共重要性的事项的真实信息，那么在缺乏需要推进的最高序列的国家利益的情况下，根据宪法公共官员就不能够对发布这类信息的行为进行处罚。"由于原告的名字是在警方疏忽的情况下得到的，多数法官的结论是这一信息是被"合法获得"的。第二个理由也是令人信服的，因为根据大多数法官的观点，

8　Florida Star v. B. J. F. , 491 U. S. 524 （1989）.

"相对于其中所包含的特定身份而言，这篇文章总的来说涉及至关重要的公共利益问题：犯罪，以及对已向当局汇报的暴力犯罪的调查。"最终，在承认国家在保护强奸案受害人的福祉方面具有"非常重要"的利益的同时，法院认定这一目标可以通过对自由言论造成更少的损害的方式而加以保护，例如一开始就对信息的发布施加更严格的控制。在佛罗里达之星一案中，法院并不愿意完全排除发布真实的却又属于私人的信息承担责任的可能性，但是一如诽谤法，令人望而生畏的宪法屏障使受到侵害的原告乃至纯私人性质的原告就隐私被侵害从媒体成员那里获得赔偿变得极为不可能，尤其当信息是从政府处得到时更是如此。

五、导致身体伤害的出版

这里存在着一系列异乎寻常的案件——有时被称为"盲目模仿者的诉讼"——其中，在原告企图表演某一部电影、书籍或者杂志所描写的行为时，他/她受到身体伤害。例如，在海尔采格诉《皮条客》杂志一案（Herceg v. Hustler Magazine）[9] 中，被告刊登了一篇文章，描述了因从事汽车上的性行为的窒息状态所带来的强烈快感，但同时还提供了大量的与这种做法相关的风险警告。一个十几岁的男孩被发现死亡，据说是试图按照被告文章的指示操作的结果。法院注意到了涉及煽动罪刑事指控的类似判例法，其中由于考虑到言论自由，所以对此施加了重要的限制：政府必须证明被告的陈述挑起了（受众实施）违法行为的明显与即刻的危险。具体来说，被告必须事实上鼓吹违法行为，并且其言论必须以引起即将到来的行动为目标。海尔采格一案的审理法院指出，煽动性案件通常涉及演讲

17

---

[9]　Herceg v. Hustler Magazine, Inc., 814 F. 2d 1017（5th Cir. 1988）.

者聚众演讲，试图激起群众实施犯罪行为，法院对像被告的杂志那样的书面材料能否构成"为一群人实施暴力行动作准备并且操纵其实施这样的行动"表示质疑。法院最终判定原告败诉，理由是"对文章的合理阅读不可能理解为提倡汽车上性行为的窒息"，更不必说煽动（他人）从事这样的行为。"其他法院也驳回了诸如摇滚歌曲中的歌词造成一名少年自杀身亡，或者是遵照一本采食野生蘑菇的书籍的错误指示而造成人身伤害。司法对于在违背《宪法第一修正案》的情况下承担民事责任的风险会不合理地弱化其创造性的关注，把这些案件内在地联系在一起。

18　　　与模仿案件紧密相关的是原告受到沉迷于媒体上所描绘的危险活动的第三人的伤害引起的索赔案。再一次，对自由言论的关注渗透到这些案件之中，而根植于刑事煽动法的、严格的"明显即即刻的危险"标准将会阻碍大多数索赔。但是，里斯诉潘勒丁公司案（Rice v. Paladin Enterprises Inc.）[10] 的颇有争议的判决表明，这里至少存在要由媒体对给无辜第三人造成死亡或严重身体伤害的出版物承担责任的微弱的可能。被告出版了《杀手：独立承办者技术手册》一书，佩里（Perry）阅读了这本书后被霍恩（Horne）雇佣来谋杀他的妻子和孩子，为的是得到一大笔保险金。这本书提供了详细的教人如何成功实施雇佣杀人的说明。法院指出："在寻找主顾、准备作案以及实施谋杀过程中，佩里曾经精心仿效《杀手》一书中关于如何谋杀以及如何成为职业杀手的详细而真实的说明的 130 页当中不计其数的情节。"被告承认该书"有意吸引和协助……有犯罪欲望的潜在罪犯……对如何实施犯罪进行指导"，并且该书"故意和明知"其"可以被用来……计划和实施受雇佣的谋杀犯罪。"法院认定这一证据可以作为起诉出版商损害赔偿的根据；由于有证据表明被

10　Rice v. Paladin Enterprises Inc.，128 F. 3d 233（4th Cir. 1988）。

告"具有协助犯罪活动的意图"，提供了"谋杀步骤方面的指导……如此全面、具体，以至于仿佛教官简直就在潜在杀手的眼前"，所以《宪法第一修正案》所要求的条件已经具备。

里斯案当然是一起异乎寻常的案例——信誉不佳的出版商承认该书有意协助犯罪（尽管出现在网络上的可获取到的一些危险资料的提供是很有特点的，例如炸药的制作说明）。法院因为担心不适当地给创造力泼冷水，所以尽可能缩小其判决的适用范围，将《杀手》案与"几乎所有的、可以想象得到的广播、书籍、电影或歌曲"加以区分。在后者所涉情形中，没有证据表明出版商实际上想要以其产品对犯罪提供便利。 19

布莱恩诉《财富斗士》杂志社案（Braun v. Soldier of Fortune Magazine Inc.）[11] 是针对媒体提出的、允许就身体伤害给予赔偿的少数案例当中的另外一个。被告杂志社刊登了一则由一个叫（"野人"Savage）的人付费的广告，广告称他的服务为"专业雇佣兵"和"雇佣枪手"，他工作"谨慎"并且可以做"所有工作"。一位读者回复了"野人"的广告，并且付钱请他去谋杀他的商业伙伴。受害者的家人起诉这家杂志社，认为刊登这则广告构成侵权，并且应当赔偿损失，这一请求得到了陪审团的支持。被告提起上诉，辩称自己不应该负责任，因为这则广告并不是一个明确的犯罪要约。上诉法院未予采信，排除了支持原告诉求的判决会过分降低出版商接受广告的意愿的担心。法院判决广告中使用的"显而易见的"、"险恶的词语"，无需进一步调查，就应当已经令出版商警觉，即广告使公众暴露在"一个由暴力犯罪行为引起的，明显可识别的不合理的侵害风险之中"，因而判定陪审团裁决的补偿性赔偿与惩罚性赔偿是合理的。 20

11　Braun v. Soldier of Fortune Magazine, Inc., 968 F. 2d 1110 (11th Cir. 1992).

六、不正当采访的民事责任

21　　没有人会主张记者享有闯入私宅并对消息源进行折磨以获取信息撰写报道的宪法权利，不论这一报道多么真实且多么具有新闻价值。但是，关于适用于记者运用不那么离谱但仍然属于挑衅性的采访方式（例如，记者为了进入不向公众开放的场所，而使用编造的事实）的保护就没那么确定了。这种卧底行动经常导致坦率无遮掩的报道，但是原告代理人希望避免由纽约时报诉沙利文案[12]及其后的相关判例所设置的令人生畏的宪法屏障，所以案件公开的焦点变成了采访记者的行为。因此，原告对由于不正当采访所造成的损害提起诉讼的情况越来越多，即，攻击媒体的采访方式，而不是信息本身。

22　　有关新闻采访的标志性案例是雄狮食品公司诉首府/ABC公司案（Food Lion, Inc. v. Capital Cities/ABC, Inc.）[13]，在这一案件中，被告对原告的超市连锁店做了一个全面的暗中调查。其中一些记者使用了虚假的借口以达到受雇于被告商店的目的，并使用隐藏式相机在不对顾客开放的区域抓拍到了可疑的食品操作过程。总之，记者拍下了将近五十分钟的录像，以其中一部分为基础制作成了颇有冲击力的电视（节目）播出。雄狮食品公司向联邦法院提起了民事诉讼，提出一系列观点，其中较为突出的有欺诈、非法闯入以及"违背诚信"等；但是没有针对节目的准确性直接提出诉求。原告索赔数十亿美元的损失，包括销售额、利润、商业机会和商誉的损失，股票价值的下降，以及因节目播出而导致的融资成本的增加。陪审团裁定就欺诈给予1,400美元的补偿性赔偿，就非法闯入和"违背

12　参见 fn. 5.

13　Food Lion, Inc v. Capital Cities/ABC, Inc., 194 F. 3d 505（4th Cir. 1999）.

诚信"的诉求分别给予 1 美元的赔偿，外加 550 万美元作为对欺诈
行为的惩罚性赔偿。

被告以《宪法第一修正案》对原告的诉讼请求提出抗辩，声称 23
《皮条客》杂志诉福尔韦尔案[14]具有先例约束力，在需要原告（例如
雄狮食品公司）证明存在实际恶意的对重要事实的虚假陈述的案件
中，该判例起着对媒体的责任进行限制的作用；因为雄狮食品公司
没有主张电视播出的节目包含任何虚假成分，所以不管原告寻求什么
样的侵权法上的诉由，第一修正案排除了媒体的责任。ABC 公司通过
指出事实上几乎所有由原告提出的损害都与传播内容紧密相关，这与
名誉损害中的诽谤诉讼的特点非常类似，以加强宪法方面的说服力。

雄狮食品公司反驳说《宪法第一修正案》没有为对于不当采访 24
负有罪责的被告提供保护。尤其是原告提到了科恩诉考勒斯媒体公
司案（Cohen v. Cowles Media Co.）[15]，在这一案件中，最高法院维持
了陪审团认定的被告方违背对消息源所作的允诺的裁决，该消息源
仅在保持匿名的条件下向记者透露消息。雄狮食品公司提到科恩一
案的判决，该判决认定媒体不能根据宪法而豁免"一般法律的适
用"，表明非法闯入、欺诈和违背诚信所要承担的民事责任同样也受
州侵权法管辖。

上诉法院考虑到适用的州法，并就非法闯入和违反受托义务准 25
予名义上的赔偿，但是撤销了对欺诈的认定以及据此给予的惩罚性
赔偿。法院还采信了 ABC 公司的观点，即使对非法闯入和违反受托
义务负有责任，《皮条客》杂志一案的判决业已排除了任何"播出损
害"的赔偿（包括销售损失、利润等），因为这些相当于名誉损害，
因而必须要证明存在虚假和实际恶意。

由于其他法院（尤其是加利福尼亚高等法院）已经准予陪审团 26

14　参见 fn. 7.
15　Cohen v. Cowles Media Co. , 501 U. S. 663（1991）.

对根据非法闯入和侵犯隐私的诉因提起的诉讼予以考虑，所以雄狮食品案所产生的影响，以及主张不当采访的案件中第一修正案保护所发挥的作用具有不确定性。主要有康佩尔·桑德斯诉美国广播公司案（Compare Sanders v. American Broadcasting Cos. ）[16]——卧底记者秘密录制原告工作间里的谈话，该谈话内容透露了个人信息，该案被告被判承担责任，以及夏尔曼诉 W. 媒体制作集团公司案（Shulman v. Group W. Productions，Inc. ）[17]——该案判决被告对在事故现场及此后用直升机将其送往医院等对原告的营救过程所进行的节目录制所造成的损害承担责任，但不是因为最后的播出，后者属于"合法的公众关注事项"。但是，相反的例子参见医学实验室管理咨询公司诉美国广播公司案（Medical Laboratory Management Consultants v. American Broadcasting Corp.，Inc. ）[18]，该案涉及对亚利桑那州法律的解释——该案判决卧底记者对发生在原告的办公场所关于业务运作的讨论进行了秘密录制承担责任。

七、结论

27   在最近几十年中，法院已对大量的因出版内容造成损害的案件给媒体被告提供了实质性的保护。当原告质疑媒体被告获取信息的方式时，对媒体的保护程度要更低一些。预测总是有风险的，很可能随着时间的推移，对于可能给媒体造成寒蝉效应的危险保持高度敏感的美国法院，也会在因具有侵害性的新闻采访而提出的诉讼中给予媒体实质性的保护。

---

16   Compare Sanders v. American Broadcasting Cos. , 978 P. 2d 67（Cal. 1999）.

17   Shulman v. Group W. Productions, Inc. , 955 P. 2d 469（Cal. 1999）.

18   Medical Laboratory Management Consultants v. American Broadcasting Corp. , Inc. , 306 F. 3d 806（9th Cir. 2002）.

第二部分
专题报告

The Protection of Personality Rights
against Invasions by Mass Media

欧洲新闻守则

温琴佐·泽诺 – 泽科维基

所有欧盟成员国都有一些针对新闻机构及在其中工作的或为其
工作的个人的媒体自律守则。

例证：

● 德国的 1973 年《新闻守则》（修订于 1994 年）由德国新闻评
议会制定。该机构是 1956 年由记者协会和报业出版商建立的自律机
构。

● 奥地利也有国家新闻评议会，成立于 1961 年，该评议会在
1983 年通过了"社交礼法"。

● 西班牙新闻协会联合会在 1993 年通过了《专业规程》，但西
班牙却并没有像其他欧盟国家那样出现类似于新闻评议会那样的机
构。

● 在法国，历史上的全国记者联盟在 1918 年正式通过了《职业
记者规约》，并于 1938 年重新修订。尽管有这样一个漫长的经历，
但法国还是没有产生一个与新闻评议会相当的机构。

● 由于新闻业是一个被监管的行业，因此意大利呈现出一种独
特的特征，它要求新闻从业人员必须是专业团体（记者协会）中的
一员。新闻业的主要义务由法律（1963 年第 69 号法律）规定且这
一行业受到地方性的和全国性的公共团体的管理。

● 荷兰新闻评议会成立于 1961 年，它通过了《新闻记者国际联

1

2

盟原则宣言》（波尔多宣言）（修订于 1968 年）。

● 在英国，全国记者联盟于 1936 年正式通过了《行为守则》。直到 1953 年，英国才由新闻协会和报业出版商创立了统一新闻评议会。评议会后来更名为报刊投诉委员会。

3　　这种被大多数欧盟国家所采用的适用于印刷媒体的自律模式在面对广播、电视等电子媒体时却呈现出很大差异。大家不应该忘记，直到 20 世纪 80 年代，欧洲的广播事业还由国家垄断，即便是在 80 年代以后，私营企业的活动也以保护公众利益为由受到严格的控制。这种控制表现在除了一般立法之外还有各种的章程，规定了由国家确定公共广播公司的节目内容和节目质量。

4　　这一系列规则都是针对广播机构而非从事新闻传播工作的个人。但是这之中也有一定数量的自我调整规范。

● 在德国，私营广播公司都处在地区媒体委员会的控制之下。地区委员会干预的内容主要包括道义、信息多元化、对儿童的保护以及广告。

● 自 1989 年开始，法国最高视听委员会（CSA）不仅有权任命公共广播网络的执行主席，同时也可以对私营广播公司进行授权，以及监督公共广播章程的遵守。

● 在意大利，自 1997 年起，通信管理局在广播和通信领域的监管权能受到压缩。所有广播公司的基本义务都通过法律的形式固定下来，而公共广播服务的一些具体的义务则由通讯部制定。此外还有一些自律规范，尤其涉及以未成年人作为信息主体和观众。

● 在荷兰，媒体委员会对各协会是否按照要求在节目编排过程中使用无线电波遵守一定的百分比的要求（信息、教育、文化和娱乐）承担核实的任务。

● 在英国，英国广播公司的悠久传统和后来引入的商业电视在广播标准委员会和独立电视委员会之间产生了区别。1997 年广播标准委员会进行了机构更新，将"广播投诉委员会"的职权纳入其范围，因此，无论是公共电视还是私营电视，广播标准委员会都有权介入。

关于自律的内容，新闻法应当根据所指向的主体而进行查验。　5

新闻法通常针对记者而非出版商，并且规定的不同的权利和义　6
务，其中最经常出现的有：

——真实和纠正错误的责任

——独立和公正

——完整性，也包括广告

——尊重私人生活

——非歧视

——保护未成年人

——接近信息和为信息源保密

——"良心条款"

对电子媒体领域内的立法和规制，大多通过第552/89号指令来　7
协调，其关于广播公司的职责主要涉及：

——保护未成年人

——答辩权

——广告的数量以及内容

各种各样的自律规范趋向于扩大或者更加清晰地界定职责，这　8
些职责也同样适用受雇于广播公司的个人。

在分析欧洲媒体行为守则时最主要的问题就是怎样评价它们的　9
效能。因为事实上，它们的存在并不必然意味着它们受到尊重。

从这一观点不难看出，从将新闻自由作为最珍视的自由之一的　10
英国开始，大众传媒出现了和自律守则所确立的原则相背离的情况。

因此，必须强调一些问题：　11

● 在媒体诉讼（尤其是诽谤和侵犯个人隐私方面）和新闻守则

之间建立联系是十分合理的。可以推断出诉讼（以及以媒体为被告的裁决的数量）越多，新闻守则的有效性越低。然而，这个结论需要相应的数据来支持，包括主张的数量、根据、审理结果。目前缺少这项数据。应该将这些结果与相似的国家进行比较，以便就新闻守则的有效程度提出一些创见（可以表明他们得到最好的履行以及没有产生更好的效果）。

● 法律与自律性行为守则之间有一个重要的区别。前者的施行主要依赖于被伤害的第三方的主动性。报业守则依靠本行业及其个体成员的自律控制。在没有进行细致的调查时，不可能精确地知道报业守则在编辑过程的程度。去证实这些守则在从新闻记者群体中抽出的合理数量的样本中的遵守情况是十分必要的。

● 就报业守则的自律性而言，它的遵守显然主要依赖于传授给从业人员的技能以及他们所学到的技能。简单来说，应该掌握以下资料：

——新闻从业人员在从业前必须接受有关媒体伦理的课程（和考试）吗？

——出版商、媒体企业或新闻评议会是否会定期举办媒体职业道德方面的新课程？这些是否是强制性的？

——新闻评议会（如果有的话）对违反新闻守则的行为持宽厚还是严厉的态度？

12　　尽管这没有给我们提供关于报业守则的有效性的重要数据，但它使我们明白了在专业和行业内有关媒体操守问题的认识有多深。

13　　从这个角度看，很明显，严格的法律层面的东西渐行渐远，而社会和社会学的东西更加息息相关。

14　　最近关于这个主题的文章、著作有：

A. 贝尔西、R. 查德威克（A. Belsey/R. Chadwick），《新闻传播中的伦理问题》（Ethical Issues in Journalism and the Media），1992。

C. J. 贝尔特兰（C. J. Bertrand），《传媒操守》（La déontologie des medias），1997。

C. 弗罗斯特（C. Frost），《媒体的伦理与自治》（Media Ethics and Self‑regulation），2000。

A. 古德让（A. Guedj），《欧洲与国际司法秩序中记者的自由和责任》（Liberté et responsabilité du journaliste dans l'ordre juridique européen et international），2003。

G. 林瓜（G. Lingua）编，《沟通无规则？全球背景下的大众媒体伦理》（Comunicare senza regole? Etica e mass‑media nella società globale），2002。

R. L. 穆尔（R. L. Moore），《大众传播法律与伦理》（Mass Communication Law and Ethics），1999 年第二版。

H. 皮雅、H. 于托（H. Pigeat/J. Huteau），《传媒伦理学，国际机构、实践和新方法》（Déontologie des médias. Institutions, pratiques et nouvelles approches dans le monde），2000。

K. 桑德斯（K. Sanders），《伦理与新闻业》（Ethics and Journalism），2003。

塞布博士（Ph. Seib），《世界记者》（The Global Journalist），2002。

H. 斯蒂芬森、M. 布罗姆利（H. Stephenson/M. Bromley）编，《性、谎言和民主：传媒与公众》（Sex, Lies and Democracy. The Press and the Public），1998。

大众媒体领域人格权保护

——从媒体工作人员视角出发

贝内迪克特·科门达[*]

一、序言

1   2000 年 1 月 11 日，上奥地利州安全部门宣布逮捕了某系列纵火案的犯罪嫌疑人。很快整个奥地利抛给了媒体一个问题：媒体是否能够以能确定嫌疑人身份（公开纵火犯姓名、甚至照片）的方式进行报道？此案向我们生动地展示了在实际工作中媒体所遇到的报道任务和人格权保护之间的令人头疼的权衡问题。

2   十三起公开实施的纵火案使得上奥地利州圣乔治小镇的居民神经紧绷。米菲特乐地区的居民对此甚为担忧并且试图避免新的袭击。同时媒体以及整个奥地利的民众也在密切关注此案。他们都迫切地想知道，谁可能是那个在数月内使得圣乔治镇陷入恐慌的凶手？

3   犯罪嫌疑人是当时年仅 16 岁的布尔施（Bursch），他曾在自愿者消防队做过学徒。布尔施先被警方逮捕，最后被法院判处刑罚。犯罪嫌疑人对犯罪行为供认不讳，但是因为当时他尚未成年，所以很多媒体在相关报道中放弃使用他的全名以及可辨认出本人的照片。[1] 但是全国发行量最大的"新皇冠报"（Neue Kronen Zeitung）

---

*   谨以此文献给我的父母。

[1]   例如"Die Presse"（12.01.2000），第 1 页和第 3 页。

却对其身份毫无保留予以披露。这份马路小报在 2000 年 1 月 12 日出版的报纸中，在第一版用将近整版的版面刊登了这位年轻人的脸部照片并且在照片标题（纵火犯：他的自供）下直接写出了他的全名。

恩斯特·斯沃博达（Ernst Swoboda）是"媒体印刷"（Media-print）公司下属的两家子公司"皇冠"（Krone）和"信使"（Kurier）的法律顾问。他接受了一家报纸的采访，[2] 并且在采访中以事实和法律相结合的方式为马路小报的做法进行辩解。他认为针对此案已经存在巨大的公共利益，如果不透露犯罪嫌疑人的身份，那么对此案案情的报道就是不理智的（一方面犯罪嫌疑人在被捕前的几周还以消防员的形象在电视上出现过，另一方他最终点燃了自己母亲的饮食店）。因此，在此案中公共利益已经超越了保护青少年犯罪嫌疑人免于公布身份的利益。

奥地利第二大报纸"小报"（Die Kleine Zeitung）选择了一条介于态度保守和毫无顾忌之间的特有的中间道路。"小报"刊登了犯罪嫌疑人的原始照片，[3] 而不像其他报纸对照片进行了电子陌生化的技术处理或者在眼睛部位打上马赛克使得读者辨认不出本人。如"小报"所言，照片上凝视的眼睛就已经说明他们并没有理会人格权保护的规定。"我们非常清楚自己违反了《媒体法》的规定"，该报主编埃尔文·赞柯尔（Erwin Zankel）在一次采访中坦率地承认。[4] 赞柯尔接着说，"小报"的律师曾经劝阻他们不要公开犯罪嫌疑人的照片。"但是这桩引起轰动的案件的重要性已经超越了所有的规定"，赞柯尔如是说道。[5]

当时一些新闻界同仁对公开犯罪嫌疑人照片一事非常恼火。奥

4

5

6

2　"Der Standard"（13. 01. 2000），第 2 页。

3　"Kleine Zeitung"（12. 01. 2000），第 1 页。

4　"Der Standard"（13. 01. 2000），第 2 页。

5　"Der Standard·"（13. 01. 2000），第 2 页。

地利新闻委员会——当时仍存在的奥地利印刷媒体自律组织——发表申明说，"新皇冠报"、"小报"以及"新闻周刊"（Die Wochenzeitschrift "News"）[6] 公布纵火案青少年犯罪嫌疑人照片的行为已经严重地违背了新闻工作者的职业操守。[7]

7　　　这样的批评十分尖锐，但也不完全正确。将近三年之后，维也纳州高等法院判决："新皇冠报"——案件审理中唯一的被告——没有违反《媒体法》第 7 条的身份保护义务，因此它不应当受到指责。[8] 法庭使用的理由和斯沃博达的理由类似，该理由融合了事实因素和价值因素："某一违法行为在长时间内使整个居民点甚至整个地区陷入恐慌"，对此违法行为而言已经产生了"巨大的媒体利益"[9]。由此可以推导出：广义上来说公众希望了解"谁是这一系列纵火案的主谋"、"这个人周遭的环境如何"、"这个人长什么样"的知情利益具有优先地位。州高等法院判决认为：当时这位青少年已经有很大嫌疑实施了"区域恐怖"行为，鉴于这一点，法律准许确认身份的报道。[10]

二、艰难的权衡

8　　　序言部分谈到的案例很典型地反映了在广阔的人格权保护领域

6　"News"（13.01.2000），第 44 页及以下。

7　Mitteilung des Österreichischen Presserates（APA-OTS）vom 17. Februar 2000.

8　Oberlandesgericht（OLG）Wien in［2003］Medien und Recht（MR），第 20 页及以下。

9　必须承认的是，一家或者多家媒体更加深入的新闻报道的事实多次发挥吸入作用，因为其他媒体在这件事情上对读者或者观众时不想让自己的报道看起来不完整，也不想让自己被指责为对某些事情秘而不宣。因此从先行的新闻报道追求差异化的叙述这一点也能推导出公共利益。

10　这个案件几乎如人们所言：必然没有完全结束：2003 年 10 月 13 日，很可能作为最后的影响，"Der Standard"在第二页转载了由《新皇冠报》公开刊登的六栏的判决结果。判决禁止复制或者传播《新皇冠报》2000 年 1 月 12 日和 13 日的附有 St. Georgener 纵火照片的标题页，如果与此同时让人产生了违背真实情况的印象：原告（《新皇冠报》：译者注）通过公开犯罪嫌疑人的照片有意违反法律。

竭力追求正确性的新闻工作者在日常工作中经常遇到的困难。正如贝尔卡（Berka）生动描述的那样：人格权保护领域在奥地利变成了一个尤其混乱的地带，变成了一处充斥着大量断层、裂痕以及斑斑锈迹的风景。在这处风景中负有责任心的新闻工作者往往因为缺乏有效的指引而迷失方向。[11] 虽然奥地利立法者使用最详细、最新的法条来规制刑事案件新闻报道，[12] 但是他们很少解决背后隐藏的价值问题，而仅仅使这些问题变得更加具体。《媒体法》第 7a 条提供了一个包含规则、例外、反例外的错综复杂的体系，但是当法律的适用者面对和第 7a 条有关的案件时，更多感到被这个条款弄糊涂了而非被其指引了。从 7a 条的标题（"特殊案件中禁止公开相关人员身份"）看，刑事案件新闻报道自由是基本原则，也包括可以公开犯罪行为人、犯罪嫌疑人和受害人的身份。但是在第 7a 条正文中却特别强调了相关人员值得保护的利益，仅仅在公共利益超过身份保护利益的情况下，身份保护利益才退居后位。然而在一些案件中新闻报道已经明显损害了相关人员的身份保护利益，例如在纵火案中青少年犯罪嫌疑人的利益已经被损害，即便如此，在正确理解第 7a 条的情况下也能得出公共利益优先的结论。[13]

《媒体法》第 7a 条在行文上回避所有明确的判断，这就是为什么全国各地的新闻工作者可能要绞尽脑汁地考虑是否应当刊登一张图片，为了避免——像前案中三年之后证明的那样——判断错误。

9

---

[11]　W. Berka in H. Mayer（Hrsg.），Persönlichkeitsschutz und Medienrecht（1999），第 3 页及以下。

[12]　见《媒体法》第 7a 条（特殊案件中禁止公开相关人员身份），1992 年《媒体法》增订版，BGBI 1993/20 增加了这一条。最近仅有《媒体法》第 7c 条，这一条有利于禁止非法公开监听或者电脑搜索获得的调查结果。2004 年《民法修正案》BGBI 91/2003 包括全新的侵犯隐私权的损害赔偿规定（§1328a ABGB），但是媒体侵犯隐私权的责任仅依据《媒体法》的相关规定确定。

[13]　W. Berka in W. Berka/T. Höhne/A. J. Noll/U. Polley，Mediengesetz（2002），§7a Rz 25；还可见 OLG Wien（in 2003 MR，第 20 页及以下）的判决结果。

10　　　但是是否完全有可能排除所有怀疑地清晰界定违法和合法？由《欧洲人权公约》保障的言论自由和媒体自由必须和人格权一样受到保护。需要衡量的是新闻报道所涉及的公共利益和相关人员要求不予报道的利益孰轻孰重。这个要求不仅仅局限在刑事案件新闻报道领域，它已经以相似的方式关涉到每一个现代法治国的所有媒体。人们只要回忆一下对德国总理格哈德·施罗德（Gerhard Schröder）的所谓婚姻问题的新闻报道。在 2003 年新年期间，这个报道在德国引起了一场关于政治家人格权保护的激烈讨论。

11　　　2002 年 12 月 4 日，《勃兰登堡州奥得河报》（Märkische Oderzeitung）复述了一个谣言：在总理施罗德家中有大声的争吵，总理经常不回汉诺威的家，不回家的次数已经超过了工作需要。最后该报纸声明停止相关新闻报道，这才使得关于传播谣言的法律上的争论得以停止。[14] 但是在这个案件中，法院并没有澄清媒体是否可以探究总理的私人生活这个问题——三年之后也没有。

12　　　然而，此时我们要警惕这样一种观念：政治家的私人生活领域完全不受法律保护。为什么政治家和其他公众人物原则上只能享有低于普通人的人格权保护，这一点是很难被理解的。人格权保护范围只能在私人领域的事务和所担任的公职相关时才能受到限制（比如在国会议员案中，该议员和他所在党支持降低司机血液中酒精含量的标准，其后该议员因为严重醉酒造成了一场车祸[15]）或者相关人士自己在公众面前公开自己的私生活，此时人格权的保护范围也受到限制（如一名奥地利总统在一次访谈中提到了自己的婚姻问题[16]）。

14　Deutsche Presse-Agentur vom 26. märz 2003.

15　参见后文脚注 26。

16　参加后文脚注 24。

三、财产损害和精神损害

如果人格权受到侵害，相关人员可以提起财产损害赔偿之诉也　　13
可以提起精神损害赔偿之诉。在实践中精神损害占的比重明显较高。
尽管立法者对于这种类型的损害一般持保守态度，但是立法者还是
通过《媒体法》1992 年增订部分引入了对诸如公布身份、违反无罪
推定原则等一系列案件的精神损害赔偿制度。除此之外，旧《版权
法》第 87 条第 2 款一如既往地在针对媒体的损害赔偿之诉中扮演着
重要的角色。另外该法还着重规定了侵犯肖像权（《版权法》第 78
条）引起的精神损害赔偿。

在一次管道爆炸事故中，一位受害者的双手被炸断，之后他安　　14
装了一对义肢，根据《版权法》中关于人格权保护的规定，这位管
道爆炸事故受害者获得了 7 万先令（5087.10 欧元）的赔偿，[17] 这在
奥地利已经算较高的赔偿了。某周刊刊登了一幅大型的醒目的合成
照片，照片中的警察被指责"出卖"了自己的双手。他被指责靠销
售自己的"故事"赚钱，实际上他这样做并不是为了自己，而是为
了支持身处困境的行政机关公职人员。根据上诉法院的观点，鉴于
本案的特殊情况受害人有理由获得接近精神损害赔偿中最高额的赔
偿，后在判决中确定赔偿额为 10 万先令（7267.28 欧元）。

除了一些极端的案件，法院根据《媒体法》做出的赔偿判决更　　15
像是例行公事。例如近期公开的两个判决：《新闻》（News）杂志必
须在 2003 年 10 月 6 日刊登一则判决，根据这则判决该杂志必须因
违反无罪推定原则赔偿两位原告各 3000 欧元。两周以后该杂志登出
了一则报道，当然媒体使用了惯常的毫不奉承的标题——"以共和

---

[17]　OLG Wien in［2002］MR，第 211 页及以下。

国的名义"。报道指出《新闻》对联邦社会保险和人口规划部部长赫尔伯特·豪普特（Herbert Haupt）进行了恶意诽谤，根据《媒体法》第6条第1款被判处3000欧元的赔偿。

16　　只有在少数情况下财产损害赔偿会优先于精神损害赔偿。但是财产损害赔偿也是存在的。例如一家报纸对某精神病科医生奇怪的治疗手法进行报道，违反了反无罪推定原则、客观性原则并侵犯肖像权。一位病人因此解除了一份已经谈妥的治疗协议。法院认为该协议所约定的报酬是医生的财产损失。[18] 鉴于本案的违法行为尤其让人厌恶，奥地利最高法院竭力为原告争取到了精神损害赔偿，但因已经存在高额物质损失，法院将精神损害赔偿金尽可能降低，最后判给原告仅1万先令（762.73欧元）。

四、合法的公共利益作为衡量标准

17　　依媒体看来，界定是否允许侵入私人生活领域的唯一标准是公共利益。为了避免无意义的循环论证，我们既不能将引起公众兴趣（基于某种原因经常如此）的事情也不能将媒体认为有意思的事情和公共利益等同起来。因此那个在美国具有代表性的原则："如果媒体要发表一篇文章，那么它必须是公众感兴趣的问题"[19]，在此是不能适用的。毋宁说我们必须在合法的利益和单纯的事实上的利益之间做出一个价值上的区分。大多数严肃的奥地利媒体仍旧信奉一个原则：即使每个人都对政治家的私生活充满了兴趣，但是和政治家本身比起来他们的私生活很少和公众相关（这里所指私生活首先包括家庭生活、性生活以及健康状况，只要健康状况不妨碍履行公职就属于私生活的领域）。

18　最高法院判决（OGH）（2000）MR，第16页，第17页。
19　W. Berka（前面脚注11），第21页。

　　然而最近却有这么一个趋势：不止那些来自体育界、影视界或　　18
者其他娱乐界的知名人士，还有那些想成为知名人士的人在公众面
前展示自己的私生活。这里可能有不同的动机。但是可以确定的是，
如 T. 侯伯（T. hoppe）强调的那样，[20] 不仅仅是媒体，这些名人自
己对炒作也饶有兴趣。此时政治家作为个人也对此有兴趣。所以今
天我们在报纸上看到关于奥地利社会民主党（SPÖ）主席阿尔弗雷
德·古森鲍尔（Alfred Gusenbauer）的名为"我是一个享乐主义者"
的采访[21]也丝毫不感惊讶。坦率地说，文章中谈及的内容和政治毫不
相关。

　　当仅以娱乐为己任而不是以提供资讯为己任的媒体自己打破禁　　19
忌的时候，政治家们也感觉到有时不得不被迫采取一些非常规的措
施。因此，当时仍然是副总理和联邦社会保险与人口规划部部长的
赫尔伯特·豪普特在社会部的网站上公布了"国家医院——格拉茨
大学医院"的医生检验结果。[22] 当时人们认为身患丙肝的部长——这
一点已为大众所知——的身体状况不好，已经不想再继续任职。赫
尔伯特·豪普特想以公开检验结果的方式反驳这种观点。作为对某
月刊杂志中的一篇"毫无事实根据的文章"的回应，他在一个节目
里这样告知公众："真实情况恰好相反，并且也得到了医生的验
证。"[23]

　　时任联邦总理托马斯·克莱斯蒂尔（Thomas Klestil）在一次访　　20
谈中[24]有意将婚姻问题公之于众，他这样做的目的是防止媒体始料不

20　T. Hoppe, Persönlichkeitsschutz durch Haftungsrecht（2001），第 33 页。
21　"Format"（22. 08. 2003），第 25 页及以下。
22　http：//bmsg. gv. at.
23　APA-OTS（28. 03. 2003）；还是这个 Haupt 副总理在几个月之后来像社会民主党
　　（SPÖ）主席 Gusenbauer 一样，参加了一个相似的"私人"访谈。访谈的标题是"我
　　已经死了"。"Format"（22. 08. 2003），第 28 页及以下。
24　"News"（20. 01. 1994）.

及的曝料。然而这种处理方式在当时受到了其他媒体极度地质疑，当然这些媒体并不是嫉妒竞争者做了这次采访。[25] 但是托马斯总统有目的性的自我曝料并没有使他免于同样有目的性的攻击。比如，一家今天已不复存在的报纸[26]史无前例地针对总理和妻子的婚姻关系拟定的标题："克莱斯蒂尔，你什么时候去死？"

21 很明显这种类型的意见对政治讨论毫无贡献。当人们研究一篇关于一位不太出名的政治家的倒霉事件的报道时，情况则完全不同：2002 年 5 月安东·雷卡姆（Anton Leikam）严重醉驾导致了一场车祸并造成了财产损失，当时他还是国民议会的议员以及内务委员会的主席。尽管最初雷卡姆还在犹豫要不要为自己行为承担后果——直到他受到所在党的强大的压力时才放弃了议员的席位，但是人们很快就清楚了：因为这个案件中肇事者身份特殊——雷卡姆和他所在的党派主张降低司机血液中酒精含量的界限（之后这个主张成功了）——所以这个意外事故就不再属于值得保护的私人领域的范畴，媒体在报道中使用当事人的全名也是合法的。

22 在一次法律争讼中欧洲人权法院的判决也支持了以上观点：十年前欧洲人权法院在一个和奥地利相关的案件中判决，在政治讨论的范围内允许指出那位醉驾政客导致的车祸。[27]

23 但是事情并不总是如此明确。在另一个案件中，一位奥地利军火商因偷税遭到了更大范围的谴责，关于他是否享有身份保护这个问题是有争议的。一家报纸[28]报道了税务机关的调查，报道中对相关

---

25 "小心，堤坝决口"（"Vorsicht, Dammbruch"）Thomas Chorherr 以此为标题作出评论，"Presse"（29. 01. 1994），Peter Rabl 撰文"媒体对私生活的追踪已经开启"（Die mediale Jagd auf Intimitäten ist eröffnet），"Kurier"（20. 01. 1994）.

26 "täglich ALLES"；在总统自己暴露后，这家报纸自诩：早在 11 个月前他们就是奥地利独家报道总统前妻因恶劣的婚姻关系有严重健康问题的日报。

27 Fau "Schwabe gegen Österreich"，EGMR（28. 08. 2002），A/242 – B.

28 "News"（02. 11. 2000），第 38 页及以下。

人员点名道姓，并且公开了照片。这位军火商对杂志提起了诉讼。
终审法院奥地利最高法院确认了对个人匿名保护的利益优先于公众
知情的利益。[29]

　　法院的判决理由是：作案嫌疑仅仅涉及违法行为，根据《媒体　　24
法》第7a条的规定，对于这种侵权方式——点名道姓的新闻报道，
无论如何都已经损害了嫌疑人的利益。指出这些之后，最高法院给
出了简短的结论："在这一系列案件中公众的知情权利益占优势这一
点将会被否定，以至于它最后成为那种无需进行利益衡量的案件"。
法院还做了件吃力不讨好的工作：对一些假定的问题进行了回答，
即如果进行利益衡量那么结果将会是怎么样？接着法院又一次给身
份保护利益以优先地位，但是理由是：只有在税务部门的官方秘密
被泄露时，该杂志才能获得这些信息。因此按照法院的意思，在此
不可能存在合法的公共利益。

　　这个论证的前提是公职人员的沉默义务对媒体也具有拘束力，　　25
但是实际情况并非如此。这充其量可以论证：立法者以判决的方式
赞成的保守秘密的义务，一般情况下可以对抗占优势地位的公众知
情利益。但是很遗憾，奥地利最高法院并没有进一步探讨：是否以
及在何种程度上属于这种情况。所以说法院没有利用这个在实际案
例中权衡个体利益和公共利益的机会。

　　正如G.科恩（G. Korn）察觉到的那样，之后本应继续追问：　　26
"尽管相关人员享有秘密被保守的利益是毫无争议的，但是基于其在
公共领域的身份（与人相关标准）或者是讨论主题的重要性（与主
题相关标准），是不是能够在一定程度上使得侵犯性报道获得正当化
的理由？所谓一定程度指的是，这些报道使公众利益通过《欧洲人
权公约》保障的公众知情权在个别情况下优先于相关人员秘密被保

29　OGH（2001）MR，287页及以下以及G. Korn的注释。

守利益。"[30]

27   除了那些对于法律的门外汉来说很难看透的分散在奥地利《普通民法典》、《媒体法》、《版权法》以及《刑法典》中的法律规则之外，说理不充分的法院判决在媒体日常工作中也发挥着指导性作用。那些我们警惕的与规制媒体工作的法律相关的"寒蝉效应"——如接下来的例子表明得那样——多次为"混乱效应"创造了空间。然而这种混乱效应就如同恐吓一样明显地限制了媒体自由：比如认真的新闻工作者出于最大可能避免犯错的考虑，克制住自己不在报道中提及当事人的姓名，即使从法律角度看这种做法是完全没有必要的。同样，这个错误的榜样也会被他人效仿，而这样做不是绝对只有有利的一面。这有可能会唤起公众的期待：所有媒体都会过于克制。这可能使不确定性继续加强，媒体自由不断被压缩就好像是它自己主动所为一样。

28   因为我们找不到适用于每个案件的必要的利益衡量的法律规定，所以对媒体而言，以及同样（我们不能忘了）对人格权被侵犯的受害者而言，唯一有价值的帮助只能由法院来提供。之所以这么说，是因为只有在持续发展的司法判决并且尽可能多地在判决中——如C. 舒马赫（C. Schumacher）[31] 主张的那样——阐述作为题中之意的各种利益的位序，才能使法律适用者获得一种能够更轻松地估计将来判决结果工具，舒马赫继续论证道。"到底是哪些因素使得恰好在这个案件中某种或者另一种利益值得保护？如果法院对该问题保持缄默，那么法律的适用者必须只能在（译者注：先例和需判决案件的）事实构成方面进行比较，于是经常导致一个结果：法律的适用

30 G. Korn，Anmerkung zu OGH（2001）MR，291；G. Korn 仅仅赞成奥地利最高法院的判决结果，并不赞成它所依据的判决理由。

31 C. Schumacher, Medienberichterstattung und Schutz der Persönlichkeitsrechte（2001），第245 页。

者可能要扔硬币来决定对于这个案情法院将作出什么选择。"C·舒马赫如是说。

五、存疑时支持媒体自由

媒体侵权引起的人格权保护问题让人找不着头绪，想要在这个   29
领域里不迷失方向实在是件困难的事情。因此对一条仿佛是确定的、
有明确标识的解决问题的途径的设想可能很有吸引力。对欧洲其他
国家进行观察不失为找到这种途径的可能方式。例如，为了补充禁
止确定身份的刑事案件报道的规定，意大利放弃明文规定棘手的利
益衡量问题，只明确规定保护青少年身份；而法国只明确规定保护
青少年和品行端正的成年人；在爱尔兰可以通过提起诉讼来终结身
份保护；在丹麦公布性侵犯案件中受害者身份的行为被普遍禁止，
同时如果法院禁止公开犯罪嫌疑人的身份，那么媒体也不能公布其
身份。[32]

然而问题是，在个案中这些一成不变的规定是否会不经许可而   30
限制媒体自由。[33] 而媒体自由是欧洲人权法院用法律形式确认的民主
社会的基本支柱之一。在这种价值判断的意义上，媒体仅能有这样
的假设：存疑时支持媒体自由。如果人们不想助长一个"窥视社会"
的形成，这个社会中的成员都无所禁忌，当然例外是每个人都不愿
意自己的私人生活领域被别人窥视，那么这个存疑规则就必须以公
众对关于他人私生活领域的报道具有合法利益为前提条件，而不是

---

[32] 对这个问题的欧洲法律比较研究请参见 W. Röggla, Pressefreiheit und Justitieller
Persönlichkeitsschutz in der EU – Ergebnisse einer Fragebogenerhebung über die Regelung in
den Mitgliedstaaten, Bundesministerium für Justiz, Internationale Medienenquete/Presse-
freiheit und Persönlichkeitsschutz in der Europäischen Union（2002），第 23 页，第 24 页。

[33] 对出版的司法禁止通过各种变体最大限度地提供了必要的弹性，对于媒体的日常工作
来说，其实际意义巨大。

以单纯的公众偷窥的私欲为前提条件。如果满足了这个条件，那么必须允许媒体报道真实的情况以及报道那些在遵守媒体谨慎义务[34]前提下认为是真实的情况。

31　　除媒体自由这个论据以外，还有一系列理由支持对犯罪嫌疑人和被判有罪的犯罪行为人进行明确身份的报道。刑法几乎只有通过大众媒体来开展——如果能完全开展的话——它的一般预防性作用。因为只有通过这种方式广大公众才能知道国家是否以及如何行使它的刑罚权。因此公众应当对正确的、客观的刑事案件新闻报道予以重视，报道越为详细，那么它也就越生动和令人印象深刻。刑事犯罪人的身份、个人情况、外貌——正如维也纳州高等法院在纵火者案[35]中承认的那样——在此起到了决定性的作用。犯罪行为越严重，在利益权衡时对犯罪人进行匿名保护的利益所占的分量就越轻，虽然刑法的效率并不取决于某青少年纵火者是否被指出姓名以及被公布了照片。当然也有一些马路小报完全是有意迎合一部分人的好奇心并试图以此方式提高销量。虽然这种策略并不值得提倡，但是我们必须考虑的是：如果想要对新闻报道实施一种比奥地利现有的状况更加广泛的限制，并且因此禁止所有生动活泼、具体形象的事实性描述的新闻，[36]那么对媒体而言，最后的结果只能是完全放弃刑事案件新闻报道。然而事实上这才真正有可能损害刑法的效率。

32　　至少应当在更为严重的刑事案件中赞同明确身份的报道，因为那些故意破坏刑法所保护的——因此也是法律秩序认为尤其重要的——利益的人必须预计到公众对获悉此事的利益。

33　　如果根据案件具体情况必须通过报道寻找犯罪嫌疑人或者受害者（比如说诈骗案件的受害者），或者必须警示公众，那么此时公众

34　　参见脚注 41 以后。

35　　参见前面脚注 8。

36　　比如说"在何地何人做了什么什么"等这种意义上的报道。

对明确身份的报道也具有利益。

此外对案件相关人员进行匿名保护也隐藏着这样一种危险，即 34
完全不相干的人会成为别人的话柄。比如说如果对那些从事了犯罪
行为的律师、妇科医生或者安装工人的报道只提到了该人名字的第
一个字母，那么有可能所有从事相关职业的名字中有同样字母的人
都会陷入被怀疑的境地，并不得不对此进行解释。E. 斯沃博达(E. S
woboda)[37] 提到了一些律师，这些律师和一个被逮捕的同行业同事的
名字的第一个字母相同，因此他们不得不激烈地作出相应的澄清
(在这件事情上，每一次澄清都强制推进了犯罪嫌疑人身份的逐渐公
开)。

最后值得注意的是，匿名保护偏偏在诸多最高审级的法院那里 35
漏洞百出：无论是斯特拉斯堡的欧洲人权法院还是奥地利宪法法院，
在判决公开前对其中的人物进行匿名处理的情况都不常见，就算是
对关系到申诉人私人生活绝对私密细节的信息也不进行匿名处理。[38]
欧洲人权法院诉讼程序规则仅仅规定在特殊情况下匿名申请有充分
理由时才对案件进行匿名处理，[39] 奥地利宪法法院对个案进行自由裁
量后才决定是否在判决中不公开申请人姓名。这两个法院的判决通
过网络获得了潜在的甚至是世界性的知名度，即便它们可以为自己
辩护道：如果申诉人参与这样的程序的话，那么他们必须预计到案
件会进行公开审理。因为一方面媒体法上匿名保护规定过分细致，
另一方面恰好是在基本法法院处理身份保护问题，所以这二者之间

37　E. Swoboda, Das Recht der Presse (2. Aufl 1999)，第 85 页，第 86 页。
38　只需参见欧洲人权法院 "Sylvester gegen Österreich" 案 (2003 年 4 月 23 日) (36812/
　　97 和 40104/98)，该本案是一起涉及美国和奥地利两国的亲权纠纷案。或者参见 Vf-
　　GHErkenntnis (宪法法院判决) B 1821/02 (2003 年 3 月 13 日)，这是一起禁止一名曾
　　经强奸了自己女儿的土耳其人居留的案件。
39　根据《欧洲人权法院诉讼程序规则》第 47/3 条，BGBl Ⅲ/2000/13，法院院长 "可
　　以" 允许 "在那些异常的、恰当的、有充分理由的案件中对申请人进行匿名处理"。

的对立十分引人注目。

36   然而，媒体自由和人格权保护之间的权衡问题还涉及身份保护以外的其他领域。这个问题始于为了完整陈述某事是否可以顺便提及他人私人领域的细节，但是相关人员又觉得这些细节非常的私密。因此发生了这样的事情：在 2003 年年初时，奥地利纺织联合企业中爆发了一场公开的权力斗争，一家报纸毫无恶意地报道说，争论已经到达了十分激烈的程度，以至于一名参与者已经被指责说拥有一只假眼。尽管该报道并不想给这位参与者造成什么不好的影响，而是仅仅想通过细节来展示这些争论在联合企业最高领导层中是如何发生的，但是这位被提及的人感觉深深地受到了伤害。

37   这个问题从这一类型的争吵一直延伸到高度政治性的领域。因此欧洲人权法院为政治争论中的言论自由划定了极端宽容的界线。在"奥贝尔希里克诉奥地利 II（Oberschlick gegen Österreich II）"[40]一案中，欧洲人权法院认为和他现在的经常性判决相符合的说法是被允许的，"这个说法被认为是有害的，令人吃惊的或者是使人愤怒的"。这一点也不夸张：在 1990 年某媒体因某位政治家的言论称其为傻瓜，并且还试图说理，奥地利法院认为该媒体损害了政治家的名誉权，并在当时判处该媒体 1000 先令（72.67 欧元）的罚金，当然这些罚金更多是象征意义的。该媒体上诉至斯特拉斯堡法院并且获得成功。斯特拉斯堡的法院认为在此有违反言论自由的情况存在，另外对法院而言，在这个案件中有一个因素起到了重要的作用，即法院认为政治家自己想用挑衅的言论挑起事端。

38   欧洲人权法院的立场十分明确，幸运的是绝大多数的奥地利媒体没有使用和当时的上诉人一样的方式有针对性地用尽言论自由。斯特拉斯堡的判决受到了来自学术界的批判，科恩在维也纳大学新

---

40   EGMR in［1997］MR，第 196 页及以下。

闻传播学院就职后的首次演说中讲道："言论表达自由不是侮辱自由",[41] 因此他要求对政治家也要进行名誉权保护。

六、媒体审慎作为基本前提

可能一方面因为媒体对于公众意志形成具有重要意义，另一方面因为通常情况下新闻工作者的工作时间非常紧迫，所以作为人格权侵害实施者的媒体比其他"犯罪人"拥有更多的特权。只要新闻工作者证明自己遵守了媒体审慎义务，媒体的侵权行为就多次获得正当化的理由。这意味着，比方说只要尽到必要的媒体审慎义务，并且有足够的理由认为损害名誉的言论是真的，那么在恶意诽谤的情况下也无须承担《媒体法》规定的损害赔偿责任。[42]

媒体审慎义务的一个重要之处就是——作为基本原则的真实义务[43]的具体化——在可能的情况下，给予相关人员对向他提出的批评阐述自己观点的机会。这种"反审查"是固定的调查研究和新闻工作的基本条件的一部分；在媒体工作者中，可能相当广泛地流传着这样一则笑话：遵守所谓的"反审查"义务，人们就会通过调查研究毁掉最美好的故事。[44]

然而新闻工作者可以在日常工作中根据案件的具体情况来满足反审查的需要。时间因素首先在这里起到了重要的作用：对那些正好在日报编辑定稿时间之前出现的、媒体工作人员不能心安理得拖

39

40

41

---

41 参见"Die Presse"（25. 11. 2000），第 36 页。

42 《媒体法》§6Abs2 Z2 lit b；排除损害赔偿请求权的另外一个前提条件是：公众对公开刊登报道的利益占优势。

43 G. Hager/P. Zöchbauer, Persönlichkeitsschutz im Straf-und Medienrecht（4. Aufl 2000），第 100 页。

44 指的是：有时候那些传到记者耳朵里的信息，经过调查之后并不像之前没有核实时那么轰动。

到第二天才报道的信息（比如因为该信息需要第三人迅速的反馈或者必须提醒读者）只需进行较少的反审查，但是那些还有足够的时间去进行补充和调查研究的信息则需要较多的反审查。鉴于媒体之间存在对及时信息竞争的这种状况，时间的紧迫度有多高也取决于，竞争者是否必须认为其他竞争媒体也在围绕这个"故事"工作。如果是这种情况，那么——即使这对人格权侵权的受害者而言可能算不上是一个有说服力的理由——在最后时刻对反审查的要求应当设置得没那么高。

42　　但是反审查仅仅意味着，至少是试图，给予相关人员一个表达意见的机会。比如说如果在可接受的时间内没有任何一种常见的联系方式可以联系到相关人员，或者相关人员没有利用这个机会发表意见，那么这也不能排除新闻工作者的审慎义务。另一方面毋庸置疑的是，新闻工作者不能耍花招，等到最后一刻才告诉别人可以提出反对意见，然后假惺惺地说，反正他已经尝试过了……

七、肖像保护——一个特殊问题

43　　长期以来，肖像保护在奥地利媒体法实践中举足轻重。首先这可能要追溯到：在《媒体法》第 7 条关于保护绝对私人生活领域的规定生效之前，大多数情况下《著作权法》第 78 条是人们可以用以抵御媒体对私人领域入侵的唯一条文。[45] 如果在刑事案件新闻报道中使用了犯罪嫌疑人或者犯罪分子的照片，那么司法判决在这一点上只判断该照片是否为了满足读者的好奇心和对耸人听闻事件的喜好，因此也会拒绝与该照片相联系的"示众效应"。[46] 幸好奥地利最高法

45　见 C. Schumacher（前面脚注 31），第 142 页，第 143 页。

46　E. Swoboda（前面脚注 37），第 196 页，第 197 页。

院在 1997 年的时候放弃了这一准则，在"欧内斯廷 K. （Ernestine K.）"[47] 案之后，最高法院一直持有这样的立场：在肖像保护中也要考虑用《媒体法》进行评价。如果《媒体法》允许能够进行确认身份的文字性的新闻报道，那么对相关人员进行的图示性的描述也不应当被禁止。这个解释至少看起来是值得欢迎的，然而它还没有清晰到没有给误解留下一点空间。

众多例子中的一个：在 2003 年 8 月 13 日发生的一起气球坠毁案中，一名乘客和一名气球驾驶员丧生，可能是因为气球出现了故障，另一名一起乘坐气球的即将分娩的女士受伤，此后《新皇冠报》将气球驾驶员和受害者的姓氏进行了缩写。然而同时该报又刊登了可能的过失行为人和受害者的照片，因此它以另一种方式公布了相关人员的身份。[48] 这种做法——无论是否合法——肯定是前后矛盾的。 **44**

对待图片形式的确定身份报道比文字形式的报道更为严格，这种做法并不具有正当化的理由。不能因为媒体为了在过度喧闹的世界里赢得更多的关注而越来越依赖图片，就得出图片报道需要更严格控制的结论，因为面对媒体时个人值得保护这一点并不由需求决定。这有可能，如 E. 贝尔卡说的那样，对人格权保护而言尤为棘手，如果人格权保护极有可能屈服于事实上或者假定的媒体声称的出版压力。[49] 贝尔卡接着说，但是媒体过度宣扬的事实必须被考虑进来，因为媒体消费者每天被大量的照片袭击，但是只有那些关于人们原本认识的或者与之相关的人的照片才具有重新辨认的价值。[50] 因此那些关系到身份保护的照片不再让人感到恐惧。在网络以及附属 **45**

47　OGH in ［1997］ MR，第 302 页及以下。

48　Wien-Ausgabe （15. 08. 2003），第 8 页。

49　W. Berka （前面脚注 11），第 17 页，第 18 页。

50　W. Berka （前面脚注 11），第 18 页。

的搜索引擎时代，指名道姓会带来很多与在图片数字化之前不同的、更为广泛的调查，这可能会被暴露人们的很多重要信息。[51]

46   然而图片可以传递除被拍照者的身份或者图片所展示的事件以外的其他信息：对某人的死亡进行文字报道还是刊登尸体照片这两种方式有很大的区别。编辑在日常工作中需要对此有十分敏锐的感觉。因此那些于 2003 年 7 月在全世界范围内出现的，美国政府有意复制的已倒台的伊拉克独裁者萨达姆·侯赛因（Saddam Hussein）的儿子库赛（Kusai）和乌代（Udai）的面目全非的尸体的照片引起了多次讨论。但是法律可能允许刊登这些照片，不但因为美国士兵杀死这两个人对世界政治具有重要的意义，而且因为大家随后马上就在讨论这两个死者是否真的是萨达姆的儿子。

47   媒体是否能够通过一组照片展示在施蒂利亚州的策尔特魏格（Zeltweg）举行的一场飞行表演中坠毁的跳伞运动员，这个问题没有任何政治背景，但是十分棘手。6 月 27 日的这场不幸发生之后，事故中的这位跳伞运动员是否可能幸存，人们尚不得而知。[52] 这些由图片社主动送给编辑部的戏剧化的图片展示了跳伞运动员的降落伞没有完全打开，他十分无助并急速向地面坠落——这不是一个有利的姿势，这个姿势迫使人们去思考：如果公开这些照片是否会损害相关人员的合法利益，或者，在运动员死亡的情况下，是否会损害其亲属的合法利益。大部分报纸决定公开这些照片，不过它们根据报纸的类型——更偏向马路小报的类型或者更注重品质的类型——决定这些照片摆放的位置，从整版刊登所有照片到在报纸内页里篇幅较小的报道各有不同。对于这个案件，人们可能没有任何理由反对公开刊登这些照片：因为如果某项对公众开放的活动的吸引力（很遗憾也）正是在于这项表演有可能会失败的危险，那么这些参与者

---

51   但是我们不应当支持限制提及姓名这个观点。

52   当时他在经过了一次严重的受伤以后重新恢复健康，再一次投入到跳伞运动中来。

没有更多的理由可以反对别人用照片展示事实上发生的事故。

这个例子说明了媒体在肖像保护领域也必须权衡公共利益和私 48
人利益。但是正如 1936 年《著作权法》评注说到的那样：这个领域
（肖像保护领域）也只能被"任意"地塑造，这个评价十分确切。
因此说理充分的司法判决在此像指路牌一样也是必不可少的，尤其
是诸如欧内斯廷 K. 案件那样的判决更是必不可少，因为这些判决，
如果可能，清除了法律价值方面的矛盾性，确立了统一性。

但是那些指导性判决之前作出的关于周刊杂志封面上的合成照 49
片的司法判决却鲜有益处。[53] 这幅合成照片展示时任联邦总理的脑袋
及以下一丝不挂的身躯，该照片应当是想形象地说明反对者如何扒
下政府首脑的"衬衣和裤子"。照片下的标题是"皇帝的新衣"。奥
地利最高法院在研究专业文献后判决[54]该杂志侵犯了总理的私人领域
和隐私。C. 舒马赫指责最高法院对言论自由分析得太少[55]：和讽刺
画相比，该幅图片传递了具有公共利益的信息。斯沃博达说，法院
认为该幅图画是一种损害威严的方式。[56] 贝尔卡也引用了这个案例指
出在化解个人人格权和相对的尽可能不妨碍言论表达之间的冲突时
的矛盾性：和欧洲人权法院的"傻瓜案"[57] 判决相比，这里明显使
用了其他的评价标准。[58]

值得庆幸的是，在奥地利媒体这道风景线里狗仔队照片还没有 50
真正成为惯常现象。虽然，总的来说，这个国家里的媒体也变得越
来越标新立异，并且越来越多地关心肤浅的娱乐消息而不是深刻的
资讯。这儿的摄影师也和别的国家的摄影师一样成群结队地跟踪社

---

53 "Profil"（11.03.1996）.

54 OGH in［1997］MR，第 28 页及以下。

55 C. Schumacher（前面脚注 31），第 212 页及以下。

56 E. Swoboda（前面脚注 37），第 196 页。

57 参见前面脚注 40。

58 W. Berka（前面脚注 11），第 5 页。

会名流并且在一切能够想到的场合拍下他们的照片，然而，这样一个错误看上去对阻止名流变得越来越奢侈很"有用"。在一系列为数众多的照片中，卡罗琳·冯·汉诺威公主（曾经是摩纳哥公主）成为了非自愿女主角，这些照片为德国法院非常值得争论的司法判决提供了丰富的直观教学资源。

51　　是否可以公开在没有征得被拍照人同意的情况下拍摄的照片，关于这个问题德国联邦宪法法院大体上赞同德国联邦最高法院[59]的判决，宪法法院的判决概括如下[60]：如果卡罗琳公主的日常生活和私人生活发生在公众场合，那么可以不经同意拍摄相关照片，因为卡罗琳公主是"绝对新闻人物"。德国联邦宪法法院强调在适用《与美术和摄像作品著作权相关的法律》第 22 条、第 23 条的时候不仅仅要考虑一般人格权还要考虑《基本法》第 5 条第 1 款第 2 句保障的媒体自由。此外可以对这种情况进行限制，如果相关人员退回到封闭的地点，在这个地方，如德国联邦最高法院所言，客观上可以知道此人欲独处，并且因为相信地点的封闭性，其行为方式和在公众场合的行为方式不一样。[61]

52　　德国联邦宪法法院还对德国联邦最高法院的判决进行了一定程度的修正，和最高法院的观点相反，宪法法院认为不应当允许刊登关于卡罗琳公主和她的孩子们在一起的照片，刊登这些照片侵犯了卡罗琳公主的一般人格权和保护婚姻家庭的权利。

53　　这个基本价值判断是正确的，即：不得不允许在公众场合拍摄他人，也不得不允许向公众公开这些照片（以错误的有害的照片为界限），虽然媒体自由看起来过度微弱，但是狗仔队的行为还是可能

59　参见［1996］Neue Juristische Wochenschrift（NJW），第 1128 页。

60　参见［2000］NJW，第 1021 页。这个案件牵涉到三组照片，分别摄于 1993 年和 1997 年。

61　公主和 Vincent Lindon 在一家餐馆里被拍摄的照片适用这个原则。

因媒体自由这个理由获得正当化。这展示了媒体自由的目的：媒体自由的目的不在于跟踪他人使提高发行量的利益合法化，而是在于保护合法的——或者像德国法院在司法判决里提到的那样，严肃的——公共利益。媒体工作者代表媒体消费者工作，为什么这些媒体消费者可以具有伏击和系统性追踪名人的合法利益，这一点还不是很清楚。

2004 年 6 月 24 日，欧洲人权法院同意受理卡罗琳·冯·汉诺威 [54] 公主对德国提起的上诉。[62] 公主认为德国的各法院侵犯了她的私人和家庭生活受到尊重的权利。人权法院判决认为对卡罗琳公主的私人生活权利的保护不够充分。在这里，斯特拉斯堡法院无需对是否尊重家庭生活这个问题进行探讨。

八、滥用媒体自由

如果仅仅满足了事实上的兴趣，或者说仅仅满足人们的好奇心、 [55] 窥私癖或者是出于爱好耸人听闻事件的心理，侵犯了个人人格权，而这样做的目的在于提高收视率或者发行量，那么此时媒体自由必须让位于个体人格权保护。比如——摩纳哥判决系列同样也是有关这一点的直观材料——刊登完全是杜撰的对卡罗琳·冯·汉诺威公主的访谈就适用以上这个原则。公众对于了解这些事情并不存在"严肃"的利益，这一点同样是显而易见的，这就如同试图以这种方式用知名人士的名字和上流社会的面孔来挣钱一样。在一份受到广泛关注，同样也是受到广泛批评的法院判决中，汉堡州高等法院判给卡罗琳公主 180,000 马克的损害赔偿金。[63] 这是到那时为止德国法

62　Bsw. 59320/00, Zulässigkeitsentscheidung der Kammer III vom 8. 07. 2003, Newsletter des österreichischen Instituts für Menschenrechte 2003，第 191 页及以下。

63　In［1996］NJW，第 2870 页。

院判决的针对侵犯人格权的最高额精神抚慰金。高额的抚慰金似乎可以从——符合德国联邦最高法院的指导性判决——应当对名人肆无忌惮地、强制地商品化进行示范性地惩罚中得到解释。前主管此案的德国联邦最高法院判决委员会主席 E. 斯坦芬（E. steffen）说：也就是说，虽然我们不想直接判决没收违法所得，"但是我们想让损害赔偿金额很高，这样那些只以营利为目的的出版商应当会注意到这一点"。[64]

56   E. 卡勒（E. Kocrner）和 H. 考茨欧在 2003 年奥地利法律人大会[65]的专家意见里指出：在这个案件中精神损害赔偿金的机制已经被过分地使用。其结果是德国也引入了可以和具有美国特色的"惩罚性赔偿"（punitive damages）相提并论的惩罚性损害赔偿，它的金额之高和无论如何严重程度不低于侵犯人格权的其他案件——强奸、儿童性虐待或者是非法拘禁以及最严重的故意伤害——的微薄赔偿金形成了鲜明的对比。[66]

57   E. 卡勒和 H. 考茨欧指责这个非常受欢迎的损害赔偿法上的补偿已经变成了不当得利法上的补偿，事实上它不再关系到可能的精神损害，而是关系到违背分配制度干涉财产价值状况。[67]

58   在有责任心的新闻媒体工作者看来，仅能赞同——基于正确的法律基础——以个人人格权为代价的滥用媒体自由案件中的补偿。因为受到威胁的不只是人格权保护：如果个别媒体以牺牲他人为代价获得不义之财并不因此受到合理的惩罚，那么公平竞争也会遭受威胁，因为其他媒体没有使用这种手段。

---

64   E. Steffen im ZRP-Rechtsgespräch, Das Schmerzensgeld soll ruhig schmerzen,   [1996] Zeitschrift fur Rechtspolitik（ZRP），366f.

65   E. Karner／H. Zoziol, Der Ersatz ideellen Schadens im österreichischen Recht und seine Reform, Gutachten 15. ÖJT II/1（2003），第 27 页及以下。

66   E. Karner／H. Koziol（前面脚注 65），第 29 页，第 30 页。

67   E. Karner／H. Koziol（前面脚注 65），第 30 页及以下。

　　奥地利《媒体法》在第 7 条中规定了侵犯绝对私人生活领域导　　59
致的特殊精神损害赔偿。奥地利法院鲜有充分使用这条规定的最高
金额 14,535 欧元。[68] 对营利导向的媒体而言，"商业投机"——就像
在瑞典[69]称这种为隐私而侵犯隐私的行为被称作"商业投机"，该隐
私和公共生活没有丝毫关系——可能是值得的。《媒体法》第 6 条也
明确规定损害赔偿的数额还可以根据媒体传播的方式和范围来进行
计算，但是这条规定在很大程度上成了一条"死的法律"。[70] 四个高
等法院在根据自己行政辖区的情况，做出的判决结果大相径庭，这
导致了再次的不公。[71]

　　如果人们想要加强这个领域的人格权保护，那么必须提高最高　　60
赔偿金的额度[72]，并且应更倾向于以没收违法所得来填补损害。[73]

　　此外在受害者看来：只有存在评价性的判决时才能在具体个案　　61
中判断是否存在对绝对私人生活领域的侵犯，这和判断是否违反无
罪推定原则不同，因为我们可以根据形式标准很容易判断是否违反
无罪推定原则，此外也很容易通过软弱无力的、形式化的声明避免
违反无罪推定原则[74]。界定出一条合理的、具有可行性的统一标准同
时也有利于保护那些自认为隐私被侵犯的人的利益。如果相关的评
价标准不公开明了，也没有什么办法使诉讼结果可以预见，那么这
些自认为隐私被侵犯的人也会深受其害。

　　这一点直到最近一家杂志对国家首席议员之子的离婚进行了详　　62

68　参见 G. Korn 的清单，H. Mayer（Hrsg.）（前面脚注 11），第 115 页及以下。
69　T. Hoppe, Gewinnorientierte Persönlichkeitsverletzungen in der europäischen Regenbogenpres-
　　se, ［2000］Zeitschrift für Europäisches Privatrecht（ZEuP），38.
70　G. Korn（前面脚注 68），第 84 页。
71　E. Karner und H. Koziol（前面脚注 65），第 140 页。
72　《媒体法》第 6 条中规定，一般情况下赔偿最高金额为 14,535 欧元，在诽谤或者影响
　　尤其恶劣的恶意诽谤的情形中不得超过 36,337 欧元。
73　还有 B. Schilcher in "Die Presse"（21.05.2001），第 8 页。
74　律师经常从中为辩护人找到"财源"。

细的、图文并茂的报道时[75]才暴露出来。据专家看[76]，这篇报道完全可以作为非法侵犯隐私权的典范，但是律师劝阻当事人不要采取法律措施：因为没有人可以保证对该杂志的起诉可以获得胜利，律师还陈述了理由。[77] 因此对二人隐私的侵犯仍然没有答案，也没有界定可能的界限。

九、总结

63 　　媒体自由是久经考验的自由宪法国家的本质特征，而近期人格权保护越来越突出，随之而来的是两种不同的基本价值观的对立。有时候这二者在广泛的适用要求中产生了强烈的碰撞。如何权衡这两种受保护的法益是新闻实践中的一个难点，因为法律并没有明确地规定应当如何权衡，最后的结果必须由法院根据案件具体情况来审查。这种状况可能还要持续好些年，这对那些必须在几个小时内决定是否刊登关于某人的新闻或者图片的记者来说毫无帮助。过分严格的媒体法立法带来的"寒蝉效应"多次给那些在具体案件中很难判断的法律状况产生的"混乱效应"创造了空间。人们越来越频繁地要求法院对判决进行充分的说理，并且对"为什么正好赋予这个或者另一个价值以优先权"这个问题给出易于理解的意见。

64 　　如果仅仅是为了满足好奇心、窥私癖或者是出于爱好耸人听闻事件的心理而滥用媒体自由，并且还侵犯个人人格权，那么媒体自由要退居后位。明显的制裁不仅仅是为了受害者的利益，还是为了预防其他媒体侵权。这也保证了负责任的媒体和那些为了提高发行量和销售额不计他人利益的媒体之间竞争的公平性。

75　"Woman"（04. 07. 2003），第42页，第43页："First Mädi & ihr Ehedrama".

76　G. Korn 在"Die Presse"举办的一次访谈中说到（10. 07. 2003），第32页。

77　"Die Presse"（10. 07. 2003）第32页。

针对大众媒体侵害人格权的保护

——从律师的视角

戈特弗里德·科恩

一、编辑保密（Das Redaktionsgeheimnis）

尽管编辑保密在实践中并不像人们通常认为的那样妨碍媒体报 1
道相关人对（损害赔偿）请求权的行使，它对于人格有效保护所产
生的影响却并不只是理论上的。由于编辑保密的作用，不仅国家本
身不得不接受在刑事程序上的低效率，[1] 个案中的民事法律适用也会
因此受到影响。

对于由人格侵权相关人引起的法律适用，编辑保密同样会带来 2
问题，有时甚至是极其棘手的问题。如果认识不到这一点，就是没
有认清现实。根据占主导地位的欧洲基本权利理念，编辑保密都是
民主共同体不可或缺的组成部分。[2] 因此根据现行法律，不应抨击在
法律适用方面的可能带来的低效率，而是应该提出这样的问题：在
编辑保密的前提下，是否以及如何能够通过合理和有意义地运用法
律制度所提供的法律保护机制，来为相关人的权利提供充分的保障。
鉴于此，理当对编辑保密进行深入分析，但这超出了本文的研究范

---

1 U. Polley in W. Berka/T. Höhne/A. Noll/U. Polley, Mediengesetz（2002），§ 31 Rz 5.

2 参见，比如：Europäischer Gerichtshof für Menschenrechte（EGMR）in［1996］Medien und Recht（MR），123，125.

围；然而对于若干基础性问题进行研究却是必不可少的。

3   编辑保密是媒体所有人（出版人）、发行人、媒体工作者以及媒体企业或者媒体服务机构的雇员的一项职业特权。

4   如果媒体所有人（出版人）是法人，则编辑保密的保护归于它的机关。一般情况下，机关担当人（Organwalter）虽然不是媒体工作者，但却是相关媒体企业或者媒体服务机构的雇员。然而根据主流观点，股份公司的董事会成员并不算是雇员；[3] 所以，如果单纯按字面解释，就会得出股份公司形式的媒体所有人的董事会成员不享有这一职业特权的结论。但这一规则的意义和目的即在于，使对外代表媒体所有人（出版人）的机关担当人也作为主要的主体，享有这一权利。

5   根据《媒体法》解释评注[4]，包括自由工作者在内的所有参与者都应得到编辑保密的保护，即使他们并不"专业地"（职业性地）从事这一工作，例如校报或者青年报的编辑。这一观点与法律的字面意思相违背，在政府草案中也没有得到支持——政府草案第59条第9项将媒体工作者定义为那些在媒体企业或者媒体服务机构中职业性地参与出版物内容形成的人。根据《媒体法》第1条第1款第11项的规定，媒体工作者是那些在媒体企业或者媒体服务机构中职业性地参与媒体产品（Medium）内容形成或者以新闻业的方式参与媒体服务报道的人，只要他作为媒体企业或媒体服务机构的雇员或者作为自由工作者经常性地从事这些新闻业活动，而非仅仅将其作为经济意义不显著的业余工作。因此持续从业的自由工作者能够援引编辑保密，而偶尔从业的特邀评论员、某一讨论节目［例如"关注（Betrifft）"节目］的嘉宾或者采访对象却不能，即使他们为此得

---

3   U. Runggaldier/G. Schima, Die Rechtsstellung von Führungskräften (1991), 1 ff.

4   2. Beilage zu den stenographischen Protokollen des Nationalrates (BlgNR) 15. Gesetzgebungsperiode (GP), 43.

到报酬。这对于某一其他媒体企业或者媒体服务机构的雇员或者持续从业的自由工作者是否使用，需要另作讨论。读者来信的作者以及那些虽然以新闻业的方式参与媒体产品内容形成或者媒体服务报道，但却不获得报酬的人，也不能援引编辑保密。这主要针对社团报、企业报或者校报的工作人员，只要他们不是这份报纸的媒体所有人（出版人）或者发行人。

　　广告客户和广告代理机构的工作人员也不能援引编辑保密。他　　6
们虽然参与媒体产品的内容形成并且广告代理机构也获得报酬，但他们的参与并不具有新闻业的性质。

　　《媒体法》第31条的拒绝作证权适用于媒体企业或者媒体服务　　7
机构的所有雇员。在政府草案中对于内容形成还有限制，而司法委员会认为这可能导致媒体工作者的拒绝作证权通过询问的方式被绕开，所以去掉了这一限制。[5] 布兰德斯泰特 - 施密德（Brandstetter-Schmid）[6] 举例解释道，如果能够要求主编的秘书作证的话，那么主编的拒绝作证权就太容易被绕开了。企业媒体的雇员也包含那些从事行政、销售或者印刷工作的人员。反之，如果印刷、销售系由媒体所有人（出版人）或者媒体服务机构所有人委托某一企业完成，则受委托方企业的雇员不能援引编辑保密。仅仅印刷或者销售印刷品的企业，不是媒体企业。只承担国内外广播和电视节目传输任务的电缆公司也不是媒体企业，因为他们所传输节目的内容是由其他企业完成的。

　　编辑保密是通过拒绝作证权来加以保障的。证人对法庭、对行　　8
政机关以及对国家议会或者州议会调查委员会的出席义务，以及知情人对调查委员会的出席义务，不受影响。虽然他们有权拒绝对《媒体法》第31条中所规定的报道发表证言，但强制手段（Beuge-

---

5　Justizausschussbericht（JAB），743 BlgNR 15. GP，12.

6　U. Brandstetter/H. Schmid, Kommentar zum Mediengesetz（2. Aufl 1999），§ 31 Rz 3.

mittel）（治安处罚、强制拘提）仍可针对他们施行。援引编辑保密而拒绝在法庭或者行政机关发表证词的权利，仅仅限于证人证言。[7] 这有两个理由，一方面，将这一权利赋予民事诉讼的诉讼当事人以及刑事诉讼的被告人并无必要。在刑事诉讼中，被告人没有义务协助查明事实，他可以拒绝回答特定问题，或者干脆拒绝发言（《刑事诉讼法》第 245 条第 2 款）。在民事诉讼中，诉讼当事人和证人也有出庭和进行陈述的义务，但是仅仅在特定案件（例如婚姻案件和亲子确认程序）中才能强制诉讼主体出庭，而陈述义务则根本不能被强制执行。[8] 另一方面，为维护刑事司法的合理有序，《媒体法》第 31 条第 2 款关于禁止通过没收或者征用来规避编辑保密的规定，应当有意识地将其仅适用于保护那些本身不是被告人的媒体工作者。[9] 对于诉讼当事人以及被告人拒绝作证的行为，原则上通过自由心证进行评价。[10] 因为在《媒体法》第 31 条规定的对编辑和信息的保护，不应当对受害者产生不利影响，[11] 所以对编辑保密的援引原则上就作不利于举证责任承担方的解释。但如果当事人一方或者被告人援引报信人保护而拒绝透露报信人（Informant）的身份，则应当区别对待。根据《民事诉讼法》第 381 条，当一方当事人没有充分理由而拒绝陈述或者回答某一特定问题时，法院应当在审慎考虑所有情况的基础上，判断其对于证据形成有何影响。如果一方当事人认为自己作为证人，有权援引编辑保密而拒绝陈述，则这一理由通常构成《民事诉讼法》第 381 条意义上的充分理由。[12] 同样的考虑也

7　Oberster Gerichtshof（OGH）in ［1991］MR, 235 mit Anm Korn.

8　H. W. Fasching, Lehrbuch des österreichischen Zivilprozessrechts（2. Auf 1990）, Rz 1024.

9　见前注 4。

10　OGH in Entscheidungen des österreichischen Obersten Gerichtshofes in Strafsachen und Diszi-plinarangelegenheiten（SSt）56/82；［1991］MR, 235.

11　H. Koziol, Die Haftung für kreditschädigende Berichte in Massenmedien, ［1993］Juristische Blätter（JBl）, 613, 619.

12　G. Korn, Anm zu OGH in ［1991］MR, 237, 239.

可以适用于刑事程序，只要新闻从业者不是被指控为教唆公职人员
泄漏公务秘密，或者被指控为通过强迫或勒索获取某一信息。[13]

　　要求维护编辑保密并不是报信人的权利。《媒体法》第 31 条所　　9
规定的权利主体在任何个案中都有权自由决定是否行使其拒绝作证
权。即使是奥地利广播公司（ORF）的工作人员，也没有维护编辑
保密的义务。切尔马克斯（Cermaks）的相反观点[14]是不正确的。他
持不同观点的理由为：根据奥地利无线电台节目指令第 1. 3. 16 条[15]，
其新闻业工作者也有义务遵守奥地利新闻委员会的公众职业基本原
则。但节目指令是机构自治的规定，没有对外的规范效力。[16]

　　与受到保密义务约束的职业（辩护人、律师、公证员、经济受　　10
托人）不同，媒体有沉默权，但没有法定的沉默义务。当然，如果
新闻记者对报信人负有（合同上的）保密义务，那又另当别论。所
以在实践中，消息的告知往往以合同上的保密允诺为前提。媒体相
关人员在很大程度上将维护编辑保密作为道德上的沉默义务；以往
的一些案件也明确地表现了这一点。在这些案件中，新闻记者——
在不同的法律关系中——宁愿接受数周之久的监禁，也不愿意透露
他们的报信人。即使是在《媒体法》可适用的情况下，一名新闻记
者为了不全部透露一次采访的内容，也还是不得不接受了被处以强
制处罚（Beugestrafe）的罚金以及下次将被处以强制拘留（Beuge-
haft）的警告。然而，林茨地区法院的调查法官于 1987 年 7 月 31 日
对此作出的决议却被审议庭（Ratskammer）于 1987 年 9 月 9 日作出

13　W. Berka, Das Recht der Massenmedien (1989), 181.

14　M. Cermark, Bewährungsprobe für das Redaktionsgeheimnis, [1985] Rundfunkrecht (RfR),
　　28 f.

15　Allgemeine Programmrichtlinie (ARL), abgedruckt bei P. Twaroch/W. Buchner, Rund-
　　funkrecht in Österreich (5. Aufl 2000), 311.

16　B. C. Funk, Das Rundfunkrecht im Lichte öffentlich-rechtlicher Grundlehren, [1977] Österr
　　eichische Juristenzeitung (ÖJZ), 589 ff.

的判决撤销了。[17] 如果当事人解除了其辩护人、律师、公证员或者经济受托人的沉默义务，则根据《刑事诉讼法》第 152 条第 1 款第 2 项以及《民事诉讼法》第 321 条，拒绝作证权消灭；相反，《媒体法》第 31 条上的拒绝作证权是完全独立于消息人士（Gewährsmann）和媒体从业者之间的关系的。即使媒体从业者在其与消息人士的内部关系上完全没有任何保密义务，他也有拒绝作证权。反之，如果媒体从业者与消息人士通过合同约定了前者的保密义务，他在法律上也并没有义务保持沉默。这种情况基本上不可能发生，如果发生的话，报信人基于对方违反合同约定的义务，有合同上的损害赔偿请求权，只要这一约定本身不违反公序良俗。单纯的"严格保密处理本事"的请求不构成合同要约；编辑人员"通常会严格保密地处理接收到的信息"的答复，也还不构成法律上的义务。[18]

11 　　拒绝作证权可以全部或者仅部分行使。拒绝作证权是可以放弃的；当某个媒体工作者已经作为证人进行了陈述，那么他就默示地放弃了他的拒绝作证权。[19] 放弃并不导致拒绝作证权的丧失。放弃行为可以随时被撤回，正如虽然有拒绝作证权但已进行过一次陈述的媒体工作者，在接下来的审讯中仍旧可以拒绝陈述。在放弃拒绝作证权被撤回之前，已有的证明结果是可以使用的，但如果证人在主审程序中才拒绝作证，则不得排除其在预审程序中的证言（《刑事诉讼法》第 252 条第 1 款第 3 项）。与《刑事诉讼法》第 152 条第 3 款和《民事诉讼法》第 321 条相反，对于基于编辑保密而产生的拒绝作证权，不需对证人进行告知。不作为不构成《刑事诉讼法》第

17　Landesgericht für Strafsachen（LGSt）Linz, 24 Ur 43/87；参见 B. Weis, Neues zum Redaktionsgeheimnis, [1987] MR, 162 f.

18　Oberlandesgericht（OLG）Hamburg in [1984] Archiv für Presserecht（AfP）, 2, 109.

19　B. Weis, [1987] MR, 162.

281 条第 1 款第 3 项意义上的无效事由。[20] 佐科鲍尔（Zöchbauer）[21] 意欲通过类推适用《刑事诉讼法》第 152 条第 1 款第 2 项来弥补这一"法律漏洞"，因而认为《刑事诉讼法》第 281 条第 1 款第 3 项中包含了相对无效事由；这与《媒体法》第 31 条第 1 款规定的拒绝作证权和第 2 款规定的禁止规避相违背。

在所有法院和行政机关的程序中都可以行使拒绝作证权。因此《媒体法》第 31 条在刑事程序、民事程序、非诉程序（Außerstreitverfahren）、惩戒程序（Disziplinarverfahren）、税务程序[22]以及所有其他行政程序中都可以适用。通过《1992 年媒体法修订法》，编辑保密的保护扩展到证人和情报提供者在国家议会或者州议会的调查委员会面前的陈述。根据解释评注[23]，对于有权在司法或者行政程序中拒绝作证的人，国家议会或者州议会的调查委员会也不能强迫其透露秘密，否则第 31 条的保护将因此失去价值。要将在调查委员会程序中的拒绝作证权扩展到消息提供者（Auskunftsperson），应当审慎考虑"消息提供者"这一概念——将要对议会调查委员会适用的新规则采取了这一概念。民法实践中，那些在事实的证明程序（例如临时程序）中作为证明手段的人被称为消息提供者。虽然根据第 31 条的字面意思，消息提供者只对于调查委员会有拒绝作证权，但那些在证明程序中作为"消息提供者"被审讯的人也有权援引编辑保密。这是因为在证明程序中被审讯的人员也是作为证人被审讯的，而他们作为消息提供者仅仅是实务界的称呼，而不是法律上的规定。[24]

12

---

[20] U. Brandstetter/H. Schmid（前注 6），Rz 14.

[21] P. Zöchbauer, Grundfragen des Medienstrafrechts (1992), 113 f.

[22] Erlaß des Bundesministeriums für Finanzen (BMF) vom 18. 2. 1982, Z 05 1801/3 – IV/5/82, Amtsblatt der österreichischen Finanzverwaltung (AÖF) 1982/101.

[23] 503 BlgNR 18. GP, 20.

[24] H. W. Fasching（前注 8），Rz 809.

13   根据《媒体法》第 31 条的含义，其所指的特权实际上是一种证据禁止。作为意见表达自由的下位规范，第 31 条保护的是不受阻碍的信息获取和传递，而不是其内容本身。法院在探求某一相关的证明主题时，不应采用第 31 条中所说的证据。[25] 当然，其他没有"被保护"的证据，则可以被用来证明主题——例如查找文章的作者。如果某位新闻记者私下喝酒聊天时"说漏了嘴"，透露了其报信人，或者在谈话中提及了他的某位编辑同事撰写了某篇特定文章，他仍然可以在被传讯作证时援引编辑保密。然而，他的"听众"却受作证义务的约束，因为他们没有任何法定的拒绝权可援引。最后不能忽视的是，编辑保密仅仅赋予每一相关特权人士以一项"沉默权"，而不是一项"拒绝义务"。编辑部的某一成员在被询问某一特定文章的作者时援引编辑保密，这并不意味着他的同事在就同一主题被询问时也必须这么做。

14   拒绝作证权针对的对象既包括作者和报信人的身份，也包括报道的内容。

15   以下人员享有匿名保护：

     1. 文章或者资料的作者

16   作者的名字不是必须表明的信息。作者是指含有有思想内容的报道或者表演的创作者。如果文章的撰写或者组织是由多人合作完成，则其中的每一人都是作者（合作作者）。文章的作者可以不表明姓名；他们既可能是某一媒体公司的雇员或者长期工作的自由职业者，也可以是外部的第三人。[26] 如果某一作者本身也属于《媒体法》第 31 条规定的特权人员，则他就在双重意义上拥有特权：一方面他的名字可以对法庭保密，另一方面他自己也可以对其他作者的情况保持沉默。

---

25   P. Zöchbauer（前注 21），111.

26   Landesgericht（LG）Hamburg in［1984］AfP, 172.

2. 文章和资料的投稿人

向媒体递交文章和资料的人是投稿人；相关文章和资料是否适 17
于发表，在所不问。[27] 向新闻工作者传递秘密资料（例如来自行政机
关文件的资料，也包括未公开的审计总署的报告）的人，也属于投
稿人。比如，新闻记者无须透露违反职务保密义务而使其获取信息
的公职人员的身份。[28] 作为投稿人，读者来信的作者也属于《媒体
法》第31条中规定的特权人员。因而报纸刊出某封读者来信时，可
以不给出投稿人姓名，或者将名字简写，或者给出错误的名称或假
名，而不必给出真实的名字。然而，公开错误的名称或假名会侵犯
这一姓名的拥有者的姓名权（《普通民法典》第43条）。[29]

3. 消息人士

消息人士指的是那些为新闻工作者提供情报的报信人。所谓情 18
报，其隐秘程度应在单纯的投寄材料之上。消息人士可以通过书面、
口头、电话、图片材料以及其他形式提供信息。与投寄人不同，消
息人士往往与新闻工作者有私人联系，哪怕仅仅是电话联系。因此
在新闻记者寻找和询问报信人时，消息人士也会发挥作用。[30] 关于消
息人士的间接推论也包含在编辑保密的范围内。[31]

拒绝作证权不仅涵盖消息提供者的个人信息（报信人保护），也 19
涵盖那些由新闻记者在其出版工作中所作出消息的内容。消息是否
已发表，或者甚至是否以发表为目的，对于编辑保密的内容保护范
围而言都无关紧要。单纯的"办公桌材料"或者"内部文件材料"
（档案材料）也享有编辑保密的完全保护。信息资料获取的形式和方
法对拒绝作证权而言也是无关紧要的；即使材料是通过违法方式获

27 M. Löffler/R. Ricker, Handbuch des Presserechts（4. Aufl 2000），30. Kap. Rz 29.
28 U. Brandstetter/H. Schmid（前注6），Rz 11；也参见 OGH in［1996］MR, 238.
29 G. Korn/J. Neumazer, Persönlichkeitsschutz im Zivil-und Wettbewerbsrecht（1991），133 f.
30 M. Löffler/R. Ricker（前注27），30. Kap. Rz 30.
31 LGSt Wien in［1985］RfR, 36.

取的，其内容也享受编辑保密的保护。这类信息的"公共价值"远远超过其获取手段的弊端。[32] 即使录制在录音带上的一段长时间采访中只有一部分被公开，录音带上的全部信息也都享有编辑保密的保护。[33]

20 　　《媒体法》第 31 条中所规定人员"内容上的"拒绝作证权的适用范围限于"在其职业活动中"所得到的消息，这导致了一些困难。这一限制的意义在于，编辑保密作为确保意见表达自由的产物，仅保护公共活动，也即获取和整理所有信息资料、使之成为可出版的消息的过程。在私领域中获取的信息不应包括在内。假如某一新闻记者偶然成为一件交通事故的证人，并因此获得了事故地点的信息，他便不能援引编辑保密。这一限制却也将其他偶然得到的信息排除出了编辑保密的保护之外——这很可能并不是立法者的本意。上述信息是媒体工作者不以新闻记者身份出现的情况下取得的，可能因为讲述者根本不知道消息的接受者在媒体工作。新闻信息获取的成功常常取决于新闻记者是否"隐瞒身份"。如果前述限制没有认清这一实质[34]，那么对于"在其职业活动中"这一几乎确定的描述就不可能加以其他解释。基于此也可以确定，自己加工提取出来的材料也"不绝对"被编辑保密所涵盖。[35]

21 　　自己调查得出的材料是否属于编辑保密的范围，在德国这主要是学术上的争议。对于本文的研究而言，这个问题可以先放在一边。不过当报信人有目的地使新闻记者可以进行特定的观察，而使这些观察成为其获取信息的一部分，则自己调查所获取的信息无论如何

32　M. Löffler/R. Ricker（前注 27），30. Kap. Rz 33c.

33　B. Weis, [1987] MR, 162.

34　M. Löffler/R. Ricker（前注 27），30. Kap. Rz 33a.

35　U. Brandstetter/H. Schmid（前注 6），§ 31 Rz 11；Landesgericht für Strafsachen（LGSt）Wien in [1985] RfR, 36；W. Berka（前注 13），181.

都是包括在编辑保密之内的。³⁶ 根据德国联邦宪法法院的观点,³⁷ 媒体自由也包括编辑工作的保密性;因此虽然那些亲身观察和调查得出的材料也在媒体自由的保护范围内,但也必须从基本权利保障的角度看待那些在一般法律中规定的对于出版和广播自由的限制。因而立法者谨慎衡量了出版和广播自由的优先地位是否以及在多大程度上促进了新闻业使命的达成,而得出了应当将自己得到的材料与第三方提供的信息加以区别的结论,这在宪法上是无可指摘的。

　　直到最近,这一问题才藉由"西格弗里德头像"(Siegfriedsko-pf)一案,由总检察长通过判决无效之诉(Nichtigkeitsbeschwerde),以维护法律为目的,向最高法院(OGH)提出。³⁸ 2002 年 5 月 8 日,维也纳大学前举行了各种集会。在游行队伍中有一个来路不明的经过乔装的作案者,他在学校的大礼堂内用一把锤子和一把凿子将处于文物保护下的西格弗里德头像的鼻子敲掉了。这一事件被奥地利广播公司的一个摄像组(无意间)录了下来;就在当天,电台还在新闻广播节目"图片新闻"(ZiB)中对此进行了配图报道。在接下来的刑事诉讼中,负责此案的调查法官根据维也纳检察院的申请,决定调取奥地利广播公司关于所谓游行的所有图片材料。³⁹ 刑事追诉机关希望可以通过(可能)未播出的图片资料得到关于作案者的清晰线索。奥地利广播公司针对这一决定成功地向维也纳州刑事法院的审议庭提起了上诉。⁴⁰ 最高法院虽然支持了总检察长的判决无效之诉,但在涉及到这一问题时明智而又高贵地保持了审慎克制,因为它认为,编辑保密不涵盖(已经)基于其他原因而不交出录像材料

22

36　Entscheidungen des Bundesgerichtshofes in Strafsachen (BGHSt) 28, 240 (255).

37　BVerfG 1. 10. 1987, 2 BvR 1434/86 – Beschlagnahme von Filmmaterial, Entscheidungen des deutschen Bundesverfassungsgerichts (BVfGE) 77, 65.

38　Gw 378, 379/02 vom 30. 4. 2003.

39　LGSt Wien 27. 5. 2002, 284 Ur 169/02s.

40　LGSt Wien 3. 7. 2002, 284 Ur 169/02s – 10.

的情况，[41] 理由是，在公共场合可被观察的任何事件，其本身并不处于《媒体法》第 31 条的保护范围中。对此，最高法院表述如下：

"在公共场合可被观察的事件，即使是在向《媒体法》第 31 条第 1 款中所规定的人提供消息，根据该规定的目的，它也不处于编辑保密的范围。正如在上诉中所正确阐明的，编辑保密旨在保护报信人、信息来源和资料的秘密性（Brandstetter/Schmid，MedienG[2] § 31 Rz 1f；Berka/Höhne/Noll/Polley，MedienG § 31 Rz 2，4；Hager/ Zöchbauer，Persönlichkeitsschutz im Straf-und Medienrecht[4]，105）。只要消息是公开地被媒体工作者或者在《媒体法》第 31 条中规定的其他人员所获取，它就缺乏这样的秘密性，因而不在《媒体法》第 31 条第 1 款的保护范围内。当这样的信息被传递给《媒体法》第 31 条第 1 款中规定的人员范围内的其他人时，情况也是一样的。因为以这种方式被传递的原始消息是公开发生的，所以它不在《媒体法》第 31 条第 1 款的使用范围之内。

此外，需要与这种情况相区分的是另一种情况：可被公开观察的事件（例如在公共道路上发生的刑事犯罪）被非公开地告知媒体，并且该消息由属于《媒体法》第 31 条第 1 款规定的人员范围的人在其职业活动中所获取（例如事件的观察者不公开地将消息告诉了某位媒体工作者）的情况下，只要消息的内容与可被公开观察的事件相关，它就因缺乏秘密性而不是编辑保密的对象；但报信人的身份却应是编辑保密的对象。"

二、法律保护的手段

23　　在这一背景下，现在应当借助实际案例尽可能地阐述，在人格

41　OGH 25. 9. 2003，25 Os 69/03 in［2003］MR，290.

被侵害时，一些法律问题（尤其需注意的是编辑保密）在多大程度上可能阻碍请求权的行使。

（一）相关人陈述（Gegendarstellung）

根据其性质，相关人的陈述权属于民法上的排除妨害请求权。[42] 24
它是意见多样化的产物[43]，主要服务于"听取答辩（audiatur et altera pars）"原则的实现，即便公众在获取正确信息方面的利益也不应被忽视。《媒体法》第 9 条第 1 款向所有与在周期性媒体（《媒体法》第 1 条第 5 项）上发布的事实消息密切相关的自然人与法人（机关）提供了一项法律请求权，使其有权要求无偿公开相关人陈述（反驳）。构成请求权的基础是事实消息在周期性媒体（《媒体法》第 1 条第 5 项）上发布；这样，这一法律手段既不取决于信息的"作者身份"，也不取决于编辑保密。只要是事实消息，传达的是否为第三人的表述在所不问。因此，"作者身份"是否公开、是正确地公开还是错误地公开，也即标注是正确的、不完全的或者错误的，这些也都不重要。第三人所宣称的（错误的）事实在内容上也是可以反驳的。没错，还有更多：被错误地、引人误解地或者不完全地标注的报信人，也可以认为那些被归为他名下的言论或者根本不是他说的，或者不是以被引述的方式那样表述的，而（额外地）提出反驳。在被传播的是第三人的事实信息的情况下，即使可能有对报信人的请求权，相关人陈述权也不受影响。[44] 在这种情况下，媒体所有人将对由其创造的公开状态负责，而不是对内容负责。相关人陈述权是一项形式化的改正请求权；正因为这一被强加给它的形式主义，它只能非常不充分地实现其功能。尽管如此，正如人们常常推测的那样，

42　G. Korn, 10 Jahre Mediengesetz: Patentlösung oder Mißgeburt? （1991），11 f; P. Zöchbauer, Anmerkung zu OGH in［1997］MR, 21.

43　EGMR 12. 7. 1989, 13010/87 Tiempo vs Spanien.

44　参见边码 25 及以下。

相关人陈述在实践中却远非这样"没有牙齿"的工具。虽然关于相关人陈述"被消费"的频率和强度没有经验上的数据，但它应当并不广受媒体受众的欢迎，在最受喜爱的媒体内容"排行榜"上并不占据前列位置。撇开这些不谈，相关人陈述被媒体认为是令人不快的，因为尽管它们的陈述在内容上常常根本没有人注意，但由于事件备受瞩目，而会给媒体受众留下编辑工作发生错误的印象。对此还有一个原因——尽管完全不是主要原因：很多媒体试图通过致读者信或者通过（免费）广告来公开事件，否则的话，经常发生的情况就是，相关人陈述不可避免地通过编辑报告来公开，其中也包含其他内容。

（二）作案者的刑罚

25
奥地利媒体法立法所宣称的目标[45]是"媒体法的去犯罪化"。尽管如此，媒体侵犯名誉这一法益也始终是可罚的。[46] 但这并不是媒体法上的特征，而只是立法者价值判断的产物：名誉这一法益始终不应被排除出刑法的保护，但对名誉的侵犯只应基于受害人的请求而被追诉。[47]就此而言，"媒体的"和"非媒体的"行为方式并没有实质区别。[48] 然而在"媒体侮辱名誉"的情况下，主要是由于因此而产生大量花费的风险，一部分对作案者的刑法追诉变得困难以至不可能了。因为根据奥地利的刑法，除几个例外——如对联邦总统名誉的侮辱（《刑法典》第117条），对名誉这一法益的侵害（《刑法典》第111条及以下各条）都是自诉的犯罪行为，只能基于受害人

45　主要通过于1993年7月1日生效的《1992年媒体法修订法》。

46　《刑法典》（StGB）第111条：恶意诽谤，《刑法典》第113条：对已完结的法庭可罚行为的非难，《刑法典》第115条：侮辱。

47　根据《刑事诉讼法》第46条，这是自己承担费用风险并须在得知犯罪行为和作案者起六周内行使的自诉权。费用风险是指，在宣告无罪的情况下，自诉者还要承担被告人的代理费用以及法庭的费用。

48　在涉及恶意诽谤的情况下，"媒体的"行为方式只是被规定了更高的刑罚：《刑法典》第111条第2款——360天而非180天的收入。

（以自己的名义提出的）的请求而被追诉；在宣告无罪的情况下，受害人不仅要承担自己的费用，还要补偿被告人的费用。这是编辑保密的间接后果，它不仅使对作案者的调查变得不可能——而这完全是立法者所追求的目标（因为通过其他法律手段对此进行了代替[49]）；而且还为作案者通过巧妙的"责任"承担而逃避追诉提供了可能。通过《1992 年媒体法修订法》[50]，这种情况还加剧了，因为媒体诉讼程序的预审被取消了，而且没有规定替代程序。[51] 从媒体法去犯罪化的观点来看，立法者的这个决定完全是一以贯之的；这一决定的理由在于，媒体诉讼程序中的预审反正本来就没有多大意义，因为在援引编辑保密的情况下，要查出某篇文章的作者——这是主要目的——往往是无法成功的。[52] 此外，根据《1992 年媒体法修订法》，独立的没收程序（第 33 条第 2 款）和判决公开程序的前提条件同时被拓宽如下：从此，只要不是追诉特定的人（这也是一贯的前提），这两个程序永远都是被允许的。[53] 在这一意义上，预审并非是必需的。这一规定在《1992 年媒体法修订法》生效之前就被批判性地加以评价，批评者主要是波利（Polley）。[54] 他在《媒体法实践评注》[55] 中也重复了他的批评。对于不标作者名称的报纸文章和对于非亲身讲述的广播和电视稿件这两种情况而言，立法者的观点是正确的。在这两种情况下，试图以预审的方式调查作案者，确实（几乎）百分之百是要失败的，因为据我的经验，此时援引编辑保密是

49　参见边码 36 – 38。

50　Bundesgesetzblatt（BGBl）1993/20.

51　《媒体法》（MedG）第 41 条第 5 款第 1 句："不再进行预审"。

52　Justizausschussbericht（JAB）8，851 BlgNR 18. GP.

53　在《媒体法修订法》之前，针对媒体所有人的独立的没收程序和公开程序只有"当追诉某一特定的人不可行，或者因为存在排除刑罚的原因，对其不可能进行判决时"才被允许。

54　Keine Voruntersuchung im Medienprozess，U. Polley，[1993] MR，2.

55　U. Polley（前注 1），§ 41 Rz 20.

从未被打破的铁律。然而实践却显然更为多样化。很多文章和稿件是标注作者名字的，具名是对新闻工作的公开；对于作者或者制作者而言，这同时也是对品牌价值起决定性或辅助性作用的广告。非常常见的是，在一篇文章或稿件中，多人被标注为作者或者制作者。那么到底谁写了损害相关人人格权的段落以及有关的句子呢？相关的段落以及被指控的句子的排印和传播，其他作者及制作者是否知情——首要的是，是否也有意图？原稿写出后，文本是否被主编、部门负责人、发行人以改变文意的方式补充或者缩减过？标题、插图照片、伴图文字及视频等等，是否真的来自于标注为作者及制作者的人？在电视播报中，谁写了字幕，而字幕是否正确地表述了"直接作案者"的意思？只要愿意，可以继续轻松地提出一系列这样的问题。在实践中，预审对于这些问题的厘清也往往是有帮助的。因为这里不是要"找出"某个不知名的作案者——很可能作案者的身份会一直不明，而是要解决以下问题：那些被指控的、至少看起来应当由被指为作案者的人向相关人负责的行为，是否确实是由其作出的。"虽然调查过，但文章在事后被改写了或者被歪曲意思地缩写了"，这种对记者责任的巧妙解释归根结底是无可辩驳的，因为"作案嫌疑"并不能确定嫌疑人真的就是作案者。这样根据在刑事诉讼中适用的"疑罪从无"原则，如果对于犯罪事实存有疑问，法院也就必须宣告嫌疑人无罪。[56] 在第三人有损名誉的言论扩散的情况下，新闻工作者是否进行了正确的标注，也即是新闻工作者自己（在标注错误的情况下）还是被标注的人承担刑事责任，这一前文中提到过的问题现在更强烈地显现出来。正是在这种情况下，取消预审被证实是成问题的，因为在通常情况下，标注的作者恰恰不能援引编辑保密。仅出于完整性考虑，本文在此提及，根据目前还适用

56　E. Fabrizy, Die österreichische Strafprozessordnung (9. Aufl 2003), § 258 Rz 10.

的法律⁵⁷，在自诉程序中仍然可以申请进行审前程序（Vor-erhebung）。然而这种可能性并不能解决前面所说的问题，因为如果受害人没有在得知犯罪行为和作案者在六周内向有管辖权的法院提起追诉申请，自诉权即告消灭；并且，申请进行审前程序是否违反《刑事诉讼法》第46条第1款规定的期限，这仍然是有争议的。⁵⁸ 因而在对那些其行为在法院的程序中无法被证明的"疑似作案者的人"进行刑事追诉时，留给受害人的结果就是，不仅需要承担被告人无罪宣告所带来的费用赔偿义务，而且还要承担因诉讼失败而在公众面前丢脸的后果。不那么诚实可靠的新闻记者（当然也会有诚实可靠的记者）会倾向于在"为自己说话"的诉讼报道中，向不熟悉法律的媒体受众"出售"以下观点：根据"疑罪从无"的原则，对缺乏证据证明其犯罪行为的犯罪嫌疑人作出的无罪宣告，是涉案报道正确性和合法性的证明。因此对于相关人而言更为合适的是，在犯罪行为不完全清楚的情况下完全放弃对作案者的刑事追诉，而利用立法者原本就提供的充分法律保护手段来对抗媒体所有人。⁵⁹

（三）对作案者民法上的追诉

粗略概括而并不十分精确地说，《普通民法典》第1330条是 26 《刑法典》第111、115和152条（信誉损害）的对应条文。《普通民法典》第1330条第1款规定了对自然人名誉的保护，⁶⁰ 同时第2款保障了自然人、法人的经济声誉，而不考虑侵犯行为对名誉的损害。《普通民法典》第1330条的表述如下：

---

57 目前关于刑事诉讼法的根本性修正的草案将审前程序也取消了，而且没有规定替代的程序。
58 对此参见 H. Fuchs, Die strafprozessuale Stellung des Verbrechensopfers und die Durchsetzung seiner Ersatzansprüche im Strafverfahren, Verhandlungen des Dreizehnten österreichischen Juristentages IV/1 (1997), 60.
59 参见前文边码24及以下各段和下文边码36及以下。
60 根据通说也包括对法人的保护，例如 OGH in [1997] MR, 83; OGH in [1998] MR, 273.

（1）如果因名誉侮辱而导致某人受到实际的损害或者收益丧失，该人有权要求赔偿。

（2）如果行为人散布事实，威胁到他人的信誉、营业或者发展，并知道或应当知道该事实的不真实性的，则前款也适用。在此情况下也可以请求公开撤回该事实。对于并未公开的消息，如果讲述者或者消息的接收者对该消息有合法利益，并且讲述者不知道其不真实性的，不承担责任。

根据《普通民法典》第 1330 条第 1 款，制造、传播损害他人名誉言论的行为被消极地合法化了；根据第 2 款，制造、传播有辱名誉的、有损信誉的不正确事实的行为被消极地合法化了。根据一般原则，行为人不仅可能是直接的侵扰人，也即根据故意制造损害的人，还可能是作为侵扰人共同行为人的教唆者和辅助者——但辅助者在此只是指那些有意识地辅助直接行为人的人。[61] 归根结底，民法上对那些通过媒体侮辱名誉、损害信誉的"作者"消极去责任化的问题，与在上文二、（二）部分介绍的作案者刑法上的责任是一样的，尽管因为本质不同，前者比后者显著减轻了：这个本质区别是，在刑事诉讼中，对被告人刑事责任的否认作为编辑保密的产物，在一般情况下是无可辩驳的，因为由于缺乏对犯罪事实的完全确信，必然导致无罪宣告；而民事法庭的"活动空间"在这种情况下就更大，因为在民事诉讼中法官的自由心证未被"疑罪从无"这一基本原则所限制。虽然相关人在民事程序中肯定也需要对被告的行为承担声明义务（Behauptungspflicht）和证明义务，但对"疑似行为人"责任的判断是由法官通过自由心证来衡量的。即使在通常情况下，援引编辑保密会导致对承担举证责任的一方当事人不利的结果，[62] 也有相反的情况，例如在文章中标明作者姓名、被告声称原稿已经修

27

61　G. Korn/J. Neumayer（前注 29），53.

62　参见边码 1 及以下的详述。

改的情况下，就会产生相反的结果。对姓名的标明或者对文中特定
某处系为引述的证明，（表面看来）指明了被标注名字的新闻记者以
及被引述人的行为，在这种情况下他们将要承担声明和证明没有进
行这种行为的责任。当然，在实践中，这一证明常常由从事新闻工
作的被告出示原稿或通过由（不正确的）被引述人作证而轻松完成；
与对其进行询问的、每天接触大量人物的新闻工作者相比，被引述
人在通常情况下对于他所独有的不寻常事件的案件事实拥有更深刻
的记忆。在刚才所说的案例中，还有一种情况，就是相关人要求新
闻记者作为证人证明被引述人的行为，而新闻记者可以再次援引编
辑保密。[63] 也就是说，在民事追诉的情况下，最初以行为人身份出现
的人也不得不承担在公众面前丢脸的风险，以及（主要是）在民事
程序中不小的费用风险。费用风险在原告败诉的情况下，是不能
（至少不是总能）转移给进行不正确引述的媒体的。这正如最高法院
最近判决的案例所示[64]——它虽然并不专门针对编辑保密，但却可以
为其背后存在的问题提供直接的范例：

在 1998 年 5 月 18 日的"普罗菲尔杂志"（profil）中，在"不　　28
忠实的受托人（Untreue Hände）"标题下刊发了一篇具名的文章，
文章研究的是一位前国会议员的阴谋所产生的结果。文章摘要如下：

"两位被迫退出的奥地利自由党的议员，对他们被国际通缉令追
捕的同事，在一个月前还将其作为天才金融顾问而进行了推荐……

前国会议员 M. 和 S. 。他们直到几个月前，还将 R. 奉为金融天

63　这往往是完全没有必要的，因为实践表明，在大多数案件中，新闻记者在引述发表后
接下来的一个月证人传讯期间内，对事件已经不再能够清楚地记得了。并且他们的记
录（如果有的话）只是关键词式的记录。即使在他们记得的情况下，如果作为证人被
传讯的新闻记者援引编辑保密，最高法院在 MR 2003，290 中所持的观点（15 Os 69/
03）也"帮不上忙"：此处相关人提起诉讼，声称文中未标注的言论确实是自己所发
表的；但这一言论恰恰没有被公开。

64　OGH 2. 10. 2003，6 Ob 40/03f in ［2004］MR，12.

才来推荐。

……事件的又一个看点：正是此时已退出的奥地利自由党的议员埃里克 S.（Erich S.）和赫尔曼 M.（Hermann M.）在几个月前还对规划顾问彼得 R.（Peter R.）的天才能力进行了最热情的宣扬……

企业家、下奥地利州的前州议会自由党议员杰拉尔德 D.（Gerold D.）发怒道：我是被当时已经退出的奥地利自由党的议员那帮人带到他那里去的……D. 投资了五百万。R. 承诺8％的利息。钱没了。D. 说：这是我这辈子最费钱的熟人关系。"

29　　这篇文章发表后不久，两位前国会议员埃里克 S. 和赫尔曼 M. 就对文章中所引述的企业家提起了诉讼，请求判决他承担以下责任，即在"彼得 R."案件中停止声称是他们引荐他认识彼得 R. 的（后者使他们遭受了五百万奥地利先令的损失），撤回这一言论，以及支付两万元奥地利先令作为损害赔偿。在 1998 年 5 月 30 日，普罗菲尔杂志就已刊发了两位原告在 1998 年 5 月 19 日作出的相关人陈述。在对 D. 提起诉讼前，两位被告并未试图向普罗菲尔了解，D. 是否真的做过文中所描述的事。原告也针对普罗菲尔的媒体所有人采取了法律手段，并取得了部分成功。无论是在针对该媒体所有人的程序中，还是在针对 D. 的程序中（在此程序中普罗菲尔是 D. 一方的辅助参加人），这位媒体所有人都既没有声明过，D. 曾透露，两位原告将彼得 R. 形容为天才金融顾问并向其推荐过；也没有声明过，彼得 R. 可以为引述的正确性作证。

30　　三个审级的法院都驳回了这一诉讼，因为 D. 没有发表过文中所描述的言论。至少原告无法对被引述人的行为进行证明：后者的行为被确认为是被不正确地引述了。关于所谓 D. 发表的言论的信息，文章作者是从一位新闻业的同事那里获取的，而他的这位同事在作为证人参加程序时却表示已经忘记 D. 是否确实表达过文中声称他说过的那些言论了。

这样，两位原告就要求普罗菲尔的媒体所有人支付因为对 D. 提 31
起诉讼而产生的 12559.34 欧元的诉讼费用。这一损害赔偿诉讼在三
个审级的法院中都被驳回了。三级法院都认为，首先《普通民法典》
第 1330 条第 2 款不能构成请求权基础。法官认为，这一条文的规范
保护目的在于补偿由不真实情况的散播而引发的信誉贬低损失，而
不是诉讼失败所产生的费用。原告的诉讼费用并不是通过"将彼得
R. 形容为天才金融顾问并大力推荐"或者"D. 被介绍给他认识"
这些不正确的言论产生的，而是因为普罗菲尔将这一言论错误地归
结于 D.；但在此并不构成对两位原告的名誉或者经济声誉的损害。
最高法院以下述理由否认了基于《普通民法典》第 874 条产生的责
任，即除合同上的或者合同前的义务外，仅仅出于过失而造成单纯
的财产损失并不违法，因而原则上不能从中产生损害赔偿的义务；
而原告又没有声明，诉讼所涉文章中对言论来源人的错误引述是故
意造成的。判决书论证的实质性部分如下：

"上诉法院的论证理由是准确的，即原告在他们对 D. 提起的诉
讼中所发生的花费应当由他们自己来承担，因为他们在起诉前没有
调查言论的真实性。因为从原告的角度来看，不应要求他们考虑到，
被告的代表人或对报纸文章的责任编辑可能出于错误或者因为信息
搜集不完全或者甚至是随意地将 D. 标注为引文的来源；尤其应当注
意到，在起诉时，他们想要获取的相关人陈述还没有公开。应当是
只有在被告否认引文言论来源的正确性时，原告才会产生这样的质
疑。被告关于确实没有说过文中那些相关言论的辩解，只是在审前
程序中才被提出来，对原告而言，这并不容易预见……

"根据《普通民法典》第 874 条，故意进行错误行为的一方应向
被欺骗的合同相对方承担损害赔偿责任。虽然在合同一方进行错误
行为的情况下，根据缔约过失原则，只需过失即足够（SZ 48/102；

10 Ob 70/98m；参见 RIS-Justiz RS0016277；RS0016297），但在合同关系之外，原则上只有故意进行错误行为才构成违法。这也与《普通民法典》第 1300 条规定的信息提供者的侵权责任相契合。除合同上义务和前合同义务之外，仅仅出于过失而造成的单纯财产损失并不违法，因而由此也不产生损害赔偿的义务。据此，如果某个行为完全是出于过失而产生了错误的导向性，而且导致的仅仅是'单纯'的财产损失，而没有损害那些受到严格保护的法益（如名誉），则从《普通民法典》第 1295 条第 1 款规定的一般规则中，是不能推导出这种行为应当承担责任的。只有在特殊的案件中才存在例外，例如违反保护性法律（Schutzgesetzverletzung）（SZ 56/135 及其中进一步论据），但这种例外在这里不存在。双方当事人之间不存在合同关系，因此在审前程序中，两位原告也不能主张诉讼协助这一合同上从义务的违反（参见 RIS-Justiz RS0108826）。这里也不构成履行辅助人为卖方或者承揽人的诉讼费用承担责任的情形（在卖方或者承揽人因为履行辅助人的问题，而被合同相对方因为合同履行瑕疵起诉、要求履行或者要求损害赔偿时），所以与此相关的最高法院的判决（参见 1 Ob 40/02t；RIS-Justiz RS0045850）并不适用。

"根据前述法律事实，要将原告所诉求的诉讼费用赔偿作为单纯的财产损失赔偿请求来对待，则必须具备一个前提，即这是由故意的欺骗所导致的结果，也即 D. 确实作出了被错误地归结于他的、有损信誉的言论。从这个程度上来说，'恶意的'错误引导可以理解为'故意的'错误引导（参见 RIS-Justiz RS0014821；RS0014790）。然而，在一审程序中，原告并没有指责被告，对于言论来源者的错误标注系其故意为之。相反他们只提出，在圣帕尔滕州法院提起的对 D. 的诉讼是由被告'漫不经心的行为'导致的。因而他们并未主张可以得出以下结论的事实，即被告及其对该文负责的编辑人员故意——哪怕只是间接故意——对信息来源者进行了错误标注。被告在诉讼程序中也没有坚持 D 是向其提供争议言论的报信人，而是以其他论据反驳原告基于《普通民法典》第 1330 条的诉求。被告的编辑人员在针对他们的法庭传讯中承认，他们在信息检索时发生了错误。从这一被前一审级法院所采信的事实来看，不能认为被告通过故意的错误引导，促使原告根据《普通民法典》第 1330 条提起针对 D 的诉讼或者促使原告继续这一诉讼。单纯的'漫不经心的行为'，也即过失，不足以导致损害赔偿责任。"

还有一个判决，[65] 虽然不是由最高法院作出的，但它的结果或许 32 可以解释前面所说的问题。然而这一判决与编辑保密只是边缘性相关。维也纳州高等法院基于下述案件事实，判决道：

"原告生产抗伤寒的口服疫苗'V. B.'在奥地利大量销售。被告拥有特殊预防医学和热带病学的大学执教资格，并且是一家医疗机构的业务负责人。在'欢迎奥地利'（Willkommen Österreich）节目中，主持人就原告所销售药物的疗效问题对被告被进行了采访，后者对此发表了以下言论：'然而，我们在这一疫苗的接种上发现了多个例外之后，也就是已接种过这种疫苗的人，又患上伤寒病，这种药才被制造出来。直到 1991 年才进行的一项研究显示了一点：对于工业国的居民，也就是所谓的沙门氏菌易感染人群，这种疫苗是无法产生第一次免疫作用的。'在这一采访中，奥地利广播公司在标题栏的旁边插入了一行字：'这种疫苗无效'。根据其他的文章，被告说道：'人们应当在它（指疫苗）真正有效的地方使用它，而不是对我们去热带旅游的人；对这些人而言真正需要担心的是，他们根本就不能产生免疫力。'"

原告要求法院判决被告就其言论（即原告在奥地利供应的药物 33 没有效果），向原告承担以下责任：承认言论不真实并将其撤回。

65　Oberlandesgericht（OLG）Wien in［1999］MR, 142 mit Anm Herzig.

530 针对大众媒体侵害人格权的保护：各种制度与实践

"从被告发言的整体含义中，无法推导出原告指控的言论。对此，上诉人援引的最高法院的 1 Ob 36/89 号判决也不产生任何效果，因为作出该判决所基于的事实与此处不具有可比性。最高法院在该判决中的观点是，对于那些在直播节目中参与者讨论的言论或者事先录制好的影评，如果被告只是对相关表述以'观点交流'的形式进行简单重现而没有在实质上加以评价，节目只是以各种观点的'集市'方式出现，那么当这些言论构成不真实的事实表述（Tatsachenbehauptungen）时，可以不归咎于被告。然而在本案中，奥地利广播公司却没有仅仅局限于对被采访者言论的重现，相反，它将这一报告归纳成了一个宣传性的句子。当奥地利广播公司以这种方式使言论发生了偏离，被采访者的言论就不能归咎于其本身。"

34   律师赫齐格（Herzig）博士作为原告的代理人参加了这一诉讼。他在对这一判决的简短评注中引用了一个被他本人也认为是陈词滥调的学说，即只有那些确实被说过的东西才能被撤销。然而对于被采访对象而言，却存在一个问题，即他往往是在诉讼程序中才能确定，被标注为他的观点的、以插入语形式重现的简短归纳，他是否真的说过。在本案中，虽然对于原告而言，在被起诉之前就可以得知这一事实，即争议言论系属新闻工作者对被采访的热带病学家的表述的简写，但热带病学家本人在播送节目时也已经表述过，人们只应在作为讨论对象的疫苗确实能发挥作用的地方使用它，而不是对那些去热带旅游的奥地利人使用；对后者而言应当担心的是他们无法产生免疫力。因而这一表述可以简写为，疫苗对奥地利人和工业国家的居民起不到第一次免疫的作用，但却不能原则地说，疫苗根本没有用。因为众所周知的是，广播公司的工作人员是在文章的加工过程中，也就是采访过后很久，才撰写关键词式插入语的。所以原告在此案中不应将插入语的表述作为他针对热带病医生提出的撤回言论请求的对象，而是应当将在 O-Ton 中播出的言论作为对象。

然而这一情况并不对基本问题产生影响。

三、损害赔偿法上媒体的传播者责任

"传播"是任何形式的对事实的告知，既包括出于自己确信的告 35
知，也包括对第三人言论的转述；在后一种情况下，不需要指明发
表言论的人。[66] 即使在媒体没有过错的情况下，只要传播行为是未被
正当化，且有发生或者再次发生侵权行为的危险时，也可以要求他
们停止传播有损名誉或者有损信誉的言论；至少是在 1984 年上诉判
决一览表中第 60 号判决（Evidenzblatt der Rechtsmittelentscheidungen
（EvBl）1984／60）[67] 后，前述规则在《普通民法典》第 1330 条领域
内的适用也是没有争议的了。在这一规定中（不同于《反不正当竞
争法》第 7 条）未被明确表述的停止侵害请求权系源于名誉法益和
经济声誉法益作为绝对权的法律性质。有争议的仅仅是，《普通民法
典》第 1330 条上的停止侵害义务是否也包括排除违法状态的义务。
最高法院在一个判决中以不怎么站得住脚的论证在《反不正当竞
争法》之外否认了排除义务的存在，这一判决到目前为止遭到了学界
的一致反对。[68] 这一判决错误地认为，书籍作者有损名誉、有损信誉
的言论的传播，是通过媒体所有人藉由书店以世界范围内的最终消
费者（即读者）为目标的，因此并不禁止大销售商向零售商出售
（通常情况下是包着薄膜的）书籍，而是首先排除最终消费者了解书

66　G. Zeiler, Persönlichkeitsschutz: Handbuch für die Praxis（1998），14 及其中进一步论述。

67　也参见［1984］Österreichische Blätter für gewerblichen Rechtsschutz und Urheberrecht
　　（ÖBl），292.

68　OGH in ［2003］ MR，82 mit abl Glosse Rechberger = ［2003］ Zeitschrift für
　　Österreichisches und europäisches Wirtschaftsrecht （WBl），260 mit abl Glosse Klic-
　　ka. Rechberger 甚至认为，这一判决是"最高法院基本司法实践上不光彩的一页"。

内容的可能性。[69] 通过这一观点，最高法院最终否认了排除妨害请求权在除法律明确规定的情况之外的适用。这在（人格）保护法上是成问题的，因为在最常发生人格权侵害的阶段，法律保护被否定了。出于完整性考虑在此也提一下，《普通民法典》第 1330 条上的停止侵害请求权也是没有被明确规定的；它是司法判决从对作为绝对法益的人格名誉和经济声誉的侵害中推导出来的。根据现在一致的司法实践和学界的主流观点，如果言论的传播对公众有着压倒性的利益，那么当存在与事实相符的、可被识别的第三人引述时，在相关人可以直接对被引述人采取法律手段的情况下，对有损名誉、信誉的言论的传播是可以被正当化的，因而也排除了无过错的停止侵害请求权。[70]

（一）独立的没收程序和公开程序

36　　根据《媒体法》第 33 条第 2 款，如果犯罪行为的客观方面事实构成产生于某一媒体片段，而对特定人的追诉又无法进行、没有进行申请或者没有坚持追诉的，或者由于可罚性排除事由的存在而不可能进行判决的，则对于那些有关用于传播的媒体片段的、针对媒体所有人提起的原告请求或者其他有权起诉者的请求，应当在一个独立的程序中[71]进行审判。除缺乏客观方面的事实外，出于什么原因没有进行追诉，在所不问。[72] 也就是说，相关人是只针对媒体所有

69　我目前正作为代理律师参与这一程序，因而对这一判决的其他批评意见不再列举。

70　OGH in［1996］MR, 25 – Bombenbastelkurse = Entscheidungen des österreichischen Obersten Gerichtshofes in Zivilsachen（SZ）68/136 = Fachzeitschrift für Wirtschaftsrecht（ecolex）1995, 892；［2001］MR, 93 – Falsche Presseaussendung. 在后一个判决中最高法院明确认为，由 P. Zöchbauer 在 Korrektes Zitat und zivilrechtliche Ehrenbeleidigung, ［1999］WBl, 289 中支持的、认为正确引述这一正当化理由不成立的观点，对于"单纯的"信誉损害言论不适用。

71　而不必对作案者提起刑事诉讼程序。

72　G. Hager/P. Zöchbauer, Persönlichkeitsschutz im Straf-und Medienrecht（4. Aufl. 2000）, 107.

人，还是针对行为人和媒体所有人采取法律措施，由他自己决定。
在此对于独立的没收程序适用六周的期限。没收是一种保障性的措
施，适用于所有（仍然）用于传播的媒体作品的片段。除此之外，
《媒体法》第34条第3款还规定，在与适用没收相同的条件下，仅
仅对判决公开的申请也可以在独立程序中来审判。两个申请都可以
与对已进行（独立）程序的消息公开命令的申请一起提出。除此之
外，在独立的没收程序中还可以（依申请）附带地对没收判决的公
开进行审判。所有这些法律保护工具都是媒体法去犯罪化的产物，
是无法对直接作案者进行刑事追诉或者（主要由编辑保密引起的）
刑事追诉困难化的替代品；也是因为这个原因，媒体所有人以及其
他被告人被课以证明存在免责情形的义务（真实性证明和根据《媒
体法》第29条在恶意诽谤的情况下达到新闻业谨慎标准的证明）。

（二）（独立的）损害赔偿程序

现行《媒体法》的前身[73]是在1982年1月1日失效的《新闻
法》[74]。尽管通过《1952年新闻法修订法》，在其第29条中引入了一
项在刑事法庭上主张的、以25,000元奥地利先令为上限的、针对在
其第2款中进一步规定的有损名誉的印刷品形式报道的损害赔偿请
求权，但是关于创设一项媒体所有者对于因负面媒体报道而受到精
神损害的相关人的广泛责任，《媒体法》的立法者仍然只能持保留态
度。[75]与此相关的是第6、7、7a、7b和7c条。这些条文为相关人提
供了一项数额上受限制的损害赔偿请求权：相关人可以要求媒体所

37

---

73 Bundesgesetz (BG) 12.6.1981 über die Presse und andere publizistische Medien, BGBl
 1981/314 idF BGBl 1987/211, 1988/233, 1993/20 und 91, I 1997/105, I 2000/75 und des
 2. Euro-Umstellungsgesetzes-Bund (BGBl I 2001/136) sowie des Strafrechtsänderungsgesetzes
 2001 (BGBl I 2001/130).
74 BG 7.4.1922 über die Presse, BGBl 218.
75 详细论述参见 G. Korn, Das Entschädigungssystem, in: H. Mayer (Hrsg), Persönlichkeitsschutz
 und Medienrecht (1999), 47 ff.

有人——也只能要求他——补偿因为在这些条文中进一步具体规定的媒体内容而遭受的情感伤害。根据第 6 条，如果媒体内容满足诽谤、恶意诽谤、讥讽或者辱骂的客观方面构成要件，并且不符合信誉损害（《刑法》第 152 条）的客观方面构成要件，则它符合该条的构成要件。赔偿金额在数额上的限制为：在辱骂、讥讽以及"简单"恶意诽谤情况下，请求权的上限是 14,535 欧元，在诽谤以及"特殊"[76] 恶意诽谤的情况下是 36,337 欧元。在第 7、7a 和 7b 条规定的情况下，损害赔偿请求权限制在 14,535 欧元之内；在第 7c 条规定的情况下，上限是 36,337 欧元，以及当媒体出版可能导致相关人生存能力或者社会地位丧失时，上限是 72,673 欧元。第 7 条上侵犯高度私人化的生活空间的报道、第 7a 条上在法律进一步规定的特定情况下有损身份的犯罪报道以及第 7b 条上违反无罪推定的报道，都可以产生请求权。[77] 最后，根据由《1997 年修订法》引入的第 7c 条，通过远程通信监视或者光学或声学上的监视获取信息，并将其以法律中进一步规定的方式进行传播的，被侵犯信息的人都有请求权。值得注意的是，这些规定虽然现在已经存在六年了，但却还没有产生一个与之有关的判决。[78]

38　　这些请求权是损害赔偿法上的特殊规定。根据法律的明确规定，这些要求赔偿精神损害的请求权只能够向媒体所有人（出版人）主张；针对直接行为人的申请是一定会被驳回的。[79] 然而这一情况并不妨碍相关人基于其他的法律基础（例如《普通民法典》第 1330

76　在此法律指的是给相关人带来特别严重后果的恶意诽谤。

77　第 7a 和 7b 条是通过《1992 年媒体法修订法》被引入的。通过这一修订法，第 6 和 7 条的损害赔偿上限也被提高了，从之前的 50,000 奥地利先令以及 100,000 奥地利先令分别提高到四倍及五倍，成了 200,000 奥地利先令和 500,000 奥地利先令。

78　H. Mayer（前注 75）在第 115－137 页摘录了到 1998 年为止，奥地利法院根据第 6、7、7a 和 7b 条所作出的金钱损害赔偿判决的概览。

79　OLG Wien 19.4.1995, 24 Bs 66/95; 20.5.1998, 24 Bs 116/98.

条），基于同一个出版行为向直接行为人主张物质损害赔偿请求权。然而当媒体工作人员有过错时，那些根据《媒体法》第 6 条及以下各条被要求赔偿的媒体所有人（出版社）对其员工享有追索权。[80] 哈特曼里德尔（Hartmann-Rieder）[81] 基于以下理由否认这种追索权，即第 6 条上的请求权与发生损害的原因及媒体工作人员的过错相分离，系根据法律而直接向媒体所有人（出版人）主张；也就是说它不是单纯地在实施时（例如根据机关责任义务法）与前述因素相分离。[82] 否认追索权的观点是有失偏颇的。《媒体法》没有对追索的问题进行规定，因而应当适用一般的损害赔偿法上的规定。广泛的、此处未完全列举的[83]媒体所有人的无过错责任，正是典型的适用《普通民法典》第 1313 条的情况。根据这一条文，没有参与违法行为的人不需为此负责。《媒体法》第 6 条及以下各条规定的正是前述条文所举情况的反面。《媒体法》第 6 条及以下各条规定，媒体所有人（出版人）应当为其媒体工作人员的违法行为承担责任，即使他自己并没有参与。因而根据《普通民法典》第 1313 条第 2 句，媒体所有人（出版人）保留向有过错的媒体工作人员要求偿还的权利。[84] 然而《承揽人责任义务法》（DHG）上的规定大幅度地限制了这一偿还请求权。这些规定不仅适用于私法上作为承揽关系一方的承揽人（Dienstnehmer），也适用于那些不属于承揽关系，但是受委托而进行特定其他人的工作，并因为经济上的不独立性而被视为类似于雇员

80　M. Graff, Das neue Medienrecht-Vorzüge und Schwächen, ［1981］Österreichische Richter-zeitung（ÖRZ），213 f.

81　R. Hartmann/S. Rieder, Kommentar zum Mediengesetz（1985），68.

82　持类似的观点还有 U. Brandstetter/H. Schmid（前注 6），§ 6 Rz 33，援引 OLG Wien 20. 8. 1984，27 Bs 388/84.

83　参见，例如：《媒体法》第 6 条第 2 款第 2 项字母 b 和第 3 项，第 7a 条第 3 款第 4 项以及第 7b 条第 2 款第 4 项。

84　得出相同结论的还有 W. Berka in W. Berka/T. Höhne/A. Noll/U. Polley, Mediengesetz（2002），§ 6 Rz 36；A. Hanusch, Kommentar zum Mediengesetz（1998），§ 6 Rz 59.

的工作者。[85] 这一规定与《劳动与社会法庭法》第 51 条第 2 款第 3 项的内容是相同的。根据这一规定的判例，自由职业者也处于类似于雇员的工作关系中，[86] 因而《媒体法》第 1 条第 1 款第 11 项上的所有媒体工作人员都享有《承揽人责任义务法》上的责任减轻。

39　　《媒体法》第 6 条及以下各条之外，还有其他法律规定也赋予媒体报道的相关人在特定情况下以精神损害赔偿请求权，首先就是《版权法》第 78 条[87]与《联邦反不正当竞争法》第 87 条第 2 款和第 16 第 2 款。[88] 在这种情况下主要涉及的是肖像保护，因为对所谓的肖像权的损害而产生的精神损害和物质损害赔偿请求权既可以向媒体所有人主张，也可以向直接行为人主张。[89] 将于下文三、（三）中讨论的媒体所有人（出版人）对于其辅助人过错行为如何承担责任的问题，在目前关于《版权法》第 88 条的讨论中还不存在。因为根据第 88 条第 2 款，如果媒体所有人对于其雇员或者受托人在运营其企业时作出的违法行为知情或者应当知情，则他应当负责。

40　　根据《媒体法》第 6 条及以下各条产生的请求权可能与民法其他条文上的精神损害赔偿请求权相竞合。对此，学说和司法实践都已进行了详细的讨论。根据毕希纳（Buchner）的观点[90]，《媒体法》与《版权法》第 87 条是后法与特殊法的关系。[91] 然而，司法实践却否认《媒体法》第 6 条及以下各条（尤其是第 7a 条）会造成《版

85　§ 1 Abs 1 Satz 2 Dienstnehmerhaftpflichtgesetz（DHG）.

86　F. Kuderna, Arbeits-und Sozialgerichtsgesetz, § 51 Rz 10.

87　肖像权。

88　全面描述见 G. Korn（前注 75），47 ff.

89　根据最高法院的司法实践，《版权法》第 78 条保护的是被侵权者的精神利益；物质利益只有在涉及精神利益的前提下才能得到保护（OGH 6. 12. 1994 in［1995］ÖBl, 284 =［1995］MR, 109 =［1995］ZfRV, 158 =［1995］ecolex, 272 = SZ 67/224 =［1996］Gewerblicher Rechtsschutz und Urheberrecht Internationaler Teil（GRURInt）, 161 = Rechtsprechung zum Urheberrecht（Schulze）Österreich/126（Dittrich）.

90　以及在《反不正当竞争法》第 18 条的范围内。

91　Das Persönlichkeitsrecht des Abgebildeten, in: Festschrift 50 Jahre UrhG, 23 f.

权法》第 87 条第 2 款的（实质性）减损。[92] 根据这一观点，相关人可以同时主张媒体法上的损害赔偿请求权和精神损害赔偿，然而在根据《版权法》第 87 条第 2 款计算（没有上限的）损害赔偿时，应当考虑到在媒体诉讼中被判予的赔偿额。[93] 不应发生相同性质的请求权产生双重赔偿的情况；因而后判决的法院应当将因同一出版物已经被判予的赔偿纳入考虑之中。[94]

（三）财产损失

只有当损害的违法性来自于违反合同义务、损害绝对权或者违反保护性法律时，才会对财产损失产生赔偿义务。在侵权导致损害的情况下，根据学界通说和固有的司法判决，行为人对单纯的财产损失承担责任有一个前提，即行为侵犯了绝对受保护的法益，或者违反了保护性法律。[95]《普通民法典》第 1330 条的保护对象——人格尊严和经济声誉——属于绝对权。《普通民法典》第 1330 条第 2 款的保护目的是，防止因传播不真实情况而导致的人格贬低性伤害。[96]

根据规范的主观有利这一基本原则，所有当事人都必须对那些产生请求权的、对其具有决定性作用的事实进行证明。[97] 在根据《普通民法典》第 1330 条第 1 款和第 2 款主张请求权时，原告不受限制

41

42

---

92 相同观点也见 G. Korn/A. Frauenberger, Verhältnis der Ansprüche nach §§ 6ff MedienG und § 87 Abs 2 UrhG, [1997] MR, 79 [81].

93 OGH 7. 10. 1997, 14 Os 75/97.

94 OLG Wien in [1997] MR, 76；OGH in [1999] EvBl 23, 90；也参见 W. Rechberger/ K. Puschner, Prozessuale Probleme des Verhältnisses der Ansprüche nach §§ 6 ff MedienG und § 87 Abs 2 UrhG [1998] ÖRZ, 219. "尽管如此，《媒体法》第 6 条第 1 款第 2 句明确规定了，损害赔偿金额的额度（也是）以出版物的整个影响为标准来判断的。据此，对于因（同时）违反《版权法》第 78 条而遭受的非物质损害的弥补，可以在这方面进行适当考虑。"（OGH 7. 10. 1997, 14 Os 75/97）.

95 RIS-Justiz, RS0022462.

96 OGH 6 Ob 40/03f, [2004] MR, 16.

97 H. W. Fasching（前注 8），Rz 882.

地承担对所有产生请求权的事实情况进行证明的责任。在第 1 款规定的情况下，对于损害名誉的言论、该言论与危害和侵权之间的因果关系以及因为言论而导致的损害（在主张损害赔偿请求权时），由原告来证明。在第 2 款规定的情况下，对于事实的传播、该事实传播与危害和侵权的因果关系以及因为事实传播而导致的损害（在主张损害赔偿请求权时），与前款完全一样，由原告来证明。[98] 根据举证责任分配的一般规则，原告在第 2 款规定的情况下似乎也应当对传播内容的不真实性进行证明，因为与《反不正当竞争法》第 7 条相反，它属于事实构成要件。然而，根据（不正确的）事实是否同时也侵害了名誉，在司法判决中对案件进行不同的处理，这是有道理的。如果声誉损害同时构成名誉侵害，则根据多数观点，应当由加害人来证明事实的正确性以及不正确传播行为缺乏可非难性。[99] 此外最高法院认为，在新闻记者传播损害信誉的事实的情况下，受害人对于新闻记者一方的情况缺乏了解，因而无法确定，基于给定的情况，该新闻记者对于消息的是否正确有充分的论据，因此应当采取举证责任的倒置，由加害人来证明他不应受到过失非难。[100]

43　　受害人可以向文章作者以及稿件起草者主张损害赔偿，是不言自明、没有争议的。毕竟他们自己承担发表了不真实言论的责任，并因此成为民法意义上的干扰者和侵权行为人。根据最高法院的一贯判决，媒体只承担诚实义务，但并不承担客观真实的义务。在"应当知道"的情况下，行为的违法性来自于，以客观的谨慎态度是可以发现信息的不真实性的，并且这一信息还未进行传播。[101] 要否认

98　G. Korn/J. Neumayer（前注 28），64.

99　详细参见 G. Korn, Die "zivilrechtliche" Ehrenbeleidigung, ［1991］MR, 141 f.

100　OGH in ［1982］Zeitschrift für Arbeitsrecht und Sozialrecht（ZAS），28 = ［1979］ÖBl, 134 = ［1979］Recht der Arbeit（RdA），402；OGH SZ 60/93 = ［1987］JBl, 724 = ［1987］MR, 131；OGH in ［1991］JBl, 796.

101　So zuletzt OGH in ［2001］MR, 93.

足以导致损害赔偿责任的轻过失，被要求承担责任的行为人必须证明，为使表达符合事实，他已付出了客观和认真的努力;[102] 在此，新闻工作者要承担仔细检索的义务和仔细审查信息来源可信度的义务。[103] 根据现在的通说和司法实践，当处理的案件事实相同时，在解释时应当将媒体法的评价考虑在内。[104] 因而，对于为使陈述符合事实而付出的努力，应当根据《媒体法》第 29 条[105]的标准进行衡量。

媒体所有人在损害赔偿法上因有损名誉、有损信誉的报道，对于相关人造成的财产损失的责任问题，在实践中扮演的角色与人们在教义学上所推测的并不相同。这里的原因无法在经验上进行证实。一个原因可能是，根据《媒体法》的规定而首先在刑事法庭被要求承担责任的媒体所有人往往对于完全不同的教义学上的预设情况毫不知情，因此经常会根本没有提出缺乏消极合法性的抗辩。到目前为止，关于这一问题的判决非常少。[106] 据资料显示，考茨欧[107]第一个将该问题的全部涵盖范围作为论题并且完全正确地指出，只有在以下情况才考虑媒体所有人的责任，即对于因传播或未阻止传播、因挑选作者或不充分的组织工作而发生的违反义务行为和过错的非难，是针对他本人而提出时。在通常情况下，媒体所有人将其承担的交易安全义务托付给适当的人来完成，例如主编。这样媒体所有人就很少对于传播或者不阻止传播承担责任。[108]

如果媒体所有人是法人，则其机关及其他代表人的过错由其承担。代表人地位的获得，与根据章程委任的代理无关。相反，只要

44

45

---

102   OGH SZ 60/93.

103   OGH SZ 48/28 =［1976］JBl，102；SZ 60/93 uva.

104   So OGH in［1997］MR，302 =［1998］JBl，55 =［1998］ÖBl，88 zu § 78 UrhG.

105   新闻业谨慎义务的履行。

106   下文还将讨论。

107   H. Koziol，Die Haftung für kreditschädigende Berichte in Massenmedien，［1993］JBl，613.

108   H. Koziol，［1993］JBl，615.

某一代表人担任领导职位，且拥有独立的职权范围，则他即被视为机关。此外，企业内部缺乏组织也会导致过错；当合章程的机关出于过错而没有设立完备的领导和监察组织，即构成这种情况。当由媒体所有人出版的媒体产品中传播了有损信誉的言论时，就产生法人作为媒体所有人的代表人责任问题。据资料显示，最高法院最早是在"贿款支付"（Schmiergeldzahlung）判决中对于这一问题加以详细讨论的。[109] 在这个判决中，最高法院之所以确认了媒体所有人的责任，是因为文章作者作为《普通民法典》第 1315 条意义上的不称职的业务助手，是由其挑选的。在这个判决中没有定论的问题是，哪些媒体工作人员（不论其是否具有机关职位）是媒体的代表人，其行为直接归于媒体所有人（出版人），以及因此哪些行为构成媒体出版人直接的侵权行为。在该判决中论证的仅仅是，报刊企业的主编属于这样一些人：对于他们的过错，法人无论如何要承担责任。对于这个问题无法进行一般性的回答，因为法人组织的代表人地位的判断取决于具体情况。一般情况下，代理主编、常务主管以及部门领导也必须被视为"代表人"。在媒体企业的组织中，在等级上位于部门领导之下的人员通常情况下不会有代表人的地位，因为他们不担任具有独立职权范围的领导职位。作为自由职业者的工作人员和其他参与媒体内容形成的人员就更不具有代表人的地位了。[110] 考茨欧[111]写道，最高法院在 SZ 64/36 号判决中肯定了一个以项目形式在奥地利广播公司工作的员工的代表人地位；这样泛泛地说是容易被误解的，且很可能不是作者本身的观点。根据代表人责任问题的学说和司法实践，所有担任具有独立职权的领导职位的代表人都应被视为机关。在对这些学说和司法实践进行简介后，最高法院在这个

---

[109] OGH in［1987］MR，93.

[110] G. Korn/J. Neumayer（前注29），56 f.

[111] H. Koziol，［1993］JBl，615.

判决中如是写道：

"针对职业法院关于第二被告连带责任的深入论述，在上诉中不再讨论。第一被告明显不是《无线电广播法》第 6 条第 1 款意义上的机关或者董事长、台长以及地区台长（《无线电广播法》第 11 条），而是项目工作人员（《无线电广播法》第 17 条）。这样第二被告方显然认为，第一被告方在与其的往来中具有这样的代表人地位（由判决的作者加斜体）。"

也就是说，最高法院并没有认为，广播电台的项目员工一般性地具有代表人地位。相反，其表述的含义仅仅是，在该程序中被要求承担责任的项目员工，在个案中具有所介绍的学说和司法实践意义上的代表人地位。[112]   46

从这一情况出发，考茨欧认为在此存在保护漏洞：当大众媒体传播有损名誉的言论时，受损害人在很大程度上缺乏保护；本来他可以成功地向应当为过错负责的作者主张请求权，但编辑保密妨碍了请求权的行使。因为根据《普通民法典》第 1315 条，媒体所有人对于辅助人行为的责任被限于非常狭窄的范围，他可能只在罕见情况下承担责任。即使是法人对于其管理者的广泛的替代责任，在大多数情况下也无法提供补救措施，因为新闻工作者不属于管理者，而出版人以及主编往往不存在过错，因为他们没有义务对每一篇文章都进行审查。为弥补这一漏洞，考茨欧建议采取举证责任倒置、扩展的辅助人责任和危险责任。扩展的辅助人责任是从危险责任规范中类推得出的，而媒体所有人的危险责任是从医疗法上的责任条款类推得出的。对于采取举证责任倒置，我完全赞同。直接被要求承担责任的媒体所有人应当证明他自己（或者在其为法人时它的管理者）没有过错，而仅仅是报道的作者作出了错误的行为；不仅如   47

---

112 当时的第一被告是知名记者 Kurt Tozzer，他是主编，自担风险制作节目。

此，因为当媒体所有人根据《媒体法》第31条拒绝透露作者时，受害人就陷入证明困难状态，无法提供关于辅助人的不称职和危险性的证明，所以媒体所有人还要证明辅助人的称职性以及自己对辅助人的危险性不知情。然而为提供这个证据，当媒体所有人不知道文章作者或者稿件制作人时，就必须"公开"其不知情，这样就使得被害人能够直接针对直接行为人采取措施。

48   然而，对于通过类推危险责任规范而采纳扩展的辅助人责任，以及通过类推医疗法上的责任条款采纳危险责任，我并不赞成。为弥补编辑保密导致的法律保护不足而采取的通过类推得出的扩展的辅助人责任，可能的确不仅适用于不知道文章作者及稿件制作者身份的情况；毋宁说，这一扩展的辅助人责任也必然适用于以下情况：受害人本来就可以针对直接行为人采取措施，并且因此导致媒体所有人的连带责任，而不需具备《普通民法典》第1301条的前提要件，也即媒体所有人既不是直接行为人也未作为教唆者或者辅助者参与行为。另外，违反目的性（Planwidrigkeit）作为类推的必要前提之一，在这个法律漏洞中也不存在。《版权法》在第88条中规定，媒体所有人对于财产损失也承担企业主责任。在《反不正当竞争法》第7条中，包含了与《普通民法典》第1330条类似的责任条款；在第18条中，规定了媒体所有人对于竞争关系的领域也承担企业主责任。《媒体法》的立法者在第6条中明确地未将信誉损害规定在请求权的客观构成要件中，因为立法者认为，相关人在信誉损害的情况下，本来就可以基于《普通民法典》第1330条第2款而获得充分的民法上的救济。[113]

49   因此这里即使有漏洞，也是法律政策上的漏洞；对此司法实践恰恰是没有权限弥补的。[114]

---

113 743 BlgNR 15. GP, 79；也参见 W. Berka（前注84），§ 6 Rz 21.

114 OGH in［1976］JBl, 490［494］.

　　媒体工作人员出于过错传播违反《普通民法典》第 1330 条的内　　50
容，因此发生的媒体所有人的侵权损害赔偿问题，除了前文所说的
SZ 64/36 号判决外，没有其他讨论这一问题的判决——至少没有其
他公开的判决。然而现在最高法院正在审理一件"狗咬案"（Hun-
debissfall），此案的对象是据称内容上有误的信息；该信息是关于奥
地利广播公司的一档动物节目中"介绍"的某只狗的行为的。在最
近关键的先决问题（Vorfrage）中，对信息的判断是根据与传播侵犯
人格的媒体内容相同的基本原则来进行的。

　　19 年来，奥地利广播公司一直制作每周一期的动物节目"谁要　　51
我?"（Wer will mich?）。在节目中伊迪丝·克林格（Edith Klinger）
女士介绍来自新皇冠报（Neue Kronen Zeitung）"动物角"的动物，
主要是狗。伊迪丝·克林格是奥地利广播公司的自由工作人员，奥
地利广播公司为其工作支付报酬。在 1998 年 9 月 26 日的"谁要
我?"节目中，伊迪丝·克林格介绍了一只名叫"Sendo"的比特斗
牛犬。她将其描述为所能想象的与人相处时最乖的动物，但也强调，
这只两岁的狗与其他动物，主要是猫和其他的狗，不易相处。现已 7
岁的原告的父母基于这一描述，决定接收这只狗。然而，几天后，
这只狗就咬了原告的上臂。他们要求奥地利广播公司支付 11627.65
欧元的疼痛补偿金，并提出，根据《普通民法典》第 1313a 条，奥
地利广播公司应当为其履行辅助人伊迪丝·克林格的行为负责。维
也纳商事法院驳回了针对奥地利广播公司的损害赔偿诉讼；维也纳
州高等法院维持了这一判决，但却准许向最高法院提出普通复审。
它的理由是，因工作人员在广播节目中的不正确言论而产生损害时，
关于广播机构的责任问题，还没有最高法院的判决。[115] 原告已经提出
了复审，现在正在最高法院的审理中。

---

[115]　OLG Wien 3 R 94/03w.

52   在其确认第一审法院判决的上诉判决中，维也纳州高等法院在其论证中写道：

"根据固有判决，法人不仅为合章程的机关承担侵权责任，也为所有那些承担职责功能、领导功能或监察功能的、为法人执行活动的员工们承担侵权责任（RS0009113；2 Ob 107/98v）。在这里，是否拥有符合机关功能的职权范围并不重要（Harrer in Schwimann, ABGB[2] § 1315 Rz 19；Aicher in Rummel[3] Rz 26 zu § 26 ABGB）。基本的思路是，财产集合体享受'管理者'行为的好处，也要承担因此产生的后果。代表人责任不是以《普通民法典》第1313a条及以下各条和第1315条的规定为基础的，而是要让代表人的每个过错都有人来为其承担责任（2 Ob 107/98v）。因而法人也为其代表人的轻过失负责，只要责任规范本身规定了轻过失的责任。

"然而，从上文所说的可以得出，克林格在节目中是作为动物角的代表人（负责人）出现的，因而她可能发生的表述和查找错误不由被告承担。据此，既根据《普通民法典》第1299、1300条，也基于她的代表人责任，被告不承担责任。"

53   在这一案件中，原告似乎可以很简单地直接对克林格女士本人起诉，并根据起诉方的主张，对表述错误的发生进行证明。然而，在克林格女士确实犯了表述错误的这一案件中，如果适用考茨欧通过类推得出的扩展的辅助人责任，则会导致对媒体所有人适用无过错的结果责任原则，而媒体所有人甚至没有客观的违反义务的行为，在挑选作为动物专家受到认可的主持人时或者在机关组织方面也没有过错。

针对大众媒体侵害人格权的保护

——从最高法院法官的视角

于尔根·冯·格拉赫

一、人格保护和媒体自由的平衡

听起来可能有点矛盾，人格权的产生首先要归功于大众媒体。 1
因为正是由于大众媒体对其受害人个人领域的不尊重，而唤起了保
护个人领域的需求。19 世纪末前后，媒体越来越具有侵犯性和肆无
忌惮，出于营利动机而将个人的隐私向公众曝光。当时的法律手段
基本上是由主要通过刑法调整的名誉保护所组成的，这已经无法形
成对媒体这种行为的有效控制了。这种现象要求新的法律保护机制。

在这条道路的起点，是两位波士顿律师在 1890 年发表的著名文 2
章，[1] 它标志着隐私权在美国的诞生。它是美国法律史上最为意义重
大和影响深远的论文之一，[2] 其影响跨出美国，及于世界。稍后的

1　S. Warren/L. Brandeis, The Right to Privacy, [1890] Harvard Law Review (Harv. L. Rev.),
　　193.
2　"最著名的当然也是影响最深远的法律评论文章", M. Nimmer, The Right of Publicity,
　　[1954] 19 Law and Contemporary Problems, 203; "所有法律评论文章中最著名的一
　　篇", Justice Marshall in: Rosenbloom v. Metromedia 403 US 29, 80 (1971). 对于德国的
　　影响：Entscheidungen des Bundesgerichtshofes in Zivilsachen (BGBZ) 131, 332, 337;
　　Oberlandesgericht (OLG) Koblenz in [1973] Juristenzeitung (JZ), 279, 281;
　　H. Neumann-Duesberg, [1960] JZ, 114, 118; 关于意大利, 见下文脚注 8。

1898 年在德国发生了俾斯麦案（Bismarck）——两位媒体记者非法
拍摄了已故帝国首相躺在灵床上的照片并试图将其发表，成为了直
接的导火索。在 1907 年，至少肖像权已经得到了法律保护。[3] 然而
总体而言，法律上的保护是破碎零散的。人们用了半个多世纪，才
在西方文化圈的各国建立了合适的法律机制。只有瑞士远远早于其
他国家，在 1881 年就对人格权建立了广泛的侵权法保护。[4]

3   毫无疑问，1948 年 12 月 10 日发表的《世界人权宣言》为美国
战后权利的发展[5]奠定了根基和提供了新推力。两年后，以《世界人
权宣言》为蓝本的《欧洲人权公约》，在第 8 条中规定了尊重私人生
活的权利。[6] 这是关键性的一步。因为《欧洲人权公约》使这一保
护权逐渐渗透进入国内法律规范，并随着时间的推移，形成了对人
格权多多少少较为广泛的保护；这一保护当然也针对媒体。最明显
的是发生在法国针对大众媒体弊端的治理措施：立法者在 1970 年几
乎逐字借鉴了《欧洲人权公约》尊重私人生活权利的规定，将其写
入民法（第 9 条）。[7] 在德国以及其他国家，也部分是由于媒体的权

3   L. Machtan, Bismarcks Tod und Deutschlands Tränen（1998），143 ff；H. Keyssner，［1898］Deutsche Juristenzeitung（DJZ），486；Entscheidungen des Reichsgerichts in Zivil-sachen（RGZ）45，170；J. v. Gerlach, Der Schutz der Privatsphäre von Personen des öffentlichen Lebens in rechtsvergleichender Sicht，［1998］JZ，741.
4   1881 年的《责任法》第 55 条规定，"私人状况"被严重侵犯的人，即使没有财产损失的证据，也有权要求一定数额的赔偿。
5   Vgl U. Amelung, Der Schutz der Privatheit im Zivilrecht（2002），47 ff.
6   关于联合国声明对于《欧洲人权公约》的榜样作用参见 S. Breitenmoser, Der Schutz der Privatsphäre gem. Art 8 EMRK（1986），36；K. J. Partsch, Die Entstehung der europäischen Menschenrechtskonvention，［1953］Zeitschrift für ausländisches öffentliches Recht und Völkerrecht（ZausöR）15，631；J. Frowein／W. Peukert, EMRK-Kommentar（2. Aufl 1996），Art 8 Rn 2.
7   关于《欧洲人权公约》对于第 9 条的榜样性质见 C. Bormann, Die Praxis des Persönlichkeitsschutzes in Frankreich（1974），74.

利滥用，而导致了人格保护的认同或者增强（例如瑞士）。[8] 当时，在欧洲达成了在某种程度上统一的法律保护。然而到今天为止，发展也还没有结束，例如在英格兰，自从《1998 年人权法案》生效以来，就一直存在是否承认尊重隐私权的争论。[9]

　　无可否认，人格权的发现与认同是一项重大的文化成就。但是这不应当掩盖这一事实，即人格权的价值关键取决于其与言论自由和意见自由的关系；后两者也同样是重要的文化成就。对于民主国家而言，言论与意见自由被赋予了根本性的绝对重要地位，[10] 甚至可以毫不夸张地说，它们是调整一切的力量，远比传统的国家权力有效与重要。这必然意味着，人格权绝不是绝对的，而是被自由言论的权利相对化了的。在多大程度上是这样，关键取决于，哪种权利的保护被一般性地，即与个案衡量无关地赋予更高的地位与价值——是保护面对媒体的人格权，还是保护面对个体人格权的新闻自由。人们对人格保护的评价越高，在大众媒体面前人格权就越能贯彻下去。相反，人们给予媒体不受妨碍地进行文字或图片形式的新闻报道的自由空间越广，人格保护就越低，乃至可以降低到零。

　　这二者法律地位的均衡在每一场法庭辩论中都是核心问题和棘

4

5

8　在意大利，最高司法机关直到 1975 年才借助复审法院的苏拉娅（Soraya）判决取得突破，其中也援引了美国法上的不受干扰权和联合国声明以及《欧洲人权公约》（Il Foro italiano 1976 I 2895, 2903；参见 J. v. Gerlach, ［2001］Zeitschrift für Medien-und Kommunikationsrecht（AfP），1, 5 及其中进一步论据）。在瑞士是大众媒体在斯大林的女儿斯维特拉娜短暂停留时对其的冒犯，这一事件推动了 1967 年后人格保护的增强（H. Hausheer, Verstärkter Persönlichkeitsschutz, in：Festgabe für H. Deschenaux（1977），81）。

9　在英格兰，一般人格权，尤其是私人领域受尊重权至今仍被否定。在《欧洲人权公约》通过《1998 年人权法案》进入国内法后，它就获得了一个新的地位；司法判决因此而处于变动之中。

10　在德国：Entscheidungen des Bundesverfassungsgerichtes 7（BVerfGE），198, 208, 35, 202, 221；Bundesgerichtshof（BGH）in ［1999］Neue Juristische Wochenschrift（NJW），2893.

手的关键点。对此，每个法官都必须最大程度地进行敏锐鉴别。在此法官当然受到其个人条件与偏好的影响，而这些因素在人与人之间的差别可能非常大。因而最高法院的首要任务就是，对于以下问题采取明确的立场，即人格保护和意见自由互相之间的地位如何确定。很多事情都取决于这一基本判断，因为人格保护与言论自由的关系及其执行，决定性地支配了文化和社会集体的运作。如果人格保护被赋予了较重的分量，则容易产生言论的禁忌与掩饰真相的趋势。当然，民族性格在此也扮演着并非不重要的角色。

6　　这在几年前的法国表现得非常明显。披露了爱丽舍宫（Elysée-Palast）窃听事件[11]并因此以泄密罪的罪名受到刑事追诉的《世界报》（Le Monde）在 1995 年写道："民主患了故弄玄虚的病"。[12] 对此典型的案例应该是弗雷索诉鲁瓦尔案（Fressoz u. Roire），在此案中，媒体公开了标致公司总裁卡尔韦（Calvet）的税务通知单。1989年，当标致发生了关于要求增加薪酬的争议，而企业管理层拒绝了这一要求时，《鸭鸣报》（Le Canard）发表了一篇题为《卡尔韦给自己装了一台涡轮发动机》的文章。根据三张由财务官员非法取得的税务通知单，作者在文中写道："他的税务通知单比他更有说服力。标致的总裁在两年内给自己增加了45.9％的薪水。"两位记者因为窝藏税务文件而被刑事法庭定罪，法国的复审法院也维持了这一判罚。[13] 然而斯特拉斯堡的人权法院却不同意这一判罚；它认为言论自由是民主社会的根基，因而具有更高的价值。[14]

7　　与法国的倾向显著不同的是英美国家的观点，这些观点认为自

11　法国总统密特朗为保护其私生活，派人对大量公众人物进行了窃听。

12　I. Bourgeois/A. Grosser, Eine komplexe Informationskultur, in：R. Gerhardt/H. -W. Pfeifer（Hrsg），Wer die Medien bewacht：Medienfreiheit und ihre Grenzen im internationalen Vergleich（2000），53，63.

13　Cour de Cassation, Chambre criminelle, Bulletins des arrêts 1995, Bd. 191, 397, 399.

14　Europäischer Gerichtshof für Menschenrechte（EGMR）in［1999］NJW, 1315.

由言论具有净化的力量，因而从一开始就对任何形式的媒体规制有着根本性的排斥。[15] 在美国，最高法院的信条有利于在所有涉及公共利益的事务中施行严格的新闻自由："对于公众问题的讨论应当是不受约束的、蓬勃的和完全开放的。"[16] 这一立场导致的结果是，在涉及公众利益的情况下，人格保护在很大程度上是失败的。这一点可能会招致批评，然而必须承认的是，那些允许报道进行不留情面的直接公开并很少顾及相关人感受的国家，总体而言做得更好。对此我们也必须进行反思。

无论如何，德国大幅度地接近了美国最高法院的立场，[17] 斯特拉斯堡法院似乎也在向这个方向靠近。[18] 这导致了对联邦宪法法院的批评，即它为了意见自由的充分行使，而牺牲名誉和人格保护。[19] 然而，这样的批评是不正确的。[20] 意见自由和新闻自由具有重要价值，绝不意味着它们一般意义上拥有相对于人格保护的优先地位，虽然有时会发生这样的情况。应该说，在德国的情况是，这两个基本权

8

15　关于大不列颠参见：F. Esser, Die Pressefreiheit als Restfreiheit, in R. Gerhardt/H. -W. Pfeifer（前注 12），109，114；U. Amelung（前注 5），97 ff.

16　New York Times v. Sullivan 376 US 254, 270（1964）；Rosenbloom v. Metromedia Inc. 403 US 29, 43（1971）；Gertz v. Welch 418 US 340, 362（1974）. 在这些判决中发展出的对于名誉保护的原则也适用于隐私的保护，Time v. Hill 385 US 374（1967）.

17　联邦宪法法院（BVerfG）非常仔细地研究了美国最高法院的判决并将其纳入自己的考量，虽然这无法在判决中直接看出来（参见 D. Grimm, Die Meinungsfreiheit in der Rechtsprechung des Bundesverfassungsgerichts,［1995］NJW, 1697, 1701 f, 1704；D. Grimm, Wir machen das Meinungsklima nicht,［1994］Zeitschrift für Rechtspolitik（ZRP）, 276, 277）.

18　在 Fressoz u. Roire 案（［1999］NJW, B15）和 Bladet Tromsø 案（［2000］NJW, 1015）的判决中可以明显看出来。

19　M. Kiesel, Die Liquidierung des Ehrenschutzes durch das BverfG,［1992］Neue Zeitschrift für Verwaltungsrecht（NVwZ）, 1129；H. Sendler, Liberalität oder Libertinage,［1993］NJW, 2157；M. Kriele, Ehrenschutz und Meinungsfreiheit,［1994］NJW, 1897；H. Forkel, Das Bundesverfassungsgericht, das Zitieren und die Meinungsfreiheit,［1994］JZ, 637, 641.

20　详细参见 Grimm,［1995］NJW, 1697.

利原则上是同等位阶的。这正是与美国立场的根本不同之处。[21] 在这里，法官始终是面向具体个案，而在两个冲突法益之间的权衡中去寻求均衡。[22]

二、人格保护的范围和边界

9   基于人格权和意见自由原则上的同位阶性，单纯从构成要件上说，面对媒体的人格保护首先取决于，相关的人员是私人（Privatpersonen）还是公众人物。此外具有更重要意义的是，在多大程度上可以划定一个媒体的禁区作为保护区域。

（一）受保护的人员范围

1. 私人

10   作为出发点的是这样的观念：私人，也即不承担公共利益的人，面对媒体就其人格权享有不受限制的保护。未经其同意，媒体原则上不能将来源于其私人生活的事件作为报道的对象。这是基于这样的认识，即个体的私人生活原则上与公众无关，并因而在此意义上不认可公众信息利益的存在。

11   对于肖像的公开规定在 1907 年《与美术和摄影作品著作权相关

---

21   另外也还有其他重大不同，比如媒体的检索义务；联邦最高法院出于人格保护的原因，一如既往地十分重视这项义务：BGHZ 132，13，32；139，95，106；BGH in［1997］NJW，325，327. 在瑞士也是一样。BG：Entscheidungen des Schweizerischen Bundesgerichts（BGE）91 II 401，406 und der EGMR in［1999］NJW，1315，1318；［2000］NJW，1015，1017. 关于区别，进一步参见 Grimm（前注 17）。

22   BVerfGE 7，198，257；35，202，225；90，241；BVerfG in［1996］NJW，1529. 在瑞士也是相同处理。瑞士《民法典》（ZGB）第 28 条第 2 款明文规定，如果侵害没有通过受害人同意或者通过法律被正当化，则必须进行衡量：BGE 122 III 449，456 f；126 III 305 zu E 4 a；H. Hausheer/R. E. Aebi-Müller，Das Personenrecht des Schweizerischen Zivilgesetzbuches（1999），111；J. v. Gerlach，Gewinnherausgabe bei Persönlichkeitsverletzungen nach schweizerischem Vorbild? -Das Anspruchsystem der Schweiz und Deutschlands im Vergleich，［2002］Versicherungsrecht（VersR），917，920）.

的法律》的第 22 条中。立法者在此赋予人格保护以优先地位，没有给法院留下利益衡量的空间。对于文字报道也是一样，法院相应地适用《与美术和摄影作品著作权相关的法律》的相关规定。[23] 来源于私人生活的事件，如果通过指名道姓可以确定具体个人的，就不能不经其同意而在媒体中探讨。这个保护主要是对于那些不处于当代史人物（Person der Zeitgeschichte）范畴内，但又出于某种原因出现在人们视野中的人们具有实践意义。[24] 例如格莱特纳绿原（Gretna Green）案就是这种情况：媒体对一个小时候从家里逃跑，最后在苏格兰格莱特纳绿原结婚的女人的故事发生了兴趣，并在《图片报》（Bildzeitung）上报道了这个事件。[25] 对于那些因为娱乐价值而常常处于媒体镜头下的人们而言也一样，例如非元首的皇室成员或者上层贵族就经常发生这种情况。[26] 只要这些人还没有进入当代史人物的范畴，他们就完全可以主张自己的人格保护。

　　然而需要注意的是，一个人可能会迅速地进入当代史领域，这样就会导致绝对保护权的丧失。但只要还没有发生这种情况，联邦最高法院就始终会给予相关人相对于媒体的人格保护以不受限制的优先地位。[27]　　12

　　2. 公众人物

　　对于那些处于公共关注的聚光灯下、习惯于被称为当代史人物　　13

23　参见 BVerfG in［1997］NJW, 2669 f, 2000, 2189 f；BGH in［1999］NJW, 2893. 瑞士联邦法院也一样：BGE 109 II 353, 356；111 II 209, 214；126 III 305, 307.

24　BGH in［1962］Monatsschrift für Deutsches Recht（MDR）, 194 =［1962］Gewerblicher Rechtsschutz und Urheberrecht（GRUR）, 211；BGH in［1965］NJW, 2148；BGH in［1966］NJW, 2355；BGHZ 39, 124.

25　BGH in［1965］JZ, 411.

26　BGH in［1996］NJW, 985；OLG Hamburg in［1970］NJW, 1325；OLG Frankfurt in［2000］Neue Juristische Wochenschrift-Rechtsprechungs-Report（NJW-RR）, 474.

27　参见 BGHZ 39, 124；BGH in［1965］JZ, 411；BGH in［1965］VersR, 879；BGH in［1988］NJW, 1984.

的人们，情况就完全不一样了。这是真正成问题的情况，司法判决的绝大多数困难都是由他们引起的。概括地说，人格保护和大众媒体之间关系的全部问题症结都集结于公众人物身上，也即主要是所谓的精英人物。对于私人，实际上并不产生这种问题。

14　　只有在一种情况下，这些公众人物才能享受不受限制的保护：他们无需容忍那些仅为追求商业利益而将其肖像公开的行为，也即例如以广告为目的而使用其肖像。就这点而言，原则上不能认定存在值得保护的公众利益。[28] 只有相关人本身才有权利对他们的人格进行商业利用。

15　　在所有其他领域，公众人物（人们也习惯性地称他们为当代史人物）面对媒体时受到的保护都是显著受限的。至少对于绝对当代史人物的人格权保护而言，这一情况是非常显著的。因为对于他们的报道是始终被允许的，而且不限于对某一具体事件进行报道。然而，即使是对于他们来说，也是存在界限的。这在摩纳哥公主卡罗琳（Caroline von Monaco）的狗仔队案件中再清楚不过地表现出来。关于这个案件下文还将谈到。[29]

（二）保护领域

16　　第一，即使是（绝对的）当代史人物也有要求尊重其隐私的权利，这在原则上是被认可的。家庭领域历来属于典型的隐私范围。不仅闯入住房被视为对这一保护领域的侵犯，从外部借助现代仪器而进行视觉或者听觉的侵入，例如使用能进行远距离观察的望远镜

28　BGHZ 20，345，143，214，229；BGH in［1992］NJW，2084. 只有在 Willy Brandt 的"离职奖章"（Abschiedsmedaille）案中，联邦最高法院例外地认可了具有保护价值的出版利益的存在及其优先地位，因为当时的肖像传播不仅仅是商业性的，也服务于合法的公众利益（BGH in［1996］NJW，593；联邦宪法法院支持了这一判决，［2001］NJW，594）。但在流行乐艺术家 Bob Dylan 一案中，联邦最高法院贯彻了对肖像的保护（BGH in［1997］NJW，1152）。

29　BGHZ 131，332 iVm mit BVerfGE 101，361.

或者窃听装置而进行的对住房或者花园的窥视或者窃听，也属于侵犯行为。[30]

然而将隐私限于家庭领域，这被证明是太狭窄了。在摩纳哥公 17
主卡罗琳的狗仔队案件中，联邦宪法法院在这一保护领域外，进行了意义重大的扩展：隐私的保护绝不是到房屋大门为止，相反，它可以向外及于公共领域。但前提是相关人要离开公众场合前往一个空间上隔绝的地方，并且显然是出于远离公众注意和摆脱被迫自律的目的。[31] 甚至是在露天的大自然中也可以。这一扩展绝不是理所当然的，因为人们同样可以论证，所有人都可以进入的场合就是公众场合的组成部分，而在公众场合中没有针对（相关人不想要的）观察和拍照的保护。[32] 事实上，经常在公共生活中活动的公众人物的确无法针对经常性的观察和秘密拍摄获得保护。但他们也应当有机会离开公众场合，以便可以休息一下、放纵一下或者只是做真实的自己。

第二，在这个判决中，以下问题涉及到特别敏感而重要的一点，18
即当一个当代史人物自己进入公众场合并在那里进行私人事务时，他是否还能主张隐私保护。私人事务指的是不在隐秘隔绝的场所进行的日常事务，如购物、运动、参加婚礼、葬礼或者其他家庭事件。

联邦最高法院否认了在这些领域内的隐私保护。但这绝不是理 19
所当然的。虽然这些过程在公众眼前进行，因而必然要否定空间导向的隐私保护；但是人们完全可以将这些活动归入私人领域的范畴。显然这就是法国的方式。在法国，当政治家和其他公众人物出现在公共

---

30 演员 Brigitte Bardot 在她的花园、Soraya 在她的罗马式住房中被用望远镜偷拍过（Cour d'appel Paris, Dalloz 1967, 450; Corte di Cass., Foro it. 1967 I, 2895）。

31 BGHZ 131, 332, 339; BVerfGE 101, 361, 384, 393 ff; BVerfG in［2000］NJW, 2191, 2192, 2000, 2194, 2195.

32 对侵犯私人领域进行法律规制的加利福尼亚《1998 年狗仔队骚扰法案》，《民法典》第 1708 条第 8 款（见下文脚注72），几乎无法将在花园饭店进行秘密拍摄的行为包括在内，因为公主处在公众可以进入的地点。参见 U. Amelung（前注5），62，及下文脚注71。

场合时，只有当他们在行使职权或者其他的公共职能时，才能不经他们同意进行拍照并将他们的肖像在媒体上公开。如果是关于他们的私人生活，则根据《民法典》第9条，公开是直接不被允许的。[33]

20　　联邦最高法院面临的问题是，它是应当为了严格的人格保护利益而遵循这条道路，还是应当以私人领域的保护为代价，更多地考虑开放社会的呼声。它最终选择了后者，并且联邦宪法法院也赞成了这一点。[34] 这个选择所基于的是对于意见和信息自由的一种完全不同的理解。这个观点是，关于公众人物在公开场合出现的报道，即使他们没有行使公共职能，也很可能促使意见的形成，并因此可能具有合法的信息价值。精英人物对于社会中的许多人有着榜样的作用，根据这个榜样人们衡量和调整自己的生活。正是这个观点，在所有时代都对社会集体的运作产生着不容低估的作用。因此对于精英们因私人事务出现在公共场合的报道，不应从一开始就完全加以禁止，这看来完全是合法的。[35] 从社会学的角度也可以很容易地从以下角度来进行论述：这是这些高阶层人物为他们在社会中的特权生活所必须支付的代价。

1. 文字报道

21　　文字报道的情况也一样。对于文字报道，基本上适用与图片公开同样的规则。[36] 虽然媒体总是要求，在主题类似的情况下，文字报道应当更广泛地被允许，但是司法判决并没有认可这一点。[37]

22　　总体而言，隐私的保护范围延伸到所有那些因信息内容而被典

---

[33]　参见 BGHZ 131, 332, 344 中的证明；J. v. Gerlach, [1998] JZ, 741, 745 f.

[34]　BGHZ 131, 332, 343；BVerfGE 101, 361, 391 ff；BVerfG in [2001] NJW, 2192.

[35]　这一立场在德国甚至有一定的传统，因为早在1920年，阿伦斯伯克地方初级法院（AG）就许可了公开帝国总统 Ebert 和国防部长 Noske 穿着游泳裤在波罗的海沙滩上的照片。

[36]　参见前注32。

[37]　BVerfG in [2000] NJW, 2194, 2195.

型地归为私人领域的事件。[38] 娱乐媒体乐于报道的消息就属于这类事件，尤其是关于精英人物订婚和结婚的消息，[39] 他们的夫妻关系，[40] 因为什么原因而离婚，[41] 健康状况[42]和财产情况。[43] 真正涉及隐私的当然是那些私人性质的消息，当事人会因为这些消息的公开而感到尴尬或者受到伤害。

2. 真实的事件

在这里重要的问题是，关于真实事件的报道究竟是否应当被禁止。在言论自由没有任何限制地被写入宪法（第一修正案）的美国，最高法院也发现言论自由的确定是一个棘手的问题，而至今仍然非常尴尬地采取回避态度。[44] 然而在德国却逐渐产生了这样的观点，即虽然真实事件的传播在原则上必须被接受，但例外情况下，人格权保护却可以将意见自由挤压至次要位置。[45] 无论如何，在媒体报道那些不承担公众信息利益的人的隐私时，完全属于这种情况；来源于

23

---

38 BVerfGE 101, 361, 382.

39 BVerfG in ［2000］NJW, 2193；BGHZ 128, 1, 4, 10 f.

40 BVerfG in ［2000］NJW, 2190.

41 BGH in ［1999］NJW, 2893；BVerfG ［2000］in NJW 2189.

42 对于健康状况的保密，所有人都拥有被保护的利益，EGMR in ［1995］Europäische Grundrechte-Zeitschrift（EuGRZ），231, 249；Europäischer Gerichtshof（EuGH）in ［1992］NJW, 1553；BverfGE 32, 373, 379；44, 353, 372 ff；BGH in ［1996］NJW, 984.

43 BVerfG in ［2000］NJW, 2193.

44 The Florida Star v. B. J. F. 491 US 524, 531 ff, 541（1989）:"我们直截了当地拒绝回答……内容真实的出版物是否可能会因为侵犯了私人领域而面临民事或者刑事的责任"。在此意义上进一步参见 Time v. Hill 385 US 374, 383（1967）；Cox Broacasting v. Cohn 420 US 469, 489 ff（1975）。参见 A. Beater, Zivilrechtlicher Schutz vor der Presse als konkretisiertes Verfassungsrecht（1996），45 ff, 70 ff 以及 J. v. Gerlach,［2001］AfP, 1, 6.

45 BVerfGE 97, 391, 403；99, 185, 196；BVerfG in ［1999］NJW, 1322, 1324；BVerfG in ［2000］in NJW, 2413；BGH in ［1999］NJW, 2893, 2894。在德国的司法判决中至今为止只有消极表述，即关于事件的言论不能从一开始就被排除出《基本法》第 5 条的保护范围：BverfGE 90, 241, 247；BGHZ 139, 95, 101。在此，事件的真实性显然被忽视了。相反，瑞士联邦法院正面声明，真实事件的传播在原则上是被媒体的信息任务所涵盖的（BGE 126 III 305, 306）。

他们私人生活领域的肖像和事件都不被允许传播。而对于公众人物则是在权衡后，选择了信息利益。[46]

3. 虚假事实

24 　　明确不被允许的是对明知虚假或者明显不真实的事实的传播：在任何情况下，这都不属于意见自由的范围；因为对于故意捏造的错误事实的传播，没有人可能拥有合法的信息利益。这首先适用于名誉保护，也即在故意传播错误的、有损名誉的事实时。但当内容完全正面或好意的报道被利用来侵犯他人隐私时，前述规则也适用。这种情况主要发生在捏造有关私人生活领域的事件时。对于杜撰的采访，例如在苏拉娅（Soraya）和摩纳哥公主卡罗琳案中，司法判决认为当媒体将她根本没有说过的、关于她私人生活的言论强加给她时，她的自我决定权就被侵犯了。与虚构关于她的事件或者她的品格一样，这样的杜撰也会歪曲一个人的身份："卡罗琳——勇敢地与乳腺癌抗争。"[47] 当杜撰的回忆录被公开时，即使里面讲述的事件符合事实［如 1954 年在法国的马琳·迪特里克（Marlene Dietrich）案］，也一样会导致侵犯自我决定权和歪曲事实的结果。[48] 原则上相关人必须自己决定，是否以及以何种形式向公众公开其私人生活中的事件。[49]

三、利益衡量和违法性

25 　　对人格权的侵害已经符合构成要件而存在后，德国法对于其违

46　参见，例如 Prinz Ernst August：BGH in［1999］NJW，2893.

47　毫无疑问，公主并没有患这种病：BGH in［1996］NJW，984.

48　Cour d'appel Paris，Dalloz 1955，295。法国周日报（France Dimanche）发表了一系列题为"我的生活，马琳·迪特里克"的文章。参见 K. Zweigert/H. Kötz，Einführung in die Rechtsvergleichung（3. Aufl 1996），702.

49　BVerfGE 34，269，283；BGHZ 128，1，7 f.

法性并没有指明（indizieren），这与其他侵权法保护的法益不同。相反，法官首先是借助个案的特殊情况进行衡量，决定两个互相冲突的基本权利中（人格权和意见自由），哪一个享有优先地位。[50]

这一利益衡量的必要性在德国确定下来，并彻底地体现在判决中。这可能导致最高限度的个案正义，但它也有明显的缺点，因为这给日常的新闻和律师实践带来了很大的法律不确定性的负担。经常是在多年之后，最高审级的法院才终于来决定争议案件中衡量的结果，这个结果没有人能够事先预见。因此大多数参加者直到最后也不知道，他们进行到哪里了。 **26**

在一些国家，这一法律的不确定性被部分避免了。例如法国就可以说属于这种情况。当根据《民法典》第9条，发生了侵犯私人生活的行为时，则这一构成要件的实现在缺乏受害人同意的情况下，一般直接导致不允许公开；这对于所谓的公众人物（personnes publiques）也一样适用。立法者的这一有利于严格人格保护的价值判断，取消了法官在个案中对公众信息利益进行衡量的必要性。隐私保护具有优先地位。[51] 在美国情况也类似，然而是朝相反的方向。如果相关人是所谓的公众人物（public figure）或者涉及的是具有公共利益的事务（matter of public concern），则言论自由一般相对于人格权享有优先地位。在这里也不存在我们所说的利益衡量。[52] **27**

除了前文提及的私人绝对保护外，在德国不存在这种优先权。然而为使法律适用更简单并更可靠，一定的规则以及清晰的衡量原 **28**

---

50 瑞士法的规定不同。根据法律明确规定，对于他人人格权的侵害原则上是违法的（瑞士《民法典》第28条）。只有特殊正当化事由的出现，才能阻却违法性（BGE 126 III 305 f；127 III 481，488）。然而在媒体侵犯人格权领域，正当化也同样取决于衡量的结果。只有在可以主张的显著公众利益时，行为才是合法的（BGE 122 III 449，456 f；126 III 209，212；127 III 481，491）。

51 参见 J. v. Gerlach，［1998］JZ，741，753.

52 D. Grimm，［1995］NJW，1697，1701；关于美国最高法院判决见 New York Times v. Sullivan 376 US 254（1964）和 Rosenbloom v. Metromedia 403 US 29（1971）.

则在这里也是值得追求的目标。较大的任意衡量风险必须被避免。联邦宪法法院已经认识到了这一点，并因此已经对名誉保护发展出了一定的优先规则，[53] 不过在这里不再详述。但是在隐私保护中也已经出现了一定的路线，即使它们还没有形成被广泛认可的规则。在此，信息获取理论具有重要意义，因为报道是否被准许，关键取决于信息材料是以合法的方式还是以非法的方式获得的。

（一）非法的信息获取

29　　媒体报道基于非法获取的信息材料而侵犯隐私的，原则上应当属于违法。至今为止，司法实践仍然出于种种顾虑而没有对这一原则表示过明确的支持。[54] 然而对此原则上是存在一致观点的，虽然也还存在不确定性。这并不意味着，将非法获取的信息公开本身是不被允许的。[55] 这仅仅是一个衡量的因素，[56] 虽然它在通常情况下都适用，但也允许例外情况的存在。对此下文将进行详述。

30　　当信息系以刑法可罚的方式取得时，情况是非常清楚的。例如，石勒苏益格－荷尔斯泰因州的前政府总理马韦·巴舍尔（Uwe Barschel）案就是这种情况。当时《星报》（Stern）的一名记者未经授权闯入巴舍尔在日内瓦的宾馆房间，并在那里拍摄了死在浴缸内的巴舍尔的照片，接着将其发表在了报纸上。根据瑞士法，记者的行为是应受刑事处罚的。[57] 在这样的一个案件中，获取照片的违法性直接导致发表照片的违法性。获取信息的违法行为是如此严重，以至

53　BVerfGE 90, 241, 248；99, 185, 196；G. Seyfarth, Der Einfluss des Verfassungsrechts auf zivilrechtliche Ehrschutzklagen, [1999] NJW, 1287, 1292.

54　参见 BVerfGE 66, 116, 136；101, 361, 394；BGHZ 73, 120, 127 ff；80, 25, 38 ff；BGH in [1998] NJW, 2141, 2143；OLG München in [1992] AfP, 78.

55　联邦最高法院和联邦宪法法院正确地指出，即使是非法获取的信息也受到《基本法》第 5 条的基本权利保护，因而不存在绝对的使用禁止（BVerfGE 66, 116, 137；BGHZ 73, 120, 124 ff）。

56　BGH in [1998] NJW, 2141, 2143.

57　参见瑞士联邦法院的判决：BGE 118 IV 319 = [1992] NJW, 504.

于它直接给接下来的发表行为盖上了违法的印章，而不用进行利益
衡量。可以抵消照片获取非法性的理由，基本上不存在。

至少当规范的保护方向正是有利于信息公开的相关人时，始发 31
生违法性的"表征"（Indizierung）的适用。刑法上关于个人生活和
隐私领域保护的规定（《刑法典》第201条及以下各条），就是这种
情况，即侵犯通信秘密、电话窃听或者其他对住房的窃听等等。通
过盗窃或者窝藏而获取文件以及通过侵犯通信秘密而获取信息，也
同样属于这种情况。后者的一个显著例子即是法国总统密特朗
（Mitterand）案。在他死后，他的私人医生在其著作《惊天大秘密》
（Le grand secret）中，直接违反医生的保密义务，透露了国家总统健
康状况的细节；而多年来总统一直在公众面前对其身体状况保密。[58]
这个违法行为是如此惊人，以至于法院根本没有讨论公众对于历史
真相的合法利益，而直接禁止了书的出版。

表征效应（Indizwirkung）不仅存在于对刑法上保护性规定的违 32
反，也存在于民法上相关的违法行为，尤其是侵权行为。这应当是
理所当然的，因为通过侵权行为获取的信息材料使得其持有人在原
则上不可能对其进行合法使用。当信息系通过侵犯隐私而得到时，
这当然也适用。

显然所谓的"钥匙孔偷拍"就属于以上类型，也即借助望远镜， 33
向他人的住房或者花园内部窥视，如在上文提到前女皇苏拉
娅案——她在她的罗马式度假别墅中爱抚时被偷看，以及电影演员
碧姬·巴铎（*Brigitte Bardot*）案；[59] 因为这种情况与刑法上规定的通

58　参见 J. v. Gerlach in ［1998］JZ，741，748 及其中进一步论据。

59　见前注41。著名的例子还有不列颠王妃戴安娜（Prinzessin Diana）案，她在健身时被
　　隐藏的摄像机拍摄，以及约克公爵夫人（Herzogin von York）案（G. Gounalakis/
　　U. Glowalla，Reformbestrebungen zum Persönlichkeitsschutz in England Teil 2，［1997］AfP，
　　870 f und 874）。

过外部安装的窃听设备对他人住房进行的窃听并没有实质性区别。[60] 在所有的这种类型的案件中，法院也直接未允许对那些通过侵犯隐私这种违法方式获得的照片进行公开，这也是因为违法获取的肖像原则上不得利用。这里不再需要进行原本意义上的利益衡量。因为照片纯粹的娱乐价值，压倒性的公共信息利益早就被排除了。在摩纳哥公主卡罗琳的狗仔队案中，联邦最高法院虽然进行了利益衡量，这也符合德国司法，[61] 但因为侵犯隐私的违法性，这却并不是必要的。

34   甚至违反合同获取的信息也可以导致使用禁止，这从联邦宪法法院的瓦尔拉（Wallraff）案判决中可以明确地看出来。[62] 我认为这一判决有着极为重要的意义，因为在该判决中联邦宪法法院第一次承认了违法取得的信息禁止传播这一原则，例外情况除外。

35   一名记者曾用假名作为自由工作人员在画报的编辑部工作，离职后他批判新闻理论和报纸编辑工作，并同时也描述编辑会议的流程。如联邦最高法院的阐述，在缔结合同时通过欺骗取得信息明显构成一个"非法行为"，因而信息的获取是违法的。虽然这样，联邦最高法院还是鉴于公众对于揭示社会弊端的利益，而否认了信息的使用禁止；但关于对编辑会议的描述，联邦宪法法院有不同的看法。根据它的观点，通过欺骗违法获得的、被用于责难被骗者的信息，并不只是构成对他人领域的不重要的侵犯。这里受到影响的还有坚守法律的信条，它属于维持法律秩序的基本先决条件之一。在这种情况下，"原则上不准许公开"。以此宪法法院实质上接受了以下原则，即非法获取的信息原则上不得进行传播，而不需进行进一步的

---

60   例如参见英国案件 Regina v. Kahn［House of Lords］in［1996］EuGRZ, 391.

61   BGHZ 131, 332, 341 f.

62   BVerGE 66, 116 iVm. BGHZ 80, 25.

利益衡量。[63]

　　这一原则的认可对日常实践意味着很大收益，因为它对法律适　36
用的标准化和对迄今为止由利益衡量导致的不确定性的克服，作出
了重要的贡献。虽然如同宪法法院所认可的，面向个案的法益和利
益衡量可能特别能够促成个案正义，但以"法治国的要求——法律
的可预期性，法律的透明性和法律的确定性"来看，它却是不合适
的。出于这一见解，也因为否则就会与坚守法律的信条发生矛盾，
宪法法院给予了前述明确的原则以优先地位，即非法获取的信息原
则上导致使用禁止。

　　当然，这一原则必然也有例外；但例外必须控制在小范围内。　37
用宪法法院的话说，只有当信息对于公众的教育意义明显超过其对
于相关人违法和不信守法律所带来的弊端时，才能考虑例外情况。[64]
通常只有以下情况才符合这一标准，即所涉及的是严重的犯罪或者
其他重大丑闻，而揭发这一犯罪或者丑闻有着非常重要的公众利益，
在这一利益面前，相关人和法律秩序的利益都显然应当作出让步。
我认为，宽松的操作会造成原则的瓦解并因此导致利益衡量运用的
混乱。[65] 在通常情况下这意味着，对那些本身并不违法的事件进行报
道，或者报道根本只是为了娱乐目的，而信息又是通过非法途径取
得时，这可以说肯定是不被允许的。只有在排除程序（Ausschluss-

63　美国最高法院显然也追随了这一原则，参见 Cox Broadcasting v. Cohn 420 US 469，496
　　［1975］，该案是关于"以不恰当方式获取的"（obtained in an improper fashion）信息。
　　从 Smith v. Daily Mail Publishing Co. 443 US 97，103 和 The Florida Star v. B. J. F. 491 US
　　524，533［1989］两个案件中可以得出以下结论，即媒体被要求承担刑事或者民事责
　　任时，对其的保护只及于"合法获取的"（lawfully obtained）信息。

64　BverGE 66，116，139.

65　联邦最高法院曾在 Kohl 案判决中宣告，当"公众存在非常严肃的信息需求"时，就
　　可以允许对非法获得的信息进行公开（BGHZ 73，120，129）。在 Wallraff 案判决
　　（BGHZ 80，25，40）中，联邦最高法院认为"特殊利益"的存在就已足够。然而这
　　一边界太宽松了。最终联邦宪法法院废除了这一规则。因而联邦最高法院现在提出了
　　一个正确的标准："非常重要的"信息利益，BGH in［1998］NJW，2143.

verfahren）中，才会进行控制性衡量，以判断与违法及人格侵犯的严重性相比，报道事件的意义是否重要到显然存在非常重大的信息利益的程度。

1. 通过报信人非法获得信息

38 当媒体企业不是自己获取信息材料，而是从一名进行违法行为的报信人那里获得材料时，也就是说，当媒体只是单纯地使用了非法获得的材料时，就产生了另一个问题。这里的例子是科尔、比登科普夫（Kohl/Biedenkopf）案，该案涉及的是秘密窃听得到的、发生在前基督教民主联盟主席及总理候选人和该党秘书长之间电话通话的公开，在该案中，这个通话的文字记录被人悄悄交给了媒体。[66]

39 如果媒体企业对于信息取得的非法性不知情，则信息传播不受限制。在媒体为恶意（间接故意即可）的情况下，例如在联邦最高法院的科尔案判决中那样，则如同媒体本身非法获取信息的情况，非法获取的信息不得传播这一原则也同样适用。

40 然而，联邦最高法院之前在前面所说的判决中还是没有下定决心。[67] 毋宁说，它认为借助个案的具体情况进行衡量是合适的，不过根据这种方式它仍然也得出了同样的结论：不得传播。但是针对这种方法存在很多思考。更正确的可能是，在这里也遵循规则/例外的关系来处理。通过公开信息，媒体参与了信息的违法获取，并借此延续了违法行为。坚守法律的理念在这里也必须得到贯彻。持有和利用非法获取的信息，通常情况下是与这一理念相违背的。这里的情况本质上与窝藏罪是一样的。如果不这么看，那么恰恰是在鼓励媒体援引信息系从报信人处获得，来使自己脱罪。

---

66 BGHZ 73, 120.

67 然而宪法法院针对 BGHZ 80, 25 号判决作出的 Wallraff 案判决在很大程度上可以修正 BGHZ 73, 120 号判决。

2. 以狗仔队方式获取信息

此外，那些虽然不违法，但也有失体面或者造成骚扰的照片拍 41
摄方式，也具有法律意义。这种行为方式至少可以在利益衡量时作
为负面因素起作用，并因此为随后的照片公开盖上违法的印章。[68]

（1）当行为人通过闯入一个空间上受保护的区域进行观察时， 42
就构成有失体面的观察。例如向房屋、花园等内部拍摄偷窥照片
（所谓的钥匙孔偷拍），其本身就是非法的，对其的发表原则上也因
而属于非法。但也存在着中间区域，在这些区域内进行的观察本身
并不一定违法，例如因为该地点是向公众开放的地点。同样，通过
摄像对这些活动（例如在教堂的祷告）进行观察也是不体面的，并
因而不允许被发表。[69]

（2）但是，狗仔队问题还有另外一面。对于那些能为八卦报刊 43
或者娱乐媒体带来利益的人物，狗仔队会长期亦步亦趋地进行跟踪。
对某些人而言，这是无法忍受的骚扰。然而这种现象在司法判决中
至今还没有发生过作用，在法律上还非常不清晰。

然而，仅仅是对相关人造成骚扰的照片拍摄方式，还不能引发 44
针对照片拍摄的防御权，因为不可能阻止人们在向公众开放的场合
跟踪公众人物，以文字和图片的形式记录他们的私人生活——只要
私人生活是在公众面前进行的。根据德国法，可能只有正当防卫才
构成行为的边界，这以违法侵犯的存在为前提；当然对于隐私的侵
犯应当已经满足这一前提。但是，单纯的骚扰在原则上还不构成违
法行为；违法行为有着明显更高的标准。对此，一些国家有相关的
法律规定。例如 1997 年在英格兰，人们在戴安娜王妃去世的影响

68　Vgl BVerfGE 101, 361, 394; BVerfG in［2000］NJW, 2191 und 2194.
69　OLG Hamburg in［2001］OLG-Report, 139, 141 – Caroline von Monaco.

下，在《防骚扰法案》（Protection from Harassment Act）[70] 中设置了骚扰侵权（tort of harassment）；这至少为相关人提供了针对顽固狗仔队的跟踪，采取民事和刑事手段保护自己的可能性。[71] 加利福尼亚的《1998 年狗仔队骚扰法案》也一样；它规定，当某人"以一种对于正常人而言具有攻击性的方式，试图拍下任何类型的视觉图像……"时，就构成侵权行为。[72] 纽约州也有非常精确的关于骚扰行为的规定。根据这一规定，"以骚扰他人的故意，在公共场所跟随他人、对其强行进行身体接触或者采取惹人恼怒的行为，而且没有正当理由"的，会被处以刑事处罚。[73] 根据这一规定，一位狗仔队摄影师被判为太过顽固地纠缠美国总统约翰·菲茨杰拉德·肯尼迪（John F. Kennedy）的遗孀杰奎琳·奥纳西斯（Jaquelin Onassis）。[74]

45　　在德国，到目前为止，对于狗仔队式的骚扰还没有这样的保护措施。然而可以设想的是，拍摄照片的骚扰行为至少可以在利益衡量的框架中，在判断照片公开的违法性时作为负面因素起作用，并导致禁止公开的结果。

（二）合法的信息获取

46　　如前文所述，对于合法的信息获取，适用通行的利益衡量原则。但应当强调的是，这仅对当代史人物适用。对于不能归于这一类别

70　该法规定："任何人都不得进行对他人构成骚扰的行为"。法律没有对骚扰的概念进行定义。对他人的骚扰包括"惊吓他人"或者"导致他人不适"。详细参见 U. Amelung（前注 5），109 ff, insbesondere Fn 79；T. Funkel, Schutz der Persönlichkeit durch Ersatz immaterieller Schäden in Geld（2001），83.

71　在 1997 年伦敦的大不列颠 - 德意志法官会议上关于卡罗琳娜判决（BGHZ 131, 332）的讨论中，上议院的前高级上诉法官 Goff of Chievely 阁下也表达了这一期望。但是法律的明显限制在于，只有行为人至少对两个事件进行骚扰后，才提供法律保护。

72　U. Amelung（前注 5），59 ff, 他在第 61 页指出，保护并不取决于当事人从公众场合退出而进入隔绝场所，而取决于信息获取的方式和方法。

73　New York Penal Law § 240. 25.

74　Galella v. Onassis US Court of Appeals, Federal Reporter Bd. 487 F. 2d [1974], 986, 994. 参见 J. v. Gerlach,［1998］JZ, 741, 752.

的人（所谓的私人），进行利益衡量从一开始就是多余的。不经他们的同意，根本就不能对他们进行文字和图片的报道。当然如果有人成为了当代史人物（这个过程可能很迅速），[75] 媒体就可以以他们为报道的对象，人格保护和媒体自由就必须被重新衡量。不过即使是在这里也逐渐形成了一定的衡量重点，这简化了法律发现，也对标准化作出了贡献。

1. 娱乐媒体

以下情况构成利益衡量时的一个重要因素：报道仅仅满足基于好奇心和唯恐天下不乱的心理而产生的信息需求，也即单纯的娱乐利益。最初人们并不在意这种需求，但在今天它已经被认可：即使是娱乐媒体和八卦新闻媒体也享有出版自由和意见自由的基本权利保护，因为他们也对意见形成作出贡献，并因此也提供值得认可的信息利益。[76] 联邦宪法法院对此使用了"信息娱乐"（Infotainment）一词。这意味着，一则对当代史人物人格权构成侵害的报刊消息，并不会单纯因为它仅仅服务于广大读者的娱乐心理而被禁止。 47

然而这一事实在利益衡量时会产生负面作用。因为相比于对具有重大公共意义的问题进行的严肃和专业性的探讨，娱乐利益的价值位阶比较低，所以在原则上私人生活是新闻的禁区，也即人格保护通常享有对于媒体自由的优先地位。[77] 如果在媒体上讨论精英人物的私人事务，例如某公主的婚姻是否陷入危机[78]或者她是否有结婚计划，[79] 则在此的公众利益往往非常有限，相关人可以要求停止报道。人格保护必须只在例外情况下才进行让步，例如相关人是国家元首 48

75　仅仅被归为右翼极端势力活动家就已经足够：OLG Braunschweig in［2001］NJW, 160.
76　BVerfGE 34, 269, 283；101, 361, 389 f；BGH in［1999］NJW, 2893.
77　BVerfGE 35, 202, 232 就已经指出，人格权的让步只适用于专业的报道和严肃的事实分析，而不适用于目的在于引起轰动的、故意单方面的……报道。
78　BVerfG［2000］in NJW, 2190.
79　BGHZ 128, 1, 10 ff. 也参见 BVerfG in［2000］NJW, 2193.

或者政府首脑；他们的私人生活事件（例如关于健康状态的消息）完全可能涉及国家利益，并因而成为消息公开的正当化事由。

2. 审判报道和隐名权

49 在对显著影响公众的犯罪行为进行报道时，媒体必须以特别的方式注意人格的保护。审判公开并不意味着，媒体可以对于在法庭前讨论的事件不受限制地进行报道，并因此使广大的公众都能够获悉该事件。媒体必须自己负责审查，在多大程度上他们应当考虑相关人人格的保护。[80]

50 在德国逐渐形成了这样一种观点：对于较轻的犯罪行为和对青少年的犯罪行为，不得对于行为人的身份和生活以表明姓名、插图或者其他可以辨明身份的形式进行报道。[81] 在这个程度上，人格保护享有优先地位。

51 只有对于严重的犯罪行为，公众信息利益才一般性地优先于人格保护。但是这仅对时事性的报道适用。距离犯罪行为的时间过去越久，人格权保护就有越大的意义。行为人不能无休止地因为其犯罪行为而被迫面对公众。[82] 然而轰动性犯罪构成的当代史上的结果，还是与行为人密切相关。也就是说，只要关涉到他的犯罪行为时，他就属于当代史人物，而没有时间上的限制。如果他失去了这个性质，则对于他的个人情况就不再能进行报道。[83] 如果后来对于犯罪行

---

80 在盎格鲁撒克逊国家，审判公开的情况完全不同。首先在美国，根据最高法院的判决，媒体原则上可以不受处罚地对其在法庭程序中获悉的消息进行报道（参见 rechts-vgl J. v. Gerlach，［2001］AfP，1，3 ff mwN）。

81 BVerfGE 35，202，232. 在民事诉讼中，对于涉及私人或者私密领域的事件，也不得以指名的方式进行报道，BGH in ［1988］NJW，1094；OLG Hamburg in ［1998］AfP，643；也参见 BGH in ［1999］NJW，2893.

82 当然这也相应地适用于行为的受害人，他不需容忍之后在电视剧中对其姓名予以透露（OLG Hamburg in ［1975］MDR，756）。

83 科布伦茨州高等法院在 Lebach 案中正确地肯定了申诉人的这一性质（［1973］JZ，279，283）。联邦宪法法院对此没有发表评论。但是显然，作为所谓的当代史人物在当代史事件中的责任，构成（后来的）关于行为和行为人的报道的前提。

为的构成进行了限制，则是否进行报道不能在事件本身中寻找理由，而是必须根据后来的状况来推断。联邦宪法法院在曾经的莱巴赫（Lebach）案判决中事实上采纳了罪犯重新社会化的考虑。[84] 当时这对于相关人而言也许是决定性的，但是这一视角并没有穷尽由这类案件产生的根本性问题。

这一点在 1931 年发生在加利福尼亚的梅尔文诉里德（Melvin v. Reid）案中表现得很明显。[85] 一名妓女在一个引起轰动的谋杀案件中被宣告无罪。此后她放弃了之前的生活作风，取了一个新名字，组建了家庭。她的邻居和朋友们都不知道她之前的生活。在她结婚七年后，有人拍摄了一部关于那场谋杀案的电影，在其中展示了她之前生活的照片，并标注了她婚前的名字。这揭开了她的身份，完全摧毁了她新获得的生活。她针对电影制片人因为侵犯隐私而提起了损害赔偿诉讼，并取得了成功。

与此相反，在 1940 年由一个纽约的法院判决的西迪斯诉 F. R. 出版集团（Sidis v. F. R. Publishing Corp）案中，损害赔偿请求没有被支持。[86] 西迪斯是数学神童，他十一岁时就为杰出的数学家们就第四维空间问题进行授课，16 岁时就以极其优异的成绩完成了哈佛大学的学业。之后，他对于其学术生活的态度完全改变了。他对于数学和在公众目光下的生活产生了强烈的抵制。他隐姓埋名，以记录员的身份过着简单的生活，收集公交车车票，研究一个印第安部落

52

53

---

84 BVerfGE 35, 202, 235 ff（Lebach I）. 也参见 Lebach II 案判决，BVerfG in［2000］NJW, 1859 mit Anm. Cole in［2001］NJW, 795. 在报纸文章提及一个大约十年前的监禁判决时，瑞士联邦法院采纳了阻碍重新社会化的观点：BGE 122 III 449, 457.

85 112 Cal. App. 285, 297 Pac. 91. 对此参见 W. Prosser, Das Recht auf Privatsphäre in Amerika,［1956］Rabels Zeitschrift für ausländisches und internationales Privatrecht（RabelsZ）21, 401, 405, 414；K. Zweigert/H. Kötz, Einführung in die Rechtsvergleichung auf dem Gebiete des Privatrechts（3. Aufl 1996）, 710 f.

86 113 F. 2d 806（2nd Cir.）；参见 W. Prosser（前注 85）, 414 f；K. Zweigert/H. Kötz（前注 85）, 711.

的历史。二十多年后，一名记者发现了他，并发表了一篇关于他身世和生活的绝非友好的文章。这一文章的发表也摧毁了西迪斯的新生活。他崩溃了，并随即去世。

54 观察这些案件，作为人格保护的结果，可以得出以下观点：在一定时间过去后，相对的当代史人物就有权要求平静地生活。[87] 归根结底，这与美国隐私权的本质核心不受干扰权（right to be let alone）所基于的是同一个观点。[88] 媒体在报道时要注意这一需求。它在原则上优先于公众的信息利益，因为后者已经通过时事性的报道得到了充分的满足。

  3. 媒体对于转传播（Weiterverbreitung）的自负责任

55 在消息获取和公开在本国完全是被允许的情况下，关于人身的报道在另一国家进行转传播时，就产生了媒体自负责任这一特别的问题。这在联邦最高法院所判决的汉诺威恩斯特·奥古斯特王子案中非常明显地表现出来。[89] 王子于1997年在伦敦高等法院的法官面前离婚，法庭设有面向公众的公开座席。根据英国法，公众和媒体可以获悉离婚文件的内容。在离婚文件中可以看到，王子承认，婚姻破裂是为了一位未指名的女性。法官在言词审判时也提及了这一点。在当天，路透社（Reuter）就报道了关于离婚的消息，并给出了离婚理由；第二天，消息在《每日邮报》（Daily Mail）上被公开。两天后一家德国报纸参考这个消息，对此进行了报道。王子针对离婚理由的公开采取了诉讼措施，然而最后没有成功。

56 在这个案件中，联邦最高法院面临这样一个问题：在某人居住

---

87 这一观点也适用于那些不愿总是与犯罪一起被提起的受害人（OLG Hamburg in［1975］MDR，756）。然而在瑞士被讨论的"要求忘却的权利"，却不存在（BGE 111 II 209，214；122 III 449，457）。

88 相同观点：H. Neumann-Duesberg，［1960］JZ，114，118 以及 BverfGE 35，202，233；75，318，328 以及 BverfG in［2004］NJW，999 f，1002.

89 BGH in［1999］NJW，2893.

地以完全合法的方式被公众所知晓的、有关其私人生活的、根据该
国法律可以被公开的信息，在另一个（人格保护更广泛的）国家中
是否可以被禁止。

美国最高法院在一个类似的案件（然而不涉及外国）中认为，　57
如果被公开的信息是在法院的程序中合法获取的，则媒体对于人格
权的侵犯不承担责任，因为否则报道的自由将以不值得追求的方式
被限制。[90] 联邦宪法法院则在犹豫是否要坚持媒体自负责任这一原
则，因而通过利益衡量解决了案件，虽然前述问题在德国仅仅取决
于德国的法律制度及在德国适用的人格保护。

四、法律结果

对于对抗媒体的有效人格保护有决定性意义的是法律制度为相　58
关人提供的，用以抵抗违法侵害和弥补由其导致的损害的程序手段。

（一）停止侵害之诉（Unterlassungsklage）　59

在德国，最重要的程序性法律救济是停止侵害之诉。它的功能
是防止还未发生的出版，也即是面向未来的并因而具有预防的性质。

它可以被用来防止即将发生的首次出版。然而它很少以这一目　60
的被使用。这是因为其性质本身带来的困难：它以即将产生侵害的
具体危险的存在为前提。但是对此必须有明确的依据，[91] 而即使相关
人知道马上就会发生侵害，也很难对其进行证明。[92]

与此相反，在最多的情况下它是为预防重复出版而被使用。可　61
以想见，对于第二次出版的情况，程序性的要求就比较少。重复出

90　Cox Broadcasting Corp. v. Cohn 420 US 469（1075）；The Florida Star v. B. J. F. 491 US 524
　　（1989）；对此参见 A. Beater（前注44），47 ff；J. v. Gerlach，［2001］AfP，1，3 f.
91　BGHZ 117，264，271 mwN.
92　至少实践中有一些著名的例子：BVerfGE 35，202；Schweiz. BGE Bd. 109 II 353；Corte
　　di Cassazione，Foro it. 1976 I 2895；法国的密特朗案（《惊天大秘密》），见前注58。

版危险的存在是被推定的，[93] 抽象的危险就已经足够。但是事实上，重新印刷的可能性非常小或者根本不存在。通常情况下，原告也根本不是为了避免所谓的重复危险，而只是想单纯地借此澄清，首次出版是不被允许的。但是对此而言合适的手段不是停止侵害之诉，而是确认之诉。

62   然而在德国，根据《民事诉讼法》第256条，不考虑这样的确认之诉，因为只有为确定法律关系的存在或者不存在才可以提起确认之诉，而不是为了澄清一个单纯的确定违法性的先决问题。[94] 相反，瑞士在《民法典》第28a条中明确规定了对于人格权侵犯的违法性可以提起确认之诉。这在实践中也频繁地被使用。在瑞士，确认之诉主要是服务于受害人名誉的恢复，并被视为对于因公开而引起的侵扰状态的排除工具。[95] 这完全是一条更正确的途径，因为借此受害人真正的请求得到了满足。[96]

（二）排除妨害之诉（Beseitigungsklage）

63   撤回请求权或者更正请求权是特别有效的人格权保护工具，它们是司法判决赋予受害人排除不真实的（损害名誉的或者涉及私人生活的）事实报道的后果的工具。[97] 更正对于媒体而言极其头疼，因为它必须以基本上相同的方式刊登在与第一次出版相应的位置。因此相关的媒体机关对此常常进行强烈反抗，这并不奇怪。这在虚构摩纳哥公主卡罗琳采访案中特别明显地表现出来；在该案中，法院判决撤回声明必须被刊登在报纸的头版。[98]

---

93   BGH in [1994] NJW, 1281, 1283.

94   BGHZ 68, 331.

95   BGE 95 II 481, 496 f; 127 III 481, 484.

96   在德国，因为确认之诉被排除了，名誉恢复的功能在很大程度上是由停止侵害之诉来承担的。M. Prinz/B. Peters, Medienrecht（1999），Rn 303.

97   BGHZ 99, 133；128, 1, 6 ff mwN.

98   BGHZ 128, 1；在乳腺癌判决中也一样：BGH in [1996] NJW, 984.

受害人掌握的另一个重要的工具是将判决向公众公告。在德国，　64
司法机关就许可原告，将由判决宣告的停止侵害要求或者由被告承
担的对于诽谤性言论（"法西斯头子"）的停止侵害义务，在报纸上
进行公开。[99] 对于由停止侵害判决所宣告的对私人领域的不法侵犯，
这也必须得到同样适用。在这里所说的是结果排除请求权，因为不
法进行的首次出版会持续性地发生侵扰。然而奇怪的是，这一权利
在德国几乎可以说从来没有被使用过，虽然对于人格保护而言，将
判决向公众公告似乎明显比单纯的一纸停止侵害判决要更有效：公
众往往对判决并不知情。与此相反，瑞士在法律中规定了判决公
开，[100] 它扮演着重要的角色。[101]

（三）损害赔偿和赔罪性补偿（Genugtuung）

损害赔偿作为一种补偿，只在严重的人格权侵害时才考虑，它　65
给司法机关造成了巨大的难题。在这里涉及的几乎全都是非物质损
害。[102] 如果说损害赔偿的任务是对所遭受的损害进行弥补，则问题就
来了：在非物质领域，究竟什么可以被弥补。这个问题对于人格权
而言，不像对于疼痛补偿金那样容易回答；后者所涉及的损害全都
是具体的人身伤害。在疼痛补偿金方面贯彻的观点是，非物质损害
首先存在于（客观）损害的范围内。[103] 主观的结果，例如感受到的
痛苦等等，只在次要层面起作用。可以想见，在对人格权侵害的非
物质损害赔偿中也应当采取同样的原则，也就是说应当以侵害行为

99　BGHZ 99, 133；BGH in［1984］NJW, 1102；也参见 OLG Hamburg in［1975］MDR,
　　56，结合 BGHZ 68, 331 f, 337.
100　瑞士《民法典》第 28a 条第 2 款：（原告）"尤其可以请求，将报道或者判决向第三人
　　告知或者进行公开。"
101　Vgl BGE 126 III 209；100 II 177, 180 f.
102　大多数物质损害只有当不仅仅涉及人格权中单纯的财产法上的因素（所谓的公开权，
　　right of publicity）时，才有意义。
103　BGHZ 120, 1；138, 388, 393；G. Müller, Zum Ausgleich des immateriellen Schadens
　　nach § 847 BGB,［1993］VersR, 909, 911 ff.

的严重性和强度作为决定性标准。[104] 然而这不像人身伤害那么具体。

66   然而根据联邦最高法院的观点，在人格权侵害中（不同于疼痛赔偿金），赔罪性补偿的理论现在占据上风。[105] 正是因为大众媒体大肆地对人格进行商业利用，联邦最高法院用这一理论代替了弥补理论。然而在司法判决中赔罪性补偿还是一如既往地存在争议，因为关于赔罪性补偿的含义是什么，以及它与损害赔偿的弥补功能之间是什么关系，并没有达成一致意见。

67   联邦最高法院放弃了之前与赔罪性补偿紧密相连的赎罪和忏悔理论（Gedanken der Sühne und der Buße）[106]，因为在大陆法系的损害赔偿法中通行的是弥补理论（Gedanken des Ausgleichs），刑罚元素不适合这一体系。[107] 现在最高法院认定赔罪性补偿只具有弥补功能。[108] 但如果是这样，就出现如下问题：除了损害弥补外，或者甚至在损害弥补之前，赔罪性补偿还可能有什么功能。

68   赔罪性补偿是对受害人的认错。受害人对赔罪性补偿的需求，来自于他所遭受的心灵的痛苦、忍受的煎熬和屈辱、对于蔑视其人格和私人领域的愤怒。与疼痛赔偿金不同，这些不适感占据重要地位，并要求得到弥补。它们必须通过加害人的某个恰当行为才能得到补偿。在这个意义上，赔罪性补偿是弥补性的正当行为。通过

---

104 同样观点见：G. Müller, Möglichkeiten und Grenzen des Persönlichkeitsrechts, [2000] VersR, 797, 802 ff.

105 BGHZ 128, 1, 15；BGH in [1996] NJW, 984 und [1996], 985, 987.

106 BGHZ 18, 149. 155；120, 1, 6；BGH in [1976] VersR, 660, 662: "Zeichenhafte Sühne" bzw. "Akt der Buße". 在此意义上非常明确的：O. Küster, Poena auf satisfactio, [1954] JZ, 1: "Sühne durch Genugtuung".

107 参见 BGHZ 118, 312, 339；120, 1, 7.

108 BGH in [1995] NJW, 781 zu II 2a；BGHZ 118, 312, 339 及其中进一步论据。瑞士联邦法院也持这一观点（BGE 115 II 156, 158；102 II 22）；对此参见 J. v. Gerlach, [2002] VersR, 917, 920 ff. 这一观点现在已经在德国付诸实践：E. Steffen, Die Aushilfeaufgaben des Schmerzensgeldes, in: Festschrift für Günther Wiese (1998), 261, 275 ff；C.-W. Canaris, Festschrift für Erwin Deutsch (1999), 85, 102 ff.

"由快乐补偿痛苦"以及"将痛苦转化为快乐"[109] 或者"通过得到物质赔偿的感觉产生一种舒适的状态"[110]，损害得到弥补。这样看来，赔罪性补偿与非物质损害弥补没有什么不同。因而它对于补偿目的而言，实际上没有独立的意义。[111]

但是有一点是明确的：对于人格权的有效保护，尤其是最常涉及的精英人士人格权的保护，损害补偿和赔罪性补偿几乎没有贡献。那些经常牵涉公众利益的人，既不需要大众媒体的赔罪性补偿，也不需要它们"廉价的"金钱赔偿。他们唯一关心的事情是预防，也即防止他们人格的被迫商业化。　　　　　　　　　　　　　　　69

联邦最高法院也看到了这一点。捏造的采访和其他被呈给它进行判决的、为获取利益而不顾一切、顽固蔑视人格权的案件，非常明确地显示了，只有对利润进行控制以对付违法行为，才能够对人格进行有效的保护。[112] 然而联邦最高法院并不是要真的抽走媒体所获得的利益。[113] 它只是在犹豫，是否在确定金钱损害赔偿的数额时考虑营利目的。因而所获取的盈利不是请求权的直接目标，而只是确定金钱损害赔偿时的一个衡量因素。然而赔偿的数额必须足够大，以便可以产生"真正的阻却效果"。[114] 对此要考虑到预防观念；根据联邦最高法院的观点，它构成金钱损害赔偿的本质目的。　　　　　　　　　70

109　E. Steffen（见前注 108）.

110　W. Larese，Die Genugtuung：Ein verkanntes Instrument des Persönlichkeitsschutzes，[1997] Medialex（CH），139，141.

111　在瑞士，损害赔偿只包括财产损失，赔罪性补偿从一开始就只有补偿精神损害的功能（J. v. Gerlach，[2002] VersR，917，920 ff）。因此在德国产生的赔罪性补偿的相关问题，在瑞士并不出现。

112　BGHZ 128，1，15 f；BGH in [1996] NJW，984 -angedichterer Brustkrebs；BGH in [1996] NJW，985 -hartnäckige Missachtung des erklärten Willens.

113　判决中并没有说明对此的理由。但可以看出，关键是因为侵权法不能为交还盈利提供请求权基础。

114　汉堡地方高等法院本来将金钱损害赔偿金额定在 30,000 马克，但后来根据联邦最高法院的判决，增加到了 180,000 马克（[1998] NJW，2879）。

71 　　这一判决在结果上和趋势上得到了广泛的赞同。然而其论证却因为将损害赔偿与预防目的挂钩而广受批评。它之所以成问题，实际上是因为，与英美法相反[115]，大陆法系的损害赔偿法上不存在预防目的。[116] 受害人的损害也仅仅是在侵权法上对其进行弥补，与加害人的获利没有任何关系；交还盈利是损害赔偿的对立面。[117] 然而存在问题的判决也有优点，它们可以促进学术界的讨论，并推动法律的发展。卡罗琳一案判决即出乎意料地产生了这样的结果。现在人们对此的认识又比当时更进一步了。交还盈利的请求权普遍被视为面对大众媒体有效保护人格权的唯一有效的手段。现在多数人倾向于不在侵权法，而在不当得利法或者在无因管理法上对其进行规定。[118] 在瑞士，交还盈利请求权甚至明确地在法律——《无因管理法》中进行了规定。[119] 现在要做的仅是等待，静候德国的司法判决对此如何反应。

115　对此详见 U. Amelung（前注 5），209 ff und 265 ff；Th. Funkel（前注 70），229 ff.

116　见惩罚性损害赔偿判决，BGHZ 118，312，338，344 以及瑞士联邦法院 BGE 122 III 463，467；此外参见 F. Dasser, Punitive Damages：Vom fremden "Fötzel" zum "Miteidgenoss"？［2000］Schweizerische Juristen-Zeitung（SJZ），101 ff.

117　例如瑞士联邦法院就清楚地认识到了这一点（BGE 97 II 169，175 ff；98 II 325，333）。同样，英国上议院在英国案件 A-G v. Blake［2001］1 AC 268 中表示："损害赔偿是以原告的损失为标准来衡量的，而不是被告的盈利。"然而在德国，自从帝国法院发展出三重损害计算法（RGZ 84，370，376；130，108），损害和盈利的定义就容易模糊不清。

118　参见 U. Amelung，（前注 5），289 ff，321 ff，337 ff；T. Funkel（前注 70），168 ff，182 ff，jeweils 及其中进一步论据。关于美国法上的盈利交还参见 U. Amelung，（前注 5），281 ff，287 ff.

119　对此，瑞士《民法典》第 28a 条指向了关于无因管理的相应规定（《无因管理法》第 423 条）。对此详细参见 J. v. Gerlach，［2002］VersR，917，922 ff.

第三部分
综合报告

The Protection of Personality Rights
against Invasions by Mass Media

欧洲人权公约中的人格权保护和媒体自由

安德烈亚斯·黑尔德里希

一、斯特拉斯堡对德国众高等法院的谴责

2004 年 6 月 24 日，欧洲人权法院第三庭宣布了人们焦急不安等
待的卡罗琳·冯·汉诺威诉德意志联邦共和国一案的判决结果。[1] 判
决中法院在所有重要问题上都赋予了申诉人以权利。按照《欧洲人
权公约》第 43 条第 1 款，当事人可在三个月内申请将争诉案件移送
到大法庭，然而德意志联邦政府放弃了此项申请。因此这份判决具
有终局性法律效力。在同一个申请中申诉人还提出应按《欧洲人权
公约》第 41 条获得赔偿，只是到目前为止法院还未对此作出判决。

因此最终卡罗琳公主在反对《缤纷》杂志对她的私人生活进行
图片报道的斗争中取得了胜利，这个胜利重构了人格权保护和新闻
自由之间的权衡。也就是说，到目前为止，公主在德国众法院的斗
争已经取得了十分显著的阶段性成果。特别是在她的推动下，德国
联邦最高法院已经在一系列判决中放宽了大众媒体侵犯人格权引起
的金钱补偿请求权的成立条件，并且以有利于原告的方式扩大了金

1

2

---

1 欧洲人权法院（EGMR）刊登在 Neue Juristische Wochenschrift ［2004］，第 2647 页及以
下。参见 A. Heldrich, Persönlichkeitsschutz und Pressefreiheit nach der Europäischen Men-
schenrechtskonvention, ［2004］ NJW, 第 2634 页及以下。接下来将研究并继续阐述这
篇文章的论点。

钱补偿数额的计算标准。[2] 1999 年 12 月 15 日，德国联邦宪法法院针对公主的宪法诉愿作出了判决[3]，这份判决被赞美为图片新闻报道的大宪章[4]。2000 年 6 月 6 日，公主将这份判决和联邦最高法院在 1995 年 12 月 19 日[5]作出的在这件事情中饱受批判的指导性判决按照《欧洲人权公约》第 34 条的规定以个人申诉的方式一并呈送给欧洲人权法院审查。四年之后欧洲人权法院对申诉作出判决：（德国法院的判决对被诉媒体：译者注）太过友善，判得太轻了。

二、案情

3　　饱受抨击的德国法院的判决以三组不同的照片为基础。布尔达媒体集团下属的两份杂志《缤纷》（Bunte）和《业余时间评论》（Freizeit Revue）刊登了第一组照片。这组照片显示公主在圣雷米（Saint-Rémy-de-Provence）的一家餐厅里和演员文森特·林登（Vincent Lindon）调情（文字说明："她和文森特罗曼史中最充满深情的照片"）。在另一些照片中公主和她的孩子们一起去骑马；和她的女儿坐在划桨小船中，在集市购物；又一次和文森特·林登在一家餐厅用餐（"这些照片见证了这个时代最充满深情的罗曼史"）。公主提起的停止侵害之诉在汉堡州法院和州高等法院均告失败，此后德国联邦最高法院至少认定不应容许公布公主和文森特·林登在啤酒园的照片。因为在这里公主和文森特·林登已经退回到封闭的地点之中，客观上能够看出来她想在这个地方单独呆着，她因为相信自

2　参见 A. Heldrich, Persönlichkeitsschutz und Pressefreiheit in: Festschrift für Helmut Heinrichs（1998），第 322 页及以下。

3　Bundesverfassungsgericht（BVerfG）［2000］NJW，第 1021 页及以下。

4　J. Soehring/S. Seelmann-Eggebert, Die Entwicklung des Presse-und Äußerungsrechts 1997 bis 1999，［2000］NJW，第 2466（2467）页。

5　BVerfG［1996］NJW，第 1128 页。

已处于封闭的地点，所以在具体情况下会采取一些她在公众场合不会采取的行为方式。[6] 直到三张关于公主和孩子们一起在户外的照片被刊登，德国联邦宪法法院才看到了媒体对一个母亲一般人格权的侵犯，此外这些照片也违背了对婚姻家庭和亲权进行保护的要求（《基本法》第 6 条第 1 款第 2 款）。[7]

第二组照片于 1997 年刊登在《缤纷》杂志上。这组照片分别展示了公主在阿尔贝格山口的峪斯（Zürs in Arlberg）滑雪度假（"卡罗琳…一个女人回归生活"）以及公主和她现在的丈夫恩斯特·奥古斯特·冯·汉诺威王子在一起参加赛马比赛（"亲吻，或者：现在他们不再躲躲藏藏了"）、打网球、骑自行车。汉堡州法院和州高等法院驳回了公主的停止侵害之诉，联邦宪法法院也拒绝受理要求驳回此判决的宪法诉愿。

4

《新邮报》（Neue Post）也在 1997 年刊登了第三组照片，此组照片出自蒙特卡罗（Monte Carlo）的"海滩俱乐部"。在这组照片中公主身着泳装，裹着浴巾，被一个障碍物绊倒在地（"恩斯特·奥古斯特王子纵情欢乐，卡罗琳公主跌倒在地"）。汉堡州法院和州高等法院驳回了公主对海恩里希·鲍尔（Heinrich Bauer）出版商提起的停止侵害之诉。法院的理由是：这个"海滩俱乐部"是对公众开放的，公主被绊倒的照片没有任何贬损或者侵犯人格尊严的性质。联邦宪法法院也拒绝受理针对这个判决提出的宪法诉愿，因为它缺少胜诉的前景。[8]

5

与德国众法院的分歧牵涉到相对老套的案情。这关系到公开刊登产生于广义的公众场合的公主私人生活领域的照片，比如骑马、骑自行车、购物、打网球、离开住所或者是——将其也包括在内绝

6

6　Bundesgerichtshof（BGH）［1996］NJW，第 1128（1129）页。

7　BVerfG［2000］NJW，第 1021 页及以下。

8　BVerfG（第一判决委员会第一庭）［2000］NJW，第 2192 页。

对不是没有问题的——在蒙特卡罗的"海滩俱乐部"。那些已经被德国联邦宪法法院和德国联邦最高法院通过前述饱受诟病的判决审查过的照片，也就是公主和她的孩子们在一起的照片，公主在灯光幽暗的啤酒馆里独处的照片，不属于欧洲人权法院诉讼程序的客体。

7　　此外欧洲人权法院也无需判断饿狼扑食般的狗仔队拍摄照片的行为是否合法。但是法庭也正确地强调，我们不能脱离拍摄照片时的具体情形以及因此产生的公众生活中的人在日常活动中遭受的骚扰，来对媒体侵犯《欧洲人权公约》第 8 条第 1 款规定的私人生活获得尊重的权利的行为进行评判。[9]

三、法律基础

8　　（一）《欧洲人权公约》第 8 条第 1 款规定："人人享有私人生活、家庭生活、家庭以及通信受到尊重的权利。"根据《欧洲人权公约》第 8 条第 2 款："公共机构不得干预上述权利的行使，但是依照法律规定的干预以及基于在民主社会中……为了保护他人的权利和自由而有必要进行的，不受此限。"《欧洲人权公约》第 10 条所保护的言论表达自由也属于第 8 条第 2 款所规定的他人的权利。根据第 10 条第 1 款：人人享有"表达自由的权利。此项权利应当包括提出主张的自由，以及在不受公共机构干预和不分国界的情况下，接受和传播信息和思想的自由"。根据第 10 条第 2 款行使上述各项自由可以"接受一定的、法律所规定的……限制……的约束。这些限制是被法律所规定的，在民主社会为了……保护他人的名誉或者权利

9　欧洲人权法院［2004］NJW，第 2647 页（第 2650 页）边码 68、69。最近刚刚确定的德国《刑法典》第 201a 条的犯罪行为构成要件也没有对此进行补救。虽然根据这一条刊登未经允许拍摄的照片也具有可罚性（第 2 款）。但是前提条件是被拍摄人在家中或者处于一眼看上去就可知受到特别保护的空间内（第 1 款）。欧洲人权法院判决所涉的照片很有可能不属于这种情况。

的利益……是必须的"。《欧洲人权公约》第 8 条规定的私人和家庭
生活受到尊重的权利也属于上面所提到的"他人的权利"。

和德国《基本法》一样,《欧洲人权公约》也没有对新闻自由　9
和保护隐私之间的紧张关系作出确定性的规定。国家机关和法院有
权通过对人格权保护和新闻媒体自由的利益权衡来寻找这两种权利
之间合理的平衡点。[10] 然而这首先以对各类相冲突人权的内涵的准确
理解为前提。

(二)《欧洲人权公约》第 8 条第 1 款保护私人生活、家庭生活、　10
家庭以及通信,也就是说保障了四种权利。私人生活的权利关系到
人身体和精神的完整性。[11] 完整性不仅仅包括"内部世界",在这里
每个人可以根据个人的感觉来塑造个人的生活方式;还包括每个人
在和他人的交往中进行自我开展,[12] 不受外部干涉的权利,以及维系
和他人交往的权利,尤其是开展职业或者进行商务活动的权利。[13] 其
结果是:个体和他人发生在公众场合(in a public context)的交往也
属于私人生活的领域。[14] 尤其是对自己肖像的权利属于《欧洲人权公
约》第 8 条第 1 款规定的隐私。[15] 因此欧洲人权法院得出一个结论:

---

[10] 欧洲人权法院 Tammer/Estonia 案判决(2001 年 2 月 6 日)。[2001] Reports of Judgments and Decisions I (RJD),边码 69。

[11] 欧洲人权法院 Caroline von Hannover/Deutschland 案判决(2004 年 6 月 24 日)。[2004] NJW, 2647, 2648 边码 50。

[12] EGMR [2004] NJW, 2647, 2648,边码 50。

[13] 参见欧洲人权法院 Niemietz/Deutschland 案判决(1992 年 12 月 16 日)。[1993] NJW, 718, 719 边码 29; J. Frowein/W. Peukert, Europäische Menschenrechtskonvention. EMRK-Kommentar (1996), Art 8,边码 3。

[14] 欧洲人权法院 Caroline von Hannover/Deutschland 案判决(2004 年 6 月 24 日)。[2004] NJW, 2647, 2648 边码 50。

[15] 欧洲人权法院 Schüssel/Österreich 案许可判决 Nr. 42409/98(2002 年 2 月 21 日)。同样的判决(2004 年 6 月 24 日)Caroline von Hannover/Deutschland 案。[2004] NJW, 2647, 2648 边码 50。

私人生活权利的规定适用于大量公开狗仔队照片的情形。[16] 和欧洲人权法院的判决结果是相似，联邦宪法法院在那些饱受诟病的判决中也基本确认了申诉人的一般人格权受到了侵害，然而给出的理由却平淡得多。[17]

11   私人生活、家庭生活受到尊重的权利首先是一种抵御国家干预的防御权。从《欧洲人权公约》第 8 条第 1 款也可以推出：国家有义务通过采取适当措施，确保每个人在与他人的交往中私人生活和家庭生活受到保护；[18] 这尤其适用于针对那些根据《欧洲人权公约》第 10 条第 1 款行使言论自由权的第三人。[19] 根据人权法院的持续判决（持续判决是指以前法院在不同案件中的某个相同问题上总是持相同观点，译者注），原则上公约缔结国对国家保护义务（积极责任）的内容和范围有自由裁量权，在很大程度上也由这些国家自己决定如何选择适当的措施。[20] 是否可以根据《欧洲人权公约》第 8 条第 1 款推出国家有义务禁止媒体刊登不受欢迎的照片？对于这个问题欧洲人权法院至今没有回答。可以从许可判决推断出，媒体关于私人生活的报道缺少补救的可能性可能会损害《欧洲人权公约》第 8 条。[21] 从现在起卡罗琳·冯·汉诺威一案的判决明确指出，保护

---

16 欧洲人权法院 Caroline von Hannover/Deutschland 案判决（2004 年 6 月 24 日）。[2004] NJW, 2647, 2648 边码 50. 是否能像个人诉愿中提到的那样从中看到对家庭生活的侵犯，这个问题不太明确。就这点而言《欧洲人权公约》首先保护配偶和子女。无论如何这种权利都不涉及狗仔队拍摄的公主和父亲或者姊妹在一起的照片。欧洲人权法院不必研究这个问题，因为它已经对侵犯私人生活受到尊重的权利这一点进行了肯定。

17 BVerfG in [2000] NJW, 1021, 1023.

18 欧洲人权法院 Odièvre/Frankreich 案判决（2003 年 2 月 13 日），[2003] NJW, 2145, 2147 边码 40. 同样是欧洲人权法院 Caroline von Hannover/Deutschland 案判决（2004 年 6 月 24 日）。[2004] NJW, 2647, 2649 边码 57。

19 欧洲人权法院 Earl Spence u. Countess Spencer/Vereinigtes Königreich 案许可判决 Nr. 28851/95；J. Frowein/W. Peukert（前注 13），Art. 8 边码 2。

20 欧洲人权法院 Odièvre/Frankreich 案判决（2003 年 2 月 13 日），[2003] NJW, 2148 边码 46。

21 欧洲人权法院 Schlüssel 案（前注 15）。

私人生活的措施，甚至是保护和其他人之间的相互关系也可以属于国家义务的一部分。[22]

但是根据《欧洲人权公约》第 8 条第 2 款，国家干预个人行使 12 私人生活、家庭生活受到尊重的权利也可能获得正当化理由，如果这些干预是由法律规定的，并且在民主社会中为了保护他人的权利和自由是必不可少的。在这个意义上，联邦政府的诉讼代理人指出，德国众法院做出的饱受诟病的判决中确定允许刊登某些照片是以德国《与美术和摄影作品著作权相关的法律》第 22 条和第 23 条第 1 款第 2 项为依据，因此通过媒体自由所保护的公众的信息利益已经被考虑进来，为了保护公众的信息需求利益，这种通过不作为进行的"干预"恰好在民主社会是必不可少的。因此在审查是否存在对《欧洲人权公约》第 8 条保护领域的侵犯时，已经提出了一个问题：被指控的那些判决是否可以以与《欧洲人权公约》第 10 条规定的言论自由权相冲突为理由。

（三）虽然《欧洲人权公约》第 10 条第 1 款没有明确提及，但 13 是毫无疑问，意见表达自由包括了新闻自由。欧洲人权法院在很多判决里强调了新闻自由作为民主社会支柱的意义，并且强调在信息传播中媒体扮演了公众的"警卫犬"的角色。[23] 和之前作出的持续性判决相一致，人权法院在它的最新判决里再次强调了媒体的义务，即媒体须告知信息和所有关于公共利益问题的想法。[24] 媒体自由不仅

---

[22] 欧洲人权法院 Caroline von Hannover/Deutschland 案判决（2004 年 6 月 24 日）。[2004] NJW, 2647, 2649 边码 57。

[23] 参见 Jersild/Dänemark 案判决（1994 年 9 月 23 日）， [1995] Neue Zeitschrift für Strafrecht（NStZ），237, 238，边码 31；Bladet Tromsø/Norwegen 案判决（1999 年 5 月 20 日），[2000] NJW, 1015, 1016 边码 59；以及最后一个：Caroline von Hannover/Deutschland 案判决（2004 年 6 月 24 日），[2004] NJW, 2647, 2648 边码 61。

[24] 欧洲人权法院 Caroline von Hannover/Deutschland 案判决（2004 年 6 月 24 日）。[2004] NJW, 2647, 2648 边码 58。

仅关系到报道的内容，还关系到它传播的形式，[25] 因此——就像人权法院阐明的那样——也关系到照片的公布，正是在照片公布时由《欧洲人权公约》第 8 条保障的人格权保护应当具有特殊的意义。[26]

14　　　在和保护私人生活的冲突中媒体自由所具有的重要性取决于：照片或者文章对公共利益讨论的贡献（contribution made…to a debate of general interest）。[27] 是否属于这种情况取决于具体案件的具体情况。比如在某报的一篇文章中，某个政治家的同居女友，按照文章意思，被称作婚姻的破坏者或者狠心的母亲，人权法院否认这种文章对公众利益的讨论具有贡献。[28] 法国总统弗兰西斯科·密特朗的私人保健医生出版了一本关于总统身体状况的书，与前面相反，人权法院判决认为，随着时间的推移公众讨论发生在总统十四年执政期里故事的利益已经超过了医生的沉默义务。[29]

四、相冲突权利之间的权衡

（一）德国联邦宪法法院的论证

15　　　民事法庭在适用依照宪法的《与美术和摄影作品著作权相关的法律》第 22 条、第 23 条时，是否给予了基本权利足够的关注，在这里指的是一般人格权和媒体自由[30]，这个问题是由联邦宪法法院作出的被抨击的判决中的重点。根据《与美术和摄影作品著作权相关

25　Jersild/Dänemark 案判决，［1995］（NStZ），边码 31。

26　欧洲人权法院 Caroline von Hannover/Deutschland 案判决（2004 年 6 月 24 日）。［2004］NJW, 2647 边码 59。

27　欧洲人权法院 Caroline von Hannover/Deutschland 案判决（2004 年 6 月 24 日）。［2004］NJW, 2647 边码 60；类似的判决：Tammer/Estonia 案（前注 10），边码 68："具有全局性的重要事项"。

28　欧洲人权法院 Tammer/Estonia 案（2006 年 2 月 6 日），（前注 10）边码 68。

29　欧洲人权法院 Plon（Société）/France 案［2004］RJD, 边码 53。

30　BVerfG［2000］NJW, 第 1021 页，第 1024 页及以下。

的法律》，原则上图片的传播和公开展出必须征得被拍照人的同意。但是除此之外《与美术和摄影作品著作权相关的法律》第 23 条第 1 款第 1 项还规定：传播"新闻时事（Zeitgeschichte）领域的图片"无需征得被拍照人的同意；但是如果图片传播会损害被拍照人的合法利益，那么按照《与美术和摄影作品著作权相关的法律》第 23 条第 1 款所规定的传播权利不能延伸至此。

在这个问题上联邦宪法法院强调，新闻自由绝不仅仅局限于政治领域，也延伸到单纯的娱乐领域。这一点也适用于对个人的新闻报道，尤其是通过刊登照片进行的报道。直到权衡相冲突的人格权利益时才考虑："传播的内容是否明显和公众相关，对此问题是否进行了严肃的、专业的研究？或者仅仅为满足读者的好奇心而传播他人私人事务？"[31] 与此相应，在宪法上可以从公众的信息利益来确定《与美术和摄影作品著作权相关的法律》第 23 条第 1 款第 1 项中的"新闻时事领域的图片"这个概念，这一点是毫无疑问的。这些图片也包括了所谓的"绝对的新闻人物"的照片，"绝对的新闻人物"是指和具体事件无关的因身份和重要性受到了广大公众关注的人物。[32] 大可不必将无须事先同意即可公开的照片限制在履行一定官方职务时所拍摄的照片范围内。联邦宪法法院认为《基本法》第 2 条第 1 款规定的保护要求，通过联邦最高法院对《与美术和摄影作品著作权相关的法律》第 23 条第 2 款的"被拍照者合法的利益"的解释得到了实现。如果某人已经退回到"封闭的地点"，客观上他明显想要在这个地方独处，并且因为相信处于封闭状态才在具体情况下以在公众场合不会采取的行为方式行为，那么这也属于自家大门之内的"值得保护的私人领域"。[33]

16

31　BVerfG［2000］NJW，第 1021 页，第 1024 页及以下。
32　BVerfG［2000］NJW，第 1021 页，第 1025 页。
33　BGH［1996］NJW，1128，指导原则 3。

（二）欧洲人权法院的否决

17   那些由联邦宪法法院详细做出的论证几乎被欧洲人权法院逐一驳回。人权法院要求明确区分有利于民主社会公共讨论的事实报道，比如关于政治家行使职务的新闻报道，以及对于没有公共职务的人，比如本案的申诉人，私生活的细节性报道。人权法院认为本案的涉案照片只是为了满足读者的好奇心。他们对公共的社会利益的讨论没有任何贡献。因此它们只应享有有限的媒体自由的保护。[34]

18   这个说法不同于德国联邦宪法法院在受批判的判决中原则上否定信息和娱乐之区别的做法。在此人权法院还补充性地指出——在这点上和联邦宪法法院相一致[35]——在权衡人格权保护和媒体自由时，不能完全不考虑拍摄照片给公共生活里的人每天带来的骚扰。作为容易记住的例子，法院提到了那组远距离拍摄的公主在蒙特卡罗的"海滩俱乐部"的照片，在这组照片中公主遇到了一个障碍物，摔倒在地（"恩斯特·奥古斯特王子纵情欢乐，卡罗琳公主跌倒在地"）[36]。汉堡州法院和州高等法院驳回了公主对刊登此照片提起的停止侵害之诉，但说理十分不充分。法院的理由是：这个"海滩俱乐部"是对公众开放的，公主被绊倒的照片没有任何贬损或者侵犯

---

34   欧洲人权法院 Caroline von Hannover/Deutschland 案判决（2004 年 6 月 24 日）。[2004] NJW，第 2647 页，第 2649 页，第 2650 页边码 63 至 66。在这个问题上人权法院提及了和 2003 年 7 月 8 日已经做出的许可判决一样——欧洲委员会会议的第 1165 号（1998）方案，这个方案的题目是"Droit au respect de la vie privée"（[2004] NJW，2650，边码 67）。德国联邦政府的诉讼代理人提出了反对意见，他的理由是这个方案仅仅是一个建议，因而不具有法律约束力，但是此观点没有被采纳。实际上从这个方案中推导不出关于权衡两种相冲突的权利的具体结论。但是从应然法的层面看，这个方案注意到了通过有效的立法措施改善大众媒体领域的人格权保护。很明显，欧洲人权法院在解释《欧洲人权公约》第 8 条和第 10 条的时候考虑了这样的法律政策趋势。

35   BVerfG [2000] NJW，第 1021 页，第 1026 页。

36   欧洲人权法院 Caroline von Hannover/Deutschland 案判决（2004 年 6 月 24 日）。[2004] NJW，第 2647 页，第 2650 页，边码 48。

人格尊严的性质。[37] 联邦宪法法院在 2000 年 4 月 13 日的法庭决议里否决了受理对此提起的宪法诉讼。[38]

借助以前的判决[39]人权法院发现了另一个权衡标准：合法期待他人对自己私生活的保护和尊重，即使在公众场合名人也应当享有这种期待。[40] 以此为出发点，人权法院毫不掩饰地表达了对德国联邦宪法法院通过解释《与美术和摄影作品著作权相关的法律》第 23 条第 1 款第 1 项得出的"绝对新闻人物"这个概念的批判。人权法院认为这个概念充其量对在任公共职务的政治家是合适的，对没有公共职务的仅仅是执政家庭的成员是不适用的。[41] 同时人权法院对区别绝对新闻人物和相对新闻人物的不确定性产生了极大的怀疑，它是否符合法治国的要求，这一点也让人质疑。按照这个理论每个人必须知道，在什么地方活动有受保护的空间，在什么地方活动必须预料到第三人——在此首先是八卦小报的窥探。[42] 地点的封闭性这个标准也太过模糊，按照这个标准，相关人员不能准确地评价：在一定的情况下他是否可以期待私人生活受到保护和尊重。[43]

人权法院得出结论：德国的法院在权衡相冲突的利益时侵犯了私人生活获得尊重的权利。这首先体现在被裁判的照片和照片所附

19

20

---

37 参见欧洲人权法院 Caroline von Hannover/Deutschland 案判决（2004 年 6 月 24 日）边码 36（这一点［2004］NJW，2647 没有刊登）。

38 BVerfG［2000］NJW，第 2192 页。

39 Halford/United Kingdom 案判决（1997 年 6 月 25 日）。［1997］RJD III，关系到监听一位警察局女公务员的电话通话。

40 欧洲人权法院 Caroline von Hannover/Deutschland 案判决（2004 年 6 月 24 日）。［2004］NJW，第 2647 页，第 2648 页，第 2650 页，边码 51、69。

41 欧洲人权法院 Caroline von Hannover/Deutschland 案判决（2004 年 6 月 24 日）。［2004］NJW，第 2647 页，第 2650 页，边码 72。

42 欧洲人权法院 Caroline von Hannover/Deutschland 案判决（2004 年 6 月 24 日）。［2004］NJW，第 2647 页，第 2650 页，边码 73。

43 欧洲人权法院 Caroline von Hannover/Deutschland 案判决（2004 年 6 月 24 日）。［2004］NJW，第 2647 页，第 2650 页，边码 75。

的文字说明。为了说理，人权法院指出：该报道缺乏对公众利益讨论的贡献，同时，德国法院运用的相关标准不能使对保护私人生活的合法期待得到保障。

五、影响

（一）加强了德国法中大众媒体领域的人格权保护

21   欧洲人权法院认定：德国法院在一系列由他们判决的案件中，违反了条约规定。按照《欧洲人权公约》第46条第2款的规定，联邦德国有义务遵守人权法院的终局判决。国际条约法上的义务已经通过1952年8月7日的德国同意法相关规定转成了内国法条款。因此德国的法院也应当"重视"欧洲人权法院终局判决确定的实质性法律效力。[44] 但是并不由此产生消除受批判的判决的法律效力的影响。[45] 根据联邦宪法法院的司法判决，这个义务只限于争讼案件的人、物、时间的界限之内，不能超过欧洲人权法院所判决的案件和案件当事人。[46]

22   然而欧洲人权法院卡罗琳·冯·汉诺威案判决的间接影响力，如何高估都不为过。如同联邦宪法法院多次判决的那样，在解释《基本法》和其他法律的时候必须考虑《欧洲人权公约》的内容和发展状况。[47] 因此欧洲人权法院的判决也是确定基本权利内容和范围

---

44 BVerG in［1985］Europäische Grundrechte Zeitschrift（EuG 边码），第654页。还可以参见 R. Geiger, Grundgesetz und Völkerrecht（3. Aufl 2002），第406页。此外 H. A. Stöcker, Wirkungen der Urteile des Europäischen Gerichtshofs für Menschenrechte in der Bundesrepublik,［1982］NJW，第1905页，第1908页。

45 参见 BVerG Beschluss（2004年10月14日），边码32。

46 BVerG Beschluss（2004年10月14日），边码39和边码41。进一步论述：H. A. Stöcker, Wirkungen der Urteile des Europäischen Gerichtshofs für Menschenrechte in der Bundesrepublik,［1982］NJW，第1909页。

47 BVerfG in［1987］NJW，第2427页；BVerfG in［1991］NJW，第1043页，第1044页。

的解释辅助手段。⁴⁸ 虽然《欧洲人权公约》在一国之内仅仅处于普通联邦法的位置。⁴⁹ 然而对大众媒体图片新闻报道领域的人格自由开展权的解释总是不统一，这一点很难被接受。⁵⁰ 将来德国法院在权衡人格权保护和媒体自由时会把欧洲人权法院发展出来的标准作为解释的辅助手段考虑进来。《欧洲人权公约》第 8 条的新解释将使德国的法律状况适应更高程度的隐私保护。如果没有这么做，那么德国负有国际条约法义务，通过立法措施创造和《欧洲人权公约》的要求相适应的法律状况。

然而德国宪法法院在 2004 年 10 月 14 日作出的第二委员会决议上将尊重欧洲人权法院判决限制在内国法律实践这个界限里。之后德国法院也应当将这种尊重对国家法律秩序的影响纳入到他们的法律适用中去。"当谈到在法律后果中被平衡的内国法律的使基本权利的位置相互平衡的子系统"时，这一点尤其适用。在这种情况下，人格保护的权利尤其应当被作为例子提出来，在人格权保护中可以通过创立案例群和不同层次的法律后果来平衡相冲突的权利位序。⁵¹ 很明显联邦宪法法院想通告"专业法院"：不应当不加思考地公布 1999 年 12 月 15 日⁵²的基本原则判决的适用领域。⁵³ 因此在此期间加强大众媒体图片新闻报道领域的人格权保护，在近期几乎不能够被

23

---

48 BVerfG in［1987］NJW，第 2427 页；BVerfG in［1990］NJW，第 2741 页，第 2742 页；BVerfG in［1997］NJW，第 2811 页，第 2812 页。同样还有上面提到的 BVerfG Beschluss（2004 年 10 月 14 日），边码 32。

49 BVerfG Beschluss（2004 年 10 月 14 日），边码 31。

50 参见 H. Dreier（Hrsg），Grundgesetz. GG-Kommentar（基本法评注）I（2. Aufl 2004），Art. 1 之前的序言，边码 29，基本法评注支持"柔和的相互关联预防（Kohärenzvorsorge）机制"。

51 BVerfG Beschluss（2004 年 10 月 14 日），边码 58。其中提到了欧洲人权法院 Caroline von Hannover/Deutschland 案判决（2004 年 6 月 24 日）。

52 德国联邦宪法法院判决（BVerfGE）101，361 =［2000］NJW，第 1021 页。

53 参见 Wildhaber 和 Ress 法官于 2004 年 10 月 13 日在《法兰克福汇报》上作出的评判性反应，第 5 页。

耽搁。欧洲人权法院证实德国首席法官在权衡不同的主观权利位序时所做的判决仅仅在少数几点上违反了《欧洲人权公约》第 8 条。为了建立和欧洲人权法院对《欧洲人权公约》的解释相一致的法律状态，法院把一方或者另一方用于争论的理由推进一点点，这就已经足够了。几乎不能想象的是，在迈出这一步之前，德国法院一直在等待立法者的介入。

24 　　具体而言，这意味着和当时关于《与美术和摄影作品著作权相关的法律》第 23 条的解释告别，根据当时的解释，如果"绝对新闻人物"不能证明自己为了客观上可以辨认地独处而置身于一个封闭的地点，那么在自己家的四堵墙以外他们就必须忍受任何图片新闻报道。人权法院认为这个规则充其量在对政治人物适用时是合理的，因为政治家——如法院在之前的判决中阐述的那样——不可避免地有意地受到了来自媒体和公众对其言行举止的深入监督。[54] 如果将这个规则延伸到其他受到公众关注的人，如优秀的运动员、演员、时装设计师、电视节目主持人、上层贵族的家属或者富豪阶层的家属等，那么这种做法不能和《欧洲人权公约》第 8 条第 1 款确定的私人生活受到尊重的权利相符合。根据欧洲人权法院的批评，至少还需要重新思考"绝对新闻人物"和"相对新闻人物"的区分。[55] 这个区分是在过去的一个世纪在完全不同的社会和经济条件下发展起

---

54 欧洲人权法院 Lingens/Österreich 案判决（1986 年 7 月 8 日）［1987］NJW，第 2143 页、第 2144 页，边码 42；欧洲人权法院 Oberschlick/Österreich 案判决（1991 年 5 月 23 日）［1992］NJW，第 613 页、第 616 页，边码 59；同样，欧洲人权法院 Caroline von Hannover/Deutschland 案判决（2004 年 6 月 24 日）［2004］NJW，第 2647 页，第 2650 页，第 2650 页，边码 72。

55 参见欧洲人权法院 Caroline von Hannover/Deutschland 案判决（2004 年 6 月 24 日）［2004］NJW，第 2647 页，第 2650 页，边码 73。Zupanic 法官在他的异议意见里谈论了"概念法学"。

来的，是为了"今天适用的术语学惯例"而做出的。[56] 不能未加思索地将那些对那个时代的平静媒体世界合适的准则适用于今天的情况。同样也不能指望地点的封闭性这个标准在确定值得保护的隐私的界限时有什么补救作用，因为它是如此模糊不清，正如人权法院正确质疑的那样。[57]

但是从此以后在权衡人格保护和媒体自由时首先要高度关注：该文章或者图片是否有利于"公共利益的讨论"，也就是说是否传递了那些公众可以以合法方式感兴趣的信息。[58] 娱乐需求、好奇或者是对八卦的爱好都不足以使这一点成立。德国首席法官的司法判决就已经发展出了这个标准。联邦宪法法院在 1999 年 12 月 15 日的基本原则判决书里明确强调：直到权衡媒体自由和相冲突的人格权时才考虑："传播的内容是否明显和公众相关，是否对此问题进行了严肃地、专业地研究？或者仅仅为满足读者的好奇心而传播他人私人事务？"[59] 联邦最高法院也在 2003 年 12 月 9 日的一份判决中强调："对公众而言，信息价值越大，相关人员人格保护的权重就越小；相反，对公众而言信息价值越小，那么相关人员人格保护的权重就越大。"[60] 如果以这个标准作为基础，那么德国法律实践和由斯特拉斯堡的欧洲人权法院做出的法律解释形成的《欧洲人权公约》的要求之间的矛盾就会慢慢消失。

25

---

56 尤其是 H. Neumann-Duesberg，［1960］Juristenzeitung（JZ），第 114 页；参见 R. Rixecker in K. Rebmann（Hrsg），Münchener Kommentar zum Bürgerlichen Gesetzbuch I（4. Auf2001），Anhang zu § 12 边码 46。

57 欧洲人权法院 Caroline von Hannover/Deutschland 案判决（2004 年 6 月 24 日）［2004］NJW，第 2647 页，第 2650 页，第 2651 页，边码 75。

58 欧洲人权法院 Caroline von Hannover/Deutschland 案判决（2004 年 6 月 24 日）［2004］NJW，第 2647 页，第 2651 页，边码 77。

59 BVerfG［2000］NJW，第 1021 页，第 1024 页结尾。

60 BGH［2004］NJW，第 762 页，第 764 页。

（二）依据《欧洲人权公约》增强人格权保护

26   欧盟人权法院对卡罗琳·冯·汉诺威一案的判决是法院司法判决的一个里程碑。它的意义远远超过了案件本身和对德国法律状况的影响。人权法院创设了一个先例，此先例对将来在所有条约国发生的人格保护和媒体自由之间的权衡都将产生影响。

27   在目前为止作出的判决中，人权法院尤其强调新闻自由在不同案件形态中的较高等级。然而大部分关系到探讨重要的公共利益的事件，比如涉及人数众多的、严重的医疗事故；政治家的性格特征；警察的不法行为或者捕猎海豹中的违法行为。[61] 很明显主题的政治意义越浓，人权法院把言论自由和新闻自由的范围拉伸的越宽。但是反之从判决中也可以推出，对个人私人生活特别是绝对隐私的侵犯越严重，媒体自由就越应该让位于隐私保护。[62]

28   卡罗琳·冯·汉诺威案判决是对这一司法实践的延伸。一方面对于公主私人生活的过度报道对公共利益的讨论没有更深刻的意义，尽管它具有娱乐价值。另一方面，因为骚扰的强度和持续时间，与此紧密联系的对私人生活的侵犯绝对不算轻微。在这种情况下，欧洲人权法院将私人生活的保护放在了媒体自由保护之前，这一点是不能被质疑的。

29   这个判决绝对没有像一些批评家间或指出的那样，意味着所谓"调查性新闻"的终结。在此我们首先要注意到，这个判决仅仅关系到附说明文字的照片的公开，这些照片传达了有关私人生活的极端

---

61 参见欧洲人权法院 Thorgeirson/Iceland 案判决（1992 年 6 月 25 日）European Court of Human Rights（ECHR），A239；欧洲人权法院 Bladet Tromso/Norwegen 案判决（1999 年 5 月 20 日）[2000] NJW，第 1015 页；欧洲人权法院 Bergens Tidende u. a. /Norwegen 案判决（2000 年 5 月 2 日）[2000] RJD IV，边码 57；欧洲人权法院 Lopes Gomes da Silva/Portugal 案判决（2000 年 9 月 28 日）[2000] RJD X，边码 35。

62 欧洲人权法院 Smith und Grady/Vereinigtes Königreich 案判决（1999 年 9 月 27 日）[2000] NJW，第 2089 页，第 2096 页，边码 127。

私人的信息。此外这里没有涉及文字报道的自由。在图片新闻报道中新闻自由也可以优先于私人生活保护，如果此报道对公共利益的讨论有贡献，也就是说提供了公众可以以合法方式感兴趣的信息，这里将来还会在个案中出现如何界定的问题。但是毋庸置疑的是，将来我们只有在得到事先同意的情况下，才能欣赏到关于名人私人生活的彩色照片。尽管如此，名利场将会想方设法满足我们的娱乐需求。

基本自由和人权视野下的人格
保护和大众媒体

瓦尔特·贝尔卡

一、前言：人格保护和宪法

1　　针对大众媒体侵害的个体权利保护，是在刑法和民法中进行体系性规定的；在其中塑造了单个的人格权并建立了互相区别的权利和惩罚措施的体系。在狭义成文法中出现的冲突解决方式在很大程度上是不依赖于宪法发展出来的，部分来自于古老的、前宪法的传统，这是名誉权的主要特点。长期以来，刑事和民事的判决在适用构成要件时也不回溯到宪法上的价值判断。

2　　权力与媒体冲突的解决和受到威胁的个体人格也有宪法上的维度，这在欧洲宪政国家中是逐渐变得明显的；在奥地利这其实只是近二十年来的事，期间民法和刑法上的人格保护广泛地"宪法化"了。这在奥地利法上首先是与基本权利意义的普遍增加紧密相关的，加之《欧洲人权公约》的影响，基本权利从它的实证主义限缩（positivistische Verengung）中被释放出来，并成为准则，其他的法律制度不可能避开其影响。现在刑事和民事法庭在它们对于人格保护的判决中几乎已经明显地以相关人的基本自由和人权为依据，从中获取个案判决的进一步论点；个案判决补充了从狭义法律中推导出来的标准。[1]

这表明，人格保护也是一个宪法上的课题：民主的宪政国家在 3
其基本权利制度中保护人格在共同体中的自由展开，同样的也保护
意见表达自由，因为这两个基本权利都是民主社会中合乎人的尊严
的存在，是民主社会中的政治程序。因而宪法也必须提出这个问题：
如何才能在这两个互相冲突的权利中找到正确的平衡。

对于这个问题将在下文中进行探讨。出发点是奥地利的宪法制 4
度；以它作为例子，来讨论在民主宪政国家中基本权利之间的关系，
以及基本权利在民法上人格保护的转化。因为《欧洲人权公约》在
奥地利法上具有宪法地位，所以这一问题的提出也涉及对欧洲基本
权利制度的讨论，本文将补充性地从比较法的角度对其进行考查。

对此，中心的问题是，为在人格权保护和媒体权力之间达到恰 5
当的均衡，宪法应当包含什么样的准则，以及在负责对这一冲突进
行个案解决的民法中，如何才能将宪法上的价值判断考虑在内。

二、媒体的权力和受到威胁的个体的人格权

如果从基本自由和人权的角度来研究人格权和大众媒体之间的 6
紧张关系，就必须将个体的权利范围作为思考的出发点。因为在这
一冲突中，矛盾的一方是个体，而另一方则是明显占优势的大众媒
体的集合性权力，它们通过报道威胁到个体的人格权。不容忽视的
是，在这一引发矛盾的对立背后，存在一个实质相同的需求，也即
个 人 在 共 同 体 中 的 社 会 性 自 我 实 现；它 依 赖 于 公 众 性
（Öffentlichkeit），也同样可能因公众性而受到威胁。

---

1 对此参见下文中对于奥地利法律制度的论述及其中进一步的证明：W. Berka, Aktuelle
  Probleme des Persönlichkeitsschutzes im Medienbereich, ［1996］Journal für Rechtspolitik
  （JRP），232.

（一） 公众性作为机会和威胁

7　　单个的人格权，例如名誉受尊重权或者维护私人领域权，是将人作为社会的人进行保护的。因此这里所说的不是隔绝的个体，而将通过大众媒体制造出来的公众性视为异己的、有威胁性的对立面。更确切地说，公众性和尽可能不受阻碍的自由交流是个体在人类社会中自我实现的必要条件。明显的例子是名誉权：它以通过社会交流建立的社会空间为前提，在这个空间里个体才能够获取信誉和认可。但是那些将私人领域与公开曝光隔绝开来的人格权，也与公众性不无关系。因为这些权利的目的是要保障个体的自我决定——将自己的哪一方面在亲近的私人关系中展开，以及在离开受保护的私人领域时，何时及如何在公众面前实现自我。

8　　同样的道理也可以解释其他体系化了的人格权，例如肖像权保护、通信秘密、防止身份歪曲的保护或者对被宣判的罪犯免受侮辱性报道的权利的保护：它所保护的永远都是人性之人（menschliche Person）的不同方面，而它们都是通过不同的交流关系而产生，并由作为社会人的个体所建立的。[2] 因而从人性之人这一出发点来考虑，在公众性中机会和威胁同样程度地并存；而个人作为自我决定的社会人的自我实现，是通过他所处的多种多样的社会关系来达成的，对于这些社会关系，他自负责任地进行建构和控制。这样的考虑首先关注的不是相向的基本权利之间的冲突，例如私人领域受尊重权和意见自由，而是处于前位的个体在共同体中自我实现的权利。

9　　这一结论的规范镜像（normative Spiegelung）存在于理想的市民公众和公众意见中；理想的市民公众以开明市民在非控制状态下的理性讨论为基础，而与其相应的理想化的公众意见则一定是真实和理性的。这些是意识形态上的背景；在这一背景下，18 世纪和 19 世

2　参见人的社会性，E. Noelle-Neumann, Die Entdeckung der zweiten sozialen Natur des Menschen, in: Bitburger Gespräche. Jahrbuch 1999/I（2000），89.

纪的宪法将意见自由和媒体自由作为人权（或者至少作为基本权利）
确定下来，并将其视为"所有人性发展和完善的基础性条件"。[3] 这
不仅解释了至今仍伴随这一基本权利的、对其在感情上的过分拔高，
而且也解释了为什么人们会认为在理想的市民公众中，人和大众媒
体之间的冲突也会自动消解，以及对自由派的媒体先驱们的误读，
据此"由媒体造成的伤……也可以通过媒体自己来治愈"。[4]

从这一出发点考虑，在较高的层面上及在理想状态下，人格权   10
和对人格产生威胁效果的不受约束的媒体报道之间的矛盾似乎可以
缓解：当个体作为社会的人，在社会中通过交流在交流关系中得到
自我实现，则公众性交流本身就可以是人格保护的一种手段。在这
一视角下，不是通过由惩罚措施确保的交流禁止来对报道进行限制，
从而对人的自主性进行保护，而是通过尽可能广泛的、可以被个体
所控制的交流来达到这一目的。

在某种程度上（然而只是在非常特定的程度上），这一结论其至   11
可以在现代媒体界找到对应物：高度商业化的明星崇拜、以媒体支
撑的娱乐业和发行量可观的花边小报的名人报道，在很大程度上都
是巧妙的公共管理的产物；这一公共管理服务于媒体，以制造和维
持社会名流。有名的演员、著名的流行歌星、顶尖的运动员和"侧
眼看社会"（Seitenblicke-Gesellschaft）中的所有其他活动家都可以被
贴上媒体高度专业化的标签；在此，媒体自己也被工具化了。不论
是对于正派行为的传统理解还是隐私或者羞耻心的任何界限在这里
都必须被重视：为了在放纵的、充满挑逗的公众环境下成为一时的
名人，《玫瑰战争》（Rosenkrieg）都可以公然上映，至为难堪的情感
坦白或者身体裸露都被公开地进行。

3　见媒体自由最重要的自由派先驱 C. Welcher, Artikel Censur der Druckschriften, in:
　　C. v. Rotteck/C. Welcker, Staatslexikon III (3. Aufl 1859), 392 (397).
4　这一观点参见 W. Berka, Medienfreiheit und Persönlichkeitsschutz (1982), 146 f.

12　　　然而只有当失去对信息的控制（Informationsherrschaft）时，个人生活在媒体上的投影才会成为人格保护的问题。当原本乐于公开最隐私细节的顶尖运动员的家庭突然之间出现了希望被隐藏起来的不和谐，或者当如日中天的明星的媒体形象被有辱声誉的疾病所破坏，则之前所说的公开性就受到了威胁。在对于人格保护的司法实践中，这导致了一个有名的问题：当长期以来很愿意沐浴在公众目光下的某个人，现在针对一个他不再同意的报道援引其私人领域受尊重权或者名誉保护时，该如何处理。在这一点上，有意思的是这个一般性的结论：公众环境为个体提供在共同体内实现其人格的空间；但当个体不再掌握通向公众的路径时，它就会成为威胁。

（二）媒体报道对人格的威胁作用

13　　　因此，在个体被明显占据优势的公众力量所摆布时，人格在共同体中的自由展开才出现危险。现代的大众媒体就是这样一种力量，因为他们可以对人们心理的、社会的和经济的存在造成威胁，在极端情况下甚至可以使其毁灭：当意图将一个人卷入一个有倾向性的嫌疑网络或者破坏他的公众形象时，诽谤性的造谣中伤、故意的揭秘或者不顾一切的宣传运动，还有微妙难以捉摸的出版策略，都可以被某篇报刊文章所采用。法律制度必须考虑到这些可能性，并且认识到，媒体的权力当然也不是没有边界的；媒体有时也觉得自己遭到了经济或者政治利益的影响，并且其影响力非常之大。

14　　　理想化了的市民公众性图景在现代社会中也不再能够维持了。作为这一图景的社会前提，一个同质性的，通过共同的价值和利益被捆绑在一起的社会本身作为理想不再存在。传统的价值丧失了其约束力，原先还稳固的共同体，像社会地位、家庭、地域或者政治共同体失去了它们支撑性的作用。私人和公众之间的界限渐渐变得模糊。个体在他的社会关系中变得片断化和个性化，他的"社会皮

肤"（形象地说）因而更易受损，人的实现在共同体中变得更为困
难。[5]

之前的公众群体，例如邻里协会，都失去了其重要性；社会关系　15
网络变得复杂化和匿名化。大量多变的公众片断（Teilöffentlichkeiten）
取代了大众民主的政治上的集体公众（Gruppenöffentlichkeit）。[6] 个体
被告知，要按照不同的"角色"来构建其公众形象，例如工作上的、
公众身份上的、家庭中的或者朋友小圈子中的；在不同的角色中，
权威的习惯和价值也不尽相同。如果在这里出现了不和谐，例如因
为可靠的生意伙伴的形象通过尴尬的家庭失足而被威胁，则统一的
个人自我描述就处于危险中。在直接的社会关系失去其重要性之后，
大众媒体同时成为最重要的控制中心，它们塑造个人在这些公众片
断中的形象。在传统社会的社会邻近领域中由判断或者预判断和潜
在的互相理解所提供的信息，今天被大众交流所取代了。[7] 个体必须
使自己适应于大众媒体和它们的报道。

关于媒体影响力的社会科学理论描述了媒体报道的互文效果：[8]　16
某篇报道使相关人突然之间意识到，他成为了潜在的无边界的公众
关注的对象，这是该篇报道的结果。他感到自己被置于成千上万人
的评判之下，针对他们的观点和反应，至少他现在不可能采取任何
行动。在此，个体首先接收到一个评判：他自己如何表现；然后这

5　根本性的论述还是参照 J. Habermas, Strukturwandel der Öffentlichkeit（5. Aufl 1996）；
　　进一步富有启发意义的社会心理学和社会理论上的研究参见：T. Vesting, Soziale
　　Geltungsansprüche in fragmentierten Öffentlichkeiten, [1997] Archiv des öffentlichen Rechts
　　（AöR）122, 337（352 ff）.

6　T. Vesting（前注5），353.

7　参见 U. Di Fabio, Zur ethischen Dimension der Medienfreiheit, in: Bitburger Gespräche
　　（前注2），159（160）.

8　参见 H. M. Kepplinger, Verletzung der Persönlichkeitsrechte durch die Medien: Halten die
　　Annahmen der Juristen den sozialwissenschaftlichen Befunden stand? In: Bitburger Gespräche
　　（前注2），15（23 ff）.

个评判同时告诉他，媒体（"公众"）如何评价这一行为，以及第三，他必须使自己适应于这一评判，并在他未来的行为中将其考虑在内。此外，这一互文效果在一定的情况下还会加强，这会带来具体的伤害危险：报道的相关人会特别深入地追踪这篇报道，并因此认为其他人也在这样做。他还会假定媒体对其他人的影响要大过对他自己的影响（"第三人效应"）；当报道的来源被负面评价，或者报道会产生负面效果时，相关人的这种第三人效应尤其会强化。这导致已经存在的被伤害的感觉通过媒体的报道被进一步扩大了，尤其在人格权侵害方面。对个体的经验调查似乎支持这一点；[9] 然而当然要承认，大众交流威胁人格的效果表现在个体上时，依赖于多种多样的和变化不定的因素，例如一个人的知名度、已存在的观点、媒体的可信度、对大众交流的习惯效应等等。

17　　与那些成为媒体关注对象的人们被伤害可能性的增加相对应的，是媒体报道产生的潜在威胁。它会导致具体的风险，例如当通过不符合事实的言论损害人的名誉或通过泄密侵入私人领域时，或者当无罪推定或重新社会化的机会被不守边界的犯罪报道破坏时。

18　　这一具体的风险与大众媒体所传播的信息表现出来的特点相关联。这些特点首先是大众交流的传播作用：它几乎不存在任何空间的或者时间上的边界，并通过因特网得到了更广泛的、跨越文化疆域的扩展。除此之外，也要考虑媒体其他的本身固有的规律性。大众媒体传播将消息（也）作为一种具有各自价格的商品来传播；并且鉴于媒体的过度刺激，它们也必须采取特定的策略，以使自己在市场中获得成功，并克服关注壁垒，到达更广的公众层面。这种消息选择和消息呈现的新闻策略被称为消息要素（Nachrichtenfak-toren）。除了信息的客观消息价值（"新闻价值"），主要还有简化规

9　Vgl mit weiteren Nachweisen H. M. Kepplinger（前注8），24 f.

则、个人化规则和平庸化规则，以及私密化规则和具名规则。[10] 因而对于媒体报道而言，重要的是人物相关的消息；因而一个有报道价值的事件只有在明确其隐秘的背景后才能成为可以投放市场的消息；因而即使当平庸的刺激可能损害个体时也必须采用；并因而必须将复杂的人的命运简写为可展示在"人物"文体（people-Journalismus）中的陈词滥调。除此之外，考虑到负面消息新闻价值的增加（"只有坏消息才是好新闻"），和揭秘以及随之而来的秘密泄露所造成的对销量增长的刺激，则很明显的是，任何大众媒体的报道都可能导致对人格保护的特殊风险。在此重要的是要认识到，这一风险潜伏于每一种形式的媒体报道中，并不限于"轰动文体"或者类似地（主要也在法学文献中）其他意在贬损而形成的文体变种，它只贩卖"性和犯罪"及满足"搬弄是非癖"。

因而个体的自主性可能被大众媒体的报道所威胁，因为后者构成了压倒性的出版权力，因其基于其合法性和影响力给人格的自由展开带来了特殊的风险。尤其是一些最新的发展也印证了这一点；对于这些新发展还应当多加注意。 19

（三）现代媒体社会中的潜在威胁

在一定程度上，个体人格权和大众媒体之间的冲突与大众媒体本身一样古老。在此可以举肖像权的历史或者隐私权在美国法上的"发现"作为例子，说明法律制度是如何在非常早的时期，对来自于现代平庸新闻的前身的威胁作出反应。[11] 鉴于对媒体的所有过于文化 20

---

10 消息要素决定成为消息的事件的选择以及其表述的方式；关于这些消息要素参见，例如：W. Schulz, *Die Konstruktion von Realität in den Nachrichtenmedien* (1976)，11 ff 及其中进一步论据。关于人物相关的平庸新闻参见 G. Neben, *Triviale Personenberichterstattung als Rechtsproblem* (2001)，23 ff.

11 对于隐私权参见，例如：W. Berka（前注 4），299 及其中进一步论据；对于肖像权（《著作权法》第 78 条）的发展及其在德国《与美术和摄影作品著作权相关的法律》第 22 条上的原型同样参见该书，334 ff.

悲观的责备，在此应当提醒，"庸俗报刊"这个词早在 20 世纪初期就已经在针对维也纳媒体使用了。

21　　虽然如此，显而易见的是，目前媒体领域内的一些发展正在导致对于人格权的潜在威胁的增加。这主要与各种媒体市场上加剧的竞争有关。

22　　印刷媒体的结构没有明显的变化。它们的私有属性，使它们一直以来都面临着一种所有权上的紧张关系：一方面是大众传播的任务，另一方面是营利经济性的利润导向；对此斯迈思（Smythe）曾尖锐地说：大众媒体"大量生产听众，再将他们卖给广告商"。[12] 然而，作为广告市场危机的结果，媒体企业的经济情况急剧恶化；正是在近几年中，这使得竞争压力显著提高了，并导致新闻业明显的质量下降，例如对编辑的裁员或者明显减少的自我调查。在这一情况下，就容易更多地寄希望于可以增加销量的、与隐私的泄密或者轰动性丑闻紧密相关的刺激手段。

23　　电子媒体的结构变化则更为明显。所有欧洲国家对广播电台的去规制化，使得这一大众媒体也不得不面临竞争，这不可避免地导致了节目的商业化；公法上的广播电台（Public-Service-Broadcasting）也无法幸免。[13] 新的节目形式，例如真人秀或者垃圾电视广告，耗尽了品味良好的观众的底线；各种不同形式的"信息娱乐"威胁着传统新闻学上虚构和现实之间的区分，并且甚至是最私密的或者最难堪的袒露，也能从脱口秀主持人的沙发上到达几百万人的家中。然而这种对于迄今被视为媒体的公众或文化任务的偏离，或者与此类似的偏离，在一般情况下不会导致人格保护的问题，因为总是有人

12　对于进一步的论据以及对于厘清这一媒体的"公众任务"概念下的两难困境的努力，参见 W. Berka, Medien zwischen Freiheit und Verantwortung, in: J. Aicher/M. Holoubek (Hrsg), Das Recht der Medienunternehmen (1998), 1 (3 ff).

13　关于大众交流日渐增长的混乱状态，参见含有进一步论据的传媒学文献：U. Di Fabio（前注 7），161.

愿意出售其人格，或者出于其他原因自愿参与那些将暴力和私事作为娱乐来销售的节目。然而情况并不总是这样的；例如当典型的法庭报道成为法庭电视时，则很明显，这一发展也造成了对人格保护领域新的、加剧的威胁。[14]

这种威胁也来自于在线媒体：一方面因为信息的数字化为存储、任意的连接和广泛的查看带来了全新的可能性，也即在一定程度上使得信息的力量显著地增大了。在此前，被侵犯名誉的相关人至少还能用报纸的短暂性来安慰自己——当报纸的纸页变黄，对名誉的侵犯也往往随即从公众的意识中消失了；然而现在，电子档案赋予了人格侵犯以一种全新的性质，因为人们可以借助搜索工具，随时毫不费力地得到这些信息。[15] 在聊天室或者其他地方展开的因特网上的互相交流，以及由此产生的虚拟的近距离，也引发着新的冲突。最后还有众所周知的情况：因为因特网的无边界性，对权利侵犯的追踪往往因为实际上无法操作而失败，确实可以说，在网络外违法的行为，在网上也违法。

实事求是地看，这些大众媒体本身固有的规律性和其自身的利益不应被忽视；这与媒体的公共任务是什么、它们的公共任务在法律的视角下应如何评价无关。[16] 因为即使当宪法通过认可一种有力的自由保障，而赋予媒体以民主政治的意义和不可放弃的"守卫者部

24

25

14　关于法庭电视，例如美国最高法院在 Chandler v. Florida 案中的判决，449 U. S. 560 = 101 S. Ct. 802 （1981）；对美国情况的批判，例如：P. Thaler, The Watchful Eye-American Justice in the Age of the Television Trial （Westport 1994）. 在德国，联邦宪法法院也已经研究了电视的许可问题，并且在法庭审理中允许电视播放的呼声也越来越高；对于在德国的讨论参见：W. Berka, Medienberichterstattung und Persönlichkeitsschutz, in: Bundesministerium für Justiz （BMJ） （Hrsg）, Strafrechtliche Probleme der Gegenwart （1997）, 1 ff.

15　这也导致媒体法上的问题，例如在相关人陈述领域；对此参见，例如：Oberster Gerichtshof （OGH） 30. 10. 2003, ［2003］MR, 359; K. Richter/M. Windhager, Online-Archive am Ende? ［2003］MR, 211.

16　对此还将在下文脚注 25 中进行详述。

门"的性质，也必须允许对新闻实践进行考察，它们是否以及在多大程度的事实上符合了这一形象。

26 　　大众媒体不是重要公共利益无私忘我的管理者，而只是对民主履行其理性和启蒙的义务。像所有其他的社会组成体系（Teilsysteme）一样，它们也具有自己的利益，不论其性质是政治上的还是经济上的；在冲突情况下，它们也会背离公众的利益。因此它们的利益并不必然是与公众利益等同的。[17] 这并不意味着，它们的公共任务在法律上是无关紧要的，或者实际上是不可能实现的，无论是通过单个的媒体或者通过具体的报道形式。然而对于人们谈论到大众媒体的公众地位时，有时表现出的激情，则不应不加疑问地支持；而正是当脆弱的个体人格受到威胁时，就不应支持这种激情。[18]

三、人格权保护和媒体自由紧张关系中的基本权利情况

27 　　在接下来的段落中，将对相关基本权利在法律中的规定情况进行调查和探讨；当个体人格权和大众媒体之间发生冲突时，这些基本权利应当得到尊重。研究的出发点是奥地利的国内法律制度，然而同时也涉及欧洲基本权利制度，它主要是在《欧洲人权公约》（EMRK）中进行规定的。另外也将单独对《欧洲基本权利宪章》（EGC）进行探讨。虽然宪章是非强制性的，而且鉴于它的适用范围限于欧盟机关和成员国在执行共同体法时（《欧洲基本权利宪章》第51条），也难以想象在这里规定的权利与人格保护问题实际上有什么重要关系；但它是一个值得注意的欧洲基本权利制度的文件，代表性地体现了欧洲的标准。在本文的框架下，要对于其他的国内

17　H. M. Kepplinger 对被其称为媒体法上"公共福利的虚构"进行了反驳，对此参见：H. M. Kepplinger（前注8），18、19。

18　最高法院也不能幸免于这种激情；例如，参见 W. Berka（前注12），1、2 中的论据。

宪法进行完全的法律比较是不可能的；如果涉及其他国家的宪法情况，也只是以举例的形式出现。

（一）媒体自由的保护

1. 奥地利宪法中对媒体自由的保护

在奥地利宪法中，大众媒体的自由来自于单个的国内法上的基 28
本权利与相应的《欧洲人权公约》上的保障的结合；在国内，后者
也同样是可以直接适用的宪法。这些基本权利〔《国家基本法》
（StGG）第 13 条，《国内集会暂行决议》（ProvNV）第 1、2 项，《欧
洲人权公约》第 10 条〕保障了一项广泛的交流自由，其中也包括大
众媒体的自由。[19] 在这里要再次提醒，处于这一包括个体意见自由的
基本权利保护体系的中心位置的，是作为个体的人的自由。为了这
些个体的自由，宪法才保障自由的交流制度，以确保个体在共同体
中得以通过对社会交流共同体的参与而进行精神上的和社会上的自
我展开。这是《欧洲人权公约》第 10 条人格权和人权的核心。

时间上在前的《国家基本法》第 13 条[20]将媒体自由这一基本权 29
利以传统的出版自由的形式确定下来；而在《欧洲人权公约》第 10
条中，却没有明确提及这一权利。然而没有争议的是，公约法上的
保护内容及于所有的大众媒体，也即它也保障出版自由、无线电台
的自由和所有其他大众交流工具，包括新型媒体的自由。

这一媒体自由以广泛的形式被宪法所保障。它不仅适用于所有 30
技术上和传播上的公共大众交流的工具，也包含对出版内容的全部
收集和传播程序，生产时技术上、经济上和组织上的现实情况，以
及大众媒体通过所有可支配的营销渠道所进行的传播。媒体自由的

---

19 关于交流自由，参见 W. Berka, Die Grundrechte（1999），Rz 540 ff；关于媒体自由详
    见 M. Holoubek, Recht der Massenmedien, in: M. Holoubek/M. Potacs（Hrsg），Handbuch
    des öffentlichen Wirtschaftsrechts I（2002），1041.
20 以及《国内集会暂行决议》（ProvNV），它的意义主要在于强化了审查禁止。

核心是保护大众媒体在内容上和传播上的形成自由，无论传播的是事实陈述（Tatsachenaussagen）还是意见。欧洲人权法院（EGMR）的司法实践尤其明确了，不只是在形式和内容上有节制的、无害的或者合适的言论构成对自由的有效行使，甚至是那些激怒性的、侮辱的或者扰乱国家或者任何居民的观点的表达，也属于对自由的有效行使；这促进了精神的多元、容忍和大度，没有它们，民主的社会就不可能存在。[21]

31　　　因而对人格保护具有特别意义的，首先是，没有媒体被排除出宪法的保障，哪怕是相比于只负责任地报道当下时代信息的媒体相比，关注不那么高品位主题的媒体。之前曾经有过尝试，试图禁止"八卦和丑闻媒体"援引新闻自由，并将基本权利限于"严肃的"媒体；这些都没有能够得到实施，这是正确的。[22] 媒体自由也包括对所呈现内容在传播上的形成自由，包括自主选择表述的自由，乃至使用谩骂语言以及进行论战的自由；这样，与对立的人格权的冲突至少不容易通过以下方法所暗示的那样得到解决，即言论的表达者确实应当以更不具有攻击性的方式或者更不具有侮辱性的方式，来表达其蔑视性的语言。[23]

21　欧洲人权法院（EGMR）7. 12. 1976，Handyside，［1977］Europäische Grundrechte-Zeitschrift（EuGRZ），38（42），此后形成了固定判决；对于民主社会中的宽容度类似的参见 Sammlung der Erkenntnisse und wichtigsten Beschlüsse des Verfassungsgerichtshofes（VfSlg）10. 700/1985.

22　对此参见 W. Berka（前注 4），122；F. Matscher, Medienfreiheit und Persönlichkeitsschutz iSd Europäischen Menschenrechtskonvention（EMRK），［2001］Österreichische Richterzeitung（RZ），238（246）一文正确地强调，好奇心和唯恐天下不乱的心理并不违法，不是只有严肃媒体才能享受基本权利保护。类似的参见德国宪法，例如（德国）联邦宪法法院的判决（BVerfGE）101，361（389 ff）-Caroline von Monaco.

23　在固定判决中欧洲人权法院强调，《欧洲人权公约》第 10 条不只是"保护所表达的观点或信息的内容，也保护它们表达的形式"；例如，参见：EGMR 23. 5. 1991，Oberschlick，［1991］EuGRZ，216；尤其深远的论述参见：EGMR 1. 7. 1997，Oberschlick II，［1997］Österreichische Juristenzeitung（ÖJZ），956（"Trottel"）.

　　因而对肖像在印刷媒体和视听媒体上进行公开，也是作为不可　32
放弃的媒体形成手段而享有基本权利保护的，这也许促使奥地利法
院修正了它们关于肖像权（《版权法》第78条）和关于报道的许可
性边界的司法实践。[24]

　　通过对媒体的某种公共任务的认可，媒体报道自由这一性质上　33
广泛的基本权利保护，被显著地拔高和强化了；媒体的公共任务受
到欧洲人权法院[25]以及各国国内的最高法院[26]的信奉，此外也与几乎
所有的宪法法院的司法实践一致；它们通过各种形式并以不同结论，
认可了媒体自由处于"更优位置"。

　　在一个民主的宪政秩序中，作为基本权利的媒体自由必须真实　34
地拥有组织性的意义；按照欧洲人权法院的另一种说法，它是"民
主社会的基本支柱"。[27] 这一意义的拔高是与出版自由在启蒙运动和
自由主义的精神财富中的根基地位相挂钩的；而自由主义又与现代
宪政国家的民主原则息息相关。这种意义拔高将大众媒体视为民主
社会政治进程中的一个重要角色：作为公众意见的媒体，它们提供

24　关于新闻照片的保护参见 EGMR 11. 1. 2000, News, [2000] MR, 221；关于《著作权
　　法》第78条的相关问题参见相关文章：W. Berka, G. Zeiler und G. Korn in H. Mayer
　　(Hrsg), Persönlichkeitsschutz und Medienrecht (1999)；参见最近的司法实践：OGH
　　23. 9. 1997, [1997] MR, 302 -Ernestine K；OGH 10. 7. 2001, [2001] MR, 287 -Gaston
　　G.

25　对此参见下文脚注中的论据。关于这些司法实践的概览也可参见：D. Damjanovic/
　　A. Oberkofler, Neue Akzente aus Strassburg-Die Rechtsprechung zu Art 10 EMRK, [2000]
　　MR, 70；M. Holoubek, Medienfreiheit in der Europäischen Menschenrechtskonvention,
　　[2003] Archiv für Presserecht (AfP), 193；C. Grabenwarter, Europäische Menschen-
　　rechtskonvention (2003), 287 ff.

26　关于媒体特殊任务的认可，例如，参见：VfSlg 13. 725/1994, 14. 260/1995；关于与此
　　相关联的反侮辱法上的特权，参见：OGH 11. 4. 1996, [1996] MR, 98.

27　自从 EGMR 7. 12. 1976, Handyside, [1977] EuGRZ, 38 (42) 的固定判决以来。在很
　　多判决中，都将意见自由和出版自由作为所有其他自由的"基础"；例如参见美国宪
　　法上的 Schneider v. State, 308 U. S. 147, 161 (1939)：出版自由是"由自由的人进行
　　自由治理的基础"；类似在德国宪法上 BVerfGE 7, 198 (208) —Lüth—形成的表述：
　　出版自由的"宪法性意义"。

政治的公开性，这种公开性来自于市民互相之间的以及政治精英和市民之间的意见的自由交换。因而欧洲人权法院也可以从某种"公开权"出发而推导出，在何处认可由媒体来满足的公众信息利益的存在。[28] 同时大众媒体作为公众意见的因素，也通过自己的立场表态、通过对这一公共意志形成的过程进行批评和评论，作出它们的贡献。最后，它们作为"公共看门人"，也履行着一项重要的、对于民主而言不可放弃的监督任务。[29]

35　　如此显著的公共任务所产生的结果可能是责任的增加或者特权的产生。对于这两种情况都有很多例子，比如根据《媒体法》这一狭义法律的第 7b 条的规定，媒体要承担维护无罪推定的义务，这即是承担义务的一个例子；其实际上的理由来自于这一情况：正是大众媒体通过由它们上演的"报纸审判"，而可能以十分特殊的方式威胁到这一法益。对此，相关人陈述权也是一个例子，它在媒体和它们的报道所涉及的相关人之间，通过特定方式和至少在理念上创造"武器平等性"。然而在具体的媒体责任的法律规定上，自由的法治国显然是保持克制的——这超出了一般的法律制度执行的范围。因而以公共义务为借口授予媒体的特权就占据重要位置，例如在保护编辑保密的范围内免于作证义务（《媒体法》第31条），[30] 通过国家援助而获得的优待，[31] 或者在获取信息渠道上的特权待遇。[32] 它们的结果是履行公共任务时的功能保护。

28　例如，参见：EGMR 23. 4. 1992, Castells, ［1992］ÖJZ, 803（805）：出版自由"使每个人都可以参与自由的政治讨论，这样的个人在一个民主社会中应当占据中心地位。"

29　例如，参见：EGMR 26. 11. 1991, Observer und Guardian, ［1995］EuGRZ, 16（20）.

30　这也是由宪法保障的；参见 EGMR 27. 3. 1996, Goodwin, ［1996］MR, 123；EGMR 21. 1. 1999, Fressoz und Roire, ［1999］ÖJZ, 774；对于记者入室搜查的限制，参见 EGMR 25. 2. 2003, Roemen und Schmit, ［2003］Newsletter 2, 74.

31　参见《2004 年媒体促进法》，Bundesgesetzblatt（BGBl）I 2003/136.

32　例如在审理轰动性案件时优先排入座席表，或者优先提供议会讨论的信息；但对于这些优待的法律边界，参见 VfSlg 13. 577/1993。

依据其性质，大众媒体在公共任务中的特权会对人格保护产生　36
各种后果，对此在下文还将详细探讨。在这里只是先明确，根据很
大程度上无可争辩的观点，媒体的特权是在宪法（《欧洲人权公
约》）中被规定的，并且它无论如何在原则上被赋予"大众媒体"，
而不论媒体追求什么样的自身利益，也与记者是否确实符合了这一
高标准的模范形象没有关系。

在此不构成问题的是，在对我们媒体制度的现实、对记者的职　37
业实践、对他们的自我理解和他们事实上带来的成效进行批判性观
察时，大幅度地对其进行修饰。[33] 媒体可能行使一种权力，它应当被
监督但它不情愿被监督；对记者和丑闻相关人的武器平等性的假定
通常是善意的谎言；或者在启蒙记者的外衣下有时隐藏着强大的利
己性利益，这些都是事实。当对具体人格保护问题进行法律上的衡
量时，不正视前述问题或者忽视社会科学上关于媒体影响力的调查
所证实的结果，衡量的结果可能也是错误的。然而这并不影响公共
任务的履行构成一种规范的宪法上的期望，它可能兑现，但也可能
无法兑现。

2.《欧洲基本权利宪章》对媒体自由的保护

《欧洲基本权利宪章》是目前为止要求最高的对基本自由和人权　38
的法典化尝试；这些基本自由和人权是在欧盟框架内联合起来的欧

33　对于媒体批判和新闻批判存在广泛的、以完全不同的方式提出的论据，许多作为宪法
上模范蓝图的基础性假定在此被质疑。然而这里不可能对其进行详述。在一些方面参
照，例如：H. M. Kepplinger（前注8），21 ff（主要参见"Selbstreferentialität des Medi-
ensystems"）；H. Schreiner, Macht und Medien, in: Demokratie und Ration-
alität. Internationales Jahrbuch für Rechtsphilosophie und Gesetzgebung（1992），87（关于
媒体不受监控的权力）；O. Jarren/H. Schatz/H. Weßler（Hrsg），Medien und Politischer
Prozess（1996）.

洲国家所能够信奉的。[34] 因为这些自由和权利与欧洲法院（EuGH）的司法实践紧密相关——它在这一（虽然在法律上还没有约束力的）法典化之前，就已经从成员国的宪法习惯和《欧洲人权公约》中推导出共同体法上不成文的基本权利，并在判决中援引它们；也因为《欧洲基本权利宪章》与公约经常发生重叠，所以无论如何，对于媒体自由，不会与前文所得出的结论发生太大的偏离。

39   媒体自由被收入在以"自由"为标题的《欧洲基本权利宪章》第二章，其中第 11 条第 1 款逐字收录了相应的公约基本权利，保障一般的意见表达自由：每个人都有自由表达意见的权利。这一权利也包括意见自由以及以下自由：不受政府干预、可以超越疆界对信息和观念进行接收和传播。[35] 同一条文的第 2 款规定道，"媒体的自由及它们的多样性……受到尊重"。

40   迄今为止，基本权利文本都对媒体自由的受尊重权进行了规定。在这一传统中，基本权利上的自由保障的约束力就会产生问题，尤其是以下问题：媒体的自由是否已经属于第 1 款的自由保障的组成部分，以及第 2 款的受尊重权是否指明（indizieren）了基本权利防御内容的相对化，因为媒体的自由"只是"被尊重。

---

34   关于《欧洲基本权利宪章》，一般性地参见，例如：C. Grabenwarter, Die Charta der Grundrechte für die Europäische Union, ［2001］Deutsches Verwaltungsblatt (DVBl), 1; H. Neisser, Die Europäische Union auf dem Weg zur Grundrechtsgemeinschaft, ［2000］JRP, 264; M. Holoubek, Die liberalen Rechte der Grundrechtscharta im Vergleich zur Europäischen Menschenrechtskonvention, in：A. Duschanek/S. Griller (Hrsg), Grundrechte für Europa (2002), 25.

35   《欧洲人权公约》第 10 条第 1 款（除了第 3 句）被逐字引入《欧洲基本权利宪章》，这在奥地利联邦法律公报中公布的公约的翻译版本和《欧洲基本权利宪章》第 11 条之间的文本比较中，不是很明显，因为这一翻译与公约其他的德语版本有轻微的偏差（"Anspruch auf..."而非"Recht auf..."）。进一步参见 W. Skouris, Die Kommunikationsfreiheit in einer zukünftigen Europäischen Grundrechtecharta und in der jüngeren Rechtsprechung des EuGH, in：J. Schwarze/A. Hesse (Hrsg), Rundfunk und Fernsehen im digitalen Zeitalter (2000), 159.

其渊源并非一脉相承，期间表述发生过多次变化：虽然可以认 41
为，无论如何根据起草会议最初始的理解，媒体的自由是被包括在
一般媒体自由的保障中的，这也与《欧洲人权公约》相吻合；虽然
在进一步讨论的过程中主要是多样化保障激起了通过增加第 2 款来
进行扩展的意图；然而，最终的表述将媒体自由独立化了，它同时
可能也暗示了保护程度的减弱。[36]

虽然如此，出于种种原因，以下观点是不能接受的：与《欧洲 42
人权公约》或者可比较的国内基本权利相比，《欧洲基本权利宪章》
对媒体自由提供的保护更少。恰恰相反，在宪章中已经表达，同时
也在公约中加以保障的宪章上的权利，拥有与在公约中相同的含义
和范围，而与《欧洲基本权利宪章》第 11 条的具体表述无关（《欧
洲基本权利宪章》第 52 条第 3 款）。单纯的受尊重权的表述，主要
是欧盟考虑到其在媒体领域受限制的权限所作的变通；应当明确一
点，维护媒体多样性作为成员国的任务，保留在其国内领域。[37] 对于
防御权，不能从中得出广泛的结论。[38]

鉴于这一历史背景，可以认为，在其与《欧洲人权公约》中相 43
同的防御权的层面上，媒体自由无论如何都被包含在第 1 款的一般
意见表达自由之中。只要《欧洲基本权利宪章》对媒体市场上的多
样性有根据地（或者至少是被认可地）负有积极的保障义务，那么

---

36 关于产生的历史，参见 N. Bernsdorff, in: J. Meyer（Hrsg），Kommentar zur Charta der Grundrechte der Europäischen Union（2003），Art 11 Rz 8 ff.
37 N. Bernsdorff（前注 36），Art 11 Rz 19.
38 确认保护水平不应低于《欧洲人权公约》以及《欧洲基本权利宪章》的"强调功能"的还有：M: Holoubek（前注 34），27 und S. Griller, Der Anwendungsbereich der Grundrechtscharta und das Verhältnis zu sonstigen Gemeinschaftsrechten, Rechten aus der EMRK und zu verfassungsgesetzlich gewährleisteren Rechten, in: A. Duschanek/S. Griller（前注 34），131（152）.

媒体的自由就将在第 2 款上被完整地表述；[39] 这对于这里所讨论的人格权保护问题不产生明显的后果。

44　　因此《欧洲基本权利宪章》强调了由《欧洲人权公约》所提供的、民主社会中媒体自由的标准，并着重指出了其在全欧洲的有效性诉求（Geltungsanspruch）。在此意义上也可以认为，媒体的公共义务和它们提供政治公开性的功能得到了新的认可。

（二）人格权的保护

1. 奥地利宪法中对人格权的保护

45　　从坚实的教义学基础上来考虑媒体自由，它是一种坚固的、其范围得到保障的基本权利。但对于人格权在宪法上的确定则不能得出同样的结论，并且恰恰是对于那些可能通过媒体的侵害而受到威胁的人格权而言。

46　　与波恩《基本法》（GG）第 2 条第 1 款大致对应的一项人格自由展开的基本权利，的确可以为一般人格权提供基本权利上的保障，[40] 但奥地利宪法和《欧洲人权公约》都没有规定这样的权利。虽然从《普通民法典》（ABGB）第 16 条的"天赋权利"中能够推导出一项这样的权利——因为这一规定是"人格保护的一般条款"和"我们法律体系的核心规范"，[41] 然而，这一一般人格权却没有宪法上的地位，即使《普通民法典》第 16 条在内容上符合一项基本权利的表述形式。

47　　粗略看来，这里所研究的人格权似乎只是单个地受到宪法上的

39　这一解释也是由会议主席团对《欧洲基本权利宪章》第 11 条第 2 款附加的论证所产生的，据此第 2 款系在媒体自由领域对第 1 款效果的"阐释"；参见 N. Bernsdorff（前注 36），Art 11 Rz 20.

40　参见，例如：BVerfGE 54, 148（153 f）mwN.

41　关于一般人格权参见 J. Aicher, in：P. Rummel（Hrsg），Kommentar zum Allgemeinen bürgerlichen Gesetzbuch I（3. Aufl 2000），§ 16 Rz 11 ff；W. Posch, in：M. Schwimann（Hrsg），Praxiskommentar zum ABGB I（2. Aufl. 1997），§ 16 Rz 12 ff. 最后参见 Rspr OGH 29. 8. 2002, 6 Ob 283/01p -Postmortaler Persönlichkeitsschutz.

保障：首先是为《欧洲人权公约》第 8 条中的私人生活所提供的宪法保护；从中可以推导出对私人领域的广泛保护。⁴² 在媒体无意间泄露秘密（indiskrete Enthüllungen）的情况下，它的保护范围变得具有现实意义：这一基本权利已经作为判决的基础，单独地或者与其他狭义法律上的权利（《普通民法典》第 16 条，《著作权法》第 78 条）一起，提供防御权；⁴³ 它还引导立法者创设了相应的保护规范，例如《媒体法》第 7 条。⁴⁴ 肖像权（《著作权法》第 78 条）或者姓名权以及言辞权（Recht am eigenen Wort）也都可以归属于这一基本权利，即便这些权利有时会显示出超出该权利范围的实质内涵（sachlichen Gehalt）。

由《欧洲人权公约》第 8 条所保障的隐私保护在基本权利上的加强，构成了对于数据保护的一般性基本权利［《2000 年数据保护法》（DSG）第 1 条第 1 项］，它确保了一项对于超出私人和家庭生活秘密的、与人身相关的数据的保密权；对于这些数据的私密性存在值得保护的利益。　　　　　　　　　　　　　　　　　　48

因此宪法针对秘密的曝光，给予私人领域以全面的保护。私人受保护领域的范围是无法通过简单的公式来决定的。⁴⁵ 在学界和司法实践中，人们经常尝试对各种领域的界限进行确定（"领域理论"，Sphärentheorie）。根据这一理论，由最狭窄的私密领域所产生的受保　　49

42　关于《欧洲人权公约》第 8 条的概述，参见 W. Berka（前注 19），Rz 454 ff；C. Schumacher, Medienberichterstattung und Schutz der Persönlichkeitsrechte（2001），34 ff.
43　关于匿名权，例如，参见：OGH 22. 10. 1986，［1986］MR 6, 15 —Krevag；OGH 17. 12. 1997，［1998］MR, 53 —Tiroler Rechtsanwälteverzeichnis；OGH 29. 11. 2001，［2002］MR, 26 —MA 2412；W. Berka, in：W. Berka/T. Höhne/A. J. Noll/U. Polley, Mediengesetz（2002）Vor § § 6 –8a Rz 13.
44　对此参见 W. Berka（前注43），§ 7 Rz 1. 现在关于针对媒体报道的人格权保护参见 EGMR 24. 6. 2004，［2004］Zeitschrift für Urheber- und Medienrecht（ZUM），Hannover, 651.
45　鉴于市民的公众性消解在"公众碎片"之中，以及公众和私人之间的边界逐渐模糊，关于保护法益的问题参见，例如：W. Berka（前注4），291 ff.

护的秘密关系范围，与私密公开（Privatöffentlichkeit）之间是可以区分的。[46] 以所涉及的隐私为标准而确定的这样一个一般化的、客观化的界限，就是第一步。其他观点可以从数据保护法中推断出来；它保护的是关于个人的"特别有保护价值的"特定数据（《2000 年数据保护法》第 4 条第 2 项）。因为《欧洲人权公约》第 8 条所保护的法益是人性之人的自主性，则通过媒体报道所产生的侵权的强度也必须被考虑在内：媒体对某人的全方位"生活情景"进行传播时，即使不只是对私密信息进行收集，也可能构成对私人生活的侵犯；在照片公开中，无所顾忌的近景拍摄和引发错误判断的相互关联，即使是在公共事件中，也构成违法。这说明，通过《欧洲人权公约》第 8 条所保障的隐私保护最终只能通过评价性的总体判断来决定，这一总体判断考虑媒体报道所产生的侵权的强度，也同样地考虑所涉及案情的"隐私性"。[47]

50　　　更棘手的是名誉保护在基本权利上的确定问题。《欧洲人权公约》只是在与第 10 条第 2 款上的限制条款的关联中，作为可以对侵犯意见和媒体自由进行合法化的法益，明确提到了人格名誉（良好的声望）。关于这一点下文还将提到。[48] 根据传统观点，《欧洲人权公约》第 8 条的保护范围不包括名誉。[49]

46　关于这样的等级划分参见，例如：F. Matscher（前注 22），246.

47　对此详细参见 W. Berka（前注 4），304 ff. 关于现在"当代史人物"的人格保护的批判性评价参考 EGMR 24.6.2004 in［2004］ZUM, Hannover, §§ 61 ff.

48　参见下文脚注 65。

49　参见 L. Wildhaber, in: W. Karl（Hrsg），Internationaler Kommentar zur Europäischen Menschenrechtskonvention（1986, Loseblattsammlung），Art 8 Rz 127 ff；除此之外关于被视为典范的《一般人权宣言》第 12 条对此的偏离——它也包括对名誉和声誉的保护，参见 J. Velu, The European Convention on Human Rights and the right to respect for private life, the home and communications, in: A. H. Robertson（ed），Privacy and Human Rights（1973），12, 15 f, 42 ff.

　　需要考虑的是，禁止侮辱性对待（《欧洲人权公约》第 3 条）　51
是否意味着不要求对人格名誉保护进行确定的安排。⁵⁰ 然而这不可能
适用于名誉保护的任意一种构想或者范围，而只适用于那些同时侵
害人格尊严的侵犯行为；而人格尊严是《欧洲人权公约》第 3 条所
保护的核心法益。⁵¹ 那些威胁人的心理和社会存在的侮辱，或者以其
他特别的方式对人所进行的侮辱，构成对人的尊严的侵犯，这一点
应当是明确的。⁵² 最后，在某警察将一个非洲黑人辱骂为"没用的黑
鬼"一案中，最高法院确认了这一点。⁵³

　　人格名誉宪法保护的进一步范围，以及它与名誉这一作为相关　52
民法和刑法上构成要件基础的法律概念的关系，都是不清楚的。人
格名誉的宪法保护首先是受到上文所说的人格尊严的限制的。可想
而知，只有以下侵犯可以归属于宪法上的人格保护：它们完全否定
了或者在一定程度上威胁了社会的有效性诉求，从而将个人的社会
存在置于危险之中；而有效性诉求是每个人无关其社会地位、个人
收入或者能力，都能够主张的。单纯的对经济声誉的威胁，或者
"仅仅"带来经济上负面后果或者降低声望的名誉侮辱，是被排除在
外的。对于"物化的名誉保护"这一宪法上的拔高——它试图为名
誉阻挡任何通过批评产生的威胁，在《欧洲人权公约》第 3 条上基
本不会被考虑，就像对法人或者企业的"名誉保护"一样。

50　参见 W. Berka（前注 4），225 f；C. -W. Canaris, Grundprobleme des privatrechtlichen
　　Persönlichkeitsschutzes，［1991］Juristische Blätter（JBl），205（213）也谨慎地肯定了
　　这一点。
51　关于《欧洲人权公约》第 3 条及其固有的人格尊严内容参见 W. Berka（前注 19），Rz
　　380；K. Burger, Das Verfassungsprinzip der Menschenwürde in Österreich（2002），108 ff.
52　最高法院在人格尊严中也发现了人的名誉这一"核心"；参见 OGH 12. 6. 2001，4 Ob
　　131/01w，［2001］MR，242—Krone-Mafia. 意大利宪法法院也持类似观点，它认为人
　　格尊严构成出版自由的最外层的边界；参见 Corte costituzionale 17. 6. 2000，Nr 293，
　　［2002］EuGRZ，613.
53　参见 OGH 14. 1. 2004，13 Os 154/03.

53　　　　必要的澄清暂时就到这里。进一步的研究必须考虑到在现代支离破碎的多元化社会中，名誉的概念所发生的变化。在这里不对它的封建起源进行追溯，也不对其相关的理解不假思索地进行调整。[54]作为暂时的结论应当认为，人格名誉虽然作为一种法益而在宪法层级上被认可，但也只是限于上述的作为人格尊严保护方面的范围内。

54　　　　最后，如果存在信息自决基本权（Grundrecht auf informationelle Selbstbestimmung），则它将在宪法上大大巩固针对大众媒体的威胁而进行的对于人性之人的保护。德国联邦宪法法院就从在波恩《基本法》中规定的一般人格权中推导出了一项这样的基本权利。[55] 这样的基本权利甚至将一开始存在局限性的相互关系非常好地引导到这一点上来：人性之人是作为社会的存在物，通过交流在共同体中自我实现；交流关系对于社会的存在而言是本质性的，因而人拥有社会关系的自我支配权。这样的一种个体对于公众中自我描述的支配能力，首先表现在数据保护法上：对与人身相关数据的利用要征得相关人同意，并且相关人对数据的更正权或者消除权受到保障。至少根据奥地利法或者基于《欧洲人权公约》，它不属于基本权利。对于数据保护的一般基本权也只是产生一项要求对人身相关数据进行保密的权利，因而以这些数据的秘密性为前提；然而，信息自我决定权中被认为是较为广泛的，秘密保护只是其中很小的一部分。对于其他数据，只有在对其进行自动化处理或者在文件进行中处理时，才产生《2000 年数据保护法》第 1 条第 3 款上的基本权利；这一保护也不超出人对所有涉及他的信息的全面支配。[56]

54　参见下文对此的思考：F. Kübler, Medienfreiheit und politischer Prozess, in：Bitburger Gespräche（前注 2），35 以及 B. Rüthers, ebenda, 3（4 ff）.

55　BVerfGE 65，1（41 ff）—Volkszählungsgesetz.

56　认为《欧洲人权公约》第 8 条对私人领域进行全面保护的观点以这个判决为基础：Entscheidung des VfGH Slg 12. 689/1991. 有争议的是，从中是否可以推导出一项信息的自我决定权；C. Schumacher（前注 42），40 f 中隐约表达了这一点。

2. 《欧洲基本权利宪章》中的人格权保护

对于在一个多元化的民主社会中，对名誉保护的合法性及其恰 55
当范围的追问，在与大众媒体的冲突方面恰恰涉及到一个政治上的
争议问题，关于这个问题的观点不一，这最终在《欧洲基本权利宪
章》的法典化中明显地表现出来。

与《欧洲人权公约》类似，宪章也保障私人生活受尊重权 56
（《欧洲基本权利宪章》第 7 条）；它也是几乎逐字重复了相关的公
约权利。名誉受尊重权和良好声誉受尊重权在涉及隐私保护时被进
行了讨论，并且甚至在中间草案的表述建议中被采纳了。有些代表
只是觉得"名誉"（Ehre）这一概念过时了而不满意，想要通过
"人格声誉"（persönliche Reputation）来取代它；而另一些代表要求
完全删除基本权利上的名誉保护，最终后者的意见被采纳：他们认
为通过采纳名誉这一概念可能会唤起这个印象，即当其与自由表达
意见权发生基本权利冲突的情况下，将会采取对意见自由不利的处
理方式。[57] 在几乎所有的民主宪政国家中，不受阻碍的意见表达自由
都受到了高度评价，因而这种现象也在这一基本权利类别中贯彻下
来。甚至一个与会成员提出的，在一个与《欧洲基本权利宪章》第
11 条的一般言论表达自由相关联的限制条款中增加名誉保护，都最
终被摒弃了。[58]

鉴于这一历史背景，要将名誉保护解释为私人生活受尊重权不 57
可或缺的一个组成部分，这本身就是不可能的。这是否对《欧洲基
本权利宪章》第 1 条上的人的尊严保障的解释产生作用，也是有疑
问的。无论如何宪章赋予了人格尊严以非常突出的位置：它不仅仅
是处于最高位置的单个的基本权利，而且还是其他所有以它为本质
内容的基本权利的基石；对人的尊严的尊重是最低要求，为宪章上

57　参见 N. Bernsdorff（前注 36），Art 7 Rz 9 ff.

58　参见 N. Bernsdorff（前注 36），Art 11 Rz 6.

所有其他的权利所包含。[59] 假如个体可以不受保护地被诽谤，则在共同体中对个体尊严的尊重就可能被质疑，那么就可以将名誉保护归入《欧洲基本权利宪章》第 1 条；在这一点上《欧洲基本权利宪章》也不允许落后于公约的保护。[60] 然而可以肯定的是，即使是宪章上将名誉保护作为基本权利，它也存在超过《欧洲人权公约》第 3 条的效果范围。

（三）人格权和媒体自由在宪法上的均衡

58　　在前文概览中描述过的那些基本自由和人权的相关领域中，人格权的保护是针对大众媒体而被嵌入宪法的；这显示，至少在奥地利宪法制度上，人格权不是全面的和完备的，而是通过单个的保障在宪法上加以确保的。因此奥地利的法律状况与（例如）德国的法律状况是相区别的；在德国，一般人格权在波恩《基本法》上拥有有力的宪法保障。宪法层面上，人格权站在作为享有全面保障的媒体自由的对立面；当涉及到媒体自由对于民主社会的根本性意义时，它的适用还会再得到增强。现在基于这一宪法状况，得出如下结论：

1. 人格保护作为宪法任务

59　　今天被认可的是，在宪法上保障的基本自由和人权不只是针对国家的防御权，也可以产生积极的保障义务。[61] 它们使国家（首先是立法者）承担以下义务：也针对可能来自于私权力的侵害而为个人

59　见基本权利制定会议主席团对第 1 条的解释；对此参见 M. Borowsky, in: J. Meyer（前注 36），Art 1 Rz 1, 14；W. Karl, Die Rolle der Menschenwürde in der EU-Verfassungsdebatte, in: M. Fischer（Hrsg），Der Begriff der Menschenwürde（2004），25.

60　为删除独立的名誉保护而辩护的一些与会成员的发言也表明，这是因为它被人格尊严的概念所涵盖；参见 Protokoll der 5. Sitzung des Konvents, in: N. Berbsdorff/M. Borowsky, Die Charta der Grundrechte der Europäischen Union. Handreichungen und Sitzungsprotokolle（2002），163（183 f.）.

61　参见，例如：M. Holoubek, Grundrechtliche Gewährleistungspflichten（1997）多处；W. Berka（前注19），Rz 99 ff. 在针对媒体侵权的保护方面，欧洲人权法院也认可了一项相应的、从《欧洲人权公约》第 8 条中推导出来的国家的保护义务；参见 EGMR 24. 6. 2004 in [2004] ZUM, Hannover, §§ 56 f.

提供保护。因而只要人格保护在相应的基本权利中确定下来，国家就也要针对大众媒体的侵犯对个人进行保护，并提供一种恰当的法律保护制度。宪法法院（VfGH）就是这样从一项"宪法上的义务"出发，将在《欧洲人权公约》第 6 条中保障的无罪推定（它构成"整个奥地利法律制度中的统治性原则"），也针对媒体影响司法这一危险进行贯彻，正如奥地利立法者在《媒体法》第 7b 条中所做的那样。[62]

60 类似的是针对无意公开以及有意公开（indiskrete und sonstwie bloßstellende Veröffentlichung），对私人生活所进行的保护（《欧洲人权公约》第 8 条）。从人格名誉的保护方面来看应当认为，至少应当针对威胁到人格尊严在共同体中存亡的名誉侵犯，对个体进行宪法上的有效保护。

61 因而，有效的人格保护作为人的存在和人格自由展开的基本条件之一，是宪法上的要求。然而如同在积极的保障义务方面所通行的那样，这里要考虑到法律政策的形成空间。因而，立法者是在刑法上还是在民法上赋予个体以防御权，责任规则在细节上如何组织，或者如何对宪法上规定的单个人格权进行构成要件上的塑造，首先是狭义立法者的权力。它所作出的规则只需在整体上提供一套保护机制，以确保对人格权的有效保护；并且已经考虑到目前大众媒体及其出版能力和个体的实在地位之间所存在的真实权力差距。

62 要确定是否及在多大程度上由某一确定的国内法律制度（例如奥地利法）来履行这一宪法任务，这不是本文的任务。在奥地利不存在重大的保护漏洞，尤其是《媒体法》以媒体法上的损害赔偿请求权的形式创设了媒体的一项具体责任，并通过《1992 年媒体法修

---

62 参见 VfSlg 11. 062/1986，14. 206/1995.

订法》对其进行完善。[63]《普通民法典》第 16 条可以作为兜底权利条款来使用。[64] 通过《2004 年民法改革法》（ZivRÄG 2004）新引入民法的"维护私人领域权"（《普通民法典》第 1328a 条），不适用于媒体产生的侵害。

2. 人格保护作为媒体自由的限制

63　　面对媒体的侵害而提供给个体的人格保护，会限制大众媒体基本权利上的自由，因为特定形式的报道被宣告为不被允许并被处罚。这一点在刑法上的名誉保护中表现得很明显。然而国家赋予个人的民法上防御权也具备权利限缩的功能。因为民法上的责任是基于合同外的侵权法而产生，所以根据主流观点，它不取决于关于"第三方效果"（Drittwirkung）的争议；民事法庭的司法实践也通常在进行利益衡量时将媒体自由计算在内，通过利益衡量，得出个案中人格权侵害的违法性。[65]

64　　作为对媒体自由的限制，人格权保护的构成应当以相应的限制保留来衡量，也即在媒体自由的情况下，首先[66]根据《欧洲人权公约》第 10 条的法律保留来确定。据此，对人格权的侵犯必须通过法律进行规定，服务于具名列出的公众或者私人法益，并且是为一个

63　关于这一点的概览和细节参见 W. Berka（前注 43），Vor §§ 6 -8a，以及该处对构成要件的评论。

64　参见，例如从《欧洲人权公约》第 8 条结合《普通民法典》第 16 条中推导出的一项"匿名人格权"；对此参见前注 43 中的论据。

65　关于民法上规范的权利侵犯性质，参见 W. Berka（前注 4），203 ff；F. Matscher（前注 22），246；司法实践例如 OGH in Entscheidungen in Zivil- （und Justizverwaltungs-）Sachen （SZ）61/210；OGH 23. 11. 2000，[2001] MR，26 -Alkoholsünder。

66　因为与《欧洲人权公约》第 10 条重叠，奥地利国内宪法中其他的基本权利构成要件现在已经没有实际意义了，除了审查禁止以外——它仍然是从《关于国家公民的一般权利的国家基本法》（StGG）第 13 条和《国内集会暂行决议》第 1 项中推导出来的；从《欧洲人权公约》第 10 条中是否可以推导出一项对任何事前审查的绝对禁止，是有争议的；关于欧洲人权法院的立场参照，例如 M. Holoubek（前注 25），198 中的论据。

民主的社会所必需。

权利侵害必须"在法律上规定",这强调了立法者在平衡不同利 65
益时的责任:它首先负有针对媒体侵权为个体提供有效保护的义务
和责任;个人为确保其有尊严的生存和自由的人格展开,可以援引
这一保护。立法者同时也必须为媒体留下自由空间,这是它们在一
个自由的民主社会中,为履行其任务所需要的。

能够对限制媒体自由进行合法化的法益,有在《欧洲人权公约》 66
第 10 条第 2 款中规定的"他人的权利"和"良好声誉的保护"。将
人格权保护归入这两个侵权目标,在一般情况下是没有问题的:"他
人的权利"包括在一个民主社会中所有值得保护的个人法益,因而
也包括例如私人领域受尊重权、肖像权或者其他特殊人格权。民法
和刑法上的名誉保护规定作为"保护良好声誉"的措施而得到合法
化。在很大程度上还不清楚及没有定论的是,公约所指的是哪一种
名誉的概念。就这方面而言,(国内的)立法者被给予了一项受约束
的具体化裁量空间;当立法者试图对"名誉"的一种形式进行保护
时,则这种名誉的形式在一个公约意义上的民主社会中是否完全不
恰当,将构成其外部的边界。例如对封建等级社会制度中的名誉概
念的全盘接受,或者在"名誉保护"的外衣下为国家机关或者行政
当局屏蔽批评意见,以及对国家象征的过分保护,都是这方面的例
子。[67]

从媒体自由的角度看,在对宪法上人格保护的措施进行判断时, 67
决定性的标准是以下问题:相应的限制是否"在一个民主的社会中
是不可或缺的",或者用欧洲人权法院的话来说,对于媒体自由的某

---

[67] 因而当行政当局或者军方试图以刑法上的手段屏蔽对其的批评时,欧洲人权法院正确
地采取了严格的标准;参见,例如:EGMR 25. 11. 1997, Grigoriades, [1998] ÖJZ,
37. 关于司法实践在对于法官和法院的批评上态度的摇摆,参见 M. Holoubek(前注
25),198.

种限制，是否存在一种"必然的社会性需求"。[68] 这也就是合比例性标准，它指向法益和利益衡量，是在人格保护和媒体自由之间的紧张关系中，重要的宪法上的试金石。

68   借此可以明确，宪法要求在自由交流的宪法价值和与其对立的人格权之间，合比例地进行均衡；在此应当借助民主社会的价值标准来进行这一均衡。对相互冲突的法益进行宪法上的平衡，这是立法者和法官在前述紧张关系中面临的一项重要挑战。

3. 通过法律及法官的利益衡量进行的冲突解决

69   前文已经说过，解决这一冲突首先是立法者的责任，它在此拥有一项法律政策上的形成性职权空间。这一职权空间的范围，最终是由负责规范审查（司法审查）的（宪法）法院来确定的；对于职权空间的范围以及在其中加以考虑的重要因素，都无法进行一般性的和终局性的确定。[69] 在人格保护的实践中，问题往往在法律适用方面尖锐化，这不是没有原因的。

70   宪法上规定的恰当均衡的目标绝不危害处于危险之中的法益，它尽可能兼顾值得保护的人的需求，以及社会中正在发生的思想上的争论。这一目标要求在处理这里的冲突情况时，根据案件事实，考虑多样化的不同利益状况。立法者既无法预见所有可能的利益冲突情况，也不能对所发现的利益冲突不加思考和辨析而直接决定；因而他将这个问题在很大程度上留给了法律适用，在法律规定的框架内，考虑个案情况，作出公正判决。

71   构成要件的不完全性，为法官的利益衡量提供了空间；这主要是民法上的人格权保护所特有的。这存在于一般条款所包含的人格权中，例如肖像权（《版权法》第 78 条）：通过司法判决，它被上

---

68   参见，例如：EGMR 26. 11. 1991, Observer und Guardian, ［1995］EuGRZ, 16.

69   参见，例如：VfSlg 14. 260/1995 中对于《媒体法》第 7b 条（无罪推定的保护）的合宪性判断。

升为原则；据此人格权的保护范围很普遍地是从全面的利益衡量中产生的。[70] 然而对于在构成要件上规定得更明确的请求权基础，例如《媒体法》第 6 - 7c 条上的损害赔偿请求权，也往往会避免进行简单的归纳；这里也有一般条款形式的概念（例如第 7a 条：值得保护的利益）或者指向利益衡量的条文（例如第 6 条：重大公众利益）；这给法官的判决留下了裁量的空间。

法官的利益衡量是根据个案情况进行的。然而利益衡量也使宪法上的价值发生突破：从媒体自由基本权利的视角下来解释和适用关于人格保护的规定，这是一项来源于宪法的义务；反过来，对于站在自由报道对立面的宪法序列中的人格权进行合宪性考虑时，也是一样。关于这一义务对于符合宪法的利益衡量提出的方法论上的问题，以及它教义学上的保障（首先在于合宪性解释的原则中），在这里无法进行进一步讨论。 72

以这样的方式，宪法上的价值判断似乎"被卷入"了法官的利益衡量中。对于民主社会有根本性功能的媒体自由基本权可以在个案中给人格保护加上边界，但为了其他权利，例如私人生活受尊重权的有效实施，媒体的自由也可以被限制。在这里顺便提及，对于奥地利法律而言，借助这种方式在《欧洲人权公约》的基础上得出的结果，与德国联邦宪法法院在波恩《基本法》第 5 条的宪法基础之上以其"效果交换学说（Wechselwirkungslehre）"所得出的结果类似。[71] 73

根据实际一致性的基本原则，从合宪衡量的任务中首先只得出一个形式原则。利益衡量不是关键词，而是目标冲突的另一种说法； 74

70　参见前注 65 中的论据。

71　据此，根据条文的表述，名誉保护的规定为意见自由基本权设定限制；然而，出于自由的民主国家中对意见自由的价值和意义的理解，这一限制本身也是必须受到限制的；见自 BVerfGE 7, 198（209）—Lüth 以来的固定判决。

后者又与解决它的任务紧密相连。[72] 对此决定性的是在法律中明确表述的价值，然而鉴于前文已强调过的人格保护构成要件的不完全性，它们只是不完整地发挥其决定性的效力。援引宪法上的价值可以为利益衡量提供进一步的标准。这些并不必须是新的评价角度，尤其因为立法者假定了规则的合宪性，而在基本权利的具体化时就已经"符合基本权利地"对冲突进行了规定，或者就已经强调了恰当性的法律适用原则；法律适用恰当性的导向性作用与基本权利的一样。如果说关于肖像权（《版权法》第78条）的利益衡量，要取决于作为当代史人物的相关人的公众地位，这就是一个无关意见自由而独立发展出来的观点，虽然它也是恰当地表达了基本权利上的观点：对于那些处于公众生活中的人，公众有权对其更感兴趣。[73]

75　　然而，以媒体自由基本权为导向或者以对立的人格基本权为导向，可以得到价值原则、排序或者冲突解决规则，通过这些可以将现有的标准完善与加深，并剔除不合适的标准。借此，个案判决将得到合理化，并与宪法上的价值判断绑定。在这一民法上和宪法上的价值观念混乱状态中，基本权利有必要援引更高层级宪法权利；这些更高层级的权利在民主的宪政国家中是不可放弃的。

76　　实际上这些使个案衡量的裁量幅度减小的冲突和衡量规则，[74] 可

72　P. Schwerdtner, Das Persönlichkeitsrecht in der deutschen Zivilrechtsordnung（1977），98；类似的早已有 H. Kelsen, Zur Theorie der Interpretation，［1934］Internationale Zeitschrift für Theorie des Rechts 8，Neuabdruck in：Die Wiener Rechtstheoretische Schule II（1968），1363（1367）.

73　也参见下文边码101及以下段落。

74　参见 T. Vesting（前注5），347 中对于德国联邦宪法法院的司法实践的描述。

以被大量法律制度及其宪法法院或者其他最高法院的司法实践所证明。[75] 在下一章中将对这一宪法上利益均衡的准则进行探讨，并对其效能提出问题。因为以下问题最终都由这些准则来决定：在狭义法律层面上的冲突解决中，将宪法上的价值判断考虑在内，是否能够确保更大的价值，以及如何在人格权的保护和意见及媒体自由的保障之间，确定它们各自的分量。

接下来的分析限于在此起作用的基本原则，是如何从国内法院和欧洲人权法院的判决中产生的。单个的论据只是作为例子提出；对于这些司法实践或者作为基础的狭义法律上的法律状况，在细节方面的意见争论不是本文的目的。

在这里考虑的有所谓的关于意见自由和人格保护的"伦敦－伊斯林顿原则（London-Islingtoner Prinzipien）"：它们是由一个著名的私人人权组织，即"第十九条—国际反言论审查中心（Article 19 — International Centre against Censorschip）"（伦敦）在 2000 年基于比较法上的研究制定和推出的原则。[76] 伦敦－伊斯林顿原则当然不具备法律效力。虽然如此，这也是值得注意的文献，因为这里表达了一个致力于媒体自由保护的组织对此的理解。这个组织要求，在这一争议领域中设立国际标准。从一个来自欧洲人权法院司法实践的例子

77

78

---

[75] 参见，例如包括德国、法国和瑞典在内的比较法上的报告：in BMJ（Hrsg），Internationale Medienenquete. Pressefreiheit und Persönlichkeitsschutz in der Europäischen Union（2002）；对于美国、英格兰和《欧洲人权公约》的法律规定之间的比较，参见 E. Barendt，Freedom of Speech（1992）；对于奥地利、美国、《欧洲人权公约》的比较参见 C. Schumacher（前注42）；对于包括十一个国家的出版法规则（也涉及人格保护）的比较，参见 Article 19（ed），Press Law and Practice（London 1993）。

[76] U. Karpen，Persönlichkeitsschutz und Meinungsfreiheit，[2001] DVBl，1191 对它们进行了重述。

来看，这样的非约束性的标准也能够对司法判决产生影响。[77]

四、宪法利益均衡的准则

（一）事实表述（Tatsachenbehauptungen）和价值判断

79　　当大众媒体对于它们关于他人的报道，必须承担具体的法律责任时——或者被完全禁止传播特定的人身相关的信息，或者必须对贬低性言论的正确性负责——它们就触及到了自由报道的边界。在这方面，意见和媒体自由基本权利为自由表达提供了一个广泛的度量空间；这一空间与事实表述和价值判断的区别相联系。这一区分是宪法上确定的这些基本权利中的基础性准则，并且在所有那些依据意见自由的标准来测定个体的人格保护的法律制度中，都是通行的惯例。

80　　当错误的事实陈述侵犯他人在法律上受保护的领域时，它就可能被处罚；而评价性的意见表达则可以不受阻碍地和自由地被传播，即使当它关涉一个人的名誉。这最终是与在启蒙运动中扎根的公共讨论理念相关的：通过自由的思索，观念的正确性将表现出来；这也包括对于他人及其有效性诉求的批评性争论，无论这些有效性诉求是在艺术上、经济上还是政治上相关地被提出。相反，可以被证明错误的言论不是值得保护的法益，因为它们没有为公众交流提供有价值的贡献。[78]

77　欧洲人权法院在其对于新闻来源保护的判决中，援引了一系列非强制性的、支持出版自由保护的文件；参见 EGMR 27.3.1996, Goodwin, ［1996］MR, 123. 法院主要引用了在第四次欧洲媒体部长会议（Ministerial Conference on Mass Media Policy）中通过的《关于新闻自由和人权的决议》，Prag 7. -8.12.1994, 以及欧洲议会的 1994 年 1 月 18 日《关于新闻来源秘密性的决议》（Official Journal of the European Communities Nr C 44/34）。

78　关于这一区别参见德国联邦宪法法院的判决，例如：BVerfGE 54, 208 (219 f)；61, 1 (8) usw.

因为狭义法律上的反侮辱法没有充分地考虑这一构成自由意见 　81
表达基本权利保护的基础的区分，所以对于相关法律必须根据这一
准则来进行解释和适用。这超出了主观的意见表达、评价性的表态
或者主观的品味判断不受处罚的自由空间；在这一空间里，国家不
得对批判性言论的正确性、论证性或者恰当性进行判断，不论言论
是有价值还是无价值，有益还是有害，都在宪法上受到保护。[79] 因此
奥地利的刑事法庭必须从意见自由的角度处罚，对它们关于恶意诽
谤的构成要件的、对这一区分表述并不充分的司法实践［《刑法典》
（StGB）第 111 条］进行调整；[80] 在民法上的名誉保护法中，《普通
民法典》第 1330 条至少在错误的、危及信誉的事实表述（《普通民
法典》第 1330 条第 2 款）和其他的名誉侮辱（《普通民法典》第
1330 条第 1 款）之间进行了区分。对此最近也有司法判决，关于如
何在对基本权利进行应有考虑的情况下，在个案中确定批评自由的
边界。

从相关个体的角度来看，要在多大程度上容忍公众批评、侮辱 　82
性侵权以及轻蔑的言论，而不对其进行处罚，这取决于事实表述和
价值判断之间的边界。在人格保护和意见自由的紧张关系中，它是
决定性的，甚至可以说是最重要的分界线。这一边界非常不确定，
无论是司法实践所创造的公式——据此边界原则上取决于言论的可证
明性，[81] 还是认识论上的衡量，[82] 实际上都无法再提供进一步的帮助了。

79　再次参见，例如前文（脚注 21）引注的欧洲人权法院的司法实践。

80　关于这一点以及关于欧洲人权法院的相关司法实践的影响，参见 W. Berka，［1996］
　　JRP，240 ff 中的论据。

81　关于奥地利刑事法庭和民事法庭（不一致的）司法实践的论据，参见 U. Polley，in：
　　W. Berka/T. Höhne/A. J. Noll/U. Polley（前注 43），vor § § 28 – 42 Rz 12 ff；持批评意见的
　　是 P. Zöchbauer，Sachliche Kritik und strafbare Handlungen gegen die Ehre，［1996］MR，46
　　(48 ff). 关于民事法庭的司法实践参见，例如 OGH 19. 12. 2002，［2003］MR，25. 关于司法
　　判决进一步的论据参见 C. Schumacher（前注 42），75 ff.

82　对此参见，例如 T. Vestung（前注 5），342 ff.

83 对有争议的言论如何去解释，将哪个默示的事实核心作为主观意见表达的基础，如何处理"混合的言论"以及从事实表述的广义概念还是狭义概念出发来解释，这些都是无法仅仅在概念层面上决定的。在各种各样的边界情况中，区别本身就超出了价值判断的边界；通过价值判断，言论自由的空间被预先划定，并往往是以决定性的方式确定，哪种侮辱个体必须接受。[83]

84 在这种情况下，如果判决遵循在基本权利上受保障的意见自由，则结果趋向于对人格权保护不利：这也就是说，为保护最大程度不受限制的蓬勃的公众交流，"存在疑问时"要从主观的意见表达出发，不能认为对公共批评的自由获取不为公众所需要，而是要在原则上对所有涉及公众重要性的问题作有利于自由言论的推定。[84] 前文提及的关于人格保护和媒体自由的伦敦－伊斯林顿原则用以下表述着重指出了这一原则：反侮辱法不能被用来"防止对公共机关、行政弊端或者腐败现象的公众批评。"[85]

85 从相关个体的视角来看，这可能导致对其人格名誉受尊重权的背弃：他面临着价值判断外衣掩盖下的谴责；对于这些价值他无法提出任何异议，因为对于（符合要件地）侵犯他权利的媒体，他也不能主张任何真实性证明。他对狭义法律上的名誉保护法的援引——它保护个体的社会有效性诉求，可能与大众媒体意见自由的基本权利相对立。一项在同样层面上被确定于宪法上价值位阶之

---

83 参见，例如 OGH 18.10.2001，[2001] MR，359 中问题的界定；另一方面对价值判断相对宽松的采纳，见 OGH 23.1.2003，[2003] MR，27 -Abzocker，及 Korn 的批判性评注。对于侮辱名誉的不基于案件事实的价值判断，参见 OGH 20.12.2001，[2002] MR，292.

84 能够说明这一路径的是德国联邦宪法法院的司法实践；参见，例如：BVerfGE 7，198 (212)；61，1 (11)；30，241 (249)；对于"推定公式"持批评意见的例如 F. Ossenbühl, Medienfreiheit und Persönlichkeitsschutz, in：Bitburger Gespräche（前注 2），73 (77 ff).

85 伦敦－伊斯林顿原则中的第二条原则（前注76）。

中的防御权，似乎并不存在：非常明显地表现了这一点的，是名誉保护只在其核心领域受到宪法的保障——这正是前文分析奥地利宪法和欧洲基本权利秩序所得出的结论，以及在《欧洲人权公约》以及《欧洲基本权利宪章》中所表述的。[86] 然而正如德国法的例子所显示的那样，当宪法判决或者非常明确地，或者只是在结果上给予意见自由以优先地位时，同样的弱势地位也可能正是宪法上人格权保障的结果。这是部分德国文献对联邦宪法法院的司法实践提出的批评的核心；联邦宪法法院被认为是"名誉保护法的排除"的罪魁祸首。[87]

（二）侮辱性价值判断的特权

大众媒体在进行价值判断和主观意见表达时可以援引其在基本权利上的优先地位，即使它们通过人格的诋毁或者言辞上的侮辱侵犯了他人的名誉权利。关键性的问题是，侮辱性的批评是不是意见自由所享有的完全的特权，以及如果对这一问题的回答是否定的，它的边界在哪里。对此可以确定不同的标准。

根据奥地利法院的司法实践，关于人的批评性的言论在以下情况中可以不受处罚地被允许，即当它是基于没有争议的或者非常明显的，或者至少善意相信的事实［"事实基础（Tatsachensubstrat）"］而作出的；在此"过度评价（Wertungsexzess）"构成刑法可罚的侮

86

87

86　参见前文边码45及以下各段。

87　参见，例如 M. Kriele, Ehrenschutz und Meinungsfreiheit, ［1994］Neue Juristische Wochenschrift（NJW），1897；F. Ossenbühl, Medien zwischen Macht und Recht, in: Bitburger Gespräche. Jahrbuch 1995/II（1995），1；该作者前注84中的文章，73；R. Mackeprang, Ehrenschutz im Verfassungsstaat（1990）uva.

辱的边界。[88] 民事法庭也以类似的观点为根据。[89] 根据司法实践，过度评价是"过度的价值判断"，以及进一步的"形式上的名誉侮辱——在这种情况下基于言论的形式就产生名誉侮辱，以及根据错误的案情基础而就事件作出相应批评的否定性价值判断"，最后还有"在就事论事方面有任何缺失"的言论。[90] 德国联邦宪法法院为意见自由开启了一个重要的较广阔的活动空间：出于蓬勃的意见争锋考虑，它也包容侮辱性的和侵权性的言论，并将侮辱行为的最外围边界仅仅设定为，除了形式侮辱之外构成"虚假批评"的言论，即与事情本身没有任何关系，而只是对相关人进行贬低的言论——在涉及公众的问题中，这只是非常罕见的情况。[91]

88   欧洲人权法院也为侮辱性的价值判断提供了广阔的范围，其边界直到辱骂性词语的使用为止；这首先是与它对公众人物（public figures）的司法实践相联系的。[92] 在划定界限时它借用了普通法中的"合理评论"（fair comment）概念并以此作为标准，来对侮辱性价值

---

88   参见刑法上的标准判决：OGH 18. 5. 1993, 11 Os 25/93, ［1993］MR, 175. 对于这一判决参见：D. Kienapfel, Entscheidungsanmerkung, ［1993］MR, 177；C. Manquet, Einige Anmerkungen zum Urteil des OGH vom 18. 5. 1993, 11 Os 25/93, ［1994］ÖJZ, 196；H. Schmid, Grenzen der Meinungsfreiheit-fallbezogen erörtert, ［1994］MR, 2. 文中引注的判决的前身是 OGH 18. 3. 1987, 9 Os 18, 19/87, Evidenzblatt der Rechtsmittelentscheidungen（EvBl）1987/126.

89   参见，例如 OGH 23. 1. 2003, ［2003］MR, 27 -Abzocker；根据这一判决只有"大幅度的过度评价"才会产生责任；进一步参见，例如 OGH 19. 12. 2002, ［2003］MR, 25 - Privilegienstadl；OGH 16. 5. 2002, ［2002］MR, 213 -Dalai Lama II；OGH 27. 5. 1998, ［1998］MR, 269 -Tier-KZ；OGH 22. 8. 1995, ［1995］MR, 177 -Politischer Ziehvater des rechtsextremen Terrorismus.

90   这一标准是否确实充分考虑了宪法上的要求，首先在"就事论事的限制"方面是有疑问的，主要此处的确要求国家具备对一项价值判断的恰当性进行审查的权限；对此参照批评性意见：W. Berka, ［1996］JRP, 241 f.

91   对虚假批评的概念，参照，例如：BVerfGE 82, 272（283 f）及此判决关于专业法院的司法实践的提示。

92   参见 EGMR 1. 7. 1997, Oberschlick II, ［1997］ÖJZ, 956（"Trottel"）；关于"公众人物"标准，还参见下文边码 106 及以下各段。

判断的要件进行规定；在就事论事的范围内，应当容忍侮辱性价值判断，即使它们是没有根据的、错误的或者不体面的。[93] 根据欧洲人权法院的观点，记者在此可以进行一定程度上的夸张，其边界直到故意挑衅为止。[94]

非常明显，这一边界和其他类似边界将许多评价留给个案去判 89 断。在一个过度敏感的社会中应当接受何种激烈程度的表述，以及应当尊重何种体面的边界，今天不再能够通过一般的义务来确定了；法院是否应当将变得粗野的用语习惯考虑在内，或者不应坚持特定的公众用语习惯的最低标准，是有争议的。[95]

确定的一点是，那些参与公众意见争锋或者只在其中涉及的人， 90 应当在使用辱骂性词语的边界内，容忍其人格的伤害和贬低。[96] 为保护意见表达自由权，首先当探讨的问题涉及一般的公众利益时，应当采纳"更宽松的标准"。[97]

从宪法上的人格保护的角度来看，只有人格尊严处于危险之中， 91 才构成其最外部的边界。没有人必须容忍对于人的尊严的侵犯，这

---

93 参见，例如：EGMR 9. 10. 2003，Freiheitliche Partei Österreichs，Landesgruppe Niederösterreich in [2003] Newsletter 5，253 [=Zulässigkeitscheidung] zum Vorwurf der Lüge (kein fair comment)，关于美国法上合理评论的正当化事由参见 C. Schumacher (前注42)，69 ff.

94 参见，例如：EGMR 2. 5. 2000，Bergens Tidende，[2001] MR，84.

95 参见，例如 Grimm 的观点，据此法院不制造"媒体氛围"（D. Grimm，Wir machen das Meinungsklima nicht，[1994] Zeitschrift für Rechtspolitik (ZRP)，276），而是会导致如下忧虑，即消极的司法实践会导致公众讨论中语言的粗野化，甚至导致促使政治精英反向选择的结果；见 M. Kiele，Ehrenschutz und Meinungsfreiheit，[1994] NJW，1901. 最高法院在因一则挑衅性的言论而作出的论断中心灰意冷地表示，相关言论是"以一种对政党政治的争论而言变得习以为常的表述方式"所作出的谴责；见关于"瘾君子"这一谴责性表述的判决：OGH 13. 10. 1995，[1996] MR，26。

96 参见，例如奥地利最近的司法判决：OGH 23. 1. 2003，[2003] MR，27 ("Abzocker")；欧洲人权法院的司法实践例如：EGMR 27. 2. 2001，Jerusalem，[2001] MR，89 ("Psychosekten"). 相反，根据 OGH 17. 1. 2001，[2001] MR，165 的观点，对"招摇撞骗"（Gaunerei）的非难构成过度评价。

97 见 OGH 23. 1. 2003，[2003] MR，27.

在判决中无一例外地得到了认可。[98] 人格尊严固然不应当被作为不重要的权利而降低位置，但还是存在一个广泛的前部地带，在其中人格诽谤似乎被意见自由所掩盖了，而没有至少在宪法上人格保护的层面上具备同等重要性的法益可以与其抗衡。在这一点上，伦敦－伊斯林顿原则中也有以下这项值得注意的、被加以全面表述的原则："没有人应当因为侮辱……根据反诽谤法"承担责任，在此被视为侮辱的是那些不包含事实表述的言论，或者那些明智地使其无法解释为事实表述的言论。[99]

（三）错误的事实表述中记者的谨慎义务

92　　不受处罚的主观价值判断和客观的事实陈述之间的区别是存在于意见自由基本权利保障中的，在此原则上不存在疑问的是，当错误的事实陈述侵犯他人名誉时，它就不享受保护。[100] 然而根据相关的司法实践中很大程度上的统一观点，当媒体传播真实性不可证明事实表述时，在特定情况下也可以援引基本权利。

93　　这一准则通过以下假设得以正当化：如果媒体只能基于完全确定的证据进行报道，则宪法上受保护的广泛和不受阻碍的公众交流将在对于民主有害的程度上遭到妨碍。这里包含了对于以下情况的认可：在其真实性方面有争议的言论往往无法证明，至少考虑到当今新闻业的真实工作条件，对真实性证明的绝对要求会对其设定一种不成比例的风险负担。宪法赋予调查性新闻业以以下特权，即为有助于对推测存在的弊端和丑闻进行揭发，也偶尔传播不真实的情况或者至少真实性不确定的情况。这是调查性新闻业的盾牌。

94　　在何种情况下媒体可以援引这一特权，取决于具体法律规定的

98　关于人格尊严作为名誉保护法的核心领域，参见 OGH 30.10.1991，[1992] MR，19，然而，在此鉴于艺术自由，"小猪讽刺画"（Schweinchen-Karikatur）没有受到指摘；相反的处理见德国联邦宪法法院，in BVerfGE 75，369.

99　伦敦－伊斯林顿原则第 10 条（前注76）。

100　参见，例如：OGH 28.5.2002，[2004] MR，31.

细节；这可能导致追求正当利益这一正当化事由的认可、对民事诉讼中决定性的谨慎标准的限制，以及特定的证明责任规则（举证责任倒置）。[101] 在原则上有两个基本的衡量标准，它们示范性地在奥地利《媒体法》关于记者谨慎性证明的实证法规则中，构建了媒体侮辱性侵害的情况下，民法上的损害赔偿请求权，并塑造了刑法上的名誉保护，也即保留了典型的记者谨慎标准和公众信息利益的满足（《媒体法》第 6 条，第 29 条）。[102] 欧洲人权法院也从媒体自由中提取出了以下权利：当记者可以以至少是确定的、大体上可信的来源为依据时，不能对于有损名誉的言论建立内容真实性的新闻审查。[103]

借此宪法鼓励媒体履行公共任务，然而限于以下情况，即媒体的报道在个案中确实对关于共同体的重要事件的公众交流作出了贡献；同时作为修正性的标准，引入了新闻业谨慎义务。在新闻检索和报道中，应当采取何种谨慎标准，这里不必在细节上进行阐述；在什么情况下可以认定消息来源的可信性、记者是否可以直接引用其他媒体损害名誉的言论、何时存在回访相关人的义务以及其他更多问题，是媒体法庭以及其他法庭广泛的司法实践的对象；借此这些法庭为实际的新闻工作提供一定的标准。从宪法上的观点来看，要确定的是，援引新闻业谨慎标准，在任何情况下都构成责任的减轻，而不受其他所有细节的影响；在此为一般反侮辱法所特有的真实义务被降至"出版上的谨慎"的标准。[104]   **95**

对于媒体自由基本权利和这一反侮辱法上免责的风险之间存在   **96**

---

101 对于德国刑法，参考，例如：《刑法典》第 193 条（"正当利益的代表"）的构成要件；对于降低了的谨慎标准，参考德国联邦宪法法院的司法实践，例如：BVerfGE 60, 234（242）；54, 208（220）；85, 1（21 f.）.

102 根据 OGH 14.12.2000, [2001] MR, 93, 在有损信誉的事实表述中，也将《媒体法》第 6 条第 2 款第 2 项字母 b 上的规则作为正当化事由来适用。

103 EGMR 20.5.1999, Bladet Tromso, [2000] ÖJZ, 232；关于第三人对言论的责任，参见 EGMR 23.9.1994, Jersild, [1995] ÖJZ, 227.

104 见 F. Ossenbühl（前注 84），第 79 页中的批判性表述。

的关联，伦敦－伊斯林顿原则十分明确地提出："当出版的事实为虚假时，则被告应当被允许证明其'出版上的谨慎义务'。如果被告可以表明，在对所有情况进行综合考虑的情况下，他将其所选择的材料以这样的方式和形式来发表是合理的，则证据视为被提出。在对合理性和恰当性进行判断时，法庭应当同样考虑在涉及公共利益的事件中媒体自由的意义，以及公众及时知情的权利。"[105]

（四）隐私保护的位阶

97 　　之前讨论的宪法上利益均衡的准则，首先在媒体通过侮辱性的价值判断或者错误的指控危及个人的名誉时发生作用。在这个意义上，客观的报道从一开始就不产生人格保护的问题；当它可能对相关人作出负面的或者伤害性的评价时，也不构成人格保护问题，因为人格保护法只保护正当的名誉权；对真相的禁止将会构成严重的基本权利侵害，这种侵害只有在以下情况才能得到正当化，即在一个民主的社会中，说出真相也会对个体或者集体的更高层级的法益产生显著不利的威胁。[106]

98 　　只有例外情况下，才会对大众媒体客观的报道划出边界；在人格保护领域最重要的例子是针对无意泄密或者有意泄密的私人领域保护。对于民法上的隐私保护以及界定这一保护利益的困难，这里在细节上不进一步研究。[107] 从宪法的视角来看值得注意的是，基本法

105　伦敦－伊斯林顿原则第9条（前注76）。

106　在这一意义上参见 Smend 的经典表述，据此"能够说出真相，这对于个体而言是道德上所必需的生活养分"；见 R. Smend, Das Recht der freien Meinungsäußerung, Veröffentlichungen der Vereinigung der deutschen Staatsrechtslehrer（VVDStRL）4（1928），50. 关于基本权利上的真相保护，参见 W. Berka（前注4），232 ff；C.-W. Canaris（前注50），210. 因而，不允许对关于真相的证据进行公布也构成对《欧洲人权公约》第10条的违反；参见 EGMR 23.4.1992, Castells,［1992］ÖJZ, 803. 关于最高法院的判决参见 C. Schumacher（前注42），99 f 及进一步的论据。

107　对此参见 W. Berka（前注4），291 ff；关于对奥地利法实际上最重要的《媒体法》中的构成要件参见 W. Berka, in: W. Berka/T. Höhne/A. J. Noll/U. Polley（前注43），§ 7 Rz 6 ff.

上受保护的媒体的自由所面对的是一项独立的基本权利（《欧洲人权公约》第 8 条），这一基本权利支持和强化相应的狭义法律上的人格权。

媒体有对一切进行公开的权利；而个人有维持封闭的私人领域的权利，在这一领域中，公众参与和大众评价都是不被允许的。在对这二者进行衡量时，宪法上受保护的独立利益发挥自己的重要性。在最近的法律发展中，私人领域的保护被证实是人格权保护的活跃发展领域，这很可能不是偶然；这些发展或者是通过实证的立法,[108] 或者是通过法官法达成的。[109] 对各种不同的私人领域进行区分，确保了一种分等级的保护；它为法益提供了明确的轮廓，在与对立的不受阻碍的报道权进行衡量时，可以判断出应采用哪一种保护。

受到认可的还有，公众信息利益可以限制个体的权利。例如在关于《版权法》第 78 条上的图片公开所进行的利益衡量中，这一利益就是考虑的因素之一；《媒体法》中也规定了"与公众生活的关联"（《媒体法》第 7 条），这种联系可以允许报道侵入最私人的生活领域。[110] 对于相应的重要的信息利益而言，有时非常私人的情况也具备公众重要性，而个体必须容忍这一情况的公开；这首先发生在涉及具有当代史上地位的人物（当代史人物）时。然而，欧洲人权法院在它最近对汉诺威案的判决中，非常原则性地以及基于主题相关的标准（themenbezogener Maßstab）（"具有公众利益的讨论"），质疑了这一与身份相联系的观念（EGMR 24.6.2004，Hannover，§ 65）。

99

100

108　参见前注 43 中的论据。

109　参见前注 44 中的论据；J. v. Gerlach, Der Schutz der Privatsphäre von Personen des öffentlichen Lebens in rechtsvergleichender Sicht, ［1998］Deutsche Juristenzeitung（DJZ），741；EGMR 24.6.2004,［2004］ZUM, Hannover, §§ 56 ff.

110　对此参见 W. Berka（前注 107），Rz 24 ff.

（五）公众信息利益

101　　当媒体处理具有一般性公众意义的事件时，前文描述的从意见自由基本权利推导出来的准则，就会增强媒体在与对立的人格权的衡量中的地位。借此宪法嘉奖媒体对公众交流过程的促进作用——它处于意见自由和民主原则综合保障的中心位置。[111] 对自由报道优先地位的推定，对有损名誉的价值判断也给予广阔的活动空间，或者对于无法证明真实性的言论免除严格的真实性证明的优先权，这些在大众媒体处理具有一般性公众意义的事件时发挥作用；在这些情况下，它们可以对他人在其他情况下受保护的私人生活进行公开。

102　　借此，媒体自由基本权利属于合法公开的有效性诉求，在此重要的公共事件由大众媒体来命题并处理；对于这一点，个体的有保护价值的需求必须作出让步。

103　　一个民主社会中公众可以以及应当对什么内容感兴趣，标准是完全不确定的。清晰的边界在 19 世纪的社会中还能找到，但现在边界已经是不断变化的了。[112] 同样不容忽视的是，对这一问题的确定可能会导致一种困境：因为一个问题在公众心中占据多大分量，基本上是由他们自己衡量的，而在有争议的情况下又确实需要由国家和法官来作出决定。

104　　这种情况下，法庭倾向于通过表面上解决问题的空洞公式来逃避问题，或者完全不能脱离道德判断而作出武断的判决，这是不无道理的。以下公式就是这样的例子：根据这些公式，所有那些公开的或者默示的、只为满足唯恐天下不乱的乐趣和好奇心的媒体产品，都不能援引正当的信息利益。在同样的层面上，这些公式谴责媒体用消息来做生意，以致最终只是为了利润而侵犯个体易受伤害的人格权。这种表面上显而易见的评价不仅无视媒体的真实情况，也同

111　对此参见前注 25。

112　参见前注 5。

样不理会人消费消息的需求；它们也不能准确地把握问题的实质：
在什么样的情况下，信息对于一个民主社会中的公众是如此重要，
以致在冲突情况下，同样值得保护的个体需求必须作出让步。

在反侮辱法中，有一个标准取得了特别的重要性；它简化了对　105
合法公开利益的寻找，并可以引导与人格权之间的利益衡量。这一
标准以贬低性的报道涉及的人的地位为准则。

欧洲人权法院在其基础性的林根斯（Lingens）判决中表述道：　106
"对于一个政客而言……可接受的批评的边界……比单个的私人更
广"。[113] 它在此采纳了一个在民主国家的反侮辱法中得到广泛接受的
标准；这一标准是借鉴了美国反侮辱法和美国最高法院在纽约时报
诉沙利文案的传奇判决，作为"公众人物"标准确定下来的。[114] 它
最终要求所有在公众生活中活动的人接受毫不留情的报道，无论是
关于公开的批评还是关于私人事务的曝光。奥地利法院也在稍作犹
豫之后[115]采纳了这一标准并将其作为判决的基础，并借此为大众媒体
开启了一个宽广的活动空间，直至有损名誉的价值判断为止。在个
案中可能还有争议的是，除了聚光灯下的政客，还有哪些人物属于
"公众人物"：公众生活中的精英人物也被认为属于这一范围，经济
界的领军人物和大众媒体及其活动人物本身（出版商、记者）也同

113　参见 EGMR 8.6.1986, Lingens, ［1986］EuGRZ, 424.

114　376 U.S.254（1964）；对此参见下文中以比较法的视角对于美国法的进一步论述：
J. Scherer, Pressefreiheit zwischen Wahrheitspflicht und Wahrheitsfindung, ［1980］EuGRZ,
49；W. Berka（前注 4），263 ff；M. Holoubek, "Public Figures" als Maßstab bei der
Grundrechtsprüfung, ［1990］Fachzeitschrift für Wirtschaftsrecht（ecolex），785；G. Nolte,
Beleidigungsschutz in der freiheitlichen Demokratie（1992），144 ff.

115　以及一些相反的判决；参见对"公众人物"标准非常明显的拒绝：in OGH
18.10.2001, ［2001］MR, 359.

样都属于这一人群，但对于公务员和法官则存在较大的保留意见。[116]

107   然而在一定程度上，"公众人物"标准也是一种简化。[117] 欧洲人权法院用以下考虑论证这一标准，即政客"不可避免地和有意地将其每个用语和行动展示在记者和全体公众更精确的检视面前"。借此它与以下得到广泛接受的论据相联系，即那些自愿身处公众之中的人，也要承担与此相关的风险。然而这一论据只具有表面的说服力，因为它首先需要论证，为什么那些自愿身处公众之中的人，也要自愿接受因此产生的侮辱。况且，如果对于名誉保护的取消可能有任何理由的话，那么从意见自由的角度来看，这一理由只能是民主社会中信息需求；基本权利给予这一需求以特别的保护。然而这一信息需求首先指向的是对于公众具有重要性的主题，其次才指向活动人物。在公共资金浪费或者某一教派阴谋活动的情况下，存在合法的信息利益，即使参与者有充分的理由认为他们不是公众人物。对于党内的争论或者资金来源，当这一内部消息通过精巧的公共管理被隐蔽起来时，公众也有权感兴趣。也就是说，在名誉保护和公众信息利益之间的衡量中，作为公众事务和应当被公开处理的事务的事件占据更重要的位置，即使被牵扯进去的人既不是精英也不是出于自愿参与公众生活。

108   因而仅仅与人的身份相关联的标准是不够的。它可能会助长这种不利于对问题本身的理性讨论的假象，即所有，也只有在大众面

---

116 关于对大众媒体的批评，参见，例如 OGH 23. 5. 1991，[1991] MR，146；关于对一位处于领导职位的银行经理的被许可的批评参见 OGH 23. 1. 2003，[2003] MR，27（"Abzocker"）；进一步参见 OGH 15. 12. 1992，[1993] MR，61. 关于对公务员更强的反侮辱保护，参见 OGH 25. 1. 1996，[1996] MR，237. 根据施特拉斯堡法院的司法实践，虽然法官也可以被归为"公众人物"，但他们享有更强的反侮辱保护权利；参见，例如 EGMR 22. 2. 1989，Barford，[1989] ÖJZ，695；关于对一位奥地利法官的批评，参见 EGMR 26. 4. 1995，Prager und Oberschlick，[1995] ÖJZ，675；相反的观点，参见 EGMR 24. 2. 1997，De Haes und Gijsels，[1997] ÖJZ，912.

117 以下参见 W. Berka（前注4），263 ff.

前出现的或者争相进入公众视野的行为主体，能够得到公众的注意
力，即便他们只是大众媒体所制造的个人崇拜的英雄、偶像或者替
代品。虽然一个人的公众地位往往也是与其相关的合法信息利益的
标志，但这一关联并不必然存在，并因而需要由包括民主社会中合
法信息需求的主题相关的标准来进行补充。因而最高法院正确地强
调，为了确保由公众或者其媒体来实现的监督功能，在公共讨论过
程中的事件也要准备好应对尖锐的公众批评，这些批评也可以包括
行为人。[118] 欧洲人权法院在林根斯案的引导性判决中最终也提到了一
个这种主题相关的标准：它认为政客所要求的"厚脸皮"（dickere
Fell）的实质原因在于这一情况，即政治辩论自由是公约意义上民主
社会中真正的核心概念。这一结论可以推而广之：那些想在大众面
前实现自己及自己的作用的，并扮演了对公众具有重要影响的角色
的人，无论是在政治、经济、艺术还是在其他的公共生活领域，都
参与了民主社会的公众生活。因而他也必须因这一有效性诉求而面
对公众的批评。至少当相关人是自己登上了"公共舞台"时，适用
这一点；但这也不排除，对于某一畏惧公众目光的、然而也对公共
事件产生影响的行为，也可能存在合法利益。[119]

五、人格保护和媒体自由：总结

（一）意见自由优先还是人格保护优先？

几乎所有宪政国家的法院都赞许了意见自由对于民主社会的基
础性意义——虽然在细节上有显著差异；它们给予大众媒体以一个　109

118　参见 OGH 18.5.1993，［1993］MR, 175.

119　根据欧洲人权法院的司法实践也得出相同结论，M. Holoubek（前注25），197. 在最近
　　关于《欧洲人权公约》第8条的司法实践的框架内，施特拉斯堡法院现在明确表达了
　　对主题相关标准的支持；参见 EGMR 24.6.2004，［2004］ZUM, Hannover, §§65.

强势的地位，当它们侵犯其报道所涉及的人的人格领域时也一样。这一强势地位体现在以下推定规则：据此，在"存在疑问"时应作出有利于自由而尽可能不受限制的公共交流的判决；在利益衡量中，这一规则也得到贯彻，因为大多数前文所讨论的规则最终都导向了赋予大众媒体以一种特权地位的结果。

110   在对这一情况进行评价时，存在不同的基本观点：许多这一司法实践的批评者认为，人格保护和意见自由之间的平衡不再受到维护，名誉保护被逐渐排除，个体在很大程度上被没有保护地交给占有优势地位的媒体，而且这些在变得粗野的公众讨论中，在尤其涉及领导精英们的负面描述中，以及在对个体的侮辱中，带来了明显的负面结果。其他的意见则认为，这一发展只是对前民主传统中名誉概念的必要修正，它对于公开的民主程序而言至关重要，以对权力要求进行质疑，使公众监督得以实现，并给予民主的统治者所有的信息，而这些信息对于民主政治上的意见形成是绝对必要的。[120]

111   在这一情况中产生一个问题：这一事实上或者想象中不利于人格保护的情况是否确实来自于宪法上的基本权利秩序；换句话说，从宪法中是否可以推断出有利于媒体自由的绝对优先地位？人格保护是否真的只是这样一种被保护的法益，它虽然在有限的范围内可以正当化对媒体自由的限制，但当媒体的公共任务要求时，它就必须作出让步？

112   乍看之下，至少在奥地利基本权利秩序方面，或者鉴于与《欧洲人权公约》或者《欧洲基本权利宪章》中相关的法典化的基本自由制度和人权，人们可能倾向于作出以上推断。因为如前文所述，人格保护只在远景（私人生活的保护）上显示出其在宪法上的根基

---

120 对此再次参见德国的最新讨论；下文中不同观点之间的对立表现得十分清楚：B. Rüthers, Medienrecht—Medienwirkung—Persönlichkeitsschutz: Versuch einer Einführung, in: Bitburger Gespräche（前注 2），3.

作用，而媒体的自由显然享有广泛的、坚实的基本权利地位。然而这似乎是一个谬论。

在本文详细讨论过的法律制度中，名誉只在其核心领域享有基本权利上的保障；并且只要名誉保护的人格尊严核心不处于危险之中，名誉"只是"一种正当化对意见自由的侵犯的法益，例如像《欧洲人权公约》第 10 条第 2 款所明确的那样。虽然以上说法是正确的，然而基于这一点，是无法论证为何要对意见自由采纳"更优位置"的。相反，这样的情况首先就表明，在一个赋予每个人以不可放弃的权利地位的基本权利制度中，没有任何一个权利在面对与其对立的权利时可以主张绝对的优先地位——因为这将是每一自由的终结。无论单个的人格权是否作为基本权利被认可，都要将其与媒体的自由进行合理的均衡；因而后者也仍然只能是一种相对的自由，当维护他人的权利所必要时，它必须作出让步。这正是法律保留的功能，它将对冲突的利益进行对于社会而言合理的均衡的任务，交给了民主的合法立法者。然而此时也"只有狭义法律上"被认可的受保护法益——例如名誉保护的法益，才能在面对媒体自由等宪法上规定的自由权时，被赋予独立的重要性。

然而需要考虑的还有一点：所有基本权利的共同中心最终不在于任何超越个人的价值，即使这一价值具有很高的地位，例如民主秩序的功能展开；这一共同中心在于作为个体的人的尊严，它是所有基本权利和人权的核心重点。人格名誉是人格尊严的社会存在的一个基本条件；个体在共同体中的自我实现也是意见自由原本的开端。因而从这一角度来看，也只能对于两个权利——媒体的权利和人性之人的保护——进行合理的、符合实际情况的均衡；假如这两个权利中的任何一个可以主张绝对的优先地位，则均衡就是不可能的。

113

114

（二）合宪法的利益均衡

115　　大众媒体可以援引宪法上精确表述的基本权利，而对于人格保护就其整个范围而言却不是这样的；这并不能导致媒体自由的优先地位。然而宪法上的这一安排导致的结果是：如前文分析所示，从意见自由中可以推导出广泛的保护作用，这些保护作用作为衡量的准则和判决的标准，在对对立的利益进行均衡时可以发挥作用。法律比较显示，作为这些准则的基础的价值也受到了广泛的认可，并且这些准则在大量宪政国家的判决中发挥了作用。在结果上它使得大众媒体在利益衡量中获得了特权地位，并且它往往会导致，对于媒体英雄形象的狂热压倒了个体敏感的内心呼喊〔J. G. 佛莱明（J. G. Fleming）〕。

116　　当衡量的一方在衡量中没有或者至少没有充分地得到贯彻和考虑时，就会导致实际结果上衡量的欠缺；如果认为处于冲突中的利益原则上同等重要，也会导致同样的结果。这会导致，在宪法上合理的利益均衡，在个案中却可能是有缺陷的。因而衡量的缺陷不是媒体自由原则上优先位置的结果，而是由以下情况产生，即媒体自由可以通过容易把握的、原则上具有说服力的以及能够得到认同的原则被具体化，而对立的人格权则缺乏类似可把握的优先规则。这也是本文支持的论点。

117　　在这一情况下，就是将人格保护也在其宪法上的维度内来展开的问题。在保护私人领域方面，这显得比在名誉保护方面要容易得多。在这里，宪法上的法益已经在依照保护价值分等级的领域中，依据从中产生的评价准则来展开，这些准则在媒体报道方面也能够具备相应的优先地位。相反，人格名誉保护方面的标准相比而言非常不明确，虽然名誉保护法有着很长的历史；也许正是因为这样的历史，名誉保护在现代被部分地、不无道理地质疑了。它的评价标准是如何不确定，例如在以下情况就可以表现出来：商业声誉的保护和人格名誉的保护之间的区别有时太少被注意；而民法实践中被确定认可的法人的"名誉保护"也是一样。[121]

与此相对应的可能是以下问题：在宪法上合理的人格名誉保护 118 的范围如何确定，以及在面对大众媒体时如何去实施这一保护，而不对意见自由所保护的基本权利造成不合理的限制。在这里并不提供这一问题的终局答案，但至少应当讨论一些可能的出发点。

(三) 个人的社会有效性诉求和媒体的权利

保障人的尊严和人在共同体中的自由展开的宪法秩序——这与 119 单个基本权利的特点无关，是任何基本权利秩序的精髓——必须确保个体被赋予的在社会中的受尊重权。然而个体不只是拥有他本身应得的尊重，他还必须应对其他人的评价。这隐含了批评的自由，然而另一方面也要求对特定公平规则的尊重，这是任何交流过程的前提。这些规则也是公众交流的基本条件；公众交流为意见自由基本权利提供保障，并且大众媒体也对意见自由作出了至关重要的贡献，这是为意见表达自由基本权利所嘉奖的。假如这一条件不再得到满足，则那些由宪法保障的、超越个体的法益也将受到损害：这一法益是关于所有那些对于民主社会中的大众具有重要性的事务的争论；这当然也肯定包括符合实际情况的、关于在这个社会中活动的人的成就、贡献或者错误的争论。假如可以不受处罚地发表关于他人的虚假的、有辱名誉的言论，则不仅该人的名誉因此而受到了损害，这还是对意见自由基本权利意图保护的公开的公众讨论的侵犯：在这样的讨论中，应当是通过自由的言论证明观点和信念的正确性；而这又以人们关于以下问题达成一致为前提：究竟在对什么

---

121 对此的批评性观点参见 W. Berka, Unternehmensschädigende Kritik und Freiheit der Meinungsäußerung, ［1997］Wirtschaftsrechtliche Blätter（wbl），265（272）；G. Haybäck, Können wahre Tatsachenbehauptungen Ehrenbeleidigungen iS des § 1330 Abs 1 ABGB sein? ［1994］JBl, 667, 732（736 ff）.

对象进行判断。

120　　因此，宪法上保障的自由和不受阻碍的交流以尊重个体基本的人格权为前提，这一过程应当以符合其功能的方式进行。从这一视角出发，接下来要提出的问题似乎是，要构建怎样的进一步的准则，对前文提到哪个准则可能进行补充，以防止宪法上的利益均衡的片面性。一个例子是在价值判断和事实表述之间进行区分的必要性；前者是可以不受处罚的，而后者在所表述的情况错误时，则产生一种证明义务，或者至少要提出遵守了新闻业谨慎义务的证据：正是因为在可能的范围内进行的公共交流中，对于什么是事实表述，应当存在确定性，才进行这一区分，即使如前文所述，在个案中这一区分是极度不确定的。[122] 因而，侮辱性的价值判断在意见自由前提下的特权，不应当大到完全或者在实际上放弃这一区分。

121　　如前文所阐述的，在有疑问的案件中常常有必要寻求优先规则的帮助：因而，在涉及公众事务或者公众人物的情况下有疑问时，应当认为批评是被允许的，或者对相关事实表述不负有证明义务；在涉及公共信息利益的情况下有疑问时，应当以被新闻业谨慎义务降低了的客观性标准等取代真实性义务。最后，这些准则还是风险分担的规则：为不受阻碍的公共讨论考虑，个体必须接受有损名誉的批评或者未证实的（并可能是错误的）恶意诽谤。这些规则也给予个体以实现其社会有效性诉求的机会；现在从公平的公众讨论过程的视角来研究这些规则，则会发现需要对其进行修正：要考虑的还有参与者的交流机会，具体说也就是以下问题，即个体在多大程度上拥有在公众交流中实现和发挥自己作用的真实机会。

122　　这往往是权力分配的问题。具有影响力的政客能够用现代公共关系中的所有工具和可能性来对这一过程进行干涉，或者强大的经

---

[122]　参见前文边码 79 及以下。

济企业可以间接或直接对媒体产生影响；他们在活动时所处的地位与不知名的公民相比是完全不同的；当出于任何原因陷入媒体的攻击时，后者只是一个无力的个体。在利益衡量中，如果是在思考真实的、并非理想化和美化了的当今媒体的现实条件，就不能隐去这一权力问题。此处也包含了"公众人物"标准这一正确的处理工具，如果这一标准也根据知名人士更大的交流机会而进行了相应调整的话。[123]

这一交流机会均等的观点当然是需要加深和辨别的。[124] 在这里它只是作为例子被提出，以说明通过能够将人格保护恰当地考虑在内的准则，可以怎样对衡量决定进行补充。 **123**

还有一个标准，来自于前文所说的人格保护法上保障的核心：名誉保护法的人格尊严核心。需要解释的可能是，在什么情况下大众媒体的攻击构成对受尊重权的侵犯，这一受尊重权为每个人作为人的存在而拥有，而与其贡献和社会地位无关。这一任务在很大程度上也还未解决。[125] **124**

（四）总结：人格保护中的基本权利视角

在文章结束时应当再次提出这一具有决定性重要意义的问题：在解决人格权上的具体问题时加入宪法和人权法上的考虑要素，这究竟有什么用处？因为如果从各自的法律领域的视角来观察这里讨论的法律问题，则这里主要涉及的问题来自于刑法、媒体法和民法的教义学结构中，并也在其中找到各自解决方法。例如从刑法上来看，"过度评价"的问题就是关于《刑法典》第111条的构成边界的问题；"反击原则"超出了狭义法律（《刑法典》第114条）中保 **125**

---

[123] 参见前文边码106及以下各段。

[124] 例如对领导人物对抗媒体的胜算的估计，实证性的研究参见 H. M. Kepplinger（前注 8），27 ff 中对此的叙述；对于"公共人物"标准的疑难问题也参照 W. Berka（前注 4），263 ff.

[125] 参见前文脚注50。

障的特殊正当化事由。就这一点而言，从所涉及的基本权利出发的宪法上的视角，可能很容易表现为一种并非必要的干涉，它对于等待处理的问题的解决很少能有帮助，或者甚至会将狭义法律上的决定交给混乱的宪法上的法益衡量来完成。

126　　　事实上应当认为，在一般情况下，在狭义法律中已经存在与宪法上的评价相应的规定，当然这是在狭义法律符合宪法的范围内。例如《普通民法典》第 1330 条第 2 款的构成要件中，就对危及信誉的事实表述和价值判断进行了区别，前者要为其不真实性承担责任，而后者原则上不受处罚；这就已经充分考虑了宪法上的要求。因而唐突地回溯到基本权利的层面，这是不必要的。即使这样，也有一些判决认为，必须对意见自由进行宣扬。这有时存在以下不容否认的嫌疑，即这只是原本已经基于狭义法律得到充分论证的判决中的多余礼节。

127　　　无论如何，在对于立法者的决定是否符合宪法的检验中，相关的基本权利都是十分重要的，正如关于《媒体法》第 7b 条的讨论所显示的那样。[126] 此外宪法还对狭义法律的解释中的合宪法的标准进行指引，当这一标准成问题时或者不明确时：关于批评自由的司法实践的发展为此提供了一个直观的例子。就在欧洲人权法院的林根斯判决之后人们还曾经认为，必须对《刑法典》第 111 条进行符合形式的法律修改，以将《欧洲人权公约》第 10 条的要求纳入其中；[127] 然而后来的判决却显示，通过合宪的解释，完全能够开启意见自由所要求的批评空间。

128　　　然而，对于这样的利益衡量的处理，是在一个摇摆不定的基础

126　对此参见 VfSlg 14.260/1995.

127　对此参见 B. Weis, Nochmals: Der Fall Lingens und der Gesetzgeber, [1986] MR 5, 5; C. Manquet, Einige Anmerkungen zum Urteil des OGH vom 18.5.1993, 11 Os 25/93–6, [1994] ÖJZ, 196.

上进行的；由司法实践发展出来的标准是否符合普遍的正义感，是有争议的。被神话了的意见自由权利也可以支持媒体完全自私的利益，这并不仅仅是例外。而另一方面也应当认识到，在人格保护的外衣下有时也隐藏这样的利益，它们畏惧公共讨论和批评，或者想要堵住批评性新闻的流通渠道。

因而在宪法上奠定的人格权和媒体的基本权利之间的合宪法的均衡，在未来也将是民主社会的法律制度所面对的最敏感的任务之一；民主的社会以"活的"公共讨论为基础，然而也同样以个体自主性的保护为基础。在此意义上这一任务最终对于不可分割的人权负有以下义务，[128] 即在两种权利的相互关系中，没有任何一个可以主张绝对的优先，不论是意见自由，还是针对负面报道的人格保护。如果在自由的民主社会中意见一致的基本性评价，在宪法中（或者也在欧洲基本权利目录中）存在相应的表述，则对于宪法的援引能够导向"正确的"结果。意见自由基本权利是由非常明确的评价所支持的，媒体也能从中获益。它们拥有宪法上的保护。当然宪法也保障人格权，而问题就是要给予这一受保护的法益以更明确的界定，以便可以在其与意见自由的衡量中发挥作用。这是本文的最终观点。

129

---

[128]　对于"不可分割"的人权这一概念，参见 VfSlg 13. 981/1994.

信息社会的媒体责任

温琴佐·泽诺－泽科维基

1   经历了上个世纪，侵权法不断地通过开辟新的领域和改变其规则的方式加以扩张，后者已经由过错责任制度转变为严格责任制度。人们对这种现象的原因进行了广泛的研究和探讨：侵权法被视为有效的社会调控手段之一，在现代社会里分摊损失并通过纠正错误培育（人们的）正义感。与此同时，侵权法的经济作用通过与保险相连接而得以强化：严格责任是对竞争性企业进行拣选的一种有效方式。损害赔偿的风险转化为确定的保费，该项支出通过稍微提高销售单价而转嫁给消费者。在此背景下，实际上所有的人类活动和经济活动都共同身处其中，媒体行业中侵权法的角色惊人地呈现出异常，在大陆法系的国家与普通法系的国家之间毫无二致。当整个侵权法制度向严格责任转移时，在这个行业中仍由过错（假如不是恶意）原则所支配，责任的确定布满了例外、特权以及各种限制。这种与已经牢固确立的规则的巨大背离的原因在于媒体行业及其主要从业人员——记者享有优越的宪法地位，这种地位赋予他们免于适用一般的侵权法规则，根据该规则他们原本毫无疑问要被判决承担责任。这种状况显得与整个现代侵权法制度不一致，并且首先应当对可以断言确系据以依托的根据，即媒体的宪法保护提出质疑。

2   按照欧洲传统，包括欧洲大陆和不列颠，表达自由是一项个体权利，并属于"政治实体"的范畴：公民及其各种形式的协会（政

党、工会等）。在确立"新闻自由"原则的《美国宪法第一修正案》
（1791 年）与《法国人权宣言》（1789 年）存在着显著的差异，后
者在其第六条中规定的印制权显然有助于表达自由的实现。欧洲的
法律与政治传统不承认"媒体"应当被赋予原本属于公民的宪法权
利这样的观念。[1]

最近关于基本权利的《尼斯宪章》第十一条被纳入到欧洲宪法　3
条约并不代表一种例外。其中的第二款规定："媒体的自由及其多元
主义受到尊重"，但这样的规定显然是对第一款所规定的个人接受信
息的自由起辅助作用的，并且可以被合理地解释为需要对大量的针
对媒体事务（特别是电子媒体）如注册要求、特许、编辑的特殊责
任、内容控制等行政性限制措施加以放松。

如果从经济的立场对媒体行业进行观察，很明显它与其他行业　4
并无区别：那些对业务进行掌控并对其他业务具有广泛经济利益的
人，都是以营利为目的。这样的目的是完全合法的，并且当公司在
股票市场挂牌时，就意味着对投资人所负担的义务。从宪法的角度
很难理解为何同样重要的产业（例如医药公司）适用一般规则，而
媒体产业（很可能由同一个集团控制）却享有特殊的地位。一般认
为媒体产业的特殊地位是其在政治与民主进程中所发挥的作用的一
个结果：自由的——极其自由的媒体是民主社会所必需的。在这种
理论背后，存在着对起规制作用的宪法原则的误解。在欧洲的过去
五十年里（美国甚至更早）出现了要求对在国家治理中发挥作用者
——无论是公共部门还是私营部门进行问责日渐高涨的呼声，媒体
行业可免于问责，并代表着一种例证——现代社会中唯一的享有权
力而不担责任的例证。[2]

1　J. Lichtenberg, Foundations and limits of freedom of the press, in: Ead（ed.）, Democracy and the Media（1990）.
2　这是 J. Curran 与 J. Seaton 的经典之作《没有责任的权力》的标题，1997 年。

5　　应予补充的是，宪法作用与媒体行业的特权的现行理论是对当代民主政治理论的否定，因为该理论实质上"征用"了公民的表达自由——使公民无法发出自己的声音——而把征用来的表达自由交给媒体产业，它在现代社会发挥着重要作用，但是却没能赋予与政府一起构成政治单位的人。[3]

6　　假如媒体不享有（或不应享有）特权地位，那么其雇员，即记者，亦然。首先，这个范畴的法律根据就值得怀疑（是属于某个私营的、半公共的或者公共的社团的成员这个事实给它们授予特殊的权利吗？抑或是某人受雇于某公司而不是其他公司授予其这种特殊的权利？）。[4]

7　　其次，很显然除却统计上稍有例外的情形，新闻业只是诸多智力型职业中的一种，其雇员根据雇主的指示并为了雇主的利益使用其技能（写/说）。雇主决定记者进行报道的对象、时间、地点与方式。他们不能任意表达自己的观点而必须遵循精确的指示行事。他们所写的未必发表，而发表的决定并非由他们作出。他们所写的东西可以被删节并通过添加标题、照片与其他图形标记进行实质性修改。任何时候，他们工作的成果并不归属于他们：出版商，而不是记者，对出版和广播的东西享有版权。通俗地说，这里的悖论是记者所享有的表达自由一点都不比火车售票员所享有的发售车票的自由来得多。[5]

8　　对媒体自由的激烈争论，而不是鼓励与宪法和私法均不相符的特权，对区分媒体产业与其他产业的所有那些措施的合理性构成挑战，后者从利益衡量的检验标准来看显得不够正当。

9　　尽管存在"出版自由"的规定，自古腾堡法案以来，印刷行为

3　T. Gibbons：《媒体规制》，1998 年。

4　M. Gurevitch/P. Elliott, Le tecnologie della comunicazione e il futuro delle professioni radio-televisive, in：G. Bechelloni, Il giornalismo come professione（1980），46.

5　相反的观点也广泛存在：参见前引 multis G. Robertson/A. Nicol, Robertson & Nicol 合著：《论媒体法》，2002 年。

经受了不适用于其他产业而仅仅适用于各种媒体[6]的诸多行政性限制：足以在出版、电影产业、广播、电视与互联网之间形成对照。发布同样的内容可能要遵循不同的规则，这主要是历史上分层处理的结果：坦率地说，对如此巨大的差异要找出合理的解释实属不易。

　　某些仅仅针对媒体行为——与发布的内容有关的、被广泛使用的具体刑事制裁更为不合理：针对诽谤与淫秽的刑事法律成了一个时代的恐怖例证，那时媒体被视为对社会领域和政治领域具有危险性的活动，而不是像其他产业那样被视作一个产业。 　10

　　假如后面一个说法是正确的，那么不清楚为什么媒体应当遵守特殊的、引入了保护性原则（禁止交叉所有、限制所拥有的企业的数量或市场配额制等）而不是一般的事后调整的反托拉斯规则。通常给出的理由是需要实行特殊而异常的限制以保持媒体的"多元化"。但是这个答案回避了实质性的问题：为什么拥有两份报纸是合法的，而拥有三份报纸却是非法的；为什么拥有十家电台是合法的而拥有十一家电台却是非法的；为什么百分之十五的市场份额是合法的而百分之二十的市场份额却是非法的？对于事先限制缺乏实证的数据予以支撑，并告诉我们"少到什么程度才算是太少"。从合理的观点来考察，多元主义显然只是用来针对媒体产业的一种意识形态偏见。[7] 　11

　　为了还原更为真实的背景，其间规则是根据事实和数据制定的并根据其执行情况进行评估，最好考虑清楚媒体公司究竟是什么：购买信息或娱乐产品的业务——有时当作"原料"，有时当作半成品式的材料——在一个品牌下（报纸、期刊、网络）把它们组装并包装起来向公众和（或）广告客户出售。这就是媒体业务如何——以及为何——运转的情况，假如不这么做，它很快就会歇业。在信息社会，世界经济的主要财富是知识和信息，娱乐产品一如其他有形 　12

6　R. Craufurd Smith：《广播法与基本权利》，1997 年。

7　D. Mcquail／K. Siune, Media Policy, Converence, Concentration and Commerce (1988).

财产，如若造成损害，应当遵守同样的规则。[8]

13 没有必要提出论据来指出从侵权法理论的视角看，媒体当下适用的宽松的责任制度间接助长了过失行为，而且其潜在的威慑作用支持对公众支付的费用而致组织效率低下，扭曲了市场。不存在被确保免责或者仅承担宽松责任的其他行为。甚至"国王从不犯错"的古老信条也已成为过去——只有司法行为属于例外——一般产业、专业机构、公共行政乃至立法机关（see the ECJ decision in the Francovich case）都负有损害赔偿责任。存在两种被广泛适用和研究的有效模式：过失责任与严格责任。欧盟法律——被误以为采用统一模式——在信息传播领域采纳了以上两种责任模式。欧共体 1995 第 46 号指令对于非法处理个人数据适用严格责任，此等数据是媒体产业的最为重要的原料。欧共体 2000 年第 31 号指令基于控制原则对网络提供者适用过失责任标准；只有在行为人可以控制其内容或者其目标地址的情况下，他才对最终损失承担责任。后一个指令的第 12 至 15 条可以被恰当地解释为间接地对成长中的互联网产业起到了帮助作用，它在新技术与侵权法之间长期关系中是一项很常见的措施：它足以使人联想到 1929 年确立的为了支持民用航空工业而对事故责任所作的限制（1929 年《华沙公约》规定了承运人责任的最高限额，译者注）。赞成严格责任，即严格责任是产品责任的一般规则，并且其鼓励行业保险政策。归根结底，它是一项由那些购买产品或该产品做广告的人承担实际开支的损失分散技术。无论选择的是哪一种模式，如若与规制信息传播的一般规则相一致，它就是可取的。在这方面，在涉及同样行为的诸多产业当中，媒体是仅有的一个——也是非常受限制的一个产业。在信息社会，对信息的"生产"和"消费"及其频繁，于是"信息商品化"的说法并无不妥。

---

8 E. Noam：《信息商品化的两种心态》，载 N. Elkin Koren 和 N. W. Netanel 合编：《信息商品化》，2002 年版，第 43 页。

这种新型商品的主要生产者是国家，从历史上看，它搜集了大量的经济、社会与个人数据，对其进行处理进而在决策中加以利用，或者将其向一般公众公开。但也存在大量的企业，其核心业务同信息的获取、加工优化以及出售紧密相连，例如金融机构。在金融市场，每一个决策都是根据有效的信息做出的，而且金融产品（股票、债权、期货等）的价格当中包含了关于公司、国家、市场等有效信息的价值在内。巨大的金融丑闻大多是因疏忽或欺骗性传播金融信息引起的。这是把重点放在因果关系和损害赔偿的侵权法日益增长的兴趣所关注的一个领域。如果信息属于产品，那么无论所涉及的利益是人身方面的（例如名誉）还是单纯经济方面的，规制有害信息的规则就应当是相同的。

　　一旦让媒体责任回归自然，远离意识形态的偏见，并将其根植于经济进程，那么很显然有一个很重要的方面必须加以考虑而当下却被普遍忽视：风险规避。如果媒体产业所从事的是具有合法营利目标的业务，因而不应享受特权也不应接受惩罚这一点是明了的，那么消息（还有娱乐）的传播是产业过程的一部分也应当是明了的。还有，从商业道德的观点来看，这样的行为不应有损于第三人是很重要的一点。引入风险规避程序具有显而易见的好处：损害越少就意味着需要支付的保险费越低，意味着在准确性方面拥有好名声，意味着竞争优势，以及出版商、编辑与记者社会地位的提高。从这个角度来看，应当把重点放在消息采集技术、接近主要与次要消息源，以及放在与其他"工厂"一样的核实程序之上。[9] 　14

　　消息借助标题、副标题、说明、总结等消息传播中的"包装"过程据以发布的方式也同样重要。最后，很明显需要就所谓"最优方法"进行内部的与外部的核查。同每一种其他的业务一样，很自然，决策——例如出版或者如何出版的决定——需要在风险—利益 　15

9　P. Manning, News and News Sources. A Critical Introduction（2001）.

分析的基础上作出，但是如果决策建立在经济因素而不是建立在为引人注目竭力推介自己而非推介新闻的记者的自我陶醉倾向的基础上，那么这样的决策就更加合理而透明。[10]

16　　这引领我们到了最后一个问题：媒体犯错误——采用仁慈的说法——是个人决策的结果，有时是一时冲动，有时候是特意计划的。在媒体产业中，人的因素关系极大。这并不意味着记者应当是超级英雄〔虽然克拉克·肯特（Clark Kent）被描绘为名记者〕，或者具有超级的专业技能。它意味着在媒体产业中，用以遴选记者的标准应被看作极其重要，然而它们却大多被忽视。招聘政策显然不仅应当包括执业之初的培训，而且还应当包含持续性培训。这是一个被多数出版商和记者协会完全忽视的问题。另外一个被忽视的方面是记者对出版商所负担的合同义务。一旦明确了他们并没有被赋予特殊的权利，而不过是像很多其他职业那样的智力型专业人士（律师、会计师、咨询顾问等），那么最好他们在如何履行职责方面有清晰的行动指南。正规化的规则呈现出很多重要的优点：它令参与者更加清楚自己的角色；它有助于平衡相互冲突的利益；它分清责任；它允许各方当事人对规则及其执行提出质疑。在这种背景之下，而不是像现在新闻界所处的模棱两可、无人过问的状态——报业守则能够通过确立新闻职业的任务及其致力于公共利益的承诺展现重要的一面；与此同时，保护其免于遭受来自出版商或第三人的不当压力。[11]

17　　侵权法并非治疗社会过错的灵丹妙药，但是假如有人希望评估其潜在效果，那么对侵权法通常应用的领域与媒体产业进行比较便足矣。很明显，不恰当的、低效率的侵权法（例如我们在有关媒体的部分所看到的）与专业程度较低的产业标准的市场是密切相关的。

10　R. H. Coase, The Economics of the First Amendment. The Market for Goods and the Market for Ideas, 〔1974〕American Economic Review, Proceedings（Am. Econ. Rev. Proc.），384.

11　C. J. Bertrand, La dèontologie des médias（1997）.

人格保护与刑法——在两个法律部门之间 *

弗朗克·霍普费尔

一、前言

"人格保护与刑法"这一题目将我们引向两个法律部门的边界。因 1
而我可以一般性的前言来开始这篇文章。刑法对于个体尊严和自主意义
上的人格保护，以众所周知的分散形式进行；它在身体和心理健康、自
由、名誉、私人领域、性自主性中找出最重要的方面，将其上升为法益，
并以刑罚来对其进行保护。

对于这些人身性的个人法益的保护——到名誉和私人领域的保护为 2
止，是通过正当防卫权来保障的。在奥地利，它是由《普通民法典》第
19 条以及《刑法典》第 3 条来进行进一步规定的；[1] 此外对于被归为犯
罪的行为，在事态紧急的情况下，任何人都有权在犯罪行为中或者犯罪

---

* 本文是 2004 年 6 月 14 日在奥地利经济学会（欧洲侵权法研究所）的一次活动中所作报告
的扩展版本。我在此也感谢研究所和维也纳欧洲侵权法和保险法中心的负责人、教授及博
士赫尔穆特·考茨欧先生，感谢他参加这一跨学科的项目，并为主题贡献了许多有价值的
建议。

1 此外应当认为，正当防御权利与违法的侵犯行为的刑法可罚性（符合构成要件性）没有关
系。例如可以考虑的是，将某一不法行为宣告为行政法上的违法行为，或者仅仅作为对名
誉的侵犯（因而表面上看并没有可以对其进行正当防御的法益）而归为刑事违法行为，而
同样在这一犯罪行为中的其他以健康法益或者自由法益为目标的因素，就不需要达到符合
构成要件的程度。通过目的论的分析，仍然会得出第 3 条第 1 款（第一句或者第二句）上
的正当防卫权利成立的结论。对此参见下文"跟踪"（"stalking"）部分。

行为结束后立即以合理的方式抓住行为人，以将其移交给刑事追诉机关（《刑事诉讼法》第86条第2款）。对于为社会所不希望的侵扰性行为，如何恰当地进行反应，这完全是立法上具有重要意义的一个方面。

3　　如果某一特定的社会现象被视为对人格权的威胁，并且处于以下争论中，即是否应当适用刑法，以及如果答案肯定的话应当如何适用刑法。这样的讨论首先应当始终围绕相关的法益来进行。只有当这样的法益如同在经典刑法秩序中一样显得明确可把握时，才能在原则上正当化（不得已的）犯罪行为［罗克辛舍尔（Roxinscher）的犯罪概念］。例如在由德国联邦参议院转交联邦议会的《隐私领域保护促进法》的草案[2]中，就提出了这一问题。草案试图通过在《刑法典》[3]中增加一个新的规定，以阻止所谓的"狗仔队新闻业"。这一计划对于最近奥地利的一场讨论具有直接的启发意义：关于通过所谓的"跟踪"而引发精神恐慌的公共辩论；这里指的是通过持续的跟踪而造成的对于私人或者知名人士的骚扰。从犯罪学的角度来看，前述形式的新闻业完全属于这种情况。除了知名人士外，这里首先有刑法和民法上的不同方法可供选择，以合理地包括这一现象。[4]与刑法相反，民法通过《普通民法典》第16条提供了一项可对一般人格权的不同侵害广泛适用的兜底规定；只要满足了可预期

2　Drucksache 15/1891, 15. Wahlperiode, 5.11.2003.

3　《刑法典》第201a条："通过观察侵犯隐私领域"。

4　对此参见维也纳市政府妇女部门（MA 57）所公布的报告：Du entkommst mir nicht. Psychoterror-Formen, Auswirkungen und gesetzliche Möglichkeiten, Konferenz 2003 (2004)；进一步参见同时提交的研究报告：C. Pelikan, Psychoterror. Ausmaß, Formen, Auswirkungen auf die Opfer und die gesetzlichen Grundlagen-Ein internationaler Vergleich（没有年份，研究报告和会议卷宗可在以下网址下载：http://www.psychoterror.konferenz.wien.at）。

标准（"社会适当性标准"）[5]，这一规定就可以支持停止侵害请求权，以及至少能够支持损害赔偿请求权。[6] 相反，刑法在其性质上就必须是分散的（类型化刑法，《刑法典》第 1 条）。[7]

在与损害赔偿法的比较中，存在一系列明显的其他结构性区别；在决定如何安排人格保护时，立法者应当对这些区别加以考虑。这些区别在于未遂犯罪[8]的刑法可罚性，还在于法律实施在时间上的差别（追诉时效）；然而首先在于程序的安排——与民法上的权利和义务相反，在刑法上如果没有程序的安排，则国家的刑罚权就不可能实现！

当我们不再将注意力放在未遂的犯罪发展阶段，而是注意更为常见的状况，即典型的犯罪既遂，则损害的补偿就出现在视野中。

4

5

5　参见该文的思考：H. Koziol/R. Welser, Grundriß des bürgerlichen Rechts I（12. Aufl 2002），77.

6　对此参见 H. Koziol/R. Welser（前注5），76.

7　对于类型化刑法的正当化和类推禁止，参见 2004 年刚出版的笔者对第 1 条的新评注，in F. Höpfel/E. Ratz（Hrsg），Wiener Kommentar zum Strafgesetzbuch（2. Aufl 2004），RN 1 ff.

8　在对比观察中，当思路从民法转向刑法时，容易忽视刑法上对故意犯罪处理的这一中心特征。然而它对于刑法应当用以保障法益的不同技术而言，具有独特性。从未遂的可罚性可以得出，刑法首要是对（法益受尊重权）规范的有效性诉求的损害进行反应，而不是对具体法益承担者的损害进行反应。对于由此引出的刑法理论的基本性问题，在这里无法再进行进一步的深化（对此仅参见 G. Jakobs, Strafrecht, Allgemeiner Teil（2. Aufl 1991），Abschnitt 25 RN 21 ff："Versuch als expressive und tatbestandsnaher Normbruch"；H.-H. Jescheck/T. Weigend, Lehrbuch des Strafrechts, Allgemeiner Teil（5. Aufl 1996），514 "Erschütterung des Vertrauens der Allgemeineheit in die Geltung der Rechtsordnung" als ein tragender Grund für die Strafbarkeit des Versuchs）. 所引注的论证都提到，刑法的直接目的是一般预防。虽然这"绝不是去否定民法的预防意义"（H. Fuchs, Österreichisches Strafrecht, Allgemeiner Teil（6. Aufl 2004），Kapitel 8 RN 14），但是它恰恰是刑法上的一般预防与其民法上的变体之间的具体差异（differentia specifica）. 对此，这里讨论的主题是非常贴切的。

民法上的损害赔偿的范围更广，包括那些对于犯罪行为所产生的责任[9]（也包括例如未成年人的合理责任[10]）适用特别追诉时效的侵权行为类型。[11] 与之相应的是这一假定，即对一个行为的刑法上的处罚是国家制裁的最严厉形式。在刑法程序内（附带程序）对民法问题的冷淡处理证实了这一流传下来的思考方式——即使这一"歧视性的"处理理论上可以通过不同性质的刑法任务处于更重要的地位来加以说明：这一任务在于修复被违反的规范的权威，在犯罪未遂情况下尤为明显。[12]

6   然而认为刑法更为严厉的通常设想，绝不是在任何情况下都正确；只需要想想有条件的刑罚谅解（bedingte Strafnachsicht）[13] 的各种可能性或者现代多种多样的结案形式——在这里甚至取消了判决的效果。[14] 也就是说，刑法以及私法上对其的适用，恰恰是在我们今天的主题构成的领域发挥作用的——在幕后。

二、刑法中"受害人（Opfer）的再发现"

7   在现代的发展中，刑法在其目的方面发生了重点的转换。在传

---

9   在立法者在损害赔偿法中构建新的侵权构成要件之前，《普通民法典》第16条在广泛的法律修订中被反复考虑；参见 H. Koziol, Österreichisches Haftpflichtrecht II（2. Aufl 1984），5 ff，12，15；J. Aicher, in：P. Rummel（Hrsg.），Kommentar zum Allgemeinen bürgerlichen Gesetzbuch I（3. Aufl. 2000），§ 16 RN 10.

10 当损害来自于负赔偿义务的、可能判处1年以上自由刑的故意犯罪（《普通民法典》第1489条），适用30年的长期追诉时效；进一步参见 H. Koziol, Österreichisches Haftpflichtrecht I（3. Aufl 1997），RN 15，18 ff.

11 《普通民法典》第153条，结合第1310条；参见 H. Koziol（前注9），RN 5.8；F. Höpfel, Österreichische Landesbericht, in：Landesgruppe Österreich der Internationalen Strafrechtsgesellschaft AIDP（Hrsg.），Vorbereitung des XVII. Internationalen Strafrechtskongresses Peking, 12. –19. September 2004，Abteilung I（2004），12 f.

12 参见 F. Höpfel/E. Ratz（前注7）。

13 《刑法典》第43条，第43a条，第44条第1款；也参见《刑法典》第41条第3款。

14 对于这一点下文还将阐述。

统上，对于受损害人进行人身性的赔罪性补偿（Genugtuung）的目的，并不处于刑法的中心位置，[15] 而持续不断的、通过受害人学而在国际范围内的发展，得出了一定的受害者"解放"的结果。2002 年《关于受害人在刑事程序中地位的欧盟框架决议》，构成了这一发展目前的高潮。受害者现在拥有要求"受尊重和受认可"的权利，[16] 也就是要求将其作为权利主体来对待，而不仅仅是作为证明手段（证人）。"受害人的再发现"在多样化工具（首先但不仅仅是"庭外调解"工具）的广泛发展中占据显著的地位。这里所说的部分内容是关于冲突的"重新私人化"，将冲突"归还"给冲突双方。[17] 然而这一说法对前述的发展而言是不恰当的。与悔过行为[18]相反，多样化工具并不是替代刑法的选择，而在很大程度上是替代处罚的选择。[19] 处于二者边界上的是新的结案方式，尤其是法庭外的调解；在传统的刑事程序的庭外调解中，受害人只有在正常的审判中才可能因为行为人或者行为占据优势而被赋予权力（"empowerment"）；然而现在的发展是，这种情形比过去更频繁了，这完全要归功于"受害人的再发现"以及与此关联的所谓替代工具的构建。

　　如果我们还坚持庭外调解（《刑事诉讼法》第 90g 条），则在上　　8

15　自从《1787 年约瑟夫二世奥地利刑法典》（Josephina）以来，在悔罪免除刑罚的特别效果中都存在例外（现在的《刑法典》第 167 条）；对此参见 F. Höpfel, Die strafbefreiende tätige Reue und verwandte Einrichtungen des österreichischen Rechts, in：A. Eser/ G. Kaiser/K. Madlener（Hrsg），Neue Wege der Wiedergutmachung（1990），171.

16　参见 D. Kienapfel/F. Höpfel, Strafrecht Allgemeiner Teil（10. Aufl 2002），Z 2 RN 25.

17　对此的强调性说明，参见，例如 W. Stangl, Die neue Gerechtigkeit（1985）.

18　参见 F. Höpfel（前注 15），171。

19　参见 M. Burgstaller, Perspektiven der Diversion in Österreich aus der Sicht der Strafrechtswissenschaft, in：Perspektiven der Diversion in Österreich, Schriftenreihe des Bundesministeriums für Justiz（BMJ）Nr. 70（1995），123：Alternative nicht zum, sondern im Strafrecht. 参见 D. Kienapfel/F. Höpfel（前注 16），E 10 RN 5.

文所说的背景下应当作出以下论断：[20] 首先，这一表述本身就是应当
从多个方面去探究其背景的。因为调解理论上也可以在法官面前进
行，所以庭外调解贡献被相对化了；并在 2008 年生效的《刑事诉讼
改革法》[21] 中，仅仅只有"调解"这一术语。这个概念究竟包含哪
些内容，可以从两个方向去考虑。一方面，这似乎凸显了刑罚的
核心——它的确在于对通过行为而施加的罪恶进行报复。这可以理
解为对公众的惩罚观念的认可，虽然这种形式的观念在很大程度上
不再普遍。但是它同时使用了一个与民法更接近的理念：损害弥补。
这里就产生以下异议，即庭外调解的目的恰恰不在于损失的完全补
偿，而是在于通过以下因素解决案件：要完成这样一个损害弥补，
法律规定以嫌疑人愿意对行为承担责任并澄清损害产生的原因为前
提。对于行为可能的后果——也即不是必要的，嫌疑人应当根据情
况以合适的方式进行弥补，尤其通过补偿因行为而产生的损害，或
者通过对行为结果的弥补进行帮助。[22] 必要时他也必须额外地承担以
下特别义务，即对其违反行为标准而导致（犯罪）行为的意愿进行
证明。[23]

9　　　对于"调解"的进行，不能放弃的前提是双方的同意；首先是
受损害人的同意，同样的也需要犯罪嫌疑人的同意。至少在成人刑
法中是这样。因为对于青少年刑法，《青少年法庭法》（JGG）大幅
度减弱了调解中私人诉讼参加人以及受害者的地位。它不仅排除了

20　进一步参见 F. Höpfel, Wurzeln und Spezifika des Außergerichtlichen Tatausgleichs im österreichischen Strafrecht, in：P. G. Mayr（Hrsg），Öffentliche Einrichtungen zur außergerichtlichen Vermittlung von Streitigkeiten（1999），133.

21　Bundesgesetzblatt（BGBl）I 2004/19.

22　参见《刑事诉讼法》第 90g 条。

23　参见 D. Kienapfel/F. Höpfel（前注 16），E 10 RN 22：这一义务并不限于损害赔偿。受害人想要的往往是完全不同的内容：被告人人身性的劳务和其他象征性的行为，关于导致冲突的因素的行为约定，有时还有进行治疗的意愿。

自诉和附带诉讼，[24] 而且在《青少年法庭法》第 7 条第 4 款中明确规定，调解的进行不取决于受侵害人的同意。此外第 7 条第 5 款还规定，在进行损害补偿[25]和其他的行为结果补偿时要"以合适的方式注意青少年的补偿能力，以及注意对其成长不会造成不合理的困难"。刚才引述的排除自诉的《青少年法庭法》第 44 条（第 2 款）的规定，在青少年刑法中具有特殊的地位。它在一定程度上对刑法真正目的特别清楚地表现出："只有当出于教育的考虑或者当受侵害人具有超越报复需求以外的合法利益要求时"，才能将所涉及的自诉犯罪行为（例如侮辱，《刑法典》第 115 条[26]）交给检察院处理。在这里法律显示，可以存在要求赔罪性补偿的正当利益。然而单单这一利益本身可能无法导致刑法的适用；在青少年刑法程序中还必须有其他利益，它们具有一般性特别预防的（"教育的"）性质，或者可能正是在于具体的受害人保护。

近年来在刑法的理论基础（"刑罚理论"或者"刑法理论"）上，除了已被认可的特殊预防和一般预防目的，又加入了服务于受害人公正性的刑法适用。[27] 在"具体的"受害人声援（Solidarität mit dem Opfer）中存在一个特定组成部分，它构成除了对行为人和大众的规范明确任务外的又一任务；即使它以在行为人和受害人之间进行对照的方式，恰恰也服务于规范明确任务。但特殊预防和一般预防以一种灵活的体系构成奠定了刑罚的依据，而受害人的公正性却

10

---

24 1988 年《青少年法庭法》第 44 条。
25 至少根据改革的观点，这在其他形式的处理方式中也扮演着核心的角色［关于款项的支付、公益性服务的提供以及试验性安置，参见 D. Kienapfel/F. Höpfel（前注 16），E 10 RN 15，18，20］。
26 结合《刑法典》第 117 条第 1 款第 1 句。
27 该文早已指出：M. Burgstaller, Aktuelle Wandlungen im Grundverständnis des Strafrechts, ［1996］Juristische Blätter（JBl），362；D. Kienapfel/F. Höpfel（前注 16），Z 2 RN 23.

无法做到这一点；它仅仅是一个"不独立的刑法目的"。[28] 为强调这一点，我们将努力澄清刑法和民法之间的区别。因为将预防的观点移植到民法的个人损害弥补中而产生的对应性修改，其合法性并不是不受限制的。

11   在《刑法典》第 42 条中，特殊和一般预防这两个刑法目的彻底地表现出来；根据该条规定，某一抽象或者具体的轻微犯罪行为[29]是否应受刑罚，直接取决于预防性刑罚的必要性。在这一意义上（但也在其他方面），这一规定被作为《刑事诉讼法》第 90a 条及以下各条中（程序性）多样化规则构建的蓝本。[30]

12   这个话题可能本身就是含糊不清的，并很可能导致对正是刑法所涉及的人的人格保护问题的探讨；这里所说的人在经过刑事程序（有或者没有判决）后，也需要重新社会化——正如假定的受害人和所有被要求承担责任的第三人一样。在德国，这一问题是"替代规

---

28   参见 M. Burgstaller, Kriminalpolitik nach 100 Jahren IKV/AIDP, [1990] Zeitschrift für die gesamte Strafrechtswissenschaft (ZStW), 637, 644－646.

29   参见《刑法典》的引言句以及第 42 条第 1 项和第 2 项；关于这一规定的阐释，参见 F. Nowakowski, Nochmals zu § 42 StGB, in: Festschrift H.-H. Jescheck I (1985), 527 ff.

30   《1987 年刑法修正法》第 42 条第 2 项对赔偿行为的"程序设计"也是庭外调解的模板。庭外调解首先以模型试验的形式被发展出来，然后在 1988 年的《青少年法庭法》中被采纳，它似乎是多样化的旗舰。笔者于 1988 年在维也纳召开的第十届奥地利法律人大会（ÖJT）上指出，可以从 1987 年修订的《刑法典》第 42 条在成人刑事案件中发展出多样化规则；结果是首先通过基于第 42 条的模型试验，最终在 1999 年的刑事诉讼法修订中，它拥有更多的方式，在更广阔的框架内成为了现实。经常被诟病的是，多样化规则从受害人的角度进行合理考虑的要求，在实践的转化中是有缺陷的（最后参见由司法部长任命的、由比尔莱因（Bierlein）担任主席的专家委员会在 2004 年初提交的研究）。然而这可以说并不令人意外，因为与此相关联的典型刑事程序中的民事相关部分，早已并一直在一定程度上被视为异体。与此形成对照的是，罚金（在自愿对国家支付一定金额后，放弃追诉；《刑事诉讼法》第 90c 条）在委托程序中，很大程度上因为其操作的简便性而受到欢迎，然而其较强的惩罚性质也降低了其受欢迎程度。

则草案"工作组所研究的最新项目，对此笔者也参与了。[31] 国际上讨论的焦点也是对无罪推定的保护（对"媒体司法"的保护），以及与审判的公开性处于紧张关系中的相关人匿名性的保护，尤其是嫌疑人／被告人／被判决人。然而对这一问题的研究将分散本文意图研究的基本问题。因而对于替代规则草案只是在这里略加提及。[32]

三、媒体法上的损害赔偿请求权

虽然奥地利《媒体法》（MedienG）上的损害赔偿请求权以双重方式与刑法紧密相关，但它们的性质却是民法的。[33] 在司法中也存在相反的论据，即依据媒体法特殊规定的标准而主张这些请求权，基本上是根据刑事诉讼法中自诉程序的规定进行。但是这一程序性处理与实质无关；某一程序是服务于民法上请求权和义务的判决，还是以刑法上的诉讼为对象，是从实质性的角度来决定的。笔者曾经建议，以规范的目的是不是确定和构造一项国家的刑罚权，作为（排他性的）界定标准。[34] 虽然一系列规定适用的都是《刑事诉讼法》，然而它们并不满足前述标准。甚至根据更进一步的惩罚权（ius puniendi）概念的观点，符合标准的情况也绝不包括《媒体法》第8a条上的损害赔偿程序。认为同样具有公法性质的刑罚权色彩的

13

31　关于德国、奥地利和瑞士刑法学上的替代规则草案，参见：F. Riklin/F. Höpfel, Alternativ-Entwurf Strafjustiz und Medien（AE-StuM），vorgelegt von B. Bannenberg et al.（2004）.

32　关于所说的重点，尤其参见比较法上的论文：F. Riklin/F. Höpfel（前注31），53 ff（Unschuldsvermutung），67 ff（Schutz des Beschuldigten vor identifizierender Berichterstattung）. 根据文件，两种观点都可以通过扩大民法上的附带程序来改进，这是最有意义的方法；附带程序遵循奥地利《媒体法》上的相关规则。对此的论点将在下文（II.）中总结并重述。

33　基本性的阐述参见该文全文：G. Korn, Das Entschädigungssystem, in：H. Mayer（Hrsg），Persönlichkeitsschutz und Medienrecht（1999），47 ff.

34　F. Höpfel, Staatsanwalt und Unschuldsvermutung（1988），27 ff.

请求权是"自成一类的"，这也是容易产生误解的；但最高法院
（OGH）第 14 审判庭[35]似乎也持这种观点。

14　　　这一程序不仅像其他自诉程序一样不能依职权提起诉讼，而且
也不应当将损害赔偿请求权归为公法。

15　　　在前文提到的[36]替代规则草案中，起草者也认为所建议的"罚
款"请求权属于私法性质。总结起来有以下几点：

16　　　在关于刑事程序的报道中，应当只是在例外情况下才允许提及
被告人的身份。被告人的匿名权和名誉保护权必须得到维护，以防
止身份被识别所产生的严重的社会后果。对于人格权的尊重在任何
情况下都不会导致媒体在犯罪报道领域受到重大限制。

17　　　针对指明姓名的报道，刑法只提供了有限的保护。违反无罪推
定的情况也一样。也就是说，当事后被告人被宣告有罪时，对无罪
推定的违反可以不被处罚，因为刑事判决可以提供真实性证明。

18　　　然而考虑到刑法的辅助性，其适用范围并不会扩大。私法上广
泛的人格保护和职业道德规则针对滥用提供了更好的保障。唯独不
足的是对于侵犯肖像权提供保护的情况，德国《与美术和摄影作品
著作权有关的法律》（dtKunstUrhG）第 33 条规定应当将侵害从自诉
的犯罪转变为依申请诉讼的犯罪，以更有效地发挥作用。

19　　　对于出版社或者广播电台在报道中进行的违法的身份指明，比
较好的方式是借鉴奥地利《媒体法》第 7a 条，规定一项独立的、诉
讼费用较小的"罚金"请求权，金额范围是从 1000 欧元到 5000 欧

35　OGH 14 Os 75/97 in［1998］Medien und Recht（MR），118；详细参见 OGH 14 Os 118/
　　02/. 相对应地参见以下行政法判决中的清楚说明：Landesgericht für Zivilrechtssachen
　　（LGZ）Wien 46 R856/98t-zur Geldbuße nach § 20 MedienG-，veröffentlicht in［1998］
　　MR，198（mit Anm Suppan）und des OGH 6 Ob 87/00 -zur Wirkung eines nach Erhebung
　　des auf § § 6 ff MedienG gestützten Entschädigungsantrages abgeschlossenen gerichtlichen
　　Vergleichs（in［2001］MR，75 mit Anm Weis）；对于损害赔偿请求权的法律性质的根
　　本性论述也参见 OGH 1 Ob 194/98f.

36　见前文脚注 24 及 25。

元。这项请求权对《民法典》第 823 条第 1 款上的疼痛补偿金请求权不产生影响。

在出版社或者广播电台在对正在进行的刑事程序的报道中违反无罪推定的情况下，关于损害赔偿总额的类似规定，比较好的方式是借鉴《媒体法》第 7b 条。 20

然而根据草案的补充，应当将决定的权限赋予针对被告人所进行的程序中的刑事司法机构的机关（调查法官，审判法庭）；通过这种方式也将以下情况考虑在内，即媒体的预判断或者对情况的曝光，应当在量刑时作为减轻情节来考虑。 21

最终必须注意的还有，为什么刑法属于公法，即便它以产生于私人行为并典型地针对私人行使的请求权为对象。这是建立在现代刑法的以下核心特点之上的，即这些请求权首先归属于国家，并在此放弃了同等级别性，而建立了隶属关系——至少原则上是这样。国家作为受损害人和法益主体（至少行为威胁将对其产生不利）的代理人，可以说是身处冲突的直接相关方之间，并且其行为原则上独立于冲突双方，因为国家本身也受到了侵害。被侵犯的价值被抽象地、与受侵害客体无关地定义为对法益的侵犯。这在其核心上被理解为对规范的受尊重要求的不遵守，是对规范的蔑视。不论是对刑罚还是对已产生的将要发生这种结果的危险性的正当化上，刑罚（刑法）理论上的主流观点也都将被违反规范的权威重建置于核心地位。 22

上文所探讨的重点的转换，基本上不会使刑事司法转变为更强 23

的受害人导向。[37]

四、法律发展的熵（Entropie）

24   因而，虽然刑法更注重私人之间利益均衡的目标，但它相反地只是在非常例外的情况下，以不具备一般化可能性的方式影响私法。下文马上就对此探讨。

25   然而，超出相关私人利益的均衡之外的一般预防和特殊预防目标，只是刑法的任务，而不是民法的任务，即使这两个法律部门通过各自的实施都会产生思想教育的作用。的确，法律的生命力决定性地依赖于其实施，正如耶林通过"为权利而斗争"所强调的那样；然而在民法意义上，赎罪性补偿限于对具体的、至多是总体的损害的赔偿。而在前文中与《青少年法庭法》第 44 条相关联的语境下，"赎罪性补偿"所使用的词义表达的是另一种含义，也即通过简单的报复而使受害人得到安慰。也就是说，如同受害人利益在刑法中"不独立地"影响结果一样，在民法中，预防目的从性质上来说就不

---

37 传统上对于行为人的聚焦在最近几十年越来越被质疑。在美国的"受害人权利运动"之前，就已经存在对于公开不尊重"受害人"利益的行为的批评。一般避免使用"受害人"这一说法；现行的法律使用的是"被侵犯人"（Verletzter）或者"受损害人"（Geschädigten）。与此相反，在刑事程序法的用语中，也存在明显的重新使用"受害人"这一概念的趋势，例如《2001 年 3 月 15 日参议院关于受害人在刑事程序中地位的框架协议》，Amtsblatt（ABl）L 82 vom 22. März 2001。与此不同的是到目前为止的社会法用语：参见《犯罪受害人法》（VOG）；对此参见 F. Höpfel（前注 15），177 ff，vom "Opfer" zu sprechen［参见《刑事诉讼改革法》（StPRG）第 12 条］。借此人们试图再次回到三方结构；在这一结构中，各个审级的刑事追诉机关（尤其是检察院和法院）共同被视为这三极中的一极。

能够奠定一种私人的补偿请求权。[38]

虽然会出现例外的情形，但例外情况需要客观的正当化。比如 26
以下例子就无法进行客观正当化：几年前女权主义者提出以下观点，
认为在侵害"妇女尊严"的情况下（例如色情图片的展示），应当
赋予所有妇女以损害赔偿请求权。其他超越界限的情况应当在立法
或者执行中来进行权衡，然而对此不应加以批评。最近奥地利卡特
尔法的改革——在庭外程序中引入民法上的罚金，所罚金额归属联
邦，就属于超越界限的情况。[39]

对于至少表面上的私法范畴"侵入"刑法的现象，一个很好的 27
反例是《刑法典》第 20 条至第 20c 条的规定；这些规定是通过
《1996 年刑法修正法》对罚没规定（Verfallsbestimmung）和上缴规
定（Abschöpfungsbestimmung）的改革而创设的（也见修改后的总论
部分第三段的标题）：根据《刑法典》第 20 条，不当得利的上缴构
成一项刑法上的处罚，它也可以存在于独立的程序中（第 20 条第 4
款及第 5 款）。与不当得利法相类似，被判处缴纳的金额，仍然还是
归于联邦。这项处罚的目的是，通过国家的"去不当得利"，取走被

---

38 美国法上的"惩罚性损害"赔偿请求权，与欧洲大陆的传统相矛盾。对此参见
H. Koziol, Ein europäisches Schadenersatzrecht -Wirklichkeit und Traum, ［2001］JBl, 29,
34f；深入的探讨参见以下民法博士论文：D. Kocholl, Punitive Damages in Österreich
(2001), insb 19 ff, 39 ff, 132 f, 155. Kocholl 支持应然法上的"刑事损害赔偿法"；
在这一程度上，他显然偏离了补偿的理念；他以现在存在的"法律实施中的困难"来
对此进行论证，这一困难似乎首先存在于知识产权的保护中。这一讨论最终指出了所
涉及的损害赔偿权在教义学构建上的缺陷。

39 对此参见 P. Stockenbuber, Das neue Kartellrecht 2002, ［2002］Österreichische Zeitschrift
für Wirtschaftsrecht (ÖZW), 74, 109; F. Höpfel/R. Kert, Contry Analysis -Austria, in:
G. Dannecker/O. Jansen (eds.), Competition Law Sanctioning in the European Union. The
EU-law influence on the national law system of sanctions in the European area (2004), 305
(322 ff). ——规则又以下文为蓝本：A. Venier, Eine Alternative zu einem Strafverfahren
gegen juristische Personen, ［2002］Österreichische Juristenzeitung (ÖJZ), 718, 该文建
议，为了完成任务，应当与奥地利的国际义务相对应，对法人刑法上的或者准刑法上
的责任进行规定。

推定或者已确定的犯罪目的所需要的财产，并且预防对于价值有效性（Wertgeltungsbewährung）产生负面效果的印象，即不当得利人太过容易保留其重要的犯罪所得。在第 20 条第 2 款第 1 项中，直接提到了这一与一般预防相关联的情况。这并不要求（而且也不足以）将这项处罚归为刑罚。

28   不久前联邦宪法法院[40]在德国《刑法典》第 73 条及以下各条的相应规则中，对第 73d 条的规定进行了深入的所谓"扩展的罚没"的检验。它在分析中也评价了有争议的刑法上的文献资料，得出的结论是，《刑法典》第 73d 条上的犯罪所得上缴"不是对于相关人违反规则的行为所作出的刑事上的处理"，而是"对目前混乱的财产制度所进行的修正性的和增强规范效力的干涉"。扩展的罚没这一法律制度所追求的并非禁止性的报复目标（repressiv-vergeltende Ziele），而是预防性的规范目标（präventiv-ordnende Ziele），并因而是不受过错原则（Schuldgrungdsatz）约束的准刑罚措施。就这方面而言，扩展的罚没与过错无关，这不存在违宪性的考虑。[41] 由此以下阐述也得到证实，即对不当得利的罚没并不构成独立的刑罚之恶（Strafübel），而只是一项确保刑罚之恶的有效性的工具。[42] 然而，如果强调上缴非法所得并不使行为人"因为行为而遭受不利"，而仅仅是通过"对立行为（contraries actus）"取走其犯罪所得到的成果，[43] 以及如果强调这一措施也"并不必然带来对行为的谴责"[44]，则边界就变得模糊了。这一措施的法律政策上的目标，确实在很大程度上使它向刑罚

---

40   Beschluss des Zweiten Senats vom 14. Januar 2004，2 BvR 564/95.

41   参见前注决议的边码 81。

42   参见 A. Hoyer, Die Rechtsnatur des Verfalls angesichts des neuen Verfallsrechts, Goltdammers Archiv（GA）1993，406，414；H. Fuchs/A. Tipold, Wiener Kommentar（WK）(2. Aufl 2004), Vorbem. zu § § 20 ff StGB, RN 13.

43   H. Fuchs/A. Tipold（前注 41），RN 12 以及对法律材料的援引。

44   H. Fuchs/A. Tipold（前注 41），RN 12.

靠近：因为对于法律共同体而言，如果行为人得以保留其犯罪所得，这是难以忍受的；然而又因为另一方面，不论是自由刑还是根据日收入衡量的罚金，都不适于有针对性地解决这一危险，所以就采取了一项额外的负担。[45] 另一方面，将罚没措施作为"准赔偿性的补偿措施"[46] 进行特征化，这是正确的，因为对于被罚没人的请求权而言，处罚是辅助性的。[47]

然而，因为犯罪所得的上缴并不取决于行为人是否被宣告有罪，所以它的性质也是预防性的措施。[48] 虽然它并不构成经典意义上的预防性措施——预防性措施典型地以特殊预防为唯一的目标[49]，然而与此相比，立法者在具体的情况下（见《刑法典》第51条第2款最后一句上的损害赔偿主张）也将一般预防的准则作为所得上缴措施的目的。处罚的归类所具有的不仅是理论上的意义，因为对于它与基本权利的相关性，可以进行不同的解释。《刑法典》第1条规定的法不溯及既往原则是否适用，就取决于这一归类。在不久前笔者对以下观点表示了赞成，即将这种财产法上的规定（犯罪法上的处罚自成一类）至少类推地作为预防性措施来对待（参见第1条第2款）。[50] 这样比起传统的相应类别，在刑法内部就已经有了更为多种多样的处理手段。这也使得与法律制度的其他部门法之间的体系比较变得困难了，尤其是与民法。

29

45　参见 H. -H. Jescheck/T. Weigend（前注8），793.

46　H. -H. Jescheck/T. Weigend（前注8），792 及对 A. Eser, Die strafrechtlichen Sanktionen gegen das Eigentum（1969），284 ff 的追溯。

47　参见奥地利《刑法典》第20a条第1款；在德国法中，就这方面而言还更明显，因为暂时性冻结犯罪所得这一程序性的强制措施，只是为方便执行（Rückgewinnungshilfe）（见德国《刑事诉讼法》第111b条第5款；与此不同的是奥地利《刑事诉讼法》第144a条；对此参见详细的描述：15 Os 8/01）。

48　参见 M. Burgstaller［1996］JBl, 364.

49　参见 F. Nowakowski, Wiener Kommentar（1. Aufl 2002），Kommentierung des § 1.

50　F. Höpfel（前注7），§ 1 RN 12.

30   如果有人试图在一定程度上对"熵"进行抵抗，并借此将法律部门完美地互相区分开来，则在这种情况下，以下方向必然是显得有问题的：这一方向正是联邦最高法院在其摩纳哥公主卡罗琳判决中所采取的；它以预防为理由，对所判处的高额罚款进行了正当化。[51] 然而针对狗仔队新闻业所进行的预防性努力，不应当以严格的要求作为标准，对此，刑事法官应当可以在某些情况下，出于规范稳定性的要求而加以讨论。甚至从《媒体法》第 6 条第 1 款第 2 句中（根据第 7 条第 1 款、第 7a 条第 1 款、第 7b 条第 1 款和第 7c 条第 1 款各自的后半句，前述条文也适用于其他的损害赔偿请求权），也无法推断出在衡量损害赔偿金额时，要以这种方式将具体判决作为标准。[52] 因而从法教义学上来说，应当检验的是，是否对所说的判决也可以作出不同的归类；在这里参阅例如考茨欧所说的，在"损害赔偿法和不当得利法之间边界的开放"[53] 意义上的基本性冲突。这里所进行的简短的体系比较可能对于分析性的研究会有用。这一比较展示的是，向着更明确的一般预防的方向努力是刑法的经典任务。[54]

五、刑法和媒体法上名誉保护的细节问题

31   我的所有论述目的都在于探讨更基本的问题。然而，要在诸位面前说刑法和媒体法上名誉保护的细节问题，就是多此一举了。我

---

51 Entscheidungen des deutschen Bundesgerichtshofs in Zivilsachen（BGHZ）128，1 =〔1995〕Neue Juristische Wochenschrift（NJW），861；〔1996〕NJW，984.

52 对于"根据公开的效果……这一标准"的表述，绝不能在抽象的、一般化的意义上进行理解。

53 H. Koziol，Die Bereicherung des Schädigers als schadenersatzrechtliches Zurechnungselement，in：H. Koziol/P. Rummel（Hrsg），Im Dienste der Gerechtigkeit，Festschrift für Franz Bydlinski（2002）.175.

54 再次参阅导言中提到的草案，德国议会正在对它进行处理（前文边码3）。

只提一提《刑法典》第 115 条（侮辱），第 111 条（恶意诽谤）[55] 以及第 297 条（破坏名誉）核心规定的互相协调。这几个条文在媒体程序中都具有双重功能，根据《媒体法》第 6 条及以下各条，它们既可以产生损害赔偿请求权，也可以产生刑罚请求权；[56] 然而我想提的还有如此精巧架构的构成要件，例如对于已完成的、法庭判处可罚的行为的非难（《刑法典》第 113 条）。如同刑法中的安排，立法者尤其也在媒体法中赋予了作为犯罪政策本质的重新社会化的利益以显著的重要地位。首先自从《1992 年媒体法修订法》以来，这一利益就完全主导了根据《媒体法》第 6 条及以下各条所产生的损害赔偿请求权。《媒体法》第 23 条（影响刑事程序）上的公务犯罪，因为其意义较为边缘化，这里可以不考虑；标志性的是在 1992 年，将无罪推定保护（第 7b 条）赋予被告人；虽然鉴于似乎是由此得出的"法律维护"法益中的可处分性（Disponibilität），但这并不是没有问题的。然而必须承认的是，立法者借此坚定地继续了应当是由 1981 年的新《媒体法》所带来的转折点，也即出版法的去犯罪化。还必须承认的是，刑法往往构成一种太过严厉的工具。一个甚至是决定性地影响了转折点的重要视角，似乎在最近失去了其重要性：

55　关于将大众媒体传播作为刑法上的"危险责任"（Gefährdungshaftung）来处理的加重规则，参见考茨欧对该规则性质的正确考虑（H. Koziol, Die Haftung für kreditschädigende Berichte in Massenmedien, ［1993］JBl, 613）。

56　引人注意的是，虽然《媒体法》第 6 条在作为请求权基础的媒体内容侵权类型下，列出了破坏名誉、恶意诽谤和讥讽，并在《1992 年媒体法修订法》后也将辱骂列入其中，但仍然不包括信誉损害（《刑法典》第 152 条）。对此要参见以下资料（评论见 U. Brandstetter/H. Schmid, Kommentar zum Mediengesetz (2. Aufl 1999), § 6 Rz 3），根据这些资料，这样的例外存在的原因是，鉴于"民法上有充分的工具"可供使用，尤其是《普通民法典》第 1330 条和《著作权法》的规定，所以实践中并没有体现出将信誉损害也包括在内的需求。如刚才引注的布兰德施泰特和施密德（U. Brandstetter/H. Schmid）的文章对此的评论：这一侵权"实际上很难说是媒体内容侵权刑事程序的对象，因为与民法相比较，这里对事实概念的解释更狭窄，而且在自诉中必须主张事实表述的不正确性以及有效损害的发生，或者至少存在对营业、信誉或者发展的具体危险，并据此还要证明被告人的过错"。

记者和出版商（出版委员会）的自我控制。[57]

32　　在奥地利，媒体法上的损害赔偿程序依据《刑事诉讼法》进行，刑法在实质上仍然保留了这一点；自从通过《1992 年媒体法修订法》提高了最高金额后至少可以说，这一损害赔偿程序在一定程度上是有效的。只是在维也纳和格拉茨，这[58]意味着程序必须在刑事法官面前进行。相反，在选择混合法庭的情况下，当事人已经将业务部分地进行了分配，即将媒体法的适用交予相关的法官，而法官也可以适用竞争法和非物质财产法。这当然是一个好发展！因为即使请求权是在刑事程序中主张，这也不是真正刑法上的处罚，而是在与刑法所需要的同样的法官面前，对人格进行保护。

六、未来关于名誉损害的保护仅规定在民法中？

33　　到这里为止的论述其实已经展示了，在奥地利这样一个具有传统大陆法系的法律制度的国家，像美国法上那样对名誉的刑法保护进行弱化，是不被考虑的，即使针对大众媒体的刑法上的名誉保护在实践中明显失去了意义。因为刑罚制度的预防性功能是不容低估的。此外，要维持保护水平，还必须将预防目的设法写入民法中。最近波斯尼亚和黑塞哥维那基于联合国家共同体高等代表[59]的决议采

57　对此参见 U. Brandstetter/H. Schmid（前注 55），Rz 31 zur Präambel des MedienG；die Beiträge von F. Riklin/F. Höpfel（前注 31）。

58　鉴于没有综合法院（Vollgericht）以及由此产生的缺乏法官之间进行灵活业务分担的可能性。

59　Entscheidung des Hohen Repräsentanten für Bosnien-Herzegowina, Carlos Westendorp, vom 30. Juni 1999，其中规定波斯尼亚－黑塞哥维那的各"联邦州"政府、波黑邦联和塞族共和国必须将名誉损害法完全去犯罪化。结果两个地区共同体通过立法性文件完成了这一要求；对此参见 http：//www. osce. org/news/generate. php3？news_ id =1841；19th Report by the High Representative for Implementation of the Peace Agreement to The Secretary-General of the United Nations（Punkt VII：Media），18. Juli 2001，http：//www. ohr. int/other－doc/hr－reports/default. asp？content_ id =5126。

取了以下政策，即在新的"名誉损害法案"中完全排除了尤其是贬低性报道的记者在刑法上的可追诉性。对此应当在该国的变革背景下来看；[60] 如果奥地利采取了这种措施，则会产生不可预见的后果。因此我也乐于见到，在最近最终完成的刑事诉讼改革[61]中，又再度放弃了原本在政府草案中还存在的、在刑事诉讼中取消自诉制度的建议。

即使今天民法上的途径对于有效的人格保护而言更受欢迎，刑法所提供的途径也仍然是重要的。所以对于司法及立法而言，结构上的比较在很大程度上与法律比较一样重要。 34

七、客观程序中的查封和没收

如果结构比较不将以下这种程序形式考虑在内，则它就是不完整的：这种程序一方面在本质上与可能被判处刑罚的行为的客观方面事实构成相联系，而另一方面恰恰不产生刑罚的结果；它就是独立的、被称为"客观"没收程序的制度。它不应当仅仅被定位为一种"刑罚附属性"的工具——例如《安全警察法》（SPG）中防止危险的措施，[62] 以及在银行业中、[63] 在工商业管理法[64]等法律中或者在机动车辆法等安全规则中、[65] 在外国人法[66]或者在武器法中[67]所规定 35

---

60 也参见最近由媒体报道的克罗地亚的一起事件：一名记者在被执行替代自由刑之前被政府释放。
61 StPRG BGBl I 2004/19；参见前文脚注21。
62 见《安全警察法》第17条对"危险的攻击"的定义。
63 见《银行法》（BWG）第6条第2款。
64 见《工商业管理条例》（GewO）第13条。
65 见《驾驶执照法》（FührerscheinG）第24条，结合第7条第2款和第4款（驾驶许可的吊销）。
66 尤其参见《外国人法》（FremdenG）第33条及以下各条中终止居留的措施。
67 《武器法》（WaffG）第25条第3款上的吊销武器执照。

的从属性的职业法上的处罚。更恰当地说，它自身就具备刑事程序的本质特征，即使它并不是针对人身的。其未完全发展的刑法上的结构显示，依照《刑法典》第 21 条第 1 款，根据不能被归罪的人在媒体企业中所作出的指示的性质，可以从典型的刑事程序转为这一程序，也可以从这一程序转为典型的刑事程序。《媒体法》第 33 条规定，不仅在刑事程序中（第 1 款）可以决定没收用于传播的特定媒体片段，而且在"刑法可罚行为的客观方面事实构成产生于某一媒体作品，而对特定人的追诉又无法进行、没有进行申请或者没有坚持追诉的，或者出于排除刑罚的理由而不可能进行判决"[68] 的情况下，依有权起诉者的申请，在一个"独立的程序"中也可以作出这样的决定。客观程序的可能性也作用于关于暂时查封的规则（第 36 条），并由此成为一个很有效的保护工具。

36   尤其是"刑罚可罚行为的客观方面事实构成"这一概念，在细节上包含着教义学上的"炸药"。法律实践表明，对于实施而言，这一概念太宽泛了——有时很可能是过于宽泛。[69]

37   通过这一基本上被归为刑事程序的程序，[70] 媒体法的内部结构（还包括《媒体法》第 9 条及以下各条中关于相关人陈述和事后公开的规则）呈现出一种重要的色调差别，这完善了刑法上的人格保护的画面。

---

68   第 36 条第 2 款第 1 句。第 2 句补充道，根据第 29 条的标准，媒体所有人（出版商）作为第 41 条第 5 款上的参与人也要承担真实性证明责任。

69   参见以下问题：人们的确可以说传播特定内容未遂的"客观"条件，但在这种情形中（只要犯罪行为还未开始实行），这一"客观"条件只能是借助犯罪意图来查明（刑法典第 15 条第 2 款）。

70   参见 F. Höpfel（前注 34），43。

八、结语

在人格保护的探讨中，刑法和民法之间的界限显得比较稳定， 38
可以推测出二者的"地形图"（Landschaftsformationen）具有许多相
似性。主要是在两个法律部门中，预防任务都被明确地在各个层面
进行了规定。要再次提及的是未遂犯。讽刺的是，如同在前文所引
的德国联邦最高法院的"卡罗琳判决"中，法院试图通过高额的损
害赔偿来使判决产生阻却性的效果，这是值得质疑的。相反，从不
当得利法中产生的替代性解释方法，对民法而言似乎完全是制度本
身所固有的。

与损害赔偿相对应，不当得利法也构成讨论的一个方面，它最 39
近极大地推动和丰富了犯罪政策和刑法教义学的研究。对于损害和
不当得利，仍然无法细致地互相区分开来。然而正是财产法上的新
规定在实践中的运用，迫使刑法通过对民法上效果的持续关注，在
更强的程度上追求更大的精确性。而在今天，行为的"受害人"确
实以现代刑法迄今为止所未曾想象过的强度，站在了刑事司法的核
心位置。

比较报告 [*]

亚历山大·瓦齐莱克

一、对于人格和表达自由的保护

1　　1848 年 3 月 14 日，这一天在维也纳妇孺皆知，因为这一天新闻
自由的概念被引入；那天欢呼雀跃的人群行进到约瑟夫广场，在这
儿国王约瑟夫二世的雕像被玫瑰和小长春花簇拥，雕像的手里还被
放上一面旗子，上面写着："新闻自由"（freedom of press）。¹ 事实
上，大部分奥地利人民那时还不知道这个新获得的"新闻自由"是
什么意思。比如，种植酿酒原料的农民认为他们可以免缴什一税
"自由榨汁"（freedom of press），而平原地区的农民就会抱怨说"不
种这种作物的，要'榨汁自由'不就没用了吗?"² 当然，现而今这
种误会不会再发生了。在此期间，新闻自由和继而派生出的媒体传

---

* 这篇文章是献给我的导师赫尔穆特·考茨欧和贝恩德·席尔歇（Bernd Schilcher），他
们是最先把我介绍到民法中保护人格权领域的人，我还想趁着这个机会祝贺他们 65
岁生日快乐。我非常感激的是丹尼斯·凯利埃（Denis Kelliher）帮助我把比较报告翻
译成了英语。

1 《维也纳报》（Wiener Zeitung）1848 年 3 月 17 日第 77 号，第 1 页。
2 J. Winckler, Die periodische Presse Österreichs (1875), 65.

播自由毫无疑问地成为民主社会最重要的价值观而被建立起来，[3] 与此同时，在所有这些被分析的国家里这种自由在宪法层面都被保障。新闻自由在有些被研究的国家中是被明确提到的；[4] 而在另外一些国家中，则通常是通过暗示表达的（表达意见的自由）。[5]

对于媒体的宪法保护不仅在公法领域扮演着重要角色，而且更多地在作为间接层面的民法领域也起着巨大的作用。[6] 一般来说，在普通法国家中的民法里，被认为是"公众的耳朵和眼睛"的媒体的

2

---

[3] 参见英国部分边码2，日本部分边码7、16、105；南非部分边码6，瑞士部分边码14；此外可参见法国部分边码3及以下，特别是脚注13；J·科德（J. Coad）："'迫切的社会需要'和诽谤的严格责任"，载《娱乐法律综述》（EntLR）2001年版，第199页。

[4] 参见奥地利《基本权利法》（Staatsgrundgesetz, StGG）第13条 [《基本自由和人权视野下的人格保护和大众媒体》（以下简称基本自由和人权视野）部分边码28及以下]；瑞士宪法第17条（Bundesverfassung, BV）（瑞士部分边码14）；日本宪法第21条（日本部分边码6及以下）；德国宪法第5条第1款（Bonner Grundgesetz, GG）（德国部分部分边码22及以下，特别是边码26）；斯洛文尼亚宪法第39条（斯洛文尼亚部分边码4、14），还有美国宪法第一修正案（美国部分边码4）。参见欧盟宪章第11条第2款，它是欧盟未来宪法的草案；关于这点还可以参见基本自由和人权视野部分边码38及以下。

[5] 对比意大利（意大利部分边码31）和南非（南非部分边码6）的情况。此外这种方式也被《欧洲人权公约》（ECvHR）所采用。（对比《欧洲人权公约》第10条；参见A. Heldrich：《欧洲人权公约》第13条；弗洛魏因（J. Frowein）、波伊克特（W. Peukert）：《欧洲人权公约评注》（1996年第二版），第10条第15项）同样在法国宪法中只有一项规定一般交流自由的条文被提到（《人权和公民权宣言》第11条），但是新闻自由是由特别法规定的（参见法国部分边码2、5、13）。在英国，表达自由至今已经从各种条文和判决中得到发展，被看做是立法体系的基本价值。从1998年人权法案开始，和此后的《欧洲人权公约》都是表达自由的基础（见英国部分边码2）。在西班牙表达自由和信息自由（见西班牙宪法第20条第1款以及西班牙部分边码1及以下）是分开规定的；而前者保护的是观念上的评论，而后者指向实质评论。即使如此，信息自由经常在新闻主义的上下文中被提及（西班牙部分边码13），新闻自由和媒体自由也同样没有在西班牙宪法中作具体的规定。

[6] 瑞士部分边码9、21、24；除此之外还有德国部分边码16、18、27；也可参见基本自由和人权视野部分边码2，可与斯洛文尼亚部分边码11对比（这里新闻自由具有直接效力）。

法律地位是被特别承认的。[7] 相比之下，我们必须牢记的就是在大陆法系司法权下宪法法令同样也以明示[8]或者暗示[9]的方式保护人类人格的不同方面。[10] 特别是在法国，个人的人格利益赋予重要的意义；多方保护的滥用可能会造成对于表达自由保护的竞合。[11]

3 　　贝尔卡（Berka）认为个人的自由发展和表达自由"在民主社会和民主政治过程里是一个有尊严的人存在的最基本的条件"。[12] 从上面我们可以了解到一旦个人私人权利被大众媒体损害，不但要通过宪法保障新闻自由的权利这条路径解决，这是传播的自由；同样的，还要通过仔细的保持它和保障个人的私人权利之间的平衡，在这个

---

7 英国部分边码2。

8 瑞士部分边码9、26——直到新宪法实施，民法下的保护人格权才通过人格自由的基本权利被赋予宪法水平的保护（同见德国部分的边码12段）；意大利宪法第2条（意大利部分边码32），斯洛文尼亚宪法第35条（斯洛文尼亚部分边码4、14）；西班牙宪法第18条（西班牙部分边码21）；南非部分边码21，脚注6（但是只有人格尊严和隐私权在宪法被中明确提到）；还可见德国宪法第5条第2款，其中提到荣誉权（但是仅仅作为对于新闻自由的限制）。

9 意大利部分边码29。在奥地利，隐私权通过《欧洲人权公约》第8条给予保护，这是可作为宪法条文被直接援引的。对比而言，荣誉权并不通过宪法法令具体规定；见涉及宪法内容的第47段及以下。在德国，抽象人格权通过德国宪法第1条和第2条进行保护，这些组成了人格尊严和个人发展自由的基本原则（德国部分边码7）；在法国，人格权在1789年的《人权和公民权宣言》中就被视为天赋的、不可剥夺的，参见法国部分边码2、14。

10 在普通法国家，对于人格权的保护被仅仅看作是私法上的问题。然而自从《人权法案》在英国颁布，这种法律地位已经发生了改变，而且随着欧洲人权法院对于汉诺威公主卡罗琳诉德国案做出判决，目前存在的方式可能不能再维持下去（见英国部分边码94及以下）。

11 法国部分边码4。除了民法之下的广泛保护，我们还必须援引来自于刑法的强有力的保护（法国部分边码2、37）。同样，在瑞士，出现在现有法律中的刑法相关条文不能被忘记（瑞士部分脚注171）。虽然在英国利用刑法条文也可能打赢诽谤案，但是实务中这种情况在这些媒体可能被指控的案件里是很少出现的（英国部分边码6）。也可参见奥地利部分边码13及以下；德国部分边码2，以及一般情况下可参考刑法保护人格权问题，F. Höpfel：《德国刑法》。

12 基本自由和人权视野部分边码3；见法国部分边码4、边码8、边码14以及南非部分边码7。

背景之下，通说认为无论是媒体的表达自由的权利还是个人的人格权都不应该受到绝对的保护。[13]

一些学者认为这种不同利益之间的考量平衡是预先假设了个人和媒体之间明显缺乏的力量平衡。这种不平衡可能是来自于一个事实，就是这种大众媒体对于个人权利的侵犯包含巨大的破坏力，因为媒介产品在大环境中具有为数众多的消费者、无比的急剧性、远传播性甚至是毁灭性，这与不被公之于众的私人侵权案件相比影响要大得多。[14]

建立在宪法层面的个人保护还在现有这个问题的另一方面扮演着重要的作用：因为对于公民权利的有效保障必须达到与人格相关的宪法保护措施，这就迫使立法者积极地实行对于公民权利的民事

4

5

13　奥地利部分边码66；英国部分边码77；法国部分边码4、边码8；德国部分边码27及以下；南非部分边码7；有关德国宪法的边码115；赞同观点见赫尔穆特·考茨欧（H. Koziol）的结论部分边码2及以下，第11页；此外可参见 E·巴特伦（E·Barendt），"隐私权和新闻"，载 E·巴特伦编：《1995 年媒体和娱乐法律年鉴》，第23页及以下；L. J. Smith："德国法与英国法上的人身伤害责任新探"（Neuere Entwicklungen in der Haftung für Persönlichkeitsverletzungen nach deutschem und englischem Recht），载《欧洲私法杂志》（Zeitschrift für europäisches Privatrecht）（ZEuP），1999 年第1期，第305页；R. Stürner："个人保护和经济补偿"（Persönlichkeitsschutz und Geldersatz），载《媒体与传播法杂志》（Zeitschrift für Medien- und Kommunikationsrecht ）（AfP），1998 年第8页；参见1998 年欧洲委员会关于隐私权1165 号决议，边码8、10 及以下；此外瑞士部分边码11。在德国这种平衡在私人荣誉权领域似乎不成功，因为对于新闻自由的过于强调（更权威的资料可参见有关联邦宪法的第85 段及其佐证——J. v. Gerlach 一案的判决，见 "Höchstrichter" 第8段；另见 H. -J. Papier："媒体和公民的权利——谁来保护营销视角下的公民？"（Medien und Persönlichkeitsrechte -Wer schützt den Bürger vor Vermarktung? in: Bitburger Gespräche），载《1995 年年鉴》，第25段及以下），不同观点来自 J. v. 格拉克（J. v. Gerlach）："终审法院首席法官"（Höchstrichter），见第8段。

14　基本自由和人权视野部分边码6、13及16；参见 H. 吉热（H. Giger）："欺诈和保护个人信息的私人法律问题"（Informationsbetrug und Persönlichkeitsschutz als privatrechtliches Problem），载 Juristenzeitung（JZ），1971 年，第251页。Frotscher 甚至认为在当今的媒体时代，在这种语境中，比起宪法和国家当局的限制约束，广播服务和新闻出版会对个人人格权造成更大的侵犯危险。（W. Frotscher, Zlatko und Caroline［2001］，载《作者著作权和媒体法》（Zeitschrift für Urheber- und Medienrecht）（ZUM），第563页）。

和刑事保护。[15] 关于这种义务如何具体被履行，实质上，虽然出于对私法立法的慎重考虑问题，[16] 但是在总体上建立起一个适当的保护标准又是十分重要的。[17] 否则，就像德国联邦宪法法院的意见一样，个体公民的尊严和发展机会将会被整个可能处在危险中的社会架构所侵蚀，因为不仅仅是表达自由，包括决定自己事务的权利和发展人格的机会都必须视作是民主社会最基本的条件，而这个社会，又是建立在有一个包容市民行为和合作的空间这个基础之上的。[18]

（一）一般人格权还是具体人格权？

6 如果要对报告分开分析的话，针对人格权保护的领域就存在两种不同的基本方法。方法的起点就是以涉及具体方面单个的人格权为研究对象还是以整体上的一般人格权为研究对象。

7 一般人格权的反对者指责它没有慎重考虑没有明确的定义界限，而这个缺陷会导致合法的不确定性而且往往最终会造成对于人格权保护的扩张。[19] 具体人格权的立法体系同样也逃不出这种批评。具体的规则在界定保护的差别和价值观的冲突时冒着同样的危险。[20]

8 在奥地利，对一般建构的、予以广泛保护的一般人格权是应然的还是实然的一直存在争议。[21] 有些奥地利的学者，也可以说是奥地利最高法院（Oberster Gerichtshof，OGH）摒弃了一般人格权的适当

---

15 奥地利部分边码31，脚注111。

16 更权威的论述参见有关《欧洲人权公约中的人格权保护和媒体自由》（以下简称"欧洲人格公约"）部分的边码9及以下。

17 基本自由和人权视野部分边码59及以下；同样可见欧洲人权法院：《媒体与法律》（MR），2004年，第248页。

18 《德国宪法法院判决汇编》（Entscheidungen des deutschen Bundesverfassungsgerichts, BVfGE）第43卷65页。

19 奥地利部分边码2。

20 奥地利部分边码2、61；瑞士部分边码2；同可参见意大利部分边码8以及斯洛文尼亚部分边码1。

21 奥地利部分边码1。

性而热衷于对于大量具体人格权的承认。[22] 此外，在法国、意大利、斯洛文尼亚、西班牙和南非，具体人格权也在被使用。[23]

相比之下，在瑞士[24]和德国[25]，抽象的一般人格权则是学术界和司法界的主要聚焦点。而且最近，在意大利学术界的主流观点也是在宪法条款的支持下将人格权作为整体看待，认为这是在民法视角下对人格权进行保护。[26]

9

一般人格权必须通过一条一般条款表达，因为只有这样个人的人格权的各个方面才能都被包括进去。[27] 有时，某些广义的人格权界定，被立法看做具有更重要的意义，因为它不仅仅被一般条款所保护，而且为具体人格权提供保护。[28] 因此，一般和具体条款，会存在某些部分的重合。比如，在德国，侵犯肖像权的案件可以通过一般人格权条款来解决，也可以通过《与美术和摄影作品著作权相关的

10

22　基本自由和人权视野部分边码58；见奥地利部分脚注3。

23　法国部分边码1及以下，边码10；日本部分边码3、边码10及以下；斯洛文尼亚部分边码3、边码5及以下，对比见边码11；南非部分边码1；西班牙部分边码21；最开始也出现在意大利案件中（意大利部分边码3）。

24　瑞士部分边码1及以下。

25　德国部分边码5。

26　但是在此基础上，具体人格权也必须有发展空间（意大利部分边码4）。纵然如此，根据新的认识，把人格权作为整体看待也被强迫承认（意大利部分边码4、7），问题的重点恰恰不是传统意义上一般人格权的实行，而是包含所有内容的一般条款的建立，通过这一条款，具体的新的人格权得以引进，而不受立法者的干预。我们有必要考虑到，在相关的术语中，应该通过新的流行观点向一个更为灵活的方向发展；法定的人格权的范围已经被慢慢打破且通过类推的方式在扩展。

27　我们必须提到，源自与《德国民法典》（Bürgerliches Gesetzbuch，BGB）第823条第1款相关的德国宪法第1条、第2条，并受到宪法保护的一般人格权，并非由立法所创制，而是司法活动演变的结果；参见德国部分边码7及以下。一些试图将抽象人格权编纂进法典的尝试因为媒体方面的反对和抵制失败了。（见德国部分边码20及以下、边码97）。相比之下，在瑞士，民法中的一般人格权被具体规定在《瑞士民法典》（Zivilgesetzbuch，ZGB）第28条的（瑞士部分边码1及以下）。

28　德国部分边码2、31及以下。

法律》（Kunsturheberrechtsgesetz，KUG）第 22 条的具体规则来解决。[29]

11　　瑞士判例和学术著作特别强调《瑞士民法典》第 28 条的一般条款包含了人格权的所有基本特征。[30] 但是，瑞士立法还是在逐步地[31]引进保护人格权的具体规则。[32]

12　　在没有一般人格权规则的国家，在立法时通常是基于非宪法层面规定了不同范围的特殊保护规则。[33] 有时，具体人格权规则根据类推而扩张，或者，就像奥利地的情况一样，是从一般条款里衍生出来的。[34] 具体规则通常包括一般措辞，[35] 而根据情况，实际的条文结构可以根据范围而不同。

13　　此外，注意到有些立法条款为媒体提供了具体保护人格权的规

29　德国部分边码 2、34 及以下；汉堡区法院（Landgericht，LG）：《媒体与法律》，2004年，第 191 页及以下。一般人格权的概念晚于版权法第 22 条的这个事实可以解释这一情况，姓名权亦同（见《德国民法典》第 12 条）。

30　瑞士部分边码 1 及以下、边码 7。

31　瑞士部分边码 36，脚注 12。

32　例如《瑞士民法典》第 29 条（姓名权）。

33　比如，在意大利，个人的姓名权就是规定在《意大利民法典》（cc）第 6 条及以下，或者，以肖像权为例的话，就是民法典第 10 条和意大利《版权法》第 96 条及以下。同时在西班牙，个人荣誉、隐私权、肖像权都是通过具体规则来解决的（西班牙部分边码 32 及以下）。在日本，诽谤直接为《日本民法典》（日本部分边码 65）中的第 710 条所管辖。具体规则可见法国有关肖像权的规定（法国部分边码 21）。

34　奥地利的规定《民法典》第 16 条（Allgemeines Bürgerliches Gesetzbuch，ABGB）；西班牙部分边码 44；此外可参见意大利部分边码 3、21、33。

35　也跟保护的范围本身相关（参阅诸如奥地利《媒体法》第 7a 条关于"值得保护利益"这个术语 [Mediengesetz，MedG][奥地利部分边码 32；宪法第 71 条]，《奥地利版权法》第 78 条 [Urheberrechtsgesetz，UrhG][奥地利部分第 53 条] 关于"正当利益"的术语，或者西班牙《组织法》1/1982 [在这部法律的第 7 条可以发现一些可以有力的枚举证明] 关于"非法侵害"的术语，见西班牙部分边码 39、44 及以下），抑或其限制（比如基于奥地利《媒体法》第 6 节第 2 条第 2 款 b 项的"公共利益优先"，比如西班牙《组织法》（LO）1/1982 第 2.2 条当中的"相关历史、科学、文化利益"的概念 [参见西班牙部分边码 29、71 及以下，特别是第 75]）。

则，这是很重要的。[36] 另外，在某种程度上，在隐私案例中对于数据保护的规则可以作为特别条款被应用。[37] 而且，在瑞士，对于个人来讲援用不正当竞争的规则提起诉讼来保护人格权是可能的，即使在原告和被告之间并不存在竞争的情况下[38]。

总之，审查之下，无论在哪种立法规则中，任何一种单纯的立法模式都不能维持。事实上，折中模式的推崇曾经就被强调过。另一方面，一般条款结合了一些特殊的具体规则（根据国家不同而不同）。而且，相对的，具体规则被抽象的因素不断补充着。 **14**

事实上，抽象规则广泛的平衡过程，和具体条款吸收抽象因素都是为了实现最高程度的灵活性，而且因此，人格权保护领域内的复杂的利益衡量才有绝对必需的回旋掌握空间（参见边码 53 及以下）。[39] 此外，一般人格权体系的构建在法律发展中起着主导作用，因为只有它才有可能随着社会的变化和科技的进步在考虑到保护的价值的基础上并入新的领域的人格权。[40] **15**

在奥地利报告中我们已经提到，最终在这两种方法中，哪种被作为优先使用的方法并不重要，因为只要一般人格权存在，不同领域的保护措施就会迅速出现在相应的具体规则里来提供保障。[41] **16**

最后，考察到英美法系的特殊情况，在英国我们可以看到一般人格权和具体人格权的规则都是不可用的。尽管如此，个人人格权 **17**

36　参见奥地利《媒体法》第 6 条及以下；意大利《新闻法》第 11 条，意大利部分边码 73；还可参见意大利部分边码 92；斯洛文尼亚部分边码 15 及以下；西班牙部分边码 112。

37　奥地利部分边码 33；英国部分边码 85 及以下；意大利部分边码 76 及以下；日本部分边码 6 及以下；斯洛文尼亚部分边码 3；瑞士《数据保护法》第 1 条（Datenschutzgesetz, DSG）在这部法律中在私法保护下的人格权被具体提出来；也可参见 V. Zeno-Zencovich，《比较法视野下诽谤案件的损害赔偿》（以下简称"损害赔偿"）边码 20。

38　瑞士部分边码 31、52。

39　奥地利部分边码 53；德国部分边码 49；基本自由和人权视野部分边码 71。

40　西班牙部分边码 44；瑞士部分边码 2、4；也可见边码 2、3 及以下。

41　奥地利部分边码 3；也可进一步参见瑞士部分边码 2、35 及以下。

受到侵犯可以成功地通过英国法院得到救济。判例法为不同的侵权提供了不同的保护方法。然而，并不存在可以诉诸法律的一般责任条款。[42] 同样的情况也发生在美国。[43]

（二）保护的领域

18　　在某种程度上，保护人格权的相似的领域在所有受审查的立法法令中都有所体现。因此，在我们所研究的国家中，某些绝对相关、搭界的典型侵权类型是比较清楚明白的。此外，考察普通法国家[44]和那些规定一般人格权的国家的相关规定是有用的，从中我们可以清楚的定义划分已经出现的基本保护领域。

19　　但是，这些领域的确切的立法标准又包含了极大的分歧（参见边码23及以下）；此外，承诺保护的程度也有明显的不同（参见边码121及以下）。[45]

20　　从这些报告中里我们还可以看到，来自大众传媒的对民事领域所保护的人格权的侵犯主要是指以下这些领域：隐私、诽谤、肖像。除了这些，我们必须尤其要提到的是姓名权、商业信誉、虚假陈述、对于自己话语和声音的保护权、对于无罪推定的保护权和对各种匿名利益[46]的保护权。[47]

21　　虽然人格权保护的关键问题和初步目的是对精神层面利益的保

42　英国部分边码1；参见 L. J. Smith 的文章（即"德国法与英国法上的人身伤害责任新探"，参见注13. 译者注），载《欧洲私法杂志》（ZEuP），1999年第1期，第308页起。

43　美国部分边码1。

44　参见英国部分边码1。

45　英国部分边码1。

46　关于这里仍旧可见《德国刑法》第16条。

47　奥地利部分边码5、12及以下；英国部分边码1；法国部分边码1及以下、边码11；德国部分边码31；意大利部分边码9；日本部分边码3、4、9；斯洛文尼亚第部分边码17及以下、边码22；南非部分边码1及以下；瑞士部分边码35及以下、边码45及以下；美国部分边码1、8及以下。

护，[48] 但是近来越来越多的注意力也被放到经济方面。[49] 对于已经被意识到的人格的"商业化"所产生的忧惧有人提出批评意见，并且谴责这种原则的发展。[50] 事实上，这是因为现今人格权的某些特征具有了经济价值。与此同时，特别是在公共数据的场合，对于隐私信息的市场需求正在激增。[51]

经济价值这个人格权的属性不仅仅为单个人的经济利益的实现贡献了不少，还有很多不知羞耻的传媒公司为了取得更大的经济利益而损害公民的人格权。[52]　　　22

1. 荣誉权、隐私权和肖像权

这里以下，三个最重要和显著的被引用的人格权类别将被用来　　23
解决被大众传媒侵权的问题，这参与比较分析的三个是：荣誉权、[53]
隐私权和肖像权[54]。[55] 至于这些领域里影响到的公众人物，请参见边码 78 及以下。

48　见德国部分边码 72、10、31；瑞士部分边码 3、76。

49　德国部分边码 46、107 及以下、110 及以下；日本部分边码 81；瑞士部分边码 3、18；这方面也可参见德国关于死后人格权保护的发展（德国部分边码 73 及以下、82 及以下）；同样也可参见法国部分边码 24、边码 38；意大利部分边码 14。

50　德国部分边码 75；此外可参见 M. Kläver，"公民个人财产权利"（Vermögensrechtliche Aspekte des zivilrechtlichen allgemeinen Persönlichkeitsrechts），载《作者著作和媒体法》（ZUM），2002 年，第 207 页。

51　奥地利部分脚注 252；英国部分边码 77、83、98 及以下，脚注边码 170、232；法国部分边码 9、32；关于"损害赔偿"边码 16；H. Prantl："私人领域的独家代理合同及新闻信息"（Der journalistische Exklusivvertrag über Informationen aus der personalen Sphäre），载《媒体与传播法杂志》（AfP），1984 年，第 17 页；此外，可参见欧洲人权法院：《媒体与法律》，2004 年，第 251 页。

52　参见法国部分边码 9、15；德国部分边码 110；日本部分边码 5、116；南非部分边码 15；西班牙部分边码 136；同样还有，K. 席琳（K. Schilling）："隐私权和新闻：破坏秘密——小报的报复？"，载《欧洲娱乐法综述》，1991 年，第 170 页。

53　德国部分边码 50；西班牙部分边码 64。

54　意大利部分边码 13。

55　在西班牙它们被称为"经典"人格权；西班牙部分边码 56；此外参见瑞士部分边码 35。

2. 荣誉权

24   从历史角度上看，荣誉是人格权里最早被媒体侵害到的权利。[56]早在1590年，法国人雨果·唐林斯（Hugo Donellus）就提出了"保有声誉的权利"这个说法。

25   荣誉权包括尊严、尊重和一个人的声誉。[57] 一种宣称是不是会被归类为诽谤往往取决于那个时代里国家更看重哪种态度的社会价值观。[58]

26   至于在民法领域下的荣誉权，部分地是和刑法中诽谤罪的概念紧密相连的，现今很多国家仍然把刑法典的定义当做解释和定位点的衡量尺度。[59] 然而，现在荣誉权受到的来自民法上的保护要多于刑法上的保护。[60]

27   在西班牙和瑞士，与奥地利、德国、英国和南非对比看不同的是，荣誉权不仅仅是客观的，更是主观的，它决定于每个人的价值观和看待人的出发点不同，并不是参照平均水平的理性人所享有的

---

56 瑞士部分边码45；参见法国部分边码1及以下、6、13及基本自由和人权视野部分边码1。

57 奥地利部分边码12及以下；西班牙部分边码59、62；瑞士部分边码45；也可参见意大利的定义，见意大利部分边码24及以下。

58 英国部分边码8；西班牙部分边码60。

59 奥地利部分边码13及以下、16、80；德国部分边码2、49；意大利部分边码30；斯洛文尼亚部分边码20；参见德国部分边码49；西班牙部分边码34；德国刑法第47条及以下；瑞士 H. Hausheer/R. Aebi Müller：《瑞士民法典·属人法》（Das Personenrecht des Schweizerischen Zivilgesetzbuches），1999年，第125页；德国《媒体法》，2003年第4版，第70页；参见法国部分边码13。

60 奥地利部分边码27；德国部分边码49；瑞士 H. Hausheer/R. Aebi-Müller 著作（前面脚注59），第125页，以及 H. M. Riemer：《瑞士民法典·属人法》（Personenrecht des ZGB），2002年第2版，第144页；英国部分边码6；斯洛文尼亚部分边码17及以下。

荣誉权这个标准。[61]

在评价是否将一种评论归类为诽谤的时候，许多法令把理性读者的平均看法当作是裁定标准。[62] 为了避免对新闻自由的不适当限制，英国法院可能更倾向于适用具有严谨报道风格的小报的典型读者这个标准。[63] 而在我们调查的其他国家，都是习惯运用平常理性人的概念，没有提出类似的倾向。 28

根据许多国家的报告，如果贬损言论基本真实是得到默许的；[64] 事实上，在英国和美国，对于事实的虚假陈述是诽谤案中成功起诉的绝对先决条件。[65] 而对比看来，在一些国家的报告中就指出在某些处境之下对于事实的贬损言论，即使是真实的，也会造成对人格权的侵犯。[66] 29

通常，因为价值判断方法的不同对于诽谤的本质的认识也会不 30

61　奥地利部分边码12；英国部分边码7及以下；南非部分边码11、19；西班牙部分边码59、61、65；这在西班牙亦遭到批评（西班牙部分脚注54）；瑞士部分边码24；德国部分参见 O. 斯特格曼（O. Stegmann）：《德国媒体和法国媒体的事实陈述和价值判断》（Tatsachenbehauptung und Werturteil in der deutschen und französischen Presse），2004年，第65页。

62　奥地利部分边码12；英国部分边码7及以下；日本部分边码44及以下、边码52；南非部分边码11；瑞士部分边码50。

63　英国部分边码7，特别是脚注19。

64　奥地利部分边码22及以下、73及以下；法国部分边码13；德国部分边码24、51；日本部分边码10及以下；南非部分边码16及以下；西班牙部分边码28、50及以下、62及以下、65及以下、75及以下、81、83及以下；基本自由和人权视野部分边码94。

65　英国部分边码4、15、82；美国部分边码1、8及以下、25；L. J. Smith：前面脚注13，第311页；K. Schilling：前面脚注52，第171页。

66　举例而言，在西班牙，那些严重的案件，损害言论是否真实并不重要（西班牙部分边码68及以下）；奥地利部分边码22及以下；日本部分边码54；瑞士部分边码45；南非部分边码8，只要真实的诽谤言论是关乎公共利益的，它们就是正当的（南非部分边码15）。

同，这是不能从它们的正当性上去客观判断的[67]。[68] 法院往往用一种底线的方法去进行价值判断，因为它们触及了宪法所保护的表达自由的核心部分。[69]

31　　在美国，诽谤仅仅指向对于事实的恶意言论。价值评判总是在宪法的保护伞之下，不管它们是不是辱骂性质的。在美国，必须认识到在表达一种观点时，它不过是一种评价，没有事实需要被证明。所以，受到影响的当事人并不能提起诽谤诉讼，因为提起诉讼的前提是对于事实虚假陈述的存在（参见边码29）。[70]

32　　与其他被研究的法令相比较，即使是在与事实相违的情况下，在美国和媒体对抗胜诉也是极端困难的。因为对表达自由的强调和重视，公众官员、名人和那些觉得自己处在公众争论下的人们可以成功通过法律程序证明媒体报道的不真实性，但是这种情况只发生他们可以证明被告的言论中对于常识的叙述存在错误时。而比较看来，普通人就允许对过失性的诽谤提起诉讼。同时，私人还有出具真实的损害证据的义务，即这种损害确实是来自于诽谤言论的广泛传播。[71]

33　　在法国的情况就完全不同了。一旦对于事实的评论被包含进去，来自媒体的诽谤侵害就被看做是有罪的。刑法法院通过刑事程序对

67　奥地利部分边码20；德国部分边码52；西班牙部分边码67。

68　奥地利部分边码20；英国部分脚注51；法国部分边码22；德国部分边码2、51；斯洛文尼亚部分边码20；南非部分边码17、19；瑞士部分边码45同时还有 H. Hausheer/R. Aebi-Müller 著作（前面脚注59）和西班牙部分边码25及以下、72、2及以下。其实，有时有关事实陈述和价值判断之间的差别辨别起来十分困难；西班牙部分边码4；K. Schilling：前面脚注52，第171页。

69　德国部分边码23、52；日本部分边码47；西班牙部分边码15、27、31；在这方面，可参见接下来有关美国、英国和法国的评论部分；此外可参见结论部分边码13。

70　美国部分边码14；对比见英国的部分边码23及以下，虽然属于基本范围，但是在英国，可以在广泛范围里做出价值评判。

71　美国部分边码9及以下；K. Schilling："英国诽谤法的美国化"，载《娱乐法综述》，2000年，第49页；对于公众人物的保护参见边码78及以下。

诉讼进行裁决。于是，这里在刑法之下的惩罚就通过刑事判决来完成。另一方面，被看作是诽谤的价值性评论不能通过刑事途径进行起诉，而必须通过包含一般条款的侵权法诉诸法律。[72]

3. 隐私权

隐私权为每个人在指定的范围内免受公众打扰提供了可能性。[73] 34
除了荣誉权，它是典型的被媒体侵犯的最重要的人格权。[74] 基本上，个人隐私信息，即使是真实的，也不能被公开。[75] 然而在西班牙，与个人私生活相关的虚假事实陈述属于荣誉权的范围，而不是侵犯隐私权。[76]

个人隐私信息，尤其是指与一个人的性话题、健康、人际关系、 35
毒品问题和家庭事务相关的信息。[77]

法国学者和立法部门都在广义上解释私生活这个概念，除了朋 36
友关系、性关系和家庭事务，在其他方面，包括私人的、政治的和宗教态度、休闲活动在未来都会被视为属于隐私范围的范畴。[78]

源于德国的所谓的"领域理论"已经在一些国家得到承认。这 37

72　法国部分边码 13、22。

73　西班牙部分边码 47；德国的可参见 F. Fechner（前面脚注 59），第 62 页；也可参见意大利部分边码 4；南非部分边码 4；意大利部分边码 14。

74　参见法国部分边码 17。

75　德国部分边码 58；日本部分边码 55；西班牙部分边码 53；美国部分边码 1、16；基本自由和人权视野部分边码 98；《针对大众媒体侵害人格权的保护——从最高法院法官的视角》（以下简称最高法院法官视角）部分边码 23；结语部分边码 17。

76　西班牙部分边码 28、50 及以下；这种观点与两个国家的立法倾向相吻合：南非（南非部分脚注 120），美国（美国部分第 1、16 段）。

77　德国部分边码 64；斯洛文尼亚部分边码 20；参见英国部分边码 72、92；E. Barendt（前面脚注 13），边码 30 及以下。

78　法国部分边码 16，此外在法国，隐私权也通过刑法被广泛的保护（法国部分边码 18）；也可参见前面脚注 11。

种理论为更容易划分私领域和不受保护的公共领域的事务做出了贡献。[79] 它区分了各种受保护的人格权领域，即私密领域、私人领域和公众领域。[80] 私密领域代表了隐私权最内部最核心的部分，也是保护标准最高的领域。它主要是指那些关乎性关系和健康的事务。[81] 有些学者批评说这种领域理论是有缺陷的，因为要清楚区分不同领域是不可能的。[82]

38   在以前提到的引述中，许多情况下，国家的宪法条款通过民法提供对公民人格权的保护。这在隐私权的领域格外有效，因为这些条文在很多国家中已经由宪法层面广为承认且被固定下来很多年。[83] 此外，隐私权在《欧洲人权公约》第 8 条中规定了很高的保护标准。该项条文不应该仅仅被看做是与公法立法相关的条文，它还对许多《欧洲人权公约》成员国的民事立法发生了巨大的影响。[84] 最后，极为重要的是，因为在过去数年间宪法性和欧洲性的影响（隐私权），

---

79   德国部分边码 64 以及 C. Ahrens：《个人权利和媒体报道自由》（Persönlichkeitsrecht und Freiheit der Medienberichterstattung），2002 年，第 47 页及以下；进一步论证可见 G. Leinveber，"隐私的概念"（Zum Begriff der "Intimsphäre"），载《知识产权和版权》，（Gewerblicher Rechtsschutz und Urheberrecht）（GRUR），1961 年，第 274 页；瑞士相关刑法中有关此理论的表达出现在瑞士部分边码 46；参见有关奥地利宪法的边码 97 及以下；W. Berka in：W. Berka/T. Höhne/A. Noll/U. Polley，《媒体法实务述评》（Mediengesetz Praxiskommentar），2002 年，第 7 节第 9 段及以下。

80   德国部分边码 64；瑞士部分边码 46。事实上不同领域的划分是在变化的；比如参见这些不同的定义：E. Burkhardt in：K. E. Wenzel, Das Recht der Wortund Bildberichterstattung，2003 年第 5 版，第 156 页及以下。

81   在德国的主流观点是：不经本人同意，接近和发布属于私人领域的任何信息都是绝不允许的（汉堡高等法院：Neue Juristische Wochenschrift［NJW］，1967 年，第 2316 页；科隆高等法院：《媒体与传播法杂志》，1973 年，第 478 页）。相比之下，在瑞士，对此问题的适用不是很严格，甚至在有关的私人场合，平衡手段也是可行的（瑞士部分第 46 段）。

82   均可见 H. Ehmann, Zur Struktur des allgemeinen Persönlichkeitsrechts, Juristische Schulung（JuS），1997 年，第 196 页及以下；也可参见瑞士部分边码 47 及以下。

83   基本自由和人权视野部分边码 98 及以下；参见奥地利部分边码 31；意大利部分边码 15；南非部分边码 21，瑞士部分边码 26。

84   参见关于欧洲人权公约部分边码 22。

已经在民事审判和立法中取得了实质性发展。[85]

尽管在欧洲大陆法系，《欧洲人权公约》第 8 条，民法保护人格权也被理解为其中包含了隐私权，而且欧洲人权法院对这项规则的解释为之在国内法庭上提供了一个重要的支持，[86] 但是在英国，情况并不是这样。英国的立法实践拒绝受理侵犯隐私权的起诉。大部分的学者赞同这个观点。事实上，这种状况在 1998 年的人权法案生效实施后并没有改变，而该项法案曾经将《欧洲人权公约》的基本权利条款引入该国国内法。[87]

然而，在英国，与隐私权相关的问题并不是完全不受保护的。现在，对于隐私权的侵犯被解释为泄露秘密，而这通常是指向媒体的。因为，作为一般法则，记者对于受媒体报道影响的个人是不负法律责任的。[88]

因为欧洲人权法院对于卡罗琳·汉诺威诉德国案的判决[89]，无论怎样，虽然极不情愿但是英国仍有可能不得不开始受理关于侵犯隐

39

40

41

85　参见例子如与《奥地利民法典》第 1328 条相关的奥地利《立法解释备忘》（Erläuternde Bemerkungen, EB）（Regierungsvorlage, RV 173 Beilage zu den stenographischen Protokollen des Nationalrates, BlgNR 22. Gesetzgebungsperiode, GP, 第 4 页、第 16 页及以下）；同样可见汉诺威公主卡罗琳诉德国案判决，这一案件的标准达到了欧洲及本国的水平（"欧洲人权法院"，载《媒体与法律》（MR），2004 年，第 249 页，见边码 85 及以下）；参见基本自由和人权视野部分边码 99；可见法国部分边码 14、18；意大利部分边码 15；西班牙部分边码 74；宪法对于民法规定的一般人格权保护的影响可见 E. Steindorff, Persönlichkeitsschutz im Zivilrecht, 1983 年，第 15 页。

86　奥地利部分边码 31，也可参见基本自由和人权视野部分边码 97 及以下，和欧洲人权公约的边码 9 及以下。

87　英国部分边码 62 及以下；J. Coad："Privacy-Article 8. Who needs it?"，载《娱乐法综述》，2001 年，第 226 页；同样可见 K. Schilling，前面脚注 52，第 169 页；E. Barendt，前面脚注 13，第 25 页及以下。

88　此处可参见英国部分边码 65 以下；H. Tomlinson 编：《隐私权和媒体》，2002 年版；L. J. Smith，前面脚注 13，第 309 页及以下；此外可见 K. Schilling，前面脚注 52，第 172 页及以下。

89　"欧洲人权法院"，载《媒体与法律》（MR），2004 年，第 249 页；同可见边码 85 及以下。

私权的诉讼。[90]

42　　与英国的倾向不同，在美国以民法保护隐私权是被广泛承认的。[91] 尽管如此，因为表达自由和新闻自由价值观的深入人心，想要在对抗媒体侵犯隐私权的案件中胜诉也是非常困难的。[92] 而起诉新闻的不恰当报道，作为规则的切入点，就比较容易胜诉（参见边码63）。[93]

43　　继而，我们可以知道个人的隐私权在我们研究的国家里法律都通过某种手段或不同的方式进行保护。如果当中存在一个重要的事项，而它又与一般公众之间存在充足和明显的联系时，隐私权将不受保护。[94]

4. 肖像权

44　　肖像权是图像传播的一种，受到电视以及网络的影响。它不仅仅为电视台，而且也为印刷媒介服务，图像代表着一种不可缺少的影响力，[95] 一种手段，通过它信息得以整合到一起，通过一种可信的、压缩的和冲击情感方式传播。[96] 在原则上，由媒体决定运用哪种手段来传播信息。它和图像的应用在手段上是相同的，而后者也属于依据《欧洲人权公约》第 10 条所指"传播"的范围之内。[97]

90　参见英国部分边码 98。

91　情况同新西兰（英国部分边码 74）。

92　美国部分边码 16。

93　美国部分边码 21、27。

94　西班牙部分边码 50 及以下。

95　基本自由和人权视野部分边码 32。

96　G. Schweiger/G. Schrattenecker, Werbung, 2001 年第 5 版，第 206 页及以下；另见 A. MeiPochtler:《战争图像的标准》（Im Krieg der Bilder, Der Standard），2004 年 5 月 29 号，第 18 页。

97　参见基本自由和人权视野部分边码 32，"德国宪法法院"，（Bundesverfassungsgericht [BVfG]），载 NJW, 2001 年，第 1021 页；另见英国部分边码 80；欧洲人权公约部分的边码 6。

欧洲大陆法系的法律包括与个人肖像有关的具体规则。[98] 这些法 45
条的主要目标就是提供一种清晰的界限，让法律从业人员把注意力
集中在这些具体规则之上。

不可否认，在法国、[99] 斯洛文尼亚[100]和瑞士，在这一领域没有具 46
体条款。[101]

因此，在瑞士，索赔只能建立在《瑞士民法典》第28条的一般 47
条款之上，即在出现对于图片传播权的侵犯的情况时。[102] 然而，最近
瑞士的立法原则已经接受了一个更好的对于肖像权的保护作为对于
人格权领域的解释，这一理解认为肖像权是独立的人格权。如果未
经相关个人同意，图像一旦被公开即构成侵权。[103] 这就暗示了瑞士立
法已经与德国的模式保持一致，在德国这种解决方法已经被明确地
写进了法律（《与美术和摄影作品著作权相关的法律》第22条第1
款）。[104] 肖像权在法国、意大利和西班牙也被看做是独立的人格权。[105]

在奥地利，现行状况也是个人的肖像权被看作是独立的人格权， 48
但是里面包含一个重要的区别。奥地利法律规定肖像的传播仅仅在

---

98 针对奥地利部分可见奥地利《版权法》（UrhG）第78条（奥地利部分边码50及以
 下）；针对德国部分可见德国《与艺术与摄影作品著作权有关的法律》（KUG）第22
 条（德国部分边码34及以下）；针对意大利可见《意大利民法典》（cc）第10条以及
 意大利《版权法》第96、97条（意大利部分边码12）；另见斯洛文尼亚过去与版权
 相关的法案，但是现在肖像权只在学术著作中可见，斯洛文尼亚部分边码6、23；针
 对西班牙可见 LO 1/1982 第7条第5、6款（西班牙部分边码55及以下）。
99 这里《法国民法典》第9条已经涵盖了肖像权，法国部分边码10、23；但是我们仍需
 注意在某些需要精确定义的案件中，具体的规则也可直接援用保护肖像权（法国部分
 边码21）。
100 斯洛文尼亚部分边码23。
101 参见日本部分边码9。
102 瑞士部分边码1及以下。
103 瑞士部分边码49。
104 德国部分边码34。
105 意大利部分边码13；西班牙部分边码56；此外法国部分边码20、23（这里在某些领
 域当事人可以通过刑法得到额外的保护，法国部分边码18及以下）。

相关人的"合法利益"被伤害的情况下才不被允许。[106] 这意味着图像的传播只有在下列情况时被看做不正当。举例而言，如诽谤或者对隐私权的侵犯。但是，如果没有额外的违反要件，就将允许媒体出于一切动机和目的不经本人同意公开其肖像。在这方面，奥地利立法极度地偏向媒体一方。

49　　　如前所述，在意大利，为了成为一本合法的图像出版物，取得相关个人的同意基本上是必需的。尽管如此，意大利的立法倾向最终和奥地利的做法是极为相近的。除此之外，如果图像的散布造成的是正面的偏见或者是对相关当事人的正面理解，那么同意则不是必需的。[107]

50　　　在绝大多数国家，对于肖像权的保护受到对图片传播和发表权的限制；[108] 但是，在西班牙和瑞士，即使是在危急关头捕捉的照片也可以成为肖像权诉讼的原因。[109] 这意味着，在这两个国家，向摄影师或记者请求肖像权损害赔偿的诉讼同样有可能优先于传播权而获得胜诉。

51　　　在英国或美国，并没有将肖像权视为独立的人格权，所以，没有特别规定此种诉讼。照片的发表可以成为诽谤的基础或者成为"秘密"的组成部分，或者分别构成对于隐私权的一种侵犯。因此，和奥地利的立法倾向一样，对于肖像的中立传播（不影响个人利益的）是有可能不经过同意甚至是违背本人意愿进行发表的。[110]

106　奥地利部分边码53；A. Warzilek："汉堡法院评论"（comment to LG Hamburg），载《媒体与法律》（MR），2004年，第194页。

107　意大利部分边码38。

108　参见奥地利《版权法》第78条及奥地利部分边码51；针对德国可见《与艺术和摄影作品著作权相关的法律》和德国部分边码34；法国部分边码20；意大利部分边码14；斯洛文尼亚边码23。因此通常是由大众媒介构成对这种人格权的侵犯（奥地利部分边码51）。

109　西班牙部分边码55；瑞士部分边码49。

110　此种状况另可参见新西兰，对比可参考加拿大的立法倾向（英国部分边码74）。

此外，肖像权在南非也并不存在。基于传播图像而造成的对权 52
利的损害往往按照对隐私权的侵害而处理。[111]

二、大众媒体侵犯人格权的保护范围的扩张

在这份国家报告里已经明确指出个人的人格权利益所得到补偿 53
和侵权人所侵犯的利益是等量的。因此，必须建立起一种复杂的平
衡结构；[112] 在瑞士，这在法律中有明确的规定。[113] 这种平衡架构的意
图是为每个个人的案例找到一种合适的解决方法，[114] 这种立法的不确
定性因此会包含一种公认的危险性。[115]

但是，不同的国家给予个人和媒体这双方的权利比重也是不同 54
的。法国法庭倾向于更加保护个人的权利，美国法庭则看起来更倾
向于给予信息传播的更大的正当性。[116]

在其他国家，至少在相关案件中，对于一方的明确倾向是明显 55
的。在利益无法衡量轻重的时候，瑞士司法和学者就假定人格权受
侵害是不能被证明正当性的。[117] 相应的，我们就可以认为媒体的利益

---

111 见南非部分脚注 115 当中的例子。

112 奥地利部分边码 7、62 及以下、72 及以下；法国部分边码 10；德国部分边码 28 及以
下、66；日本部分边码 8、23、56、104 及以下；瑞士部分边码 39、46、53 及以下，
参见英国部分边码 2、37、74 及以下、81；意大利部分边码 33 及以下、43、49 及以
下、63；斯洛文尼亚部分边码 1、10、30；南非部分边码 7、24，脚注 116；西班牙部
分边码 22、43；B. Kommenda：《针对大众媒体侵害人格权的保护——从媒体从业人员
视角》（以下简称"媒体从业人员视角"）部分边码 8 及以下，还有最高法院法官视
角部分边码 5、20；欧洲人权公约部分边码 9、15 及以下；此外参见"欧洲人权法
院"，载《媒体与法律》，2004 年，第 249 页；也可参见 L. J. Smith，前面脚注 13，第
305 页；K. Schilling，前面脚注 52，第 170 页；另见美国部分边码 2。

113 参见《瑞士民法典》第 28 条第 2 款。

114 南非部分边码 24，脚注 81。

115 英国部分边码 81。

116 最高法院大法官视角部分边码 6 及以下、19、27；也可参见美国部分边码 3。

117 瑞士部分边码 40。

必须让位于个人的利益。但是在另一方面。在英国，我们可以毫不惊讶地获知，在有疑点的案件中，被冠以民主的重要意义的媒体自由，被赋予了优先性。[118] 在西班牙，这方面同样具有强制性。[119]

56 　　倾向于媒体之所以成为核心平衡因素是因为考虑到公众利益的知情权[120]和记者的发表自由[121]，而且，反过来，记者和传媒公司也同样可以援用新闻自由进行抗辩。[122] 现行立法考虑到的公共利益的知情权，内容着重包含政治、经济、科学、社会、文学或体育事项。[123] 通常，这些内容都与公众人物相关（参见边码 78 及以下）。

57 　　根据国别报告，为了与这个平衡构造相符，下面的几种情况也

---

118 英国部分边码 38、76 及以下、81；L. J. Smith，前面脚注 13，第 310 页。R. Shillito/E. Barendt，Libel in：E. Barendt（ed.），《1995 年媒体和娱乐法律年鉴》（The Yearbook of Media and Entertainment Law），第 268 页。这种方法也可以说是符合媒体的观点的；参见媒体从业人员视角部分边码 29 及以下。

119 西班牙部分边码 23 及以下。

120 德国部分边码 25 及以下、30、62 及以下、67 及以下；意大利部分边码 17、43、46、50 及以下；日本部分边码 5、10 及以下、46、57、104；斯洛文尼亚部分边码 1、23 及以下；西班牙部分边码 6、20、25、27、29、42、62、73；瑞士部分边码 9、14、40、48、53 及以下；美国部分边码 9；结语部分边码 10、16；参见英国部分边码 4、22、24、27 及以下、40、75 及以下；法国部分边码 7 及以下；南非部分边码 15、17、23 及以下，脚注 116、129；针对奥地利可见奥地利部分边码 7、25 及以下、62、71、73 及以下、基本自由和人权视野部分边码 97 及以下，同时可见《奥地利媒体法》第 6 条第 2 款、第 7a 条；对比参见英国部分边码 15。

121 虽然，在意大利，这一条仅仅明确地在刑法中规定，但是在民事诉讼中，刑事法条也是可以援引的（意大利部分边码 63）。

122 参见奥地利部分边码 65 及以下、68 及以下；意大利部分边码 10、14 及以下；南非部分边码 6；瑞士部分边码 40、53 及以下；美国部分边码 4 及以下；基本自由和人权视野部分边码 33 及以下；此外可见德国部分边码 29。

123 意大利部分边码 51；瑞士部分边码 54。欧洲人权法院也确认了这种观点：如果媒体的报道造成了公众的争论，那么公众利益是否被纳入明确的考虑范围而作为判断是否侵权的因素就很重要了（"欧洲人权法院"，载《媒体与法律》（MR），2004 年，第 251 页）。但是，对于"公众利益"的理解不同国家却不尽相同。比如，在普通法国家经常讨论著名人物的同性恋倾向是否属于公共利益的范围，因为这将会给同性恋运动一个有力的支持（K. Schilling，前面脚注 52，第 169 页）。欧洲大陆的法学家则认为在某种程度上，讨论这种划分是徒然无果的。

被赋予了重要性：

通常，我们认为在媒体报道自由方面，事实新闻比起单纯为了 58
煽情而报道的新闻被赋予更高的价值，所以更具有保护价值。[124]

在新闻进行客观事实报道的场合，它们的正当性是绝对重要的 58
（也可参见边码29）。[125] 我们应当牢记的是，在编辑室的记者每天都
是要面对的交稿最后时限的压力，如果媒体被要求事先判断一个报
道的绝对真实性是不公平的。甚至，勤勉地对于信息进行核实的工
作量也是大量的。所以，在我们所研究的绝大多数国家之中，记者
报道新闻已经尽了仅仅是尽可能真实报道的责任。[126] 在这种联系之
下，对突发新闻事件的紧急性和信息来源的可靠性的程度就决定了
所要求的核实信息义务的大小。[127] 在西班牙，如果信息来源是匿名

---

[124] 瑞士部分边码54；关于欧洲人权公约的边码47及以下；参见媒体人部分（Medienmi-
tarbeiter）边码19、53以及德国部分边码25及以下；意大利部分边码51；南非部分边
码15及以下、25，脚注131；西班牙部分边码27；此外可参见日本部分边码36；可
对比英国部分边码74、76及以下、81，这些地方都指出有的时候在这种语境之下，
并不是公众利益而是新闻报道的读者利益构成了所谓的正当性（参见边码84）；关于
这一点的批判，权威观点可见英国部分边码79。在这种联系之下，还有一个观点必须
提到：大致来讲，采取立法措施来限制媒体对小道新闻的报道是不可能的，因为媒体
总会试图引起他们读者的（情感）兴趣，这种状况的结果就是对于公共事件的报道和
民主的重要性可能会有遭到侵蚀的危险（英国部分脚注232；E. Barendt，前面脚注
13，边码40及以下。

[125] 英国部分边码2、4、15及以下、26、36、57、、60；法国部分边码7、12及以下、19、
22；德国部分边码2及以下、24、30、51、54及以下、62、68、102及以下；意大利
部分边码50、54及以下；日本部分边码10、36、86、104；斯洛文尼亚边码39、41；
西班牙部分边码8及以下、12段以下（特别是15）、65及以下、108；瑞士部分边码
45、48、55；参见南非边码5、15及以下，此外可见边码27。

[126] 奥地利部分边码111；英国部分边码37；德国部分边码88；意大利部分边码64；日本
部分边码5、8、10及以下；西班牙部分边码15及以下、66、85；同样可见法国部分
边码12；南非部分边码16；G. Korn, Rechtsanwalt 著作第43段以及结语部分边码12。

[127] 奥地利部分边码111；英国部分边码37、40；德国部分边码88；意大利部分边码55、
64及以下；日本部分边码24及以下、39；南非部分边码16；瑞士部分边码85；参见
贝尔卡提到的欧洲人权法院的法理（基本自由和人权视野部分脚注103）和法国部分
边码12以及西班牙部分边码16。

的，那么这种要求就很重要，并且要求公众所看到的是来自媒体自律的验证后的报道。如果报道中泄露了消息来源，记者核实信息的责任就没那么大了。[128]

60   在意大利，报道的转载部分被视作可疑信息来源，因此"引用转载"仍然负有法律责任，除非这种转载是经过拥有事实的媒体允许的。[129] 但是在西班牙，情况似乎恰好相反，"引用转载"将被视为合法的抗辩事由。[130]

61   根据瑞士的观点，在决定执行更严格的出版审查标准时，报道必须出于对煽情更迫切的需求和公众娱乐目的。[131]

62   在许多国家的报道中，我们通常认为纯粹与谣言相关的事项缺乏保护的价值，而且这只能在与媒体平衡利益的范围内进行考量。[132]

63   另外一个平衡原则就考虑到信息取得的方式。特别是在普通法国家，如果信息的取得不合法的话，这将是一个决定性的因素。如果这样，就可以提起具体的侵权诉讼。[133] 在其他国家，取得信息非法（比如违反刑法规定，或者官员保密条款，违反合同义务）同样是在考虑范围内的。[134] 此外，媒体会被指控非法使用录音设备、长焦镜头，或者是类似的科技设备。[135] 甚至仅仅是媒体方面的不谨慎或者为

---

128 西班牙部分边码 19。

129 意大利部分边码 65；也可参见日本部分边码 49。

130 西班牙部分边码 18；也可参见英国部分边码 16。

131 瑞士部分边码 60。

132 英国部分边码 16；日本部分边码 24 及以下、49、110；西班牙部分边码 16、63。

133 英国部分边码 65 及以下、87 及以下；美国部分边码 1、21 及以下；J. Coad：Harass-ment by the media，载《娱乐法律综述》，2002 年，第 18 页及以下。

134 最高法院法官视角部分边码 29 及以下；法国部分边码 17；德国部分边码 30、57、59 及以下；南非部分边码 25；但是对比可见德国部分边码 61 及以下、65、68。

135 英国部分边码 67、92；西班牙部分边码 45。有趣的是，在西班牙安装这种设备就被视为非法入侵；西班牙部分边码 48。

当事人增添的不便都将是决定性的考量因素。[136] 欧洲人权法院最近也持有同样的观点。在卡罗琳·汉诺威诉德国的案件中（参见边码85及以下），狗仔队跟踪名人的行为被绝对地认定为一种严重侵犯隐私权而且是一种持续性的侵犯。[137]

除此之外，在这个平衡体系之中，时间因素是很重要的：存在于公众利益事件和相关报道之间的时间越长，就越可能发生侵犯人格权的损害结果。[138] 这意味着经过时间的流逝，曾经高调的公众人物或者和公众利益相关的当事人会被媒体遗忘，有权不被以前的事件叨扰。正常情况之下时间的潮水会把淡忘引向完全的忘却。因此，某种程度上，在这种联系之下，被遗忘的权利也是被参考的因素。[139]

64

（一）抗辩事由

前述国家报告指出不同的抗辩事由可以帮助媒体胜诉。[140] 一个重要的事由就是当事人的同意，这一事由在某些国家中甚至已经被立

65

---

136 媒体从业人员视角部分边码50及以下；最高法院法官视角部分边码41及以下；"奥地利高等法院"（OGH），载《媒体与法律》（MR），2001年，第287页及以下；也可参见德国部分边码30、59及以下，同样可见南非部分边码25。

137 "欧洲人权法院"，载《媒体与法院》（MR），2004年，第249页。

138 最明显的表现是在判决已经做出后的时间里，这种要素扮演了重要的角色。南非部分边码12、25，脚注66；参见意大利部分边码46的案例，瑞士部分脚注162以及日本部分边码57、79，同样还有 J. v. Gerlach 做出的评论（最高法院法官视角部分边码49及以下）；此外可见英国部分边码15、72；德国部分边码68以及瑞士部分边码50、55。

139 意大利部分边码19、33；瑞士部分脚注102。

140 奥地利部分边码8；英格兰部分边码15及以下；意大利部分边码63；日本部分边码45及以下；南非部分边码13及以下、20、23及以下、28；西班牙部分边码70及以下；瑞士部分边码39及以下。

法[141]所正式承认。[142] 正常情况下，这种同意可以是明示的也可以是暗示的,[143] 口头的或者书面的。[144] 然而，在西班牙，这种同意只有在明示的情况下才具有法律效力。[145]

66　　德国法包含一个明显的特征：在涉及肖像权情况下，以防存在疑问，如果个人接受了使用图片的支付款，那么就假定存在使用许可。（见《与美术和摄影作品著作权相关的法律》第22条第2款）。

67　　在发生个人同意使用肖像权的案件中，另外一种情况也很特殊，这种情况出现在意大利报告中。在意大利，许可散播诋毁性的图片是不可能的。[146]

68　　最后，对艺术创作自由的宪法层面保护也是抗辩事由之一，媒体的艺术创作也包括进去。[147] 原则上，这不仅在处理讽刺性的图片案件中扮演着重要的角色，同样也适用于讽刺性的文章。[148] 事实上，在西班牙，一个公众人物的讽刺形象也被看作是合法的。[149]

141　参见《与美术和摄影作品著作权相关的法律》第22条（德国部分边码34）；西班牙 LO 1/1982 第2.2条（西班牙部分边码42、80及以下）；《瑞士民法典》第28条第2款（瑞士部分边码1及以下、27）；此外可见《奥地利媒体法》第7条第2款，7a条第3款（§§7 subs 2，7a subs 3）；也可参见法国部分边码18及以下；意大利部分边码38、40及以下。

142　奥地利部分脚注77；法国部分边码20及以下；德国部分边码55；南非部分边码20、28，脚注62；同样可见英国部分边码92；瑞士部分边码5、39。

143　意大利部分边码42。

144　奥地利部分边码8；参见南非部分边码20、23、28。

145　西班牙部分边码80及以下。

146　意大利部分边码47及以下。

147　奥地利部分边码70；瑞士部分边码13及以下，脚注95；另可参见《瑞士联邦法院裁决》（Bundesgerichtshofentscheidungen，BGE）第120卷 II，第225页。

148　奥地利部分脚注118，边码93、99、105及以下、26；西班牙部分边码78；此外可参见法国部分边码12；瑞士部分脚注95.。

149　西班牙部分边码71、78。

在相关科学领域的新闻中，科学自由可以成为合理的抗辩事　69
由。[150]

（二）宪法法院管辖权

根据以上介绍的解释，媒体自由和个人人格权都受到宪法的保　70
护。尽管如此，在奥地利和瑞士并不是由宪法法官来对民法中与基
本权利有关的条款和术语进行精确宪法解释，而是由掌控着这些的
民事法官解决，在终审程序中进行保护。[151] 对比看来，在德国和西班
牙，各自的宪法法院则可能对民法判决进行审查。[152] 在这两个国家，
互相博弈的人格权和媒体报道自由权这二者之间——在德国报告中
具体阐述的那样——在国家层面上"最后决定权"在宪法法院。[153]

这种情况在部门法中产生的结果是不应当被忽视的。传统上，　71
宪法法院在解决诽谤问题时，都对表达自由进行了更加广义的解释，
这种情况在我们所研究的所有国家里都清楚地表现在了宪法层面。
在对表达自由的解释上看，这种保护比最高法院法官提供的民法保护
更为广泛。这种国家宪法法院的处理方式同欧洲人权法院是一致的，
而且和普通法国家相相似，它们都特别强调表达自由的重要性。[154]

西班牙宪法法院为这种解释方式提供了一种理由：必须给自由公　72
开意见规定更高的标准，因为它是政治多元化必不可少的先决条件。[155]

150　参见瑞士部分脚注95，此外可参见《瑞士宪法法院判决》（BGE）第127卷 I，第145
　　页；第111卷 II，第209页；第118卷 IV，第153页；对于奥地利部分可见 G. Korn/
　　J. Neumayr：Persönlichkeitsschutz im Zivil-und Wettbewerbsrecht，1991年，第6页；对于
　　德国，可见 E. Burkhardt, K. E. Wenzel，前面脚注80，第87页及以下。

151　瑞士部分边码9、28。诚然，一旦违反《欧洲人权公约》第8条或者第10条，这一原
　　则的适用部分被压缩，因为国内的判决会受到欧洲人权法院的审查（瑞士部分第30
　　段及以下）。

152　德国部分边码14；西班牙部分边码57及以下、134；关于这点可见斯洛文尼亚的情况
　　（斯洛文尼亚部分边码1）。

153　德国部分边码18。

154　基本自由和人权视野部分边码88及以下。

155　西班牙部分边码10及以下。

73　　　然而，最后也是最重要的一点，因为最近对汉诺威公主卡罗琳诉德国的案件的判决[156]（参见边码 85 及以下），可能会被认为是宪法法院加强对于人格权的保护的表现，即使这种侵犯是来自个人而不是来自国家机构。

74　　　虽然属于例外情况，至今为止，国家宪法法院已经引进了比起相关民事法院来讲，对人格权的保护更为狭义的解释。[157]

75　　　参考瑞士的做法，我们必须注意到一个明显的特征。因为直接对民法和刑法条文进行宪法性审查是不可能的，所以是由民事和刑事法院独立地决定此条规定是不是符合宪法保护人格权的要求。[158]

（三）控制媒体的特殊权力

76　　　在有些国家，建立了一些专门解决人格权侵权诉讼的机构。

77　　　比如，在英国和瑞士，除了民法和刑法的措施，媒体在广播和电视上的报道可以被一个独立负责投诉的机构审查。在英国，甚至设立了投诉委员会，由它来审查媒体的新闻报道。[159] 在德国，这个机构为新闻评议会。[160] 在日本，是否引进这样一个机构仍然存在争论。[161] 然而，我们必须承认，通常情况下，这些组织对于他们的裁判结果没有强制执行力。因此，处罚决定并不会造成对媒体公司的不良后果。

（四）题外话：对于公众人物人格权的保护

78　　　在这一章节包含的所有立法中，为一些特殊身份的人群如政治人物、商界领袖、艺术家、体育界名人、娱乐明星和演员提供了特

156　"欧洲人权法院"，载《媒体与法律》（MR），2004 年，第 246 页及以下。
157　德国部分边码 67；西班牙部分边码 57 及以下、136。
158　瑞士部分边码 28；对比参见法国部分边码 5。
159　英国部分边码 90 及以下；瑞士部分边码 17。
160　参见网址：www.presserat.de.
161　日本部分边码 113、115。

殊的保护。[162] 因为有关他们的信息通常被公众密切关注（参见边码56）。比起报道不知名的布衣百姓，媒体对他们的报道被赋予了更广泛的权利。[163]

以下我们就详细研究各个国家怎样衡平这种人们日益增长的对公众人物信息的兴趣和公众人物的私权利之间的关系。在衡量的过程中，肖像权被给予了特殊的保护，特别是在卡罗琳汉诺威诉德国的案件中。应用于图像公开发表的许多考虑因素看起来在其他人格权中也具有重要意义。 79

法国实行着保护公众人物人格权的最严格的规定。除非名人自己同意，否则媒体只能在他们行使公众身份时对他们的形象进行报道。比如，一个演员外出慢跑的照片在媒体上被报道是严格禁止的。[164] 法国法学理论和司法实务都认为公众人物的私生活和普通路人的私生活是同样值得保护的。[165] 80

意大利的立法建立了类似的限制架构。在努力保护隐私权和肖像权的过程中，只有有公众人物参加的活动才能报道。[166] 81

162　最高法院法官视角部分边码20；"欧洲人权公约"部分边码24；基本自由和人权视野部分边码107；可参见奥地利部分边码96；英国部分边码27、70、76及以下；法国部分边码16、20；德国部分边码35及以下；意大利部分边码38、43及以下、51及以下；日本部分边码5、7；斯洛文尼亚部分边码23及以下；南非部分边码15、25；西班牙部分边码30、71、76及以下；瑞士部分边码57；美国部分边码9。但是公共服务人员和法官呈现出不同的情况；基本自由和人权视野部分边码107。此外参见欧洲联合议会委员会（Parliamentary Assembly of the Council of Europe）通过的关于隐私权的第1165项决议（1998），第6段及以下；K. Schilling：前面脚注52，第48页及以下。

163　奥地利部分边码25；意大利部分边码43及以下、51及以下；日本部分边码18；斯洛文尼亚部分边码24；南非部分边码23及以下；西班牙部分边码30；瑞士部分边码57、85。贝尔卡用完备的论述根据信息的性质来给立法利益定位，而不是根据人的地位考虑立法利益（基本自由和人权视野部分边码107及以下）；类似可见 H. -J. Papier，前面脚注13，第40页及以下；此外参见斯洛文尼亚边码24。

164　法国部分边码17、20及以下；最高法院法官视角部分边码18及以下。

165　法国部分边码16。

166　意大利部分边码43及以下、52。

82   然而绝大多数的国家，对于公众人物的人格权保护却有失恭敬。虽然在德国，家里和决意避免公众视线看到的地方，同样被认为是需要保护的私人地点，但是像公众人物从事日常事务的这些照片却绝对可以被媒体利用，即使它和公共事务或者公众事件的存在没有太大关系。[167] 这种信息也是最后形成观点看法的来源。此外，这也是得到社会特权地位所必须付出的代价。[168]

83   西班牙法院也持有同样的观点，即基本上，从任何地方采集的照片对于公众都是可公布的。整体看来，西班牙的立法规定看起来和德国是相似的。[169]

84   特别是在英国，公众人物已经被媒体无处不在的报道；首先，因为他们是公共生活的模范，所以就允许媒体对他们的生活和活动进行细齿梳子般细密的检查。[170] 即使这个公众人物很大程度上的努力逃开媒体的报道掩盖了他的私生活，也仍有一部分公众事项要暴露在公众的关注之下。此外，要求媒体和公共事件具有相关性也不是必需的。甚至，报道一些公众感兴趣的事情也已经足够了。[171] 上诉法院假定如果这种报道没有被报道出来的话，那么媒体存在的数量会更少，而这是不符合公众利益的。[172] 然而，这种倾向受到了英国学术

---

167 最高法院法官视角部分边码 18 及以下；德国部分边码 36、38、40 及以下、60；也可参见英国国别报告部分作者的评论，英国部分边码 74。

168 最高法院法官视角部分边码 18 及以下；德国部分边码 36；也可参见基本自由和人权视野部分边码 74。

169 西班牙部分边码 57 及以下、71、77；但是也可参见西班牙部分边码 125；公开知名商人在海滩的照片可以认定为非法侵权；但是，赔偿的数额确实极其有限的（参见边码 153）。

170 英国部分边码 77；参见德国宪法法院的评论，载《德国宪法法院判决》，第 101 页，第 361 页，特别是第 390 页。

171 英国部分边码 74、77。

172 英国部分边码 76 及以下；也可参见英国部分边码 81。

界和案例法的批评。[173]

欧洲人权法院在公主卡罗琳诉德国[174]的案例中的裁决可能造成遵 85
循其判例的绝大多数国家的改变。[175] 在这个判决中带有每日生活情况
的照片（比如运动，走路，度假）构成了对于当事人隐私权的侵犯。
在这种观点的基本支持之下，法院指出照片仅仅单纯的和隐私问题
相关，而且尽管原告人有一定的知名度，但是这些事项并未实际构
成关于公众利益的争论。此外，拍摄照片的记者的持续性打扰也是
必须制衡媒体的一个因素。与之前非常倾向于媒体的判例法比较，
欧洲人权法院的判决对于人格权的保护附加了重要的强调意义。在
未涉及政治领域的公众人物的范围，欧洲以及附随其做法的其他国
家的这种保护模式也许可以成功地与法国的做法进行比较。

作为对斯特拉斯堡判决（欧洲人权法院判决）的反应，领头的 86
德国最重要的主编们联合写了一封公开信给德国总理陈述新闻自由正
处在危险之中，且欧洲人权法院的审查制度必须被简化。因为这个判
决的结果绑住了所有严肃记者的手脚，他们现在不能戳着有权势的人
的脊梁对他们进行抨击了。应当怎样报道，将要报道什么，这样的问
题留给了处于监管之下的记者：这犹如狐狸在管理鸡舍。因此存在一
种危险，即形成了一种真理和事实难以辨认的扭曲的国家形象。[176]

但是，自从欧洲人权法院的法官明确地指出新闻自由不应该在 87
涉及公共利益的对公众人物报道的案件中被限制，这种担心似乎就

173 英国部分边码 78 及以下。我们可以认为甚至是记者也持有这样的观点：民主过程会
受到来自商业压力的商业新闻的困扰（参见 J. Krönig, Kampagne, in："Die Zeit"，
2004 年 5 月 19 日）；也可参见前面脚注 124。
174 "欧洲人权法院"，载《媒体与法律》，2004 年，第 246 页及以下；也可参见"欧洲人
权公约"部分边码 1 及以下；英国部分边码 96 及以下德国部分边码 43 及以下。
175 参见"欧洲人权公约"部分边码 26；英国部分边码 9 段；德国部分边码 36。
176 《图片报》，2004 年 8 月 30 日，第 8 页；也可参见 2004 年 8 月 31 日发表在 Hamburger
Abendblatt 的文章（www. abenblatt. de）。

不存在了。[177]

88   英国国别报告的作者以各种理由批评这个裁决。因为公众人物有意识地依靠媒体推广他们的事业，他们就没有权利抱怨令他们不满意的报道，特别是在新闻报道里的图片无害的状况下。另外，有关报道的尺度由司法权来决定也不是非常可取的。[178]

89   在美国，审查手段由于受到普遍的表达自由原则的影响，社会名流提出人格权受到侵犯的诉讼赔偿获胜的机会微乎其微。[179] 他们认为因为公众人物比起普通大众与媒体有更紧密的接触，在需要的情况下，他们就更容易纠正媒体的错误。在向公众展示自己观点倾向和引导公众意见到特定的方向时，公众人物拥有比普通人更多的机会。[180]

---

177   "欧洲人权公约"部分边码 29；也可参见 R. Stürner："评欧洲人权法院"，载《法律人》（JZ），2004 年，第 1019 页、第 1021 页。此外参见 H. Leyendecker 的文章"哦，卡罗琳"，2004 年 9 月 30 日（www. sueddeutsche. de）。

178   英国部分边码 99 及以下。

179   美国部分边码 15。在诽谤部分已经论及：根据美国法律，如果媒体故意公开虚假信息，即使媒体报道涉及公众人物的不真实诽谤也仅仅被归类为不合法行为（参见上文边码 32）。

180   美国部分边码 12；也可参见基本自由和人权视野部分边码 122 及以下；这一部分可参见例子：文章 "Eine Frage der Ehre"（"荣誉权问题"），S. Niggemeier, Frankfurter Allgemeine Sonntagszeitung（《星期日法兰克福汇报》），2004 年 5 月 9 日，在这篇文章中对 Stefan Raab（一家德国电视台的节目主持人）怎样长期地受到德国小报"Bild"的负面报道、两者之间的冲突及其不情愿地躲避媒体的情况进行了描述。这篇文章也是一个很好的例子说明媒体偏爱利用存在于竞争者和公众人物的纠纷来大做文章。这种情况的发生不仅仅是因为这些报道包含公众人物所以容易引起读者兴趣，媒体就喜欢报道这些，还因为竞争对手也可能利用通过不正当手段获得的信息来进行宣传和广告；参见这篇文章："Auch ein Präsident hat sein Privatleben"（"总统也有私生活"），这篇文章载于奥地利的小报 "Kronen-Zeitung"，2004 年 6 月 16 日，于是奥地利报纸 "Der Standard" 就被仅仅的一枚司法印章"戳中了要害"。事实上，与实物损害补偿相类似，这些报道使得损害重复发生。此外，我们可以认为人们担心报道带来的负面影响，所以他们不敢在公共场合评论媒体，更不用说对它们采取法律措施了。根据 H. M. Kepplinger 在他 2004 年 5 月 8 日在 Greifswald 大学的演讲 "Medienwissenschaftliche Betrachtung: Pressefreiheit ohne Grenzen?"（"媒介新闻观察：没有限制新闻自由?"），70% 的受到媒体攻击的公众人物因为害怕媒体可能性的报复而在采取法律行动时退却了；参见日本部分边码 112。

一类公众人物必须在他们的人格权方面接受更多的限制，即政 90
治人物。[181] 这样做的部分原因是因为家庭状况和政治人物所处的社交
圈子毫无疑问地可以影响到民主选举里的投票选择。因此，关于制
定政策者的私生活的信息在某种程度上不仅仅是大众的兴趣点所在，
而且更加关乎公众利益。[182] 如果一位政客为了政治目的自愿向媒体披
露和泄露他的私生活（比如为了战术考虑赢取选举中的选票份额），
媒体是很欢迎这样做的。相反，如果报道的主人公试图尽可能地在
媒体面前掩盖他的私生活，那么这种报道都是恭敬和有所保留的。
换句话说，政客向媒体披露多少私生活信息也在某种程度上影响着
他的私生活被多大程度的曝光。[183] 一个政客，主动地、系统地向媒体
披露他私生活的信息，继而利用媒体提高他的知名度和认知程度，
那么即使他没能成功地把媒体注意力从一些特殊的焦点上移开，他
也不应该为此感到惊讶。[184]

在诽谤方面，政客必须忍受比日常生活与政治不相关的人们更 91
低的底线，这一点也是毋庸置疑的。[185] 人们常常提出的是，政治家的

---

181 奥地利部分边码96及以下；英国部分边码38及以下；德国部分边码53；南非部分边
码16。

182 A. Heldrich：《隐私权的保护与新闻自由》（Persönlichkeitsschutz und Pressefreiheit），
1998年，第13页及以下；E. Barntdt，前面脚注13，第37页；此外参见英国部分边码
77；德国部分边码26；日本部分边码19及以下；瑞士部分边码48及以下、57；此外
参见欧洲议会联合委员会（Parliamentary Assembly of the Council of Europe）关于隐私权
的第1165项决议（1998），第9段，以及"欧洲人权法院"，载《媒体与法院》，2004
年，第250页。

183 参见英国部分边码27、77；南非部分脚注130以及J. Wulf："新闻法研究与新闻自由"
（Tagung des Studienkreises für Presserecht und Pressefreiheit）第82份报告，载《媒体与
传播法杂志》（AfP），1998年，第48页。

184 参见英国部分边码74、77、81、100；涉及德国宪法内容的边码7；C. -E. Eberle提出
了存在于公众人物和媒体之间的象征性的持久关系，而这一关系帮助公众人物建立了
更高的市场价值（见J. Wulf：前面脚注183，第48页）；类似的，可见W. Frotscher：
《著作权和媒体法》，2001年，第563页。

185 德国部分边码53；南非部分脚注87；但是正常情况下不只是政客没有任何保护（参
见南非脚注87以及在奥地利部分边码97及以下提到的案例；西班牙部分边码78）。

行为在一方面扮演着重要的角色。如果他参与到对自己政治反对派的恶言相向之中，同样的，他就不能指望在媒体上有好言相报。[186]

92　　当然，这之中也存在一些反对给予政治人物过多人格权限制的争论。

93　　像在瑞士国别报告里强调的那样，这方面显得尤为值得注意。可以认为，原则上，比起通常在职业领域不会受到经常性攻击的普通人，对于政治人物的人格权的侵犯后果更为严重：这段话的语境是"为了发展政治领域"。[187] 贝尔卡同样引进这种观点认为媒体关心的人物更容易受到伤害。[188]

94　　参考下面这个例子我们便可以确证这种立场：《缤纷》（Bunte）杂志在 2001 年 8 月 23 日刊登出来的一系列图片展示了德国国防部部长，鲁道夫·沙尔平（Rudolf Scharping）和他的同居者在马略卡岛（Malloraca）游泳池的照片。此后一周他必须做出一个重要的决定，即德国士兵是不是该被派往斯科普里。公众对在此严肃的期间内他如此度过假期非常不满。最后，他被迫引咎辞职。然而，我们必须强调，除了英国和美国，政治人物和同伴的度假照片只能在经过同意的情况下才能被媒体使用（这种许可在鲁道夫·沙尔平的案例中已经存在）。

95　　这种对于政治人物轻微而无效的人格权保护进一步造成了恪尽职守的人、在政府达到了每一项要求的政治人物，拒绝从事政治而寻求另类的职业生涯。出于这种考虑，帕皮尔提出了"行政人格权的消极选择方式"这个概念，它会对现代多元民主造成有害结果。[189]但是另一方面，政治人物自己决定是否有意参加公众民主生活，承

186　奥地利部分边码 100；德国部分边码 53；媒体从业人员视角部分边码 37。

187　尽管如此，正常情况下，在瑞士对于政客人格权的保护也不像不参与政治生活的人那样受到独特的保护。

188　基本自由和人权视野部分边码 17。

189　H. -J. Papier：前面脚注 13，第 35 页、第 41 页。

担与之相关的风险。[190] 顺便说一句，贝尔卡在政治领域的观点是需要一个更完善的人格权保护机制来增加控制人格权保护的可能性，而足够的可能性又是民主社会所必需的。[191] 根据欧洲人权法院一直以来的判决，甚至私下辱骂和使用骂人的话都必须受到公众的评说和监督。[192] 但是在某个方面一直存在批评，就是一种辱骂本身是不是能够充分连接到一个和"公众知情权保护"相关的主题上来。[193]

作为这些国别报告的基本基调，我们可以确定，总结看来，考虑到公众利益，相关人物的公共地位越是显赫，或者私人环境和公共活动的实质联系越是紧密，那么隐私权或者其他值得保护的人格权受到侵害似乎就更有发生的理由。[194] 但是，即使是在公开事件里，在某些国家侵权也是有可能发生的。比如，新闻报道可以被定义为对于人格尊严的侵害。[195]

96

在人格权的利用方面有很大一部分是和经济利益相关的。比如在商业中非法使用肖像，此时名人就应该享有不受限制的保护。[196]

97

---

190 见南非部分脚注 107；美国部分边码 12。

191 基本自由和人权视野部分边码 107 及以下。

192 见基本自由和人权视野部分边码 88 及以下的参考文献；也可参见德国的情况（德国部分边码 53）以及英国的情况（英国部分边码 24）和美国（美国部分边码 9）。

193 基本自由和人权视野部分边码 107；结论部分边码 14 及以下；可见西班牙部分边码 6。

194 比如意大利部分边码 44、52；日本部分边码 46；斯洛文尼亚部分边码 24；瑞士部分边码 57；也可参见媒体从业人员视角部分边码 8。

195 参见斯洛文尼亚部分边码 24 以及关于奥地利宪法的边码 88 及以下；德国部分可见 E. Steindorf, Persönlichkeitsschutz im Zivilrecht（《保护隐私权的民法》，1983 年，第 20 页及以下，第 33 页；也可见 W. Frotscher：《作者著作权和媒体法》（ZUM），2001 年，第 556 页及以下。在意大利，关于这一点，甚至只要存在对荣誉权的"常规"侵害，便已足够（意大利部分边码 47 及以下）。

196 最高法院法官视角部分边码 19；英国部分边码 61；德国部分边码 38 及以下、55、59 及以下；意大利部分边码 45；瑞士部分可见《瑞士联邦法院裁决》（BGE）第 122 卷 III，第 715 页及以下；参见奥地利部分脚注 210；法国部分边码 32；西班牙部分边码 55 及以下；S. Boyd："英国法承认'肖像'的概念或者人格权吗？"，载《娱乐法律综述》，2002 年，第 4 页及以下；A. Warzilek："评汉堡法院"，载《媒体与法律》，2004 年，第 193 页。

98   最后，必须指出，并不是只有名人会有被媒体曝光的危险。[197] 事
实上，在有些情况之下普通大众的成员也会迅速变成媒体的焦点，
尽管会面临着侵犯人格权指控的可能性，小报的编辑人员仍然认为
他们的读者会对此满意的。

三、责任主体

（一）媒体方责任

99   作为基本原则，通常让负法律责任的记者个人来承担侵犯人格
权的责任，弥补损害是可能的。[198] 一些国家存在的问题是，当一篇文
章是匿名发表的，那么确定具有保密权利的编辑的责任就很困难。[199]

100   在有虚假事实陈述的场合，记者可以通过证明以下事实而免责：
在经过了准确严谨的辨别判断之后他仍然不能发现陈述是虚假的
（参见上文边码 59）。

101   在许多法令中，记者的客观注意义务决定于相关行业施加的专

---

197   见 J. Helle：前面脚注 183，第 48 页。也可参见以下判决：斯图加特区法院：《作者著
作权和媒体法》（ZUM），2001 年，第 85 页；慕尼黑地区法院：《作者著作权和媒体
法》（ZUM），2001 年，第 252 页；卡尔斯鲁厄地区法院：《作者著作权和媒体法》
（ZUM），2001 年，第 883 页；海尔布伦区法院：《作者著作权和媒体法》，2002 年，
第 160 页；也可见西班牙一名相关强奸受害人的判决（西班牙部分第 137 段）；不同观
点参见最高法院法官视角部分边码 20。

198   奥地利部分边码 110 及以下；英国部分边码 11；法国部分边码 12；德国部分边码 85
及以下；意大利部分边码 60 及以下；南非部分边码 10、31、31；西班牙部分边码 89、
91、94；瑞士部分边码 66。

199   奥地利部分边码 116；瑞士部分边码 20；也可参见《针对大众媒体侵害人格权的保
护——从律师的视角》（以下简称"律师的视角"）部分边码 1 及以下。编辑的保密权
可以在法律条款中直接找到（例子可见《奥地利媒体法》第 31 条）；在瑞士，甚至在
宪法中都被提到（参见《瑞士宪法》第 17 条第 3 款；参见瑞士部分边码 20）。虽然
在美国，表达自由方面——就像已经提到过多次的那样——在保护这些基本权利时采
取了比较特别的态度，然而在联邦层面依旧没有具体的规则保护编辑的保密权。虽然
如此，在某些州，就在实行这种相关的法律；W. Berka：《社论保密和新闻自由》
（Redaktionsgeheimnis und Pressefreiheit），2001 年，第 14 页及以下。

业标准。[200]

必须承认的是，在某些国家，记者的责任是被严格限制的：在斯洛文尼亚，比如说，记者只有在行为是故意的时侯才会被起诉侵犯人格权。否则，只有他的雇主对侵害作出回应。[201] 类似的，在日本，因为媒体公司内部的严格分级制度，记者几乎从来不以个人名义承担责任。[202] 在意大利，根据《意大利民法典》第 2236 条，记者只有在报道游击战争或者黑手党的过程中存在蓄意或者严重过失时才负赔偿责任。[203]

（二）编辑人员的责任

在许多国家，编辑人员因为错误地选择文章的作者或者在监督媒体运行时存在瑕疵而必须承担相应的责任，受到惩罚。然而，监督的责任不应当被过分夸大。[204]

在意大利，编辑人员的责任被限定在《新闻法》的第 11 条，如果该出版行为构成重罪的话，编辑人员就应对损失承担责任。如果不是这种情况的话，又或者是广播或者电视侵犯人格权，那么编辑人员就根据《意大利民法典》第 1049 条承担相应的责任。[205] 上述两条法律规定的都是严格责任。[206]

对比看来，日本就很少让编辑人员承担相应的损害赔偿责任。[207]

在斯洛文尼亚，只有蓄意侵犯人格权的时候，编辑才承担这种

102

103

104

105

106

---

200 奥地利部分边码112 及以下；参考意大利部分边码65；西班牙部分边码16；瑞士部分边码60 及以下；媒体从业人员视角部分边码41 及以下；此外可见《新闻法》（V. Zeno-Zencovich 著《新闻法》边码1 及以下）；在法国，相关法律措施由法庭自行掌握（法国部分边码12）。

201 如果记者在最小程度上犯了过失，雇佣者则可以申请救济程序。

202 日本部分边码61，也可见边码54。

203 意大利部分边码66。

204 奥地利部分边码117；德国部分边码90；也可参见英国部分边码11。

205 意大利部分边码70。

206 意大利部分边码71。

207 日本部分边码61，也可参见边码64。

损害带来的后果；否则，作为记者，只有他的雇主承担责任。[208]

107　　在南非，对承担弥补人格权损害的责任的范围进行了广泛的规定。原则上一个人只有在故意做出损害他人的言论时才负有责任。与此相一致，很明显，在南非的法律规定中，编辑人员也会因此承担法律责任。[209]

108　　在西班牙是由旧的《1966 年新闻法》[210] 中的一条规定明确的编辑人员的责任，而且还是具有效力的。此外，不同的责任——在法国[211]——可以根据补偿的基础不同而不同。[212]

109　　在瑞士，编辑人员为媒体出版负责。当有人主张人格权受到侵害时，董事与管理人员基于责任或者替代责任通常会被起诉。[213]

（三）出版者的责任

110　　作为规定，在出版者自己有过错的情况下，他需要承担责任。类似于编辑人员，他应当承担雇佣和监督记者的责任——当编辑的行为被指控为选任和监督编辑的行为负责的时候——同时对这个机构负责。[214] 此外，替代责任对于出版者归责具有非常重要的意义。[215]

111　　在奥地利，只有在机构被认为是危险或者没有责任能力的时候才会依靠"替代责任"解决问题。没有责任能力的情况是指，长期没有承担我们所讨论的这种赔偿责任的能力。[216] 如果出版者作为法人

208　这里他也提出救济措施请求，只要编辑人员存在的是最小程度的过失；斯洛文尼亚部分边码 34。

209　南非部分边码 10。

210　西班牙部分边码 89 及以下。

211　法国部分边码 27。

212　西班牙部分边码 91。

213　瑞士部分边码 68。

214　奥地利部分边码 118；法国部分边码 27；德国部分边码 91；西班牙部分边码 91。

215　奥地利部分边码 122 及以下；德国部分边码 91 及以下；西班牙部分边码 91；瑞士部分边码 72 及以下。

216　奥地利部分边码 122。

实体而存在，由该法人实体来承担后果。[217] 此外，根据《奥地利媒体法》只有出版者承担相应的精神损害赔偿，而这种责任的承担是不要求存在过错的。[218]

在英国，出版者至少就诽谤而言是应当承担责任的，因为侵害作为出版的结果而发生；因此，根据替代责任原则追究责任是不必要的。[219]　　　112

在德国，比较看来，出版者的责任应作狭义解释。作为原则，　　113
出版者只有在选择和监督他的手下时才负有责任。出版者有义务证明他在履行职责时是谨慎作为，这为受害一方提供了有限的救济形式。作为扩大《德国民法典》规定的义务范围的努力，法官要求负责人以一种第三方遭受最小损失的方式经营公司。当然这种义务在出版者是法人实体的情况下同样适用。[220]

同样，在日本的主流意见是，替代责任扮演着重要的角色。如　　114
果负责人能够证明他在选择手下的时候尽到了注意义务，根据《日本民法典》715 条 a 款的规定，就允许他免除责任。但是在实践中，日本法院并不应用这条而使之有利于负责人。在这个背景之下，在日本报告的作者看来，让媒体公司适用侵权责任一般侵权条款（《日本民法典》第 709 条）就显得十分合理了。[221]

在斯洛文尼亚和南非，对于编辑人员的要求同样也适用于出版　　115
者。[222]

与编辑人员的责任一样，在西班牙，出版者的责任也被规定在　　116

217　奥地利部分边码 121。
218　奥地利部分边码 129 及以下，也可参见边码 128。
219　虽然替代责任在证明蓄意和惩罚性赔偿的场合也发挥着重要的作用；英国部分边码
　　　11、52。
220　德国部分边码 91 及以下。
221　日本部分边码 59。
222　斯洛文尼亚部分边码 34；南非部分边码 10。

前面提到的《新闻法》里。替代责任同样存在。最终，出版者或者是媒体公司会因其选择编辑人员存在过错而被指控，或者，出版者分别受到指控。[223]

117　　在瑞士，出版者的责任通常是从董事和管理人员责任推展而来。董事和管理人员责任主要与编辑行为的该责任有关。首先，主管和负责人的追诉责任，是和编辑人员的侵权行为相关的，而替代责任则和记者的侵权行为相关。根据瑞士的法律，正常情况下，作为原则，在行使管理者职责的时候如果他不能证明尽到了那个境况之下应尽的注意义务去尽量避免损害的发生，那么出版者就对他的雇员或者见习人员造成的损害承担赔偿责任。在证明是否存在这种情况时，在录用时的程序细节是被首先考虑的，当然还有介绍工作情况和实行监督的程度。[224]

（四）其他人员的责任

118　　虽然记者、编辑人员、出版者是审查的主要责任主体，但是在某些国家，立法措施还是会规定其他人群为责任主体。比如说在瑞士，参与制作和散播侵权报道的个人都可以成为被告。但是这只在请求停止损害和禁止危险的情况下才可以。此外，只有制作、散布相关内容的违法行为才应承担损失赔偿。[225] 另一方面，在法国[226]、西班牙[227]，和之前已经提到的南非[228]，这些应承担补偿责任的人群，范围是很不同的。

119　　西班牙最高法院最近的裁决明确了印刷者不必为损害负责，因为他们根本不可能影响传播媒介的内容。西班牙国别报告的作者认

---

[223] 西班牙部分边码91及以下。
[224] 瑞士部分边码69及以下。
[225] 瑞士部分边码65。
[226] 法国部分边码27。
[227] 西班牙部分边码89。
[228] 南非部分边码10。

为这项规则可能会延伸适用到引进者和散播者。[229] 因为这个原因，在德国，印刷者是免责的。[230] 而在英国，根据《诽谤法》第 1 条，分销者通常不用承担责任。[231] 这就是说，在南非，原则上印刷者，散播者和报纸的贩卖者可能要承担赔偿责任；[232] 然而，违法行为是他们承担责任的先决条件。[233] 对比来看，在法国，从散播者和贩卖者那里获得赔偿并不是十分困难的事。[234]

最后，在某种程度上主编也负有监督、阻止一系列瑕疵过错发生的责任。[235] 此外，为媒体提供线报的人也有可能成为被告，但是事实上，在绝大多数案例中确定他们的身份几乎是不可能的。[236] 此外，在西班牙，辅助性出版者也是可以被纳入承担责任的范围的。[237] 最后，在某些环境之下，从商业广告刊登人或者从将侵权内容传递给媒体的出版社那里得到损害赔偿都是可能的。[238]

120

四、救济方式

（一）侵权法

因为加害方和受害方并没有契约，所以媒体赔付的侵犯人格权

121

---

229 因为西班牙旧《新闻法》始于 1966 年，它在原则上仍具有效力，根据学者和法院的主流观点，印刷者、引进者和散播者是有可能承担责任的（西班牙部分边码 89）。

230 德国部分边码 93。

231 英国部分边码 11 及以下。

232 南非部分边码 10、31。

233 南非部分边码 31，脚注 155。因此，作为结果，像在瑞士，在绝大多数案件中都是可能免责的。

234 法国部分边码 27。

235 奥地利部分边码 144 及以下。

236 奥地利部分边码 147，日本部分边码 62。

237 西班牙部分边码 95。

238 法国部分边码 29；德国部分边码 94；日本部分边码 60。

的赔偿是根据侵权责任而确定的。[239] 通常，为了达到弥补损害的目的，被告的行为违法是要件，它要求这一方的最小疏忽；[240] 严格责任的应用是一种例外而不是一般规则。[241]

122　　　在英国和美国，侵权行为通常假定存在过失或者故意。[242] 正如前面已经指出的，因为在美国表达自由被给予很高的肯定，损害赔偿是罕有的。英国的情况是一致的。[243]

（二）实物补偿

123　　　在欧洲大陆法系的绝大多数法律规定中，根据国家的不同，一系列的权利，如答辩权、纠正权、撤回权、请求道歉的权利、请求选择法院管辖权、请求法院发布判决的权利，在诉诸法律的时候都会有所不同。这些权利的设定目的都是为了实施物质补偿。[244] 但是，也同样可以理解为是对于错误行为的否定性评价（参见边码 170 及以下）。[245]

239　奥地利部分边码 112。

240　奥地利部分边码 15；德国部分边码 3、84；意大利部分边码 61 及以下、64；斯洛文尼亚部分边码 26 及以下、33（尽管在斯洛文尼亚假定被告存在轻微过错；斯洛文尼亚部分边码 27、33）；南非部分边码 8、29 及以下、30 及以下；西班牙部分边码 85、87；瑞士部分边码 66、70、81、84、89；也可参见 V. Zeno-Zencovich：《信息社会的媒体责任部分边码 1；L. J. Smith：前面脚注 13，第 306 页。

241　意大利部分边码 61 及以下；瑞士部分边码 80 及以下；基本自由和人权视野部分边码 62。

242　英国部分边码 4 及以下；美国部分边码 1 及以下。

243　英国部分边码 2；美国部分边码 3 及以下。

244　奥地利部分边码 148 及以下、41。法国部分边码 26、31；德国部分边码 9、102；意大利部分边码 91 及以下；日本部分边码 67 及以下、88 及以下；斯洛文尼亚部分边码 15 及以下、35 及以下；南非部分边码 32 及以下；西班牙部分边码 104 及以下；瑞士部分边码 76 及以下、80、97 及以下；此外可参见英国部分边码 32、46 及以下。

245　最近，比如在瑞士法院，已经不把请求法院发布判决的诉讼请求作为一项精神损害赔偿的特殊方式，但是作为解除干扰的方式之一（瑞士部分边码 98，脚注 164）。而且在奥地利高等法院认为这项权利是侵害信誉价值的言论的撤回，把它看作是赔偿和解除的两种方式的合并。在奥地利，这项权利的正当性被类似地应用（奥地利部分边码 149 及以下、180）。

作为一项原则，实物补偿并不包括货币补偿，尽管实物补偿会 124
考虑到对金钱损失进行评估。[246]

在普通法司法实践中，原则上，法律并不要求媒体作出实物补 125
偿，因为这被认为是对新闻自由的发展的阻碍。[247] 所以，货币补偿占
了主导地位，与欧洲大陆法系不同，惩罚性赔偿也是允许的（参见
边码 174 及以下）。[248]

南非的做法则是相反的，南非主流观点认为报酬性的赔偿起到 126
的是有害的作用，因此会造成比实物补偿更大的对新闻自由的干
扰。[249] 事实上，南非法院只是在诽谤案中判决赔礼道歉，答辩权只在
学术界存在。[250]

在德国，同样的，普遍认为实物补偿优先于货币补偿，是因为 127
它是在世界范围内正当有效的。只在仅仅做实物补偿不足以恢复原
状时，才会以货币补偿作为补充手段。[251] 此外，修正过错也被视为强

---

246 意大利部分边码 102；西班牙部分边码 98、104；瑞士部分边码 91，此外可见日本部
   分边码 88、94 以及英国部分边码 47。

247 对比西班牙宪法法院的观点：更正权保护了信息自由，因为公众同样从诉讼请求人对
   信息进行修正发表这个过程里获益了；西班牙部分边码 113。

248 英国部分边码 47 及以下、83；西班牙部分边码 98。

249 南非部分边码 32，虽然我们仍需记得实物补偿也是对于新闻自由的一种限制；参见法
   国部分边码 31。关于这个观点：媒体领域的实物补偿应该优先于货币补偿，可以参见
   G. Gounalakis 的观点："新闻法和新闻自由研究"第 82 份报告，载《媒体与传播法杂
   志》（AfP），1998 年，第 47 页；Stürner，总地来说则赞成保护反对言论法律的扩张
   （R. Stürner, Medien zwischen Regulierung und Reglementierung —Sanktionen gegen Medi-
   en?（"媒体之间的调控和监管——对媒体的制裁?"），载《媒体与传播法律杂志》
   （AfP），2002 年，第 292 页；Papier 在此基础上支持把反对言论法律构建得更加有效
   的可能性（前面脚注 13，第 35 页及以下）。

250 南非部分边码 32 及以下。

251 H. Ehmann，载《法律培训》（JuS），1997 年，第 202 页；G. Gounalakis,
   Persönlichkeitsschutz und Geldersatz（"个人保护和经济补偿"），载《媒体与传播法杂志》
   （AfP），1998 年，第 23 页。

制令的一种。[252]

128   实物赔偿，因为很多原因，在以出版方式经营的相关媒体看来，是对其极不满意的：消费者和媒体之间的关系因为媒体一方缺乏专业精神而受到损害，媒体上的名人也因此受到影响。[253] 此外，留给媒体自己内容的和广告部分的有价值的版面就大为减少。

129   恢复原状必须恢复到与损害发生之前类似的或者相同的状态。这包括外观、大小、位置（比如在封面）或者时间（考虑到广播）。[254] 当然从受害人的方面考虑，媒体一方的承认错误在某种程度上是在重复加害。[255]

130   在意大利，有两种不同的规则来解决更正媒体错误的问题：一种应用于那些广播台和电视台的更正，另外一种应用于出版社。在被告是出版社时，更正广告不能超过三十行。[256]

131   在西班牙，在公开判决的权利（有关侵害人格权的争论的）方面存在困惑：这项裁决的核心，是要仅仅公开出版规则，还是公开整篇裁决。关于这一点，法律实践中是不尽相同的。[257] 同时，在意大利，一般认为是由法官进行最终裁决，决定以哪种方式进行赔偿和判决多久必须公布。[258] 在瑞士，判决的公开和其结论、摘要有重要的关系。[259]

132   在请求更正的诉讼中，直接向出版者起诉要求其答辩是行之有

---

252 德国部分边码 95、100 及以下；有趣的是要求更正是得到实物补偿的前提条件（德国部分边码 101）。

253 律师视角部分边码 24；G. Gounalakis 的文章，载《媒体与传播法杂志》（AfP），1998年，第 20 页。

254 奥地利部分边码 149、182；西班牙部分边码 107 及以下、116；瑞士部分边码 99；最高法院法官视角部分边码 63；L. J. Smith：前面脚注 13，第 306 页。

255 奥地利部分边码 183；法国部分边码 31。

256 意大利部分边码 92 及以下。

257 西班牙部分边码 106。

258 意大利部分边码 101。

259 瑞士部分边码 97，脚注 167。

效的。因为这个目的，违法行为并不是先决条件，而有起诉人提起的事实陈述就已经足够了[260]

在日本，请求赔礼道歉的案件很多——作为社会环境影响的结 133
果——这对于侵犯的人格权来讲是一种十分有效的补偿方式。[261]

（三）物质损害赔偿

虽然侵犯人格权基本上是通过请求精神损害赔偿为主的，但是 134
并不意味着完全不存在提出物质损害的可能性。比如，被媒体侵犯
人格权可能会带来可观的经济方面的损失，[262] 虽然在衡量多少的问题
上通常有困难，但是在某种程度上，这些损失都可以归因于这些损
害的发生。[263]

在奥地利，关于侵犯人格权，通常如果侵权行为虽然有过错但 135
是只是轻微程度的话，原则上只有直接损失可以得到补偿，而如果
存在重大过错的话对于可能造成的损失也将提供赔偿。事实上，在
有关肖像权的场合，可能造成的损失赔偿是独立于过错程度的。[264]

（四）精神损害赔偿

在我们所研究的媒体侵犯人格权的场合，精神损害赔偿是占有 136
主要比重的。[265] 在某些国家，这种损害只有达到相当严重的程度时才
有可能获得赔偿。[266]

---

260 瑞士部分边码 69、100 及以下。

261 日本部分边码 67 及以下、88 及以下。

262 英国部分边码 5、50；德国部分边码 96，此外还有边码 74；意大利部分边码 107，斯
洛文尼亚部分边码 41；瑞士部分边码 79、82。

263 英国部分边码 50；斯洛文尼亚部分边码 38 及以下；参见德国部分边码 96 及南非部分
边码 34；瑞士部分可见《瑞士联邦法院裁决》（BGE）122 III 224。因此，英国诽谤
案件，物质损害是被假定存在的，而且是以普通损害的方式进行赔偿的（英国部分边
码 50）。

264 奥地利部分边码 151 及以下。

265 法国部分边码 16；斯洛文尼亚部分边码 31、40 及以下；关于损害赔偿部分边码 10。

266 奥地利部分边码 163（关于肖像权）；德国部分边码 100；瑞士部分边码 87 及以下；
最高法院法官视角部分边码 65；L. J. Smith：前面脚注 13，第 307 页。

137　　　　瑞士和其他相关国家,[267] 在物质赔偿和精神损害赔偿之间有着非常精确的划分。[268] 在普通法国家以及法国，传统上这种区别某种程度上并不做明确划分。[269]

138　　　　国别报告列举了许多评估损失程度的标准，其中重要的包括：

- 侵权强度,[270]

- 过错的严重程度,[271]

- 被曝光的范围（参考环境、读者观众的数量、销售量）,[272]

- 侵权文章的发表位置（比如杂志封面）,[273]

- 流通的地理环境（比如用来判断被侵权的人所处真实环境是否被侵权文章所曝光）,[274]

- 被告持续拒绝承担责任期间,[275]

- 原告对于侵权的迅速反应,[276]

- 对于受害者名字的识别性，能否一致引起观众或读者的焦点

---

[267]　例子可见奥地利部分边码 151 及以下；德国部分边码 96 及以下；意大利部分边码 104；西班牙部分边码 118 及以下；参见斯洛文尼亚部分边码 40。

[268]　瑞士部分边码 76 及以下、79、82、86。

[269]　英国部分边码 50；R. Stürner 的文章，载《媒体与传播法杂志》（AfP），1998 年，第 4 页。

[270]　法国部分边码 33；日本部分边码 84、86；斯洛文尼亚部分边码 41 及以下；西班牙部分边码 123、125、137；关于损害赔偿部分边码 10；参见奥地利部分边码 172 和德国部分边码 100；南非部分边码 36。

[271]　奥地利部分边码 167；英国部分边码 51、82；日本部分边码 69、84、86；瑞士部分边码 103，脚注 172；参见英国部分边码 51；德国部分边码 100 以及南非部分边码 36，脚注 166；西班牙部分边码 128 以及 L. J. Smith：前面脚注 13，第 306 页；对比参见法国部分边码 36 及以下。

[272]　奥地利部分边码 169；英国部分边码 10；南非部分边码 36；西班牙部分边码 122 及以下、135 及以下，脚注 119；损害赔偿部分边码 10。

[273]　奥地利部分边码 168；西班牙部分边码 136；损害赔偿部分边码 10。

[274]　西班牙部分边码 135、137；参见南非部分脚注 166。

[275]　南非部分边码 36；也可参见英国部分边码 46；关于这点不得不参考德国联邦高等法院（Bundesgerichtshof, BGH）的意见，因为在这份意见中，在赔偿损害时，原告的自愿撤诉可以起到决定性的作用（参见 BGH，载 NJW，1995 年，第 864 页）。

[276]　南非部分边码 36。

性的特别注意,[277]

- 因侵权而产生的收益,[278]
- 因为侵权而产生的一系列的严重后果,[279]
- 该言论的正当性,[280]
- 诉讼期间被告的行为,[281]
- 人身损害赔偿的最高可获精神损害赔偿数额,[282]
- 促使其他媒体刊登侵权的文章而采取的广告行为,[283]
- 受害人的财务情况。[284]

在西班牙和南非决定诽谤案的损失多少时,不得不考虑受害人的声誉,不管它是好的还是坏的。[285] 139

与精神损害赔偿相关的各个国家的特殊部分大概如下。 140

通常情况下,在奥地利,在出现侵犯人格权的场合,如果被告的行为存在严重过错的话,对于精神损害的赔偿是允许的。在诽谤案中,《奥地利民法典》指定只有物质损害可以获得赔偿。在媒体需要对诽谤承担责任的时候,精神损害赔偿可以根据《奥地利媒体法》第 6 条获得赔偿,这条规定的是严格责任。为了某些案件而在媒体法中规定的精神损害赔偿(除了诽谤、隐私权是最重要的),这些赔偿都被限定在某些范围里(正常是 14,535 欧元)。最后,关于个人 141

---

[277] 奥地利部分边码 167。
[278] 日本部分边码 81、86;西班牙部分边码 122 及以下、136;也可参见边码 38;此外可见瑞士部分边码 172。
[279] 德国部分边码 100;日本部分边码 86;南非部分边码 36。
[280] 南非部分边码 36。
[281] 南非部分脚注 166。
[282] 英国部分边码 55。
[283] 西班牙部分边码 136;此外参见日本部分边码 53。
[284] 西班牙部分边码 125。
[285] 南非部分边码 36,脚注 166;西班牙部分边码 124;这种关联还可以参见英国的发展(英国部分边码 21),意大利部分(意大利部分边码 25 及以下)以及日本部分(日本部分边码 84、86)。

的肖像权，在某些案件中针对存在轻微过错的侵权行为者进行精神损害赔偿也是可能的。[286]

142 　　因为精神损害赔偿只在法律中被具体规定的时候才可以获得，所以最开始德国侵犯人格权的案件是不能获得精神损害赔偿的。[287] 后来，精神权利被看做是附随于人格尊严和自决权的受到宪法保护的权利，在受到侵害时而获得赔偿。[288]

143 　　在意大利也是这样，对于精神损害赔偿方面的规定是：只有在直接保护人格权出现困难的领域，才允许提供精神损害赔偿的保护。在侵犯人格权包含了犯罪构成要件的所有因素时，就满足上述提到的这种标准（见意大利民法典第 2059 条，意大利刑法典第 185 条）。[289] 但是迄今为止，在包含侵犯人格权的案件中，正常情况下获得精神损害赔偿是不可能的。意大利学说和判决尝试通过扩大有关物质赔偿的不同方面的术语概念来减弱这种不良情况的影响。[290] 从此以后，这个立法过程已经被渐渐地接受了：因为意大利法院已经接受了精神损害赔偿的地位，即精神损害可以得到补偿，如果宪法保护的权利——比如人格权——受到损害的话。[291]

144 　　在瑞士，对精神损害赔偿起诉，已经成为一项不大有疑问的特殊规则（债法第 49 条，Obligationenrecht，OR）而存在很长时间了。[292]

145 　　再次，瑞士立法有一个值得注意的特点：受害者除了获得一笔补偿金之外，法官还需判决另一种形式的精神补偿，这种补偿可能

---

[286] 奥地利部分边码 154 及以下。

[287] 德国部分边码 9 及以下、98、101。

[288] 德国部分边码 13 及以下、19、97。

[289] 意大利部分边码 114。

[290] 意大利部分边码 108 及以下。

[291] 意大利部分边码 111、115。

[292] 瑞士部分边码 86 及以下。

代替补偿金（比如捐给慈善组织一笔金额）。[293]

在具体案例的基础上，人们正试图掌握媒体侵犯人格权所给出 146
的精神损害赔偿的数目。我们须记住，由于对事实所做的是简短描
述，在比较赔偿数额时，每个具体的个案都具有复杂性，考虑相关
具体情况进行比较是不可能的。此外，在"国别报告"部分，作者
并没有对精神损害赔偿进行复杂的分析。在国别报告中，有些数目
被引用相当具有选择性。

但是，首先我们必须注意到一些特殊的情况，比如普通法国家 147
陪审团审理媒体案件的诉讼。当公众普遍倾向于对媒体持批评态度
时，围观者的加入将预先对媒体产生不利影响，这在评估赔偿数额
时将产生持续影响。美国陪审团判决的赔偿数额有时会高达五百万
美元，但是必须注意的是在上诉阶段数额是会有所减少的。[294]

同样，在英国陪审团也会判给高额赔偿金。[295] 比如，某个被在文 148
章中称为"无能者"的商人从陪审团获得了 75, 000 欧元的普通赔
偿。[296] 如果可以引用 1996 年的《诽谤法》[297]（也允许这种赔偿），货
币赔偿请求会被限制在 16, 000 欧元。[298] 事实上，迄今为止因为隐私
权的涉入，在英国精神损害赔偿数额（大约在 3, 500 – 5, 500 欧元）
是比较低的。[299]

---

293 《瑞士债权法》第 49 条第 2 款、第 87 条、第 91 条。在美国的一些州，与这种情况相
  似，有时这笔钱捐给非营利组织，这是很明显的。但是在瑞士，与美国的做法相反，
  这不是一种惩罚性赔偿的方式。
294 美国部分边码 1 及以下，也可参见脚注 1。此外因为对于新闻自由的高度推崇，人数
  额的赔偿只在个别极端的案件中可以获得，美国部分边码 3 及以下。
295 英国部分边码 7、55；L. J. Smith：前面脚注 13，第 311 页及以下。因为正常情况下这
  些数额不仅仅包括精神损害赔偿，还包括物质损害赔偿。
296 英国部分边码 55。通常损失赔偿包括物质的和非物质的以及惩罚性的（英国部分边码
  50 及以下）；参见英国部分边码 59。
297 参见英国部分边码 45 及以下。
298 英国部分边码 56。
299 英国部分边码 235。

149 　　一位著名的奥地利政客因为在一本销售量很大的周刊杂志封面上被讽刺成照片合成过的魔鬼，而获得了 7,267.30 欧元的赔偿。[300] 一位前赛车手也得到了同样数额的赔偿，一篇文章错误地指出他在接受犯罪方面的调查。[301] 对比来看，对于无罪推定原则的违反就仅仅获得了 1,090.09 欧元的赔偿，在这个案件中当事人被一家地方报纸报道"已经"摆弄破坏一台自动取款机。[302]

150 　　在瑞士，刑事犯可以获得 26,000 欧元的赔偿，因为他的全名在他被判罪 13 年后出现在了日报上。[303]

151 　　在法国，赔偿数额因为评估权属于裁判法官而有很大范围的不同。[304] 此外，数额在上诉时不能重新评估。30,000 欧元的赔偿额在平均数为 3,000 – 8,000 欧元的范围里可以被归类为很高的数额，[305]

152 　　在媒体诽谤的案中，在 1997 年到 2000 年间，相关罗马法庭的一审判决平均判定 270,000 欧元的精神损害赔偿；最高达到了 45,000 欧元。[306]

153 　　因为刊登一位有名的商人在海滩上的照片（相对无害的），某西班牙的小报被要求付 200 欧元。[307] 对比看来，一位西班牙的上流阶层成员从杂志那里获得了 60,000 欧元的赔偿，因为该杂志侵犯了她的隐私权；这篇报道延续了好几期，并且被放在了封面。[308] 与本案相关的一位吸毒人士也因此获得了媒体类似数额的赔偿。[309] 同样，如果在

300　奥地利部分边码 98、168。

301　奥地利部分边码 167。

302　奥地利部分边码 169。

303　瑞士部分脚注 162。

304　法国部分边码 36。

305　损害赔偿部分边码 15。

306　损害赔偿部分边码 1、9、11。

307　西班牙部分边码 125。

308　西班牙部分边码 136。

309　西班牙部分脚注 119。

一篇报道 18 岁女孩被强奸的案件中透露了该女孩的姓名和地址，那么她就能获得大约 36,000 欧元的赔偿。[310]

对比而言，汉堡高等法院因为刊登了虚假采访而判给了摩纳哥公主卡罗琳（现在是汉诺威公主）92,000 欧元的赔偿。[311]   154

在日本，法院判给的赔偿数额直到 1980 年代甚至还是很少的。[312]   155 事实上，近些年，这个数目确实发生了增长。[313] 在 1992 年大阪法院判决的一起诽谤案中，赔偿数额达 44,000 欧元[314]。一家媒体须要赔付一位职业棒球运动员同样的数额，他因为身处美国训练的原因而无法在日本的整个赛季上场，却因此遭到了媒体嘲笑。考虑到媒体伪造了他的资产负债表的情节，法院判给了 37,000 欧元的赔偿。[315]与此同时，这个数额范围已成为严重侵害人格权的赔偿标准。[316] 一位著名的女演员成功地得到了 74,000 欧元的赔偿，因为她的隐私权受到了诽谤性的侵犯。[317]

简而言之，在奥地利和瑞士，实际赔偿数额和国际水平比较起   156 来还是很少的。[318] 法国和意大利的数额范围更低，日本、西班牙和德国处在这个范围的上限；对比来看，在英国虽然不能和美国的赔偿数额相比，但也相当高了。

必须指出，对于人格的保护与那些倾向于判给高额货币赔偿的   157 国家相比，赔偿数额较少的国家在这方面发展得更为严谨。简言之，

---

310 西班牙部分边码 137。

311 德国部分边码 105。

312 日本部分边码 69 及以下。

313 日本部分边码 69 及以下、114、120。

314 所有日元金额都根据 2005 年 2 月的汇率换算成了欧元；参见日本部分脚注 42。

315 日本部分边码 73 及以下。

316 日本部分边码 78 及以下。

317 日本部分边码 77。

318 奥地利部分边码 37；A. Warzilek："隐私的保护"，载《萨尔茨堡新闻报》，2004 年 6 月 8 日，第 6 页；数额也可参见媒体从业人员视角部分边码 13 及以下；瑞士部分边码 90。

把人身伤害算作相对不重要的侵犯人格权的归责因素时，赔偿水平较低，反之亦然。[319] 这意味着，换言之，赔偿尺度和提供的人格权的保护范围是不成正比的。

158　　然而在英国，讨论都集中在如何降低赔偿数额上，[320] 而奥地利正试图提高赔偿水平。[321]

159　　简单看名义赔偿金这个问题，我们可以知道即使以前在西班牙，名义上的损失是有可能获得赔偿的，但是现在民事最高法院和宪法法院都排除了这项赔偿。[322] 瑞士法院也没有认可这项象征性的损害赔偿。[323] 比较来看，在法国，名义赔偿金是绝对被接受的，特别是在原告最初是同意侵权行为时。[324]

（五）严格责任

160　　我们研究的法令包括与此相关的一些规则，这些规则直接考虑义务而不论是否存在疏忽或过错。

161　　在奥地利，在这一联系下必须提到《奥地利媒体法》第 6 条起与精神损害相关的条文，在某些大众媒体侵犯人格权的案件中，其

319　R. Stürner 的文章，载《媒体与传播法杂志》（AfP），1998 年，第 3 页及以下。

320　B. M. Nyman："诽谤——诽谤的改革建议"，载《娱乐法律综述》（EntLR），1990 年，第 29 期；R. Shillito/E. Barendt：前面脚注 118，第 267 页及以下；R. Shillito/E. Barendt："诽谤法"，载 E. Barendt 编：《1996 年媒体和娱乐法律年鉴》，第 317 页及以下；J. Scott/J. Swann："名誉损害赔偿：是结束还是开始?"，载《1999 年媒体和娱乐法律年鉴》，第 104 页及以下；A. Kenyon："名誉损害赔偿的问题?"，载《莫纳什大学法律评论》（Monash University Law Review（MonULR）），1998 年，第 70 页及以下。此外参见美国部分边码 1。

321　B. Schilcher, Samthandschuhe für Medien in Österreich：Lahmer Schutz Privater, "Die Presse" of 21. 5. 2001, 8；也可参见奥地利部分边码 158。此外参见瑞士部分边码 90。

322　西班牙部分边码 126、131 及以下。

323　瑞士部分边码 90。

324　法国部分边码 1、37。

将严格责任附加于出版者。[325] 此外，在媒体错误报道而侵犯人格权的案件中，通过类推媒体法的相关规则扩大与物质损害相关的无过错赔偿原则也是有可能的。[326]

此外，在英国的某些诽谤案件中，无过错赔偿是被允许的，[327] 在意大利，与《新闻法》第12条相一致的，不考虑始作俑者的人而由出版者承担责任。[328]   162

对于法国来说，从《法国民法典》第9条可以辨认出其倾向于严格责任，这是出于保护隐私权的考虑。[329] 同样，在斯洛文尼亚也持有这样的观点，即过错是承担责任的起点。在侵权法中，存在侵权者轻微过错的一般推定。[330]   163

最初在美国，媒体不承担提供存在过错的举证责任。[331] 这与南非以前的状况十分类似。[332] 在这两个国家，严格责任框架与新闻自由原则相违的观念最终获得了优势主导地位。[333]   164

比较看来，在西班牙，媒体的过错责任概念一直都是普遍不予承认的，因为从宪法角度看来，即使媒体有些疏漏错误，也不应使之承担责任。事实上，更正权，这项并不要求疏忽或过错就可以被   165

---

325 作为特别之处，必须提到这些责任都被限制在具体的数额范围里（最高数额达到 14,535欧元）；奥地利部分边码131，也可参见律师视角部分的边码37及以下。同样，考虑到赔偿，根据奥地利《媒体法》，只有刑事法庭有裁判权；奥地利部分边码 80。这个问题和法国的做法是一致的，在某些诽谤案中刑事法庭独立解决赔偿问题（参见上文边码33）。

326 奥地利部分边码132及以下。

327 英国部分边码45；L. J. Smith：前面脚注13，第311页；J. Coad的文章，载《娱乐法律综述》，2001年，第199页及以下。一般的主流观点是：严格责任同《欧洲人权公约》第10条所规定的新闻自由是不相称的（英国部分边码9）。

328 意大利部分边码70及以下；也可参见上文边码104。

329 法国部分边码16。

330 斯洛文尼亚部分边码27、33。

331 美国部分边码2、9。

332 南非部分边码29。

333 南非部分边码30；美国部分边码2及以下。

诉诸法律的权利足以使之免责。[334]

166 　　同样在德国的媒体立法领域，并没有规定严格责任，此外，德国法院认为引进这样的条文是立法者的保留权；相应的，不允许类推适用。另外，德国国别报告的观点认为：与德国规定严格责任的德国法律相比，这种保护是有欠效能的，因为这些法律针对的是身体完整和实质财产的保全而非针对人格权所保护的非物质利益。[335]

167 　　在瑞士，正在考虑纳入媒体需承担无过错责任的特殊条文。[336]

（六）禁制令和移除权

1. 禁制令

168 　　在绝大多数研究的法令中，如果直接危险即将发生，就目前情况下的目的而言，不论过错是否存在，禁止将来的非法出版行为是有可能的。[337] 这些诉讼请求主要是为了预防。[338]

169 　　此外，在奥地利、德国、西班牙，虽然反复侵权不大可能存在，但申请禁制令的行为可以用来阻止先行错误行为之后的出版行为。[339] 冯·格拉赫（Von Gerlach）就反对这一点，在他看来，在这类案件中确认行为的违法性更为适合，因为对于受害者来说，重要的是将

---

[334] 西班牙部分边码 85 及以下。

[335] 德国部分边码 84。

[336] 瑞士部分边码 85。也可参见 Koziol 和 Zeno-Zencovich 的建议（结语部分边码 29 及以下；损害赔偿部分边码 16，媒体责任部分边码 1 及以下）；此外可见法国部分边码 15。

[337] 奥地利部分边码 174 及以下；英国部分边码 47；法国部分边码 34 及以下；意大利部分边码 117 及以下；日本部分边码 95 及以下；斯洛文尼亚部分边码 36、45 及以下；瑞士部分边码 76 及以下、92；西班牙部分边码 97、99；也可参见德国部分边码 101 及以下；南非部分边码 38；最高法院法官视角部分边码 59 及以下；英国部分此外可见 R. Stürner 的文章，载《媒体与传播法杂志》（AfP），1998 年，第 5 页。

[338] 斯洛文尼亚部分边码 36、45；西班牙部分边码 98；瑞士部分边码 92；最高法院法官视角部分边码 59。

[339] 奥地利部分边码 174；最高法院法官视角部分边码 61；L. J. Smith：前面脚注 13，第 306 页；W. Rechberger/D. Simotta，Zivilprozessrecht（6th edn. 2003），边码 404；也可参见西班牙部分边码 97、99；此外可见英国部分边码 47。

有争议的新闻报道认定为非法。[340]

2. 移除权

同样，请求移除、解除现存的侵害人格权行为是被广泛认可 170
的。[341] 这种诉讼请求和物质赔偿请求之间的界限是经常变动的，不同
的要求撤销、更正、答辩或发表的权利都是赔偿或移除权的权能
（参见边码 123 及以下）。[342]

此外，还有请求移除妨碍对自己有利的侵犯人格权的行为的诉 171
求。[343] 另外，扣押也代表了一种移除。在诸多的国别报告中，明确指
出：因为扣押有严重后果（比如至少在印刷媒体，不仅是涉嫌侵权
的报道，所有的媒体报道内容都会被取消传播权），所以这种处理方
式使用得非常谨慎。[344]

有时为移除权和强制令划清界限是很难的。[345] 在奥地利，移除请 172
求与强制救济的不同之处是它的目的在于争取取得一个具有合法资
格的积极行为。[346]

3. 确认性诉讼请求

在瑞士，确认性诉讼请求是通过《瑞士民法典》第 28 条 a 款加 173

---

[340] 最高法院法官视角部分边码 61 及以下；但是在德国和奥地利，依据程序原因而请求
确认侵犯人格权的行为是不可以的（见下文）。

[341] 奥地利部分边码 176；斯洛文尼亚部分边码 36、45 及以下；瑞士部分边码 76 及以下、
93；也可参见法国部分边码 35；结论部分边码 20。

[342] 奥地利部分边码 150；斯洛文尼亚部分边码 36；西班牙部分边码 97 及以下。

[343] 奥地利部分边码 178 及以下；法国部分边码 35 及以下；西班牙部分边码 100 及以下；
也可参见斯洛文尼亚部分边码 36、45 及以下，在这一点上请求物质补偿（它也有移
除侵害的功能）和请求（预防）移除的权利就有很大的不同，因为可以独立提起该请
求。

[344] 日本部分边码 70、99、104 及以下；意大利部分边码 122 及以下；西班牙部分边码
100 及以下；美国部分边码 6 及以下；也可参见法国部分边码 5、34 及以下；此外可
参见英国部分边码 76。

[345] 瑞士部分边码 94。

[346] 奥地利部分边码 176。

以明确规定的，其目的是宣告侵权行为的非法性。[347] 但与此同时，在奥地利和德国，这种宣告是不可能的，因为只有在确认存在合法关系时才被使用。[348]

（七）惩罚性赔偿

174　　除了研究对象中的美国、[349] 英国、[350] 南非这些国家，[351] 其他国家只准许补偿实际的损害数额，惩罚性赔偿是不被允许的。[352] 只要提到处罚和预防相结合，这基本是一个刑法的基本功能。[353]

175　　事实上，在美国和英国，对于惩罚性赔偿有一条限制性的描述：只有在原告能够证明被告是有意识地进行错误报道时，才会被判予赔偿。[354] 在英国，侵犯隐私被归为一种违反保密义务的行为。如果没有确切的解决方法，它就可能被判为惩罚性赔偿。[355]

176　　特别是有关典型惩罚性赔偿的裁决，将要考虑到是否被告已经估算出从出版刊物所得的收入将会超越对原告的任何补偿性损害赔偿，或是被告已经算准原告因为怕被牵涉其中而不会提起诉讼或感

347　瑞士部分边码76及以下、95及以下；最高法院法官视角部分边码62。

348　最高法院法官视角部分边码62；W. Rechberger/D. Simotta 的文章，前面脚注338，第410页。

349　在各个独立的州情况大不相同，可见 R. Stürner 的文章，载《媒体与传播法杂志》（AfP），1998年，第2页。

350　英国部分边码51及以下。

351　事实上，相当数量的学者和宪法法院都不想承认这种索赔。

352　奥地利部分边码186及以下；法国部分边码33、36及以下；德国部分边码104；意大利部分边码124；斯洛文尼亚部分边码43、50；西班牙部分边码126、128及以下；瑞士部分边码103。斯洛文尼亚国家报告的作者实际上更赞成采纳惩罚性赔偿，因为能够对个人保护更有效（斯洛文尼亚部分边码50）。

353　奥地利部分边码186及以下；瑞士部分边码103；涉及刑法的边码33；参见以上 Koziol 的评论（结语部分边码20及以下、30，此外，可参见 Ein europäisches Schadenersatzrecht-Wirklichkeit und Traum, Juristische Blätter [JBl]，2001年，第35页）。

354　美国部分边码12及以下。在最近的案例中根据媒体法英国法庭判予了83,000欧元的惩罚性赔偿（英国部分边码53）。

355　英国部分脚注236。

到犹豫不决。[356] 首先考虑的因素也可能是被告是否能证明从不当得利中获取利润的正当性。[357]

在德国，尽管法庭花费很长时间去避免涉及惩罚性赔偿，可一 177
旦发生大众媒介极端和故意侵犯人格权的行为，用来威慑而非惩罚
的处罚要素可以在损失评估中发挥作用。[358] 德国学者因本章开头提到
的原因对这种处罚提出批评。[359]

此外，在西班牙少数处理侵犯人格权的裁决中，原告获得了惩 178
罚性赔偿。和德国相似，这种罕见的司法判决还是遭到了主要来自
法院和学术界的尖锐抵抗。[360]

然而，从原则上来讲，意大利的法律也不认可惩罚性赔偿，只 179
有在公共媒体实行了诽谤且在刑事上构成犯罪的行为，才可要求附
加的赔偿金。[361]

最后，在斯洛文尼亚的一个严格受限制的领域里，也可能起诉 180
要求惩罚性赔偿。在被告没有遵守强制令的情况下，可以批准使用
民事制裁。[362]

---

356 英国部分边码 51。

357 关于英国不当得利和惩罚性赔偿之间的关系可见英国部分边码 54。

358 德国部分边码 104 及以下；最高法院法官视角部分边码 70 及以下。

359 参见最高法院法官视角部分边码 71；更权威的可见 J. v. Gerlach：Gewinnherausgabe bei
Persönlichkeitsverletzungen nach schweizerischem Vorbild?，载 Zeitschrift für Versicherungs-
recht，Haftungs-und Schadensrecht（VersR），2002 年，第 917 页及以下；特别与之相
反的观点，G. Gounalakis 的文章，载《媒体与传播法杂志》（AfP），1998 年，第 14 页
及以下。另一方面，Stürner 试图使惩罚性赔偿在德国立法中合法化，依据是"针对受
害人的错误行为的附加价值"，这可以成为赔偿的原因，这满足的不是刑法的目的，
而是民法的目的。[载《媒体与传播法杂志》（AfP），1998 年，第 8 页]。这种学说同
样也被奥地利学者批评；奥地利部分边码 191；结论部分边码 40。

360 西班牙部分边码 127 及以下；为了证实这种反对观点，甚至都提出了宪法层面的理
由。

361 意大利部分边码 125。

362 对比普通法之下的惩罚性赔偿，民事制裁事实上是一种辅助的手段，它仅仅用于被告
没有被执行强制令的情况下；参见斯洛文尼亚部分边码 48 及以下。

181 在日本，关于惩罚性赔偿裁决办法的讨论还在进行中。[363]

五、不当得利

182 在本书研究的国家中，一旦发生媒体侵害人格权，能否以不当得利对其提起诉讼，各个国家的情况是大不相同的。

183 在奥地利可以针对侵犯人格权提出恢复原状的请求。[364] 然而，直到现在，法律实践关于不当得利的法律规定是否也可以适用于媒体侵权仍没有明确的决议。[365]

184 相比之下，在瑞士，这样的诉讼请求是普遍认可的。在这方面，第一可以求助于"必要代理权"的相关条款，因为它们可以直接援引保护人格权的法律条文。是否请求使用不当得利的法律规定代替这些法律由当事人自己做出选择。特别是，如果一些学者和司法成员认为代理索赔的案件[366]需要违法行为，那么这种选择就显得更为重要。[367] 与奥地利[368]和德国（参见边码 187）不同的是，这种侵犯与财产性人格权的行使相关，而这并不是获得利益的前提条件；甚至，这也就是说，不管有没有明确的限制条件，不当得利都足以成为侵犯人格权的行为后果。[369]

185 瑞士国别报告的作者提到了另一个有趣的方面。恢复原状在此

---

363 日本部分边码 69。

364 奥地利部分边码 192 及以下。但是考虑到奥地利《版权法》第 78 条与肖像权相关的规定，法庭拒绝受理这种赔偿请求。也可参见奥地利学界和奥地利部分国家报告作者的相反观点；只要被刊登的照片人物可以被公众识别出名字，判例法就可能接受这种恢复原状的赔偿请求（奥地利部分边码 195）。

365 奥地利部分边码 198。出于预防的原因，在奥地利部分国家报告的作者看来，这种索赔方式是绝对需要的。

366 事实上瑞士国别报告的作者反对这种观点（瑞士部分边码 106 及以下、110）。

367 瑞士部分边码 74、104 及以下。

368 奥地利部分边码 193。

369 瑞士部分边码 105、34、36。

语境中，不仅包括媒体公司的收入，还包括自由新闻工作者从恶意报道中所得的收入。[370]

几乎是和瑞士司法对立，德国法院在这一语境中基本上拒绝独立的申请恢复原状的赔偿。但是实际上，在一些极严重的事件中，媒体为了获利的目的也会被考虑到损害评估中去。[371] 186

另一方面，在一些德国的判决中强调"人格权实质上也具有财产性"这一点，[372] 例如，名人的形象被用于商业广告。在这种情况下，可以有选择地运用请求损害赔偿、不正当得利和紧急情况下的无授权代理的方法寻求救济。然而，主流观点是：就媒体对人格权的侵犯问题而言，考虑到观念性要素占支配地位，财产性问题不得不被排斥在外。[373] 187

此外，在西班牙，关于损害评估，所得收入的总和也是考虑因素，但是和德国的方式不同。在西班牙，普遍认为请求返还不当得利以及请求赔偿权被看作是两个分开的领域，可假使媒体侵犯了人格权，作为例外，就把赔偿问题和复原事项合并处理。和德国相反，在这里，媒体的总计纯收入是重要的。[374] 188

在意大利、斯洛文尼亚以及南非，对于如果被侵犯人格权，受害者是否可以请求返还不当得利而进行诉讼，迄今为止还没有明确 189

---

[370] 瑞士部分边码66，脚注186；这也和所谓的"狗仔队"照片相关，有时媒体要为此支付可怕的赔偿数额。

[371] 最高法院法官视角部分边码70；也可参见德国部分边码120。

[372] 德国部分边码110。参见奥地利部分边码193及以下。此外在德国也很重要的是，如果原则上可行的，那么原告就可能同意侵犯人格权。这也在瑞士法中也不重要（德国部分边码112；瑞士部分边码105）。

[373] 德国部分边码10及以下。

[374] 西班牙部分边码122、138及以下。

的判决。[375] 这个问题在英国也有待阐明。[376]

190 相反，在法国，这个问题并没有出现，因为要求返还不当得利的请求权是保护人格权的附属细则（不认可从收益中吸取的利润）。然而，也是在法国的法院，媒体的利润有时是衡量请求赔偿的一个因素。[377]

191 在承认请求返还不当得利的国家，或者，至少在可能承认的国家，新闻媒介对利益的实现所付出的成本（包括金钱和其他方面）也必须被计算在内。因此，在获得媒体利润的过程里，侵权记者执行任务的成本和资源的使用费用也必须被计入总收益中。相应的，这种不当得利计算的仅仅是纯利润。[378]

192 据不同的学者预测，就保护人格权不受公众媒体侵犯而言，返还不当得利请求权会在未来的欧洲大陆变得越来越重要，有力地阻止某些小报无休止地将人格权商业化的进程，这些小报唯一关心的就是他们报纸的分发范围、读者的关注率和读者的阅读率。[379]

---

375 但是在斯洛文尼亚有接受这种赔偿请求的倾向，在意大利也有学者认同在非官方的刊物上的广告照片可以请求这种赔偿。见意大利部分边码 126；斯洛文尼亚部分边码 51 及以下；南非部分边码 41。

376 英国部分边码 54；事实上获利的目的是在惩罚性赔偿的框架里考虑的（见上文边码 176）。在破坏保密条款的情况，原则上可以根据相关法律把利润部分剥夺掉。如果这种理念针对侵害隐私权的案件也同样有效的话，那么把破坏保密条款作为伪装似乎就有问题了。

377 法国部分边码 39，也可参见边码 38 以及意大利部分边码 106。

378 奥地利部分边码 201；西班牙部分边码 140；瑞士部分边码 74、108。

379 参见最高法院法官视角部分边码 71；结论部分边码 88；J. v. Gerlach 的文章，载 VerR，2002 年，第 917、922 页及以下；此外可见 K. Zweigert/H. Kötz：《比较法导论》，1996 年第 3 版，第 546 页。

第四部分

结　语

The Protection of Personality Rights
against Invasions by Mass Media

针对大众媒体侵害人格权的保护：
总结与展望

赫尔穆特·考茨欧[*]

一、基本权利及其对私法的冲击

（一）基本权利透视

贝尔卡（Berka）在其著述中[1]详细阐述了与人格权保护至关重要的基本自由和人权，他为彼此冲突的权利确立了界定其边界范围的标准，并清晰地展现了在私法当中保障基本权利的重要性。以下试图对他所得出的结论作一简要概括。 [1]

针对媒体自由与人格权保护之间的冲突，贝尔卡指出在民主社会里表达自由所扮演的重要角色看起来支持赋予大众媒体强有力的地位，即便在他人的人格权受到侵扰的情况下亦不例外。相应地，表达自由作为基本权利享受强有力的保护[2]，而在已知的各法律制度中，只有人格权的内核是作为基本权利受到切实保护的。还有，正如贝尔卡所令人信服地展现的那样[3]，表达自由无条件的优先是无法由宪法推导出来的：假如在赋予每一个人不可抛弃的权利的基本自 [2]

---

[*]　Mag. Gabriele Koziol 将本文由德文译成英文，笔者对此甚为感激。

[1]　Verfassungsrecht nos. 27 et seq.

[2]　参见日本部分边码6。

[3]　另参见法国部分边码4。

由体系当中，一项权利无条件地优先于与之相冲突的其他权利，那么自由就走到头了。不论某些人格权是否被当作基本权利，并不能改变这样的事实——它们必须适当地与媒体的自由进行权衡，后者仅仅是一项当保护他人的权利成为必要时就不得不让步的相对自由。准确地说，为了实现这种平衡，采用了法定保留，规定某些基本权利可由法律加以细化或者限制，并由此把恰当平衡社会冲突利益的任务分派给了以民主方式合法化了的立法者。于是，有可能出现不经由宪法加以保护而仅由法律加以保护的利益，例如个人的尊严，即使面对宪法保障的基本自由比如媒体自由，依然被赋予一种强势地位。

3   即便它们非常重要，比如包含着一项功能性民主，贝尔卡还是呼吁人们关注这一事实，即除了构成一切基本自由和人权之共同基础的个人尊严之外，其并非抽象的价值。他始终认为个人的尊严是文明社会存在的基本要求之一，而表达自由系由个人在社会中的自我实现发展而来。于是，他从这一观点出发得出结论：只存在一个目标，即对媒体和个人提出的诉求进行妥当而公正地平衡——假如其中之一被赋予无条件的优越地位，平衡就不可能实现。据此，贝尔卡非常明确地指出：媒体的自由并不是目的，而是实现某个基础性的根本理念的手段，同时又是人格权保护的抗辩事由。二者必须通过这样一种方式加以协调，以允许个人在社会中获得最佳的自我实现。

4   贝尔卡指出，大众媒体可以援引宪法中明确规定的基本权利，而整个人格权都不享有类似的保护这一事实不得导致表达自由优先的推论。然而，他的确承认随着大众媒体被赋予优先地位，于是乎两种利益之间存在某种失衡，某些利益被给予宪法保护，而其他利益则否，这并非仍旧毫无意义。由此，宪法中也应规定人格权的保护。

贝尔卡在其著述的结尾再次提出关于在解决涉及人格权的个案   5
当中将宪法层面与人权方面考虑进来有无意义的问题。他承认被载
入宪法的诸价值总的说来已经被相应地纳入到成文法之中，至少后
者尽量与宪法保持一致。然而，他仍然认为当不得不对立法者所作
决策的合宪性进行评估时，基本自由发挥着主要作用。再者，当对
于法律的合宪性解释标准存在可疑之处或者不够明确时[4]，宪法为其
提供了厘清的指南。如若宪法或《欧洲人权公约》被认为表达了那
些在自由民主社会里无可争议的基本价值的话，诉诸宪法将会达到
"正确"的结果。表达自由的基本权利建立在对大众媒体有利的经受
反复考验的利益平衡的基础之上。利益平衡与宪法是一致的。然而，
宪法确实也为人格权的保护提供保障。人格保护的范围和内容在与
表达自由进行平衡时也应当界定得更加清晰而准确。

（二）基本权利对私法与刑法保护的冲击

基本权利究竟在多大程度上关系到刑法上和私法上对保护人格   6
权免遭大众媒体侵害依然没有（满意的）答案。一般的基本权利和
自由，尤其是出版和表达自由权，是抵御国家干预的防卫性权利[5]。
它无需效仿像针对政府进行防卫那样由某人对另一个平等的个人行
使同样的权利。

一般而言，国家有权通过延伸人格权的保护而对表达自由和媒   7
体进行限制。[6] 因而，人格权的保护不能听任立法者在成文法中自由
地去规定，因为这样的话可能又会导致表达自由与媒体自由被排除。

4　参见瑞士部分边码9和边码24；德国部分边码16。

5　参见瑞士部分边码23；《欧洲人权公约》第11条；西班牙部分边码10和边码11；德
　　国部分边码16；另参见 R. Walter/H. Mayer, Bundesverfassungsrecht（9th edn. 2000），
　　no. 1320；W. Frotscher, Zlatko und Caroline，［2001］Zeitschrift für Urheber- und Medien-
　　recht（ZUM），563.

6　V. Zeno-Zencovich 未对此予以充分考虑，参见"信息社会的媒体责任"部分边码1、
　　边码9以及边码12。

毋宁说，立法者只能在一定的、合理的限度内对人格权的保护进行调节，并且必须将基本权利所确认的价值考虑进来。迄今为止，基本权利确实为保护个人免遭其他人的侵害施加影响。

8   同样公众获得及时而完整的信息的利益，已经作为基本权利获得保护，在表达自由与媒体自由之间达成平衡时发挥着重要作用。由于公共利益的存在，人格权此时受到的保护比起不存在需要考虑的与之冲突的基本权利的场合下所受到的保护来要更少。这就引起人们对一个问题的关注，这个问题只有放到对人格权保护范围和内容进行详细检视的时候加以谈论：由于在及时而完整地提供消息时，虚假报道以及由此给他人造成的损害是不可避免的，因而个人被迫承受某些无法合理地加以避免的损害，进而在公共利益面前作出特殊牺牲。这就是有待进一步加以检验的关键之点，即这个是否可以用于许可受害人在比目前更大的范围上将其遭受的损失转嫁给公众或媒体的拥有者即侵权行为人，后者回过头来会把赔偿的支出通过涨价的方式转嫁到用户的头上。

9   媒体同第三人的关系的确可能不同于媒体同国家的关系。在媒体与私人的关系当中，主要问题是受到媒体威胁的第三人的人格权保护问题。[7] 然而，在与国家的关系中，主要的问题是国家的优越地位和它的干预权，尤其是对媒体行为的限制，而另一方面是为实现民主的功能所需的通过媒体对国家进行监督，并由此保护具有决定性作用的媒体自由。

10   但是，我们必须记住，国家作为一个法人，在某种程度上、经过某种变通同样享有人格权[8]，于是乎国家也可以被视为受到大众媒体的威胁。如同第三人的情形一样，这里问题的重心不是首先放在反抗钳制的媒体自由的保护之上，而是放在截然相反的、受到媒体

---

7   还可参见瑞士部分边码 26。

8   参见奥地利部分边码 9 及以下。

威胁的权利保护问题之上。由于它可能成为对媒体自由施加限制的理由，所以在界定媒体与国家的关系时，这一点必须加以考虑。然而，国家的保护当然不是与自然人或其他法律实体一样的宽泛，因为正是媒体使得批评监督国家及其内政以及发表意见的在民主社会极端重要的使命得以落实。因而，国家通常不享有隐私。被告知的公共利益十分重要，这对媒体自由是有利的；在这方面，后者当然没有受到太多的限制。然而，也可能存在特殊的公共利益，同时又构成国家利益，这一点必须加以考虑，而且它可能导致对媒体自由的限制，例如为了国家安全或者有效地打击有组织的犯罪而隐匿某些事实。[9] 因而，在这方面媒体对私人的自由与媒体对国家的自由是不同的。

二、人格权与媒体自由权的平衡

很多作者对出版自由与人格权保护之间的冲突涂以浓墨重彩[10]；媒体的宽泛自由确实需要通过保护第三人的人格权而接受限制[11]。如果你反过来看，也同样是这个道理：人格权保护越是宽泛，媒体的自由就越是受到限制。由于媒体自由与人格权保护是两项高度对立的权利[12]，乍看起来对应的私法上的利益之间的冲突只能通过一方或者另一方的优先权才能解决。[13] 然而，将优先权给予一方或者另一方都不是公平的、可接受的方案，因为将优先权赋予其中一项基本权

11

9　参见法国部分边码6。

10　参见《欧洲人权公约》第9条；南非部分边码7；日本部分边码6；英国部分边码2。

11　这一点在瑞士部分边码12及以下有重点论述。

12　关于这个问题的复杂性，特别参见 R. Alexy, Zum Begriff des Rechtsprinzips, in: W. Krawietz（ed.），Argumentation und Hermeneutik in der Jurisprudenz（1979），59 et seq；idem, Theorie der Grundrechte（1985），141；idem, Begriff und Geltung des Rechts（1992），120.

13　原则上，同等重要性不能成为侵害另一项权利的理由：参见瑞士部分边码39。

利缺乏确定性的理由[14]。假如两个原则上同等重要的基本权利当中的一个被给予优先考虑，这就不可避免地导致无法接受的对另一个的否定。毋宁说，假如两个权利原则上同等重要，那么就必须根据案件的相应情况寻找起决定性作用的额外标准。在近距离审视时，会发现事实上存在导致区别化的解决方案：无论是媒体自由方面的利益还是保护人格权方面的利益都不能够被视为普遍有效的价值；毋宁说，它们是有很大区别的，并且在不同的场合应当赋予它们不同的权重[15]。对此下文将作概况介绍。

12　　先从媒体自由开始：保护这一利益在多大程度上是值得的当然取决于所陈述的事实究竟是真实的还是虚假的[16]。关于媒体自由的目的还有与此相关的告知义务[17]，以及相应的知晓权，只有一个值得保护的"被正确告知"方面的利益[18]。然而，这并不意味着只有客观上真实的言论才可以发布，而是该言论在发布之前必须充分地加以核实[19]；换言之，媒体的拥有者负有确保内容真实的义务。适用于消息核实的标准尤其要根据消息对受众的重要性、其紧急程度[20]以及对

14　还可参见有关法国部分的边码4和边码8；另参见最高法院法官视角部分边码9；意大利部分边码32。

15　参见德国部分边码27及以下。

16　参见意大利部分边码50。关于事实判断与意见表达之间的区别以及真实陈述的重要性，另参见 O. Stegmann, Tatsachenbehauptung und Werturteil in der deutschen und franzÖSischen Presse (2004), 214 et seq., 293 et seq., 527 et seq.

17　J. 尼斯林在南非部分第六段引述了南非宪法法院大法官 O'Reagan 关于媒体使命的令人印象深刻的话语："作为信息和观点发布的主要代理人，它们是民主社会里必不可少的、极其强大的机构，在行动上具备活力、勇气、正直与责任乃是其依据宪法所负担的义务。"

18　参见 See Verfassungsrecht nos. 80, 101 et seq.; Switzerland no. 55; Spain no. 13; H. Koziol, Recht auf korrekte Information durch Massenmedien und privatrechtlicher Schutz? in: Festschrift Heldrich (2005), 261.

19　尤其可参见媒体从业人员视角部分边码39及以下；另参见法国部分边码12；西班牙部分边码17；日本部分边码10和边码24；德国部分边码88及以下。

20　见日本部分边码25。

那些受消息影响的人可能造成的损害的程度来决定。因此，一般来说，对媒体行使自由权进行保护的价值仅仅是对于其发布真实消息而言。除此之外，只有在根据新闻工作者的注意义务力求消息的正确性的条件下，媒体的利益才被认为值得保护。原则上，发布虚假消息的利益应予否定。

然而，真实只能是在事实陈述的场合所适用的决定性标准，因为只有事实的陈述可以客观地加以检验。但是，在意见表达（判断）的场合，涉及很强的主观成分；因而它们很难被定性为客观上正确还是错误[21]。自我实现的一个重要方面是每个个体都应当具备表达意见的能力，即便他人未能分享其观点。因此，相对于事实陈述的真实性要求来说，在发表意见的场合，对表达自由没有限制。因此，表达自由权比信息自由权更为宽泛。

13

然而，依本人的看法，与欧洲人权法院[22]和许多国内法院[23]的判例中明显的趋势相反，对表达自由也存在某些限制[24]。对个人的自我实现而言，唯一的要求是他具有公开发布意见的可能。然而，在竭尽侮辱之能事表达意见的场合[25]，不存在值得保护的利益。一方面，这与在人格权方面受到意见表达影响的人的利益相冲突，该利益是完全正当的因而必须尽可能妥善加以保护。于是，对人格权的侵害只有在需要并适合表达自由权的实现时才是允许的[26]。有理由期待每个人大体上以文明社会恰当的方式进行讨论和行动；粗俗和侮辱性

14

---

21 O. Stegmann（supra fn. 16），380；还可参见西班牙部分边码13。然而，意见也可能依据虚假的事实陈述而发表，对于后者，相关规则确实可适用，参见瑞士部分边码45。
22 参见《欧洲人权公约》第13条和第27条。
23 参见西班牙部分边码27。
24 在瑞士，更加强化对人格权的保护。参见瑞士部分边码21、边码39。
25 另参见瑞士部分边码45；西班牙部分边码29；意大利部分边码50。英国的情况似乎有所不同，参见英国部分边码24和美国部分边码9。
26 O. Stegmann书，前引脚注16，第383页及以下关于德国判例法以及采取不同路径的学术讨论；另见瑞士部分边码56。

的表达当然不应受到鼓励。政治家的意见表达也不例外：除了事实上因为他们的角色示范作用，他们尤其应当使用尽可能得体的行为方式，粗鲁的表达形式对他们来说没有理由加以保护。为了强调自己的意见，丝毫不需要使用这种形式，相反，它的成效是负面的。因而，只有当为了表达某个意见是在无法避免的情况下，使用侮辱性表达才具有客观正当性。然而，这项规则的确为考量冲动的情绪、争论的激烈程度以及对方作了应答的陈述的粗鲁程度留下了足够的余地[27]。

15　　　有一个事实需要注意，当在政治"讨论"[28] 中缺乏约束已被广泛接受甚至受到鼓励时，如果政治家享有太少的人格权保护并且或多或少地被视为"歹人"，就会导致民主社会极其不愿意出现的后果：专心于目标工作的、有教养的并且对保持人格尊严怀有兴趣的人将不再愿意涉足政治。即便在个案中限制或许走得太远，但是与按照客观公正的依据对表达自由加以限制相比，这种方式下共同体自然会受到更加严重的损害。假如媒体自由本身不被视为目的，而是作为促进公共利益的手段，那么宁可也给予政治家人格权的保护，而不是给表达自由提供毫无边际的保护。

16　　　一般认为，在确定表达自由范围的时候（公众所享有的）"被告知"这项客观上公正的利益必须加以考虑[29]。信息对一般公众越是重要，受信息影响的那些人越是被迫遭受其侵害[30]。这就导致关于国家

27　关于报复理论，参见德国部分边码 53。

28　遗憾的是在很多案件中，不再可能提到通过客观事实进行辩驳的政治论争。显然，政治争论的主要目标在于尽可能地辱骂、冒犯与嘲笑参与讨论的伙伴，后者被视为对手。

29　参见法国部分边码 7；瑞士部分边码 40、边码 53 及以下；媒体从业人员视角部分边码 17；西班牙部分边码 24 及以下；日本部分边码 5、边码 18；甚至对娱乐的兴趣也被认为值得保护，尽管是在更狭小的范围内参见最高法院法官视角部分边码 47。

30　参见《欧洲人权公约》第 25 条；尤其在法国法方面可参见 O. Stegmann（前引脚注16），第 546 页及以下。

和其他公共机构的信息，还有针对公众人物的报道被许可在更大范围发布，即便那些受此信息影响的人的人格权被侵犯。这不仅适用于对事实的陈述，而且也适用于意见的表达。假如一般公众当中的很大一部分人具有"被告知"的客观利益，可能伤及第三人的意见可由大众媒体加以报道。然而，媒体自由自然不保护有害的意见表达的传播，对此只有个别人享有合法利益而不具备"被告知"的可供评价的公共利益，只不过是迎合大众兴趣或者满足单纯的好奇心的满足。

相应地，在处理人格权是否值得保护的问题时，有好几个因素，（有的）表明对人格权给予更窄的保护，（有的）表明给予更宽范围的保护，因而也就表明对媒体自由给予更窄或是更宽的限制，这些都必须加以考虑。首先，在这里虚假信息影响甚大：在保护人格权免遭虚假陈述侵害方面当然具有合法利益[31]。然而，同时保护人格权免遭真实信息侵害似乎也是正当的和必需的[32]，但只限制在特定范围之内。尤其是不允许对私人领域作真实的报道[33]，除非受到侵扰之人是健在的知名人士且仅仅因为这个原因，该消息对一般公众而言具有合法利益。[34]但除此之外，假如对该信息不存在或几乎不存在客观的公共利益，并且该事实陈述会导致对人格权的侵害，那么散布内容真实的言论也是不允许的[35]。这也适用于对已经从犯罪记录中删除的犯罪行为的报道，或者公布很久以前的事实[36]；这样的发布通常会阻碍对这些人的社会矫正。在很多案例中，这个观念同隐私保护的

17

31　最高法院法官视角部分边码24。
32　参见最高法院法官视角部分边码23；南非部分边码8；日本部分边码54；O. Stegmann（前引脚注16）第366页及以下，第375页及以下，第572页。英国法的情况大不相同，参见英国部分边码15。
33　M. Okuda/E. Raidl-Marcure 十分强调这一点。参见日本部分边码55。
34　参见日本部分边码18；假如与公共利益无关，真实的报道也可能引起责任。
35　另参见瑞士部分边码45；日本部分边码55。
36　参见南非部分边码15。

观念不谋而合。

18　　当为了确定媒体自由与人格权保护的界限而在不同的利益之间进行权衡的时候，毫无疑问，不仅一方面媒体拥有者的利益、另一方面还有受到信息侵扰的人的利益必须加以考虑，而且（公众）获取及时而完整的信息方面的，即媒体自由和表达自由方面的合法的公共利益也应当加以考虑[37]。这就意味着在关涉公共事务的场合，媒体自由即获取民主社会中甚为重要的信息的自由具有优先性。

19　　当从由基本价值[38]与比较规则[39]所组成的灵活体系[40]的建构来理解的时候，权衡所涉及的利益[41]的相关因素变得极易理解。如果相关因素及其所具有的分量，还有基本价值得到清晰的界定，那么在决定某个行为是否应予许可的时候至少可以减少相应的难度，对此，科门达[42]作了生动的描述。然而，在涉及这样的微妙平衡的场合，这些难题无法完全避免。当下能做的仅限于对这样一个宽泛的灵活体系作一个概述。基本价值或许包括大众媒体可以发布经过仔细核实且合符一般的、客观公正利益的新闻和意见，即便这些新闻和意见对受到信息影响的人的人格权造成侵扰。从前述国别报告当中，我们可以推断出下列规则适用于对这个基本公式的偏离（的解释）：即将发生的对人格权的侵害越严重，以及信息所蕴含的正当的公共利益越小，发布该项信息就越是缺乏正当性。同理，信息越是侵害隐

37　瓦格纳甚是英明，参见德国部分边码 28；意大利部分边码 50。

38　关于这一点另可参见英国部分边码 37 以及德国部分边码 27。

39　W. Wilburg, Die Elemente des Schadensrechts (1941); idem, Entwicklung eines beweglichen Systems im bürgerlichen Recht (1950); idem, Zusammenspiel der Kräfte im Aufbau des Schuldrechts, [1964] Archiv für die civilistische Praxis (AcP) 163, 346. On his work see F. Bydlinski, Juristische Methode und Rechtsbegriff (2nd edn. 1991), 529 et seq. A short instructive overview is given in B. A. Koch, Wilburg's Flexible System in a Nutshell, in: H. Koziol/B. C. Steininger, European Tort Law 2001 (2002), 545 et seq.

40　B. Schilcher, Theorie der sozialen Schadensverteilung (1977), 204.

41　参见瑞士部分边码 53 及以下；英国部分边码 37。

42　媒体从业人员视角边码 8 及以下、边码 17、边码 40 及以下、边码 63。

私，真实的报道就越是不被允许。另一方面，侵害他人隐私的信息被允许发布的可能性越大，所涉及的人的公共身份越是重要，他/她越是必须被认定为公众人物，并且他越是自愿地将其私生活领域暴露在公众视线之下。最后，迅速发布信息的必要性越大，发布未经彻底核实的新闻的可容许程度就越大。

三、刑法与私法之间的职责分配

刑法主要服务于公共利益：它运用制裁并由此威慑大众以及个别违法者，阻止其进一步实施犯罪[43]。然而，私法促进个体利益，始终要对这些利益进行与所有其他利益之间的平衡。因而，它的主要目标不是实行制裁与阻吓公众实施犯罪行为，而是保护个人免受来自其他个人的威胁与侵害。单纯的预防性措施，例如制裁，只有在为了防止可能发生的对他人权利的迫在眉睫的侵害时方可适用。排除妨碍的诉求旨在终结持续性的干扰，而赔偿损失的诉求旨在补偿已经遭受的损失，而不当得利旨在将他人无法律根据占有的财产重新索回。它只是制裁或威慑的理念发挥作用的一个附带效果——但却是十分期望的效果：因过错造成他人损害之人必须赔偿损失当然具有制裁过错行为的意图，当赔偿的多少取决于过错程度的时候就更是如此。因而，在很多法律制度之下，当行为人具有恶意的时候，比起过失的场合来，损害更容易归咎于侵权行为人；在奥地利，这种观念同样可以在条文中找到：在轻微过失的场合下，只赔偿实际损失；当属于重大过失与恶意的情况下，还需要赔偿利润损失以及非经济损失（《奥地利民法典》第1324条）。然而，在早些时候，由于经济分析学派影响的提升，威慑被认为在侵权法和不当得利法

20

43　参见 Strafrecht no. 4 fn. 8, nos. 10 et seq., 25, 33. 另参见瑞士部分边码25。

律制度当中具有重要作用：假如侵权行为人面临着必须补偿所造成的损失的风险，他就会力求避免损失，至少只要避免损失比支付赔偿可以减少经济上的负担时是如此。同样，如果不当得利必须返还，人们就不会再有未经授权就使用他人财产的动因。

21   刑法与私法之间使命的差异使得有关依法进行干预的理由需要加以区分。如果犯罪行为人被指控实施了过错行为而且公共利益要求实行制裁，那么根据刑法所施加的制裁就是正当的。是否由于被告的过错行为导致了损害或者以损害他人而获得利益则与此无关。因而，刑法还惩罚犯罪图谋[44]，并且，在对实施的制裁进行评定的时候，一般来说过错的程度是决定性的。

22   在私法领域，情况就不相同：弗朗茨·比德林斯基[45]用他独特的具有说服力的言语阐明了私法规则始终关涉两个或更多的法律主体，因而每一项规则直接影响某些人之间的关系；每一次向某些主体配置权利、特殊利益或者机会，都直接使某些其他主体承担义务、责任或风险。根据比德林斯基的观点，"不仅对于为什么某个法律主体被赋予有利的法律地位而另一人被赋予不利的地位，而且对于为什么这种情况只发生在双方当事人之间的关系当中，即为什么某个主体相对于另一主体享受权利，或承担义务，或获得机会，或者承受风险，必须给出一个理由。"因而，他说，适用互证合理的构造原则。即便推理在某些方面非常令人信服，绝对的、片面的以及仅仅同一方法律主体有关的论证不能证明私法规则的合理性。由此，可以下结论：惩罚的概念原则上与民法是异质的；根据民法的宗旨和目标，它不属于惩罚导向型，并且它也无力实施合理有效的惩罚[46]。

---

44 Strafrecht no. 4.

45 F. Bydlinski, System und Prinzipien des Privatrechts (1996), 92 et seq.

46 关于这一点，详见 G. Gounalakis, PersÖn lichkeitsschutz und Geldersatz, [1998] Zeitschrift für Medien und Kommunikationsrecht (AfP), 14 et seq. and 24.

因为它导致对惩罚性赔偿的排斥[47]，所以关于如何实现人格权的保护，结论——就像本书的报告所证明的那样——具有重大意义。

私法与刑法之间使命的分配的进一步后果显然不仅与人格权有　23
关，即私法上对人格权的保护比刑法上的保护更为宽泛。这是由于
这样一个事实，即对某人的行为提出指控私法没有（刑法）那么严
格：刑法只关心严重违法行为而且考虑公共利益。然而，私法把注
意力投向个体利益，并且在威胁和侵害较轻的情况下也给予广泛的
保护。

四、私法保护的不足

从国别报告来看，依本人之见，在很多（国家的）法律制度当　24
中，私法保护方面具有诸多不足之处；这些不足之处关系到据以提
供保护以及保护范围的条件。让我们先来看看保护的条件。

前已述及，由于媒体自由以及获取及时与完整信息的自由方面　25
的公共利益的考虑，个人必须承受对其人格与财产权的侵扰。以有
计划的恐怖袭击的紧急通告为例，由于没有时间，所以只能从表面
加以核实。这不仅会对被指称参加恐怖行为的人的人格权造成严重
损害，而且也会对不怀疑不法行为发生的第三人，比如其物业被说
成攻击目标的百货商店所有人或者被指称计划中的恐怖袭击所针对
的航空公司的财产利益造成严重损害。毋庸置疑，这类警告不应局
限于公共安全利益。然而，问题仍然在于是否受错误消息影响的个
人必须承受由此造成的经济损害，虽然他遭受损失是为了公共利益
而作出特殊牺牲。

一般来说，因为大众媒体所负的披露真相的义务只涉及对信息　26

47　参见法国部分边码 30 和 36 及以下；瑞士部分边码 90 和 103；另参见 Strafrecht no. 25.

是否合理、适当方面的核实，其标准通常不是太严格，而且在特别紧急的情况下该标准还会降低，所以大众媒体给媒体报告中提到的人呈现了一种威胁。然而，这就意味着正是那些因该消息而受到负面影响的人承担了虚假、有害的信息被散播的风险，在注意标准如此之低的情况下这几乎是不可避免的。假如公众享受着被告知而带来的好处，媒体拥有者从媒介企业获得经济利益，而受到错误消息影响的人不得不承受一切损害的话——即便在很多场合虚假信息的散发并不是由他导致的，更不必说由于他的过错所造成或者其他应对损失负责的情形——那么其结果就当然不是恰当的。

27　　　还有一点值得考虑的是为了有效保护媒体对国家的自由，许多国家的法律制度给媒体拥有者赋予一项不予披露信息源的权利[48]。其主要目的是为了保护媒体拥有者免遭来自国家的干涉[49]，但是在很多情况下使得因虚假信息遭受损害之人实现根据私法本应有权提出的诉求变得异乎寻常地困难：首先，他们被剥夺了令侵权行为人承担责任的可能性，后者受媒体拥有者不予披露信息源这项权利的保护，而且他们姓甚名谁也无法知晓。最终，受害人被剥夺了要求赔偿的权利。而且，若主张媒体拥有者的替代责任，难度也随着提升，假如——根据奥地利法律——代理人不能胜任其工作或者属于危险人物是本人承担责任的条件，受害人必须证明：如果不知道代理人（即消息源）是谁，那么证明其负有责任的这个条件事实上无法实

48　瑞士部分边码20；奥地利部分边码116、124、133、147；另参见日本部分边码64。

49　W. Kraßnitzer, Öffentliche Aufgabe als Grundlage von Medienprivilegien? in: T. Zacharias (ed.), Die Dynamik des Medienrechts (2001), 207 et seq; W. Berka, Redaktionsgeheimnis und Pressefreiheit. Aktuelle Probleme des Schutzes journalistischer Quellen im österreichischen Recht (2001), 13 et seq.; idem, Persönlichkeitsschutz auf dem Prüfstand: Verfassungsrechtliche Perspektiven, in: H. Mayer (ed.), Persönlichkeitsschutz und Medienrecht (1999), 15 et seq.; F. Fechner, Medienrecht (4th edn. 2003), 19, 181; M. Löffler/R. Ricker, Handbuch des Presserechts (4th edn. 2000), 14 et seq., 65 et seq., 206.

现。然而，假如代理人的过错行为是承担责任的一个条件，那么困难也就随之而来，但是，由于不知道代理人是谁，所以对他的行为不能进行推定。保护媒体拥有者免遭国家干预的权利导致受害人处境严重恶化，依本人之见，这是人格权民法保护方面的又一个不足。

关于赔偿的范围，人们一再发出慨叹：侵害人格权不会造成或者仅造成很小的难以证明的经济损失[50]，而给予的非经济损失赔偿是如此之低以至于媒体拥有者缺乏预防侵害的动因：通过煽情性的新闻获取的利润或者是省却核实信息环节节省下来的金钱，通常远远高于应支付的赔偿，因而侵害人格权常常在扣除赔偿金之后还有收益[51]。赔偿缺乏预防后续侵权的效果是令人遗憾的，越来越严格的刑法条文对此并不是总能弥补[52]；到这里为止，我们能够明了侵权法保护的不足之所在。 28

五、未来侵权法对责任的规范

如今，大多数国家的法律制度仅仅基于媒体的过错与替代责任制度来确定媒体的责任[53]。然而，我们可以在很多国家法律制度中[54]发现的线索应当会使我们受到如下启发：导致侵害名誉或隐私的媒体报道意味着媒体或其代理人的行为不合法，因而媒体拥有者必须提出抗辩并予以证明。 29

50　参见德国部分边码95及以下。另参见 W. V. H. Rogers 撰写的英国部分边码50，他指出英国法当中存在判决"一般损害赔偿"的可能性。

51　关于这一点，重点参见本卷中由 J. v. Gerlach 撰写地报告媒体从业人员视角部分边码65及以下；还有 G. Wagner 撰写的德国部分边码95和101及以下。

52　但终究要没收犯罪所得，参见 crime, Strafrecht nos. 27 et seq.

53　参见瑞士部分边码66、70、81、84；西班牙部分边码84及以下；南非部分边码29及以下；日本部分边码59；英国部分边码45；德国部分边码84及以下；意大利部分边码60及以下。

54　参见律师视角部分边码42、边码47；南非部分边码13、22。

30同样，举证责任向媒体拥有者的切实转移通过对产品责任具有重大冲击的一般考量得以落实：利润与风险同在这一理念支持通过在企业或其产品存在瑕疵时实行举证责任倒置的方式加重企业责任[55]。然而，这个理念无法证明纯粹严格责任的正当性，而仅仅证明通过应尽的注意义务的举证责任的倒置加重过错责任与替代责任是合理的。对于媒体企业，如果信息是虚假的即存在瑕疵，那么这些考量同样适用。

31 再者，有人或许拿国家对公仆造成的损害承担责任作类比，由于媒体享有不予披露消息源的权利，当受害人被剥夺了要求媒体的代理人赔偿的权利之后，进而考虑引入媒体拥有者对代理人的客观过错行为承担加重责任的制度。其基本理念在于假如由于存在特殊保护的利益，受害人被剥夺了根据一般规定有权行使的针对媒体代理人的诉求，那么为了防止受害人在侵权法上地位的退化，应当赋予受害人进一步针对本人（即委托人，此处指媒体。——译者注）提出诉求的权利。如果保护既不是为了受害人的利益，损害也不是由可归责于受害人的事由所造成，那么保护侵权行为人对抗受害人的赔偿要求就不得最终落到受害人的身上。

32 由于媒体拥有者享有的不予披露信息源的权利最终剥夺了受害人根据一般规则本应享有但由于其他更高位阶的利益的存在而被否定的索赔权，所以可以对这种剥夺作一个比较，并查验一般规则中赋予的损害赔偿[56]是否也可适用于由虚假信息和意见表达所造成的损

---

55 See W. Wilburg, Zusammenspiel der Kräfte im Aufbau des Schuldrechts, [1964] AcP 163, 346；C.-W. Canaris, Die Gefährdungshaftung im Lichte der neueren Rechtsentwicklung, [1995] Juristische Blätter (JBl), 6；B. A. Koch／H. Koziol, Comparative Conclusions, in：B. A. Koch／H. Koziol (eds.), Unification of Tort Law：Strict Liability (2002), no. 71 with further references.

56 K. Korinek／D. Pauger／P. Rummel, Handbuch des Enteignungsrechts (1994), 94 et seq., 195 et seq.

失。依本人之见，这个问题必须得到肯定的回答：为了公共利益，受害人被剥夺了要求编辑赔偿的权利，在一定条件下也被剥夺了要求媒体拥有者赔偿的权利，而根据过错责任与替代责任的一般规定他本享有此项权利。这就暗示应当让国家或者享受了不予披露消息源的权利所带来的利益的媒体拥有者承担赔偿受害人损失的责任。还必须考虑，这个理念是否不得更广泛地适用于由于媒体自由方面的公共利益使得个人不得不承受对其人格权的侵扰的情形。同样，这里要求受害人为了一般公众的利益而作出特殊牺牲。

　　然而，对我来说最为重要的似乎是这一事实，即存在好几种互相补充、彼此支援的论争方案，它们均指向媒体拥有者的严格责任，它将某些风险涵盖在内。在涉及民法保护不足的时候，对这个问题已经部分地作了阐述。对媒体拥有者引入严格责任朝着缓解责任制度方面的不足迈出了具有重要意义的一步；尤其是低层次的注意义务标准，旨在满足在接受最新信息方面的公共利益，还有媒体拥有者不予披露信息源的权利将不再对受害人产生消极后果。在某些国家的法律制度中，特别是在奥地利媒体法中[57]，已经出现采用严格责任的明显迹象[58]。 33

　　与产品责任的比较[59]有助于严格责任的合理化[60]：大众媒体的产 34

57　根据奥地利《媒体法》第 6 条和第 7 条，诽谤、辱骂、嘲笑或口头中伤行为的受害人可对媒体的拥有者提起诉讼要求非金钱损害赔偿，其数额是有限的。由于媒体的拥有者只有通过证明言论的真实性才能表明他的行为是正当的，所以即使虚假的消息不是由于他的过错造成的，他依然要承担责任。Cf. M. Graff, Das neue Medienrecht—Vorzüge und Schwächen，［1981］Richterzeitung（RZ），213；H. Koziol, Die Haftung für kreditschädigende Berichte in Massenmedien，［1993］JBl，617 et seq.

58　在法国法中，在侵害隐私的情况下严格责任得到认可。参见法国部分边码 16，另外南非法院对于伤害适用严格责任，参见南非部分边码 29。Hausheer/Aebi-Müller 在瑞士部分边码 85 中要求对引入严格责任的可能性进行思考。

59　V. Zeno-Zencovich 在"信息社会的媒体责任"部分边码 12 及以下对此着重作了阐述。

60　详见 H. Koziol，［1993］JBl，618 et seq.

品本身并不危险，但是其中的瑕疵能够导致具体的信息威胁[61]。同样，当所有的媒体客户享受着迅捷而完整的信息代理的好处的时候，个别客户却承受着由虚假信息带来的祸害。如同产品责任的情形一样，风险共担的观念[62]提倡将损失分担给所有受益人，即所有接收信息的人。如果媒体拥有者的责任被纳入进来，这个设想在很大程度上能够实现，因为他会把赔偿的支出转嫁给他所有的客户。然而，现实中，这一推理仅仅适用于那些依赖信息准确性的客户遭受损失的场合——这对现行产品责任也是适用的。然而，侵害人格权通常涉及损害一般受保护的利益，而不是依赖媒体产品无瑕疵而导致的失望。可以说，假如产品责任像当下状况那样把无关的第三人也包括在保护范围之内而不顾客户的依赖是决定性因素这个事实，那么这也必须适用于媒体拥有者对其产品所负的责任。但是，从教条主义的观点来看，因为缺乏客观理由，所以这并不是一个令人满意的解决办法。

35　　产品责任，一如眼下的状况，缺乏充分的合理性，不仅因为为第三人提供保护，而且因为囊括了非工业制造的、无害的产品。因而，产品责任并不为严格责任的采用而提供令人信服的理由。另一个支持引入对媒体拥有者实行严格责任的理由十分重要，它涵盖了客户以外的人，但却不依赖于信息的准确度是否靠得住：大众媒体的特殊威胁[63]。然而，这里的有关威胁不同于眼下所规定的严格责任的情形，例如核电站、机场、机动车或者管道。与此相似的是大众媒体信息的广泛流通所带来的发生损害和造成特别严重损害的高度

61　尤其表明产品责任的具体危险状态事关重大。C. -W. Canaris, Die Gefährdungshaftung im Lichte der neueren Rechtsentwicklung, [1995] JBl, 6; see further J. Fedtke/U. Magnus, Germany, in: B. A. Koch/H. Koziol (supra fn. 55), no. 27.

62　关于这一点，参见 B. A. Koch/H. Koziol (supra fn. 55), no. 29.

63　H. Koziol, [1993] JBl, 618 et seq. 另见"信息社会的媒体责任"部分边码1、14。

可能性[64]。其原因不仅在于接收信息的人数庞大，而且在于他们把大众媒体视为十分可靠[65]，这是令人意想不到的事实。于是，读者或听众朝着虚假信息的主角（的标准）调节他们的行为这种危险就相当大。而且，涉及公共利益时，信息要求是最新的，因而报道必须迅速出版[66]。时间紧迫限制了核实信息的可能性，于是出现虚假信息的风险很高。这就提出了赞成严格责任的一个更为重要的理由，即纵然履行了应尽的注意义务，损失依然无法避免。一般严格责任据以确立的重要因素，也适用于大众媒体：损害的高度可能性、损害的严重性以及纵然履行应尽的注意义务损失仍然无法避免。

由于立足于信息的一般需求、时间紧迫和危险性这些理由适用于虚假信息这种场合，所以在这里严格责任看起来是明显合理的。在滥用嘲讽、公开某人身份、违反无罪推定或是禁止真实而有害的事实陈述的发布等场合中，因为对此只要履行了应尽的注意义务通常就可以避免损失，所以这些理由与前述理由不可等量齐观。这里严格责任的基础尚不牢固，但或许仍然是有道理的。为了更精确地界定严格责任的适用范围，需要进行深入的探讨，但是，以我的判断其核心主旨是毋庸置疑的。 36

严格责任当然会导致媒体责任客观上合理的某种程度的加重。 37
这有利于受害人的利益，但大众媒体同样受益：责任不再根据诸如有害于企业声誉、媒体从业者未尽到适当的注意等指控进行判断，于是可以在不含有浓郁情感因素的情况下来讨论责任问题，这就会使得争议的解决更加容易、更加省时。责任的加重还有助于缓解高品

64　M. Okuda/E. Raidl-Marcure 对此有重点阐述，参见日本部分边码5。

65　So the Oberster Gerichtshof（Austrian Supreme Court，OGH）in Entscheidungen des Obersten Gerichtshofes in Zivilsachen（SZ）60/93 and SZ 64/36 with reference to J. Helle，Der Schutz der Persönlichkeit，der Ehre und des wirtschaftlichen Rufes im Privatrecht（2nd edn. 1969），158 et seq.

66　参见 OGH in SZ 44/45；日本部分边码5。

质媒体和主要以销售为导向的媒体之间的竞争扭曲：后者不得不承担责任，因为受害人更容易获得索赔，因而这些媒体就不能再像现在那样从发布虚假消息中获利。这有助于消除高品质媒体的某些竞争劣势，由于更加仔细地对消息进行核实，其承受了更加高额的开支。

38   最后，还有两个有时会被提出来用以反对严格责任的理由，对此我们将在下文中作简短讨论。首先，他们辩称假如责任不是以注意义务的违反为条件，那么就不再具有仔细核实消息的诱因了。这种争辩无视这样的事实即仔细核实仍然是有好处的，因为这样做可以减少发布虚假消息的数量以及媒体承担责任的案件的数量。于是，法经济分析（学派）得出结论：严格责任与过错责任一样具有预防的效果[67]。其次，严格责任的反对者坚持认为因为存在不以过错为基础的其他诉求，例如禁令、请求排除妨碍、特别是要求撤回与更正等，所以实行严格责任实在没有必要。撇开这些救济措施的有效性时常受到质疑这个事实不谈[68]，这些措施充其量能够防止损害进一步扩大，但是对于已经发生的损失，例如企业破产造成的损失，却根本无法给予赔偿。

六、侵权法保护的局限

39   由于侵权法建立在补充的理念之上，而且整个私法呈现出对等

---

67   M. Faure：《经济分析》，载 B. A. Koch/H. Koziol（supra fn. 55），364 et seq., no. 14.

68   Rechtsanwalt nos. 23 et seq.; C. Schumacher, Medienberichterstattung und Schutz der Persönlichkeitsrechte (2001), 2; C. Ahrens, Persönlichkeitsrecht und Freiheit der Medienberichterstattung (2002), 245; W. Berka, Persönlichkeitsschutz auf dem Prüfstand：Verfassungsrechtliche Perspektiven, in：H. Mayer（ed.）, Persönlichkeitsschutz und Medienrecht (1999), 13.

正义原则的特征，前已述及，惩罚性赔偿不具有正当性[69]。从这点来看，侵权法缺乏人们所期待的预防效果。

再者，非经济损失赔偿的金额不得根据媒体拥有者的获利来决定，纵然德国联邦法院就是这么操作的[70]。侵权法的目标是损失填补，而不是把别人的利润拿过来。而且，针对不同类型的损失所判定的赔偿金额之间的关系在德国判例法中遭到严重扰乱：因虚假而非法的媒体报道侵害人格权所判给的赔偿远远超过对终生截瘫或对最高位阶利益的严重伤害所判给的赔偿金额，这是违背正义的一切原则的。

在决定赔偿数额时把获利情况考虑进来属于法官自由裁量的范围，但是仅在非经济损失赔偿的一般限度内进行[71]。

七、返还不当得利的法律保护

归根结底，为了把加害人所获利润要过来以及为了取得期待的预防效果而违反侵权法是毫无必要的。在私法的广阔领域，还存在着其他救济措施，因而没有必要援引侵权法去把（加害人的）利润要过来。在大多数（国家的）法律制度中，我们找到了恰好具备这

40

41

42

69　另重点参见法国报告，见法国部分边码 36；西班牙报告，见西班牙部分边码 126 及以下；意大利报告，见意大利部分边码 124；此外，在南非，目前多数人似乎不赞同惩罚性赔偿，参见南非部分边码 40；参见日本对此问题的讨论，日本部分边码 69。根据英国法，可限制性地判处惩罚性赔偿，参见英国部分边码 50。

70　Cf. Höchstrichter no. 70；Strafrecht no. 30；Germany no. 100. Supporting the Bundesgerichtshof（German Supreme Court, BGH）recently A. Beater, Deliktischer Äußerungsschutz als Rechts – und Erkenntnisquelle des Medienrechts, [2004] Juristenzeitung（JZ）, 892 et seq.

71　详见 H. Koziol, Die Bereicherung des Schädigers als schadenersatzrechtliches Zurechnungselement, in: Festschrift Bydlinski（2002）, 175.

一目的的救济方式，即不当得利法。尤其是卡纳里斯和瓦格纳[72]已经找的了令人信服的理由，即在侵害与卡罗琳案相类似的人格权的案件中，因为人格权也具有经济价值[73]，所以可以援引不当得利法。

八、结 论

43   所有的考量都必须建立在人格权与媒体自由平等的基础之上——媒体自由或表达自由不享有普遍的、主导性的优先地位。必须考虑在个案中用以确定何者为先的额外标准。

44   根据侵权法对人格权进行保护必须通过引入对虚假消息的严格责任加以扩展。

45   基于基本法律理念的考虑，惩罚性赔偿应当加以排除。同样，赔偿请求权的功能不是把（加害人）获得的利润要过来，而只能是对所遭受的损失的填补。

46   以侵权法为基础的保护必须通过不当得利法与刑法加以补充。

---

72 C. -W. Canaris, Gewinnabschöpfung bei Verletzung des allgemeinen Persönlichkeitsrechts, in: Festschrift Deutsch (1999), 85. 另见法国部分边码 39；瑞士部分边码 48、74、76 和 104 及以下；西班牙部分边码 138 及以下；德国部分边码 69 及以下、110 及以下。关于英国法上的方法，参见英国部分边码 54。

73 另见意大利部分边码 14、45。

索　引

字母代表报告，数字代表页边码（即段落序号），脚注参考作了特别说明。

国别报告用下列字母标明：A 代表奥地利，CH 代表瑞士，D 代表德国，E 代表西班牙，F 代表法国，GB 代表英国，I 代表意大利，J 代表日本，SA 代表南非，SLO 代表斯洛文尼亚，USA 代表美国。

专题报告缩写如下：AH 代表安德烈亚斯·黑尔德里希（Andreas Heldrich），AW 代表亚历山大·瓦齐莱克（Alexander Warzilek），BK 代表贝内迪克特·科门达（Benedikt Kommenda），FH 代表弗朗克·霍普费尔（Frank Höpfel），GK 代表戈特弗里德·科恩（Gottfried Korn），HK 代表赫尔穆特·考茨欧（Helmut Koziol），JG 代表于尔根·冯·格拉赫（Jürgen von Gerlach），WB 代表瓦尔特·贝尔卡（Walter Berka），ZD 代表温琴佐·泽诺－泽科维基关于损害赔偿的报告（the report of Vincenzo Zeno-Zencovich on Damages Awards），ZM 代表温琴佐·泽诺－泽科维基关于媒体责任的报告（the report of Vincenzo Zeno-Zencovich on Media Liability），ZP 代表温琴佐·泽诺－泽科维基关于欧洲新闻守则的报告（the report of Vincenzo Zeno-Zencovich on Press Codes in Europe）。

115 – 117, 120；E 82, 83, 93, 96, 97, 102, 104 – 142；F 2, 16, 22, 26, 29 – 33, 36 – 39；GB 1, 46, 49 – 56, 82, 83, 85, 86；HK 8, 20, 27, 28, 31 – 34, 38 – 41, 45；I 61 – 64, 68, 72 – 75, 81, 84, 87 – 116, 118, 120, 124, 125；J 66, 69 – 87, 94, 99；SA 32 – 37, 39, 40；SLO 9, 10, 33 – 44, 50, 51；USA 12, 16, 20, 22

~ for non-pecuniary loss：非金钱/经济损失 ~　AW 111, 136 – 159, 161；D 9, 10, 12, 14, 15, 17, 19, 21, 31, 33, 36, 72, 74, 79, 87, 88, 95, 97 – 100, 106, 107, 109, 112, 120；E 118 – 121, 126；F 16, 33, 36；GB 50, 51, 55, 82；HK 20, 28；I 90, 111 – 116, 118；J 65, 69, 81, 114, 120, 122 – 140；SA 35 – 37；SLO 9, 10, 31, 35, 42 – 44；ZD 10

~ for pecuniary loss：金钱/经济损失 ~　AW 134, 135, 161；D 9, 36, 73, 74, 88, 96；E 118 – 121, 126, 138；F 32；GB 50, 59；HK 28, 40, 41；I 104 – 111, 118；J 65；SA 34；SLO 10, 39 – 41

~ in kind：实物 ~　AW 123 – 133, 148, 170；D 79, 95, 100, 101；E 104 – 114, 132；F 31；GB 56；J 67；SA 32, 33；SLO 35 – 38

monetary ~：金钱 ~　AW 124 – 127, 141, 145, 148 – 155, 157；D 9 – 13, 15, 17, 19, 21, 87, 95 – 101, 105, 108；E 105, 118 – 137；F 32, 33；GB 53, 55, 56, 81；I 61, 68, 73, 89, 100, 104 – 116；J 66, 69 – 87, 94；SA 32, 34 – 37；SLO 9, 10, 39 – 44；ZD 3, 9, 12, 13, 15

consent 同意、许可　AW 47 – 49, 51, 65 – 67, 80, 94；D 12, 34 – 36, 38, 39, 43, 47, 55, 59, 63, 70, 77, 104, 111, 112, 115；E 42, 47, 49, 70, 74, 77, 80 – 84, 125；F 10, 18 – 23, 29, 38；GB 67, 74, 86, 92, 94；I 37, 38, 40 – 45, 47, 78, 106, 126；SA 20, 23, 28；SLO 23, 25

constitution 宪法　AW 1, 2, 31, 75, Fn 199；D 7, 8, 12, 13, 15 – 19, 22, 23, 25, 27, 76；E 1, 2, 5, 6, 9, 10, 20, 25, 33, 74, 86, 90, 130；F 2, 3, 14, Fn 15；GB 32；HK 2, 4, 5；I 3, 4, 10, 15, 29, 31, 32, 122, 123；J 6, 8, 9, 47, 55, 92, 104, 105, 116, Fn 2；SA 1, 6, 7, 11, 18, 21, 注释 54, 154；SLO 3, 4, 11, 14, 15, 17；USA 4, 7, 8；ZM 2, 3

constitutional rights 宪法权利　AW 1 – 3, 5, 30, 38, 68 – 71, 142, 143；D 7, 8, 12, 13, 15 – 18, 22 – 30, 42,

71，134，135，137，138，141，203；
AH 2，22，23；AW 3，20，23，56，76，
121，136，165，177，187，188，192；
BK 31；CH 15，22，35，38，40，43，
61；FH 33；GK 47；HK 2，4，6，9，
10，16，19，26，29，34，35，37；JG
1，3，4，13，66，69，71；WB 1，6，7，
9，13，15，18 - 20，23，25 - 30，34 -
36，55，58，59，61，63，79，85，86，
98，101，102，106，109，115，118，
119，124

mass media 大众媒体 AW 3，4，20，
23，146，177，192；D 5，26，110；E
6，64，100，105，110，111，115，
116，135，140；F 10；GB 37，77；
HK 2，4 - 6，9，10，16，19，26，29，
34，35，37；I 31，36，44，49，58，
59，63，67，79，80，83，106，107，
114；J 4，6，81，106，107，112；SA
1，6，8，9，13，14，16，19，20，22，
23，27 - 31，38，41；SLO 2，17，22，
23；WB 22

Medienfreiheit 媒体自由 A 65 - 67，
69；AH 9；AW 1，5，55，58，70，164；
BK 10，27，30，31，36，55，58，63；
CH 15 - 19，21 - 33；GK 21；HK 2 -
4，7，9 - 12，15 - 18，25 - 27，32，
43；WB 9，29 - 31，33，34，39 - 45，
50，58，63，64，66，67，72，73，75，

76，78，79，94，96，102，113，115，
116

Medieninhaber 出版者、发行者，参
见 Verleger：出版商、发行人

Meinungsfreiheit 表达自由 A 5，7，
62，65，66，68，69，71 - 73；AH 8，
11 - 13，27；AW 1 - 3，30，31，56，
71，122；BK 37，38，49；CH 1 - 42，
60；D 23；GK 13，20；HK 2，3，5，
13 - 15，43；JG 4，5，8，9，23 - 25，
47；WB 3，8，28，39，41，43，56，
74，78，79，81 - 86，90 - 92，96，
101，107，109 - 111，113 - 115，
118 - 120，126 - 129

Menschenrechte 人权，参见 Grund-
rechte（基本权利）

Menschenwürde 人的尊严 A 12，
156；AW 3，5，25，96，142；CH 17；
FH 1，26；HK 3，15；WB 3，51 - 53，
57，60，65，91，113，114，119，124

Nachrichtenwert 新闻价值 WB 18
Namensanonymität 匿名 A 40 - 44
Namensnennung 署名 A 40 - 44；
BK 21，27，45；CH 44，55，57；GK
25；JG 11，50
Namensrecht 冠名权 A 2，40，42，
44，56，194，注释24；AW 20；BK 1，
3，23，27，44，45，55；CH 36，44，

I 3, 7, 9, 12 – 15, 21, 23, 34, 38 – 48, 62, 92, 106, 113, 119, 126；J 3, 9；SLO 6, 12, 22 – 24, 52

~ to one's name：姓名 ~　AW 20；D 2, 31, 45 – 48, 55, 67 – 70, 73, 111, 119；E 25, 45, 53, 55, 84, 137；F 1, 2, 10, 19, 22, 25；GB 50, 61；I 3, 9 – 12, 21, 23, 34 – 37, 62, 97, 106, 113, 119；J 3, 58, 110；SA 1, 2, 5, 7 – 9, 11, 12, 14, 32, 35, 38；SLO 8, 22, 52；USA 16

~ to privacy：隐私 ~，参见 privacy：隐私

~ to removal：移除 ~　AW 118, 170 – 172；D 95；E 99；F 34, 35；GB 12；SLO 10, 13, 36, 45 – 47

~ to secrecy of correspondence：通信秘密 ~　F 10；GB 63, 72, 92；SLO 3, 6, 8, 12

Rundfunk 广播　A 25, 51, 73；FH 19, 20；GK 7, 9, 21, 25, 33, 34, 48, 51；WB 23, 29

Schaden 损害、损失

immaterieller ~：非物质 ~　A 13, 14, 35, 37, 38, 80, 129, 132, 133, 135, 154 – 173, 186, 191；AW 111, 134, 136 – 159, 161；BK 13, 14, 16, 56, 57, 59；CH 79, 80, 86 – 91, 109；GK 14, 37 – 40；HK 20, 28, 40, 41；JG 65, 68

materieller ~：物质 ~　A 13, 14, 35, 38, 132, 133, 151 – 153, 155；AW 134, 135, 137, 141, 143, 161；BK 13, 16, 57；CH 62, 76, 79, 81 – 86, 109；GK 31, 38, 39, 41 – 53；HK 28

Schadenersatz 损害赔偿　A 13 – 15, 22, 25, 35, 37, 38, 81, 118, 132, 135, 136, 138, 147 – 173, 186 – 191；AW 33, 89, 99, 102, 106, 111, 114, 118, 120 – 167, 174 – 181, 186 – 188, 190；BK 13 – 16, 55 – 57, 59, 60；CH 5, 42, 62, 65, 66, 68, 70, 72, 73, 75 – 78, 80 – 91, 103, 104, 106；FH 3 – 5, 8 – 10, 20, 25, 29, 30, 39；GK 1, 10, 26, 29, 31, 35 – 53；HK 20, 27 – 42, 44 – 46；JG 52, 53, 65 – 71

Schmerzengeld 精神损害赔偿金　A 191；BK 55；FH 19；GK 51；JG 65, 66, 68

sensationalism 煽情主义　AW 58；F 9；HK 28；J 28, 42, 50, 110

Sensationsberichterstattung 轰动效应　A 41；AH 19, 25；AW 58, 61；BK 43, 55, 64；CH 60；HK 28；JG 43, 47；WB 18, 22, 104

Sittenwidrigkeit 显失公平，参见 boni

后 记

欧洲侵权法与保险法译丛之一——《针对大众媒体侵害人格权的保护：各种制度与实践》终于要定稿付梓之际，有一种如释重负的感觉。

本书的特色在于：1. 广泛的代表性。本书内容涵盖了欧、美、亚、非四大洲的十多个国家和地区；囊括了民法法系与普通法系当中具有代表性的国家，前者如法国、德国；后者如英国、美国。2. 法律制度与审判实务并重。将法律规范的阐释寓于经典案例的剖析之中，使读者领略到司法审判活动在推动法律进化中的贡献。3. 民事权利的保护与基本权利（宪法权利）的尊重交织在一起。它时刻提醒人们媒体侵害人格权的诉讼属于民事侵权之诉，但又不是单纯的民事侵权之诉。

本书中展示给我们的不同法律制度框架下的信息至少为我们提供了思考问题的不同方法：譬如，在很大程度上代表欧洲法律界主流观点的欧洲人权法院对摩纳哥公主案（该案历经德国国内的民事诉讼程序、宪法诉讼程序并最终提交到位于斯特拉斯堡的欧洲人权法院）的裁决，在沙利文案所奠定的根据权利主体的不同身份确定不同的责任构成要件尤其是主观要件的既定模式之外，明确宣示了民法法系一贯秉承的"私域"与"公域"的界分，即权利主体的"公众人物"身份并不是剥夺其隐私权的充分理由，关键在于媒体的报道是否有助于增进"政治民主"，亦即当媒体报道的事实来源于与民主程序无关的名人私生活的时候，"表达自由需要作狭义的解释"。又如，有的国家把媒体向受众提供的信息视为广义的"产品"。将产品责任法的适用范围扩张到媒体提供的信息已经不仅仅是一种理论上的学说或主张，更重要的是对媒体信息实行严格责任的观点已经得到一些国家司法判例的支持。再如，责任主体的多元化（记者、编辑、其他管理者，还有媒介公司本身都可以成为责任主体），与我国实行的职务行为的一元主体模式形成巨大反差。还有媒体行业的自主纠纷解决机制，它实际上是一个诉前的、可供选择的纠纷自我消解平台，对于那些轻微的、争议不太大的纷争起着很好的过滤作用。

望着厚厚的一大摞译稿，不由得回想起挑灯夜战的无数个夜晚，有时一段原文要来回阅读好多遍，经常为了一个专业词汇翻阅好几部专业词典，并在厚重如巨砖的词典之间反复比对，直到满意为止。这样的工作无疑是枯燥而繁琐的，但慢慢地也品味出其中特有的滋味——享受着这种"刻板"生活中的寂静与欢愉。

本书英文部分的翻译由中国传媒大学法律系匡敦校副教授承担。其中，法律系的学生丁君南、王尤伯、郭婧滢、徐文、黄子洋、黄依心、陈翩翩、许旭等也参与了本书部分章节的译校工作（转眼之间，他/她们当中有的已经毕业）。最后，英文部分由匡敦校负责统稿；德文部分分别由正在德国洪堡大学、柏林自由大学和帕骚大学攻读博士的余佳楠、张芸和刘亚男三位承担。

首先要感谢本丛书的主编即北京航空航天大学的李昊教授对本人的信任。不仅如此，李教授对本书的翻译还提出了很多具体的指导和帮助，在此表示由衷的谢意。还要感谢国务院法制办的袁雪石博士，袁博士作为中国人民大学民商事法律科学研究中心的兼职教授从专业的角度对译者提供了诸多宝贵建议。

特别要感谢中国法制出版社以及赵宏编辑和戴蕊编辑，没有她们的策划、安排和督促，就没有今天呈现在读者面前的最终成果。她们的敬业精神和对工作的全身心投入令我钦佩。

由于译者水平所限，译文若有不当之处敬请批评、指正。

译 者
2012 年 12 月 25 日

图书在版编目（CIP）数据

针对大众媒体侵害人格权的保护：各种制度与实践/
（奥）考茨欧，（奥）瓦齐莱克主编；匡敦校等译.
—北京：中国法制出版社，2012. 12
ISBN 978 - 7 - 5093 - 4230 - 5

Ⅰ.①针… Ⅱ.①考…②瓦…③匡… Ⅲ.①大众传播 -
人格 - 侵权行为 - 研究 Ⅳ.①D913.04

中国版本图书馆 CIP 数据核字（2012）第 315766 号

北京市新闻出版局出版境外图书合同登记号　图字 01 - 2010 - 1147
Translation from the English and German language edition：
The Protection of Personality Rights against Invasions by Mass Media
by Helmut Koziol，Alexander Warzilek
Copyright © Springer-Verlag Wien New York
All Rights Reserved

策划编辑：戴蕊　　　　责任编辑：赵宏　　　　封面设计：蒋怡

针对大众媒体侵害人格权的保护：各种制度与实践
ZHENDUI DAZHONG MEITI QINHAI RENGEQUAN DE BAOHU：
GEZHONG ZHIDU YU SHIJIAN

主编/赫尔穆特·考茨欧（Helmut Koziol），亚历山大·瓦齐莱克（Alexander Warzilek）
译者/匡敦校、余佳楠、张芸、刘亚男
经销/新华书店
印刷/三河市紫恒印装有限公司
开本/880×1230 毫米　32　　　　　　　印张/ 25　字数/ 705 千
版次/2012 年 12 月第 1 版　　　　　　2012 年 12 月第 1 次印刷

中国法制出版社出版
书号 ISBN 978 - 7 - 5093 - 4230 - 5　　　　　　　定价：68. 00 元

北京西单横二条 2 号　邮政编码 100031　　　　　传真：66031119
网址：http：//www. zgfzs. com　　　　　　　编辑部电话：66010483
市场营销部电话：66017726　　　　　　　　　邮购部电话：66033288